EM NOME
DE ROMA

2ª edição
1ª reimpressão

ADRIAN
GOLDSWORTHY

EM NOME
DE ROMA

OS CONQUISTADORES QUE FORMARAM O IMPÉRIO ROMANO

Tradução
Claudio Blanc

CRÍTICA

Copyright © Adrian Goldsworthy, 2003
Copyright © Editora Planeta do Brasil, 2016
Todos os direitos reservados.
Título original: *In the name of Rome*
Primeira edição publicada por Weidenfeld & Nicolson, Londres.

Preparação: Magno Paganelli
Revisão: Marluce Faria e Fernando Nuno
Diagramação: Futura
Capa: Adaptada do projeto gráfico original
Imagens de capa: @ Agefotostock

DADOS INTERNACIONAIS DE CATALOGAÇÃO NA PUBLICAÇÃO (CIP)
ANGÉLICA ILACQUA CRB-8/7057

Goldsworthy, Adrian
  Em nome de Roma / Adrian Goldsworthy ; tradução de Claudio Blanc. -- 2. ed. -- São Paulo : Planeta, 2020.
  560 p.

  Bibliografia
  ISBN 978-65-5535-214-6
  Título original: In the name of Rome

  1. Roma – História 2. Roma – História militar - 30 A.C.-476 3. Generais – Roma I. Título II. Blanc, Claudio

20-4010   CDD 937.06

Índices para catálogo sistemático:
1. Roma – História - Império

 Ao escolher este livro, você está apoiando o manejo responsável das florestas do mundo

2024
Todos os direitos desta edição reservados à
EDITORA PLANETA DO BRASIL LTDA.
Rua Bela Cintra, 986 – 4º andar
01411-000 – Consolação
São Paulo – SP
www.planetadelivros.com.br
faleconosco@editoraplaneta.com.br

À memória do capitão William Walker
(oficial da reserva), "Tio Bill", bom amigo e
verdadeiro líder – 1933-2002

SUMÁRIO

LISTA DE MAPAS E DIAGRAMAS 9
PREFÁCIO 11
INTRODUÇÃO – DO COMEÇO: DE LÍDER TRIBAL E HERÓI
A POLÍTICO E GENERAL 15

1 "O ESCUDO E A ESPADA DE ROMA": FÁBIO E MARCELO 37
2 UM ANÍBAL ROMANO: CIPIÃO AFRICANO 59
3 O CONQUISTADOR DA MACEDÔNIA: EMÍLIO PAULO 93
4 "AS PEQUENAS GUERRAS": CIPIÃO EMILIANO E A QUEDA DE
NUMÂNCIA 129
5 "UMA PESSOA DEVOTADA À GUERRA": CAIO MÁRIO 151
6 GENERAL NO EXÍLIO. SERTÓRIO E A GUERRA CIVIL 183
7 UM ALEXANDRE ROMANO: POMPEU, O GRANDE 203
8 CÉSAR NA GÁLIA 243
9 CÉSAR CONTRA POMPEU 287

10 UM "PRÍNCIPE" IMPERIAL: GERMÂNICO ALÉM DO RENO 319

11 LEGADO IMPERIAL: CÓRBULO E A ARMÊNIA 355

12 UM JOVEM CÉSAR: TITO E O CERCO DE JERUSALÉM, 70 D.C. . . 391

13 O ÚLTIMO GRANDE CONQUISTADOR: TRAJANO E
AS GUERRAS DÁCIAS... 425

14 UM CÉSAR EM CAMPANHA: JULIANO NA GÁLIA,
356-360 D.C.. 451

15 UM DOS ÚLTIMOS: BELISÁRIO E OS PERSAS 483

16 OS ÚLTIMOS ANOS: O LEGADO DOS GENERAIS ROMANOS .. 505

CRONOLOGIA 517
GLOSSÁRIO 523
NOTAS 529
ÍNDICE 547

LISTA DE MAPAS E DIAGRAMAS

DIAGRAMA DE EXÉRCITO MANIPULAR 33
O MUNDO MEDITERRÂNEO 40
NOVA CARTAGO 72
A BATALHA DE ILIPA 85
A BATALHA DE PIDNA 117
A CAMPANHA DE POMPEU NO LESTE 237
A CAMPANHA DE CÉSAR NA GÁLIA 259
O CERCO DE ALÉSIA 282
AS TRIBOS DA ALEMANHA 345
DIAGRAMA DE UMA LEGIÃO IMPERIAL (COORTE) 358
AS CAMPANHAS DE CÓRBULO NO LESTE 370
O CERCO DE JERUSALÉM 405
O IMPÉRIO SOB TRAJANO 430
ÁREA SOB O COMANDO DE JULIANO A PARTIR DE 355 D.C. 461
A BATALHA DE DARA 491

PREFÁCIO

"Este é o único lugar onde vocês podem aprender a liderar." Esse era um tema ao qual o coronel retornava com frequência nas palestras que fechavam muitas das noites de treinamento no Corpo de Treinamento de Oficiais, em Oxford. Depois do desfile, seguido de duas horas de palestras e treinamento (que abrangiam de leitura de mapas a guerra química, de primeiros socorros e táticas para pequenas unidades a técnicas de redação de cartas, ou, posteriormente, quando passei para a Tropa RA – Artilharia Real –, a cansativa, mas prazerosa, prática de acionar e desmontar armas leves), fazíamos fila no grande e luxuoso auditório do (ao menos de acordo com a lenda) incrivelmente rico Esquadrão Aéreo da Universidade. Àquela altura, a maioria de nós estava impaciente para ir ao prédio recreativo, onde se localizavam o bar e o salão de jogos. Eu, porém, abstêmio e entusiasmado por história militar, apreciava demasiadamente essas sessões. Durante trinta minutos, o coronel, que se parecia com um marechal Montgomery mais robusto, falava sobre os atributos de um bom líder e contava histórias sobre Marlborough, Nelson e Slim; em certas ocasiões, falava até sobre os métodos não ortodoxos de Lawrence e Wingate. Às vezes, ele também nos mostrava um quadro ou diagrama com as qualidades necessárias à liderança, embora sempre nos lembrasse que os líderes não aprendiam apenas por meio de leitura, instruções e teoria, mas, principalmente, pela ação. Isso não significava que a instrução formal e o treinamento teórico não tinham valor. Simplesmente não eram suficientes. A experiência é sempre o melhor mestre, e, claro, qualquer sistema de treinamento é apenas uma tentativa de tirar lições da experiência e obter conhecimento de outros.

Os líderes fazem a diferença. De fato, para o bem ou para o mal, qualquer indivíduo envolvido em dada atividade ou projeto faz diferença, mas aqueles com maior poder e responsabilidade para dirigir uma operação influenciam mais os eventos. Não sou soldado. Tampouco, em minha solitária existência de escritor, sou chamado a liderar ou dirigir quem quer que seja – fato, aliás, apontado a mim enquanto eu escrevia este livro, durante uma palestra sobre estilos de liderança romanos que dei a um grupo de oficiais do exército britânico. Os dois anos que passei no Corpo de Treinamento de Oficiais da Universidade de Oxford representam toda a minha experiência militar, e, embora a tenha achado muito compensadora e esclarecedora, duvido que tenha alterado minha condição de civil. Serviu, de fato, como lembrete útil sobre quão difícil é coordenar os movimentos de umas poucas centenas de homens e me ajudou a entender quanto atrito ocorre, mesmo nos exercícios – em suma, toda a história de "apresse-se e espere", tão familiar para aqueles que já envergaram um uniforme. Talvez isso tenha valor ainda maior para o presente tópico, pois me deu muitos exemplos da diferença que os líderes fazem. Os melhores não eram especialmente visíveis ou falantes, mas parecia que tudo corria bem quando estavam no comando. O corpo de treinamento de oficiais de uma universidade está repleto de cadetes jovens e inexperientes e, inevitavelmente, contém muitos talentos. A minoria é constituída de líderes natos, que, de modo instintivo, são bons em motivar e orientar os outros, enquanto a vasta maioria tem de aprender a liderar de forma gradual, naturalmente cometendo erros ao longo do caminho. Alguns poucos nunca aprendem, e, de diversas maneiras, a presença de um líder ruim é muito mais óbvia do que a de um bom.

Este livro trata de alguns dos generais mais bem-sucedidos de Roma e de suas vitórias. Procura estabelecer o que ocorreu em campanhas, batalhas e cercos específicos e, em especial, mostrar como o comandante executou a tarefa de liderar e controlar o exército. Os generais romanos não recebiam treinamento formal antes de assumirem o comando. Tudo o que sabiam até aquele momento tinha sido aprendido por experiência, conversas informais e estudo. Também eram escolhidos mais por conta de sua origem familiar e suas ligações políticas do que pela habilidade. No sentido moderno, eram amadores e, por extensão, sem competência para realizar seu trabalho. Assim, um dos temas deste livro é refutar essa hipótese, pois o padrão dos líderes militares romanos era, de fato, bom. Embora os objetos deste estudo representem em muitos sentidos uma seleção dos melhores, ficará evidente que esses homens não agiram de maneiras significativamente distintas de outros generais de Roma. Os comandantes que se destacavam simplesmente faziam as mesmas coisas melhor que os outros. Os generais romanos eram formados pela experiência adquirida na prática e pelo bom senso, dois elementos que nenhum sistema de produção de líderes ou gerentes deveria, jamais, negligenciar.

A História ocupa-se das ações e interações de seres humanos e, como o estudo de qualquer aspecto do passado nos informa sobre a natureza da humanidade, ajuda-nos a compreender nossa própria época. Estou certo de que há lições a aprender no estudo das campanhas dos generais romanos. Contudo, esse não é o propósito deste livro – não tenho a intenção de escrever algo intitulado *O sucesso de gestão ao estilo romano*. Com efeito, muitos dos que buscam estabelecer regras fixas para uma liderança eficiente dão a impressão de não possuir nenhum dos atributos necessários para exercê-la. Grande parte do que um general faz parece, ao ser descrito friamente num texto, fácil e até óbvio, da mesma forma que qualquer lista de "princípios de guerra" parece ser elaborada apenas com base no bom senso. A dificuldade está em fazer essas coisas na prática e no modo como um general as executa no campo de batalha. Milhares poderiam copiar as ações e os trejeitos de César ou Napoleão e fracassar inteiramente, expondo-se ao ridículo.

Não pretendo dissecar, nos capítulos deste livro, as decisões de cada comandante em suas campanhas, muito menos propor alternativas "melhores", elaboradas no conforto do meu escritório. Tampouco tenho intenção de classificar os homens aqui discutidos de acordo com sua habilidade, nem de dissertar sobre seus méritos e defeitos em comparação com comandantes de outros períodos. Em lugar disso, nosso interesse está nas coisas que foram feitas, no porquê de terem sido feitas, no que se pretendia conquistar, em como foram implementadas e nas consequências desses fatos. O objetivo é compreender o passado em seus próprios termos – o que, para um historiador, é um fim em si mesmo. Uma vez que isso seja realizado, aqueles que têm inclinação para tanto poderão acrescentar os episódios descritos ao mar de informação que nos ajuda – a cada um de nós – a compreender como as pessoas funcionam no mundo ao nosso redor. A experiência, seja pessoal ou adquirida por conversas, cursos e leituras, é valiosa tanto para o líder como para o liderado. O difícil é usá-la bem.

Devo, agora, agradecer a vários familiares e amigos, em particular a Ian Hughes, que leu e comentou os originais em todos os estágios. Também gostaria de agradecer a Keith Lowe e aos funcionários da Weidenfeld & Nicolson por terem promovido a ideia deste livro e acompanhado todo o processo editorial até a publicação.

INTRODUÇÃO

DO COMEÇO: DE LÍDER TRIBAL E HERÓI A POLÍTICO E GENERAL

O dever do general é cavalgar ao lado dos soldados, mostrar-se diante dos que enfrentam o perigo, elogiar os corajosos, ameaçar os covardes, encorajar os preguiçosos, preencher as lacunas, reposicionar uma unidade se necessário, levar auxílio aos exaustos, antecipar a crise, o momento e o resultado[1].

A descrição de Onassandro do papel de um general no campo de batalha foi escrita no século I d.C., mas reflete um estilo de comando que persistiu por pelo menos setecentos anos e que era caracteristicamente romano. O general deveria orientar o combate e inspirar seus soldados, mostrando que estavam sendo observados de perto e que os atos de bravura seriam recompensados, da mesma forma que as ações covardes seriam punidas. Não se esperava que estivesse no centro da luta, de espada ou lança na mão, lado a lado com seus homens e arriscando-se como eles. Os romanos sabiam que Alexandre, o Grande havia conduzido os macedônios à vitória desse modo, mas não se esperava que os comandantes liderados por ele imitassem tais atos heroicos. Onassandro era grego, um homem sem experiência militar, escrevendo num estilo estabelecido ainda na era helênica; contudo, apesar dos estereótipos literários contidos em sua obra, a figura do comandante retratado em seu *O general* era, decididamente, romana. O livro foi escrito em Roma e dedicado a Quinto Verânio, senador romano que viria a morrer à frente de um exército na Britânia, em 58 d.C. Os romanos vangloriavam-se de haver copiado dos inimigos grande parte de suas táticas e de seu equipamento militar, mas a dívida para com os outros é muito menor quando se trata da estrutura básica do seu exército e das funções executadas por seus líderes.

Este é um livro sobre generais e, especificamente, a respeito de quinze dos comandantes romanos mais bem-sucedidos do final do século III a.C. a meados do século VI d.C. Alguns desses homens ainda são relativamente bem conhecidos, ao menos entre os historiadores militares – Cipião Africano, Pompeu e César certamente seriam considerados para figurar numa lista dos comandantes mais capazes da História –, enquanto outros caíram no esquecimento. Todos, com a possível exceção de Juliano, foram generais muito competentes que amealharam sucessos significativos, e, mesmo que em última instância tenham sido derrotados, eram extremamente talentosos. A seleção baseou-se na sua importância tanto na história geral de Roma quanto no desenvolvimento da arte romana da guerra, bem como na disponibilidade de fontes suficientes para descrevê-los em detalhe. Há apenas um único tema dos séculos II, IV e VI d.C. e nenhum do III ou do V, simplesmente porque as evidências desse período são pobres. Pelo mesmo motivo, não podemos discutir minuciosamente as campanhas de nenhum comandante romano antes da Segunda Guerra Púnica. Não obstante, as informações remanescentes ilustram bem as mudanças na natureza do exército romano e a relação entre o Estado e o general no campo de operações.

Mais do que pesquisar a carreira completa de um homem, cada capítulo enfoca um ou dois episódios específicos das campanhas desses generais, observando em detalhe como cada um interagiu com seu exército e o controlou. A ênfase principal é sempre no que o comandante fez em cada estágio de uma operação e o quanto isso contribuiu para o resultado final. Tal abordagem, com elementos biográficos e uma concentração no papel do general – seja na estratégia, nas táticas e em sua implementação ou na sua liderança –, representa um estilo muito tradicional de história militar. Inevitavelmente, envolve o forte elemento narrativo e descritivo dos componentes mais dramáticos das guerras, das batalhas, dos cercos, do soar de trompetes e o uso de espadas. Embora seja familiar para o leitor comum, esse tipo de história tem prescindido, nas décadas recentes, de respeito acadêmico. Em lugar disso, os estudiosos têm preferido olhar o panorama geral, esperando perceber fatores econômicos, sociais ou culturais mais profundos, os quais acredita-se que tenham influência maior e mais importante nos resultados dos conflitos do que eventos ou decisões individuais durante a guerra. Para tornar o tema ainda menos moderno, este livro trata, essencialmente, de aristocratas, pois os romanos consideravam que apenas os bem-nascidos e privilegiados mereciam exercer o alto-comando. Mesmo um "homem novo" (*novus homo*) como Mário, ridicularizado por sua origem vulgar pela elite dos senadores até quando forçava seu caminho para juntar-se a eles, surgia das margens da aristocracia e não representava, em nenhum sentido real, a maior parte da população.

Pelos padrões modernos, todos os comandantes romanos também eram, em essência, soldados amadores. A maioria passou apenas parte da carreira – normalmente menos da metade da vida adulta – a serviço do exército. Nenhum recebeu treinamento formal para comandar suas forças, e foram indicados para tal função com base no sucesso político, o qual, por sua vez, dependia muito do nascimento e da riqueza. Mesmo um homem como Belisário, que serviu como oficial a maior parte da vida, foi promovido por conta de sua lealdade ao imperador Justiniano e nunca passou por um sistema organizado de treinamento e seleção. Em nenhum momento da história de Roma houve algo semelhante a uma escola de oficiais para treinar comandantes e seus subordinados. As obras de teoria militar foram comuns em alguns períodos, mas a maioria não era nada além de manuais de exercícios (quase sempre descrevendo as manobras nas falanges helênicas, cuja tática já era obsoleta havia séculos), e todas careciam de detalhes. Acreditava-se que alguns generais romanos prepararam-se para o alto-comando puramente pela leitura dessas obras, embora isso nunca tenha sido considerado a melhor forma de aprendizado. Os aristocratas romanos deviam aprender a comandar um exército da mesma forma que aprendiam a comportar-se na vida política: observando os outros e por meio da experiência pessoal[2].

Para o observador moderno, a seleção de generais com base em sua influência política, considerando-se que eles saberiam o bastante para assumir a tarefa de comandar, parece absurdamente aleatória e ineficiente. Sempre se afirmou que os generais romanos eram, em geral, homens de talento extremamente limitado. No século XX, o major-general J. F. C. Fuller classificou os generais romanos de "instrutores militares", enquanto W. Messer declarou que eles adquiriram um nível razoavelmente consistente de mediocridade. (Talvez, a esta altura, devamos lembrar o comentário de Moltke de que "na guerra, com sua enorme fricção, até mesmo atingir a mediocridade é uma realização".) Sempre se considerou que o inegável sucesso do exército romano por tantos séculos foi conquistado apesar de seus generais, não por causa deles. Para muitos comentaristas, o sistema tático das legiões procurava tirar a responsabilidade do comandante do exército, colocando-a na mão dos oficiais subordinados. Os mais importantes eram os centuriões, tidos como altamente profissionais e, portanto, bons em seu trabalho. Ocasionalmente surgiam homens como Cipião e César, que eram muito mais talentosos que o típico general aristocrata. Contudo, suas habilidades eram, em grande parte, reflexo de um gênio instintivo que não permitia imitação. Os personagens deste livro podem ser vistos como aberrações desse tipo, a minúscula minoria de comandantes verdadeiramente capazes produzidos pelo sistema romano, a par da vasta maioria de nulidades e incompetentes. De forma muito semelhante, o sistema de compra e patronato do exército britânico do século XVIII e do início do XIX produziu líderes excepcionais como Wellington ou Moore, em meio a medíocres como Whitelocke, Elphinstone e Raglan[3].

No entanto, uma observação mais detalhada das evidências indica que a maioria dessas suposições é, na melhor das hipóteses, exagerada e, quase sempre simplesmente incorreta. Longe de tirar o poder do general, o sistema tático romano concentrava-se nas suas mãos. Os oficiais menores, como os centuriões, tinham papel de importância vital, mas pertenciam a uma hierarquia que tinha o comandante do exército no topo e permitia que ele tivesse maior controle sobre os eventos. Alguns comandantes eram, certamente, melhores em seu trabalho do que outros, mas as atividades em campanha de Cipião, Mário ou César não parecem ter sido profundamente diferentes das dos seus contemporâneos. Os melhores generais romanos lideravam e controlavam seus exércitos do mesmo modo que qualquer outro aristocrata. A diferença está, essencialmente, na habilidade com que cada um realizou essa tarefa. Na maior parte dos períodos, o padrão do comandante médio era, na verdade, muito bom para a sua falta de treinamento formal. Ao longo dos séculos, os romanos produziram sua cota de incompetentes que levaram suas legiões a desastres desnecessários, porém isso se mostra verdadeiro para todos os exércitos ao longo da História. É extremamente improvável que mesmo os mais sofisticados métodos modernos de selecionar e preparar oficiais para os altos escalões evitem que, por vezes, um indivíduo inadequado para o alto-comando seja escolhido. Outros, por sua vez, podem parecer possuir todos os atributos necessários para tornarem-se generais bem-sucedidos, mas irão fracassar devido, principalmente, a fatores que estão além de seu controle. Muitos generais romanos vitoriosos afirmaram abertamente que tiveram sorte, reconhecendo que (como escreveu César) a sorte tem papel ainda mais central na guerra do que em outras atividades humanas.

Estudar a condução da guerra e o papel do comandante pode não ser uma tendência moderna, mas isso não significa que tal atividade seja insignificante ou desprovida de proveito. A guerra teve grande impacto na história de Roma, pois o sucesso militar criou o império e o preservou por muito tempo. Outros fatores – a atitude com relação à condução da guerra e a capacidade e o desejo dos romanos de devotar enormes recursos humanos e materiais à atividade bélica – permeiam a eficiência militar de Roma, sem, porém, tornar seu sucesso inevitável. Na Segunda Guerra Púnica, esses fatores permitiram que a república resistisse à série de desastres que Aníbal lhe infligiu, mas a guerra não pôde ser vencida até que se encontrasse um meio de derrotar o inimigo no campo de batalha. Os eventos de uma campanha – especialmente as batalhas e os cercos – eram, de modo óbvio, influenciados por um contexto maior; no entanto, seus resultados ainda eram, conforme os romanos bem sabiam, imprevisíveis. Em nenhuma batalha – e a maioria delas era travada com armas de gume – se tinha certeza do resultado, o qual era determinado por muitos fatores, sobretudo o moral dos soldados. A não ser que o exército romano pudesse derrotar seu oponente no campo, as guerras não podiam ser ganhas. Compreender como eles conseguiam ou não vencer não é uma simples questão de certezas aparentes, representadas por recursos, ideologia, equipamentos e táticas, pois requer uma apreciação maior do comportamento dos seres humanos tanto quanto indivíduos como membros de um grupo.

Toda a História, inclusive a militar, trata em última instância de pessoas – suas atitudes, emoções, ações e interações umas com as outras –, e isso é melhor percebido ao se estabelecer o que, de fato, aconteceu antes de se explicar o porquê de os fatos terem ocorrido. Uma concentração demasiada em outros elementos pode obscurecer essa percepção, a exemplo do que ocorre com as descrições antiquadas de batalhas, nas quais os combatentes são símbolos num mapa e a vitória vai para o lado que se vale, de modo mais fiel, das táticas baseadas em "princípios de guerra" fixos. As táticas mais imaginativas eram de pouco valor, caso o comandante não fosse capaz de colocar seu exército – que consistia em milhares, ou dezenas de milhares, de soldados – nos lugares certos e no momento certo para acioná-las. A atividade prática de controlar, manobrar e abastecer um exército ocupava muito mais o tempo do comandante do que a elaboração de estratégias ou táticas inteligentes. Mais do que as de qualquer outro indivíduo, as ações do general influenciavam o curso da campanha ou da batalha. Para o bem ou para o mal, o que o comandante fazia ou deixava de fazer era significativo.

FONTES

De longe, a maior parte das evidências de que dispomos sobre as carreiras dos generais romanos deriva dos relatos literários gregos e latinos sobre suas ações. Por vezes, podemos complementá-los com esculturas ou outros retratos artísticos dos comandantes, com descrições que registram realizações e, em raras ocasiões, com evidências escavadas nos locais das operações de seus exércitos, como, por exemplo, relíquias encontradas nos cercos militares. Embora esses achados sejam valiosos, apenas nos relatos escritos sabemos o que os generais realmente faziam e como seus exércitos operavam. Conforme já observamos, a seleção dos personagens para os capítulos seguintes deve muito à sobrevivência das descrições adequadas de suas campanhas. Apenas uma fração minúscula das obras escritas na Antiguidade sobreviveu. Muitos outros livros são conhecidos apenas pelo nome ou por fragmentos tão pequenos a ponto de ter sua importância reduzida. Somos extremamente afortunados por termos os *Comentários* de Júlio César, que narram suas campanhas na Gália e na Guerra Civil. Obviamente, o relato é muito favorável ao seu autor, porém a riqueza de detalhes que o texto fornece com relação às atividades de César nos proporciona uma valiosa imagem de um general no campo de batalha. De forma significativa, a obra também enfatiza esses atributos e realizações, os quais o público romano da época acreditava serem os mais admiráveis num comandante do exército. Muitos outros generais romanos também escreveram seus comentários, talvez a maioria, mas nenhum relato sobreviveu de forma que pudesse ser utilizado. Na melhor das hipóteses, podemos encontrar traços dessas obras perdidas nas narrativas de historiadores que escreveram posteriormente e que os utilizaram como fonte.

As operações de César são compreendidas, basicamente, a partir da sua própria descrição, a qual é apenas ocasionalmente complementada pelas informações de outros autores. As grandes vitórias de seu contemporâneo e rival Pompeu, o Grande são narradas com algum detalhe por autores que escreveram mais de um século depois da sua morte. Essa lacuna entre os eventos e seus relatos mais antigos é comum em grande parte da história grega e romana. É facilmente esquecido o fato de que as fontes mais aprofundadas de que dispomos sobre Alexandre, o Grande foram escritas mais de quatrocentos anos após seu reinado. Às vezes temos sorte e encontramos uma obra produzida por uma testemunha dos muitos acontecimentos registrados. Políbio acompanhou Cipião Emiliano em Cartago, em 147-146 a.C., e pode ter estado em Numância, embora, com efeito, sua descrição das operações militares esteja preservada sobretudo em passagens escritas por outros autores. Mais diretamente, Flávio Josefo acompanhou Tito durante o cerco de Jerusalém. Amiano esteve brevemente com Juliano, o Apóstata na Gália e na expedição persa, enquanto Procópio seguiu Belisário em todas as suas campanhas. Por vezes, outros autores referem-se a relatos de testemunhas que foram perdidos, mas não era costume dos antigos historiadores registrar as fontes da informação que apresentavam. Na maioria dos casos, temos apenas uma narrativa escrita muitos anos depois do evento em questão, cuja autenticidade normalmente é impossível de provar ou contestar.

Diversos historiadores antigos abrem suas obras protestando a intenção de serem fiéis aos fatos. No entanto, era muito mais importante para eles produzir um texto que fosse dramático e atraísse leitores, pois a História devia entreter tanto quanto – senão mais que – informar. Às vezes, a inclinação política ou pessoal levava a distorções conscientes da verdade, enquanto, em outras ocasiões, fontes inexistentes ou inadequadas eram complementadas pela invenção, quase sempre se empregando temas retóricos tradicionais. Em outras instâncias, a ignorância militar do autor o levava a compreender mal sua fonte, como quando Lívio traduziu erroneamente a descrição de Políbio sobre o momento em que a falange macedônia baixou as lanças em posição de combate, escrevendo que os soldados as largaram no chão e lutaram com as espadas. Esse é um dos raros casos em que tanto os textos originais como a versão posterior sobreviveram. Contudo, apenas raramente temos esse prêmio. Para algumas campanhas, contamos com mais de uma fonte descrevendo os mesmos acontecimentos e, assim, podemos comparar seus detalhes, mas na maioria das vezes temos apenas uma única fonte. Se rejeitarmos seu testemunho, provavelmente não haverá com que substituí-lo. Em última instância, podemos fazer pouco mais do que verificar a plausibilidade de cada relato e, talvez, registrar vários graus de ceticismo.

POLÍTICA E GUERRA DO COMEÇO ATÉ 218 A.C.

Os romanos só vieram a escrever sua história no final do século III a.C. e foram virtualmente ignorados pelos escritores gregos até aproximadamente essa mesma época. Foi só após a derrota de Cartago, em 201 a.C., que as histórias de Roma começaram a ser relatadas. Antes, porém, alguns registros formais de leis, eleições anuais de magistrados e celebrações de festivais foram, por vezes, produzidos, mas nada de substancioso. Havia, além disso, a tradição oral dos contos folclóricos, poemas e canções, a maioria dos quais celebravam os feitos das grandes casas aristocráticas. Mais tarde, essa rica cultura oral ajudou a inspirar as histórias que Lívio e outros autores contaram sobre os primeiros anos de Roma, a fundação da cidade por Rômulo e os seis reis que o sucederam até o último ser expulso e Roma tornar-se república. Pode haver muitos fios de verdade no tecido desses contos, entrelaçados com criações românticas, mas agora é impossível separar as duas vertentes. Em lugar disso, deveremos apenas pesquisar as tradições relativas à liderança militar em Roma[4].

Fundada, segundo a tradição, em 753 a.C., Roma foi por séculos somente uma pequena comunidade (ou, provavelmente, diversas pequenas comunidades que com o tempo fundiram-se numa única). As guerras movidas pelos romanos nesse período foram de pequena escala, consistindo, quase sempre, em saques menores e roubo de gado, com ocasionais contendas. A maioria dos líderes romanos era formada por chefes guerreiros de molde heroico (embora as histórias sobre a sabedoria e a piedade do rei Numa indiquem outros atributos dignos de respeito). Tais reis e chefes eram líderes porque, em tempos de guerra, lutavam com notável coragem. Em muitos aspectos, assemelham-se aos heróis da *Ilíada* de Homero, os quais lutavam de tal forma que outros comentavam: "De fato, esses nossos reis, que se alimentam do carneiro gordo e bebem o raro vinho doce, não são homens ignóbeis como os senhores da Lícia; pois têm, deveras, valor, uma vez que combatem nas linhas de frente dos lícios"[5].

A revolução que levou Roma da monarquia à república parece ter contribuído pouco para mudar a natureza da liderança militar, pois ainda se esperava que as figuras mais proeminentes do novo Estado lutassem de modo notável. O ideal heroico determinava que corressem à frente dos outros guerreiros e se engalfinhassem com os chefes inimigos, lutando e vencendo à vista de todos. Em algumas ocasiões, esses duelos poderiam ser combinados formalmente com o inimigo, como quando os três irmãos Horácios combateram os três irmãos Curiácios, da vizinha Alba Longa. De acordo com a lenda, dois dos romanos foram rapidamente abatidos, não sem antes ferir seus oponentes. O último Horácio, então, fingiu fugir, levando os Curiácios a segui-lo até separarem-se. Quando isso ocorreu, Horácio voltou-se e matou cada um dos inimigos isoladamente. Ao retornar a Roma, em meio às aclamações do exército e dos cidadãos, o vencedor assassinou sua própria irmã por ela não o receber com suficiente entusiasmo, uma vez que estava noiva de um dos Curiácios. Essa é apenas uma história de heroísmo individual – mesmo que sua sequência seja brutal e tenha sido usada para ilustrar a regulação gradual do comportamento de homens violentos por parte da comunidade maior. Outra diz respeito a Horácio Cocles, o homem que deteve todo o exército etrusco enquanto a ponte sobre o Tibre era demolida logo atrás e, em seguida, nadou para a segurança dos seus. Independente de haver ou não verdade nessas lendas, o fato é que testemunham a forma prevalente de guerra travada em muitas culturas primitivas[6].

Uma característica das histórias sobre o começo de Roma era o desejo de aceitar estrangeiros na comunidade, algo raro no mundo antigo. Roma cresceu em tamanho e população e, enquanto se expandia, também aumentava o número de guerras que travava. Os bandos de guerreiros que seguiam líderes heroicos foram substituídos por soldados recrutados que tinham meios para adquirir o equipamento necessário à luta. Com o tempo – não compreendemos direito esse processo, no caso de Roma ou, na verdade, de qualquer cidade italiana ou grega –, os romanos começaram a combater como hoplitas em formação de bloco, mais conhecida como falange. Os hoplitas portavam um largo escudo redondo revestido de bronze, alguns com cerca de um metro de diâmetro, usavam capacete, couraça e caneleiras, e sua arma principal era a lança. A falange hoplita dava pouca oportunidade de um ato de heroísmo notável, pois os guerreiros densamente unidos tinham a visão limitada a poucos metros de sua posição. Conforme o pequeno número de heróis deixou de dominar as batalhas e o resultado passou a ser decidido por centenas, às vezes milhares, de hoplitas lutado ombro a ombro, o equilíbrio político da comunidade mudou. Do mesmo modo que os reis e os chefes guerreiros haviam justificado sua autoridade ao destacar--se na guerra, agora a classe hoplita exigia um grau de influência no Estado correspondente ao seu papel no campo de batalha. Logo começaram a eleger seus próprios líderes para presidir o Estado em tempos tanto de guerra como de paz. A maioria desses homens ainda vinha de um grupo de famílias relativamente pequeno; descendiam, principalmente, da velha aristocracia guerreira, que não cedeu o poder de imediato. Depois de algumas experiências com diferentes sistemas de magistratura, tornou-se prática estabelecida escolher por meio de eleição dois cônsules para atuar como oficiais executivos da república. A votação ocorria em uma assembleia conhecida como *Comitia Centuriata,* na qual os cidadãos votavam em grupos determinados por sua função no exército[7].

Os cônsules tinham igual poder de *imperium,* pois os romanos temiam conceder a autoridade suprema a qualquer indivíduo, embora, normalmente, cada um recebesse um campo de comando independente. Ao redor do século IV a.C., poucos inimigos exigiam a atenção de todos os recursos militares de Roma sob os dois cônsules. O fato de que, na maioria dos anos, os romanos combatiam dois inimigos simultaneamente também indicava o crescente tamanho da república e o maior número de guerras. A palavra *legio* (legião) originalmente significava apenas "[força] recrutada" e referia-se à força total arregimentada pela república em tempo de guerra. Provavelmente desde os primeiros dias do consulado tornou-se prática normal dividir a força recrutada em duas e, assim, fornecer a cada magistrado um exército para comandar; com o tempo, "legião" veio a ser o nome dessa subdivisão. Posteriormente, o número aumentou novamente e a organização interna de cada legião ficou mais sofisticada. A república romana continuou a crescer, derrotando os etruscos, os samnitas e a maioria dos povos italianos antes de submeter as colônias gregas na Itália, no início do século III a.C.

Entretanto, de muitas maneiras, a Itália era um centro militar os romanos, como outros povos da península, eram um tanto primitivos no que se refere aos métodos de fazer guerra. No final do século V a.C., a Guerra do Peloponeso, travada entre Atenas e Esparta e seus aliados, eliminou muitas das convenções da estratégia hoplita. Por volta do século IV a.C., a maior parte dos Estados gregos empregava pequenos grupos de soldados profissionais ou de mercenários em lugar da tradicional falange, arregimentada quando necessário entre os cidadãos que podiam custear o equipamento dos hoplitas. Os exércitos tornaram-se mais complexos, contendo diferentes tipos de infantaria e, por vezes, cavalaria, enquanto as campanhas tinham maior duração que no passado e com mais frequência envolviam cercos. Esse modo de fazer a guerra colocava mais responsabilidade nas mãos dos generais, em comparação com a época em que duas falanges lançavam-se uma contra a outra numa planície descampada e o comandante simplesmente tomava seu lugar na frente das linhas para inspirar seus homens.

Apesar de a maioria dessas inovações ter aparecido primeiro nos Estados gregos, foram os bárbaros reis macedônios do norte que criaram um exército muito mais eficiente, no qual a infantaria e a cavalaria lutavam em apoio mútuo, marchando rapidamente para surpreender os oponentes e sendo capazes, também, de tomar cidades muradas. Filipe II e Alexandre derrotaram toda a Grécia e, em seguida, Alexandre cruzou o mar em direção à Ásia, conquistando a Pérsia e chegando à Índia. Diz-se que Alexandre dormia com uma cópia da *Ilíada* debaixo do travesseiro e, de modo consciente, buscava ligar-se ao grande herói de Homero, Aquiles. Antes de uma batalha, Alexandre tomava grande cuidado para manobrar e empregar seu exército de forma a avançar e coordenadamente pressionar todo o front inimigo. Então, nos momentos críticos, liderava seu esquadrão de cavalaria numa carga contra a parte mais vulnerável da linha oponente. Dessa forma, inspirava seus soldados a realizarem feitos valorosos, porém, uma vez que a luta começava, não podia exercer muita influência no curso da batalha. Em vez disso, confiava em que seus oficiais pudessem controlar as tropas em outros setores do campo, embora seja notável que tenha feito muito pouco uso de reservas, especialmente por não poder enviar uma ordem a essas tropas uma vez que a luta tivesse começado. Alexandre foi um líder excepcionalmente destemido, pagando o preço do seu estilo de comando com um longo catálogo de ferimentos, muitos dos quais recebidos em combate singular[8].

Poucos dos seus generais, que dividiram o império de Alexandre nas décadas seguintes à sua morte, eram tão ousados. No entanto, mesmo assim a maioria sentia-se obrigada a, em algum momento, liderar um ataque em pessoa. O rei Pirro, do Épiro, que afirmava ser descendente direto de Aquiles, foi um daqueles que travavam combates singulares, tendo morrido ao liderar seus homens numa carga. Também era um soldado pensante que produziu um manual de liderança militar, o qual, infelizmente, não sobreviveu. Em batalha, Plutarco afirma que ele "[...] expunha-se em combate pessoal e repelia todos os que encontrava, acompanhava o progresso da batalha e nunca perdia a presença de espírito. Dirigia a ação como se a estivesse observando à distância, surgindo, porém, em todos os lugares e sendo sempre capaz de estar presente para apoiar seus homens onde a pressão era maior"[9]. O heroísmo ainda era considerado uma característica apropriada e admirável num comandante do exército, especialmente se fosse um monarca, mas, além disso, esperava-se que também fosse capaz de liderar suas forças de perto. As maiores vitórias de Alexandre foram conquistadas sobre inimigos muito menos eficientes em combate do que seus macedônios, porém seus sucessores passaram grande parte do tempo lutando um contra o outro e, por isso, foram confrontados por exércitos quase idênticos aos deles em termos de equipamento, tática e doutrina. Sem a superioridade sobre seus inimigos, os comandantes tinham de buscar alguma vantagem especial para garantir a vitória. A teoria militar que floresceu nesse período preocupava-se com as condições corretas sob as quais um comandante deveria conduzir a batalha.

Os romanos só enfrentaram um exército helênico em 280 a.C., quando Pirro veio em auxílio da cidade grega de Tarento, no sul da Itália, em seu conflito com Roma. Depois de dois grandes reveses, os romanos puderam, enfim, derrotar o rei do Épiro em 275, em Malevento, mas o sucesso se deveu mais à obstinada resistência dos legionários romanos do que à inspiração dos seus generais. Em muitos aspectos, o estilo romano de comando pertencia a um período mais antigo, mais simples, com menos expectativas de manobras prolongadas antes da batalha, quando ambos os lados buscavam qualquer vantagem que fosse. Não obstante, quando a refrega começava, o comportamento do general romano diferia marcadamente do de seu correspondente helênico. Mais magistrado do que rei, o romano não tinha lugar fixo no campo de batalha, nem uma guarda especial em cuja frente deveria liderar o ataque. O cônsul colocava-se onde acreditava ser a posição mais importante e, durante a batalha, movia-se por trás da linha de combate, encorajando e orientando as tropas. Os exércitos helênicos raramente empregavam forças reservas, mas, no início da luta, a formação básica da legião romana mantinha entre metade e dois terços de seus homens atrás da linha de frente. O general tinha a tarefa de servir-se dessas forças quando julgasse necessário.

Roma não havia abandonado de todo as tradições heroicas, e, às vezes, os generais participavam do combate. Muitos aristocratas vangloriavam-se das ocasiões em que haviam se engajado em combate singular e vencido, apesar de que, por volta do século III a.C., era mais provável que tivessem realizado esses feitos ao servir em uma patente mais baixa. Em Sentino, em 295 a.C., um dos dois cônsules com um exército – uma força excepcionalmente grande para enfrentar a confederação dos samnitas, etruscos e gauleses – celebrou um ritual arcaico, no qual "ofereceu-se" em sacrifício à Terra e aos deuses do Mundo Subterrâneo para salvar o exército do povo romano. Tendo completado tal rito, esse homem, Públio Décio Mus, esporeou o cavalo em direção às linhas gaulesas e foi rapidamente morto. Segundo Lívio, ele passou formalmente o comando a um subordinado antes desse sacrifício ritual (um gesto que era uma tradição familiar, pois seu pai havia feito a mesma coisa em 340 a.C.). A batalha de Sentino terminou com a vitória romana[10].

Um dos atributos mais importantes de um aristocrata romano era a *virtus*, palavra da qual deriva o termo moderno "virtude" – uma tradução pobre do original. A *virtus* compreendia todas as qualidades marciais importantes, não só a coragem física e a habilidade com as armas, mas também a coragem moral e outros dons de um comandante. Esperava-se que o nobre romano fosse capaz de colocar um exército em ordem de combate e controlá-lo durante a luta, atento aos pequenos detalhes das unidades individuais e a seu comprometimento na batalha. Deveria possuir confiança e ser arguto para tomar as decisões apropriadas, sustentando-as firmemente ou tendo a coragem de confessar um erro quando fosse o caso. Mais que tudo, nunca deveria duvidar da vitória final de Roma. Esse ideal permitia um largo espectro de interpretações. Alguns homens continuaram, obviamente, a conferir grande importância ao heroísmo individual, mas na época da Primeira Guerra Púnica, quando podemos ter os primeiros vislumbres do comportamento dos comandantes romanos, eram a franca minoria. Mesmo aqueles que aspiravam a feitos pessoais de valor não sentiam que isso pudesse tirá--los do comando dos seus exércitos, pois tais atos eram simplesmente uma fonte adicional de glória e não alteravam o papel mais importante a ser exercido pelo comandante[11].

O CONTEXTO DO COMANDO

A guerra e a política eram inseparáveis em Roma, e esperava-se que os líderes tanto conduzissem a vida pública no Fórum quanto comandassem um exército em campanha quando necessário. Como os inimigos estrangeiros representavam uma grande ameaça à prosperidade do Estado e, por vezes, à sua existência, a derrota dos antagonistas na guerra era considerada a maior realização de qualquer líder, e a que lhe conferia a maior glória. Devido ao fato de, por muitos séculos, o Senado fornecer todos os comandantes e principais magistrados do Estado, a capacidade de prover liderança militar tornou-se parte central da autoimagem da classe senatorial. Posteriormente, mesmo os imperadores menos militares – e devemos lembrar que nossa palavra "imperador" deriva do latim *imperator*, ou "general" – alardeavam o sucesso de seus exércitos e sofriam séria queda de prestígio quando as guerras não iam bem. Até o final da Antiguidade, os homens que comandavam os exércitos de Roma seguiam uma carreira, o *cursus honorum*, que lhes oferecia postos na vida civil e militar. Os governadores das províncias deveriam administrar e fazer justiça ou mover guerra, dependendo da situação. Contudo, é um erro grave ver o sistema romano com olhos modernos e afirmar que seus comandantes não eram realmente soldados, mas políticos, pois esses homens sempre exerciam ambos os papéis. A glória militar impulsionava a carreira política e poderia ser fonte de futuras oportunidades de comando nas guerras. Até aqueles cujos talentos eram mais inclinados para a guerra ou para a política deveriam ter a mínima proficiência nas duas áreas, se quisessem uma chance de mostrar sua capacidade.

Os generais bem-sucedidos em geral lucravam financeiramente em suas campanhas, mas, sob certos aspectos, os dividendos em prestígio eram ainda maiores. Após uma vitória no campo de batalha, um comandante de exército seria saudado como *imperator*. Ao retornar a Roma, podia contar com o direito de celebrar um triunfo, momento em que ele e suas tropas marchariam pela Via Sacra até o coração da cidade. O general ia numa carruagem puxada por quatro cavalos, com o rosto pintado de vermelho e vestido de forma a lembrar as velhas estátuas de terracota que representavam Júpiter Ótimo Máximo. A partir desse dia, ele era tratado quase como um deus, apesar de um escravo ficar atrás dele na carruagem murmurando, continuamente, que não se esquecesse de que era um mortal. Um triunfo era uma grande honra, algo que a família continuaria a comemorar por gerações. Muitos dos maiores edifícios de Roma foram erguidos ou restaurados por generais vitoriosos usando espólios que obtiveram na guerra, enquanto a casa da família seria permanentemente decorada com os símbolos da conquista. Apenas uma minoria entre os senadores teve a honra de um triunfo, e mesmo esse grupo esforçava-se para provar que seu triunfo fora maior que todos os outros. Inscrições registrando as realizações dos comandantes tendiam a incluir seus menores detalhes e, mais que tudo, a quantificar o sucesso, listando o número de inimigos capturados ou escravizados, de cidades invadidas ou navios de guerra capturados. Para um aristocrata romano, era sempre importante ter vitórias maiores e melhores que os outros senadores.

O *cursus honorum* variou na sua forma e flexibilidade ao longo dos séculos, mas sempre seguiu um ciclo político anual. À época da Segunda Guerra Púnica, devia começar com dez campanhas ou dez anos completos de serviço militar na cavalaria, a serviço de um membro da família ou amigo, ou com uma patente de oficial como um tribuno militar. Depois, o pretendente poderia candidatar-se a ocupar a posição de *quaestor*, que tinha essencialmente reponsabilidades financeiras, porém também podia atuar como segundo homem em comando de um cônsul. Outros postos após um ano como questor, como tribuno da plebe e edil, não pressupunham responsabilidades militares, mas por volta de 218 a.C. a função de pretor por vezes envolvia comando de campo. Contudo, as campanhas mais importantes eram sempre passadas aos cônsules anuais. Todos esses magistrados detinham suas posições por apenas doze meses e não deveriam ser reeleitos para o mesmo cargo antes de um intervalo de dez anos. Os magistrados que recebiam um comando militar tinham *imperium*, o poder de dar ordens aos soldados e de fazer justiça. Quanto maior a magistratura, maior era o *imperium* do indivíduo. Ocasionalmente, o Senado resolvia estender o comando de um cônsul ou pretor por mais um ano, e seu título passava a ser procônsul e propretor, respectivamente. As eleições em Roma eram acirradas, e muitos dos cerca de trezentos membros do Senado nunca chegaram a ocupar qualquer magistratura. O sistema de votação conferia peso desproporcional às classes mais ricas e tendia a favorecer os membros das famílias nobres mais abastadas e antigas. Um pequeno número de famílias senatoriais tendia a dominar o consulado, e assim eram poucos os homens que alcançavam esse posto. No entanto, o sistema político romano não era totalmente rígido. No entanto, sempre houvesse uma elite interna de famílias, a composição desses grupos alternava-se ao longo das décadas, uma vez que alguns membros morriam e eram substituídos por outros. Também era sempre possível que um homem cuja família nunca tivesse ocupado cargos importantes conseguisse a posição de cônsul.

Num livro desta natureza, não é possível descrever em detalhe o desenvolvimento do exército romano, mas, da mesma forma, é obviamente importante fornecer alguma indicação da força à disposição do general. No início da nossa pesquisa, o exército romano era recrutado entre todos os cidadãos do sexo masculino que tinham possibilidade de equipar-se para a guerra. Os mais ricos serviam como cavaleiros, já que tinham meios para comprar cavalo, armadura e armas. O núcleo do exército era formado pela infantaria pesada, composta, em sua maior parte, pelos donos de pequenas propriedades. Os pobres formavam a infantaria leve, que não precisava de armadura, e também podiam servir como remadores na esquadra de guerra. Cada legião consistia nesses três elementos – trezentos cavaleiros, três mil soldados de infantaria pesada e 1.200 homens de infantaria leve (*velites*). A infantaria pesada era subdividida em três linhas, com base na idade e na experiência militar. Os 1.200 mais jovens eram conhecidos como *hastati* e combatiam na linha de frente. Aqueles no início da vida pública eram conhecidos como *principis* e ficavam postados em uma segunda linha, enquanto seiscentos veteranos, ou *triarii* (triários), ficavam na retaguarda.

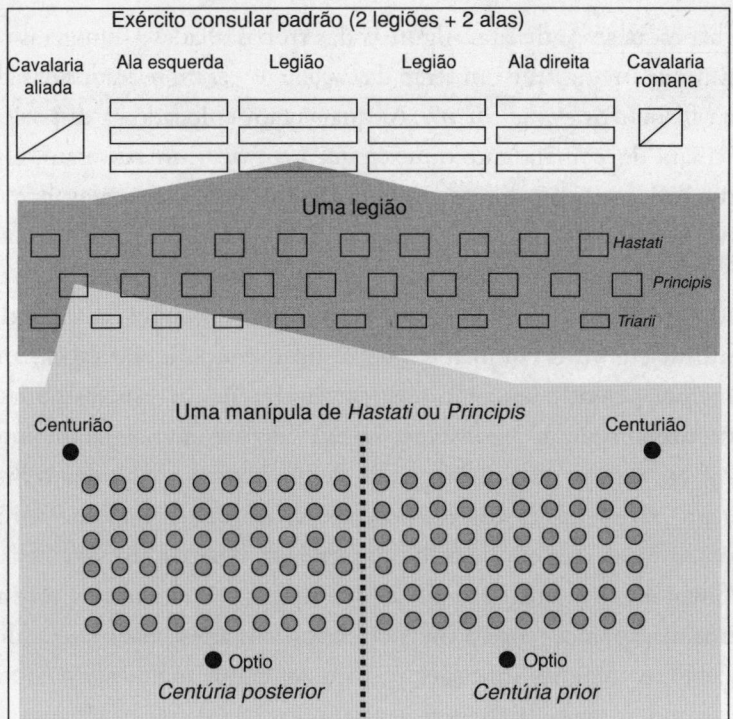

DIAGRAMA DE EXÉRCITO MANIPULAR

Cada linha era composta de dez unidades táticas, ou manípulas, consistindo em duas unidades administrativas, ou centúrias, cada qual liderada por um centurião. O centurião da centúria à direita era mais velho e comandava toda a manípula, caso os dois homens estivessem presentes. As manípulas de cada linha eram arranjadas em intervalos iguais entre a unidade à frente e a seguinte. Os intervalos eram preenchidos pelas manípulas da próxima linha, de forma que a formação da legião lembrava um tabuleiro de xadrez (*quincunx*). Em campanha, cada legião era apoiada por uma *ala* de aliados latinos ou italianos, composta pelo mesmo número de soldados de infantaria, mas também por um número até três vezes maior de cavaleiros. Normalmente, o cônsul recebia o comando de duas legiões e duas alas. A posição-padrão dispunha as legiões no centro com uma ala em cada flanco – chamadas, por esse motivo, de ala esquerda e direita. Algumas das tropas aliadas – em geral um quinto da infantaria e um terço da cavalaria – eram retirados das alas para formar os *extraordinarii*, os quais eram colocados à disposição imediata do comandante do exército. Os *extraordinarii* eram, com frequência, empregados para liderar a coluna durante um avanço ou atuar como retaguarda durante as retiradas[12].

Os soldados romanos não eram profissionais, mas homens que serviam no exército por um dever à república. O exército também era visto como força de milícia; contudo, provavelmente é melhor pensar nele como um exército recrutado, pois os homens costumavam passar alguns anos consecutivos com a legião, embora ninguém devesse ficar por mais de dezesseis anos. O serviço militar era um interlúdio à vida normal, apesar de, aparentemente, serem uma obrigação ressentida pelos que serviam. No exército, os cidadãos submetiam-se a um sistema de disciplina extremamente árduo, perdendo a maior parte de seus direitos legais até serem dispensados. Mesmo as menores infrações podiam ser punidas de modo brutal, enquanto as mais sérias eram passíveis de pena de morte. O exército romano se constituía, em essência, em uma força impermanente, e as legiões eram desmobilizadas quando o Senado decidia que não eram mais necessárias. Embora os soldados pudessem ser convocados a servir a república de novo, não voltariam às mesmas unidades nem sob os mesmos comandantes. Cada exército e cada legião formados eram únicos e aumentavam gradualmente sua eficiência conforme submetiam-se aos treinamentos. As legiões vistas em serviço ativo tendiam a ser bem treinadas e disciplinadas, mas, logo que eram dispensadas, o processo tinha de recomeçar com novos exércitos. Havia, portanto, uma estranha mistura de disciplina e organização, tão rígidas como a de muitos exércitos profissionais, com a impermanência de um ciclo contínuo de recrutamento, treinamento e desmobilização, antes de reiniciá-lo.

Finalmente, vale mencionar alguns dos fatores que restringiam a atividade de um general durante o período estudado. Um dos mais importantes era o limite da agilidade com que a informação podia ser comunicada. Em todos os aspectos práticos, ela nunca era maior que a velocidade de um mensageiro a cavalo. Há exemplos registrados de indivíduos que fizeram jornadas muito longas em pouco tempo e, sob o principado, criou-se o correio imperial, com mensageiros e cavalos descansados em intervalos regulares. Era sempre mais fácil transmitir mensagens dentro do império através de províncias com estradas bem mantidas. A rede de estradas construída pelos romanos possibilitava tal comunicação, bem como o movimento de homens e suprimentos, mas tinha apenas valor nas províncias. Operações ofensivas além das fronteiras eram, usualmente, conduzidas por meio de uma rede de vias e caminhos muito mais simples. Por vezes, o exército romano também criava sistemas de sinalização usando bandeiras ou, mais frequentemente, faróis, porém esses sinais podiam apenas comunicar as mensagens mais simples e não eram adequados a um exército estacionado numa posição fixa, ao longo de uma linha de fronteira ou fazendo um cerco.

A consequência mais importante disso era que o general em campo tinha, quase sempre, considerável liberdade de ação, uma vez que era impraticável dirigir operações em detalhe a partir do centro de poder em Roma. Também era extremamente difícil controlar as divisões de um exército que se estendia por distâncias, mesmo as modestas, o que encorajava os comandantes a manter suas forças concentradas na maioria dos casos. O mundo antigo quase não tinha mapas e, certamente, os que havia não eram detalhados o bastante para auxiliar o planejamento das operações militares. Os comandantes podiam reunir informações sobre a geografia local usando várias fontes – se a luta fosse dentro de uma província, a quantidade e a qualidade de informações eram, obviamente, melhores –, mas na prática enviavam um batedor para observar. Os generais muitas vezes faziam, eles mesmos, o reconhecimento do terreno, da mesma forma que quase sempre interrogavam os prisioneiros e questionavam mercadores ou membros da população local para amealhar informação. O curto alcance das armas, que ligado essencialmente ao poder dos músculos humanos, era muito limitado, o que, aliado ao tamanho dos exércitos, permitia que o general estivesse em posição de observar tudo por si próprio, bem como escrutinar o exército inimigo durante a batalha. A visibilidade era apenas limitada pelo terreno, e o alcance, sem o benefício de equipamentos que maximizam a visão, restringia-se à capacidade do olho humano.

Os comandantes romanos eram, assim, capazes de dirigir as operações de forma muito mais imediata e pessoal do que nas guerras modernas. Em campanha ou durante batalhas e cercos, os generais romanos eram deveras ativos, passando muito tempo perto do inimigo, arriscando-se a ferir-se ou a morrer vitimados por projéteis ou pelo ataque repentino do adversário. Embora não fossem mais líderes moldados no heroísmo como Alexandre, estavam, de certo modo, mais próximos dos seus homens, enfrentando com eles os extremos da campanha de uma maneira que veio a ser louvada como caracteristicamente romana. Qualquer que fosse a realidade social e política, persistiu o ideal do general como um cidadão e soldado comum (*commiles*) que compartilhava com o restante do exército uma tarefa comum.

CAPÍTULO 1

"O ESCUDO E A ESPADA DE ROMA": FÁBIO E MARCELO

Quintus Fabius Maximus (c. 275-203 a.C.) *e*
Marcus Claudius Marcellus (271-208 a.C.)

Fábio Máximo, quando confrontado por Aníbal [...], decidiu evitar correr qualquer risco extremo e se concentrou apenas na defesa da Itália, e por isso, foi apelidado de "aquele que faz atrasar", conquistando grande reputação como general.[1]

Em novembro de 218 a.C., Aníbal cruzou os Alpes e invadiu o norte da Itália. Os romanos surpreenderam-se com a ousadia e a rapidez do ataque, tão diferente da estratégia cautelosa adotada por Cartago na Primeira Guerra Púnica. A Segunda Guerra Púnica foi precipitada pelo ataque de Aníbal a Sagunto, cidade espanhola aliada de Roma, e era na Hispânia que o Senado romano esperava enfrentar o general cartaginês. Dos dois cônsules eleitos para o ano de 218, um deveria levar o exército para a Hispânia, enquanto o outro iria para a Sicília preparar a invasão do norte da África, o que ameaçaria Cartago.

A estratégia era agressiva, direta e caracteristicamente romana, mas começou a ruir quase imediatamente. Cipião, o cônsul que foi para a Hispânia, parou em Massília (Marselha) e soube que Aníbal passara por ali a caminho do leste, à frente de um grande exército. Surpreendidos, os romanos esforçaram-se para reagir à nova situação. Entretanto, para muitos comandantes, a invasão de Aníbal parecia uma oportunidade maravilhosa de conquistar glória e prestígio pessoal derrotando esse grande inimigo. Cada um demonstrava enorme entusiasmo para ir ao encontro do exército cartaginês e atacá-lo, onde quer que fosse e sob quaisquer condições. Cipião voltou rapidamente para assumir as legiões que já estavam no vale do Pó, em campanha contra as tribos gaulesas da região. Com sua cavalaria e infantaria leve, apressou-se para interceptar Aníbal, mas foi barrado com desdenhosa facilidade por um inimigo numericamente superior e pelo cavalo púnico, mais hábil, perto do rio Ticino. Em dezembro, seu colega recém-chegado, Semprônio Longo, combateu os cartagineses com os exércitos combinados, em Trébia, mas foi derrotado e sofreu pesadas baixas. No ano seguinte, Flamínio, um dos cônsules eleitos para 217, seguiu o inimigo de perto a fim de atraí-lo para o combate. Tentando unir-se ao segundo cônsul, ele foi emboscado e morto juntamente com quinze mil de seus homens[2].

As perdas de Roma nessas primeiras operações foram alarmantes. Pior: foram derrotas sofridas em solo italiano. Parecia impossível deter o inimigo e, em algumas fontes, Aníbal assumiu o poder elemental de uma força da natureza, esmagando tudo em seu caminho. Na verdade, os romanos estavam em posição muito inferior naquele estágio da guerra. Aníbal foi, inquestionavelmente, um dos comandantes mais capazes da Antiguidade e comandava um exército superior, sob todos os aspectos, às inexperientes legiões que se opunham a ele. Não era bem um exército de cartagineses, a não ser pelos oficiais superiores, mas, sim, uma mistura de muitas raças – númidas e líbios, da África, iberos, celtiberos e lusitanos, da Hispânia, além de gauleses, lígures e italianos. No centro dessas forças, encontravam-se as tropas que estiveram em campanha na

Hispânia por muitos anos sob a liderança da família de Aníbal, todas experientes, confiantes e altamente disciplinadas. Em comparação com essa sofisticada força de combate, as legiões manobravam de modo desajeitado e dependiam mais da coragem individual e da obstinação do que de táticas superiores para vencer o inimigo[3].

A ferocidade do ataque de Aníbal chocou Roma e deixou-a à beira da derrota total. Apesar de os romanos sofrerem seguidos desastres catastróficos, qualquer um dos quais teria bastado para fazer outros Estados da época capitularem, no final venceram a guerra. O alto nível da realização foi reconhecido na época e inaugurou a rápida ascensão de Roma para dominar o mundo mediterrâneo.

Mais tarde, em meados do século II a.C., Políbio, que esperava explicar essa súbita ascensão ao público grego, começaria a detalhada narrativa da sua *História universal* com a Segunda Guerra Púnica. Ele e os escritores posteriores receberam grande ajuda em suas tarefas, pois o conflito havia inspirado os próprios romanos a começarem a escrever essa história em prosa. A primeira, de Fábio Pictor, foi produzida em grego, mas no início do século II a.C. Catão, o Velho, escreveu o seu *Origenes* em latim. Ambos tinham participado da guerra com Aníbal e abordaram o conflito em detalhes. Embora suas obras tenham sobrevivido apenas parcialmente, é nesse período que começamos a encontrar fontes mais completas e confiáveis para examinar as campanhas dos comandantes romanos.

Os dois personagens deste capítulo foram excepcionais de muitas maneiras. Ambos tiveram longos períodos de comando contínuo, algo que era raro até o final da república. Também conquistaram posto elevado de distinção militar antes da Segunda Guerra Púnica e serviram com mérito, ainda jovens, na Primeira Guerra Púnica. Em 228, Fábio e Marcelo tinham quase 60 anos de idade, sendo um tanto idosos para os padrões romanos de um comandante de campo. Mesmo assim, durante a maior parte da guerra lideraram os exércitos contra Aníbal e, embora não conseguissem infligir uma derrota decisiva aos cartagineses, foram capazes de evitar um golpe semelhante dos inimigos, o que, em si, já foi uma grande realização. Suas vitórias foram quase sempre em pequena escala e,

O MUNDO MEDITERRÂNEO

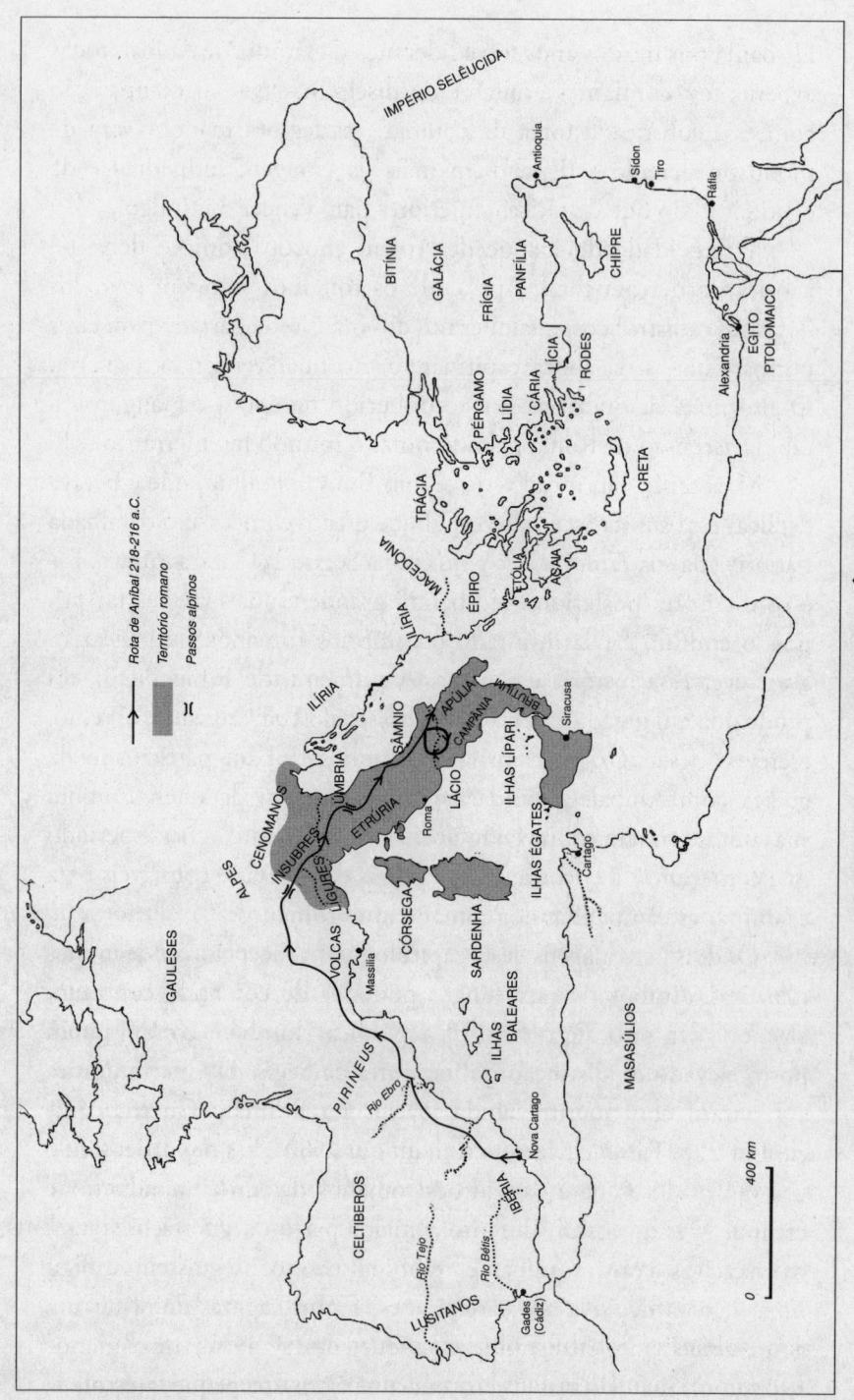

Rota de Aníbal 218-216 a.C.
Território romano
Passos alpinos

0 — 400 km

40   EM NOME DE ROMA

frequentemente, sobre os aliados de Aníbal, o que foi enfraquecendo o poder do general cartaginês.

CUNCTATOR ("AQUELE QUE FAZ ATRASAR"): A DITADURA DE FÁBIO MÁXIMO, 217 A.C.

"Fomos derrotados numa grande batalha." Tal foi o anúncio feito sem emoção no Fórum, quando chegaram a Roma as notícias da destruição de Flamínio e de seu exército no lago Trasimeno. Apesar da calma demonstrada pelo pretor urbano Marco Pompônio, Lívio nos conta que o pânico e o desespero começaram a se espalhar, especialmente quando, alguns dias depois, descobriu-se que uma força de quatro mil cavaleiros, enviada por seu colega consular para unir-se a Flamínio, havia sido cercada, e todos os seus membros foram mortos ou capturados pelo inimigo. Com um exército destruído e outro, a alguma distância, afetado pela perda da cavalaria, parecia que nada impediria Aníbal de atacar a própria cidade de Roma. Nesse momento de crise, o Senado decidiu nomear um ditador militar, um magistrado único com *imperium* supremo. Esse era um expediente raramente usado, pois violava o princípio básico da política romana de que nenhum homem deveria receber todo o poder, e não era empregado por mais de trinta anos. Normalmente, um ditador era nomeado por um dos cônsules, mas, como Flamínio estava morto e seu colega não podia, ou não queria, chegar a Roma, foi decidido realizar a escolha por meio de eleição. Tecnicamente, isso deveria implicar que o título do nomeado seria, na verdade, *prodictador*, contudo seus poderes seriam idênticos àqueles de qualquer outro ditador. O homem escolhido pelos votos da *Comitia Centuriata*, a assembleia do povo romano organizada em grupos de acordo com o seu papel no exército arcaico, foi Quinto Fábio Máximo[4].

Fábio tinha 58 anos de idade e era membro de um dos clãs patrícios pertencentes à mais antiga aristocracia romana. Naquele momento, eles compartilhavam sua posição dominante com um número de famílias plebeias ricas e bem-estabelecidas, mas mesmo assim continuavam a ter carreiras prestigiadas. Fábio já havia sido cônsul duas vezes, em 233 e 228, e fora censor em 230. Recebera o nome de Máximo devido às realizações militares de seu bisavô Quinto Fábio Ruliano (cônsul em 322 e ditador em 315, na guerra contra os samnitas). A família adotou o nome permanentemente, pois a aristocracia senatorial não perdia oportunidade de celebrar publicamente os grandes feitos dos seus ancestrais e, dessa forma, promover o sucesso eleitoral das gerações correntes e futuras. Também era uma característica romana dar apelidos aos senadores, quase sempre baseados na sua aparência. Em parte, isso servia para ajudar a distinguir os membros de uma família com nomes semelhantes ou idênticos, mas provavelmente isso tinha mais a ver com o senso de humor romano. Graças a uma proeminente verruga no lábio, o jovem Quinto Fábio Máximo era chamado de *Verrucosus* (Verruguento). Relatos posteriores o descrevem como uma criança cautelosa, fleumática, cujas habilidades não eram óbvias à primeira vista. Por meio de prática constante no início da sua vida adulta, ele se tornou um oficial capaz e um habilidoso orador, enfatizando o domínio da guerra e da política na vida pública de Roma.

Há pouca informação detalhada sobre a carreira de Fábio antes da Segunda Guerra Púnica. Durante seu primeiro consulado, ele realizou campanhas contra os lígures, povo montanhês independente e pouco organizado, mas feroz, do norte da Itália. É provável que a guerra tenha sido travada em resposta a um ataque contra terras romanas e aliadas no norte da Etrúria. Fábio atacou as tribos, derrotando-as em batalha e impedindo, ao menos temporariamente, suas incursões de saque. Por conta desse êxito, ele recebeu o direito de celebrar o triunfo. A experiência de campanha em terreno difícil contra um inimigo habilidoso em armar emboscadas foi, possivelmente, responsável por instilar em Fábio um forte senso da importância de manter um exército sob rígido controle e de lutar no momento e da forma que ele mesmo escolhesse. Tais seriam os elementos principais do seu comando durante toda a guerra contra Aníbal[5].

A primeira tarefa de Fábio Máximo como ditador foi recuperar parte da confiança e da normalidade de Roma. Foram preparadas defesas para o caso de Aníbal promover um ataque direto, duas novas legiões foram recrutadas e organizadas, e tomou-se cuidado considerável para garantir que o exército de campo romano fosse abastecido de modo adequado. Não obstante, mais do que tudo, num primeiro momento o ditador devotou seus esforços a assuntos religiosos. A derrota de Flamínio foi publicamente atribuída ao fato de ele ter negligenciado a execução dos ritos apropriados antes de iniciar a campanha. Os Livros Sibilinos – coletânea de profecias antigas – foram consultados para garantir que se realizassem as devidas cerimônias e dedicações a fim de reconquistar os favores dos deuses. Como grego, Políbio julgava muitos aspectos da religião romana absurdamente supersticiosos e acreditava que diversos senadores viam tais ritos de modo cínico, como um meio de controlar as emoções dos ignorantes e pobres sem educação. Embora tais percepções fossem sem dúvida as mesmas de homens como César e Cícero no final da República, não é esse, necessariamente, o caso de Fábio e de todos os seus contemporâneos. Quando o Senado investia tempo em discutir esses temas, a instituição enfatizava que todos os assuntos públicos deveriam agora ser conduzidos de forma correta e minuciosa. Desde o começo, Fábio deixou claro que esperava ser tratado de maneira condizente com a dignidade do seu cargo. Ele era acompanhado por 24 atendentes, ou *lictors*, que portavam as *fasces*, feixes de varas amarrados ao redor de um machado que, por sua vez, simbolizava o poder de um magistrado de dispensar punição corporal e capital. O *imperium* dos outros magistrados terminava (ou, mais precisamente, subordinava-se), quando um ditador era nomeado. Ao ir encontrar-se com o cônsul sobrevivente, Fábio enviou um mensageiro na frente, instruindo o homem para que demitisse seus lictores antes de ir à presença do ditador[6].

Tendo juntado suas forças às do cônsul e assumido o comando do exército, Fábio passou a ter uma força de quatro legiões sob seu comando, além de quatro *alaes* de aliados que normalmente as apoiavam. Nossas fontes não informam números, mas a dimensão típica de tal exército chegaria a cerca de trinta mil a quarenta mil homens. Era uma força poderosa pelos padrões romanos, mas tinha qualidade muito duvidosa. O exército era formado tendo como base os sobreviventes da derrota em Trébia, de modo que, apesar de estar em serviço há mais de um ano, sua experiência era a de derrota. Essas legiões e alas também tinham sido desprovidas de toda ou grande parte das suas cavalarias, que foram destruídas nos conflitos em Trasimeno. O restante do exército se reunira havia poucas semanas, e os soldados ainda não estavam familiarizados uns com os outros, nem com seus oficiais. Também não houvera tempo para integrar os dois elementos do exército em um único corpo que operaria em conjunto. Assim, apesar de o exército de campo de Fábio ter sido impressionante em tamanho, não era em nenhum aspecto páreo para as tropas dos veteranos de Aníbal. Provavelmente também era bem menor que o do inimigo e estava em grande desvantagem com relação à quantidade e à qualidade da sua cavalaria. Esse é o contexto que devemos observar na campanha promovida pelo ditador.

Enquanto magistrado com poder supremo, o ditador não tinha um colega de função, mas um auxiliar chamado "mestre do cavalo" (*Magister Equitum*). O título parece datar do início da história romana, quando a força do exército consistia na falange hoplita e o ditador liderava a infantaria pesada, enquanto seu subordinado encarregava-se da cavalaria. A lei até proibia o ditador de montar um cavalo durante a campanha. Fábio, porém, requereu e recebeu permissão para conduzir suas tropas a cavalo antes de partir de Roma. Era impossível para um homem a pé comandar e controlar o exército de modo eficiente, e, nesse caso, a tradição arcaica foi anulada. Normalmente, um ditador escolhia seu mestre do cavalo, mas, nas circunstâncias incomuns da eleição de Fábio, foi decidido permitir que seus eleitores também selecionassem seus subordinados. O escolhido foi Marco Minúcio Rufo, que havia sido cônsul em 221. Parece que os dois homens não se deram bem e Minúcio exibiu uma audácia semelhante à de Cipião, Semprônio e Flamínio[7].

Aníbal se deslocara para leste depois de Trasimeno, cruzando os Apeninos até Piceno e chegando às ricas planícies da costa do

Adriático. A maior parte do seu exército estava em más condições de saúde, os homens sofrendo de escorbuto e os cavalos com sarna, pois a intensa campanha não lhes permitira descanso suficiente para recuperar-se dos excessos e da marcha épica até a Itália. A pausa na campanha muito contribuiu para recuperar a boa forma do exército, mas não podemos ter certeza de quanto ela durou. Mais tarde, no verão, Fábio aproximou-se o bastante para acampar a cerca de dez quilômetros de Aníbal, perto da cidade de Aecae (ou Arpi, segundo Lívio). Os cartagineses procuraram travar uma luta decisiva; seus homens marcharam e entraram em formação de batalha, desafiando os romanos. O exército romano continuou em seu acampamento, e Aníbal desfez a formação depois de algumas horas, afirmando a seus homens que aquilo era prova de que os romanos os temiam. Novas tentativas de atrair Fábio para a batalha ou de emboscar seu exército fracassaram, pois o ditador manteve-se determinado a evitar contato. Após alguns dias, Aníbal retirou-se e seus soldados devastaram as terras por onde passaram. O fato de eles fazerem isso literalmente sob o olhar do exército do ditador era um enorme golpe no orgulho romano. As legiões haviam sido recrutadas na esmagadora maioria entre agricultores, e era especialmente deprimente para esses homens saber que não podiam evitar que o inimigo destruísse os campos de suas famílias e seus aliados.

No entanto, Fábio sempre estava na sombra do inimigo, permanecendo um ou dois dias de marcha atrás das forças púnicas e recusando o contato com elas. Ele se movia cuidadosamente, mantendo seu exército unido em rígida disciplina e explorando o conhecimento do relevo local para deslocar-se de uma posição favorável a outra. Sempre que possível, mantinha-se em terreno elevado para evitar planícies abertas, onde a cavalaria superior do inimigo representava grande ameaça. Aníbal não queria atacar o exército de Fábio quando os romanos tinham a vantagem da posição. O cuidado tomado antes da campanha em reunir animais adequados ao transporte, bem como suprimentos de comida para o grande exército romano, pagava agora dividendos, pois permitiu a Fábio mover-se conforme sua vontade em vez de precisar mudar continuamente de posição para conseguir alimentos e forragem. Quando grupos de forrageamento tinham de sair do acampamento, eram sempre protegidos por uma força formada por cavalaria e infantaria ligeira para defendê-los de emboscadas. Nos confrontos de pequena escala entre as patrulhas e os postos avançados dos dois exércitos, eram, quase sempre, os romanos que obtinham vantagem.

Lívio e Plutarco afirmam que, desde o início, Aníbal ficou perturbado, embora mantivesse isso em segredo, pela recusa de Fábio em entrar em combate. Certamente, pelos padrões da teoria militar contemporânea, o ditador estava fazendo a coisa certa. Grande parte dessa literatura abordava as circunstâncias sob as quais o comandante deveria travar batalha: quando as perspectivas de sucesso fossem boas e depois de o general obter todas as vantagens possíveis, por menores que fossem para seus homens. Após as derrotas de Trébia e Trasimeno, a confiança das tropas de Aníbal se elevou sobremaneira. Em menor número e com pouca experiência, o exército do ditador teria, quase com certeza, sofrido derrota em qualquer encontro travado em posições semelhantes. Nesse contexto, Fábio, como o bom comandante dos manuais militares, evitou o combate e procurou meios de transformar as dificuldades em vantagens. A experiência da campanha, aos poucos, melhorou a eficiência do exército romano. As pequenas vitórias conquistadas em escaramuças ajudaram a elevar o moral dos homens e, muito vagarosamente, a desgastar o inimigo. Levaria muito tempo para recuperar-se das derrotas iniciais e reunir um exército capaz de confrontar Aníbal sem grandes vantagens de posicionamento, mas Fábio começou o processo[8].

A estratégia do ditador era perfeita pelos padrões da teoria militar contemporânea, embora não saibamos se Fábio tinha consciência disso ou se agia do modo que considerava apropriado à situação. Roma ainda possuía um exército essencialmente inconstante, em lugar das forças profissionais mantidas por outros grandes Estados. O conhecimento da teoria militar não parecia ser, ainda, difundido entre os senadores que se tornavam comandantes do exército, e como resultado os métodos romanos de fazer guerra não tinham sutileza, dependendo de agressividade e força bruta. Tais atitudes tinham caracterizado as batalhas de Ticino, Trébia e Trasimeno, mas nem mesmo essas derrotas parecem ter afetado em demasia o impulso instintivo da elite romana de atacar o inimigo tão logo fosse possível. A cautela de Fábio ao seguir as forças púnicas era profundamente impopular no exército, em especial entre os profissionais mais graduados, notavelmente o mestre do cavalo. Conforme a campanha progredia, sua oposição a essa estratégia foi se tornando cada vez maior. Fábio foi apelidado *paedagogus* de Aníbal, título do escravo que acompanhava um estudante romano, carregando seus livros e outros materiais escolares[9].

Aníbal, que se deslocava para oeste, chegou à Campânia e saqueou o *Ager Falernus* (planície Falerniana), área fértil cujo vinho mais tarde conquistaria os louvores do poeta Horácio. Saqueando essa região, ele esperava atrair os romanos para a batalha ou demonstrar a seus aliados que Roma não era mais forte o bastante para protegê-los. É possível que os cartagineses ainda tivessem esperança de persuadir os campanianos a trair Roma e se unir a eles. Apesar das insistências de Minúcio e seus outros oficiais, Fábio continuou no terreno elevado que cerca a planície da Campânia, observando o inimigo e recusando-se a lhe dar batalha. Contudo, Lívio nos diz que uma patrulha formada por quatrocentos cavaleiros aliados, liderados por Lúcio Ostílio Mancino, desobedeceu às ordens de não lutar e seus homens foram quase todos mortos ou capturados numa escaramuça[10].

Fábio sentiu que, finalmente, o inimigo cometera um erro. Ele achou que Aníbal se retiraria pela mesma passagem que usara para entrar na planície e ocupou o local antes do inimigo. Mais tarde, naquele mesmo dia, um destacamento de quatro mil homens montou acampamento na passagem, enquanto o corpo principal do exército se estabelecia numa colina acima do passo. Era uma posição muito forte, e Fábio esperava, caso o inimigo tentasse atravessar, ser capaz de infligir perdas consideráveis aos cartagineses, ou pelo menos impedir que levassem a grande quantidade de produtos saqueados que acumularam durante os ataques. O exército de Aníbal havia se separado de sua base original na Hispânia e de seus aliados na Gália Cisalpina e, sem um porto, tampouco tinha comunicação efetiva com Cartago. Até uma pequena derrota poderia prejudicá-lo tremendamente, abalando a impressão de invencibilidade criada pelas suas primeiras vitórias e desencorajando os aliados de Roma a desertar. Os exércitos rivais estavam acampados a cerca de quatro quilômetros de distância um do outro. Lívio afirma que Aníbal lançou um ataque direto à passagem, mas foi repelido, embora Políbio, fonte mais confiável, não mencione tal fato. Todas as nossas fontes concordam quanto ao que aconteceu em seguida, pois tornou-se um dos estratagemas clássicos do mundo antigo.

Aníbal instruiu Asdrúbal, que entre outras coisas era o oficial responsável por supervisionar o comboio de suprimentos do exército a reunir grande quantidade de madeira seca. As achas foram, então, amarradas aos chifres de dois mil touros do grande rebanho bovino que havia capturado. À noite, os servos receberam ordens de acender essas tochas e conduzir os touros até a passagem. Eles foram acompanhados pela experiente infantaria ligeira, cuja tarefa era manter o gado unido, impedindo sua dispersão. Ao mesmo tempo, o restante do exército, previamente instruído a descansar e comer, formou uma coluna de marcha liderada pelos melhores homens da infantaria – provavelmente líbios. A força romana na passagem, confundindo as tochas com a coluna principal, desceu a colina para atacar, mas a confusa refrega foi interrompida quando muitas cabeças de gado, que entraram em pânico, dispararam pelo meio dos homens. Com a passagem aberta, o exército cartaginês foi capaz de passar sem nenhuma oposição. Fábio e a força romana principal não fizeram nada, esperando o amanhecer em seu acampamento. Não estava claro, ao ver as tochas e ouvir o barulho da luta, o que estava acontecendo exatamente, e o ditador recusou-se a entrar em batalha sem conhecer com clareza a situação, pois temia cair numa armadilha. Lutar à noite era fato raro no mundo antigo, sobretudo entre os grandes exércitos, uma vez que era muito difícil para os líderes controlar seus homens e as tropas poderiam facilmente perder-se ou ceder à confusão e ao pânico. Possivelmente Fábio percebeu que seu exército ficaria em grande desvantagem nessas circunstâncias, caso enfrentasse os mais bem treinados e experientes soldados de Aníbal. Quando o sol se ergueu no dia seguinte, a força principal de Aníbal, com a maior parte de seu comboio de suprimentos, já tinha cruzado a passagem. Os cartagineses puderam até enviar uma força de espanhóis a pé para atacar a infantaria ligeira romana, abatendo milhares de soldados no processo[11].

A retirada do exército cartaginês refletiu, uma vez mais, sua grande qualidade e o gênio do seu comandante, causando imensa humilhação para Fábio. Chegara o final do verão, e Aníbal começou a procurar um local adequado para passar o inverno. O exército romano o seguiu em sua marcha para o leste, porém Fábio foi chamado a Roma para supervisionar alguns ritos religiosos e, durante esse tempo, o exército ficou sob o comando de Minúcio. Aníbal invadiu e saqueou a cidade de Gerúnio, na Lucéria, e, em seguida, começou a enviar grandes destacamentos de soldados para reunir provisões, com a intenção de obter suprimentos suficientes para abastecer o exército durante o inverno. Enquanto grande parte das forças romanas estava dispersa cumprindo ordens e, como consequência, seu comandante não tinha intenção de envolver-se numa ação mais séria, o mestre do cavalo atacou e venceu uma escaramuça maior, fora da cidade. Relatos exagerados dessa ação foram levados a uma Roma faminta, nos dois últimos anos, por boas notícias. Numa onda de entusiasmo popular, que contou com a aprovação de todos – exceto de uma pessoa –, Minúcio recebeu poder equivalente ao do ditador, num retorno efetivo à situação normal de ter dois cônsules de igual autoridade, em vez de um magistrado supremo.

Quando Fábio retornou, ambos dividiram o exército em duas partes iguais e acamparam separadamente, pois aparentemente o ditador recusara a sugestão de que assumissem o comando da força total em dias alternados. Pouco tempo depois, Minúcio foi atraído por Aníbal para uma emboscada. A chegada dos homens de Fábio para cobrir sua retirada impediu que a ação se tornasse outro desastre. O mestre do cavalo liderou seus homens até o acampamento de Fábio, onde saudou o ditador não só como comandante, mas como pai. Foi um gesto muito emotivo para os padrões romanos, já que os pais possuíam enorme poder sobre seus filhos e era quase inconcebível para um filho opor-se ao pai em termos políticos. A breve experiência com dois comandantes foi abandonada e o resto da campanha naquele ano não viu maiores batalhas. Ao fim de seis meses no comando, Fábio abdicou do título de ditador e retornou a Roma. Ele havia conseguido tempo para os romanos se recuperarem e reconstituírem suas forças. No ano seguinte, um dos maiores exércitos já arregimentados pela república serviria sob o comando dos cônsules. Contudo, essa força marchou rumo a um desastre ainda maior do que qualquer outro até então[12].

UM HERÓI DA VELHA ESCOLA: MARCO CLÁUDIO MARCELO

Em 2 de agosto de 216 a.C., quase cinquenta mil soldados romanos e aliados foram massacrados na estreita planície ao norte da pequena e arruinada cidade de Canas (Cannae). Os esforços de Fábio foram perdidos, porém a derrota não era inevitável e, com certeza, não havia sido prevista pelos romanos. Tampouco devemos aceitar automaticamente a tradição posterior de Lívio e de outros, segundo a qual o ex-ditador desejara que os cônsules de 216 seguissem sua estratégia de evitar o combate. Uma vez mais, os romanos nomearam um ditador militar durante um período de crise, Marco Júnio Pera, que começou o lento processo de refazer a força romana. Aníbal não marchou para Roma depois de Canas, algo que os romanos nunca entenderam, e, apesar de haver momentos de pânico, o fato de ele ter negligenciado tal procedimento permitiu que os cidadãos romanos tivessem tempo de recuperar-se mentalmente e de retomar sua crença habitual de que uma guerra só termina com a vitória. Não obstante, a situação ainda era de extrema gravidade, pois a maior parte das regiões do sul da Itália havia desertado e passado para o lado dos cartagineses no final daquele ano[13].

Os cônsules eleitos para 215 foram Lúcio Postúmio Albino e Tibério Semprônio Graco. No entanto, poucos meses depois de Canas, Graco foi emboscado e morto com a maioria de seu exército, na Gália Cisalpina, em outro terrível golpe na confiança romana. O homem eleito para substituí-lo foi Marco Cláudio Marcelo. Entretanto, quando ele assumiu o cargo, em 15 de março, maus augúrios anularam a eleição. Fábio Máximo talvez estivesse por trás disso, pois, após uma nova eleição rápida, ele tomou posse. Parte da sua objeção pode ter resultado do fato de tanto Marcelo como Graco serem plebeus, quando o normal era que um dos dois cônsules fosse patrício. Contudo, é realmente muito difícil compreender exatamente o que acontecia nos bastidores. Uma das coisas mais surpreendentes sobre a Segunda Guerra Púnica é a maneira como a vida política seguia normalmente em Roma, mesmo durante a terrível crise, pois os senadores lutavam pela oportunidade de destacar-se na guerra. É possível que Fábio julgasse Marcelo um general agressivo demais para as circunstâncias enfrentadas, porém, como ele recebeu um comando de campo como procônsul, isso parece improvável. Quando Fábio presidiu às eleições do ano seguinte, exigiu que as pessoas refletissem novamente quando dois homens inexperientes começaram a liderar as intenções de voto. Nesse pleito ele foi reeleito, com Marcelo como seu colega, embora seja impossível sabermos até que ponto esse resultado tenha sido, de fato, uma questão de escolha popular[14].

Marcelo tinha 57 anos em 214 a.C., e já havia sido cônsul em 222 e pretor em 224 e 216. Quando jovem, havia lutado na Sicília durante a Primeira Guerra Púnica, ganhando muitas condecorações e reputação por atos individuais de heroísmo. Entre tais honras, estava pelo menos uma coroa cívica (*corona civica*), a principal condecoração romana, conferida de um cidadão a outro como confirmação de que o recebedor salvara sua vida. A condecoração havia sido entregue a ele por seu irmão Otacílio. Em muitas maneiras, Marcelo assemelhava-se a Aquiles, Heitor e outros guerreiros aristocráticos da *Ilíada* de Homero, ou aos primeiros heróis de Roma, na ousadia, na agressividade e no prazer que tinha nos combates singulares. Era um estilo de luta antigo, mais relacionado aos bandos tribais guerreiros do que aos exércitos regulares, mas que continuava a caracterizar seu modo de fazer guerra, mesmo quando chegou ao alto-comando. Em 222, ele e seu colega consular, Cneu Cornélio Cipião, promoveram a invasão conjunta do território dos insubres, na Gália Cisalpina. A tribo havia sofrido grave derrota às mãos de Flamínio no ano anterior, porém Marcelo e Cipião estavam tão ansiosos por promover uma campanha, que persuadiram o Senado a não receber os enviados gauleses que buscavam negociar a rendição. Os cônsules avançaram e cercaram a cidade situada no alto da colina (*oppidum*) de Acerrae. Em resposta, os insubres, ao lado de guerreiros aliados ou mercenários do norte dos Alpes do Norte, conhecidos como *gaesatae*, cercaram Clastidium, aldeia aliada a Roma. Deixando Cipião com a força principal, Marcelo levou dois terços da sua cavalaria e seiscentos homens da infantaria ligeira para enfrentar a nova ameaça. O que, então, ocorreu saiu diretamente de Homero e foi cantado pelo poeta Névio, embora nosso relato derive de uma fonte posterior[15].

Quando os romanos aproximaram-se de Clastidium, os gauleses saíram para enfrentá-los, liderados por um rei chamado Britomaro. Nossas fontes afirmam que havia dez mil desses guerreiros, porém isso deve ser um exagero. Os cavaleiros do exército gaulês, como acontecia com as legiões da época, eram os membros mais ricos e aristocráticos da tribo, que podiam comprar um cavalo e o equipamento adequado. A cavalaria gaulesa era, em geral, bem formada – os romanos, posteriormente, copiaram muitos dos arreios de cavalos e do treinamento de cavaleiros gauleses –, e seus membros eram extremamente corajosos, embora sem sofisticação tática. Esses homens tinham de justificar sua posição honrosa na sociedade demonstrando coragem na guerra. Com Britomaro à frente, destacando-se dos demais como era apropriado a um rei, com sua couraça de prata trabalhada em ouro, os cavaleiros da tribo arremeteram para atacar os romanos em número inferior. Marcelo estava também ansioso pelo combate, mas Plutarco nos diz que, durante o avanço, seu cavalo empacou e começou a afastar-se da luta. Pensando rapidamente, o cônsul fingiu que tinha deliberadamente virado sua montaria para orar ao Sol, de forma que seus homens não se sentiram desencorajados. Atribuir um aspecto positivo ao que parecia ser, de início, um mau presságio era outro dos atributos de um bom general. Marcelo teria jurado dedicar a mais impressionante panóplia do inimigo a Júpiter Ferétrio, se o deus desse a vitória aos romanos. Então, vendo que Britomaro possuía as melhores armas, o cônsul romano esporeou seu cavalo, destacando-se de seus homens, e foi de encontro ao rei. Os dois líderes encontraram-se entre as linhas rivais. Marcelo cravou sua lança no corpo do gaulês, derrubando-o do cavalo e abatendo-o com um segundo e um terceiro golpes, antes de desmontar e tirar a armadura do cadáver. Se acreditarmos em Plutarco, os dois lados não se aproximaram enquanto o combate singular era travado. Então, o cavalo do romano voltou para suas linhas e, depois de uma sangrenta contenda, os gauleses foram derrotados[16].

Quando Marcelo juntou-se novamente a Cipião, Acerrae tinha sido tomada e os romanos haviam avançado contra Mediolano (a moderna Milão), a maior cidade dos insubres, que terminou por cair após algumas duras batalhas. Ao retornar a Roma, Marcelo coroou seu triunfo dedicando o espólio no templo de Júpiter Ferétrio no Capitólio. Ele era o terceiro homem em toda a história de Roma a receber tal honra, conferida apenas ao general que matava o líder inimigo em combate singular antes da batalha. Acreditava-se que Rômulo tivesse sido o primeiro a realizar tal feito, estabelecendo a tradição de que um comandante que executasse tal rito deveria levar os espólios do inimigo derrotado num ramo de carvalho[17].

Apesar da idade, Marcelo assumiu uma série quase contínua de comandos de campo a partir do começo da Segunda Guerra Púnica. Ele foi o primeiro comandante romano a enfrentar o exército cartaginês principal nos meses subsequentes a Canas. Os combates que travou no final de 216 e em 215 a.C., nos arredores da cidade de Nola, foram provavelmente de pequena escala, pouco mais do que grandes escaramuças, mas as vitórias vieram num momento em que Roma estava desesperada por um sucesso militar, por menor que fosse. Essa região é muito acidentada, com poucas áreas abertas amplas o bastante para permitir que os exércitos formem linhas de batalha formais. O relato de Lívio sobre a luta é dramático, porém mesmo ele duvidou que o número de mortos fosse tão alto como afirmam algumas das fontes. Marcelo liderou as tropas no seu modo costumeiramente agressivo, mas, apesar de seu desejo de atacar o inimigo, não escondeu o cuidado que tomava para combater apenas nas circunstâncias mais favoráveis possíveis. Aníbal não foi capaz de despistá-lo ou surpreendê-lo como fizera com grande facilidade com outros comandantes romanos. Nesse sentido, os estilos de comando do cauteloso Fábio e do ousado Marcelo eram muito semelhantes, pois ambos mantinham seus exércitos sob rígido controle. Durante a marcha, os homens não tinham permissão para afastar-se de suas unidades, e a coluna deslocava-se por trás de uma proteção de postos avançados ao longo da rota, cuidadosamente inspecionados por patrulhas que, às vezes, eram lideradas pelo próprio comandante. Os locais de acampamento temporário eram escolhidos com zelo, e os combates tinham início apenas quando o general decidia lutar.

Tais precauções podem parecer óbvias, quase triviais, porém haviam sido, no passado, muitas vezes ignoradas pelos exércitos romanos. A vontade dos cidadãos romanos de servir em unidades organizadas sob rígida lei militar não deve nos iludir com relação à natureza inconstante das legiões. A falta de jeito com que os exércitos romanos manobravam nas primeiras campanhas da guerra era típica do período, bem como a frequência com que eram emboscados ou colidiam de modo inesperado com uma coluna inimiga. O serviço prolongado, especialmente uma campanha bem-sucedida, aos poucos aumentava a eficiência militar de um exército romano; contudo, levava um tempo considerável para se atingir a competência básica e vários anos para alcançar o padrão das tropas profissionais. Sua considerável experiência de campanha, unida à habilidade natural, colocou Marcelo e Fábio em destaque com relação à maioria dos comandantes romanos contemporâneos e tornou seu estilo de comando muito mais próximo do ideal helênico[18].

Até onde podemos dizer, os dois homens conseguiram cooperar de maneira eficiente sempre que necessário. Deve-se notar que a relutância de Fábio em confrontar Aníbal em batalha não se estendia aos destacamentos menores do exército púnico, mais especialmente às comunidades italianas que desertaram para o lado do inimigo. Fábio continuou a evitar o combate contra um exército que ele não acreditava ser capaz de derrotar, mas, consistentemente, atacava o inimigo de forma indireta, esperando enfraquecê-lo aos poucos. Tanto Fábio quanto Marcelo tomaram muito cuidado em preservar a lealdade dos aliados de Roma, sobretudo quando pareciam vacilar. Uma história semelhante foi contada sobre ambos convencerem um eminente soldado aliado que, descontente com o que sentia ser uma falta de reconhecimento aos seus serviços, estava planejando desertar. Em 214, os dois cônsules combinaram recapturar a cidade de Cassilinum, tomada por Aníbal no ano anterior. No começo o cerco foi malsucedido, e, segundo Lívio, foi pela determinação de Marcelo em perseverar que os romanos não se retiraram, mas não há evidência de que tenha havido rixa entre os dois homens. Ambos demonstraram o comportamento de aristocratas romanos, recusando-se a considerar a possibilidade de que Roma viesse a perder a guerra. Diz-se que Aníbal ficou exasperado pelo entusiasmo com que Marcelo retomou a ação, mesmo apesar de ter sofrido um revés no dia anterior. O relato perdido do filósofo grego Possidônio afirmava que, por conta das diferentes abordagens de Marcelo e Fábio quanto ao modo de conduzir a guerra, receberam o apelido de "Espada e Escudo de Roma". Sejam quais forem suas diferenças de temperamento e, talvez, de ambições políticas, isso enfatiza sua complementaridade essencial e a relação de cooperação quando tiveram de combater os cartagineses[19].

A maior realização de Marcelo na Segunda Guerra Púnica foi a captura de Siracusa, na Sicília, depois de um longo cerco. Uma primeira tentativa de ataque direto havia fracassado, devido, ao menos em parte, às geniais máquinas de cerco usadas pelos defensores e projetadas pelo geômetra Arquimedes, nativo de Siracusa. Assim, os romanos recorreram a um bloqueio. No final, um ataque-surpresa permitiu que os romanos tomassem as fortificações externas em 212, e durante o ano seguinte o resto da cidade foi capturado, ou entregue aos romanos por traição, ou talvez tenha se rendido. Rivais no Senado, afirmando que a campanha da Sicília ainda não fora completada, negaram-lhe um triunfo por seu feito, e, em vez disso, Marcelo celebrou uma ovação, montando um cavalo em lugar de uma carruagem ao liderar a procissão. Os espólios trazidos de Siracusa incluíam grandes quantidades de artes helênicas, o que, até então, era uma raridade em Roma.

Em 209, durante seu quinto mandato como cônsul e seu último comando de campo, Fábio Máximo recapturou a cidade de Tarento usando uma mistura de dissimulação e traição por parte de algumas pessoas da tropa. Marcelo obteve um quarto mandato como cônsul em 210, durante o qual aparentemente conquistou uma vitória marginal sobre Aníbal em Numistro, e um quinto mandato em 208. Movendo-se uma vez mais em contato próximo com os cartagineses e esperando provocar uma batalha, ele e seu colega consular lideraram pessoalmente 220 cavaleiros no reconhecimento de uma colina entre os dois acampamentos. A patrulha caiu numa armadilha, pois Aníbal tinha deliberadamente ocultado homens no terreno superior, suspeitando que os romanos tentariam ocupá-lo. Marcelo tombou no combate singular. O outro cônsul e o filho de Marcelo escaparam, embora ambos tenham sido feridos, o primeiro mortalmente. A perda dos dois cônsules foi um golpe terrível na honra romana, porém, embora Marcelo tenha sido ludibriado pelo general púnico, ele não levara todo o seu exército para a derrota e a destruição. Políbio, que acreditava que não houvera uma emboscada deliberada, mas um encontro casual com forrageadores númidas, foi muito crítico para com o general, que arriscara sua própria vida ao comandar uma patrulha desse modo. Não obstante, conforme veremos, muitos comandantes romanos escolhiam tal procedimento na expectativa de conquistar uma posição importante à vista de seus homens[20].

Foi a geração dos homens que chegaram à maturidade durante a Primeira Guerra Púnica, como Fábio e Marcelo, que conseguiu liderar

Roma através da crise da Segunda Guerra Púnica. Mesmo assim, nos últimos anos do conflito, foi a geração mais nova que obteve a vitória romana. Homens como Caio Cláudio Nero contribuíram mais do que quaisquer outros para derrotar o irmão de Aníbal, Asdrúbal, e o novo exército invasor em Metauro, em 207. O mais importante desses novos comandantes – e também o mais jovem – foi Públio Cornélio Cipião.

CAPÍTULO 2

UM ANÍBAL ROMANO: CIPIÃO AFRICANO

Publius Cornelius Scipio Africanus
(c. 236-184 a.C.)

Minha mãe deu à luz um general (*imperator*), não um guerreiro (*bellator*)[1].

Um dos aspectos mais surpreendentes da Segunda Guerra Púnica foi o desejo do Senado romano de enviar exércitos para combater simultaneamente em diversos teatros bélicos e a persistência com a qual essas campanhas foram executadas, mesmo quando Aníbal marchou sobre a Itália e havia dúvidas quanto a como resolver o problema da guerra. Com o tempo, os esforços de Fábio, Marcelo e outros impediram a vitória dos cartagineses, porém a soma das suas realizações ainda era essencialmente no sentido de evitar que Roma perdesse o conflito. Campanhas na Hispânia, Sicília e Macedônia impediram que reforços e suprimentos chegassem ao exército de Aníbal, apoiando, dessa forma, o esforço de guerra dos romanos. Mesmo assim, no final, esses dramas se mostraram decisivos para as vitórias de Roma na Hispânia e na Sicília, as quais tornaram possível a invasão da África, que, por sua vez, forçou o retorno de Aníbal e, em última instância levou à capitulação de Cartago.

O peso de fazer guerra em tantos fronts separados era sustentado pelos grandes recursos da república romana, embora tais recursos fossem utilizados quase a ponto de extenuá-los. A sociedade romana era concebida em torno da guerra de um modo que a cartaginesa não era, mas isso não nos leva a entender a ampla visão estratégica e a séria determinação com as quais o Senado encarava o conflito. Os senadores também adotaram uma abordagem pragmática com relação à convenção política, permitindo que múltiplos termos consulares fossem assumidos por veteranos como Marcelo e Fábio. Em 210 a.C., eles concederam *imperium* proconsular e comando da guerra na Hispânia a Públio Cornélio Cipião, então com 27 anos de idade. Uma posição de tanta responsabilidade jamais fora concedida a um homem tão jovem. Contudo, a escolha logo se provou extremamente positiva. Foi Cipião que expulsou os cartagineses da Hispânia e, em seguida, levou o exército à África, onde conquistou uma vitória atrás da outra, derrotando finalmente o próprio Aníbal, em Zama, em 202 a.C.

É fácil subestimar quão surpreendente foi a mudança que as campanhas de Cipião promoveram no destino da guerra. Em 211 a.C., os exércitos romanos na Hispânia, que até então haviam tido sucesso contínuo, foram quase aniquilados. Uma pequena força remanescente conseguiu assegurar um modesto trecho de terra ao norte do rio Ebro, repelindo as tentativas dos cartagineses de expulsá-la. Cipião trouxe reforços despretensiosos, somando uma força total pouco maior que a de um exército consular, e enfrentou três exércitos púnicos, cada qual de tamanho semelhante ao seu. Mesmo assim, no espaço de quatro temporadas de campanhas, conseguiu expulsar os cartagineses da península. Mais tarde, na África, ludibriou grandes exércitos púnicos e obteve vantagens diante deles por meio de manobras, demonstrando a mesma superioridade sobre o inimigo que Aníbal demonstrara sobre os comandantes romanos que o enfrentaram na Itália. Ele adotou o nome Africano, como lembrança permanente de ter sido o homem que pôs fim à guerra com Cartago.

A Segunda Guerra Púnica dominou a vida de Cipião. Ele tinha 17 anos de idade quando o conflito começou e tomou parte na primeira ação da campanha italiana em Ticino. Mais tarde esteve provavelmente em Trébia, talvez em Trasimeno e com certeza em Canas. Como todos os aristocratas da sua geração, enfrentou mais períodos de árduo serviço militar do que quaisquer romanos antes ou depois do seu tempo. Se não fossem mortos ou ficassem incapacitados devido a feridas ou doenças, esses homens conquistariam, com pouca idade, uma experiência militar muito superior àquela que a maioria dos senadores obtivera em toda a sua vida. Quase todos tornaram-se oficiais capazes e muitos provaram ser excepcionalmente dotados. Cipião destacou-se até entre seus pares. Na época que a guerra terminou, ele tinha apenas seus 35 anos de idade e já passara a maior parte da vida em campanha, comandando um exército durante oito anos e combatendo e vencendo cinco grandes batalhas, bem como incontáveis cercos e escaramuças menores. O catálogo das suas realizações diminuía os feitos de qualquer outro senador, porém, embora ele ainda detivesse o comando em 205, era tecnicamente jovem demais para ser cônsul. A república, que estava muito contente com seus serviços durante a Segunda Guerra Púnica, esforçava-se por encontrar uma posição adequada para ele, uma vez que seu sistema político deveria evitar que qualquer indivíduo amealhasse muito poder ou influência. Em circunstâncias normais ele poderia esperar ter trinta anos ou mais de vida pública ativa, mas o mundo do início do século II a.C. não apresentava oportunidades para igualar, quanto mais superar, seus sucessos iniciais. No final, ele foi forçado a sair da política e a enfrentar uma amarga aposentadoria, morrendo desapontado e relativamente jovem.

O INÍCIO DA VIDA E O CARÁTER DE CIPIÃO

Sensível, inteligente e carismático, Cipião tinha a confiança sem limites de um patrício que sabia desde a infância que estava destinado a exercer papel proeminente na vida pública de Roma. Algumas das histórias sobre o início da sua vida têm muito em comum com as contadas sobre os príncipes e reis helênicos. Mais tarde, um mito idêntico a uma lenda associada a Alexandre, o Grande inferia ancestralidade divina para ele, pois afirmava que sua mãe tinha sido vista no leito com uma grande cobra. Cipião era certamente um homem religioso, que, na juventude, desenvolvera o hábito de sentar-se em solitário silêncio no templo de Júpiter, no Capitólio, antes do amanhecer[2].

Mais tarde, afirmaria abertamente que seus planos eram, às vezes, guiados por sonhos enviados pelos deuses. Segundo argumentava Políbio, grego racional que achava que os romanos inclinavam-se à superstição excessiva, Cipião não acreditava, de fato, nas suas afirmações, mas compreendia que os menos sofisticados eram imediatamente influenciados por abordagens como essa. O historiador viveu na casa do neto adotivo de Africano, Cipião Emiliano, e, dessa forma, tinha acesso às tradições e histórias da família. Ele também conheceu o velho Lélio, que fora amigo próximo do Africano. No entanto, não é fácil saber se compreendeu corretamente o general ou atribuiu-lhe as atitudes da sua própria época por engano, sendo estas mais cínicas do que as das gerações anteriores. Cipião sem dúvida tinha um gênio para gestos teatrais, por isso suas razões verdadeiras podem bem ter sidos complexas, e não simplesmente manipuladoras ou totalmente sinceras[3].

O pai de Cipião, também chamado Públio, foi cônsul em 218, e, como muitos filhos, o rapaz acompanhou seu pai em campanhas como companheiro de tenda, ou *contubernalis*. A prática era vista como uma boa maneira de os jovens aristocratas conseguirem experiência militar. A maior parte do exército do cônsul foi para a Hispânia sob o comando do seu irmão mais velho, Cneu (colega de Marcelo como cônsul, em 222), mas Cipião retornou à Itália com o pai quando este descobriu que Aníbal deslocava seu exército com a intenção de cruzar os Alpes. Em novembro de 218, o cônsul levou sua cavalaria e a infantaria ligeira (*velites*), cruzando o rio Ticino para localizar a posição do inimigo e descobrir seu tamanho e intenções. Tendo encontrado uma força numericamente superior e mais bem treinada, com a cavalaria liderada pelo próprio Aníbal, os romanos foram dispersados. O cônsul foi ferido e, de acordo com o mito familiar, sobreviveu apenas por causa da intervenção de seu filho. De acordo com Políbio, o jovem Públio recebera o comando de uma tropa de cavalaria e estava estacionado à retaguarda fora de perigo. Vendo o pai isolado com apenas alguns guardas e ameaçado por vários cavaleiros inimigos, Cipião conclamou seus homens ao resgaste. Recusaram-se a ir e foi apenas depois de ele ter esporeado seu cavalo num ataque solitário que se envergonharam e o seguiram. Plínio, o Velho, escrevendo no século I d.C., afirmou que o cônsul ofereceu a seu filho a *corona civica*, porém Cipião não a aceitou. Entretanto, Lívio menciona outra versão da história, registrada na história perdida de Célio: a de que, de fato, quem salvou o cônsul foi um escravo lígure, embora ele diga que a maioria das autoridades atribui o feito a Cipião[4].

Quando o cônsul recuperou-se do seu ferimento, foi, na qualidade de procônsul, unir-se ao seu irmão Cneu na Hispânia. Seu filho permaneceu na Itália e, em 216, virou tribuno militar da Segunda Legião, uma das oito unidades sob o comando conjunto dos cônsules daquele ano, Lúcio Emiliano Paulo e Caio Terêncio Varro. Cipião estava casado – ou iria casar-se em breve, a cronologia é incerta – com a filha de Paulo, Emília, de forma que esse foi outro exemplo de uma prática comum, a partir da qual os jovens aristocratas conquistavam experiência militar num exército comandado por um parente. Não obstante, uma expressiva proporção da aristocracia romana voluntariou-se para servir naquele ano, unindo-se ao grande exército que deveria confrontar e derrotar o inimigo que tinha humilhado a república. O resultado não foi conforme os romanos esperavam, pois o exército de Aníbal, em menor número, cercou e quase aniquilou a grande força romana em Canas. Os óbitos foram assustadores e especialmente altos entre as famílias senatoriais. Paulo morreu, bem como mais de oitenta senadores, entre eles Minúcio Rufo, *Magister Equitum* de Fábio, e mais da metade dos tribunos militares. Cipião sobreviveu e foi um dos quatro tribunos que se viu com o amplo corpo de fugitivos na cidade próxima, Canúsio.

Apesar de um dos outros tribunos ser o filho de Fábio Máximo, que seria eleito cônsul em 213, o comando foi dado aos dois homens mais jovens, Cipião e Apiano Cláudio. O último tinha sido edil pouco antes, mas foi sua confiança e força de caráter, mais do que a experiência, que fez os outros seguirem sua liderança. A escala do holocausto gerou pânico em muitos dos sobreviventes. Um grupo de jovens nobres, inclusive os filhos de magistrados distintos, falavam abertamente em abandonar sua república condenada e fugir para o exterior. Cipião foi com alguns poucos soldados ao alojamento – provavelmente uma casa na cidade – do seu líder Quinto Cecílio Metelo, onde os desertores realizavam, de forma tipicamente romana, um conselho (*consilium*) para discutir o que fazer. Invadindo o local, o tribuno de 20 anos de idade, espada na mão, fez um juramento solene a Júpiter Ótimo Máximo, invocando uma maldição sobre ele e sua família caso quebrasse a promessa. O juramento declarava que ele nunca desertaria a república nem permitiria que qualquer outro o fizesse, e que mataria os desertores se fosse necessário. Ele obrigou que cada um dos presentes fizesse os mesmos votos. Nos dias que se seguiram, mais fugitivos do exército chegaram à cidade, de modo que, quando o cônsul sobrevivente chegou para assumir a força, mais de dez mil homens já se reuniam ali. Era um pequeno número de remanescentes dos 86 mil homens que marcharam para a batalha na manhã de 2 de agosto, mas era um começo[5].

Na sequência de Canas, Cipião personificara a *virtus* esperada de um aristocrata romano, especialmente um membro de uma família distinta, ao enfrentar uma adversidade. Seu comportamento destacou-se ainda mais diante do fato de membros da sua própria classe terem começado a fraquejar. Os romanos aceitavam que, por vezes, sofreriam derrotas, porém recusavam-se a acreditar que esse seria o resultado final. Todos os cidadãos, principalmente os nascidos na classe alta, deveriam lutar com bravura, mas, desde que fizessem isso, não havia vergonha na derrota. Não se esperava que um líder derrotado morresse combatendo nem cometesse suicídio, a não ser que não tivesse outra alternativa. Em vez disso, ele deveria começar a reconstituir a força do exército, recuperando o maior número possível de homens do caos de uma batalha perdida e preparando-se para o encontro com o inimigo, pois sempre haveria uma próxima vez, e finalmente Roma venceria. Tal era o espírito que unia Fábio e Marcelo, apesar de suas abordagens radicalmente diferentes ao enfrentar Aníbal, porque ambos nunca questionaram se Roma deveria continuar lutando ou se venceria no final do conflito. O conceito de *virtus* implicava que quaisquer dificuldades, mesmo as mais aterrorizantes, deveriam ser enfrentadas e que a guerra deveria continuar até a obtenção da vitória. Quando Varro, o cônsul acusado do desastre de Canas, voltou a Roma, foi formalmente saudado pelo Senado, com os agradecimentos por "não ter deixado a república em desespero"[6].

Em 213, Cipião foi eleito ao cargo de *Curule Aedile*, mas pouco mais se conhece sobre sua carreira depois de 216. É provável que tenha continuado no serviço militar, devido ao alto nível de mobilização naqueles anos. Contudo, não foi até ser nomeado para o comando espanhol, em 210, que outras fontes voltaram a descrever sua atividade. No ano anterior, seu tio e seu pai foram mortos, quando a deserção dos aliados celtiberos deixou os exércitos romanos na Hispânia perigosamente expostos e em número muito inferior ao do inimigo. Alguns remanescentes do exército permaneceram sob o comando de um oficial equestre, chamado Lúcio Márcio, e conseguiram controlar uma área no nordeste da Hispânia, porém a maior parte dos aliados de Roma desertou em favor do inimigo. O Senado enviou Caio Cláudio Nero para assumir o comando, e, ao que parece, ele venceu algumas pequenas ações, antes de voltar à Itália no ano seguinte. Ao que parece, houve considerável incerteza com relação à escolha de seu sucessor. Muitos dos comandantes romanos mais ambiciosos e destacados – e não devemos esquecer que, com os óbitos da guerra, havia poucos homens de destaque e prontos para o serviço – não tinham entusiasmo para aceitar um posto na Hispânia. A situação peninsular era ruim e os recursos disponíveis para a região, modestos. De 218 a 211, Cneu e Públio Cipião reclamaram repetidas vezes ao Senado que não recebiam nem homens nem fundos suficientes para derrotar o inimigo. Incapaz de chegar ao consenso sobre o comandante adequado, Lívio afirmou que o Senado recorreu à decisão de resolver o impasse por meio de eleição e, assim, foi reunida a *Comitia Centuriata*. No primeiro momento, nenhum candidato surgiu; então Cipião anunciou, de repente, seu desejo de concorrer, sendo eleito por unanimidade. Entretanto, sua juventude – ele tinha por volta de 25 anos – e sua inexperiência fizeram que muitos cidadãos questionassem se não teriam agido de forma precipitada. Só depois de Cipião fazer seu discurso tiveram certeza de que a escolha fora acertada. A narrativa de Lívio é muito estranha, pois não há evidência de que os romanos tivessem jamais agido de maneira semelhante, de modo que diversos estudiosos rejeitam tal versão dos eventos. Uma hipótese é que o Senado já tivesse decidido escolher Cipião e, em seguida, realizara uma eleição pública para garantir legitimidade oficial para o que era considerado uma atitude pouquíssimo ortodoxa. Sejam quais forem os detalhes, Públio Cornélio Cipião foi enviado como procônsul para comandar o exército na Hispânia[7].

A CAPTURA DE NOVA CARTAGO, 209 A.C.

Cipião aportou em Emporion – colônia grega na Hispânia, aliada dos romanos desde antes da guerra – com cerca de dez mil homens como reforço, o que elevou o total do contingente romano na província a 28 mil homens de infantaria e três mil de cavalaria. Havia três exércitos de campo cartagineses na península, cada qual com força igual ou superior, comandados respectivamente pelos irmãos de Aníbal, Asdrúbal e Mago, e pelo filho de Asdrúbal, Gisgo. Contudo, o jovem comandante romano estava extremamente confiante. Antes de deixar Roma, ele havia concluído que o desastre de 211 não se devera ao brilhantismo dos cartagineses. Seu pai e seu tio haviam recrutado vinte mil celtiberos para a campanha final. Otimistas por conta desse grande aumento das suas forças, dividiram o exército em dois e agiram de forma independente. Quando os celtiberos mostraram que não eram confiáveis e desertaram em massa, cada um dos irmãos foi atacado separadamente e ambos foram esmagados pelo enorme número de inimigos. Cipião estava determinado a não repetir o mesmo erro e foi à Hispânia com o objetivo de agir com agressividade, em lugar de simplesmente ficar na defensiva e manter-se na pequena região ainda controlada por Roma[8].

Políbio leu e mencionou uma carta escrita por Cipião ao rei Filipe V da Macedônia, na qual explicava como planejou sua primeira operação na Hispânia. Em 210 a.C., Roma estava em guerra com a Macedônia, um conflito que terminou em 205, mas recomeçou quase que imediatamente após o final da Segunda Guerra Púnica, de modo que a correspondência deve datar do começo do século seguinte. Pode ter sido escrita em 190 a.C., quando Cipião acompanhou seu irmão numa campanha à Ásia Menor, ocasião em que seu exército recebeu ajuda e apoio de Filipe V, derrotado em 197 e naquele momento, aliado de Roma. É mais do que provável, então, que essa fonte tenha sido escrita vinte anos depois dos eventos que descreve e, possivelmente, reflita uma visão em retrospectiva, por isso deve ser tratada com a mesma cautela que as recordações de comandantes mais recentes. Mesmo assim, é a primeira vez que temos uma indicação do pensamento de um general romano ao planejar uma campanha[9].

Na Hispânia, Cipião começou a reunir mais informação sobre a força e a disposição do inimigo. Os relatos foram encorajadores. Os três exércitos púnicos haviam se separado e estavam operando a certa distância uns dos outros. Asdrúbal Gisgo estava na Lusitânia (equivalente ao moderno Portugal), próximo da foz do rio Tejo. Asdrúbal Barca fazia o cerco à cidade de Carpetâni, na Hispânia Central, enquanto seu irmão Mago estava, provavelmente, estacionado no extremo sudoeste da península, apesar de uma aparente contradição no texto de Políbio dificultar sua localização precisa[10]. Agora que a capacidade romana para uma ação ofensiva na Hispânia parecia virtualmente destruída, não havia motivo para os cartagineses manterem suas forças concentradas, o que aumentava demais o problema de abastecer as tropas. Seu deslocamento foi provocado pela fricção entre os três generais e também pela crescente necessidade de suprimir rebeliões entre as tribos aliadas ou submetidas a Cartago. O domínio púnico parece ter se tornado mais rígido quando o temor de deserções para Roma foi removido. Havia pouco desejo entre as tribos de permanecer ao lado de Cartago; mesmo assim, naquele momento continuavam a respeitar o poder militar púnico. Quando a sorte de Roma começou a mudar, muitos tentaram aliar--se a Roma, fornecendo a Cipião valiosos contingentes de tropas, embora ele tenha permanecido fiel à resolução inicial de não confiar demasiadamente nos aliados.

Cipião decidira lançar uma ofensiva, e um dos exércitos púnicos oferecia um alvo óbvio para esse intento. Seu próprio exército era poderoso o bastante para enfrentar e derrotar qualquer uma das forças, desde que fosse capaz de combater em circunstâncias razoavelmente favoráveis. No entanto, para garantir isso, era preciso manobrar com cautela e provavelmente ganhar tempo. As batalhas formais desse período raramente ocorriam antes de dias ou semanas de preparação, depois de os exércitos terem se aproximado. Quando um dos lados ocupava uma posição forte e recusava-se a deixá-la, poucos comandantes arriscavam um ataque. Mesmo Aníbal, apesar do seu gênio, não foi capaz de ludibriar Fábio Máximo e obrigá-lo a combater, e tampouco quis lutar no terreno escolhido pelos romanos. Entretanto, por mais amargas que as disputas entre os generais cartagineses possam ter sido, muito certamente não esperaram de maneira passiva que Cipião derrotasse cada um deles. Portanto, logo que a presença romana foi descoberta, mensageiros foram despachados para buscar ajuda. Se Cipião não conseguisse lutar e vencer essa batalha em até duas semanas depois de se aproximar do inimigo – e a expectativa de receber reforços iria, sem dúvida, impedir que os cartagineses se arriscassem a uma batalha –, então ele ficaria em séria desvantagem numérica, podendo enfrentar desastre semelhante àqueles que esmagaram seu pai e tio.

Assim, em vez de buscar uma batalha decisiva contra um exército púnico separado dos demais, Cipião decidiu atacar a base inimiga de maior importância na Hispânia, a cidade de Nova Cartago (a moderna Cartagena). Fundada pelo pai de Aníbal, Amílcar, como sede do governo da Província Púnica da Hispânia e local onde começou a épica marcha à Itália, em 218, Nova Cartago era um símbolo marcante do orgulho púnico – e especialmente barsida. Quase todas as colônias cartaginesas tinham um porto, mas o de Nova Cartago era maior e com melhor infraestrutura do que qualquer outro na Hispânia. Além dos registros e tesouros do governo provinciano, a cidade abrigava hóspedes (prisioneiros) das famílias nobres de muitas comunidades espanholas. Havia também reservas consideráveis de alimentos e equipamento militar, bem como fábricas e mão de obra especializada para produzir armamentos. Por isso, Nova Cartago era um alvo atraente, cuja captura abalaria o moral do inimigo e enfraqueceria sua capacidade de fazer guerra, ao mesmo tempo em que aumentaria a dos romanos.

Cada um dos exércitos cartagineses estava a pelo menos dez dias de marcha da cidade, e sua guarnição de soldados treinados era relativamente pequena. Mesmo assim, Nova Cartago era uma cidade fortificada, protegida de um lado pelo mar e do outro por um lago salgado, de modo que poderia ser atacada apenas por terra através de um estreito istmo. Nesse período, locais fortificados dificilmente caíam num ataque direto. Os cercos tendiam a ser mais bem-sucedidos, embora seu sucesso fosse incerto, mas tal operação demoraria meses, e Cipião tinha, na melhor das hipóteses, poucas semanas antes da chegada de um ou mais exércitos. Resultados mais rápidos eram obtidos por meio de traição, porém não havia perspectiva de que isso pudesse ocorrer. Cipião, entretanto, recebeu uma informação que se mostraria vital. Ele havia procurado pescadores e marinheiros da cidade aliada de Tarraco (Tarragona), homens que navegavam regularmente ao longo da costa até Nova Cartago. Isso é uma indicação do cuidado com que o general romano preparou sua campanha. Os homens lhe disseram que o lago ao norte da cidade poderia ser atravessado em determinado local e que o nível da água caía ainda mais à noite. O que os pescadores não lhe disseram foi como seus homens poderiam abrir caminho lutando na muralha norte da cidade, quando tivessem atravessado o lago.

Cipião passou o inverno visitando suas tropas, supervisionando seu treinamento e indo até as poucas cidades aliadas a Roma, e resolveu atacar a cidade, mas ainda confiava apenas no seu amigo próximo e subordinado de maior graduação, Lélio. Ele elogiava abertamente suas tropas, desdenhava das realizações cartaginesas nas duas últimas campanhas e falava em conseguir uma oportunidade para uma ação ousada contra o inimigo na primavera. Tomou cuidado particular ao louvar e honrar Lúcio Márcio, o cavaleiro que, por conta da força de sua personalidade, comandara os sobreviventes dos exércitos romanos depois do desastre de 211, mas que havia irritado o Senado ao referir-se a si mesmo como "propretor" em suas cartas. No começo da temporada de campanhas, ele concentrou suas forças perto da foz do Ebro. Apenas três mil soldados a pé e quinhentos a cavalo foram deixados para defender a área que ainda era leal a Roma. A força principal de 25 mil homens da infantaria e 2,5 mil soldados da cavalaria cruzou o rio sob o comando direto de Cipião. Uma esquadra de 35 galeras de guerra, muitas das quais com tripulação menor que a necessária, navegaram sob Lélio para encontrar-se com o exército em Nova Cartago[11].

Os detalhes da primeira fase da operação são um pouco obscuros. Políbio nos diz que Cipião chegou às vizinhanças de Nova Cartago no sétimo dia de uma marcha rápida. O texto infere – apesar de, ao contrário de Lívio, não afirmar isto explicitamente – que a marcha teve início no Ebro. Em algum lugar do texto, ele nos informa que a distância de Nova Cartago ao Ebro era de 2,6 mil estádios, ou quinhentos quilômetros, o que implica uma velocidade média de 72 quilômetros por dia. Esse movimento é marcantemente veloz, em especial para um exército com bagagem, e pode ser que o número esteja errado ou descreva apenas a última fase do acercamento a partir de um local mais próximo. Contudo, a marcha foi provavelmente rápida para os padrões da época e correu sem maiores percalços, com o exército e a frota reunindo-se do lado de fora da fortaleza conforme planejado. Não se sabe quando Cipião revelou seu objetivo aos seus oficiais superiores[12].

Nova Cartago ficava numa área limitada ao norte pelo lago e pela baía que formava seu porto natural ao sul; um canal ligava os dois. A cidade era cercada por uma muralha de quatro quilômetros de circunferência – um detalhe que Políbio afirma ter confirmado pessoalmente quando visitou o local – e incluía cinco colinas, uma das quais possuía uma cidadela no cume. O comandante da guarnição, outro Mago, tinha mil soldados regulares apoiados por um grupo de homens da cidade, cerca de dois mil deles razoavelmente bem equipados e confiantes. Cipião acampou no terreno elevado no final do fino trecho de terra que levava ao portão principal. Ordenou a construção de um baluarte de terra, com uma trincheira na frente que ia de um lado do istmo ao outro, à retaguarda do seu acampamento, porém deixou deliberadamente sem fortificação a parte frontal mais próxima da cidade. Era uma expressão de confiança, mas não um grande risco, uma vez que o terreno elevado conferia aos seus homens clara vantagem. Cipião preparou o ataque, falando à tropa sobre a importância da cidade e prometendo grandes recompensas aos mais valentes, inclusive a coroa mural (*Corona Muralis*), que seria conferida ao primeiro homem que galgasse a muralha. Também proclamou que Netuno, o deus do mar, aparecera para ele em sonho e prometera que, quando fosse o momento certo, viria em sua ajuda. Políbio, uma vez mais, viu nisso uma armação cínica[13].

O ataque começou na terceira hora do dia seguinte. Vinha de duas direções: dos navios de Lélio, que remaram através da enseada e atacaram a partir do mar, e de dois mil soldados apoiados por auxiliares portando escadas, que atacaram a partir do seu acampamento. Mago dividira seus soldados regulares entre a cidadela e outra colina, a qual tinha um templo dedicado ao deus da cura, Asclépio, no cume, cuja face voltava-se à enseada. Os melhores homens foram colocados de prontidão para atacar a partir do portão principal, enquanto o restante foi distribuído ao redor das muralhas, armados com flechas, dardos e outros projéteis para defender-se do inimigo. Quase imediatamente depois de Cipião ter dado o toque de trombeta ordenando que a tropa de assalto atacasse, Mago ordenou que os civis armados saíssem pelo portão principal, esperando quebrar o ímpeto do ataque romano antes de este chegar à muralha da cidade.

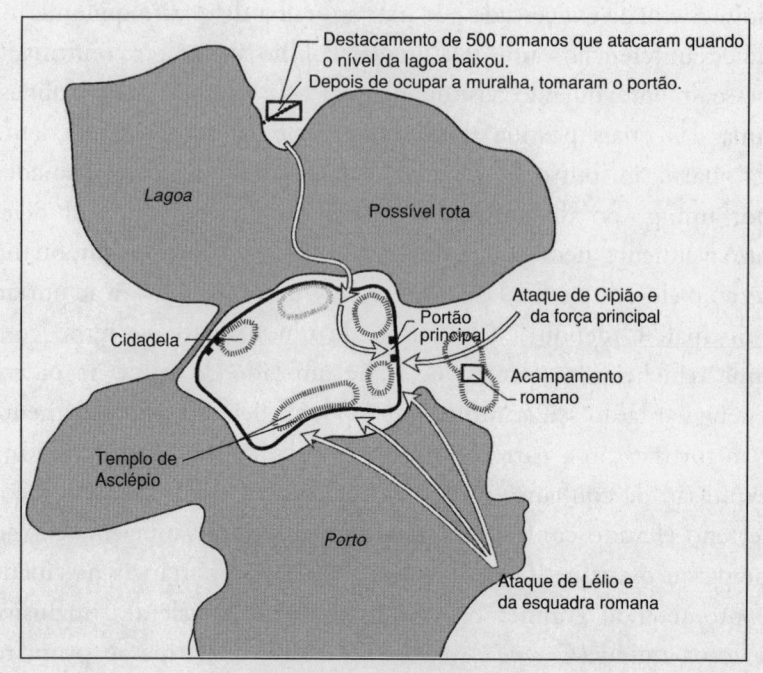

NOVA CARTAGO

Mapa com as seguintes anotações:
- Destacamento de 500 romanos que atacaram quando o nível da lagoa baixou. Depois de ocupar a muralha, tomaram o portão.
- Lagoa
- Possível rota
- Cidadela
- Portão principal
- Ataque de Cipião e da força principal
- Acampamento romano
- Templo de Asclépio
- Porto
- Ataque de Lélio e da esquadra romana

Uma característica surpreendente de muitos cercos na Antiguidade era a vontade que tinha o defensor de deixar a segurança das suas fortificações e combater em espaço aberto. Era uma expressão de confiança com a intenção de intimidar o atacante, a qual servia ao propósito prático de atrasar o verdadeiro ataque. Em uma linha frontal estreita como essa, era difícil para os romanos fazer com que sua grande força combatesse de imediato, e não havia certeza de que os cartagineses pudessem ser flanqueados. No confronto inicial, dois mil defensores enfrentaram um número semelhante de romanos. De forma provavelmente deliberada, já que esperava infligir pesadas baixas aos defensores mais ousados, Cipião manteve seus homens próximos ao acampamento, de modo que as linhas dos combatentes encontravam-se a cerca de 500 metros das muralhas da cidade.

Os cartagineses podem não ter sido soldados treinados, mas demonstraram entusiasmo considerável e, num primeiro momento, o combate parecia equilibrado. Além do clamor da luta, ouviam-se os gritos dos defensores nas muralhas estimulando os soldados e também dos guerreiros romanos que ainda não haviam entrado na luta. Entretanto, Cipião colocou o núcleo do seu exército em formação e o deixou esperando de prontidão a curta distância da linha de combate, enviando gradualmente tropas descansadas para lutar. Mago tinha poucas reservas para auxiliar seus homens, e elas tinham de sair da cidade por um único portão e vencer uma distância maior para entrar em combate. Os cartagineses começaram a ser repelidos e a pressão aumentou, até que cederam e começaram a fugir. A imensa maioria dos óbitos nas batalhas do mundo antigo era infligida nesse momento, quando um dos lados fugia do contato próximo e era perseguido pelo inimigo exultante e vingativo. A luta que havia começado tão bem terminou em caos, enquanto a horda de fugitivos corria para a salvação apresentada pelo único portão. O pânico alastrou-se, atingindo muitos dos que observavam do alto das muralhas, e, por um instante, pareceu que os romanos poderiam invadir a cidade juntamente com os fugitivos.

Cipião supervisionava a batalha de uma posição elevada, à frente do seu acampamento. Vendo a confusão dos defensores, enviou homens e grupos com escadas para escalar a muralha. O general acompanhou seus comandados, mas não era nenhum Marcelo para atacar, de espada na mão, à frente de suas tropas. Políbio nos conta que:

> Cipião tomou parte na batalha, mas manteve-se sem segurança tanto quanto possível, pois tinha com ele três homens portando grandes escudos, os quais os manobravam de forma a cobrir a superfície exposta à muralha, protegendo-o desse modo. Ao passar pelos lados da sua linha de combate em terreno elevado, ele contribuiu enormemente para o sucesso que tiveram aquele dia, uma vez que podia tanto ver o que estava acontecendo como ser visto por todos os seus homens, o que inspirou os combatentes e elevou seu espírito.[14]

Ao permanecer próximo ao combate sem se envolver diretamente, Cipião assumiu os dois papéis que caracterizariam o estilo romano de comando por muitos séculos. Enquanto general, prestava atenção nos grandes e pequenos detalhes da batalha, intervindo até em decisões táticas menores quando necessário, mas sempre mantendo o foco no cenário maior do combate. Enquanto líder, e um líder que tinha prometido grandes recompensas aos mais ousados, agia como testemunha do comportamento dos seus homens. Segundo enfatizou Políbio, ele recompensou generosamente aqueles que executaram atos de coragem notáveis e puniu os que agiram de modo covarde, fatores importantes usados para estimular o espírito de combate e agressividade do exército romano. Os soldados de Roma lutavam melhor quando acreditavam que seu comportamento estava sendo observado por seus comandantes. No século I a.C., o historiador Salústio louvava o espírito guerreiro das gerações passadas, afirmando que "a maior competição para a glória era entre eles mesmos; cada homem esforçava-se por ser o primeiro a matar um inimigo, a escalar a muralha inimiga e, mais do que tudo, por ser visto realizando tal feito"[15]. Esse desejo de ter uma plateia para assistir e elogiar os feitos de coragem era sobrevivente do antigo *ethos* heroico familiar aos guerreiros de Homero. Era o espírito que tinha inspirado a conduta de Marcelo e de muitos generais romanos antes dele, mas que Cipião deliberadamente evitou. Conforme disse Políbio, ele já provara sua coragem em Ticino e Canas e tinha decidido corretamente que havia coisas mais importantes para um general realizar. Assim, concentrou-se em dirigir a batalha, fazendo isso perto da refrega, porque desse modo tinha melhores oportunidades de julgar como as coisas se desenrolavam, ao mesmo tempo em que minimizava o risco para si próprio.

Não era uma tarefa fácil tomar e defender uma muralha. No caos inicial que se seguiu à fuga da força civil cartaginesa, os romanos conseguiram chegar ao pé da muralha e colocar suas escadas, porém a muralha era a parte mais alta e mais forte das defesas da cidade, e além disso ainda restavam alguns defensores. Algumas escadas quebraram sob o peso dos soldados que as escalavam, enquanto outras foram empurradas ao chão pelos cartagineses. É possível que outras não fossem altas o bastante, uma vez que era sempre extremamente difícil para os atacantes calcular a altura necessária antes de um ataque. Em Siracusa, os homens de Marcelo aproveitaram um período de negociações para contar o número de pedras que se erguiam em uma das seções da muralha da cidade. Multiplicando o resultado pelo tamanho estimado de uma única pedra, eles calcularam corretamente a altura e construíram suas escadas de acordo com a medida[16].

Uma barragem de projéteis saudou os soldados que tentavam escalar a muralha, bem como os homens da esquadra que atacavam do mar. Pouco tempo depois, muitos dos defensores que haviam fugido em pânico foram reunidos e colocados de volta com seus camaradas na muralha. Cada tentativa dos romanos de invadir a cidade era repelida, e o número de óbitos só aumentava. Depois de algum tempo, Cipião decidiu que seus homens estavam muito desgastados para continuar e cancelou os ataques, retirando os soldados para o acampamento, onde descansaram e reagruparam-se. Mago e seus defensores ficaram aliviados, acreditando que tinham rechaçado o ataque principal do inimigo, porém mais tarde naquele dia viram, desanimados, que os romanos retomavam a investida. Escadas novas foram trazidas em maior quantidade, e os legionários atacaram com entusiasmo redobrado. Mesmo assim, apesar de os defensores já estarem com poucos projéteis para arremessar contra os romanos, os homens de Cipião ainda não foram capazes de tomar a muralha.

O dia já findava e a maré na lagoa começava a baixar. Cipião tinha preparado uma unidade de quinhentos homens descansados, escolhidos a dedo para cruzar a lagoa a pé e atacar a muralha a partir de uma nova direção. Ele foi com os soldados até a beira da lagoa e os encorajou a entrar na água, mas, fiel à sua resolução de dirigir a batalha e não se envolver diretamente, não liderou o ataque. Guias, presumivelmente pescadores de Tarraco, mostraram o caminho através do lago. Chegaram à muralha sem dificuldade e descobriram que ela não estava protegida e tampouco era alta demais, uma vez que um ataque daquela direção era considerado difícil de ocorrer e todos os defensores haviam sido colocados do lado oposto da muralha, onde estava acontecendo a luta. Posicionando suas escadas contra a parede de pedra, eles subiram e marcharam ao longo do caminho que acompanhava o topo do muro rumo ao portão principal. Os poucos defensores que encontraram foram mortos facilmente ou repelidos, pois o longo escudo e a curta espada dos legionários romanos eram especialmente adequados ao combate num espaço confinado como aquele.

Alguns homens da força de ataque principal tinham visto seus camaradas correndo através de um lago aparentemente profundo e, testemunhando aquele milagre aparente, lembraram-se da afirmação de Cipião de que Netuno os iria ajudar. Com entusiasmo renovado, também eles correram para as muralhas. Um grupo ergueu seus escudos sobre a cabeça para formar um *testudo* e avançou para o portão, com os homens da primeira fila portando machados para abrir espaço entre as tábuas. Ao mesmo tempo, os quinhentos atacantes caíram por trás dos defensores daquela posição. O pânico alastrou-se quase que imediatamente, e a defesa ruiu. Os romanos atacaram o portão dos dois lados com seus machados até destruírem-no por completo, enquanto um número cada vez maior de soldados subia as escadas para invadir a cidade. Talvez devido à perda geral de entusiasmo por parte dos cartagineses, ou possivelmente por conta apenas de seus esforços, no mesmo momento os marinheiros de Lélio escalaram as muralhas próximas à enseada.

Os romanos ultrapassaram o principal circuito de defesa, mas isso não implicava a vitória. Os soldados regulares de Mago não pareciam ter participado da defesa e continuavam controlando a cidadela. As cidades antigas tendiam a ser superpovoadas, com ruas estreitas passando através de um labirinto de prédios. Uma vez dentro, era muito difícil para os comandantes de um exército invasor controlar seus homens ou responder a novas ameaças. Se um defensor fosse capaz de reunir homens suficientes ou possuísse reservas, então era bem possível que os atacantes fossem repelidos. Cipião entrou na cidade através do portão principal, quase ao mesmo tempo em que foi arrombado e conquistado. De fora da cidade, ele não podia ver o que estava acontecendo nem fazer coisa alguma que influenciasse o curso dos eventos. A maior parte do exército espalhou-se pelas ruas estreitas, com ordens de matar todos os que encontrasse, porém não começou a saqueá-las antes de receber um sinal para tanto. Políbio nos conta que essa era a prática normal dos romanos e suspeitava que fosse usada para aterrorizar, "de forma que, quando as cidades são tomadas pelos romanos, podem-se ver não apenas os cadáveres de seres humanos, mas cães cortados ao meio e patas desmembradas de animais, e tais cenas causam grande impacto nas pessoas do local"[17]. O saque promovido pelos romanos em uma cidade qualquer era extremamente brutal, e as raízes desse costume datam, provavelmente, das primeiras guerras predatórias do período arcaico. O massacre tinha a intenção de não dar qualquer possibilidade aos defensores de reunirem-se novamente e voltar ao combate. O saque era restrito e regulado, de modo que todo o exército romano se beneficiasse por igual, e essa garantia ajudava a evitar que as várias seções da força de ataque se desviassem da missão da qual foram incumbidas.

Enquanto grande parte do exército se dispersou espalhando o medo e massacrando todos na cidade, Cipião manteve um grupo de homens descansados em formação e sob seu controle rigoroso. Depois de passar pelo portão de entrada, seguiram a rua principal até o mercado. Desse ponto, despachou um destacamento para atacar uma das colinas que ainda estava sendo defendida e liderou a força maior de mil homens contra os mercenários cartagineses que detinham a cidadela. Após breve resistência, Mago rendeu-se. Uma vez dominada a cidadela e derrotada a resistência, Cipião ordenou que a trombeta fosse tocada dando a ordem de encerrar o massacre e iniciar o saque. Cada manípula deveria saquear uma área sistematicamente e todo o espólio deveria ser levado ao mercado. Esse processo era supervisionado pelos tribunos. Cipião e seus mil soldados ocuparam a cidadela durante toda a noite, enquanto outras tropas permaneciam de guarda no acampamento. Quando o butim terminou de ser leiloado – em grande parte aos mercadores romanos, que costumavam acompanhar os exércitos de campo de sua cidade, mas também possivelmente a alguns nativos –, os lucros foram distribuídos a todo o exército, cada homem recebendo o quinhão proporcional à sua patente. Talvez até mais importante que essa recompensa fosse o desfile no qual aqueles que se destacaram na ação eram condecorados e publicamente louvados pelo comandante. A certa altura, uma disputa entre a armada e as legiões sobre quem tinha escalado primeiro as muralhas da cidade quase resultou em violência, até que Cipião declarou que os rivais Sexto Dígito, da Marinha, e o centurião Quinto Trebélio, da Quarta Legião, escalaram as muralhas ao mesmo tempo e deu a cada um a *Corona Muralis*[18].

A captura da cidade foi uma realização notável, em especial por ser a primeira operação de um comandante novo e sem experiência em liderar uma força daquele tamanho. Sua ousadia era caracteristicamente romana, mas o planejamento e a preparação cuidadosos, que determinaram o rápido avanço em território inimigo, eram sinais de grande sofisticação militar, maiores do que as campanhas iniciais. Há debates entre estudiosos sobre a natureza exata do fenômeno natural que permitiu que seus homens atravessassem a lagoa, em parte porque nossas fontes são um tanto contraditórias. A principal controvérsia diz respeito a se o fenômeno era de ocorrência diária ou o resultado ocasional do vento soprando de uma certa direção. Se fosse este o caso, supõe-se que Cipião estava contando com a sorte. Se, porém, fosse uma ocorrência regular e previsível, conforme acreditava nossa fonte mais confiável, Políbio, então alguns historiadores questionam o motivo de os romanos não terem atacado daquela direção ao mesmo tempo em que lançaram o primeiro ataque. Essa perspectiva não leva em consideração a dificuldade de capturar uma linha de fortificações escalando-as. Embora as muralhas que davam para a lagoa fossem mais baixas, é improvável que o ataque tivesse êxito se a posição fosse defendida mesmo por um pequeno contingente. Os ataques dos romanos visavam desviar a atenção dos cartagineses daquele ponto vulnerável e, portanto, deviam ser realizados com força total, apesar do alto custo em termos de vidas. Havia sempre a pequena possibilidade de conseguirem seu intento por si próprios, como o ataque da esquadra pode ter feito. Ainda mais importante, Cipião apostou nessa possibilidade e em distrair Mago, de forma que o ataque a partir do lago tivesse chance de ser bem-sucedido.

Agora, a captura de Nova Cartago mudava completamente o equilíbrio do poder na Hispânia. Em termos práticos, Cipião conquistou recursos militares consideráveis, que iam de artilharia a dezoito navios de guerra para sua esquadra e suas tripulações constituídas de escravos, aos quais prometeu a libertação se servissem com fidelidade. A maior parte da população foi libertada, mas dois mil artesãos foram declarados escravos públicos e obrigados a fabricar armas e equipamentos para o exército romano. A estes também foi prometida a liberdade após a obtenção da vitória. Cerca de trezentos reféns de famílias nobres da Hispânia também caíram nas mãos dos romanos. As histórias do tratamento honroso que Cipião dedicou a essas pessoas, especialmente às mulheres, ecoam os relatos sobre a captura de mulheres nobres persas por Alexandre, o Grande. Elas foram colocadas sob sua proteção pessoal e, a despeito da reputação de mulherengo do jovem romano, nenhuma foi molestada de maneira alguma. Uma história conta que os legionários encontraram uma moça especialmente bela e a levaram ao seu comandante, mas que, depois de agradecer, ele recusou-se a tirar vantagem da situação e a enviou de volta aos seus pais. Lívio conta uma versão ainda mais romântica, na qual a moça foi devolvida ao seu noivo e Cipião assegurou em pessoa ao jovem aristocrata que a sua virtude permanecia intacta. A devolução dos reféns às suas famílias iniciou negociações diplomáticas que vieram a aumentar o número de tribos aliadas a Roma[19].

Nova Cartago deu a Cipião uma base no sul da Hispânia e lhe proporcionou mais recursos do que teria recebido da Itália. O esforço de guerra na península foi, dali em diante, autossustentado. Embora o número das suas tropas romanas e italianas permanecesse em essência o mesmo, estavam bem uniformizadas, equipadas, alimentadas e, como o comandante lhes impôs um treinamento rigoroso nos meses subsequentes à captura de Nova Cartago, altamente disciplinadas.

Apesar dos muitos soldados aliados que se juntaram à sua força, o núcleo do exército continuava a ser as duas legiões e alas, que teriam papel crítico em todos os sucessos conquistados a partir de então.

A BATALHA DE ILIPA, 206 A.C.

Em 208, Cipião comandou seu exército muito bem treinado contra Asdrúbal Barca. É um tanto difícil dizer, a partir das fontes que temos, se a ação resultante em Bécula foi uma batalha em escala total, mas fica claro que as tropas romanas e italianas suplantaram seus oponentes por meio de manobras. A vitória de Cipião pode ter sido marginal, e Asdrúbal logo iniciaria sua marcha para unir-se a seu irmão na Itália, porém pode ser que os romanos tenham infligido perdas consideráveis ao inimigo, tornando, assim, a expedição mais difícil de ser realizada. Asdrúbal deixou a Hispânia, retirando um dos exércitos de campo púnicos da península e alterando, desse modo, o equilíbrio de força a favor dos romanos. Ao chegar à Itália, logo descobriu que os romanos estavam muito mais bem preparados do que em 218. A nova invasão cartaginesa foi rapidamente confrontada por um número superior de tropas romanas bem treinadas e bem comandadas, e os púnicos foram totalmente derrotados em Metauro, em 207. Aníbal soube da chegada do seu irmão apenas quando cavaleiros inimigos arremessaram a cabeça decepada de Asdrúbal no seu acampamento. Enquanto esses eventos ocorriam na Itália, Cipião conquistou uma série de pequenas vitórias na Hispânia, mas sua ofensiva principal fracassou em atrair Asdrúbal Gisgo a uma batalha campal[20].

Por volta de 206, Asdrúbal havia ficado muito mais confiante. Juntando forças com Mago Barca, reuniu um exército de campo com uma infantaria de setenta mil homens (apesar de Lívio estimar esse número em apenas cinquenta mil), de 4 mil a 4,5 mil cavaleiros, que contavam com os soberbos cavalos númidas comandados pelo príncipe Massinissa, e 32 elefantes. Essa força representava o núcleo dos mercenários na Hispânia, apoiado por muitos contingentes menos disciplinados e treinados, fornecidos pelos aliados e súditos de Cartago. Havia pouco tempo para os comandantes púnicos integrarem os elementos de modo a formar um todo coeso, por isso a grande força manobrava de maneira desordenada, apesar de seu enorme tamanho ser impressionante. Cipião era capaz de enfrentar tal força com 45 mil homens de infantaria e três mil de cavalaria. Ele estava, portanto, em desvantagem numérica, possivelmente por grande margem. Pior ainda: apenas cerca de metade da infantaria era formada por suas legiões e alas muito bem preparadas e confiantes, sendo que o restante consistia em aliados com os quais havia decidido não contar nunca. O exército romano, tanto quanto o cartaginês, não era uma força unida e coerente acostumada a operar em conjunto. Quando avançou para acampar próximo do inimigo, nos arredores de Ilipa – não muito distante da moderna Sevilha –, o general romano enfrentou o problema de como usar as diferentes tropas sob seu comando[21].

Enquanto a coluna romana começava a erguer seu acampamento, Mago e Massinissa comandaram o núcleo da cavalaria púnica num ataque que tinha a intenção de repelir e desmoralizar o inimigo recém-chegado. Era prática normal dos exércitos romanos colocar tropas em formação para proteger o acampamento enquanto este era montado, mas, nesse caso, Cipião tivera a precaução de postar sua cavalaria em um terreno atrás de uma colina. O súbito contra-ataque romano colocou em pânico os cavaleiros na dianteira, algum dos quais – provavelmente os númidas que cavalgavam em pelo – caíram de suas montarias. Um combate mais acirrado aconteceu com os esquadrões que apoiavam o ataque púnico, mas foram gradualmente repelidos por unidades de legionários que avançaram em socorro, vindas do acampamento. A formação cerrada da infantaria forneceu um abrigo estável, atrás do qual a cavalaria pôde descansar e se reagrupar antes de avançar novamente, tornando também muito mais difícil para a cavalaria inimiga romper suas linhas. Tal apoio deu às formações a estabilidade que não tinha. Os combates de cavalaria eram engajamentos confusos em que esquadrões atacavam, perseguiam, saíam de formação e eram, por sua vez, atacados e perseguidos. Gradualmente os cartagineses descobriram que estavam se reagrupando cada vez mais perto do seu próprio acampamento, uma vez que a infantaria romana avançava, assegurando o terreno conquistado pela sua cavalaria. No final, a pressão ficou tão forte que os cavaleiros púnicos fugiram de volta ao seu acampamento[22].

Ao que parece, essa foi a primeira de várias escaramuças travadas entre elementos dos dois exércitos nos dias anteriores à grande batalha. Tais encontros eram precursores comuns de uma luta maior, e a vitória ou a derrota nesses combates de pequena escala eram vistas como indicação da coragem relativa e da ousadia dos dois lados. Alguns dias devem ter sido tomados por essas escaramuças, antes de Asdrúbal decidir empregar todo o seu exército em uma batalha contra o inimigo. O acampamento púnico estava localizado em terreno elevado e, no final do dia, os cartagineses marcharam até o limite da planície abaixo, antes de formar sua linha. A formação era convencional, com as melhores tropas de infantaria, lanceiros líbios e, talvez, alguns cidadãos das colônias púnicas na Hispânia colocadas no centro. Asdrúbal dividiu seus espanhóis nos dois flancos e colocou a cavalaria, com os elefantes à frente, nas laterais. Cipião rapidamente respondeu ao gesto de confiança do inimigo e formou seu exército, posicionando os romanos no centro e os espanhóis em ambos os lados, com a cavalaria de frente para os seus pares inimigos. Quando as nuvens de poeira erguidas por tantos soldados em marcha começaram a baixar, os exércitos observaram-se um ao outro. Apesar de toda a confiança inicial, nenhum comandante desejava enviar seus homens à frente e forçar a batalha. Depois de algumas horas, quando o sol começou a se pôr, Asdrúbal ordenou a seus homens que retornassem ao acampamento. Observando isso, Cipião fez o mesmo.

Nos dias seguintes, tal procedimento tornou-se quase uma rotina. No final da manhã, o que denota pouco entusiasmo para realizar a batalha, Asdrúbal levava seu exército até o limite da planície. Os romanos então manobravam de forma a corresponder à movimentação do exército inimigo, com ambas as forças empregando a mesma formação do primeiro dia. Os exércitos assim permaneciam e esperavam até quase o final do dia, quando, primeiro os cartagineses e depois os romanos, retornavam aos respectivos acampamentos. Como vimos, esse procedimento era comum antes das batalhas do período, porém, em primeira instância, nenhum dos lados parecia obter vantagem significativa com tais exibições de confiança. Havia, talvez, um benefício marginal para Asdrúbal na elevação do moral de seus soldados, já que iniciava o desafio todos os dias, mas até então ele não havia realizado nada com relação a essa manobra.

O esforço envolvido em colocar exércitos daquele tamanho em formação de batalha não deve ser subestimado, pois era um processo que demorava horas. A maior parte dos exércitos usava o método processional. Logo que as tropas deixavam o acampamento – ou no caso dos romanos, cujos acampamentos eram deliberadamente erguidos com espaço entre as linhas de barracas e paliçada dentro do acampamento –, marchavam em uma coluna. À frente, ia a unidade que seria colocada no extremo direito da linha de batalha. Em seguida, ia a unidade que se postaria à esquerda, e assim por diante, até que a retaguarda da coluna formasse a extremidade esquerda da linha. Uma vez estabelecido nessa ordem, o exército marchava até o ponto onde ficaria à esquerda da linha de batalha, antes de continuar à direita e prosseguir ao longo da linha de frente. Quando a unidade da frente chegasse à sua posição à extrema direita, parava e mudava da formação de marcha para a de batalha encarando o inimigo. Atrás dela, as outras unidades executavam a mesma manobra até que cada uma estivesse no seu local de destino. O método romano diferia apenas no fato de que as tropas eram formadas em três colunas, cada qual correspondendo às três linhas do *triplex acies*. O processo exigia a boa supervisão dos profissionais graduados, de modo a garantir que todos se posicionassem no local correto. Se houvesse alguma ameaça de ataque por parte do inimigo, a maioria dos exércitos enviava a cavalaria e as tropas ligeiras para cobrir a coluna principal enquanto ela manobrava. O método processional era lento, particularmente no caso de grandes exércitos, mas eficiente, sobretudo porque nenhum exército havia ainda desenvolvido exercícios que permitissem uma execução mais rápida. O maior problema desse sistema era a sua rigidez. O comandante tinha de decidir qual seria a formação de batalha antes de montar a coluna. Após seu estabelecimento, era praticamente impossível alterar a formação de modo significativo. Grande parte dos exércitos adotava a mesma formação de batalha, uma vez que a familiaridade de cada unidade com o lugar que ocuparia na linha facilitava todo o processo.

As táticas de Cipião em Ilipa precisam ser compreendidas no contexto desse sistema. Depois de vários dias respondendo ao desafio de Asdrúbal sem que nenhum dos dois comandantes comprometesse suas forças em batalha, Cipião resolveu forçar um encontro no dia seguinte. Emitiu ordens escritas, provavelmente nas primeiras horas da manhã, para que suas tropas se preparassem e tomassem o desjejum bem cedo. Antes do amanhecer, enviou a cavalaria e tropas ligeiras para atacar os piquetes cartaginenses. O resto de seu exército preparou-se para entrar em formação, mas Cipião, daquela vez, alterou sua disposição. Naquele dia, seus aliados espanhóis foram colocados no centro da sua linha de batalha, enquanto suas melhores tropas foram divididas entre os dois flancos, muito provavelmente com uma legião e uma ala de cada lado. Quando as tropas terminaram de se posicionar, ele avançou com mais ousadia do que nos dias anteriores e não parou até chegar à metade da planície aberta. Embora as nossas fontes não afirmem o fato explicitamente, é certo que o general romano tenha discutido a alteração com seus oficiais graduados, de modo que pudessem formar as colunas do exército de acordo com o plano. É muito provável que isso tenha ocorrido em um *Consilium*, o qual o comandante romano normalmente convocava antes de uma grande ação. Apesar de, por vezes, ser traduzido como "conselho de guerra", não eram em geral fóruns de debate, mas uma reunião (como um Grupo "O" do exército britânico), na qual o plano do general era explicado. Nesse caso, Cipião deve ter também explicado as complexas manobras que engendrara para abrir a batalha.

Quando os postos avançados de Asdrúbal foram atacados pela cavalaria e por tropas ligeiras romanas, os cartagineses responderam

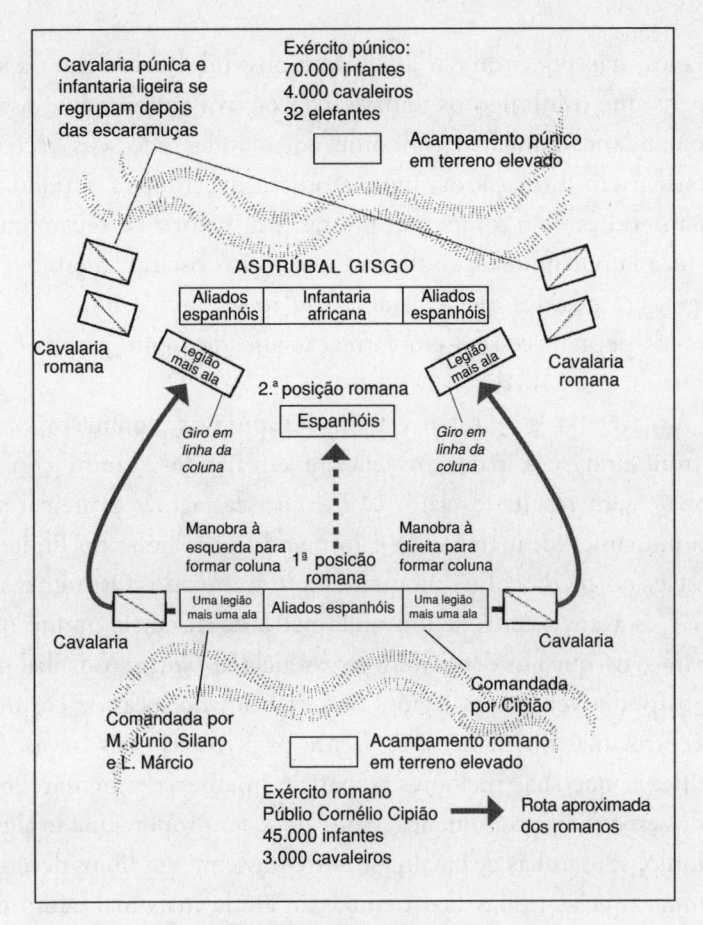

A BATALHA DE ILIPA

rapidamente. Atrás desse ataque, a força romana principal ficou visível enquanto marchava para formar-se, embora seja duvidoso que àquela distância – que, a julgar pelos eventos posteriores, provavelmente era de pelo menos 1,5 quilômetro – o general púnico pudesse ver mais do que vagas massas de homens e grandes nuvens de poeira. Respondendo rapidamente ao desafio, Asdrúbal ordenou a seus homens que se armassem e se preparassem para entrar em formação. Ele pode ter sentido que a repentina mostra de confiança por parte dos romanos visasse a recuperar seu moral, após dias sem resposta aos desafios dos cartagineses. Se Asdrúbal quisesse manter a vantagem moral adquirida, teria de responder a essa manobra dos romanos, não podendo dar a Cipião a possibilidade de dizer a seus homens que o inimigo os temia e não ousava enfrentá-los. Assim, o comandante púnico não hesitou em mandar que seus exércitos entrassem em formação na mesma ordem que tinham entrado nos dias anteriores. Isso foi feito às pressas, e a maioria de seus homens não teve a oportunidade de alimentar-se. Não obstante, mesmo nesse estágio, era possível que a batalha não fosse travada e que os dois exércitos permanecessem em formação um de frente para o outro pela maior parte do dia.

A cavalaria e a infantaria ligeira púnicas saíram primeiro, confrontando seus pares romanos e engajando-se num confuso combate sem resultado claro. O exército cartaginês principal saiu do acampamento, marchando e formando uma linha no limite da planície, no pé da colina na qual estava acampado. Os homens de Cipião estavam a cerca de um quilômetro de distância, muito mais próximos do que nos dias anteriores. Àquela distância, Asdrúbal pelo menos podia ver que as legiões não estavam no local de costume, no centro, mas nos flancos, de frente para tropas mais fracas. Isso significava que suas melhores tropas de infantaria enfrentariam os aliados espanhóis dos romanos, o que pode ter proporcionado algum estímulo: se as linhas de batalha se enfrentassem, seus líbios deveriam derrotar aquelas tropas mal treinadas e ainda mais mal equipadas. Apesar de, talvez, ele ter ficado um tanto desconcertado pela mudança, não é certo o quanto isso beneficiou seu oponente. Era, agora, quase impossível para ele alterar sua formação a fim de conformar-se com a do inimigo. Se tentasse manobrar grandes contingentes, isso apenas criaria uma confusão, que o inimigo próximo e totalmente preparado exploraria, lançando um ataque imediato.

Então, seguiu-se um daqueles estratagemas tão típicos das batalhas desse período. Cipião não continuou seu avanço, e os cartagineses permaneceram estacionados no limite da planície. A cavalaria e a infantaria ligeira continuaram a enfrentar-se, mas, com os dois lados apoiados por suas linhas principais a uma distância tão curta, era relativamente fácil para os grupos sob pressão retirarem-se e entrarem de novo em formação atrás da linha mais próxima. Depois de algum tempo, todos retiraram-se pelos intervalos das unidades nas suas linhas principais e foram enviados para os flancos. Finalmente, Cipião continuou a avançar, porém deu ordens para os espanhóis no centro moverem-se mais lentamente, enquanto as laterais iniciaram uma série de manobras complexas, que, como em Bécula, demonstraram o padrão excepcionalmente elevado do seu treinamento. O próprio Cipião comandou as tropas no flanco direito, enquanto Lúcio Márcio e Marco Júnio Silano controlaram o esquerdo. Lívio afirma que Cipião enviou uma ordem a esses oficiais instruindo-os a copiar seus movimentos, mas, como uma instrução ou um sinal para iniciar as manobras deveria ser enviado, possivelmente os oficiais já sabiam de antemão o que se esperava deles.

Os homens de Cipião no flanco direito começaram, com cada manípula individual em três linhas, a marchar à direita de modo a formar, de novo, três colunas. As três manípulas que formavam a frente dessas colunas foram, então, ordenadas a manobrar à esquerda e a marchar direto contra a linha inimiga, com as unidades por trás delas seguindo-as. Os movimentos do flanco esquerdo foram os mesmos. Colunas com uma linha de frente estreita moviam-se muito mais rapidamente que as que possuíam uma frente ampla, pois, como encontravam menos obstáculos e a necessidade de parar era menor, era bem mais fácil manterem suas posições. As três colunas, portanto, abordaram o inimigo num instante, deixando os espanhóis no centro, e moveram-se mais lentamente atrás. A apenas uma distância comparativamente pequena da linha púnica, Cipião manobrou suas três colunas à direita uma vez mais (enquanto o flanco esquerdo realizava a manobra no sentido oposto) e liderou-as até entrarem em formação de batalha, suplantando o flanco inimigo.

Asdrúbal e o exército cartaginês, segundo consta, observaram atônitos as colunas romanas vindo em sua direção. Lanças e outras armas arremessadas pela infantaria ligeira e cavalaria romanas espantaram os elefantes, alguns dos quais pisotearam as tropas púnicas na retaguarda, semeando confusão. Então, as tropas romanas e italianas atacaram os aliados espanhóis de Asdrúbal nos dois flancos. Durante algum tempo, os espanhóis conseguiram deter o ataque, mas, gradualmente, foram forçados a recuar. Os romanos, que haviam se alimentado e se preparado para a batalha com cuidado, demonstraram maior resistência, sem dúvida auxiliados pela tática comum de enviar para o combate reforços de descansados *principis* e *triarii*. Vagarosamente, começaram a repelir os espanhóis. Depois de algum tempo, a retirada transformou-se em fuga. Durante todo o confronto, não houve uma luta mais séria no centro. A presença dos contingentes alinhados de Cipião, deliberadamente postos atrás, manteve os líbios na sua posição, pois não podiam sair em auxílio dos seus flancos sem se expor ao ataque do centro do exército romano. Quando os flancos dos púnicos se romperam, o restante do exército fugiu com eles. Asdrúbal tentou, em vão, impedir a fuga. Durante um tempo, conseguiu formar uma linha na parte mais baixa do terreno elevado, em frente ao seu acampamento, enquanto os romanos pararam ao pé da colina, possivelmente um sinal de que Cipião tinha rígido controle sobre seus homens. Quando o avanço romano recomeçou, a titubeante linha púnica se rompeu e seus soldados fugiram para a segurança de seu acampamento. Nossas fontes afirmam que, não fosse por uma tempestade violenta e repentina, os romanos teriam facilmente destruído a posição inimiga. Durante a noite, os aliados de Asdrúbal começaram a desertar. Ele fugiu com as seções confiáveis do seu exército, mas a maioria foi capturada ou morta na perseguição que os romanos empreenderam. Asdrúbal escapou e combateu novamente Cipião durante a campanha africana, mas sem sucesso[23].

O AFRICANO

Ilipa terminou efetivamente com a presença cartaginesa na Hispânia, pois nos meses seguintes seus enclaves remanescentes foram conquistados com pouca dificuldade. Antes de deixar a península, Cipião teve de enfrentar um motim de suas próprias tropas e uma rebelião de antigos aliados, mas já havia voltado sua atenção para a invasão da África. Retornou a Roma e assumiu o cargo de cônsul – para o qual ainda era, tecnicamente, jovem demais –, em 205; depois de ter cumprido o mandato, assegurou para si a província da Sicília como base e conseguiu permissão para invadir o país inimigo, recebendo apoio unânime para o empreendimento. Fábio Máximo, já no fim da vida, opôs-se ao plano, em parte por conta do ciúme que tinha da popularidade do jovem comandante da Hispânia. Ao que parece, ele também temia que um fracasso na invasão da África suscitasse um reavivamento do esforço de guerra dos cartagineses, como o de 255. Houve outros problemas quando um dos subordinados de Cipião, chamado Plemínio, envolveu-se em um escândalo enquanto ocupava o cargo de governador militar da cidade de Locri. Esse oficial não só saqueou a cidade que deveria proteger, mas fez também que os tribunos sob seu comando se voltassem contra si, submetendo-os a flagelação pública. Quando Cipião interveio, demonstrou lealdade ao seu subordinado, apoiando Plemínio, que imediatamente executou os tribunos. Finalmente os locrianos conseguiram enviar representantes a Roma, o que levou o Senado a prender o oficial.

Os rivais de Cipião no Senado tentaram, àquela altura, dar o comando a outro magistrado, mas foram impedidos pela sua popularidade diante da maioria dos cidadãos romanos. A sua confiança mostrou-se bem fundamentada, pois Cipião demonstrou a mesma habilidade e competência que demonstrara na Hispânia na nova campanha. Em primeiro lugar, preparou-se minuciosamente antes de iniciar a expedição a partir da Sicília, de modo que, quando finalmente zarpou, estava à frente de um exército muito bem treinado e contando com grande apoio logístico. No norte da África, ludibriou seus oponentes, atacando com eficiência no momento crítico. Os dois primeiros exércitos enviados para detê-lo foram destruídos em seus acampamentos num ataque-surpresa à noite. Como em Nova Cartago, Cipião teve o cuidado de reunir informação sobre a força e a posição do inimigo antes de atacá-lo. Durante um período de negociações, ele havia enviado centuriões e outros oficiais disfarçados de escravos. Em um dos casos, um dos centuriões foi até surrado publicamente para validar o subterfúgio. No final, os cartaginenses foram forçados a chamar Aníbal da Itália para enfrentar o invasor. Os dois grandes generais encontraram-se em uma batalha campal em Zama, a qual não foi marcada por manobras especialmente sutis dos dois lados. Os romanos acabaram vencendo o confronto resultante, muito ajudados pela sua cavalaria numericamente superior[24].

Cipião voltou para celebrar um triunfo espetacular, assumindo o nome Africano como marca permanente da sua realização. Ele tinha apenas pouco mais de 30 anos e já havia conquistado muito mais do que a maioria dos senadores romanos em toda a vida. Embora continuasse ativo na vida pública, é difícil ver como sua carreira subsequente pode ter acrescentado mais aos feitos já realizados, que dirá superá-los. Foi eleito cônsul pela segunda vez em 194 e comandou um exército contra as tribos gaulesas do norte da Itália, mas não se engajou em lutas acirradas. Em 190, seu irmão mais novo, Lúcio, tornou-se cônsul, e quando Africano anunciou que seria seu principal subordinado, ou *Legatus,* recebeu o comando para confrontar o Império Selêucida, de Antíoco III. A presença de Cipião foi considerada especialmente apropriada porque Aníbal, agora exilado da sua Cartago natal, havia se refugiado na corte de Antíoco e deveria, segundo se acreditava, receber um importante comando. Assim, o cartaginês foi encarregado de comandar parte da esquadra selêucida; como Cipião estava doente, não tomou parte na batalha decisiva em Magnésia. Pode ser que a doença tenha sido inventada ou exagerada para garantir que Lúcio recebesse todo o crédito pela vitória. Também houve rumores de um acordo com Antíoco para assegurar o retorno em segurança do filho do Africano, que havia sido feito prisioneiro. Contudo, ao retornar dessa guerra, um escândalo novamente se abateu sobre Cipião e seu irmão. Ambos foram processados sob a acusação de apropriarem-se de fundos do Estado durante a campanha. A resposta de Cipião refletiu a autoconfiança com a qual ele caracterizou suas campanhas, mas também revelou sua modesta habilidade política. Durante o julgamento, rasgou os relatos de seu irmão sobre a guerra contra os selêucidas, em vez de os ler para os juízes. Em outra ocasião, o julgamento coincidiu com o aniversário da Batalha de Zama, e então

Cipião repentinamente anunciou sua intenção de realizar sacrifícios e agradecer aos deuses nos templos no Capitólio. Todos, a não ser os que moviam o processo contra ele e seus atendentes, seguiram-no, porém, a despeito do entusiasmo da multidão, as acusações não foram retiradas. No final, ele deixou Roma e a política e foi viver em uma vila no campo os poucos anos que ainda lhe restavam. Foi um final marcado pelo desapontamento, já que era um homem que realizara muito no serviço à república[25].

Lívio havia lido um relato segundo o qual Cipião, enquanto membro da delegação senatorial enviada a Éfeso em 193, encontrara e conversara com Aníbal. Durante um dos seus encontros:

> O Africano perguntou quem, na opinião de Aníbal, era o maior general de todos os tempos. Aníbal respondeu, "Alexandre [...] porque com uma pequena força ele derrotou exércitos enormes e porque chegou às terras mais distantes...". Ao ser questionado sobre quem era o segundo melhor general, Aníbal disse: "Pirro. Ele foi o primeiro a ensinar a arte de montar um acampamento. Além disso, ninguém demonstrou melhor julgamento na escolha do terreno ou na disposição de suas forças. Ele também dominava a arte de trazer os homens para o seu lado...". Quando o Africano prosseguiu, querendo saber quem ele considerava o terceiro, Aníbal, sem hesitar, escolheu a si próprio. Cipião soltou uma gargalhada e perguntou: "O que você diria, se tivesse me derrotado?".
>
> "Nesse caso", replicou Aníbal, "eu certamente teria me colocado à frente de Alexandre e de Pirro – na verdade, à frente de todos os outros generais!" Essa resposta com a sua sútil elaboração púnica [...] afetou Cipião de modo profundo, porque Aníbal o havia colocado à parte daqueles comandantes, como alguém cujo valor está além da possibilidade de calcular[26].

A história bem pode ser apócrifa, mas esse julgamento certamente era merecido.

CAPÍTULO 3

O CONQUISTADOR DA MACEDÔNIA: EMÍLIO PAULO

Lucius Emilius Paulo
(c. 228-c. 160 a.C.)

Da minha parte farei meu dever enquanto general; vou garantir que vocês tenham a possibilidade de realizar uma ação vitoriosa. Não é seu dever perguntar o que irá acontecer; seu dever é, quando o sinal for dado, dar o melhor de si enquanto homens de combate.[1]

Embora Cipião tenha realizado pouco depois de 201 a.C. e terminado a vida em amarga aposentadoria, o início do século II a.C. foi uma época de grandes oportunidades para a maioria dos senadores de sua geração, que viriam a dominar a vida pública romana durante várias décadas. As pesadas baixas entre os senadores, infligidas pelas primeiras vitórias de Aníbal, aceleraram a ascensão de homens que chegaram à idade adulta durante a guerra, assim como reduziram severamente o número de estadistas de destaque, cuja *auctoritas* lhes garantia um peso significativo nos debates. Tais homens, fossem descendentes de famílias tradicionais ou fossem equestres cujos feitos lhes possibilitara tornarem-se membros da classe senatorial, tinham passado muitos anos em campanha. Quando chegou o tempo de assumir cargos elevados e receber o comando dos exércitos da república, conduziram forças compostas por todas as patentes de veteranos da Guerra Púnica. A combinação mostrou-se legalmente eficiente e, durante um período, as legiões demonstraram o mesmo nível de disciplina e habilidade tática com as quais conquistaram as vitórias de Metauro, Ilipa e Zama.

Houve muitas oportunidades para ambos os comandantes e seus exércitos apresentarem sua intrepidez. A guerra continuava com a mesma constância nas províncias espanholas e na Gália Cisalpina. Essas lutas comprometiam a maior parte dos recursos militares romanos, no entanto foram ofuscadas pelas guerras mais dramáticas, embora menos comuns, travadas contra as grandes potências helênicas do Mediterrâneo oriental. Alexandre, o Grande havia morrido em 323 a.C., sem deixar um herdeiro do sexo masculino, e seu vasto Império fora rapidamente dividido entre seus comandantes em lutas pelo poder, moldando o mundo grego no qual Roma iria intervir. Três grandes dinastias haviam emergido, os Selêucidas, na Síria, os Ptolomeus, no Egito, e os Antigônidas, na Macedônia. Reinos menores, como Pérgamo e Bitínia, na Ásia Menor, continuavam a existir nas zonas de fronteira disputadas entre essas potências. A Grécia ainda tinha algumas cidades independentes e importantes, notadamente Atenas, mas muitas outras foram incorporadas, com diferentes graus de entusiasmo, à Liga Etólia ou à Liga Aqueia. As comunidades do mundo grego, apesar de compartilharem língua e cultura comuns, em nenhum período demonstraram grande euforia pela unificação política, e seu forte senso de independência era, normalmente, ameaçado pela força ou pela necessidade de obter ajuda contra um inimigo mais poderoso. Durante as disputas entre as cidades e, frequentemente, entre facções rivais da mesma cidade, era comum buscar auxílio diplomático e militar de forças estrangeiras mais poderosas. Os reis helênicos faziam uso constante de tais apelos para intervir em áreas aliadas aos seus rivais, e sua propaganda política declarava rotineiramente que lutavam pela liberdade dos gregos.

Roma tivera algum contato diplomático com o mundo helênico muito antes de qualquer envolvimento militar e, em 273 a.C., firmou um tratado de amizade com Ptolomeu II. Em 229 e 219, a república travou guerras na Ilíria, na costa adriática, em uma campanha contra os piratas que governavam a região. A criação daquilo que veio a ser um protetorado romano efetivo na costa da Ilíria não foi bem visto por Filipe V da Macedônia, que considerava a região como parte da sua esfera de influência. A invasão da Itália por Aníbal e a série de derrotas devastadoras que infligiu aos romanos ofereceram ao rei uma oportunidade de expulsar os intrusos, e, em 215, se aliou a Cartago contra Roma. O resultado foi a Primeira Guerra Macedônica, uma vez que os romanos conseguiram amealhar tropas e recursos suficientes para abrir um novo teatro de operações na Ilíria e na Grécia. O conflito não gerou grandes batalhas, tendo sido caracterizado por escaramuças, emboscadas e ataques a fortalezas e cidades. Grande parte dos combates foi realizado por aliados de ambos os lados e, quando um importante aliado de Roma, a Liga Etólia, firmou um tratado de paz separadamente com Filipe V, em 206, os romanos perderam força para continuar seu esforço com eficiência. Um ano depois, as hostilidades terminaram formalmente, com a Paz da Fenícia, que preservou os aliados de Roma na Ilíria, mas também permitiu ao rei conservar muitas das cidades que havia capturado durante a guerra.

Tal tratado, com concessões dadas a ambos os lados na proporção da sua força relativa ao cessarem as hostilidades, era a maneira normal de concluir uma guerra no mundo helênico. A intervenção de uma terceira parte neutra, nesse caso o Épiro, para abrir as negociações com os combatentes e promover os termos de paz, também era comum. De fato, tanto Pirro como Aníbal esperavam que a república reconhecesse a derrota e buscasse uma negociação de paz depois de terem esmagado as legiões em batalha. Contudo, os romanos não haviam reagido como qualquer outro Estado contemporâneo diante de tais catástrofes, uma vez que sua compreensão da arte da guerra era diferente. Uma guerra romana era concluída quando a república ditava os termos de paz a um povo completamente derrotado e submetido. O desejo de negociar com a Macedônia como um igual refletia a preocupação do Senado em vencer o conflito com Cartago. Ele não contribuiu em nada para diminuir o amargor que os romanos sentiram pelo ataque que não provocaram, movido pelo rei no momento em que Aníbal os havia praticamente derrotado[2].

Em 200 a.C., menos de um ano após a derrota dos cartagineses, Roma respondeu a um apelo de Atenas que pedia ajuda contra Filipe V, contra quem havia declarado guerra. A vitória na Segunda Guerra Púnica fora obtida a um enorme custo para Roma e seus aliados na Itália. O número de baixas fora imenso, e grande parte da população masculina passara por períodos de serviço militar excepcionalmente longos. O pagamento, a alimentação e o fornecimento de equipamentos a um número de legiões sem precedentes havia esgotado o tesouro da república. Durante quase uma década, exércitos rivais promoveram campanhas em todo o sul da Itália, consumindo ou destruindo plantações e rebanhos, incendiando colônias e massacrando ou escravizando a população. Nas regiões mais afetadas, levou tempo considerável para a recuperação da atividade agrícola, mas na Itália havia um sentimento de exaustão e necessidade de um período de paz e recuperação. Esse espírito não impediu a *Comitia Centuriata* de aceitar a moção do cônsul Públio Súplicio Galba, segundo a qual "é vontade e comando do povo romano que a guerra seja declarada a Filipe, rei da Macedônia, e aos macedônios sob seu governo por causa dos males infligidos aos aliados do povo romano e aos atos de guerra cometidos contra eles"[3]. A relutância em fazer guerra era excepcionalmente rara em Roma. Após um segundo encontro, Galba dirigiu-se aos cidadãos explicando que Filipe V era um inimigo poderoso, enfatizando quão fácil seria para a esquadra macedônia levar um exército até o litoral italiano. Ele brandiu o espectro da paz, afirmando que, se os romanos tivessem enfrentado Aníbal e sua família na Hispânia, a invasão da Itália nunca teria acontecido. Seu raciocínio sem dúvida comoveu sua plateia, pois daquela vez os votos foram completamente a favor da guerra.

A Segunda Guerra Macedônica (200-197 a.C.) seguiu um padrão semelhante ao da primeira, com a maioria das lutas ocorrendo em escala muito pequena. Nos dois conflitos, Filipe V demonstrou talento significativo para a liderança de pequenas colunas, quase sempre comandando ataques de lança na mão, na melhor tradição de Alexandre, o Grande. Em 199, ele reforçou o vale onde o rio Vjosa corre entre as montanhas, adicionando pontos fortificados e instalando a artilharia em uma posição por si só formidável. O comandante romano acampou a uma distância de oito quilômetros, mas não tentou romper a linha de defesa. No ano seguinte, um dos novos cônsules, Tito Quincio Flamínio, assumiu o comando contra os macedônios; ele tinha apenas 30 anos de idade e fora eleito para o cargo com idade muito inferior à legal, vencendo a eleição sobretudo pela reputação que adquirira na guerra contra Aníbal. Depois de Flamínio ter atacado a linha inimiga sem resultados, um aliado local enviou um guia que levou a força romana a flanquear a posição macedônica. Os homens de Filipe sofreram algumas perdas, mas foram capazes de retirar a maior parte do seu exército, preservando-o. Pouco mais foi realizado até o final da temporada da campanha. No inverno, Flamínio abriu negociações com o rei e, por um tempo, pareceu que uma vez mais a guerra entre Roma e Macedônia seria concluída com outro tratado no estilo helênico, como a Paz da Fenícia. O cônsul estava nervoso, pois um dos eleitos para o cargo em 197 seria enviado para substituí-lo e esperava obter o crédito pelo final da guerra, mesmo se fosse por meio de negociações, em lugar de uma vitória. No entanto, Flamínio logo recebeu cartas de amigos no Senado, os quais o informavam que, devido à crise na Gália Cisalpina, ambos os novos cônsules seriam enviados àquela área e seu comando seria estendido. Ele imediatamente interrompeu as negociações, retomando as operações no início da primavera, e foi como procônsul que combateu e derrotou o exército macedônio principal em Cinoscéfalos[4].

Nessa ocasião, o tratado que punha fim ao conflito foi mais tipicamente romano, pois deixava claro que o Estado derrotado era, e deveria sempre ser, inferior a Roma. Filipe V desistiu de todas as cidades súditas ou aliadas a ele na Grécia e na Ásia Menor, e não deveria mover guerra fora da Macedônia sem o consentimento expresso de Roma. O rei deveria pagar aos romanos mil talentos de prata como reparação e também devolver todos os prisioneiros romanos, além de arcar financeiramente com o resgate de seus homens. A esquadra macedônia foi reduzida a um punhado de navios de guerra, suficientes apenas para assumir um papel cerimonial. O tratado não agradou à Liga Etólia, que havia uma vez mais lutado ao lado de Roma como aliada. Tal insatisfação, somada ao temor de que a influência romana na Grécia tivesse se tornado forte demais, levou a liga, em 193, a implorar ao rei selêucida, Antíoco III, que libertasse os gregos da opressão estrangeira. No evento, muito poucas cidades escolheram receber a força expedicionária selêucida, e tanto a Liga Aqueia como Filipe V apoiaram Roma. Em 191, o exército de Antíoco foi expulso do desfiladeiro das Termópilas, que ficara famoso por conta da ação de Leônidas e seus espartanos, em 480 a.C. Os romanos, comandados por Marco Acílio Glábrio, como os persas de Xerxes séculos antes, descobriram um caminho ao redor do desfiladeiro e conseguiram surpreender o inimigo, atacando-o dos dois lados. O teatro de guerra mudou-se para a Ásia Menor e culminou com a derrota de um enorme exército selêucida em Magnésia por Lúcio Cipião. Uma vez mais, o tratado que concluiu o conflito restringiu severamente a capacidade de guerra de Antíoco, reduzindo sua esquadra a uma pequena força e proibindo-o de possuir elefantes de guerra. Novamente, como havia ocorrido com Filipe V, o rei foi proibido tanto de fazer a guerra como de realizar alianças com comunidades fora do seu reino[5].

O sucessor de Cipião no comando asiático, Cneu Mânlio Vulso, encontrou a guerra vencida ao receber o cargo. Depois de uma tentativa infrutífera de provocar Antíoco a retomar as hostilidades, ele iniciou uma campanha contra as tribos gálatas da Ásia Menor. Esse povo descendia dos gauleses que imigraram para a região no início do século III a.C. e que, desde então, extorquiam recursos de seus vizinhos, ameaçando-os de violência. Frequentemente, também serviam como mercenários ou aliados dos reis selêucidas, fato usado por Vulso para justificar suas ações. Na rápida campanha efetuada nas montanhas, as três tribos foram derrotadas, porém o cônsul enfrentou forte oposição no Senado em seu retorno a Roma. Acusado de iniciar uma guerra sem autorização, motivada por glória e lucros pessoais, Vulso chegou perto de perder não só o direito a um triunfo, mas também o de ser processado publicamente e terminar sua carreira política. No final, seus amigos no Senado, bem como vários senadores subornados com o saque da sua campanha, impediram esse curso de acontecimentos, permitindo que seu triunfo fosse um dos mais espetaculares já vistos. Apesar de ter sido concluído de modo diferente, tal ataque político a um magistrado que conquistara sucesso espetacular era semelhante, de muitas maneiras, ao ataque a Africano e seu irmão. Flamínio evitou ataques diretos a si mesmo, mas sofreu a humilhação de ter seu irmão, Quinto, expulso do Senado como alguém incapacitado de fazer parte da instituição. Quinto, havia sido comandante naval na Segunda Guerra Macedônica e realizara um trabalho bastante competente, mas tinha se envolvido em um escândalo quando ordenara a execução de um prisioneiro durante um banquete para satisfazer seu amante, um homem notório por se prostituir, pelo qual estava apaixonado. Todos os comandantes que venceram uma grande campanha no Mediterrâneo oriental ganharam fortuna e prestígio. Não obstante, nenhum deles foi capaz de utilizar tais dividendos para conquistar uma posição política dominante em Roma[6].

A TERCEIRA GUERRA MACEDÔNICA, 172-168 A.C.

Filipe V havia auxiliado os romanos nas guerras contra os etólios e os selêucidas. Sem dúvida, seu entusiasmo aumentara ao saber que esses povos não tinham permissão de aumentar sua influência na Grécia. Os romanos sempre tentavam que seus aliados, mesmo os derrotados recentemente, apoiassem o passo seguinte na guerra que promoviam. As legiões vitoriosas em Cinoscéfalos, nas Termópilas e em Magnésia foram alimentadas, principalmente, com grãos fornecidos por Cartago em sua nova posição de fiel aliada de Roma. Entretanto, com o tempo, o rei macedônio começou a ressentir as restrições a ele impostas em 197 a.C. e, gradualmente, procurou reconstruir seu poder, buscando auxílio das tribos trácias na sua fronteira a nordeste, uma vez que sua atividade na Grécia estava severamente limitada. Quando Filipe V morreu, em 179, foi sucedido por seu filho Perseu, que deu continuidade a suas políticas. Acreditava-se que Perseu havia arranjado o assassinato de Demétrio, seu irmão mais novo e mais popular, que fora hóspede de Roma e era, portanto, considerado pró-romano. As suspeitas do Senado com relação ao novo rei foram confirmadas quando ele se aliou aos bastarnas, tribo germânica extremamente belicosa, e mostrou desejo de apoiar as facções democráticas em cidades gregas. A Macedônia não estava mais se comportando como Estado súdito e logo seria vista como ameaça, embora seja difícil julgar se tal entendimento era de fato realista. Os ataques a aliados dos romanos justificaram a declaração de guerra a Perseu em 172 a.C.[7]

O conflito provou-se praticamente o último suspiro da geração de romanos que combateu e derrotou Aníbal. Quando o exército destinado a servir na Macedônia foi convocado, o cônsul tentou alistar tantos oficiais e soldados veteranos quanto possível. Lívio nos diz que surgiu uma disputa quando 23 antigos centuriões foram alistados como subordinados de centuriões inexperientes. O porta-voz do grupo, um certo Espúrio Ligustino, fez um discurso no qual relatou seu longo e distinto serviço e recebeu, finalmente, o posto de centurião sênior dos *triarii* e da Primeira Legião. Os outros concordaram em aceitar qualquer patente oferecida, e é notável o fato de que o Senado decretou que nenhum cidadão com menos de 51 anos receberia isenção do serviço caso o cônsul e os tribunos os convocassem. Assim, o exército enviado à Macedônia era experiente, embora, de certo modo, tivesse uma faixa etária um tanto elevada e incluísse vários homens que, como Ligustino, haviam servido na região anteriormente. Era um exército consular padrão de duas legiões, como também eram as forças que derrotaram Filipe V e Antíoco, o Grande. Nesse caso, porém, as legiões eram excepcionalmente grandes, com uma infantaria de seis mil homens e uma cavalaria de trezentos cavaleiros. Com as tropas aliadas, o exército chegou a 37 mil homens de infantaria e dois mil a cavalo[8].

Para enfrentar tal força, Perseu convocou um exército de 39 mil homens de infantaria e quatro mil de cavalaria, no início do conflito. Como os exércitos de todos os reinos helênicos, a organização, os equipamentos e as táticas derivavam das forças com as quais Filipe II e Alexandre tinham conquistado primeiro a Grécia e, a seguir, o Império Persa. Embora alguns contingentes de aliados e mercenários fossem empregados, o núcleo do exército consistia em soldados profissionais do corpo de cidadãos. Os regimentos da falange, que compunham pouco mais da metade da infantaria do exército, eram completamente constituídos por cidadãos recrutados. Em batalha em campo aberto, embora, provavelmente, não em patrulhas e cercos, esses homens combatiam em blocos densos como lanceiros.

A lança, ou *sarissa*, parece ter se tornado um pouco mais longa do que nos dias de Alexandre, chegando a sete metros de comprimento. O punho da lança consistia em um pesado contrapeso de bronze, que permitia ao soldado equilibrar a arma e, ao mesmo tempo, apontar dois terços de seu comprimento à sua frente. Como era necessário empregar as duas mãos para empunhar a *sarissa*, um escudo circular era suspenso por uma alça no ombro do soldado. Proteção adicional era dada por um capacete de bronze e protetores de canela – em geral de linho enrijecido ou, em alguns casos, de bronze. Cada soldado normalmente portava uma espada, apesar de ser uma arma secundária, uma vez que a força da falange se baseava no conjunto das lanças. Ocupavam cerca de um metro à frente e atrás da linha de combate (havia uma formação ainda mais densa, conhecida como "escudos travados" [*synaspismos*], onde cada homem era postado em uma frente de apenas 46 centímetros, mas era uma formação duramente defensiva, por ser impossível à falange mover-se quando assumia essa ordem de batalha).

O grande comprimento da *sarissa* implicava ainda que as pontas das cinco primeiras linhas de combate se projetassem em intervalos de cerca de um metro à frente da formação. Desde que a falange permanecesse na ordem, era excepcionalmente difícil para um inimigo atacar de frente, romper a linha formada pelas lanças e ferir os lanceiros. No entanto, a *sarissa* era uma arma pesada, desajeitada, e as restrições da formação representavam dificuldades para o lanceiro individual golpear o oponente. Num ataque frontal, uma falange bem ordenada costumava vencer o combate, mais por seu poder de defesa do que pela sua capacidade de matar um inimigo e romper sua formação.

A falange tornou-se a arma dominante dos exércitos dos sucessores. Os outros contingentes da infantaria, os quais normalmente incluíam um bom número de tropas, cujos soldados eram encarregados de lançar projéteis e objetos contundentes, executavam papel de apoio. Assim também se passava com a cavalaria, e era nesse sentido que a doutrina tática dos exércitos helênicos posteriores diferia radicalmente daquela da época de Alexandre, o Grande. Nas principais batalhas, a falange atuava como uma força mortal, avançando para enfrentar o inimigo e aplicando pressão constante no centro de suas linhas. Então, no momento certo e no local crítico – em geral no lugar onde o inimigo havia sido forçado a estender sua linha –, o ataque decisivo era executado pela cavalaria, liderada pelo esquadrão real, que por sua vez era comandado pelo próprio Alexandre. Tal método se provara brutalmente eficiente nas batalhas de Isso e Gaugamela contra os persas de Dario. Foi menos fácil para os generais sucessores conseguir o mesmo resultado ao lutar contra outros exércitos nos moldes dos macedônios, com idêntica doutrina tática e formações de tropas mais sólidas. Ainda mais importante, a fragmentação do império de Alexandre dividiu os recursos e os soldados do velho reino da Macedônia. Os reis sucessores preferiam, sempre que possível, recrutar o núcleo do seu exército entre os descendentes dos "verdadeiros" macedônios, dependendo de mais de um recurso esgotado pela guerra e pela colonização. Um dos resultados era o fato de ser difícil recuperar-se no curto prazo de grandes perdas em batalha, o que tornava um tanto frágeis esses exércitos altamente profissionais. Recursos limitados em termos de homens, e ainda mais limitados em suprimentos e cavalos, dificultavam que qualquer um dos reinos arregimentasse uma grande cavalaria. Alexandre tinha cerca de sete mil cavaleiros e quarenta mil soldados de infantaria em Gaugamela, uma proporção de aproximadamente um para seis. Era um número muito elevado, embora não se aproximasse da proporção de quatro para um de Aníbal em Canas. Os exércitos dos reis sucessores raramente atingiam a razão de um para dez. Com número menor, a cavalaria helênica no final do século III e no início do século II a.C. também era, em geral, inferior em capacidade de manobra, disciplina e agressão, quando comparada às de Filipe II e Alexandre.

Muitos generais sucessores fizeram experiências com diversas armas incomuns ou exóticas, como elefantes e carruagens com foices, tentando obter vantagem sobre outros exércitos helênicos quase idênticos aos seus. Ocasionalmente, tais métodos foram espetacularmente bem-sucedidos, porém poucos eram confiáveis o bastante para garantir uma vantagem consistente, e suas táticas eram rapidamente copiadas por seus oponentes. Em termos superficiais, os exércitos helênicos desse período continham grande diversidade de tropas, mas, na realidade, não eram tão bem equilibrados quanto seus predecessores sob Alexandre, parecendo mais ameaçadores do que mortais. Alexandre fizera pouco uso de soldados da reserva, empregando, em vez disso, seu exército para executar uma sequência coordenada de ataques para abalar o inimigo. Seu costume de comandar pessoalmente o ataque da cavalaria implicava que não podia dar ordens chamando contingentes de reserva para a batalha. A maior parte dos comandantes sucessores lideravam seus exércitos de modo semelhante, restringindo demais sua capacidade de dar ordens ou de responder a uma mudança de situação após o início da batalha. Continuava a ser muito raro para qualquer grande contingente de um exército helênico começar o confronto com soldados de reserva, em vez de como parte da linha de combate principal.

Sem possuir uma cavalaria de qualidade e incapaz de contar com armas exóticas, a falange assumia importância ainda maior enquanto força principal do exército. Para aumentar suas possibilidades de esmagar o inimigo – especialmente quando se tratava de outra falange –, havia uma tendência a empregar formações com muito mais fileiras. Algumas falanges tinham até dezesseis linhas de profundidade, enquanto os lanceiros selêucidas de Magnésia usavam uma formação de até 32 linhas. Formações profundas tinham expressivo poder de estabilidade no combate – simplesmente porque era difícil para os homens nas primeiras linhas fugirem – e pareciam mais intimidadoras, embora seu poder de combate não fosse maior do que o de uma formação com menos fileiras. Se, na época das guerras com Roma, os exércitos helênicos se tornaram desajeitados, sob circunstâncias adequadas ainda podiam promover um ataque frontal muito pesado ao inimigo. No entanto, o contexto deveria ser o mais apropriado possível, pois a falange exigia um terreno plano e aberto para não se desordenar e seus flancos precisavam ser protegidos, já que os lanceiros não conseguiam responder com facilidade a ameaças de qualquer outra direção que não fosse à frente [9].

Os exércitos romanos tinham enfrentado uma força e um comandante helênicos em 280 a.C., quando o rei Pirro, do Épiro, aliou-se à cidade de Tarento em sua guerra contra Roma. Pirro era considerado o comandante mais capaz de sua geração e liderava seu exército de forma semelhante ao modelo estabelecido por Alexandre. Derrotou as legiões em Heracleia, em 280, e Ásculo no ano seguinte, mas acabou derrotado em Malevento, em 275 a.C. Cada uma dessas batalhas foi extremamente árdua, com muitas baixas de ambos os lados, pois o poder da falange foi enfrentado pela teimosia nativa e pelo sistema *triplex acies*, que permitia aos romanos enviar soldados descansados à linha de frente. As vitórias iniciais de Pirro foram ajudadas pelo seu pequeno corpo de elefantes de guerra, criaturas estranhas para os romanos, que as julgavam terríveis. Curiosamente, na Terceira Guerra Macedônica Perseu não teve acesso a elefantes, enquanto a força romana incluía alguns desses animais, fornecidos por seus aliados númidas. Uma diferença mais importante entre a guerra com Pirro e os conflitos do século II a.C. era a qualidade dos exércitos romanos. Muitas das legiões desse período, compostas e lideradas por veteranos da guerra com Aníbal, eram bem treinadas e confiantes como quaisquer soldados profissionais. As guerras macedônicas e sírias não foram travadas por soldados inexperientes, de um lado, e profissionais endurecidos do outro. Com efeito, os guerreiros macedônios e selêucidas da época tinham menos experiência em batalhas do que a maioria dos legionários.

No começo da guerra, esse fato não importou em demasia, pois, como nas primeiras campanhas contra Filipe V, não houve batalhas acirradas. Em vez disso, os exércitos promoviam ataques-surpresa e cercos. Perseu não tinha o talento de seu pai nesse tipo de combate, mas, ainda assim, conseguiu vencer uma escaramuça entre as cavalarias perto de Larissa, em 171, contra o cônsul Públio Licínio Crasso. Nem Crasso, nem seu sucessor, Aulo Hostílio Mancino, demonstraram muita habilidade, assim as ações das forças sob seu comando foram pobremente coordenadas e, ao mesmo tempo, sem propósito. Talvez alguns dos centuriões e tribunos que lideravam as legiões estivessem, naquele momento, velhos demais para o serviço ativo, ou talvez os cônsules, cientes de que precisavam conquistar a fama numa única campanha antes de serem substituídos, não passassem muito tempo treinando os exércitos antes das operações. Décadas de sucessos militares podem, também, ter deixado os romanos superconfiantes. Tanto Crasso como Mancino foram eleitos cônsules na idade regular e eram jovens demais para lembrar-se dos dias mais terríveis da guerra contra Aníbal. O colega de Crasso, Caio Crasso Longino, esperava receber o comando macedônio e ficou amargamente desapontado quando, em vez disso, recebeu o governo da província da Ilíria. Ao chegar à sua província, estacionou seu exército na colônia de Aquileia, reunindo suprimentos suficientes para trinta dias, e iniciou sua marcha por terra até a Macedônia, planejando conquistar a vitória sozinho. Por acaso, o Senado soube dessa expedição não autorizada e rapidamente despachou mensageiros para chamar seu cônsul errante[10].

Em 169, Quinto Márcio Filipo foi o cônsul enviado para comandar o exército na Macedônia. Lívio o descreve como homem de "mais de 60 anos e muito acima do peso", porém enfatiza que era tão ativo quanto um general romano deveria ser em termos de estimular e controlar seus soldados[11]. Filipo era mais velho e mais experiente do que Crasso ou Mancino, embora, na primeira vez em que serviu como cônsul, em 186 a.C., tivesse sido afetado por uma derrota que sofreu nas mãos dos lígures. Ele também fora um dos dois enviados da embaixada a Perseu antes da declaração de guerra, em 172. Ao fazer o rei acreditar que o Senado talvez quisesse concluir os termos do acordo, os embaixadores adiaram o início das hostilidades, dando mais tempo à república para preparar-se para a guerra. Apesar de a maioria dos senadores aprovar o engodo, diversos membros mais antigos do Senado afirmaram que aquilo era contrário à maneira tradicional de os romanos fazerem guerra, a qual se baseava mais em coragem do que em estratagemas.

Quando Filipo assumiu o comando do exército na Tessália, Perseu já havia fortificado os desfiladeiros e as posições estratégicas na fronteira da Macedônia. Nove dias depois da sua chegada, o cônsul fez tentativas ousadas de romper a rede de fortificações. O exército teve de marchar através de um terreno montanhoso extremamente difícil, onde os elefantes de guerra tornavam-se um problema. Felizmente para os romanos, a reação letárgica de Perseu permitiu-lhes chegar à planície costeira. Dium, Heracleia e diversas outras cidades capitularam ou foram invadidas, mas o exército romano ficou exaurido pela árdua marcha; além disso, suas linhas de suprimentos não estavam seguras. Filipo não conseguiu forçar uma batalha decisiva, e a temporada de campanha terminou com os exércitos romano e macedônio acampados a poucos quilômetros um do outro, a cada lado do rio Elpeu, que corria por um vale aos pés do monte Olimpo, o lar dos deuses gregos. Filipo foi duramente criticado por uma comissão senatorial e, em Roma, o estado da guerra tornou-se tema de um debate amplo e ardente, tanto na esfera pública quanto na privada.

EMÍLIO PAULO E A BATALHA DE PIDNA, 22 DE JUNHO DE 168 A.C.

A insatisfação com os eventos na Macedônia fez que, em 168, o comandante do exército consular fosse nomeado muito antes do normal, de forma que o novo general tivesse mais tempo para se preparar. O cargo foi ocupado por Lúcio Emílio Paulo, um resultado que deve ter sido saudado com grande entusiasmo pelo povo. Ele havia governado a Hispânia como pretor com autoridade proconsular, de 191 a 189 a.C., promovendo campanhas contra as tribos lusitanas. Apesar de ter sido derrotado num local chamado Lico, Paulo conquistou sucessos consideráveis, recebendo gratidão formal em Roma, e pode até ter celebrado um triunfo. Depois de diversas campanhas eleitorais malsucedidas, foi eleito cônsul em 172 a.C. e enviado à Ligúria. Uma vez mais, a campanha começou mal, e por um tempo o general viu-se cercado em seu acampamento. Contudo, após romper o cerco, derrotou o inimigo e dessa vez foi premiado com um triunfo. Quaisquer que fossem suas habilidades como comandante, Paulo não parece ter sido especialmente popular entre os eleitores e foi incapaz de realizar a ambição de se tornar cônsul pela segunda vez até 168 a.C., quando já estava com 60 anos. Provavelmente, o mesmo desejo de ter magistrados experientes que, no ano anterior, garantiu o sucesso de Filipo também funcionou a favor de Paulo. Ele tinha ligações particularmente fortes com a guerra de Aníbal. Seu pai era o cônsul morto em Canas, enquanto sua irmã se casara com Cipião Africano. Paulo tinha quatro filhos, e os dois mais velhos foram adotados por outras famílias importantes que não tinham herdeiros homens. O primeiro era Quinto Fábio Máximo Emiliano e o outro foi adotado pelo filho de Africano, Públio Cornélio Cipião Emiliano. Os dois estavam nos últimos anos da adolescência e serviam com seu pai natural na Macedônia[12].

Paulo não recebeu um novo exército para levar à sua província, mas uma força suplementar de 7 mil soldados romanos de infantaria, 200 cavaleiros, e 7 mil soldados latinos de infantaria e 400 cavalos para restaurar às legiões da Macedônia sua força integral e fornecer reforços como unidades de guarnição. Outros reforços foram enviados aos exércitos menores que operavam no teatro do Adriático. Ele também deu atenção à questão de seus oficiais. Um decreto senatorial foi promulgado, estabelecendo que apenas homens que haviam assumido uma magistratura poderiam ser nomeados tribunos militares. Paulo teve, então, permissão para escolher entre esses homens aqueles que assumiriam posições de comando em suas legiões. Antes de deixar Roma, fez um discurso no Fórum, dirigido principalmente aos estrategistas de sala de jantar, ansiosos por investigar todo rumor e relato sobre a guerra. Paulo ofereceu-se pagar as despesas de qualquer um que quisesse acompanhá-lo na campanha e sugeriu que aqueles que declinassem a oportunidade deveriam, no futuro, restringir suas opiniões apenas aos negócios da cidade. Tal ousadia era uma das características desse homem e pode explicar por que, apesar do respeito que detinha, o cônsul nunca foi uma figura popular[13].

Paulo chegou ao acampamento do exército nos arredores de Fila. A localização era ruim, e o primeiro problema que o general confrontou foi o de abastecimento de água. Ele mandou os carregadores de água (*Utrarii*) para a praia – o acampamento ficava a cerca de quatrocentos metros do mar – e ordenou-lhes que cavassem poços. Quase imediatamente descobriram uma fonte subterrânea capaz de suprir grandes quantidades de água potável. O passo seguinte de Paulo foi enviar os tribunos e centuriões veteranos para reconhecer a posição inimiga ao longo do Elpeu, buscando os pontos mais fáceis para atravessar o leito seco do rio e descobrir a força das defesas macedônias. Estas eram formidáveis, pois Perseu devotara considerável esforço para fortificar a linha entre os contrafortes do monte Olimpo e o mar. Para ajudar no trabalho, civis tinham sido recrutados nas cidades mais próximas. Até mulheres receberam ordens de transportar suprimentos ao acampamento. Máquinas de artilharia de diversos tamanho foram instaladas nas fortalezas. A confiança depositada nas linhas fixas de defesa por Filipe V em Aous, por Antíoco, o Grande, nas Termópilas, e por Perseu em Elpeus contrastam tremendamente com as campanhas de Alexandre, o Grande. Naquela ocasião foram os persas que dependeram da vantagem de defender uma margem de rio em Grânico e Isso, ou que prepararam o campo de batalha em Gaugamela. Alexandre interpretou essa estratégia como um sinal de que o inimigo não tinha confiança e, do mesmo modo como faria mais tarde em Hidaspes, na Índia, atacou com sucesso cada uma das posições. Era outra mostra da má qualidade dos exércitos helênicos tardios e da extrema cautela de seus comandantes, os quais buscavam arriscar-se o menos possível.

A chegada de um novo comandante – ou, de fato, de um novo chefe/líder em qualquer ambiente – demanda inevitavelmente um período de difícil transição para as tropas sob seu comando. Muitos aspectos, até os menores detalhes da rotina diária, eram, e ainda são, alterados para se adequarem às preferências do novo comandante, perturbando oficiais e soldados acostumados a outras práticas. Imediatamente, Paulo deu novas ordens, das quais Lívio destaca três pontos principais. O comandante enfatizou a rígida disciplina durante a marcha. Em vez de emitir uma ordem sinalizando diretamente à coluna, a qual devia se estender por muitos quilômetros, o cônsul primeiro emitia a ordem ao tribuno militar, que, por sua vez, passava-a ao centurião da legião, que a transmitia aos seus subordinados. Devido ao aviso prévio da intenção do comandante, o exército podia responder eficientemente à ordem, evitando o perigo de confundi-la e de executar ações conflitantes nas diferentes unidades. Em segundo lugar, as sentinelas foram proibidas de portar escudos, pois Paulo conhecia o truque dos soldados de pousar o *pilum* contra o longo *scutum* dos legionários e cochilar apoiados nele. Finalmente, os postos avançados, os quais eram sempre posicionados em frente ao acampamento do exército, eram agora substituídos duas vezes ao dia; assim, os soldados não mais se cansavam sob o calor, o que antes os tornava vulneráveis a um ataque-surpresa.

O cônsul também aproveitou a oportunidade de dirigir-se às tropas, enfatizando uma vez mais a necessidade de disciplina e obediência. Não era tarefa dos soldados e dos oficiais menos graduados discutir a campanha ou questionar as ordens. Eles deviam confiar no cônsul como comandante e lutar com bravura quando chegasse a hora. Na visão de Paulo, o soldado romano deveria preocupar-se apenas "com o seguinte: seu corpo, para ficar sempre forte e saudável; as boas condições de suas armas; e a disponibilidade de seu suprimento (feito de rações distribuídas cruas), de forma a poder cumprir prontamente suas ordens"[14]. Nossas fontes afirmam que o estilo de comando do cônsul imediatamente revigorou tanto os veteranos quanto os novos recrutas, aliviados ao perceber que, agora, as coisas estavam sendo feitas como deveriam. No entanto, Paulo parece não ter dispensado mais do que três ou quatro dias a treinamentos e preparações, por isso é possível que tenham exagerado o impacto do general e que a disciplina e o moral já tivessem sido melhorados por Filipo. Políbio, em quem todas as nossas fontes sobreviventes se baseiam, era obviamente simpático ao pai do seu patrono Cipião Emiliano. Mesmo assim, era mais do que possível que Paulo tivesse injetado um novo sentido de propósito no exército durante seu breve comando[15].

Depois desse curto período de preparação, o exército romano avançou alguns quilômetros de Phila, acampando na margem sul do Elpeus. As forças em terra eram apoiadas por uma esquadra naval sob comando do pretor Cneu Otávio. As notícias da derrota de um dos aliados mais importantes de Perseu na Ilíria animaram os romanos, tanto quanto desencorajou os macedônios, mas não contribuiu em nada para resolver seu problema imediato de tomar a linha inimiga de fortificações. Paulo respondeu à situação de um modo tipicamente romano, reunindo seus oficiais superiores em um *Consilium*. Lívio nos diz que alguns dos oficiais mais jovens eram a favor de um ataque direto, porém o cônsul achou que isso teria um alto preço e não havia garantia de sucesso. Outros sugeriram que Otávio fosse enviado com a esquadra para atacar a costa macedônia, na retaguarda do rei, infligindo perdas ao exército inimigo. Paulo não fez nenhum anúncio público da sua decisão e, após dispensar os seus oficiais, chamou dois mercadores locais que conheciam os passos nas montanhas. Estes o informaram de que os caminhos não eram impraticáveis, mas que Perseu havia posicionado destacamentos para protegê-los. O cônsul resolveu enviar uma coluna através das montanhas guiada pelos comerciantes, esperando que uma força de rápida mobilidade pudesse fazer uso da escuridão e surpreender o inimigo. Para enganar o adversário, ordenou que Otávio levasse a frota até Heracleum e reunisse provisões suficientes para alimentar mil homens durante dez dias. Uma força de soldados comandada pelo tribuno Públio Cornélio Cipião Nasica e pelo filho de Paulo, Fábio Máximo, também deveriam marchar até Heracleum. Ele estava certo de que Perseu tomaria conhecimento da movimentação e concluiria que uma força de combate estava prestes a atacar o litoral norte. Não se conhece o tamanho do destacamento. Lívio diz que tinha cinco mil homens, porém, de acordo com Plutarco, que se baseou numa carta escrita pelo próprio Cipião Nasica, a força era constituída por três mil italianos – talvez os *Extraordinari* – e a ala esquerda chegava a cinco mil soldados, apoiados por 120 cavaleiros e duzentos homens das infantarias de Creta e da Trásia. Nasica pertencia a um ramo diferente da família Cipião, mas era casado com a filha mais velha de Cipião Africano.

Foi só depois de a coluna de Nasica chegar a Heracleum e de seus homens terminarem a refeição noturna que ele revelou ao seus oficiais sua verdadeira missão. Durante a noite eles marcharam novamente, deixando o litoral em direção ao interior e às montanhas. Os guias foram instruídos a conduzir o exército através de uma rota que o levaria ao passo de Pítia (Pythium) no terceiro dia de jornada. Na manhã seguinte, Paulo posicionou seu exército em formação de batalha e enviou seus *velites* para atacarem os postos avançados macedônios. A luta prosseguiu sem que uma vantagem significativa fosse conquistada por qualquer um dos lados, e Paulo chamou seus homens de volta ao redor do meio-dia. No dia seguinte, repetiu o exercício e, daquela vez, os romanos conseguiram forçar sua posição – ou foram ludibriados a fazê-lo –, chegando ao alcance da artilharia macedônia, o que provocou muitas baixas. Paulo não atacou no terceiro dia, mas fez uma demonstração ao examinar outra seção do rio, como se estivesse procurando um ponto de travessia alternativo.

Entrementes, Nasica havia chegado a Pítia e atacado ao amanhecer. Em sua carta, afirmou que um dos cretenses desertara e avisara Perseu da sua aproximação, o que fez o rei despachar uma forte guarnição para proteger a passagem. Isto parece pouco provável, pois, segundo Lívio, já havia guardas em posição, mas pode ser que o rei tenha enviado reforços. Sejam quais forem os detalhes, os romanos contaram com o elemento surpresa e, num combate feroz, abateram e deslocaram o inimigo. Nasica afirmou que foi atacado por um mercenário trácio combatendo pelos macedônios e matou o homem com um golpe de lança no peito. Tendo capturado a posição, a coluna romana desceu pelo passo de Petra até a planície perto de Dium. Logo que Perseu descobriu essa força na sua retaguarda, retirou-se da linha do Eupeus e marchou em direção a Pidna. Paulo atravessou o rio sem enfrentar oposição e reuniu suas forças com as de Nasica[16].

Perseu estava em uma posição difícil. Agora que o inimigo havia chegado ao interior do seu reino, seu prestígio sofreria demasiadamente, se não enfrentasse os romanos em batalha. Antíoco tinha, de modo semelhante, sido forçado a escolher entre travar uma batalha ou enfrentar a humilhação de bater em retirada sem lutar contra o invasor. Assim, Perseu posicionou seu exército nos arredores de Pidna, em 21 de junho, convidando o inimigo para a batalha numa planície aberta ideal à sua falange. A evidente determinação com a qual os macedônios esperavam o ataque surpreendeu Paulo. Seus homens estavam cansados depois de uma longa marcha através de estradas empoeiradas e sob o sol forte, mas a maior parte do exército, e, especialmente, alguns dos oficiais, estavam ansiosos para lutar o quanto antes. Apenas Nasica traduziu seus sentimentos em palavras, incitando o cônsul a atacar imediatamente e, desse modo, impedir que Perseu batesse em retirada. De acordo com Lívio, Paulo respondeu que "entre as muitas vicissitudes da guerra, eu aprendi quando lutar e quando recusar a batalha. Não há tempo para instruir vocês, enquanto estamos aqui, prontos para o combate, sobre a razão pela qual é melhor permanecermos inativos hoje. Vocês podem questionar meu raciocínio em outra ocasião. No momento, deverão se satisfazer em aceitar a palavra de um comandante experiente"[17].

O cônsul ordenou que as colunas em marcha entrassem em formação de batalha, com os tribunos supervisionando o processo e incitando os homens a se apressarem. O próprio general cavalgou através de suas tropas, encorajando-as. Quando o *triplex acies* estava formado, porém, ele não ordenou o avanço, mas simplesmente esperou. Gradualmente, a fadiga e a sede desgastaram o ardor dos legionários para travar a batalha de imediato e alguns soldados cansados podiam ser vistos fazendo o que Paulo proibira suas sentinelas de fazer, isto é, apoiarem-se em seus escudos para cochilar. Sentindo que, agora, seus homens entenderiam sua hesitação, o cônsul mandou que os centuriões estabelecessem o espaço do acampamento do exército, provavelmente nos contrafortes do monte Olimpo, a oeste da posição macedônia[18].

O exército de Perseu estava relativamente descansado e, com certeza, preparado para a luta. Os romanos estavam exaustos e sua formação foi feita às pressas, ou seja não estava bem ordenada. O rei não aproveitou a oportunidade de atacar de imediato, porém ainda se encontrava perto o bastante para tirar vantagem de qualquer desordem causada pela retirada dos romanos para montar seu acampamento. Por isso, Paulo tomou muito cuidado para que seu exército se retirasse com cautela e organização. Quando os limites do acampamento foram delimitados e a bagagem foi arrumada, os *triarii* marcharam até o local para começar a construção. Mais tarde, a linha média, formada pelos *principis*, deslocou-se para ajudá-los no trabalho. Então, a linha de frente, os *hastati*, virou à direita e, liderada pela manípula que havia formado o flanco direito da linha, retirou-se para o acampamento. A cavalaria e os *velites* continuaram a encarar o inimigo, cobrindo a retirada do exército romano, e não se uniram ao restante das forças até que a vala e o baluarte em torno do acampamento estivessem terminados. Um ataque morro acima contra uma posição fortificada como aquela era improvável, especialmente porque levaria a falange a combater num terreno inapropriado. Perseu tinha, certamente, perdido uma oportunidade ao não forçar a batalha; contentou-se com a vitória moral obtida quando o inimigo se retirou para o acampamento, antes de ordenar a seus homens que fizessem o mesmo. Asdrúbal havia sentido um alívio semelhante diante das ações de Cipião antes de Ilipa[19].

Nesse período, o calendário oficial de Roma estava vários meses à frente do nosso, marcando aquele dia como 4 de setembro, quando pelo nosso seria 21 de junho. Naquela noite houve um eclipse lunar, um presságio poderoso tanto para romanos quanto para macedônios. Lívio nos conta que o tribuno Caio Sulpício Galo – que já fora pretor e seria cônsul em 166 – tinha conhecimento suficiente para predizer e explicar o fenômeno aos soldados, de modo que houve menos pânico entre os romanos do que entre seus inimigos. Mesmo assim, quando, finalmente, a lua reapareceu, Paulo fez o que se esperava de um magistrado romano e sacrificou onze novilhas. Ao amanhecer, ordenou o sacrifício de touros a Hércules. As entranhas de vinte dos animais foram examinadas, indicando presságios negativos, mas o vigésimo primeiro touro sinalizou que a vitória seria obtida pelo lado que permanecesse na defensiva. Esses rituais levaram algum tempo e não foi até a terceira hora do dia que o cônsul reuniu seus oficiais em um *Consilium*.

Paulo explicou com alguns detalhes seus motivos para não ter entrado em batalha no dia anterior. Além do cansaço dos soldados após a longa marcha e da imperfeição da linha de batalha romana em comparação com a do inimigo, ele enfatizou a importância de construir um acampamento defensável. Se tivessem travado a batalha logo em seguida à marcha, aproximadamente 25% da sua força total, provavelmente os *triarii*, teriam de ser colocados para proteger as carroças de bagagem do exército, reduzindo ainda mais as forças em face de um inimigo já em vantagem numérica. Também era muito improvável que os macedônios estivessem planejando retirar-se à noite, escapando da batalha e forçando os romanos a executar uma longa e árdua campanha de manobras. Se Perseu não pretendia lutar, Paulo sentiu que ele não teria esperado nos arredores de Pidna ou colocado seu exército em ordem de batalha no dia anterior.

O cônsul anunciou sua intenção de travar o combate naquele lugar, mas faria isso apenas quando o momento fosse propício. Nem todos os seus oficiais ficaram convencidos, porém a insistência do cônsul em afirmar que os subordinados estavam ali para obedecer às ordens sem questionar fez que ninguém emitisse comentário algum. Nem ele nem Perseu planejavam lutar naquele dia, antecipando o período usual de espera em que cada um dos comandantes buscava obter uma vantagem mínima. Os romanos enviaram homens em busca de lenha para cozinhar e de forragem para os cavalos. Os dois exércitos estacionaram postos avançados em frente aos seus acampamentos, mas o corpo principal das tropas permaneceu dentro dessas linhas[20].

Os postos avançados dos romanos eram formados apenas por tropas aliadas. À frente, não longe do raso regato que separava os dois acampamentos, havia dois grupos de italianos, os *paelignis* e os *marrucinis*, e duas *turmae* da cavalaria samnita, todos sob comando de Marco Sérgio Silo. Mais próxima ao acampamento romano estava outra força liderada por Caio Clúvio, que consistia em uma coorte italiana de Vestini e duas coortes latinas, das colônias de Firmum e Cremona, apoiadas por duas *turmae*, nesse caso de latinos de Placentia e Aesernia. Lívio diz que tanto Silo como Clúvio eram *legati*, subordinados ao cônsul a quem havia sido delegado *imperium* sobre o exército. Presumivelmente, as tropas foram substituídas ao meio-dia, de acordo com as ordens de Paulo, de modo que esses contingentes podem ter sido os segundos a realizar a tarefa naquele dia. Nossas fontes não descrevem a composição dos postos avançados macedônios com tantos detalhes, mas entre eles parece ter havido um grupo de oitocentos trácios. Não há relatos sobre escaramuças ou combates singulares entre os dois postos avançados durante o dia, ao contrário do que parece ter ocorrido com frequência em circunstâncias semelhantes. Os homens, na maioria escravos, de ambos os lados saíram do acampamento para buscar água no regato.

Mais tarde naquele mesmo dia, Lívio diz que, na nona hora [três da tarde], alguns escravos romanos perderam o controle de um animal de carga – provavelmente uma mula –, que atravessou correndo o regato. Três soldados italianos o perseguiram com água pelo joelho e mataram dois dos trácios que haviam se apoderado do animal. Os camaradas dos trácios sobreviventes logo vieram em auxílio e a luta aumentou, atraindo as tropas estacionadas nos postos avançados e, depois, os exércitos principais. Plutarco diz que um grupo de auxiliares lígures estava entre as primeiras tropas romanas a entrar em combate – embora não diga se também faziam parte dos postos avançados – e que Nasica entrou na escaramuça logo em seu início. Ele também menciona uma tradição segundo a qual Paulo deliberadamente ordenou soltar um cavalo no acampamento inimigo, esperando provocar uma batalha, mas isso parece extremamente improvável, sendo mais plausível que a batalha tenha começado acidentalmente. As fontes informam que Paulo percebeu a inevitabilidade da ação e percorreu o acampamento encorajando os soldados[21].

Os dois exércitos entraram em formação com pressa considerável, mas os macedônios parecem ter respondido mais rapidamente e, pouco depois, uma luta acirrada começou a apenas cerca de quinhentos metros do baluarte do acampamento romano. Na pressa de avançar, nenhum dos lados montou uma linha de combate devidamente organizada. Em vez disso, cada unidade marchou para fora do acampamento, entrou em formação de batalha e avançou. Plutarco, que nos dá o relato mais completo do confronto, diz que os mercenários macedônios e as tropas leves chegaram em primeiro lugar para o combate e tiveram sua ala direita reforçada pela divisão de elite da falange, os guardas reais, ou *agema*. Foram seguidos desde o acampamento pelo resto da falange, dividida entre os Escudos de Bronze (*chalcaspides*), à esquerda, e os Escudos Brancos (*eleucaspides*), à direita. Assim, o exército foi formado em ordem reversa da esquerda para a direita, em vez do contrário, com cada unidade indo diretamente ao ataque em lugar de esperar para colocar-se em sua posição própria. Os últimos a deixar o acampamento foram os mercenários restantes, provavelmente gauleses e cretenses. Eles comporiam a ala direita do exército, mas, ao que parece, nunca chegaram a essa posição. Nenhuma das nossas fontes menciona qualquer combate significativo desse lado da refrega. Durante certo tempo, os macedônios avançaram em unidades com formação frouxa, sendo que a linha de batalha estabeleceu-se apenas quando encontraram uma resistência mais efetiva por parte dos romanos[22].

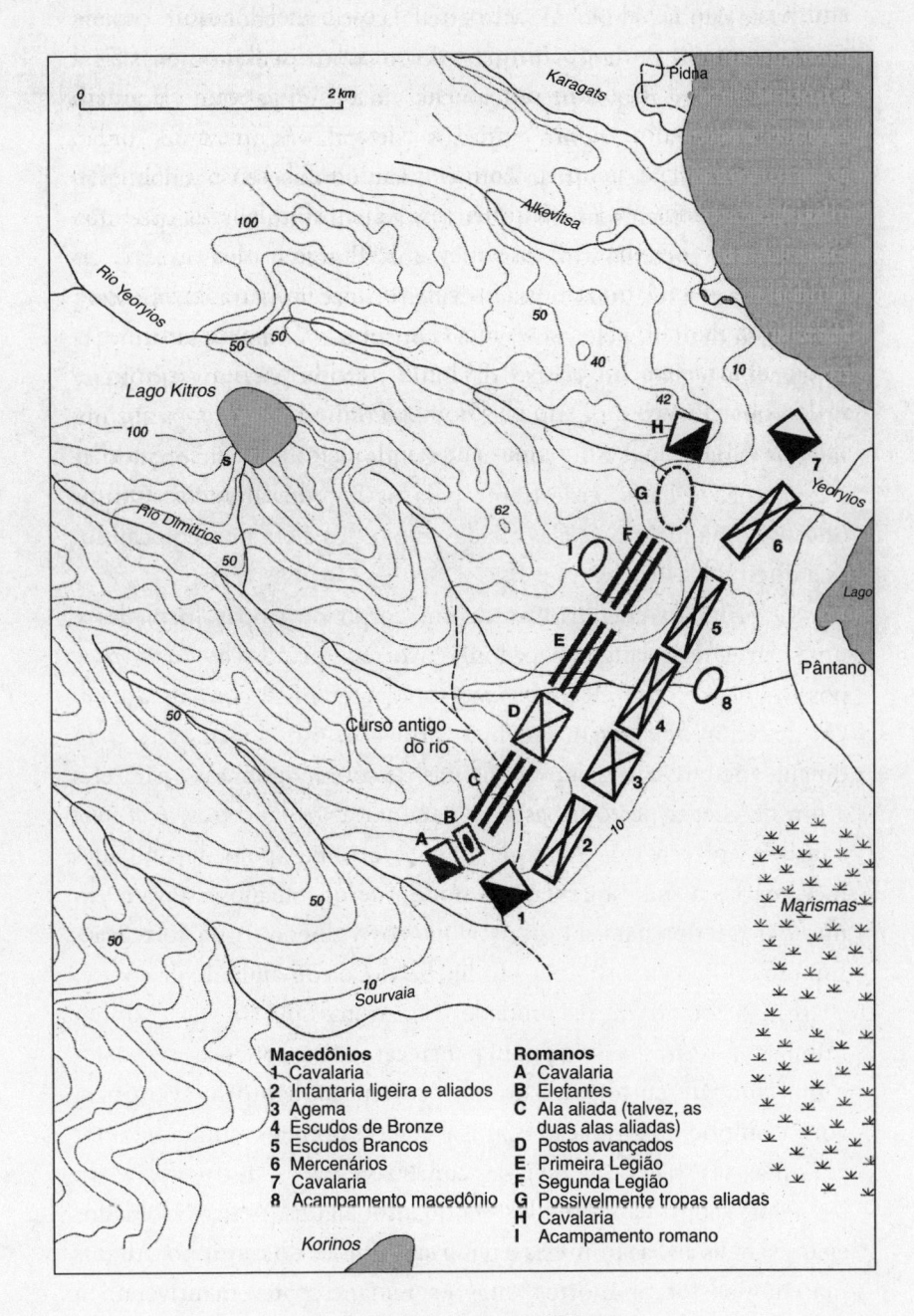

Macedônios
1 Cavalaria
2 Infantaria ligeira e aliados
3 Agema
4 Escudos de Bronze
5 Escudos Brancos
6 Mercenários
7 Cavalaria
8 Acampamento macedônio

Romanos
A Cavalaria
B Elefantes
C Ala aliada (talvez, as duas alas aliadas)
D Postos avançados
E Primeira Legião
F Segunda Legião
G Possivelmente tropas aliadas
H Cavalaria
I Acampamento romano

A BATALHA DE PIDNA

Anos depois, Paulo admitiu que falanges macedônias, com suas fileiras cerradas de lanças projetando-se contra seus homens, foi a vista mais terrível que presenciou na vida. General que valorizava a ordem e o planejamento cuidadoso de todas as operações, ficou, inevitavelmente, desgostoso com o início confuso da batalha. Não obstante, escondeu o medo e a frustração e caminhou pelas posições do exército encorajando seus soldados. Plutarco observa que ele não estava usando nem armadura nem capacete, para demonstrar, assim, seu desdém pelo inimigo. O cônsul comandou pessoalmente a primeira legião, no centro da linha romana, em posição quase oposta aos Escudos de Bronze. Lúcio Postúmio, um *Legatus*, ou, talvez, tribuno, seguiu com a segunda legião, posicionando-se à esquerda de Paulo e de frente para os Escudos Brancos. Outros oficiais comandaram as alas aliadas, a par dos elefantes, colocando-as à direita das legiões[23].

O primeiro encontro entre um corpo de tropas formadas e uma parte da falange macedônia ocorreu quando os *paeligni*, e possivelmente com eles os *marrucini*, bateram-se com os *agema*. Os macedônios estavam em boa formação, e os italianos tiveram dificuldade em se desviar das fileiras de *sarissa* apontadas para eles a fim de chegar perto o bastante para atacar os lanceiros. A *agema* consistia em cerca de três mil homens e tinha apoio de unidades mercenárias à sua esquerda, de modo que os italianos estavam em número inferior para ameaçar os flancos vulneráveis da formação. Em um esforço para romper a linha, Sálvio, o comandante da coorte, agarrou o estandarte da unidade e o arremessou contra as linhas inimigas. Os *paeligni* avançaram para recapturar o precioso estandarte e um combate curto, mas brutal, ocorreu enquanto lutavam para abrir caminho na formação inimiga. Alguns homens tentaram cortar as pontas das *sarissa* ou desviá-las com suas espadas, outros aparavam os golpes com seus escudos, enquanto alguns poucos soldados agarravam as armas inimigas e tentavam tirá-las do caminho. Alguns macedônios foram mortos, mas os remanescentes mantiveram a formação e a falange conservou sua posição. Conforme as baixas dos italianos aumentavam, os *paeligni* retiraram-se, indo em direção ao seu acampamento. Plutarco afirma que, de acordo com uma fonte ferozmente favorável aos macedônios (escrita por Possidônio), a retirada dos italianos causou grande frustração ao cônsul, que rasgou sua túnica[24].

O mesmo Possidônio também apresentou uma versão bem mais lisonjeira do comportamento de Perseu do que qualquer uma registrada por outras fontes. Políbio diz que o rei galopou de volta à cidade de Pidna, no começo da batalha, insistindo em que precisava realizar um sacrifício a Hércules, e assim não tomou parte na luta. De acordo com Possidônio, Perseu havia se machucado no dia anterior, provavelmente escoiceado por um cavalo, e o ferimento manteve-o, num primeiro momento, afastado da batalha. No entanto, apesar da dor, Perseu montou em um animal de carga e atacou no ponto mais intenso do combate, sendo atingido por um dardo que rasgou sua túnica sem feri-lo[25].

A primeira legião chegou antes e aparentemente neutralizou o ataque macedônio. Enquanto a segunda legião movia-se para entrar em posição, as coisas começaram a mudar para o lado dos romanos. No flanco direito, os elefantes de guerra causaram uma considerável desordem entre o inimigo. No início da campanha, Perseu tinha formado uma unidade especial antielefantes, mas as novas armas e as armaduras com pontas que se projetavam mostraram-se totalmente ineficientes. O rei tentara treinar os animais da cavalaria para que se acostumassem com a estranha aparência, o barulho e o cheiro das grandes bestas, mas isso também fracassou. Já desbaratada pelos elefantes, a maior parte da ala esquerda macedônia foi varrida pelo ataque da ala aliada. No centro, a falange fora rompida. Mesmo nos dias de Alexandre, isso tendia a acontecer sempre que a falange avançava qualquer distância, pois era – e é – extremamente difícil marchar em formação, até no terreno mais plano, sem se desviar para um lado ou para o outro. O sistema romano de manter intervalos entre as manípulas era, em parte, para evitar que tais flutuações impedissem duas unidades de se fundir. A doutrina macedônia usava espaços menores entre as unidades, mas havia uma tendência natural das seções da linha a se agruparem, enquanto outras se espalhavam durante o avanço. O terreno acidentado aumentava o problema, e é possível que, em Pidna, a elevação que conduzia ao acampamento romano tenha contribuído para quebrar a ordem da falange. Entretanto, a razão principal do problema foi a falta de tempo para colocar o exército em formação apropriada antes da batalha. Se os macedônios tivessem podido manter o avanço, sem nunca reduzir a pressão sobre os romanos, talvez tivessem vencido, apesar de tudo. Quando as duas legiões foram postadas corretamente e a falange foi detida, a natureza essencialmente inflexível dessa formação a deixou em grande desvantagem[26].

Em um dos lados, havia uma única linha de blocos individuais de lanceiros, cada qual com pelo menos dezesseis fileiras. Atrás dessas linhas não havia reservas, e os blocos tinham pouca capacidade de manobra. Opostos a eles, havia uma linha de manípulas, provavelmente com metade do número de fileiras e intervalos equivalentes mais ou menos a cada frente da unidade, separando-a dos blocos em ambos os lados. Cobrindo esses intervalos, estavam as manípulas dos *principis*, e atrás deles os *triarii*. Os macedônios podiam apenas lutar de modo eficaz contra um inimigo que estivesse à sua frente, e isso também dependia de os soldados permanecerem juntos e manterem uma parede de *sarissa* apontadas ao inimigo. Cada manípula era comandada por um centurião – o comandante da centúria à direita tendo a liderança se os dois estivessem presentes – e a formação *triplex acies* garantia espaço para atuar como uma única unidade.

Com as linhas de combate estabilizadas, os centuriões começaram a levar seus homens aos espaços nas linhas inimigas, com o fim de atacar os flancos desprotegidos e a retaguarda dos blocos de lanceiros. Plutarco nos diz que Paulo ordenou essa ação, dirigindo-se, primeiro, aos tribunos e oficiais graduados, que então passaram as instruções aos oficiais de patente mais baixa. Isso é provavelmente verdadeiro, pois devemos esperar que Paulo, como qualquer outro comandante romano, quisesse intervir nas pequenas decisões táticas da batalha. No entanto, juntas, as legiões teriam ocupado uma linha de mais de 1,5 quilômetro, e teria levado tempo demais para que cada ataque fosse ordenado por um general. O exército romano contava com uma proporção de oficiais significativamente maior do que o macedônio. Uma legião continha seis tribunos e sessenta centuriões, vinte em cada linha, fora os *legati* ou outros membros auxiliares do general, enviados àquele setor da linha. A iniciativa para muitos dos ataques locais vinha provavelmente desses homens e, por vezes, até de soldados comuns, pois os romanos sempre estimulavam a ousadia individual[27].

Aos poucos, pequenos grupos de romanos infiltravam-se na linha macedônia. Um legionário era basicamente um espadachim que podia, se necessário, lutar efetivamente em combates singulares. Um macedônio armado com uma *sarissa* de sete metros podia lutar apenas como parte de um grupo. Quando os romanos começaram a atacar cada conjunto de lanceiros a partir dos flancos, a batalha pendeu para o seu lado. Alguns macedônios largaram as armas que os embaraçavam e tentaram usar outras, mas os homens eram mal treinados e mal equipados para esse tipo de combate. Os legionários portavam a "espada espanhola" (*gladius hispaniensis*), uma arma de corte e golpe equilibrada, com uma lâmina de aço temperado. Um golpe dessa espada era quase sempre fatal, um corte horrivelmente desfigurador. Lívio descreve como os homens de Filipe V se apavoraram na Primeira Guerra Macedônica ao ver pela primeira vez os corpos dos homens mortos com a espada espanhola. Em Pidna, os lanceiros macedônios foram chacinados, infligindo pouco ou nenhum dano ao inimigo. No final do dia, cerca de vinte mil macedônios haviam sido mortos e outros seis mil foram aprisionados. A *agema* tinha sido virtualmente destruída. Quando a falange iniciou a fuga, a cavalaria macedônia deixou o campo de batalha. Muitas dessas tropas não tinham ainda combatido e estavam intactas. Perseu fugiu com elas para sua capital, Pela, mas separou-se dos cavaleiros quando foram atacados por uma multidão raivosa de fugitivos do restante do exército. A batalha não durou mais do que uma hora, tempo muito curto para esse tipo de combate, e custou aos romanos aproximadamente cem mortos e grande número de feridos. Durante algumas horas, Paulo temeu que seu filho, Cipião Emiliano, estivesse entre os mortos e ficou desconsolado até ver o rapaz retornar, tendo sido separado do grupo com dois companheiros durante a perseguição. O filho de Catão, o Velho, que posteriormente se casou com a filha de Paulo, Emília, e estava servindo como cavaleiro, também se distinguiu no combate. A certa altura, perdeu a espada andando pelo campo de batalha, mas reuniu um grupo de amigos e, juntos, atacaram e afugentaram alguns inimigos e, finalmente, acharam a arma sob uma pilha de cadáveres. Tanto Paulo como o rígido Catão o elogiaram pela ação, na qual exibiu o comportamento de um verdadeiro romano[28].

A vitória de Roma em Pidna deveu-se em grande parte à flexibilidade do sistema tático romano. O seu início acidental impediu que cada comandante empregasse táticas sofisticadas. O melhor que podiam fazer era inspirar seus homens – embora, no caso de Perseu, ele não tenha sequer tentado – e ajudá-los a formar algum tipo de linha de combate na confusa situação que se desenvolveu, mas as legiões foram mais capazes de responder a cada problema localizado. Fatores semelhantes mostraram-se decisivos em Cinoscéfalos e Magnésia. Em Cinoscéfalos, os exércitos se encontraram inesperadamente quando se aproximaram de lados opostos do passo de mesmo nome. Cada lado seguiu o procedimento normal de dirigir sua coluna em marcha à direita para formar a linha de batalha. Em tal situação, os flancos direitos dos exércitos romano e macedônio estavam à frente da coluna e, por isso, colocaram-se em posição e entraram em formação de batalha. O flanco direito de cada exército atacou então e dispersou o flanco esquerdo do inimigo, que ainda não estava preparado para a batalha. Os romanos formaram seu *triplex acies* usual e a infantaria de Filipe V, uma falange única sem linhas de reserva. Um tribuno cujo nome não se conhece liderou vinte manípulas de *principis* e *triarii* da ala direita romana e os levou a atacar as tropas vitoriosas do rei. A falange não pôde responder a essa nova ameaça e foi derrotada.

Em Magnésia, os exércitos foram colocados em formação apropriada e esperavam pela batalha. Antíoco III comandou um ataque da cavalaria na melhor tradição de Alexandre e rompeu a linha romana, levando seus homens a atacar o acampamento inimigo, mas não tinha reservas para explorar o seu sucesso. Os romanos, porém, tinham, e estas, juntamente com homens deixados para guardar o acampamento, derrotaram a cavalaria do rei. Quando os romanos romperam a linha principal dos selêucidas e infiltraram-se profundamente na falange, os selêucidas não puderam fazer nada e foram vencidos. Nessas batalhas, como em Pidna, Filipe V, Antíoco, o Grande, e Perseu, respectivamente, reconheceram a derrota e aceitaram os termos da paz impostos pela república romana. Em 168, o Senado decidiu que o reino da Macedônia deixaria de existir e dividiu o país em quatro regiões autônomas. Perseu foi levado para Roma e participou da procissão triunfal de Paulo, passando o resto da vida como prisioneiro. Contudo, por algum tempo pareceu que o cônsul não iria receber a honra de um triunfo. Paulo era um comandante eficiente, mas, ao que tudo indica, nunca conseguiu conquistar o afeto de suas tropas. Algumas seções do exército sentiam que não foram suficientemente recompensadas pela campanha em termos de honra e, sobretudo, de butim. Isso apesar da aprovação senatorial quanto à depredação de Pidna, quando Paulo levou suas tropas para saquear o Épiro em seguida. Comandados pelo tribuno Sérvio Sulpício Galba, muitos soldados conspiraram para que o cônsul não pudesse realizar seu triunfo, e foi depois de muito esforço que a maioria dos senadores concordou em conceder a honra ao comandante. Muitos foram persuadidos pelo já idoso veterano das Guerras Púnicas e ex-cônsul Marco Servílio Púlice Gemino, um homem que tinha fama de ter matado 23 inimigos em combate singular[29].

Por fim, Paulo teve permissão de realizar um triunfo e fez uma celebração especialmente espetacular que durou três dias, passando pela Via Sacra até o coração de Roma, cercado de multidões que se sentaram em arquibancadas instaladas para o evento. No primeiro dia, desfilaram 250 carroças carregadas com estátuas e outras obras de arte saqueadas durante a guerra. No segundo dia, os carros passaram exibindo armas, armaduras e outros equipamentos militares capturados, enfatizando as diferentes panóplias de aliados estrangeiros e mercenários que serviram sob Perseu, bem como equipamento macedônio. As peças foram dispostas de forma a parecerem restos de batalha. Em outras carroças, "as armas e as armaduras não estavam presas, de modo que, ao ser transportadas, batiam umas contra as outras produzindo um som forte e temeroso e, mesmo tendo pertencido aos perdedores da guerra, sua aparência ainda provocava terror"[30]. Seguindo depois dos carros, iam os tesouros capturados do inimigo, dispostos em 750 caixas, cada uma levada por um grupo de quatro homens.

Finalmente, no terceiro dia, foi a vez da procissão principal, com trombeteiros à frente reproduzindo os toques de batalha. Atrás dos músicos seguiam 120 touros sacrificiais, com os chifres e as cabeças decoradas com guirlandas, acompanhados por jovens que levavam as libações necessárias. Em seguida, uma vez mais a riqueza do inimigo derrotado foi enfatizada ao se levarem 77 caixas, cada qual contendo três talentos em moedas de ouro e uma coleção dos vasos mais preciosos de Perseu. A carruagem do rei, vazia, a não ser por suas armas, armaduras e diadema real, desfilou atrás das suas riquezas. Então, seguiram seus filhos mais novos, dois meninos e uma menina, com suas babás e muitos outros escravos domésticos. Era uma visão patética, e muitos dos romanos que assistiam ao desfile e que, conforme era característico de sua estirpe, eram raramente inclinados a esconder suas emoções, não contiveram as lágrimas. Perseu desfilou atrás deles, cercado de seus atendentes e cortesãos. Seu pedido de ser poupado da humilhação de desfilar pela cidade tinha recebido uma resposta brusca de Paulo, que lhe lembrou que o rei podia evitar esse destino suicidando-se.

Por fim, depois dos símbolos e espólios da sua vitória, vinha o próprio Paulo,

> em uma carruagem magnificamente decorada. Ele teria sido uma visão notável mesmo sem esses ornamentos de poder; vestia uma capa púrpura adornada de ouro e trazia na mão direita um ramo de louro. Todos os soldados também levavam ramos de louro. O exército marchou atrás da carruagem de seu comandante em suas

unidades e divisões, com os homens cantando canções tradicionais, as quais tinham traços de humor, além de hinos de vitória e em honra das realizações de Emílio. Ninguém podia tirar seus olhos dele, que era objeto de admiração universal...[31]

A descrição de Plutarco dá uma noção do esplendor de um triunfo romano, mas, para Paulo, havia pouca necessidade de o escravo sussurrar em seu ouvido frases que o lembrassem de sua mortalidade. Seu filho de 14 anos tinha adoecido e morrera cinco dias antes do início das cerimônias. Três dias depois do desfile, o mesmo destino acometeu o irmão de 12 anos do menino. Apenas os dois filhos mais velhos sobreviveram, e ambos foram adotados por outras famílias e receberam seus nomes.

"A GRÉCIA CAPTURADA ESCRAVIZA O FEROZ CAPTOR"

Antes de deixar a Grécia, Paulo passou algum tempo viajando pelo país, aproveitando a paisagem e fazendo o máximo para conquistar os corações e as mentes da população. Em Anfípolis, patrocinou um festival helênico de teatro, poesia e esportes, reunindo artistas, atletas e cavaleiros famosos de todo o mundo grego. Os convidados influentes foram recepcionados em festas luxuosas. Alguns expressaram surpresa pelo fato de um festival tão grande ter sido organizado em tão pouco tempo, ao que Paulo respondeu de modo frio: "Um homem que sabe vencer uma guerra também pode organizar um banquete e jogos"[32]. Durante uma visita ao famoso oráculo de Delfos, o cônsul viu um plinto que devia fazer parte de uma estátua de Perseu. Paulo, então, encomendou um monumento à sua própria vitória, parte do qual sobrevive até os dias de hoje; não obstante, ele não foi o primeiro magistrado romano a se envolver com a vida cultural grega. Flamínio permanecera na Grécia alguns anos depois da Segunda Guerra Macedônica e, desde o começo, demonstrara o seu amor por todas as coisas helênicas. Nos Jogos do Istmo, em 196 a.C., quando ele proclamara a liberdade dos Gregos, seu discurso – feito em grego – foi saudado com aplausos arrebatados. As honras conferidas pelas comunidades helênicas aos generais romanos, fossem por medo, fossem por respeito genuíno, espelhavam aquelas convencionalmente oferecidas aos reis. Isso estimulou a crença de que qualquer senador romano, e especialmente um general proeminente e bem-sucedido, era no mínimo igual a qualquer monarca estrangeiro. Flamínio, Paulo e outros homens que triunfaram no Mediterrâneo oriental conquistaram prestígio muito maior do que a imensa maioria dos senadores. Tal prestígio e suas riquezas poderiam ter desequilibrado a vida política romana e foi, em parte, para evitar isso que os outros senadores o atacaram com tanto fervor quando retornaram a Roma.

É difícil mensurar até que ponto os aristocratas romanos tinham consciência da cultura grega no século III a.C. Roma havia interagido com muitas colônias helênicas na Itália e, mais tarde, na Sicília, e as conquistara. Os espólios de guerra, em particular, incluíam obras de arte e escravos que foram levados para Roma, na época da Segunda Guerra Púnica. Havia senadores romanos como Fábio Pictor, cujo conhecimento da língua e da literatura era de nível alto o bastante para lhes permitir empreender as primeiras obras em prosa sobre a história romana. Enquanto preparavam a invasão da África a partir da sua base na Sicília, Cipião Africano e seus jovens assistentes vestiam-se à moda grega e aproveitavam as instituições caracteristicamente helênicas, como o ginásio. O caso de amor com a língua e a cultura gregas que dominou a aristocracia romana persistiu por séculos. No início do século II a.C., essa tendência ofereceu outro palco em que os senadores podiam competir para mostrar sua superioridade, uma vez que cada um se esforçava por demonstrar maior conhecimento sobre as coisas relativas à Grécia.

Em meados do século, a grande maioria dos romanos educados era bilíngue, pois o grego era a língua da verdadeira civilização, da mesma forma que o francês era falado por quase toda a aristocracia europeia do século XVIII. Apenas algumas vozes resistiam publicamente a essa tendência. A mais famosa entre elas foi a de

Marco Pórcio Catão, que comandara uma das colunas vencedoras nas Termópilas e cujo filho havia se destacado em Pidna. Quando servira como embaixador na Grécia, Catão recusava-se a abordar os nativos na sua língua e insistia em fazer seus discursos em latim. Não o fazia por ignorância, já que possuía extenso conhecimento de literatura helênica – Políbio relembra um incidente no qual Catão fez uma alusão jocosa à *Odisseia* de Homero. Durante toda a sua carreira, Catão ridicularizava os aristocratas que imitavam os nobres da Grécia e enfatizava a superioridade das tradições simples, porém virtuosas, de Roma. Enquanto questor de Cipião, em 205 a.C., criticara publicamente o cônsul e seus amigos por seu comportamento na Sicília. Mais tarde, escreveu a primeira história em língua latina, uma das muitas obras que redigiu ou traduziu para o latim.

Diferentemente dos senadores que colecionavam arte grega e copiavam as modas helênicas de vestir, decorar e banquetear, Catão retratava a si próprio como um romano fora de moda, levando uma vida frugal a serviço da república. Era um "homem novo" que não podia contar com as realizações dos seu ancestrais ou com a reputação de uma família bem-estabelecida, precisando trabalhar arduamente para erigir sua reputação. Isso implicava em não perder a oportunidade de demonstrar suas opiniões e características, construindo gradualmente uma "imagem pública" – quase um nome de marca – que o projetasse nas mesmas condições que as famílias tradicionais. Assim, de fato, Catão usou a expansão da cultura como meio de competir com outros senadores, do mesmo modo que esses homens o fizeram ao abraçar as novas ideias.

CAPÍTULO 4

"AS PEQUENAS GUERRAS": CIPIÃO EMILIANO E A QUEDA DE NUMÂNCIA

*Publius Cornelius Cipio Aemilianus
Africanus Numantinus* (185/4-129 a.C.)

É tolice correr perigo por pequenos resultados. Deve ser considerado um general imprudente aquele que lutar sem haver motivo, enquanto um bom comandante apenas se arrisca em caso de necessidade.[1]

As guerras travadas contra as grandes potências helênicas foram importantes, intensamente dramáticas e deveras lucrativas para os vitoriosos, mas também foram eventos comparativamente raros. Por todo o século II a.C., o foco do esforço de guerra de Roma era dirigido a campanhas contra os povos tribais da Hispânia, do norte da Itália e do sul da Gália, bem como, em menor grau, da Ilíria e da Trácia. Essas campanhas foram movidas contra povos com nomes obscuros – ao menos para os gregos e romanos –, cujos exércitos eram formados por guerreiros corajosos, porém, quase sempre, indisciplinados e mal armados. Politicamente, eram divididos em muitas tribos, as quais, por sua vez, eram divididas entre os seguidores dos vários chefes. A derrota de uma tribo ou clã não significava necessariamente que seus vizinhos capitulariam, ao contrário da única e decisiva batalha que terminou as guerras com a Macedônia e os Selêucidas. Portanto, o modo de fazer guerra nessas províncias tendia a consistir em diversas campanhas individuais para derrotar cada comunidade ou líder por vez.

Uma vitória sobre os arevacos ou os boios não conferia o mesmo prestígio que um triunfo sobre reinos famosos como a Macedônia, tampouco tendia a enriquecer um exército e seu comandante. As frequentes guerras nas províncias espanholas e gaulesas implicavam que as vitórias obtidas em tais teatros de operações eram comuns. Os senadores, ansiosos por tirar o máximo proveito desse sucesso, gostavam de afirmar que era a primeira vez que um povo em particular tinha sido combatido por um exército romano, além de vangloriarem-se das estatísticas de sempre – homens mortos e capturados, cidades e aldeias invadidas. Preocupado com o fato de que triunfos estavam ocorrendo com muita frequência e facilidade, o Senado decidiu que um mínimo de cinco mil inimigos precisava ser morto em batalha para que o magistrado pudesse receber essa honra. Os detalhes da medida são obscuros, embora, provavelmente tenha ocorrido durante algum período do século II a.C. e é impossível saber com que rigor foi implementado.

Tais restrições não devem nos levar à conclusão de que todas as campanhas romanas contra oponentes tribais eram vitórias fáceis ou garantidas. Algumas foram. Contudo, a maioria consistia em operações difíceis contra um inimigo corajoso, frequentemente numeroso e acostumado a explorar a força natural do relevo da sua terra natal. As batalhas contra os gauleses, os lígures e os diversos povos espanhóis eram, muitas vezes, sangrentas e difíceis, sendo que o sucesso romano nem sempre era inevitável. Muitos generais sofreram pesadas derrotas nas mãos dessas tribos. Os gauleses saquearam Roma em 390 a.C. e a ameaçaram de novo em 225 a.C., até que, com mais sorte do que planejamento, os dois cônsules daquele ano conseguiram atacar o exército inimigo, um de cada lado, em Télamon. Em 216, a terrível catástrofe de Canas obscureceu em parte um desastre no vale do Pó, em que as tribos emboscaram e dizimaram um exército de duas legiões e duas *alae*. Entre os mortos estavam o comandante romano, o pretor Lúcio Postúmio Albino, homem muito experiente que já fora cônsul duas vezes e acabava de ser eleito, na sua ausência, para um terceiro mandato no ano seguinte. Foi, talvez, a derrota de Roma mais espetacular nessa região, apesar de não ter sido a única. Reveses na península Ibérica tendiam a ser em menor escala, mas eram mais frequentes[2].

Um exército romano bem treinado, abastecido e comandado com competência podia, sob muitas circunstâncias, vencer oponentes tribais. No início do século II a.C., essas condições eram, quase sempre, a regra, uma vez que todos os escalões do exército eram compostos predominantemente de veteranos da guerra contra Aníbal. Naquele tempo, as legiões nas fronteiras do norte da Itália e nas províncias espanholas demonstravam os mesmos níveis elevados de disciplina, confiança e flexibilidade tática com que haviam esmagado os exércitos profissionais das potências helênicas. Muitas vezes, contavam com os mesmos homens, já que a maioria dos oficiais e soldados que combateram em Cinoscéfalos e em Magnésia já tinham servido em algumas das províncias ocidentais. Emílio Paulo, por exemplo, comandara exércitos na Hispânia e na Ligúria, antes de assumir o comando na campanha de Pidna. Catão, o homem que posteriormente liderou a coluna que derrotou o flanco inimigo nas Termópilas, em 191 a.C., e cujo filho destacou-se em Pidna, tinha sido enviado à Hispânia Citerior como cônsul em 195. Após um período de treinamento e de operações de pequena escala, com o objetivo de dar experiência prática às tropas e aumentar sua confiança, havia travado uma batalha encarniçada com o principal exército ibérico nas proximidades da cidade de Emporion. Uma marcha noturna não detectada pelos espanhóis colocou o exército romano numa posição com o inimigo entre ele e seu próprio acampamento, pois Catão havia determinado que seus homens não deviam ter outra alternativa de sobrevivência a não ser a vitória.

Os ibéricos entraram em formação de modo atabalhoado, pois a batalha começou na hora e da maneira escolhida pelo comandante romano. Durante toda a luta, Catão empregou suas reservas de forma cuidadosa, enviando duas coortes – provavelmente de *extraordinarii* – para atacar a retaguarda do inimigo, quebrando o equilíbrio das principais linhas de combate ao aumentar o peso de unidades descansadas no ataque romano. Finalmente, enviou a Segunda Legião, que até aquele ponto não tinha entrado na batalha, para invadir o acampamento espanhol. O comandante romano também estava pronto para intervir pessoalmente na ação, indo de encontro aos seus soldados para controlá-los, quando as retiradas de algumas unidades da cavalaria provocaram pânico à sua direita. Ele agarrou e deteve pessoalmente alguns soldados enquanto fugiam. Mais tarde, liderou a Segunda Legião no seu avanço, certificando-se de que os homens se moviam em ordem correta, e não deixou que seu entusiasmo saísse de controle. Catão cavalgava ao longo de toda a linha, golpeando com uma lança de caça qualquer legionário que quebrasse a formação e ordenando ao centurião ou tribuno mais próximo que marcasse o homem para ser punido posteriormente[3].

No primeiro quarto do século II a.C., a resistência das tribos da Gália Cisalpina foi quebrada de modo permanente. Ao sul do Pó, os boios perderam grande parte da sua terra para os colonos romanos e foram virtualmente destruídos enquanto unidade política. Mais ao norte, povos como os cenómanos e os insubres deram-se melhor e, com o tempo, seus aristocratas receberam a cidadania romana e foram absorvidos pelo seu sistema. Os lígures eram um povo montanhês com organização social frouxa e poucos líderes reconhecidos fora de suas aldeias. Basicamente pastores, seus rebanhos ficavam vulneráveis no começo da primavera, antes de saírem dos pastos de inverno e irem a áreas mais elevadas e dispersas. Embora realizar campanhas em um relevo difícil como esse fosse sempre arriscado, a derrota de uma aldeia raramente contribuía para que outras aldeias parassem de atacar as colônias romanas e comunidades aliadas. A luta continuou até meados daquele século, e só depois de obrigar a população a mudar-se para colônias no sul da Itália que os lígures foram pacificados. Na

Hispânia, as campanhas foram quase constantes até que, em 177, o cônsul Tibério Semprônio Graco empregou uma mistura de força militar e diplomacia hábil para estabelecer uma paz que duraria mais de vinte anos[4].

Na época em que a colônia de Graco se dividiu, na década de 150, o exército romano tinha declinado. A geração da Segunda Guerra Púnica estava ou morta, ou velha demais para servir, e grande parte da experiência que acumulara estava esquecida. A impermanência do sistema de milícia tornou difícil preservar o conhecimento em qualquer forma institucional, e o problema foi exacerbado pela infrequência comparativa das guerras no segundo quarto do século. Por volta de 157 a.C., o Senado estava especialmente ansioso por enviar uma expedição à Dalmácia, pois temia-se que as pazes prolongadas tornariam os homens da Itália efeminados[5]. A inexperiência era composta pela complacência, uma vez que muitos foram persuadidos de que as inúmeras vitórias de Roma tinham acontecido de maneira inevitável, não como resultado de preparo e treinamento cuidadosos. O desempenho dos exércitos romanos no campo de batalha, durante todo o restante do século, foi sempre sombrio. Numa época em que muito poucos comandantes obtinham bom desempenho, a habilidade considerável de Cipião Emiliano destacou-se ainda mais.

O INÍCIO DA VIDA E A TERCEIRA GUERRA PÚNICA

A adoção de um herdeiro ou de herdeiros para preservar o nome da família era comum entre a aristocracia senatorial, e um filho adotivo não era considerado diferente de um biológico. O fato de que virava em todos os sentidos legais e emocionais um membro da nova família não excluía a forte ligação com sua família de sangue. Apesar de ter sido adotado quando muito pequeno pelo filho de Africano, Cipião Emiliano passou a maior parte dos primeiros anos de vida na casa de Emílio Paulo e, como vimos, serviu com ele na

Macedônia, desfilando com o general em seu triunfo. Segundo filho, Cipião não mostrou sinais particulares de um futuro excepcional quando era jovem, e, como seu pai, era cauteloso e um tanto reservado. Diferentemente da maioria dos jovens que iniciavam a carreira pública, ele não praticou oratória forense e não buscou construir nome como advogado; em vez disso, preferiu os esportes e o treinamento militar, preparando-se para combater pela república na guerra. Em Pidna, ele lutou, embora com entusiasmo demais, e durante os meses pós-vitória que passou na Grécia descobriu que era amante da caça, pois, juntamente com seu irmão mais velho e seus amigos, participou de muitas expedições nas vastas propriedades de Perseu. Paulo deixou que seus filhos pegassem muito pouco dos tesouros do rei, mas lhes permitiu servir-se à vontade de sua grande biblioteca. A literatura e a cultura gregas teriam papel destacado na vida de Cipião. Esse interesse foi estimulado pela longa amizade com Políbio, que foi para Roma como hóspede depois da guerra.

Com o tempo, Cipião e seu círculo de amigos, que incluía Lélio, filho do velho confederado de Africano, seriam vistos como representantes do melhor tipo de filo-helenismo. Eram verdadeiros romanos, possuíam a *virtus* tradicional esperada de um membro de família senatorial, mas, somada a essa sofisticação, tinham a sabedoria derivada do conhecimento da cultura grega. Cícero apresentaria sua discussão filosófica da natureza do Estado romano, *De re publica,* como um debate imaginário entre Cipião, Lélio e seus associados, em 129 a.C. Cipião era um homem racional, educado tanto nas tradições gregas como nas romanas e interessado em filosofia, e nenhuma das histórias sobre ele contêm quaisquer elementos do misticismo associado ao Africano[6].

A série de conflitos que acabaria com a destruição de Numância por Cipião Emiliano começou em 153 a.C. Uma tribo celtibera, os belos (*bellii*), determinara aumentar sua maior cidade, Segeda, expandindo suas muralhas e incorporando, quisesse-o ou não, a população das comunidades vizinhas. Relutante em permitir o surgimento de uma fortaleza tão grande e bem localizada, capaz de atacar a Hispânia Citerior, o Senado despachou o cônsul Quinto

Fúlvio Nobilior com um forte exército consular de cerca de trinta mil homens contra a tribo. As fortificações de Segeda ainda não haviam sido completadas quando a força romana começou seu avanço, de forma que os belos abandonaram o trabalho e fugiram ao território dos vizinhos arevacos, cuja principal cidade era Numância. Unindo-se a outras tribos celtiberas sob um comandante eleito, o exército combinado emboscou Nobilior e infligiu pesadas perdas à coluna romana antes de repeli-la. O cônsul moveu o exército para atacar Numância, mas a ação terminou em desastre quando um dos elefantes de guerra romanos foi atingido na cabeça por uma pedra e entrou em pânico; logo, todos os dez elefantes dispararam em direção à retaguarda, pisoteando os soldados em seu caminho. Os celtiberos exploraram a desordem para contra-atacar e no fim derrotaram os romanos. Em 152, Nobilior foi substituído por Marco Cláudio Marcelo, neto do "Espada de Roma", que, à época, assumia seu terceiro mandato como cônsul. O comandante, mais experiente, capturou algumas cidades menores e, ao propor a seus habitantes termos favoráveis, estimulou os arevacos e os belos a fazerem a paz. Como Flamínio em 168, Marcelo estava ansioso por obter o crédito de encerrar a guerra antes do término do seu mandato, e o Senado enviou um homem para sucedê-lo. Assim, ele encorajou os embaixadores celtiberos em sua crença de que o Senado lhes proporia os mesmos termos oferecidos por Graco décadas antes[7].

Embora delegações das tribos tivessem ido a Roma e ainda houvesse incerteza quanto ao fim ou não da guerra, o Senado decidiu que Lúcio Licínio Lúculo, um dos novos cônsules de 151, deveria, de qualquer modo, ir à Hispânia Citerior com um novo exército. Recrutar homens foi inesperadamente difícil, pois, pela primeira vez, cidadãos romanos de todas as classes estavam relutantes em servir nas legiões. Rumores da ferocidade dos celtiberos foram estimulados por Nobilior e seus oficiais quando voltaram a Roma, e a guerra parecia ser árdua e trazer parcas recompensas. Poucos homens apareceram no dia marcado para o recrutamento, e houve reclamações de que, nos anos recentes, esse trabalho fora passado a uma pequena porção da população, pois os novos comandantes tendiam a preferir homens experientes. Assim, o recrutamento aconteceu por sorteio. Poucos senadores jovens haviam se candidatado para a eleição ou a nomeação ao cargo de tribuno, uma posição normalmente vista como boa oportunidade de ganhar reputação por coragem e habilidade. Lúculo também parece ter tido problemas para encontrar homens que servissem como seus subordinados diretos, ou *legati* (representantes). Acredita-se que vários jovens senadores fingissem estar doentes para desculpar a covardia. De acordo com Políbio, a situação se resolveu apenas quando Cipião Emiliano, então com 33 anos de idade, fez um anúncio público declarando seu desejo de servir em qualquer posto a que os outros não quisessem se voluntariar. O historiador provavelmente exagerou a influência de seu patrono, não obstante o incidente sem dúvida ter lhe valido algum grau de popularidade. Não era algum se Cipião ia à Hispânia como legado ou tribuno, mas o último parece o mais provável[8].

A campanha espanhola de Lúculo foi envolta em controvérsia. Quando chegou à sua província, um tratado de paz havia sido concluído com os arevacos. A maioria dos magistrados estava ansiosa por conquistar a glória antes da expiração de seus mandatos, mas Lúculo tinha fortes razões para desejar uma guerra bem-sucedida e lucrativa para pagar suas grandes dívidas. Desse modo, levou seu exército a atacar outra tribo celtibera do norte, os *vacaei*, tomando diversas cidades sob o pretexto de que estavam suprindo alimentos aos arevacos. Independente de a campanha ser justificada do ponto de vista estratégico ou não, o desempenho do exército foi medíocre, e as ações de Lúculo provocaram reações negativas em Roma. Em Cauca, ele aceitou suspender o ataque à cidade, porém, quando já estava com grande número de soldados dentro das muralhas, ordenou o massacre de toda a população masculina adulta. Em geral, os romanos aceitavam a necessidade de selvageria quando ela tinha um propósito útil, no entanto desaprovavam qualquer ato contrário à reputação de Roma de boa-fé (*Fides*) nas suas relações com outros Estados.

Para dificultar ainda mais a situação, atrocidade semelhante foi realizada pelo pretor Sérvio Sulpício Galba na Hispânia Ulterior, mais ou menos na mesma época. Muitos lusitanos e suas famílias haviam se rendido a Galba, depois de ele ter prometido que lhes daria terras onde viver – prática que se mostrara muito bem-sucedida na Ligúria. Em lugar disso, Galba dividiu os homens em três grupos, desarmou-os e ordenou a seus soldados que os chacinassem. A nova brutalidade dos romanos em guerra na Hispânia pode, talvez, ser vista como o sinal de uma geração de comandantes mais duros, determinados a fornecer solução permanente aos problemas militares colocados por tribos guerreiras. É mais provável que fosse resultado de desespero, uma vez que a qualidade declinante dos exércitos romanos tornava mais difícil, especialmente para comandantes inexperientes, obter uma vitória categórica. Apesar da reação negativa produzida pelo comportamento de Lúculo e Galba, nenhum deles foi punido ao voltar a Roma. Embora tenham sido julgados, Galba assegurou sua absolvição por meio de uma mistura de generosas propinas e exibicionismo emocional, levando seus filhos chorosos ao tribunal para provocar pena nos jurados[9].

Pouco se sabe sobre o papel de Cipião Emiliano na campanha. Quando os romanos avançaram sobre a cidade de Intercatia, um guerreiro celtibero grande e usando uma armadura esplêndida cavalgou repetidamente entre os dois exércitos, desafiando qualquer romano para um combate singular. Cipião foi até ele, exibindo o mesmo espírito impetuoso que havia demonstrado em Pidna. O campeão inimigo feriu seu cavalo e ele foi jogado ao chão, mas ergueu-se, continuou a lutar e no final venceu. Mais tarde, atuou como fiador da boa vontade romana, quando os aldeões aceitavam render-se, contudo relutavam em confiar em Lúculo[10].

Em 149 a.C., os romanos deliberadamente provocaram uma guerra contra Cartago com a intenção de destruir a cidade, que agora começava, de novo, a prosperar. Apesar da premeditação cínica, eles se mostraram despreparados para travar a guerra. A força expedicionária enviada para a África era mal comandada e mal treinada, de modo que o conflito se iniciou com diversas falhas e mostras de incompetência. Cipião estava servindo como tribuno na Quarta Legião[11] e repetidamente demonstrou a liderança, habilidade e coragem que tanto faltavam ao restante do exército. Suas tropas eram mantidas sob rígido controle e, em diversas ocasiões, ele conseguiu evitar que operações improvisadas acabassem em total desastre.

Sua reputação, combinada com o forte sentimento entre o eleitorado de que era apropriado enviar um neto de Cipião Africano para derrotar Cartago, resultou na sua eleição como cônsul em 147. O fato de Emiliano estar com 36 ou 37 anos de idade, bem abaixo da idade mínima legal para assumir o cargo, foi outra semelhança com seu ilustre ancestral e fortaleceu o sentimento de que aquela era a coisa certa a ser feita. Cipião estava originalmente concorrendo ao cargo de edil, mas foi escolhido como cônsul pela *Comitia Centuriata*. Após enfrentar alguma oposição, a *Lex Villia Annalis*, lei que estipulava a idade mínima para cada magistratura foi anulada, voltando a valer no início do ano seguinte. A intervenção de um dos tribunos da plebe garantiu que Cipião, em vez do outro cônsul, recebesse a África como província.

A eleição de Emiliano e sua nomeação para o comando africano foram certamente irregulares, embora bem menos do que a carreira de seu ancestral por adoção durante a Segunda Guerra Púnica. Nos dois casos, a escolha mostrou-se feliz para a república. Uma vez na África, Cipião Emiliano tentou restaurar a disciplina e o moral do exército, garantindo que dali em diante as tropas seriam abastecidas de modo adequado, algo que nenhum dos seus predecessores havia feito. As operações do exército foram marcadas pela mesma preparação cuidadosa, supervisão próxima e ousadia controlada que ele demonstrara em funções mais subalternas. Primeiro, as forças cartaginesas fora da cidade foram derrotadas ou persuadidas a abandonar o campo de batalha, e, em seguida, ele ordenou uma série de ataques a Cartago. Depois de consideráveis feitos de engenharia e de duro combate nas estreitas ruas da urbe, Cartago foi capturada. Seus habitantes foram retirados e a cidade foi arrasada. Cipião chorou e citou uma passagem da *Ilíada* que previa a destruição de Troia. De acordo com Políbio, ele se perguntou se o mesmo destino iria um dia cair sobre sua terra natal. Apesar desses pensamentos melancólicos, voltou a Roma para celebrar um triunfo, o qual, como o do seu pai décadas antes, foi mais luxuoso do que os anteriores.

O CERCO DE NUMÂNCIA

Antes do final da Terceira Guerra Púnica, um conflito grave ocorreu na Hispânia Ulterior. Um dos poucos sobreviventes do massacre de Galba era um certo Viriato. Ele reuniu um bando de guerreiros e, por volta de 147, estava forte o bastante para emboscar o exército do pretor Caio Vetílio. Os romanos sofreram várias perdas – quatro mil homens, de acordo com Apiano –, e o próprio Vetílio foi capturado e imediatamente morto por um guerreiro que não o reconheceu, duvidando de que um prisioneiro idoso e gordo como ele pudesse valer alguma coisa. O poder de Viriato cresceu rapidamente depois dessa vitória, pois mais e mais comunidades resolveram que era melhor pagar tributos a ele do que serem atacadas por seus guerreiros. Em 145, o irmão mais velho de Cipião, Fábio Máximo Emiliano, foi eleito cônsul e promoveu uma campanha contra o líder lusitano. Ele tinha um exército recém-recrutado sob seu comando, e sua relutância em realizar uma operação complexa ou audaciosa com tais tropas fez que obtivesse poucas vitórias menores durante o ano em que ocupou o consulado. Em 142, seu irmão por adoção, Fábio Máximo Serviliano, foi mais bem-sucedido, tomando diversas fortalezas leais a Viriato. Seus métodos eram brutais, mas eficientes, até que foi derrotado em uma grande batalha e ofereceu ao líder rebelde um acordo de paz extremamente generoso, pelo qual ele se tornaria "Amigo do Povo Romano". Em 140, seu irmão biológico Quinto Servílio Cipião foi eleito cônsul e enviado para substitui-lo na Hispânia Ulterior. Cipião logo quebrou o tratado, mas os romanos só conseguiram a vitória depois de subornar alguns dos principais chefes de Viriato para assassiná-lo enquanto dormia[12].

O sucesso de Viriato encorajou os arevacos a retomar sua guerra contra Roma em 143. O primeiro exército enviado contra eles era comandado pelo cônsul Quinto Cecílio Metelo. Ele atacou de repente, penetrando no território das tribos antes da colheita. A maioria dos arevacos rendeu-se e, após pagar um tributo considerável, eles recuperaram mais uma vez sua condição de aliados. Apenas Numância e outras poucas cidades muradas continuaram a resistir na época em que Metelo foi substituído por Quinto Pompeu Aulo, um "novo homem" ansioso por conquistar a glória. À sua disposição, havia um forte exército consular composto por uma infantaria de cerca de trinta mil homens e uma cavalaria com aproximadamente dois mil cavaleiros, a maioria dos quais estava agora no sexto ano de serviço contínuo e eram, portanto, experientes pelos padrões daquelas décadas. Pompeu obteve algumas pequenas vitórias, mas sofreu mais derrotas. Resolveu manter o bloqueio a Numância durante o inverno, apesar de suas tropas experientes terem sidos dispensadas e substituídas por novos recrutas. Desacostumados às campanhas, os legionários recém-chegados sofreram muito no rigoroso inverno espanhol. Contudo, o bloqueio pressionou ou habitantes de Numância, que aceitaram a oferta de paz de Pompeu. Apiano afirma que desejava tanto receber o crédito pelo fim da guerra que, secretamente, prometeu aos celtiberos termos muito favoráveis. Em Roma houve amargas recriminações e o Senado rejeitou o novo acordo, assim, em 137, o cônsul Caio Hostílio Mancino foi enviado contra Numância.

A campanha foi um longo catálogo de desastres. Depois de perder diversas escaramuças nos arredores de Numância, o cônsul entrou em pânico ao ouvir um rumor de que as tribos vizinhas planejavam unir-se aos numantinos. Uma confusa retirada noturna levou a coluna romana ao local de um dos acampamentos de Nobilior, usado na campanha de 153. Os romanos foram cercados por guerreiros celtiberos, que bloquearam todas as rotas de fuga. Mancino rendeu-se e os detalhes da trégua foram negociados pelo seu questor Tibério Semprônio Graco, filho do homem que levara a paz à Hispânia décadas antes. Os termos eram humilhantes, pois, apesar de o exército receber permissão para partir, os soldados foram obrigados a deixar toda a sua bagagem para trás. O tratado salvou mais de vinte mil vidas, mas não era o modo como uma guerra romana deveria terminar. Os comandantes de exércitos que saíam derrotados, mas se recusavam teimosamente a admitir a derrota, eram quase sempre elogiados. Já um comandante que admitia haver sido vencido e ter negociado com o inimigo nessa posição inferior era tratado com desprezo. Ao receber um relatório da campanha, o Senado imediatamente rejeitou os termos do tratado de paz. Mancino foi responsabilizado e levado de volta a Numância. Lá, nu e amarrado, foi deixado do lado de fora das muralhas para que os celtiberos fizessem dele o que bem entendessem. No entanto, não o quiseram, e Mancino teve permissão de voltar a Roma, onde encomendou uma estátua de si próprio nu e acorrentado, a qual exibia com orgulho em sua casa como uma lembrança da sua vontade de se sacrificar pelo bem da república. Ele nunca mais recebeu o comando de um exército. Seu sucessor não foi melhor, fracassando na tomada de Pallantia, depois de um longo cerco e de ter sido forçado a se retirar em desordem e com muito esforço[13].

Em 134, Cipião Emiliano foi eleito para um segundo mandato como cônsul e recebeu a província da Hispânia Citerior. Uma década havia se passado desde que ele recebera a magistratura, e Cipião tinha agora idade bastante para ser eleito sem a necessidade de se suspender a lei, porém uma legislação recente proibia a eleição para um segundo mandato de cônsul. Entretanto, parece certo que os recentes desastres na Hispânia criaram um forte sentimento de que o comandante mais distinto de Roma deveria ser enviado de novo contra os celtiberos, e, uma vez mais, a lei foi suspensa em seu proveito. Cipião não convocou um novo exército para a campanha, pegando apenas um contingente de quatro mil voluntários para reforçar as tropas que já estavam na província. Entre esses homens, havia quinhentos dos seus clientes, uma unidade conhecida como o "esquadrão de amigos". Em um nível mais alto, também havia um forte elemento familiar nessa campanha. Fábio Máximo Emiliano acompanhou o cônsul como seu primeiro-legado, e seu filho, Fábio Máximo Buteo, recebeu a tarefa de organizar e transportar os voluntários à província, depois de seus dois irmãos terem ido às pressas para a Hispânia. É provável que Políbio tenha ido com eles, embora não seja certo se escreveu ou não um relato dessa campanha, que estaria nas seções perdidas da sua *História*. O tribuno Públio Rutílio Rufo certamente produziu uma narrativa detalhada das operações do exército, que foi usada por Apiano, mas não sobreviveu. Todas as fontes da Guerra Numantina parecem ter sido muito favoráveis a Cipião, o que reflete sua habilidade de autopromoção[14].

Ao chegar à província, Cipião encontrou o exército desmoralizado e indisciplinado. Uma de suas primeiras atitudes foi ordenar a expulsão do acampamento de uma horda de prostitutas, mercadores e adivinhos. Dali em diante, ordenou que os soldados comessem apenas suas rações simples e os proibiu de suplementá-las com iguarias compradas localmente. Nenhum exército romano em nenhum período podia funcionar sem um número significativo de escravos (*lixae*), que realizavam tarefas como alimentar os animais, buscar água e supervisionar o comboio de bagagens, mas Cipião reduziu seu número ao mínimo possível. A imensa maioria dos escravos pessoais, cujo único trabalho era cozinhar e ajudar seu mestre a vestir-se, foram retirados do acampamento. Os oficiais, em particular, tendiam a levar grande parte de sua criadagem à campanha, a fim de assegurar certo grau de conforto; no entanto, se isso não fosse contido, as bocas extras para alimentar e a bagagem pessoal não essencial comprometiam seriamente um exército em campanha. Cipião retirou do comboio todas as cargas desnecessárias, cortou o número de animais de carga e principalmente de carroças, que tinham permissão de marchar com a coluna e vender seu carregamento. No acampamento, uma rotina fixa foi introduzida e mantida com rigor. O general permitiu pouquíssimas exceções às suas novas regras e estabeleceu um forte comando pessoal. Quando proibiu que soldados de todas as patentes dormissem em camas de campanha – talvez em parte para reduzir a quantidade de equipamento transportada no comboio –, Cipião foi o primeiro a dormir em um simples colchão de palha. De modo deliberado, ele se fez inacessível aos requerentes, buscando obediência em lugar de amizade. De acordo com Apiano:

> Ele sempre dizia que aqueles generais severos e rigorosos na observância da lei eram benéficos aos seus homens, enquanto aqueles que eram amistosos e generosos eram úteis apenas ao inimigo. Os soldados dos últimos [...] são alegres, mas insubordinados, enquanto os dos primeiros, embora desanimados, são obedientes e estão sempre preparados para enfrentar emergências.[15]

Suas inspeções eram frequentes, minuciosas e críticas. Nessas ocasiões, ele quebrava qualquer objeto que considerasse luxuoso demais para o serviço do exército. Um soldado que tinha um escudo especialmente bem decorado provocou um comentário cáustico. Segundo disse Cipião, não era de estranhar que o combatente devotasse tanta atenção ao escudo, uma vez que, evidentemente, "colocava mais confiança nele do que em sua espada". A patente não implicava defesa contra os comentários mordazes e as denúncias públicas. O tribuno Caio Mêmio foi particularmente criticado. A certa altura, Cipião anunciou que pelo menos Mêmio "seria inútil para ele por pouco tempo, mas continuaria inútil para sua própria pessoa e a república"[16].

A par dessas medidas disciplinares, Cipião submeteu o exército a um intenso período de treinamento, o qual era tão realista quanto possível. Muito tempo foi gasto em marchas, as tropas levando rações para muitos dias em formação de três colunas paralelas, que podiam, com facilidade, entrar em ordem de batalha. O comboio de bagagem era mantido entre as colunas, de maneira a ficar protegido sob ataque. A ênfase era sempre na disciplina de marcha, e tanto as unidades como os indivíduos eram proibidos de sair de seus lugares designados. Em campanhas passadas, muitos de seus soldados tinham levado mulas e burros para cavalgar, mas Cipião proibiu essa prática e exigiu que todos os soldados da infantaria marchassem. Uma vez mais ele deu o exemplo pessoal, marchando com seus oficiais e comendo a mesma ração que os soldados, movendo-se através das tropas para observar cada seção. Atenção particular era dada aos homens que tinham dificuldade em acompanhar a marcha, e os soldados da cavalaria recebiam ordens de desmontar e permitir que os cansados cavalgassem até se recuperarem. Cipião também tentou cuidar dos animais de carga do exército e, quando descobria qualquer tropa de mulas que estava sobrecarregada, obrigava os infantes a levar parte do peso. No final de cada dia de marcha, o exército erguia um acampamento temporário, como se estivesse em território inimigo. O procedimento era sempre o mesmo. As unidades que haviam formado a vanguarda durante aquele dia colocavam-se ao redor do local escolhido, permanecendo em formação e armadas para atuar como força de cobertura. Todas as outras partes do exército tinham tarefas designadas, marcando o acampamento com suas linhas de tendas e ruas ou escavando a vala e construindo o baluarte de proteção. Havia muitas semelhanças entre o programa de Cipião e as ordens de seu pai durante a Terceira Guerra Macedônica. Ambos refletiam as melhores práticas aprendidas durante muitas campanhas pelo exército de milícia[17]. Cipião aumentou suas tropas romanas e italianas com fortes contingentes de aliados locais. De acordo com Apiano, o número de soldados sob seu comando passou a ser, com os reforços, de cerca de sessenta mil homens. Quando que os soldados estavam prontos, o cônsul avançou em direção a Numância, o exército movendo-se com a mesma disciplina e cuidado que ele exigira durante o treinamento. Em vez de atacar diretamente a fortaleza celtibera, deu a volta por ela e assolou os campos dos vizinhos váceos, cortando a fonte de suprimentos dos numantinos. Era uma região na qual ele tinha servido sob Lúculo e, como compensação pela atrocidade cometida por aquele general, Cipião fez uma proclamação oficial permitindo que qualquer dos habitantes sobreviventes de Cauca retornasse e reconstruísse sua comunidade.

Nos arredores de Pallantia, uma força da cavalaria sob o comando de Rutílio Rufo perseguiu um inimigo que se retirava, sendo ludibriada e levada a uma emboscada. Cipião comandou pessoalmente mais cavaleiros para o resgate e, ao atacar cada flanco alternadamente e retirar-se, conseguiu cobrir a saída dos homens de Rufo e escapar. De muitas maneiras, a ação lembrou seu hábil comando da cavalaria da legião quando servira como tribuno na Terceira Guerra Púnica. Em outra ocasião, descobriu que os celtiberos haviam armado uma emboscada para seu exército no local onde a rota que usavam cruzava um rio. Em vez de seguir, Cipião levou o exército em uma marcha noturna por uma rota alternativa e muito mais difícil. O treinamento compensou, pois os soldados conseguiram realizar essa árdua jornada apesar da escassez de água, o que se tornou um problema quando o quente sol de verão se ergueu no dia seguinte. O exército escapou com a perda de alguns poucos cavalos da cavalaria e animais de carga. Logo depois, a cavalaria que protegia um grupo de saque foi atacada, enquanto a força principal espoliava uma aldeia. Cipião ordenou que o trombeteiro soasse o sinal para chamar os saqueadores e, quando achou que um número suficiente de homens havia retornado, ordenou que formassem unidades de combate. Com apenas cerca de mil homens, foi em auxílio da cavalaria romana. Após um curto combate os celtiberos foram repelidos, permitindo que os romanos se retirassem[18].

Cipião havia se esforçado para privar os numantinos de auxílio e apoio de outras comunidades celtiberas. Também tinha testado o exército em operações de combate, dando aos soldados a segurança obtida com a conquista de pequenas vitórias. Agora era hora de atacar a cidade de Numância. Cipião dividiu o exército em dois e acampou as duas divisões perto da cidade, assumindo o comando de uma delas e delegando a liderança da outra a seu irmão. Logo depois que os romanos chegaram, os numantinos deixaram a proteção das suas fortificações, saindo e desafiando-os para a batalha. Não havia mais do que oito mil guerreiros encarando o exército romano, muito maior, e é provável que estivessem buscando conter sua aproximação das muralhas da cidade, conforme os homens de Mago fizeram em Nova Cartago, em vez de travar uma batalha campal. Cipião não tinha a intenção de se arriscar numa refrega, nem num ataque direto. A imensa maioria do seu exército era constituída de homens acostumados a ser derrotados pelos celtiberos. Invadir uma cidade bem defendida era sempre uma operação dificílima, e até uma pequena escaramuça poderia resultar em grande desmoralização, destruindo todos os seus esforços de reconstituir o exército. Uma das máximas de Cipião era que um comandante sábio nunca deveria correr um risco que podia ser evitado. É provável que, desde o início da campanha, tenha planejado fazer um bloqueio a Numância, visando a submetê-la. Assim, ignorando o desafio dos numantinos, ordenou que seus homens construíssem uma linha de fortificações ao redor da cidade. Vestígios do cerco de Cipião ao redor de Numância sobreviveram acima do solo e foram escavados no começo do século XX pelo arqueólogo alemão Schulten. Embora, infelizmente, trabalhos modernos no sítio não tenham sido realizados para confirmar algumas das conclusões de Schulten, há, certamente, uma correspondência próxima entre os achados e a descrição do cerco feita por Apiano. Os homens de Cipião construíram sete fortes, que foram, então, ligados por meio de uma vala e um baluarte. Este último estendia-se por cerca de dez quilômetros, sendo feito de pedra, com um metro de largura e 1,3 metro de altura, e fortificado com torres de madeira a intervalos de trinta metros. Os fortes também tinham muralhas de pedra e logo receberam grande número de edifícios de pedra internos, permitindo às tropas viver em condições razoavelmente saudáveis e confortáveis durante o longo cerco. É interessante notar que esses dois estabelecimentos temporários, bem como outros acampamentos romanos descobertos na Hispânia, tinham muralhas que aproveitavam o relevo natural da região, diferentemente do campo ideal descrito por Políbio, que deveria ser construído em uma planície perfeitamente plana. Primeiro, havia uma lacuna no circuito de Numância, onde passava o rio Durius (hoje, Douro), e os numantinos conseguiam trazer de barco homens e suprimentos para a cidade. Para impedir tal ação, Cipião ordenou que fosse construída uma torre em cada margem e, através do rio, colocou uma barragem de troncos cravados com lâminas de espadas e pontas de lança[19].

O exército romano era organizado em divisões, cada qual com uma tarefa específica na construção das linhas do cerco. Cipião e Fábio mantinham tropas reservas prontas para ir ao auxílio de qualquer divisão sob ataque, as quais deveriam pedir ajuda erguendo uma bandeira vermelha durante o dia ou acendendo uma lanterna à noite. Uma vez completadas as linhas, estendeu-se a organização de modo que aproximadamente trinta mil homens foram divididos entre as seções da muralha. Muitas catapultas e balestas foram instaladas nas torres, enquanto fundeiros e arqueiros foram anexados a cada uma das centúrias para aumentar o seu poder de fogo[20]. Outros vinte mil homens foram colocados em posição de mover-se com facilidade para reforçar cada setor sempre que estivesse sob ataque, e os dez mil soldados restantes mantiveram-se como forças reservas a serem enviadas a qualquer lugar. Todos os sinais deviam serem repetidos por cada uma das torres, assim a ordem chegaria mais rapidamente ao comandante ou às tropas auxiliares.

A força das muralhas e a eficiência da organização de Cipião mostrou-se eficaz, uma vez que repeliu todos os ataques dos celtiberos. Um nobre celtibero chamado Retógenes, o Caráunio, conseguiu, com alguns amigos, escalar a muralha numa noite escura. Depois de matar as sentinelas, usaram uma ponte dobrável de madeira para trazer seus cavalos ao outro lado do rio e cavalgaram a outras comunidades da sua tribo, esperando persuadi-las a organizar um exército e romper o cerco. Alguns dos guerreiros mais jovens da cidade de Lutia foram simpáticos à ideia, mas os anciãos enviaram uma mensagem a Cipião, que acorreu ao local com uma força de infantaria ligeira, cercando a cidade e ameaçando saquear o lugar se os responsáveis não fossem entregues a ele imediatamente. Os celtiberos logo aceitaram suas exigências. Cipião ordenou que os quatrocentos prisioneiros tivessem suas mãos decepadas, como um tenebroso lembrete sobre o que acontecia àqueles que resistiam a Roma, e, então, voltou com rapidez a Numância.

A essa altura, os numantinos estavam fugindo desesperadamente, com poucos mantimentos, e decidiram enviar embaixadores a Cipião solicitando um acordo de paz. Sua única resposta foi exigir rendição incondicional, e, segundo Ápio, isso enraiveceu tanto os numantinos que os embaixadores foram linchados ao voltar à sua cidade. Conforme as coisas foram piorando, contou-se que houve episódios de canibalismo, porém, no final, os defensores foram obrigados a capitular. Alguns se suicidaram para evitar essa desgraça. Os restantes, emaciados e imundos, marcharam para fora da cidade e depuseram as armas. Cipião manteve cinquenta deles para marchar em seu triunfo e vendeu os outros como escravos. A cidade de Numância foi inteiramente destruída, e as ruínas hoje visíveis datam de um período posterior, quando se tornou colônia romana.

Cipião retornou a Roma para celebrar seu segundo triunfo e, apesar de este não ter o espetáculo da procissão que comemorou a destruição de Cartago, havia considerável alívio pelo fato de a guerra com os celtiberos ter finalmente terminado. Durante um tempo, Cipião foi extremamente popular; no entanto, sua ausência da política romana tornara-se cada vez mais amarga e violenta, e Cipião logo se envolveria em controvérsias. Em 133, Tibério Semprônio Graco – o homem que negociara a rendição do exército de Mancino – foi eleito tribuno da plebe e usou essa posição para promulgar uma lei, na qual exigia a ampla redistribuição de terras públicas em toda a Itália. A maioria tinha sido incorporada às grandes propriedades dos ricos. A intenção de Graco era tomar essas terras e dá-las aos cidadãos pobres, tornando-os, desse modo, elegíveis para o serviço militar e aumentando as reservas das forças de Roma. Ele enfrentou grande oposição por parte dos outros senadores, tanto por muitos serem proprietários de terras, como por temerem que, com esse ato, Graco acabasse conquistando tantos clientes (cidadãos devedores a ele e que, portanto, o apoiariam com seu voto), que seria difícil vencê-lo numa futura eleição. Temores de que almejava o poder pessoal permanente – o que a Constituição romana devia evitar – pareceram confirmar-se quando anunciou sua intenção de concorrer a um segundo mandato consecutivo como tribuno. Num tumulto aparentemente espontâneo, Graco foi linchado por um grupo de senadores liderados por seu primo Cipião Nasica (filho do homem que havia servido em Pidna).

Cipião Emiliano estava na Hispânia quando isso aconteceu, e sua atitude com relação a esse evento não é clara. A mãe de Graco era Cornélia, filha de Africano, e ele mesmo era casado com a irmã de Tibério, embora o casamento fosse sem filhos e o casal não tivesse afeição mútua. Além disso, seu associado Lélio havia proposto uma legislação semelhante durante seu consulado em 140, mas recuara diante da forte oposição, recebendo, no processo, o apelido de "o Sábio" (*Sapiens*). Ao retornar a Roma, ele aceitou os apelos para defender a causa dos nobres italianos, os quais reclamavam que a comissão estabelecida para fazer cumprir a Lei Agrária de Graco os tratava com demasiada severidade. Seu desejo de defender povos aliados irritou muitos dos que apoiavam Graco em Roma, especialmente aqueles que esperavam escapar da pobreza ao receber e colonizar terras públicas. Em 129, Cipião foi encontrado morto em sua casa. Logo surgiram rumores de que fora envenenado, talvez pela esposa, Semprônia, ou pela sua sogra e tia, Cornélia. A verdade nunca será conhecida[21].

CAPÍTULO 5

"UMA PESSOA DEVOTADA À GUERRA": CAIO MÁRIO

Caius Marius (157-86 a.C.)

E não há nada que um soldado romano aprecie mais do que a visão de seu oficial comandante comendo o mesmo pão que ele, ou dormindo sobre um simples colchão de palha, ou dando uma mão para cavar uma vala ou erguer uma paliçada. O que eles admiram num líder é o desejo de compartilhar o perigo e as dificuldades, mais que a capacidade de conquistar honra e riquezas para si próprios, e tanto mais gostam dos oficiais que estão preparados para fazer esforços ao seu lado do que dos outros que facilitam as coisas para eles.[1]

Os comandantes romanos eram aristocratas, e isso é especialmente verdadeiro no caso dos generais que discutimos até agora. Fábio Máximo, Cipião Africano, Emílio Paulo e Cipião Emiliano pertenciam todos a famílias patrícias – os dois últimos por nascimento e adoção – e eram, portanto, membros da mais antiga elite governante de Roma. Por volta do século III a.C., os patrícios tinham perdido o monopólio dos cargos mais elevados e muitas famílias plebeias haviam aberto caminho até esse pequeno grupo privilegiado que, geração após geração, dominava as maiores magistraturas da república. Algumas linhagens patrícias tinham se extinguido ou se tornado obscuras, enquanto outras, como os Júlios, continuavam a ter sucesso modesto, ainda que permanecessem nas franjas do verdadeiro poder. Quatro clãs patrícios, os Emílios, os Fábios, os Cornélios e os Cláudios, continuavam a ser consistentemente poderosos e forneciam um porcentual desproporcionalmente elevado de cônsules. As maiores famílias plebeias rivalizavam com elas em termos de riqueza e influência, compartilhando uma ideologia comum. Qualquer líder bem-sucedido devia ser confiante, mas a autoconfiança e a recusa de Fábio Máximo, Paulo e Cipião – e, em um grau menor, de Marcelo – em ouvir críticas devia-se muito ao fato de terem nascimento nobre e perspectiva patrícia. Desde o início da juventude, cada homem sabia que era seu direito e seu dever servir a república em posição de distinção, conquistando fama, honras e riquezas no processo. Um jovem nascido em uma das famílias senatoriais dominantes teria quase com certeza uma carreira política de razoável sucesso, independentemente de sua capacidade pessoal. Todos os homens que estudamos possuíam talento militar extraordinário e, pelo menos, alguma habilidade política. Isso, combinado com origem familiar, suficiente sorte e oportunidades apresentadas uma crise real ou uma ameaça a Roma, deu a cada um desses homens uma série excepcionalmente distinta de magistraturas e comandos de campo.

Apesar do domínio dos *nobiles*, em cada geração havia sempre alguns "homens novos" que conseguiam chegar a ser cônsules. Tal feito nunca era fácil, embora, talvez, não tão difícil como os "homens novos" bem-sucedidos tendiam a afirmar, mas sempre possível. Quando Caio Mário foi eleito cônsul para o ano de 107 a.C., pouco havia que o distinguisse de outros *novus homo*. Alguns episódios da sua carreira ainda são controversos; entretanto, isso também é verdadeiro no caso de muitos outros senadores, e foi apenas nessa altura que Mário começou a abalar muitas convenções. O seu consulado foi o primeiro de sete que veio a ocupar, muito mais do que qualquer outro senador havia assumido antes. Não era apenas o número que não tinha precedentes, mas a natureza, pois cinco termos foram assumidos consecutivamente entre os anos de 104 e 100, enquanto o sétimo ele conquistou, da mesma forma que tomou Roma, com forças armadas, em 86 a.C. Mário foi uma das principais figuras da guerra civil que eclodiu em 88, a primeira de um longo ciclo de conflitos internos, os quais viriam a destruir o sistema republicano de governo. A política e a sociedade romanas mudaram profundamente no final do século I a.C. O mesmo ocorreu com a natureza fundamental do exército romano, que evoluiu da milícia tradicional composta por membros das classes proprietárias para uma força semiprofissional recrutada basicamente entre os extratos mais pobres da sociedade. A carreira de Mário e a desordem da época foram um sintoma dessas mudanças.

O INÍCIO DA VIDA E A QUESTÃO NÚMIDA

Plutarco afirma que os pais de Mário trabalhavam sua pequena fazenda próxima à vila de Ceraetae, nos arredores da cidade de Arpino[2], com suas próprias mãos. Histórias da pobreza dos "homens novos" eram comuns, somadas ao drama do seu sucesso político subsequente, mas devem ser consideradas com certo ceticismo. Apenas os equestres podiam disputar eleições para qualquer magistratura importante em Roma, e pertencer a tal ordem exigia uma propriedade muito substancial. Os membros das famílias senatoriais começavam suas vidas como equestres, até que o sucesso político levasse os censores a listá-los para o Senado; embora formassem a pequena minoria da ordem, a maioria preferia não participar da vida política. Evidentemente, os senadores consideravam os equestres comuns como seus inferiores. Contudo, esse esnobismo não deve impedir-nos de perceber que estas eram pessoas de riqueza e posição social considerável, próxima do topo da sociedade romana, quando não no pináculo. A família de Mário era, sem dúvida, parte da aristocracia local de Arpino, com notável influência e poder na cidade, apesar de ser rústica e obscura aos *nobiles*. Sua educação pode ter sido um tanto conservadora para os padrões da época pois, como afirma Plutarco, ele não tinha muito conhecimento da literatura e da cultura gregas e raramente, senão nunca, usava essa língua. Não obstante, em muitos aspectos Mário, como todos os outros "homens novos", pouco diferia dos filhos dos senadores em suas atitudes e ambições[3].

Mário começou seu serviço militar na guerra contra os celtiberos e possivelmente serviu na Hispânia por muitos anos antes da chegada de Cipião Emiliano. Ele aceitou de pronto a rígida disciplina imposta pelo novo comandante. Uma história relata a boa impressão que causou durante uma das frequentes inspeções que Cipião fazia nas armas, equipamentos e bagagem do exército. Em outra ocasião, conta-se que travou e venceu um combate singular enquanto o cônsul observava os comandados, feito que lhe garantiu condecorações e outros favores. Mário tinha 23 anos nessa época e era, provavelmente, um tribuno, assim como Cipião quando conquistou fama em um encontro semelhante. Tais demonstrações de bravata não eram consideradas impróprias para oficiais dessa patente, mesmo quando os comandantes e a maioria dos oficiais de alta patente não assumiam mais esses riscos[4].

Era comum que jovens ambiciosos que não haviam herdado sua reputação, riqueza e influência fossem apoiados na carreira por famílias poderosas. Mário e seus pais eram clientes dos Cecílios Metelos, *nobiles* plebeus bem-sucedidos. Em 119, Lúcio Cecílio Metelo Delmático foi eleito cônsul e parece ter ajudado Mário na sua vitoriosa campanha para ser eleito tribuno da plebe. Foi nesse cargo que os Gracos promoveram seus programas de reforma, porém, um homem com a origem obscura de Mário não poderia imitar projetos como esses. Ele propôs projetos de lei menores, um dos quais alterava o procedimento eleitoral, e o colocou em conflito direto com seu patrono, um incidente que deu ao tribuno a reputação de independência e coragem. Mesmo assim, poucos teriam previsto sua fama futura, pois ele não venceu a eleição para o cargo de edil e foi eleito com pequeníssima margem para o posto de pretor em 115.

Acusado de subornar o eleitorado, Mário foi absolvido por pouco. Enviado como governador para a Hispânia Ulterior, executou algumas operações menores a fim de suprimir o banditismo, mas não teve oportunidade de conquistar fama ou riqueza. Nessa época, casou-se com uma moça da família dos Júlios Césares, uma antiga estirpe patrícia não mais proeminente que conseguiu produzir apenas um único cônsul em todo o século II a.C. Era um bom casamento, porém não garantia avanço político significativo. É mais do que provável que Mário tenha buscado, sem sucesso, eleger-se cônsul em uma ou mais ocasiões nos anos seguintes. Talvez tenha parecido que sua carreira não iria decolar, até que uma crise militar na Numídia lhe ofereceu a chance de atrair a atenção pública[5].

A invasão da África por Cipião em 204 a.C. fora em grande parte promovida pela deserção, para o lado dos romanos, do príncipe da Numídia, Massinissa, que depois foi entronado num reino ainda maior como recompensa pelo seu apoio. Após a Segunda Guerra Púnica, a Numídia mostrou-se útil a Roma, quando o poder cartaginês se renovou. Tanto Massinissa, que havia morrido no início da Terceira Guerra Púnica, como seu filho, Micipsa, forneceram grãos, tropas e elefantes sempre que os romanos solicitaram. O sobrinho de Micipsa, Jugurta, levou um contingente de elefantes e soldados de infantaria para auxiliar Cipião Emiliano na campanha de Numância, onde ganhou reputação pela sua capacidade e coragem. Em 118, o rei morreu, deixando o governo do seu reino para Jugurta, a quem tinha adotado, e a seus filhos legítimos, Aderbal e Hiempsal. O último foi rapidamente assassinado por ordem de seu primo. Aderbal fugiu para Roma, e o Senado decretou que o reino devia ser dividido igualmente entre os dois rivais. Contudo, o trato foi logo quebrado por Jugurta. Disputas dinásticas dessa natureza eram comuns entre as casas reais númidas e mouriscas, e foi justamente uma disputa como essa que levou Massinissa a buscar a ajuda de Cipião. No entanto, em 112, Aderbal foi cercado em Cirta, cuja população incluía grande número de mercadores romanos e italianos. Estes formaram a principal força da defesa e, depois da capitulação da cidade, foram massacrados pelos homens de Jugurta.

Roma ficou ultrajada com a notícia. A maior parte da fúria deve ter vindo de membros da classe equestre, chefes das grandes empresas mercadoras que tinham interesses na região e agentes entre os mortos, porém parece ter havido ira generalizada em todos os setores da população. O sentimento foi inflamado ainda mais pelo tribuno Caio Mêmio – muito possivelmente o mesmo homem que provocara o desdém de Emiliano em Numância –, até o Senado decidir enviar o cônsul Lúcio Calpúrnio Béstia com um exército ao norte da África. Jugurta foi persuadido a ir a Roma, onde se satisfez com o escandaloso e muito difundido suborno dos senadores influentes e até arranjou o assassinato de outro membro da sua família que estava exilado na cidade. Quando deixou Roma, aparentemente declarou que era: "Uma cidade à venda e que devia perecer se encontrasse um comprador". A fúria popular dobrou, grande parte dela dirigida à incompetência e à corrupção do Senado.

A situação piorou ainda mais em 110, quando o sucessor de Béstia, Espúrio Postúmio Albino, liderou um ataque débil contra Jugurta antes de levar seu exército mal disciplinado ao seu quartel de inverno, deixando seu irmão, Aulo, no comando. A política em Roma, onde dois tribunos que desejavam prolongar o mandato suspenderam todas as eleições magisteriais, fez Aulo Postúmio Albino ficar no comando por muito mais tempo do que era esperado. Resolvido a tirar o máximo proveito disso, ele atacou a fortaleza de Suthul, onde estava o maior tesouro de Jugurta. O rei númida simulou desejo de negociar de novo e secretamente começou a subornar os centuriões e outros oficiais do exército romano. Então lançou um ataque noturno repentino contra o acampamento de Postúmio. Isso provocou pânico e fugas, pois muitos legionários, uma coorte inteira da infantaria liguriana e duas *turmae* da cavalaria trácia desertaram, enquanto o centurião sênior (*primus pilus*) da Terceira Legião deixou o inimigo entrar pela parte da fortificação que deveria defender. A resistência foi débil e breve. Um grupo de soldados fugiu do acampamento em direção a uma colina próxima, deixando os númidas a saquear suas barracas.

No dia seguinte, Jugurta aceitou a rendição de Aulo e de seus homens e ofereceu fazer um tratado terminando a guerra. Em troca de reconhecê-lo como legítimo rei da Numídia, ele permitiria aos romanos partirem livremente, depois de submeterem-se à humilhação simbólica de marchar sob um jugo de lanças. As origens exatas desse ritual arcaico são desconhecidas, mas ele implicava claramente a perda do status de guerreiro. Também não é certo que fosse praticado em grande escala fora da Itália, ou escolhido, em certas ocasiões, pelos inimigos de Roma, exatamente porque conheciam o seu significado para os romanos. Assim como em Numância, o tratado foi imediatamente repudiado pelo Senado. Isso pouco contribuiu para acalmar os protestos públicos contra a incompetência e a corrupção que tinham provocado tal desastre[6].

Em 109, o cônsul Quinto Cecílio Metelo, irmão mais novo de Deumático, foi enviado para assumir o comando da guerra contra Jugurta, levando tropas para substituir as legiões que já estavam na África em lugar de arregimentar uma força completamente nova. O racha entre Mário e os Metelos não havia sido, evidentemente, irreparável, pois ele e Públio Rutílio Rufo acompanharam Quinto como seus legados seniores. Com dois veteranos de Numância em seu quadro de oficiais, não é de surpreender que muitos dos métodos de Cipião Emiliano fossem logo empregados para colocar as legiões em forma. As tropas de Albino tinham passado os últimos meses num ócio mal disciplinado, não se importando em fortificar o seu acampamento de modo adequado e mudando o local apenas quando forçadas pela falta de forragem ou porque o mau cheiro dos seus próprios excrementos tornara-se insuportável. Os soldados e os escravos do acampamento saqueavam e pilhavam à vontade. Metelo impôs uma série de regras muito parecidas com as de Emiliano. Os mercadores e outros parasitas desnecessários foram expulsos, e os soldados foram proibidos de comprar alimentos – muitos tinham se acostumado a vender sua ração de grãos para comprar pão branco já assado, em vez de comer os pães de farinha integral que eles próprios deveriam preparar. Os soldados comuns foram impedidos de manter seus escravos ou animais de carga. Dali em diante, o exército levantava acampamento todos os dias e marchava a uma nova posição, onde construía um novo acampamento como se estivesse em território hostil. Assim como Cipião fizera, Metelo e seus legados deram o exemplo na marcha, movendo-se através das colunas para garantir que as unidades e os indivíduos mantivessem suas posições e estivessem sempre equipados e de prontidão[7].

Quando Metelo considerou que seu exército estava pronto, atacou Jugurta. De início o rei evitou a batalha, então os romanos voltaram a atenção para as suas cidades, capturando diversas pequenas fortalezas e a capital, Cirta. Tais perdas abalaram seriamente o prestígio de Jugurta, levando-o a atacar o exército romano enquanto este marchava através de um campo aberto perto do rio Mutul. Numa luta confusa, durante a qual o rápido inimigo rompeu as colunas em diversas seções, os númidas foram repelidos com grandes perdas, tendo a maioria dos seus elefantes de guerra sido mortos ou capturados. Os romanos também sofreram pesadas baixas assim Metelo deixou o exército descansar durante um tempo, permitindo que os homens se recuperassem e cuidassem dos feridos. Foram realizados desfiles para condecorar todos aqueles que se destacaram no combate recente. Após quatro dias, eles começaram de novo a assolar as áreas férteis da Numídia e a ameaçar suas cidades e fortalezas. Nunca era fácil invadir cidades fortificadas, e Metelo foi forçado a retirar-se de Zama depois de um cerco que envolvera lutas muito pesadas. Houve uma tentativa de lidar com Jugurta da mesma forma como os romanos derrotaram Viriato, subornando alguns de seus líderes para assassiná-lo, mas dessa vez o plano foi descoberto e fracassou.

É difícil ver o que mais Metelo poderia ter feito com os recursos à sua disposição, mas o descontentamento em Roma quanto ao tempo que estava levando para uma vingança contra Jugurta só aumentava. Em 108 a.C., Mário pediu permissão para voltar a Roma e anunciar sua candidatura ao consulado. Salústio nos diz que ele foi encorajado nas suas ambições por um vidente de Útica, que lhe profetizara uma carreira muito distinta. Ao que parece, Mário teve por toda a vida uma forte percepção sobre seu próprio destino e buscava estímulo em profecias. A resposta do general foi desdenhosa, sugerindo que Mário deveria esperar até candidatar-se juntamente com o filho de Metelo, um rapaz de apenas vinte e poucos anos que, naquele momento, servia entre os oficiais de seu pai. Mário continuou a servir como legado, mas, a partir daquele momento, não perdeu oportunidade de desmerecer seu comandante. Tanto no exército como quando encontrava alguns dos muitos mercadores e negociantes romanos na província da África, acusava Metelo de prolongar a guerra sem necessidade a fim de conquistar mais glória e saques. Várias cartas eram enviadas por esses homens aos seus contatos em Roma, criticando o comandante e elogiando demasiadamente seu legado.

Uma chance extra para atacar seu antigo patrono surgiu quando uma guarnição da cidade de Vaga foi massacrada por uma rebelião repentina da população, que tinha decidido desertar para o lado de Jugurta, e apenas o comandante, um certo Tito Turpílio Silano, foi poupado. A cidade foi recapturada com rapidez, mas Mário fez parte do tribunal instalado para investigar a conduta de Silano e recomendou sua execução, a qual foi aceita, apesar de ele também ser cliente dos Metelos. Finalmente, Metelo cedeu e permitiu que seu legado desleal e problemático retornasse a Roma.

A campanha eleitoral de Mário foi rápida e muito bem-sucedida. Embora nossas fontes sejam inclinadas a atribuir seu maior apoio às seções mais pobres da sociedade, temos de lembrar que o sistema eleitoral de Roma oferecia uma influência desproporcional aos cidadãos mais ricos, e muitos equestres favoreceram sua candidatura. Assim fez um grande número de senadores, mas outros membros da Casa ficaram irados com os discursos destemperados do novo cônsul atacando os *nobiles*. Soldado experiente, Mário contrastava com os aristocratas frouxos que tentavam aprender nos livros como era a guerra.

Agora, comparem-me, meus concidadãos, um homem novo, com esses nobres arrogantes. O que eles sabem é apenas o que ouviram ou leram. Eu vi com meus próprios olhos ou fiz com minhas próprias mãos – o que eles aprenderam nos livros eu fiz de verdade durante meu serviço militar. Pensem e concluam vocês mesmos se as palavras são mais valiosas do que os feitos. Eles desprezam minha origem humilde – e eu desprezo sua inutilidade. Eu sou reprovado pela casualidade do nascimento – eles, pela conduta infame. Pessoalmente acredito que todos os homens têm a mesma natureza e que os mais valentes são os mais bem-nascidos. E, se agora os pais de Albino e Béstia pudessem escolher se prefeririam ter a mim ou a esses homens como filho, o que vocês acham que eles responderiam, senão que desejariam ter o melhor filho?

Se eles [os *nobiles*] me desprezam, então que desprezem seus próprios ancestrais cuja nobreza começou com a coragem, como a minha...[8]

Essas palavras são de Salústio, pois era convencional para um historiador grego ou romano inventar discursos apropriados aos eventos e personagens que descreviam, entretanto podem bem ser um reflexo genuíno do tom e da atitude de Mário em 107. Contudo, apesar de ele irritar os *nobiles* com críticas assim, seus discursos agradavam às massas. Mário já tinha resolvido que desejava substituir Metelo no comando africano e prometeu publicamente que colocaria um fim à guerra. Normalmente, o Senado decidia quais províncias seriam alocadas aos novos magistrados e quais comandos dos governadores deveriam ser prorrogados, mas um tribuno propôs um projeto de lei à Assembleia Popular (*Concilium Plebis*) que dava a Mário o comando da guerra contra Jugurta. Metelo recusou-se a passar o comando, deixando que Rutílio Rufo entregasse a liderança do exército ao cônsul.

Mário não conquistou uma rápida vitória na Númidia, apesar de suas bravatas. Sua popularidade parece não ter sofrido com isso, garantindo que seu comando fosse estendido. Não obstante, a guerra durou ainda mais três anos. Sua estratégia não diferia em nada da adotada por Metelo: os romanos continuaram concentrando-se em tomar uma a uma as fortalezas de Jugurta, uma vez que não conseguiam forçá-lo a travar uma batalha decisiva. A sorte sempre favoreceu os romanos, como quando um auxiliar lígure, ao procurar caracóis comestíveis fora do acampamento, descobriu uma trilha escondida que levava a um ponto fraco nas defesas de uma fortaleza próxima do rio Mulaca. Mário, que estava a ponto de abandonar o cerco, usou essa informação para invadir o local. Mesmo assim, apesar dos repetidos sucessos, Jugurta sempre ludibriava os romanos e nunca esmorecia em sua determinação de continuar a guerra. Finalmente, Mário recorreu à traição, persuadindo o rei Boco da Mauritânia, aliado de Jugurta, a traí-lo no final de 105 a.C. A operação foi organizada e comandada pelo seu questor, Lúcio Cornélio Sula, que conseguiu obter boa parte do crédito. Contudo, Mário retornou para celebrar um triunfo em 1º de janeiro de 104 a.C., iniciando, no mesmo dia, um segundo termo como cônsul para o qual havia sido eleito na sua ausência. Isso era totalmente irregular, mas a Itália estava agora ameaçada por uma migração em massa de tribos bárbaras, as quais já tinham repelido diversos exércitos romanos, de modo que havia um forte sentimento de que o general mais popular da república deveria ser enviado para enfrentá-las[9].

"AS MULAS DE MÁRIO"

Nem Metelo nem Mário conseguiram a permissão de recrutar um novo exército para a campanha africana, e levaram apenas reforços de tropas para complementar as forças que já estavam na província. Em 107, Mário quebrou o protocolo ao aceitar voluntários de outras classes além daquelas cuja riqueza as tornava elegíveis para o serviço militar. Esses homens eram os *proletarii*, ou "contagem de cabeça" (*capite censi*), listados no censo simplesmente como números, pois não tinham propriedade significativa. No passado, os *capite censi* eram apenas convocados para o serviço militar em épocas de extrema necessidade, como nos dias mais sombrios da Segunda Guerra Púnica, embora fosse possível que servissem com mais frequência como remadores na armada. Tradicionalmente, o exército obtinha sua força de homens em propriedades fundiárias, sobretudo agricultores. Eles tinham importante papel na república e se esperava, portanto, que lutassem com todo o ardor para defendê-la. Contudo, no final do século II a.C., essa tarefa havia se tornado demasiadamente pesada. Salústio nos diz que os oponentes de Mário no Senado esperavam que a convocação de tropas para reforçar o exército romano na África bastaria para minar o entusiasmo popular pelo novo cônsul. Ao receber voluntários de classes outras que não as normalmente convocadas, não só evitou esse risco como trouxe recrutas ansiosos, encorajados por seus discursos e promessas de glória e de saque.

A ação de Mário em 107 a.C. é, por vezes, vista como uma grande reforma, o momento em que o exército romano efetivamente se transformou de uma milícia composta de cidadãos em uma força profissional recrutada predominantemente das classes muito pobres. Daquele momento em diante, os legionários passaram a ver o exército como uma carreira e um meio de escapar da pobreza, em vez de um dever que interrompia a vida normal. Sob o sistema tradicional, as legiões eram recompostas a cada ano, porém, com o surgimento do soldado profissional, as legiões tornaram-se permanentes, adquirindo ao longo dos anos um forte sentido de identidade e tradição. Mário contribuiu para essa tendência quando deu a cada uma das suas legiões uma águia de prata como estandarte. No passado, cada legião tinha cinco estandartes – uma águia, um touro, um cavalo, um lobo e um javali. Uma vez que o recrutamento não era mais baseado na riqueza, as antigas divisões baseadas em classe e idade deixaram de ter qualquer significado real. Os *velites* foram mencionados pela última vez durante a campanha de Metelo em 109, e a cavalaria composta por cidadãos romanos também parece ter desaparecido por volta da mesma época, de modo que a legião não tinha mais uma infantaria ligeira ou uma cavalaria integrais. Os nomes *hastati, principis* e *triarii* – os últimos quase sempre sob o título alternativo de *pille* – foram preservados nas cerimônias e na administração do exército, mas as distinções reais entre as linhas desapareceram juntamente com seu significado tático. Todos os legionários eram agora homens de infantaria pesada, equipados uniformemente com capacete, cota de malha, *escutum*, espada e *pilum*.

A centúria continuava a ser a subunidade administrativa básica da legião e, ao que parece, contavam com uma força de oitenta homens. A manípula foi substituída enquanto unidade tática mais importante pela coorte maior, que consistia em três manípulas, uma de cada das antigas linhas, e totalizava 480 homens. Havia dez coortes numa legião. Em batalha, a legião ainda se formava, com frequência, em três linhas, normalmente com quatro coortes na primeira linha e três tanto na segunda quanto na terceira. Entretanto, como todas as tropas eram equipadas de modo idêntico e as coortes, organizadas da mesma maneira, não era necessário lutar nessa formação, e havia muito mais flexibilidade tática do que na legião manipular. A legião de coortes podia, também, entrar em formação em duas ou quatro linhas, embora uma única linha de coortes fosse raramente empregada, e talvez fosse considerada fraca demais.

Hoje, muitos estudiosos diminuem o significado da reforma de Mário na transição do exército de milícia para a formação profissional, preferindo ver esse movimento como um processo muito mais gradual. Certamente, a partir da época da Segunda Guerra Púnica, houve reduções periódicas com relação ao nível mínimo de propriedade que qualificava um cidadão para o serviço militar. Espúrio Ligustino – o porta-voz do grupo de centuriões veteranos arregimentados em 172 a.C. – tinha um trecho de terra pequeno demais para torná-lo elegível ao serviço e, repetidamente, ofereceu-se como voluntário durante os 22 anos que serviu com as legiões. É difícil saber até que ponto isso era comum antes de Mário, embora devamos lembrar que Ligustino serviu três anos como centurião, dando exemplo de oficial semiprofissional em lugar de soldado profissional. Também é difícil saber a população de cidadãos que continuavam impossibilitados de se unir ao exército, apesar da diminuição da qualificação da propriedade para o serviço militar[10].

O certo é que o papel do exército tinha mudado de forma significativa desde os primeiros dias do sistema de milícia. Quando foram empreendidas campanhas contra os vizinhos italianos de Roma, foi possível alistar-se numa legião, participar de uma campanha e ainda voltar para casa em tempo de fazer a colheita. Conforme o poder da república se expandiu, as guerras passaram a ser travadas cada vez mais longe de Roma e a durar períodos mais longos. Por volta do final do século II a.C., havia necessidade de o exército ter guarnições permanentes na Hispânia, na Gália Transalpina e na Macedônia, estando ou não em guerra. Muitos anos de serviço militar contínuo eram uma carga difícil para o proprietário de uma pequena extensão de terras, que poderia facilmente ser arruinada durante sua ausência. Ao mesmo tempo, a expansão no exterior tinha enriquecido demasiadamente a elite de Roma, que comprou grandes trechos de terra na Itália, formando grandes propriedades trabalhadas por mão de obra escrava, disponível e barata, como resultado das mesmas conquistas. O maior número de guerras fez que mais cidadãos fossem levados para longe de suas pequenas propriedades por anos a fio, levando muitos a se endividarem e a precisarem vender suas terras, as quais eram imediatamente absorvidas pelas grandes propriedades, ou *latifundia*. A cada vez que isso acontecia, o número de homens elegíveis para o serviço militar caía. Não possuímos estatísticas confiáveis o suficiente, nem mesmo para estimar a extensão a que declinaram as reservas de homens aptos para o serviço militar em Roma nesse período. Nossas fontes podem ter exagerado o problema, mas deixaram claro que era uma preocupação amplamente difundida entre os romanos. Esse tema estava no centro do programa de reforma de Tibério Graco de 133 a.C., quando ele tentou redistribuir terras públicas para aumentar o número de agricultores que tradicionalmente formavam o núcleo das legiões. As preocupações quanto à diminuição do número de elegíveis para o serviço militar podem ter sido aumentadas pelos pobres que se uniram ao exército romano em diversas campanhas desde meados do século. O declínio na qualidade dos soldados romanos era, no mínimo, tão sério quanto sua redução numérica.

O entusiasmo para o serviço legionário também pode ter declinado por volta do final do século II a.C., embora apenas ouçamos falar sobre isso em casos espetaculares, como o de 151 a.C., ou possamos inferi-lo pela esperança do Senado em que Mário não recebesse apoio quando começasse a recrutar soldados. Mesmo que o serviço não levasse à ruína financeira, podia ser ressentido.

A convocação (*dilectus*) do exército era realizada inteiramente sob o controle do magistrado responsável e, às vezes, percebia-se que isso significava um peso extremo para certos indivíduos, já que todo novo exército buscava tantos soldados experientes quanto possível. O período máximo de alistamento era de dezesseis anos – uma parte substancial da vida de um homem. Em 123 a.C., Caio Graco havia renovado a antiga lei, segundo a qual ninguém com menos de 17 anos poderia ser forçado a servir o exército, o que leva a crer que, sob alguns aspectos, o procedimento apropriado era ignorado com certa frequência.

Aos cidadãos que possuíam propriedade suficiente, nunca se aboliu formalmente a obrigação de prestar serviço militar quando solicitado pelo Estado. Exércitos foram formados depois de Mário, mas não está claro até que ponto o processo empregado lembrava o tradicional *dilectus*. Parece improvável que qualquer atenção fosse dada às antigas classes proprietárias. No século I a.C. e por todo o resto da história de Roma, o alistamento foi sempre imensamente impopular. Mário pode não ter sido o primeiro a recrutar voluntários entre os *proletarii*, mas foi o primeiro a fazê-lo de maneira aberta. A partir de 107, a esmagadora maioria dos legionários era recrutada entre os pobres – sempre que possível entre os pobres que habitavam o campo, considerados material melhor que seus colegas de origem urbana. Desde então, o exército deixou de ser uma amostra dos estratos do povo romano em armas.

O exército que Mário comandou na Numídia era uma mistura desses novos soldados recrutados, principalmente entre os *proletarii*, e as tropas existentes, reunidas pelo método tradicional. Ao chegar à província, ele passou algum tempo integrando os dois diferentes segmentos por meio de um programa de treinamento e uma série de vitórias fáceis, ao atacar uma região fértil, porém mal defendida, da Numídia. Em todas as suas campanhas, Mário insistia em que seus soldados permanecessem em estado de prontidão, sempre seguindo os procedimentos padronizados que havia estabelecido. No entanto, não era autoritário, e a disciplina nas suas legiões não era considerada dura pelos padrões romanos. Salústio nos diz que Mário preferia controlar seus soldados mais através de "seu senso de vergonha do que por meio de punições".

Exigia-se muito dos soldados. Como na época em que serviu como legado de Metelo, Mário continuou a dar grande importância a que o exército marchasse com o mínimo de bagagem possível. Luxos não eram permitidos e os legionários deveriam levar todo o seu equipamento nas costas, pois eram proibidos de ter escravos ou animais de carga. Mário pode ter introduzido, ou, mais provavelmente, padronizado, uma prática adotada por todos os soldados, a de suspender seu saco de campanha numa haste que levava sobre o ombro, muito possivelmente amarrado em seu *pilum*. Esse método permitia que a carga fosse largada no chão rapidamente. Os legionários iam tão carregados que foram apelidados de "as mulas de Mário". O general sempre dava um forte exemplo pessoal, supervisionando de perto e compartilhando todas as atividades do exército em campanha, comendo a mesma ração que os soldados e vivendo nas mesmas condições que eles. Era seu costume inspecionar pessoalmente as sentinelas que guardavam o acampamento, não só porque não confiava nos seus oficiais subordinados para executar apropriadamente essa tarefa, mas também para que os soldados soubessem que ele não estava descansando enquanto eles trabalhavam. Mário nunca perdia a oportunidade de falar diretamente com homens de todas as patentes, fosse para criticar e punir, fosse para elogiar e recompensar. Era respeitado como um comandante duro, mas justo[11].

O exército romano na África foi desmobilizado depois da derrota de Jugurta, e, para a guerra contra os bárbaros do norte, Mário assumiu o comando das tropas arregimentadas por Rutílio Rufo durante seu consulado, em 105 a.C. Diz-se que preferiu agir assim por sentir que essas legiões estavam mais bem treinadas do que seus homens. Algumas das tropas na África tinham servido continuamente desde o começo da guerra, e os recrutas mais novos, tendo conquistado a glória e o butim que Mário lhes prometera, poderiam não estar ansiosos o suficiente para prosseguir com uma campanha árdua. Os homens de Rufo também eram, provavelmente, convocados de preferência entre os cidadãos mais pobres, e ele havia trazido treinadores de gladiadores para ensinar a seus homens o manuseio das armas. Tais técnicas, que incluíam o aprendizado da esgrima contra um poste de um metro e depois contra um oponente de verdade, tornaram-se padrão no exército durante muitos séculos. De início, o soldado usava uma espada de madeira e um escudo de vime, mais pesados do que as armas usadas em combate, o que lhe proporcionava um incremento de força. Tradicionalmente, assumia-se que qualquer cidadão qualificado para o serviço militar teria, quando jovem, aprendido com o pai a usar armas – que eram propriedade de família e, quase sempre, passadas de geração a geração. Agora, o soldado recebia equipamento do Estado, o qual também o treinava para usá-lo. Era outro sinal da mudança no sentido de profissionalizar o exército[12].

Os homens de Rufo podem ter sido mais bem treinados e disciplinados do que os do exército romano na África, sendo preparados com vista a enfrentar os cimbros e os teutões, cujas táticas diferiam marcadamente das dos númidas. Contudo, Mário comandara esses homens exatamente da mesma maneira que comandara as legiões na África. Manteve um programa de treinamento contínuo, com marchas regulares e grande ênfase na boa forma física. Como na África, os soldados deviam levar e preparar sua própria ração. Mário os guiava com rigor, recompensando as boas condutas e punindo as más com a mesma imparcialidade. Um incidente envolveu seu sobrinho Caio Luzio, que servia como oficial, possivelmente um tribuno. Esse homem tentou repetidamente seduzir um dos soldados sob seu comando, mas foi repelido todas as vezes. Quando chamou o legionário à sua barraca e o assediou, este, um certo Trebônio, sacou a espada e o matou. Julgado pelo assassínio de seu oficial superior, a história de Trebônio foi confirmada pelo testemunho de seus camaradas. Mário não só absolveu o soldado como também condecorou Trebônio com a *corona civica* por defender sua honra com tanta determinação. Políbio menciona que a atividade homossexual no acampamento era punida com a morte, e essa lei continuou quando o exército tornou-se profissional. Além da ampla e profunda repugnância com relação à homossexualidade por parte dos romanos e dos italianos em geral – que, embora nunca tenha sido universal, era mais severa que a atitude dos helênicos –, o principal motivo dessa restrição era o temor de que tais relacionamentos pudessem subverter a hierarquia militar, como, de fato, aconteceu nesse caso. Além do mais, perdoar o assassinato de alguém que não só era um oficial, mas também um parente, dava uma lição clara e objetiva de que a disciplina aplicava-se a todos sem exceção[13].

A AMEAÇA DO NORTE

Em 104 a.C., parecia para a maioria dos romanos que era apenas questão de tempo para que os bárbaros do norte cruzassem os Alpes e ameaçassem a Itália e Roma, de um modo que nenhum inimigo fazia desde Aníbal. Essas tribos, principalmente os cimbros e os teutões, mas também diversos outros grupos, como os ambrones e os tigurinos, não eram simples saqueadores, e sim migrantes em busca de terra para se assentar. As estimativas do seu número nas fontes antigas – Plutarco afirma que havia trezentos mil guerreiros e um número ainda maior de mulheres e crianças – são quase certamente muito exageradas, mas sem dúvida inúmeros guerreiros e suas famílias deslocavam-se de suas terras. Não viajavam numa única grande coluna – uma vez que teria sido impossível encontrar alimentos e forragem suficiente para suprir suas necessidades –, mas em muitos grupos menores, de modo que mesmo as tribos individuais se espalhavam por uma grande área. Os romanos não estavam certos de onde vinham essas tribos, a não ser de algum lugar além do Reno e talvez perto do Elba, nem se eram gálicas ou germânicas, ou por que motivo iniciaram sua migração. A causa desse movimento em massa pode ter sido simplesmente superpopulação dos territórios nativos das tribos, guerra civil, pressão de inimigos externos ou uma combinação desses três fatores. Ainda é incerto até que ponto os comentaristas gregos e romanos compreendiam os relacionamentos entre os vários povos tribais que encontravam.

Os cimbros e os teutões eram muito provavelmente germânicos, embora os arqueólogos tenham, em geral, dificuldade em achar as distinções claras entre as tribos gálicas e germânicas sustentadas por nossas fontes gregas e romanas. As diferenças no estilo e nas formas dos artefatos indicam fronteiras distintas, mas, obviamente, podem não refletir as variações de língua, raça e cultura. Conforme as tribos germânicas passavam pelas terras ocupadas por povos gálicos, grande número de gauleses passavam a acompanhá-las[14].

Em 113 a.C., alguns teutões chegaram à Nórica. Apesar de o principal propósito da migração ser a busca de terras, isso não impedia que muitos grupos de guerreiros saqueassem os locais por onde passavam. A Nórica não era uma província romana, mas ficava na fronteira entre a Ilíria e os Alpes, e seu povo era aliado de Roma. O cônsul Cneu Papírio Carbão atacou os teutões com um exército. Os membros da tribo enviaram embaixadores que nada sabiam sobre alianças e que não desejavam entrar em conflito com Roma. Carbão deu uma resposta conciliadora, porém lançou um ataque-surpresa contra o acampamento dos germânicos antes do retorno dos embaixadores. Após essa traição, os guerreiros responderam com vigor, e o exército romano foi derrotado com pesadas baixas. Em seguida, os guerreiros foram em direção ao oeste, penetrando na Gália[15]. Quatro anos depois, um grupo de migrantes, que incluía os tigurinos – subdivisão dos helvécios que viviam onde hoje é a Suíça – aproximou-se da província da Gália Transalpina (a atual Provença) e derrotou um exército comandado por outro cônsul, Marco Júnio Silano. Após essa vitória, pediram ao Senado terras onde pudessem se estabelecer, contudo, quando seu apelo foi recusado, isso não resultou numa invasão, embora os tigurinos tenham saqueado a província romana.

Em 107 a.C., os tigurinos emboscaram e mataram o cônsul Lúcio Cássio Longino, bem como uma parte significativa de seu exército. Os sobreviventes renderam-se e foram obrigados a marchar sob o jugo. Tais distúrbios e ofensas ao prestígio romano influenciaram a rebelião de uma das tribos da Gália Transalpina, a qual foi rapidamente abafada por Quinto Servílio Cipião. Como parte dessa operação, Cipião saqueou o templo dos tectossages, em Tolosa (Toulouse), onde quantias consideráveis – algumas fontes falam em mais de cem mil libras de ouro e prata – tinham sido jogadas no lago sagrado. Um escândalo surgiu quando esse imenso tesouro desapareceu ao ser levado para a Itália. Em 105, Cipião, então procônsul, uniu-se ao cônsul Cneu Malio Máximo, pois os cimbros e os teutões tinham voltado a ameaçar a fronteira do Reno. Juntos, quando encontraram os invasores em Aráusio (Orange), controlaram uma das maiores forças arregimentadas por Roma. A rivalidade entre os comandantes contribuiu para o desastre que se seguiu, onde os óbitos rivalizaram aqueles de Canas[16].

Cinco exércitos consulares foram derrotados pelos bárbaros do norte, e parecia não haver nada que os impedisse de entrar na Itália e saquear Roma, como os gauleses haviam feito séculos antes. A série de derrotas foi pior do que tudo o que os romanos tinham sofrido nos cem anos anteriores. Pela última vez na sua história, os nervosos romanos realizaram um sacrifício humano, queimando vivos um casal de gauleses e outro de gregos no Forum Boarium, como fizeram após Canas. Depois da conduta vergonhosa de Béstia e de Albino na Numídia, os eventos no norte provocaram ainda mais críticas dos *nobiles*. Cilano Popílio (o legado responsável pelos sobreviventes do exército de Cássio, que se renderam em 107), Málio e Cipião foram processados, os dois últimos por incompetência, e acusados de roubarem a pilhagem de Tolosa. As desilusões com a aristocracia, combinadas com os poucos êxitos dos comandantes, levaram à exigência de que Mário assumisse o cargo de cônsul uma segunda vez.

Os movimentos das tribos bárbaras continuaram erráticos como antes, pois, depois de Aráusio, as forças principais dos cimbros e teutões foram em direção ao oeste, tentando sem sucesso chegar à Hispânia. Em 104, Mário e seu exército não tinham ninguém para combater, mas todos sabiam que a ameaça permanecia e que os romanos não fizeram nada para detê-la. Tendo determinado que apenas Mário poderia impedir a invasão e estimulada pela história da sua rígida imparcialidade no caso de Luzio e Trebônio, a *Comitia Centuriata* elegeu-o cônsul mais uma vez. Em outra época, seu comando poderia ter sido prorrogado, mas o Senado normalmente não tomava decisões como essa até depois das eleições, e os apoiadores de Mário podem não ter confiado que o Senado faria isso. Também é verdade que os procônsules e os propretores eram mais raros nessas décadas no começo do século. Esse terceiro mandato foi seguido por um quarto, pois uma vez mais o inimigo não tinha se materializado, sendo apenas em 101 a.C. que as tribos, por fim, lançaram sua invasão[17].

Pouco se sabe sobre as forças sob o comando de Mário, mas muito provavelmente se constituíam de um forte exército consular de duas legiões e duas *alae*, com cerca de seis mil homens e apoiadas por contingentes de auxiliares, somando um total de trinta mil a 35 mil homens. Eles tomaram e fortificaram uma posição bem defendida nas margens do rio Ródano, onde Mário reunira imensas quantidades de suprimentos. Durante a longa espera pelo inimigo, ele colocou seus soldados para construir um canal até o mar, melhorando muito as comunicações e facilitando o recebimento de provisões. O cônsul estava determinado a não forçar uma batalha nem sair da sua posição por falta de alimentos. A leste, os desfiladeiros mais importantes que levavam à Gália Cisalpina eram guardados pelo seu colega, Quinto Lutácio Catulo, com um exército consular mais fraco, de pouco mais de vinte mil homens. Os romanos sabiam que as tribos tinham se dividido, os teutões e ambrones indo em direção a Mári, enquanto a maior parte dos cimbros voltava à Nórica e ameaçava os Alpes. Os relatos dos movimentos do inimigo chegaram aos comandantes romanos, vindos de muitas tribos gálicas aliadas de Roma, ou, pelo menos, hostis à chegada de um grande número de migrantes. Sula, o homem que tinha capturado Jugurta, serviu Mário como legado em 104 e como tribuno em 103, quando foi encarregado de diversas missões diplomáticas junto aos gauleses, a exemplo de quando persuadiu os marsos a se aliarem a Roma. Menos ortodoxa foi a ação de Quinto Sertório, oficial que tinha sido ferido em Aráusio e escapado apenas porque nadara através do Ródano. Disfarçado de membro da tribo – ele possuía algum conhecimento rudimentar da língua –, infiltrou-se no acampamento inimigo e conseguiu detalhes sobre o número de guerreiros e suas intenções[18].

Quando os teutões e os ambrones aproximaram-se do acampamento romano no Ródano, os legionários assustaram-se com o que viram. De acordo com Plutarco, "seu número era ilimitado, sua aparência, horrível, e sua fala e seus gritos de guerra eram sem igual"[19]. Mais adiante, ele descreve os bárbaros ao saírem para a batalha, a cavalaria

> usando capacetes feitos de forma a parecerem as bocarras abertas de feras selvagens ou as cabeças de criaturas fantásticas que, com plumas no alto, faziam aqueles que os usavam parecerem mais altos. Também eram equipados com couraças de ferro e escudos brancos que brilhavam na luz. Cada homem levava um dardo com pontas nas duas extremidades, e para o combate singular usavam espadas grandes e pesadas.[20]

Ao que parece, todos eram homens grandes, musculosos, de pele clara, cabelos loiros e olhos azuis. As descrições dos cimbros e dos teutões foram muito influenciadas pelo estereótipo literário e artístico dos bárbaros do norte: fortes, mas sem vigor; corajosos, mas sem disciplina. Embora exagerados, era fato que os exércitos tribais fossem, em geral, forças indisciplinadas. As táticas eram simples, quase sempre ataques frontais. Isso era uma ação terrível e, por vezes podia desbaratar o oponente – em especial um inimigo nervoso –, porém, se fossem repelidos, os bárbaros tendiam a perder o entusiasmo e a desistir.

As tribos migrantes vinham viajando e lutando durante anos a fio, e é provável que tenham se tornado mais eficientes do que a maioria dos exércitos tribais arregimentados para defender seus territórios ou promover uma breve campanha de pilhagem. Não obstante, os guerreiros eram na essência combatentes individuais, todos eles – sobretudo os nobres e aqueles bem equipados – ansiosos por conquistar glória pessoal através de atos heroicos.

Também eram extremamente confiantes, desprezando o inimigo que derrotaram em encontros anteriores. Essas vitórias, mesmo tendo sido conseguidas sobre exércitos romanos mal treinados, tiveram, inevitavelmente, o efeito oposto nos homens de Catulo e de Mário enquanto esperavam pela invasão. Os rumores, sem dúvida, aumentavam o número e a ferocidade do inimigo e contribuíam para o nervosismo dos legionários. Os soldados que entravam numa batalha com tal disposição muito dificilmente conseguiam impedir um ataque selvagem de guerreiros terríveis e, até aquele momento, invencíveis[21].

Mário estava consciente da disposição de seus soldados e, por esse motivo, declinou a oferta do inimigo de travar batalha quando as tribos chegaram e acamparam perto de seu exército. Durante vários dias, os teutões postaram-se na planície entre os dois acampamentos, desafiando os romanos. Tais demonstrações eram parte central da guerra tribal, compondo os rituais de muitas sociedades guerreiras heroicas. Um guerreiro que esperava conquistar grande fama gritou o nome de Mário, desafiando-o para um combate singular. O cônsul sugeriu que o homem se enforcasse, já que estava tão ansioso para morrer. Quando o germânico, porém, insistiu, Mário enviou um gladiador pequeno e idoso, anunciando que, se o campeão inimigo derrotasse primeiro aquele homem, então ele o enfrentaria pessoalmente. Essa zombaria do código de honra germânico – um guerreiro orgulhoso exigia um oponente tão distinto quanto ele – foi, marcadamente, distinta do desejo de Marcelo de igualar tal comportamento heroico.

Mário também mantinha seus homens sob rígido controle, impedindo qualquer soldado de aceitar o desafio inimigo. Ele queria que seus homens vissem os bárbaros de perto e se acostumassem à sua aparência e aos gritos que davam, acreditando acertadamente que assim pareceriam menos amedrontadores. Depois de um tempo, os soldados começaram a ficar irritados com a recusa de seu comandante em aceitar a batalha. Os teutões saquearam os arredores e até realizaram um ataque ao acampamento romano, tentando forçar Mário a lutar. O ataque foi facilmente repelido, e as tribos decidiram passar do inimigo estático e continuar em direção aos Alpes. É muito provável que a permanência em um único lugar durante tanto tempo os tenha deixado com escassez de alimentos e de forragem. Gritando aos soldados romanos se desejavam enviar alguma mensagem às suas esposas, pois logo as visitariam, os bárbaros passaram pelos legionários. Plutarco diz que levou seis dias para que todos cruzassem o acampamento, indicando que isso se devia ao seu grande número, mas, se esse relato for verdadeiro, é mais provável que reflita a falta de disciplina das tribos ao marchar[22].

Mário esperou que o inimigo passasse, ergueu acampamento e o seguiu. Durante os dias seguintes, foi em seu encalço, aproximando-se sem entrar em contato e escolhendo cuidadosamente os locais de acampamento, de forma a se proteger por meio do terreno contra um possível ataque. Ele já havia anunciado aos seus soldados que tinha intenção de lutar, mas estava determinado a esperar o momento e o local corretos para assegurar a vitória. Mário incluíra na sua comitiva, divulgando o fato publicamente, uma mulher síria chamada Marta, famosa como profetisa. Os boatos diziam que sua esposa Júlia a encontrara em um espetáculo de gladiadores, onde ela havia previsto acertadamente o resultado de cada combate na arena. Agora ela acompanhava a marcha instalada numa liteira. Outros presságios que prediziam a vitória dos romanos foram divulgados amplamente. Da mesma forma que Cipião Africano afirmou que fora inspirado por Netuno antes do ataque a Nova Cartago, nossas fontes não estavam certas sobre se o general realmente acreditava nesses sinais ou se estava simplesmente manipulando o ânimo de seus homens[23].

Finalmente, quando os teutões chegaram a Águas Sêxtias (Aix-en-Provence), Mário julgou que o momento chegara. Como de costume, os romanos acamparam perto do inimigo numa posição fortificada. Nesse caso, porém, o local tinha uma grande desvantagem: a falta de uma fonte adequada de água potável. Frontino culpou o grupo de vanguarda pela má escolha, já que a equipe sempre precedia a coluna principal e marcava o local do próximo acampamento. Mário declarou que esse fato incentivaria seus homens ainda mais a derrotar os bárbaros, que tinham acampado perto do rio e de fontes de água quente. Entretanto, sua primeira prioridade foi assegurar-se de que o novo acampamento fosse fortificado de maneira apropriada. Para tanto, destacou os legionários que mais reclamavam. Os escravos do exército (e, mesmo Mário tendo reduzido seu número ao mínimo necessário, ainda havia muitos deles para realizar tarefas essenciais, como a supervisão das bagagens e o cuidado dos animais de carga; alguns deles – *galearii* – usavam capacetes, uniforme rudimentar e portavam armas básicas) foram mandados ao rio para buscar água. Os germânicos não estavam esperando lutar naquele dia, pois os romanos os seguiram sem demonstrar qualquer inclinação para travar uma batalha, e estavam muito dispersos, alguns deles até banhando-se nas fontes de água quente.

Uma escaramuça teve início quando os guerreiros mais próximos atacaram os escravos romanos e o barulho atraiu um número cada vez maior de germânicos. Os ambrones estavam, provavelmente, acampados mais perto do distúrbio, pois muitos guerreiros entraram em formação e repeliram os escravos. Plutarco afirma que havia trinta mil deles, mas a cifra parece muito improvável. Os auxiliares lígures foram enfrentá-los – muito possivelmente postados de modo a cobrir a construção do acampamento romano – e, em seguida, outras tropas, pois Mário relutava em forçar o combate. Os germânicos dividiram-se em dois corpos, uma vez que apenas alguns deles conseguiram cruzar o rio e foram derrotados separadamente. Os romanos invadiram parte do acampamento inimigo, onde foram atacados até por algumas mulheres[24].

A luta não tinha sido planejada ou desejada por Mário, mas acontecera acidentalmente. O resultado foi uma vitória romana e um útil estímulo para o exército que, agora, sabia que podia derrotar o inimigo. Contudo, o combate também implicou falta de tempo para concluir as defesas ao redor do acampamento romano. O exército passou uma noite nervosa ouvindo o lamento pelos mortos ser cantado pelo inimigo, e Mário preocupou-se bastante com um ataque repentino. De acordo com Frontino, ele ordenou a um pequeno grupo de soldados que fosse perto do acampamento germânico e perturbasse seu descanso com gritos súbitos. Plutarco não menciona isso e sustenta que não houve combate no dia seguinte, já que os teutões precisavam de tempo para reunir suas forças, o que, de novo, pode ser uma indicação de que tendiam a deslocar-se dispersos sobre uma ampla área. Na noite seguinte, Mário convocou um destacamento de três mil homens sob o comando de Marcos Cláudio Marcelo e o enviou, oculto pela escuridão, para esconder-se em bosques no terreno elevado atrás da posição inimiga. Frontino diz que a força consistia em cavaleiros e soldados da infantaria e era acompanhada por muitos dos escravos do exército, que conduziam animais de carga recobertos com xairel, de modo que, a distância, pareciam ser da cavalaria. Se isso for verdade, então deve ter sido ainda mais difícil para Marcelo conduzir seus homens até a posição indicada sem se perder ou ser descoberto. Ao chegar ao local designado, não havia mais comunicação com Mário, e suas ordens eram lançar um ataque na retaguarda do inimigo quando a batalha tivesse começado. A decisão do momento em que iria lançar o ataque ficou sob responsabilidade de Marcelo[25].

No começo da manhã seguinte, Mário conduziu seu exército para fora do acampamento e o colocou em formação de batalha no aclive em frente ao local em que haviam acampado. Em seguida, enviou a cavalaria à planície mais abaixo, uma ação que rapidamente obteve o resultado desejado de provocar o ataque dos teutões. Oficiais cavalgavam ao redor do exército romano, repetindo as ordens do comandante de que os homens deveriam permanecer onde estavam e esperar que o inimigo avançasse colina acima. Foi só quando o inimigo estava próximo, a cerca de quinze metros da formação romana, que os legionários arremessaram seus *pila*, desembainharam as espadas e foram à carga. O próprio Mário estava na linha de frente, determinado a pôr em prática suas instruções, confiando na sua habilidade com as armas e na boa forma física. Essa foi uma das pouquíssimas ocasiões em que um general romano resolveu tomar parte no combate desde o início da ação, uma vez que, em tal posição, ele pouco podia fazer para controlar a batalha. Não obstante, era um gesto poderoso que mostrava aos soldados que seu comandante compartilhava os mesmos perigos que eles. Apesar do seu treinamento rigoroso e do encorajamento obtido com a derrota dos ambrones, as legiões ainda enfrentavam um inimigo numeroso e confiante e poderiam sucumbir ao ataque dos germânicos. A necessidade de animar seus homens de todas as maneiras possíveis provavelmente contribuiu para a decisão de Mário. Não há registros de que ele tenha feito algo semelhante em qualquer outra batalha, antes ou depois de Águas Sêxtias.

Os germânicos atacaram a encosta, e o terreno tornou difícil que se mantivessem juntos e mantivessem a muralha de escudos contra o inimigo. No início da luta, Plutarco descreve os ambrones batendo ritmicamente suas armas nos escudos e cantando seu nome enquanto avançavam. As legiões esperaram até que estivessem muito perto e arremessaram seus *pila*. Os dardos receberam força adicional por terem sido arremessados do alto da colina e penetraram os escudos, a fina haste deslizando facilmente através do buraco aberto pela ponta e ferindo o homem atrás do escudo. Alguns germânicos foram mortos ou incapacitados, outros, cujos escudos estavam atravessados por um *pilum*, tiveram de descartá-los e combater sem sua proteção. Isso diminuiu o ímpeto da carga e rompeu sua formação. Em seguida, os legionários atacaram usando seus escudos pesados para golpear e desequilibrar o inimigo, abrindo assim caminho para acertá-los com suas espadas curtas. Os germânicos foram primeiro detidos e, então, gradualmente repelidos. O aclive favorecia os romanos, mas, quando os teutões retiraram-se à planície, essa vantagem foi perdida e os bárbaros tentaram restabelecer uma sólida linha de combate. Foi nesse momento que Marcelo comandou o ataque de seus homens contra a retaguarda alemã. A nova ameaça provocou pânico entre o inimigo e, em pouco tempo, seu exército foi desbaratado, desordenando-se. Diz-se que os romanos fizeram cem mil prisioneiros, bem como conseguiram grande quantidade de pilhagem. A ameaça dos teutões e dos ambrones a Itália teve, com isso, o seu fim. Enquanto o exército comemorava, chegaram notícias de que Mário fora uma vez mais eleito cônsul. Ele decidiu protelar o seu triunfo até que os cimbros também fossem derrotados[26].

No entanto, também havia más notícias, já que, nesse meio-tempo, os cimbros tinham chegado à Itália. Os homens de Catulo, não tão bem preparados para lutar com o inimigo, haviam entrado em pânico ao avistar a ferocidade dos bárbaros, abandonando suas posições e fugindo. O cônsul, percebendo que nada poderia detê-los, agarrou um estandarte e correu à frente da turba, afirmando que a vergonha do incidente recairia sobre ele, por tê-los comandado, em vez de sobre os soldados. Apesar desse fracasso, ele foi eleito procônsul e seu comando foi estendido para o ano seguinte, uma vez que o colega de Mário se fazia necessário na Sicília para abafar uma rebelião de escravos. Os dois exércitos romanos uniram-se e enfrentaram os cimbros em Vercelas. Os relatos dessa ação não são bons, pois, subsequentemente, houve consideráveis discussões entre os homens de Mário e de Catulo sobre quem tinha contribuído mais para a vitória. Os líderes dos cimbros continuaram a guerrear da maneira heroica, a qual parecia arcaica aos romanos. O rei Boeorix, com uma pequena tropa de seguidores, cavalgou até o acampamento romano e fez um desafio formal para combater as legiões na hora e no local da escolha dos romanos. Àquela altura, Mário tinha mais confiança na capacidade de seus homens de derrotar o inimigo e, após afirmar que não era costume romano deixar seu inimigo decidir a ação que tomariam, aceitou o desafio. Num único dia de combate sob um sol quente, entre nuvens de poeira erguidas por dezenas de milhares de pés e cascos, os cimbros foram massacrados. Alguns dos inimigos em fuga se suicidaram. Outros foram mortos pelas próprias esposas, que, em seguida, mataram os filhos e, finalmente, a si próprias. Mesmo assim, um número enorme de inimigos foram feitos prisioneiros e vendidos como escravos. Tanto Mário quanto Catulo celebraram um triunfo[27].

OS ÚLTIMOS ANOS: MÁRIO NA POLÍTICA E NA GUERRA CIVIL

Embora a guerra estivesse acabada, Mário ainda estava determinado a conseguir mais um mandato como cônsul. Claramente precisava de considerável capacidade política para alavancar sua carreira e explorar a agitação popular para vencer a eleição de 107, mas posteriormente seu toque ficou menos seguro. Talvez os anos que serviu como general, quando comandava e não precisava persuadir seus seguidores, tenham-no deixado despreparado para a vida pública em Roma, ou talvez os ânimos tenham simplesmente mudado. Sua fama levou-o a conquistar um sexto mandato como cônsul em 100 a.C., mas ele teve problemas para realizar a maior parte de seus objetivos, notadamente um programa para assentar muitos dos seus soldados dispensados em terras na Gália Transalpina, na Sicília e na Grécia. Muitos dos veteranos da Numídia já tinham recebido terras no norte da África. No passado, Mário fora generoso ao conceder a cidadania romana a soldados aliados que haviam combatido bem, e seu desejo de incluí-los no programa de colonos não foi bem recebido por muita gente em Roma.

No final, Mário aliou-se ao tribuno radical Lúcio Apuleio Saturnino, um demagogo que frequentemente se valia da violência da turba e até, conforme rumores, de assassínios para derrotar seus oponentes. Por algum tempo, os veteranos de Mário apoiaram o tribuno, o que resultou num grande tumulto no Fórum. Então Saturnino foi longe demais, tramando o assassinato do ex-tribuno Mêmio, o que levou ao rompimento com Mário. O Senado emitiu seu decreto final (*Senatus Consultum Ultimum*), que suspendia a lei normal e dava plenos poderes aos magistrados para empregar quaisquer meios necessários para proteger a república. Tal recurso tinha sido usado pela última vez para justificar a violenta supressão de Caio Graco e de seus servidores, e, agora, dava legalidade para usar a força de modo semelhante contra Saturnino. Mário cercou o tribuno e fez com que ele e seus seguidores se rendessem, mas eles foram linchados antes que qualquer decisão pudesse ser tomada com relação ao seu destino[28].

Depois de 100 a.C., Mário teve pouca participação na vida política por um longo período. Durante uma década, Roma pendeu na direção do confronto com muitos dos seus aliados italianos, que sentiam não estar recebendo um quinhão suficiente nos lucros de um império que seus soldados ajudaram a conquistar. Em 90 a.C., tal estado de coisas levou a uma rebelião aberta, a Guerra Social, travada em grande escala entre exércitos idênticos em termos de tática, equipamentos e doutrina militar. Durante algum tempo, as coisas foram mal para Roma, mas a república venceu, em grande parte devido às generosas concessões de cidadania a todos os aliados que tinham permanecido leais, ou se rendido de imediato, mais do que pelo uso da força. Nos anos seguintes à guerra, essa política foi estendida a praticamente toda a população livre do rio Pó. Em poucas décadas, a Gália Cisalpina também foi incluída no processo. Mário recebeu um importante comando no primeiro ano da guerra, lutando com competência e habilidade, apesar de não ter obtido nenhuma grande vitória. Ele estava mal de saúde e isso pode tê-lo impedido de assumir um papel proeminente nos estágios finais do conflito.

Um dos comandantes que se destacaram foi Sula, que, conforme a guerra chegava ao fim, venceu a eleição para cônsul em 88. Embora fosse membro da estirpe patrícia dos Cornélios, a família de Sula tinha se tornado obscura, e sua ascensão foi quase tão difícil quanto a de um "homem novo". No Mediterrâneo oriental, o rei Mitridates VI, do Ponto, tentava expandir seu poder, enquanto os romanos eram enfraquecidos pela guerra na Itália. A diplomacia extremamente agressiva de Roma convenceu o rei de que a guerra era inevitável, levando-o à invasão da província da Ásia em 88, onde ordenou o massacre de todos os mercadores romanos. A cifra de oitenta mil romanos e italianos mortos no episódio é sem dúvida um exagero, mas o número foi com certeza muito substancial. A reação em Roma foi semelhante àquela com que encararam a queda de Cirta. Sula recebeu como missão a guerra contra Mitridates.

Por algum motivo, Mário estava obcecado em conseguir o comando dessa missão. Na década de 90, tinha visitado a Ásia e chegado à conclusão de que a guerra com o Ponto era apenas uma questão de tempo. Mário estava agora com 69 anos de idade, sendo considerado demasiado idoso para um comandante de campo. Contudo, algo, talvez a consciência de que apenas o sucesso militar o manteria no centro da vida pública e certamente uma rivalidade com Sula, que tentara roubar sua glória na Numídia, fez com que quisesse ser enviado para enfrentar Mitridates. Uma vez mais, ele se aliou a um tribuno, Públio Sulpício Rufo, que usou a Assembleia Popular para contornar a decisão do Senado e passar uma lei que dava a Mário o comando oriental como procônsul. Sula se sentiu ultrajado, vendo a oportunidade de renovar a fortuna da sua família ser sacrificada pela vaidade de outro homem. As seis legiões que ele tinha arregimentado para a guerra estavam nervosas com a possibilidade de Mário levar outras tropas em seu lugar, uma vez que as guerras no Mediterrâneo oriental eram, agora, sinônimo de vitórias fáceis e pilhagem abundante. O cônsul fez suas tropas desfilarem e realizou um discurso explicando seu agravo. Então, conduziu suas legiões até Roma para "libertá-la dos tiranos". Nunca antes um exército romano tinha demonstrado vontade de usar violência para apoiar seu comandante numa disputa com seus rivais políticos. Todos, exceto um oficial senatorial, deixaram o exército imediatamente[29].

Roma foi ocupada com facilidade, pois os oponentes de Sula não tinham tropas para enfrentá-lo. Sulpício foi morto, mas Mário fugiu para a África. Mal de saúde e com sua sanidade por vezes questionada, dizem que às vezes ele tinha alucinações de que estava comandando um exército contra o Ponto, berrando ordens e gesticulando para tropas imaginárias. Ao mesmo tempo, Sula levou o seu exército para o leste a fim de combater Mitridates, num conflito que se arrastou durante anos. Mário, finalmente, conseguiu reunir apoiadores em número suficiente, muitos deles oriundos das colônias fundadas para seus veteranos, para voltar à Itália e tomar Roma em 87. Sua chegada à cidade foi agressiva, pois seus seguidores eram uma ralé que assassinava e saqueava sem restrições. Sem se importar com a formalidade de uma eleição real, Mário e seu aliado Cina declararam-se cônsules para o ano seguinte. No entanto, a idade e a doença cobraram seu preço e Mário morreu de maneira repentina após cerca de duas semanas da sua declaração, em seu sétimo mandato[30].

Mário, nos seus últimos anos, era uma figura egoísta, vingativa e por vezes patética, que mergulhou a república na primeira das guerras civis, as quais iriam, com o tempo, destruí-la. Pouco parece ter restado do talento genuíno que lhe conquistou os diversos mandatos como cônsul – fato sem precedentes – e lhe trouxe a vitória sobre os cimbros e os teutões. Se aparentemente é inevitável que a república romana triunfaria sobre umas poucas tribos bárbaras em migração, poucos romanos tinham, à época, tal confiança, e Mário parece genuinamente o herói e salvador da Itália. Suas realizações foram consideráveis, pondo fim à série de derrotas que os cimbros e seus aliados haviam infligido às legiões. Talvez seja melhor concluir este capítulo não com a Guerra Civil, mas com um incidente da Guerra Social que ilustra a atitude apropriada a um "bom general". Plutarco diz que, em uma ocasião, Mário tomou uma posição muito forte e ficou bloqueado pelo inimigo, que tentava fazê-lo arriscar-se em uma batalha. "Pompédio Silo, o mais impressionante e poderoso dos seus oponentes, disse-lhe, 'se você for um grande comandante, Mário, venha lutar'. Ao que Mário respondeu, 'se você for um grande comandante, faça-me lutar, apesar de eu não o desejar'."[31]

CAPÍTULO 6

GENERAL NO EXÍLIO: SERTÓRIO E A GUERRA CIVIL

Quintus Sertorius
(c. 125-72 a.C.)

No campo aberto, ele era tão ousado quanto qualquer comandante de seu tempo, embora, para qualquer campanha que exigisse sigilo de movimento, iniciativa repentina para tomar posições bem defendidas ou para cruzar rios, ou operações que demandassem velocidade, enganar o inimigo e, se necessário, inventar estratagemas, possuísse habilidade comparável à do gênio.[1]

Quer fossem "homens novos", quer fossem aristocratas, os senadores eram ferozmente competitivos. A vida pública era um esforço para conquistar cargos e ter oportunidade de conseguir fama e glória, e o ideal era obscurecer as realizações não só de seus contemporâneos, mas também das gerações passadas. Mesmo quando não estavam na posse de um magistério ou em campanha eleitoral, os senadores sempre se esforçavam por divulgar seus sucessos e virtudes e não perdiam oportunidade de incluir na lista aqueles que lhes deviam favores. Alguns enfatizavam a sofisticação helênica, outros, como Cato e Mário, sua supostamente tradicional simplicidade "italiana". Altares e templos eram dedicados ou outros monumentos eram construídos para celebrar suas realizações e eventos familiares, como casamentos, e funerais tornavam-se ocasiões públicas. Os combates entre gladiadores começaram como parte das cerimônias fúnebres e, não importando que elemento religioso ou sacrifical possam originalmente ter tido, logo se transformaram numa forma de entretenimento. Disputas espetaculares e eletrizantes de gladiadores atraíam multidões, que ficavam impressionadas e gratas à família que os tivesse organizado e patrocinado. A política sempre foi competitiva, porém, por volta do século I a.C., os senadores eram forçados a gastar somas cada vez maiores para terem qualquer possibilidade de sucesso. A tendência dos ricos a patrocinar a construção de edifícios e a realização de jogos continuou a aumentar, pois cada político lutava para superar seu rival. A partir de 133 a.C., essa rivalidade podia culminar em violência. A decisão de Sula de marchar sobre Roma em 88 levou a quase duas décadas de guerra civil e distúrbios. Uma tentativa de golpe, em 63, foi seguida por anos de violência nas ruas, promovida por arruaceiros, nos anos 50; finalmente, em 49, outra guerra civil explodiu, continuando até 31, quando o filho adotivo de César, Otaviano, derrotou seu último rival mais poderoso.

A elite política romana não era única na sua competitividade e desejo de exceder. As aristocracias da maioria das cidades gregas – e, na verdade, da imensa maioria das outras comunidades do mundo mediterrâneo – também tinham a mesma ânsia por obter projeção pessoal, sendo muitas vezes inescrupulosas nos métodos usados para conseguir seus objetivos. Os senadores romanos eram quase uma exceção ao canalizar suas ambições dentro de fronteiras estreitas e universalmente reconhecidas. A desordem interna e a revolução que atingiam as vidas públicas de grande parte das cidades-Estado não existiam em Roma até o último século da república. Mesmo então, durante as guerras civis de extrema selvageria, quando as cabeças decepadas de concidadãos eram exibidas no Fórum, a aristocracia romana continuava a colocar algum limite sobre quais meios eram aceitáveis na tentativa de superar os rivais. Uma figura comum na história do mundo antigo é o exílio aristocrático – o rei ou tirano deposto, ou o general destituído de seu cargo quando se percebia que estava se tornando muito poderoso – na corte de uma potência estrangeira, normalmente sob a guarda um rei. Esses homens aceitavam imediatamente comandar tropas estrangeiras para voltar à terra natal e tomar o poder pela força – como fez o tirano Pisistrato em Atenas – ou lutar ativamente contra sua própria cidade em prol do seu novo protetor – como fez Alcibíades.

Em toda a história romana, houve poucos indivíduos cujas carreiras seguiram, de algum modo, esse padrão. O quase mítico Caio Márcio Coriolano, que viveu no século V a.C., provavelmente foi quem chegou mais perto dessa realidade, pois, tendo sido expulso de Roma, foi recebido pelos inimigos volscos e comandou seu exército com grande sucesso. Na lenda, ele chegou perto de tomar a própria Roma e só foi impedido de conquistar essa vitória por causa da intervenção da sua mãe. A moral dessa fábula era quintessencialmente romana. Não obstante a importância, para o indivíduo, de conquistar fama e aumentar a sua reputação e a da sua família, isso devia sempre estar subordinado ao bem da república. A mesma crença dos senadores do século II a.C. na superioridade de Roma colocava-os como iguais a qualquer rei e assegurava que nenhum político romano desapontado procurasse a ajuda de uma potência estrangeira. Os senadores buscavam o sucesso pessoal, mas só contava se fosse conquistado em Roma. Nenhum senador desertou para o lado de Pirro ou de Aníbal, mesmo quando suas vitórias finais pareciam iminentes, tampouco a amargura de Cipião Africano quanto à ingratidão do Estado o fez buscar serviço junto a um rei estrangeiro.

A guerra civil não mudou de forma significativa essa atitude, uma vez que ambos os lados afirmavam invariavelmente estarem lutando para restaurar a verdadeira república. Quase sempre se fazia uso de tropas que não eram de Roma, mas os romanos estavam sempre presentes como auxiliares ou aliados, servindo Roma, e nunca como potências independentes intervindo em seu próprio benefício.

Apesar das circunstâncias da guerra civil, isso não produziu carreiras muito fora do padrão, além de Quinto Sertório, que demonstrou talento para comandar forças irregulares e promover campanhas de guerrilha contra exércitos convencionais romanos. Exilado da Roma de Sula, ele conquistou suas mais famosas vitórias e viveu os últimos anos da vida na Hispânia, mas nunca se desviou das atitudes da sua classe, nem se considerou qualquer coisa que não fosse um senador e um general romano.

INÍCIO DA CARREIRA E A GUERRA CIVIL

Sertório era outro "homem novo", membro de uma família que fazia parte da aristocracia da cidade sabina de Nussa. Ele foi, provavelmente, o primeiro da sua família a buscar e a conquistar um cargo público em Roma, algo para que fora treinado desde tenra idade, pois, certamente, nenhum dos seus ancestrais tinha assumido qualquer magistério importante em Roma. Orador dotado e com algum conhecimento da lei, começou a angariar reputação nos tribunais, antes de embarcar com entusiasmo num período de serviço militar. Conforme mencionado no último capítulo, sobreviveu ao desastre em Aráusio, em 105, nadando pelo rio Ródano, apesar dos seus ferimentos, e ainda assim conseguiu trazer suas armas. Pelo resto da guerra contra os cimbros e os teutões, serviu sob Mário, ganhando condecorações e promoções em vários momentos, notadamente por ir disfarçado a uma missão para espionar o inimigo. Alguns anos mais tarde, em 97, foi à Hispânia como tribuno militar, aumentando ainda mais sua reputação de coragem e frieza quando as tropas que lá estavam estacionadas, passando o inverno na cidade celtibera de Castulo, onde ele estava, foram atacadas repentinamente pela população. Os soldados romanos presentes eram pouco disciplinados, negligentes com relação às suas tarefas e dados ao alcoolismo. Plutarco não diz se outros oficiais romanos estavam ali ou se havia outro em comando, mas assinala que Sertório não era responsável pela condição dos soldados, o que indica que havia mais alguém na liderança. Foi talvez por causa dessa experiência que, anos depois, Sertório tornou regra nunca estacionar soldados em cidades, ordenando, em vez disso, que se construíssem os acampamentos nas suas vizinhanças, mesmo no inverno, e controlando-os com rígida disciplina militar.

O comportamento da guarnição romana pode ter provocado a rebelião entre os celtiberos e sem dúvida encorajou a expectativa de vitória. Os habitantes buscaram ajuda na cidade vizinha de Oretani, e, certa noite, seus guerreiros foram admitidos em Castulo. A surpresa foi completa, e muitos legionários foram mortos em seus alojamentos. Sertório e uns poucos companheiros conseguiram escapar da cidade e, rapidamente, ele reuniu todos os fugitivos que pôde encontrar. Tendo descoberto um portão que o inimigo deixara aberto e desprotegido, Sertório postou um destacamento para bloquear o meio de saída e liderou o resto de seus homens de volta às ruas. Tomando controle de todas as posições principais da cidade, ele, então, ordenou a seus subordinados que matassem todos os homens celtiberos com idade suficiente para manejar armas. O quase desastre tornou-se vitória, mas Sertório ainda não estava contente e decidiu punir a população de Oretani imediatamente. Instruindo seus homens a vestirem as túnicas espanholas retiradas dos mortos, marchou com seus soldados contra a cidade. O estratagema funcionou, e os romanos encontraram o inimigo esperando de portões abertos, a multidão saudando o que acreditava ser as tropas vencedoras que retornavam. Muitos daqueles que se encontravam fora da cidade foram mortos rapidamente, e Oretani rendeu-se de pronto. A maior parte da sua população foi vendida como escravos. Tais estratagemas não eram incomuns. Em 109, Metelo tinha reconquistado Vaga colocando alguns membros da cavalaria númida, sua aliada, à frente da coluna romana. Os habitantes da cidade, que tinham massacrado a guarnição romana, confundiram os cavaleiros com as tropas de Jugurta e os deixaram entrar antes de perceber seu erro. Contudo, esses truques nem sempre funcionavam e podiam ser arriscados. Em uma ocasião, Aníbal tentou usar uma força de desertores romanos disfarçados de legionários para capturar uma cidade na Itália, mas a fraude foi descoberta e os desertores acabaram emboscados e mortos[2].

As façanhas de Sertório na Hispânia o ajudaram a vencer a eleição para questor, e durante a Guerra Social ele foi encarregado de formar, treinar e comandar tropas, embora não se saiba ao certo qual foi sua patente. Os comandantes e oficiais graduados romanos deviam comandar e dirigir seus soldados de trás da linha de combate, um estilo de liderança que, inevitavelmente, envolvia considerável risco de ferimento ou morte. Sertório comandava de modo especialmente ousado, inspirando seus homens com o desprezo que ostentava pelo inimigo e confiança na sua habilidade com as armas para proteger-se de qualquer ataque. Seus métodos lhe trouxeram sucesso considerável no campo de batalha, embora à custa de um ferimento que o cegou permanentemente de um olho. Plutarco nos diz que ele se orgulhava dessa desfiguração, afirmando que tinha sorte de ter um símbolo do seu valor sempre visível, ao contrário de uma medalha que podia ser usada apenas em algumas poucas ocasiões. A prova da sua crescente fama se deu quando ele foi ao teatro em Roma e a multidão o saudou com entusiasmo. Estimulado pela demonstração, Sertório concorreu às eleições para tribuno da plebe no ano de 88, mas enfrentou a oposição pública de Sula, o cônsul eleito, e foi derrotado. O motivo dessa oposição não está claro, mas levou ao rompimento definitivo entre os dois homens. No tumulto que se seguiu à entrada de Sula e suas legiões em Roma e sua partida para combater a guerra oriental, Sertório uniu-se a Cina, que, por sua vez, aliou-se a Mário. A ocupação de Roma pelos partidários de Cina e Mário foi extremamente brutal. Sertório destacou-se entre os líderes desse grupo por conter seus ódios pessoais e por seus esforços no sentido de restringir as atrocidades que os outros cometiam. Mário havia recrutado um grupo de assassinos entre os escravos dos homens que executara, e lhes deu permissão para assassinar, estuprar e roubar de qualquer um que não tivesse os favores do novo regime. No final, com apoio de Cina, foi Sertório que lidou com esses *bardyaei*, cercando-os com uma tropa de soldados disciplinados enquanto dormiam e matando-os a todos principalmente com o uso de dardos. Com a morte repentina de Mário, a pior parte dos excessos terminou. Em 83, Sertório tornou-se pretor, a tempo de tomar parte na guerra contra Sula, que estava retornando. Cina fora linchado quando alguns legionários se amotinaram no ano anterior, e o comando supremo foi passado a certos indivíduos notáveis somente pela falta de talento militar. Sertório ficou numa posição nada invejável ao ter seu conselho ignorado, mas suas previsões relativas ao desastre inevitável, que apenas aguardava o curso das ações mostraram-se precisas e fizeram que os outros se ressentissem demasiadamente dele. É duvidoso que tenha relutado em ir à Hispânia no final daquele ano. Contudo, a esmagadora vitória de Sula na Itália permitiu que suas legiões eliminassem quaisquer sobreviventes da causa de Mário, e logo Sertório foi expulso da sua província. Durante algum tempo, ele vagou pelo Mediterrâneo ocidental, encontrando quase sempre derrota e fracasso, até que conseguiu vencer um exército de Sula na Mauritânia. O sucesso foi seguido pelo apelo direto de uma delegação de lusitanos para que ele retornasse à península espanhola e os livrasse de um governador opressivo. A partir de então, seu destino melhorou de modo decisivo[3].

A GUERRA NA HISPÂNIA, 80-72 A.C.

Os lusitanos eram, muito provavelmente, representantes de comunidades estabelecidas e altamente romanizadas, e não membros de grupos incivilizados além das margens das províncias romanas. Apesar de Sertório retirar a maior parcela da sua força dos povos nativos da Hispânia, o conflito foi sempre travado como parte da guerra civil, e não como uma tentativa de conquistar a independência em relação a Roma. Seus exércitos também incluíam algumas tropas originalmente arregimentadas na Itália, bem como contingentes formados por colonos romanos na península. No início, suas forças não eram numerosas, e Plutarco nos diz que, no primeiro momento, somavam 2.600 legionários, cerca de setecentos líbios que se uniram a ele durante as campanhas no norte da África, uma infantaria leve de quatro mil lusitanos (ou *caetrati* – nome derivado dos pequenos escudos redondos que portavam), e aproximadamente setecentos cavaleiros de diferentes origens. Essa força era apoiada, no começo, por cerca de vinte cidades. Sertório também possuía, ou viria a adquirir, uma pequena marinha para auxiliar as operações em terra. De modo geral, seus recursos eram ofuscados pelos dos generais de Sula na Hispânia, os quais, juntos, dispunham de mais de 120 mil homens de infantaria, seis mil de cavalaria e dois mil dedicados às escaramuças. Não obstante, desde o começo as operações de Sertório obtiveram vitória atrás de vitória, e seus oponentes não conseguiram coordenar seus esforços de guerra de maneira eficiente. Nos primeiros anos, ele derrotou os governadores das duas províncias espanholas e, no ano seguinte, suas tropas derrotaram e mataram o governador substituto da Hispânia Citerior, um certo Lúcio Domício. O novo procônsul da Hispânia Ulterior era Quinto Céclio Metelo Pio, filho do homem que realizara campanhas contra Jugurta. Ele sofreu diversos reveses, e um dos seus legados foi derrotado e morto enquanto tentava defender as áreas costeiras da Lusitânia das tropas de Sertório[4].

A cada vitória, o poder de Sertório aumentava. Embora estivesse, sem dúvida, com pouco dinheiro e desprovido de todas as coisas necessárias para realizar suas campanhas, ele sempre tratava os habitantes das províncias de forma justa e generosa, insistindo em que suas tropas e oficiais fizessem o mesmo. Tomou cuidado particular com as aristocracias locais, normalmente garantindo sua liberdade e restaurando as propriedades àqueles que tinham se oposto a ele, quando capitulavam. Em Osca (possivelmente a moderna Huesca), ele fundou e pagou uma escola para os filhos dos homens ricos e influentes, onde os alunos, vestidos de togas, recebiam uma educação romana apropriada. Ainda que as crianças também servissem de reféns para manter sua fidelidade, a aristocracia hispânica continuava entusiasmada com essa declaração aberta de boa vontade em admitir suas famílias na elite da província romana, uma vez que Sertório sempre declarava ser um magistrado empossado adequadamente pela república de Roma. Aproveitando os muitos exilados que fugiam da Itália dominada por Sula em busca da sua proteção na Hispânia, ele formou um "Senado" e todos os anos promovia eleições de magistrados[5].

Apesar dessa composição eclética, Sertório também impôs os padrões de disciplina romana ao seu exército. Todos os seus soldados eram organizados em coortes. A maioria era equipada do modo romano e todos eram bem treinados, tanto individualmente como para atuar em formação. Os soldados eram estimulados a usar armas e armaduras bem decoradas, o que servia para desencorajar os inimigos e aumentar o orgulho pessoal. Esperava-se que obedecessem às ordens, e o mau comportamento era punido com rigor. Em um incidente que ocorreu com os bardieos, diz-se que Sertório executou todo um destacamento de romanos que adquirira reputação de extrema brutalidade no tratamento aos civis locais. Em pelo menos um caso, ele lançou mão da tradição militar nativa e formou uma guarda pessoal composta por celtiberos. Esses homens eram ligados ao seu líder por um juramento solene, de modo que não deveriam sobreviver caso ele fosse morto, e, em troca, Sertório lhes daria armas, alimentos e a possibilidade de conquistar glória. A prática era razoavelmente comum entre as tribos da Hispânia, bem como da Gália e da Germânia, e colocava nas mãos de alguns chefes a lealdade fanática de grupos de seguidores. Ao que parece, era muito normal para os guerreiros unirem-se a chefes de outras tribos, e assim a transferência da mesma relação a um comandante romano não era incomum. Júlio César, mais tarde, teria uma guarda semelhante, composta por novecentos cavaleiros germânicos e gauleses[6].

Por vezes, suas forças eram engrossadas por contingentes de guerreiros espanhóis aliados, os quais não tinham tido tempo de receber treinamento apropriado, forçando o comandante a conceber meios de restringir o entusiasmo que os levava a combater mesmo em circunstâncias desfavoráveis. Uma lição objetiva foi preservada em diversos relatos. Sertório trouxe dois cavalos, um saudável e outro pequeno e em más condições. Então, ordenou que um dos seus homens mais fortes arrancasse a cauda do cavalo menor, enquanto, ao mesmo tempo, instruiu um soldado diminuto a remover a cauda do cavalo grande, um pelo de cada vez. No final, depois de muito esforço infrutífero, o soldado forte foi forçado a desistir do seu intento, enquanto seu pequeno colega completava, vagarosamente, sua tarefa. Sertório declarou que isso mostrava como até o oponente mais perigoso podia ser derrotado, se fosse gradualmente desgastado em pequenas escaramuças, pois a pressão contínua é mais eficiente do que a mera força bruta[7].

Assim como Mário fizera a sua adivinha figurar numa procissão e o Africano falara aos soldados sobre as mensagens transmitidas a ele pelos deuses em seus sonhos, Sertório adicionou um elemento místico à sua liderança. Em algum momento, um caçador o tinha presenteado com um filhote de gamo, o qual o general passara a alimentar com suas próprias mãos até ele se tornar completamente domesticado. Depois de um tempo, ele começou a afirmar que o animal lhe fora enviado pela deusa Diana e lhe trazia mensagens. Às vezes, Sertório anunciava notícias trazidas pelos batedores ou mensageiros como se as tivesse recebido do gamo, que era também enfeitado com guirlandas de vitória sempre que sabia de um sucesso obtido por outros destacamentos do seu exército. Nossas fontes acreditavam que esses métodos impressionavam imensamente os supersticiosos espanhóis[8].

As fontes que relatam as campanhas de Sertório são escassas e não permitem a reconstrução de uma narrativa detalhada sobre a guerra na Hispânia e, menos ainda, uma análise das ações individuais. Em lugar disso, elas nos dão uma visão global e trazem muitas histórias sobre sua habilidade como comandante e general. De modo geral, os relatos sobreviventes apresentam um retrato desfavorável de Metelo, que é mostrado como um líder idoso e letárgico. Mais complexa é a descrição de Cneu Pompeu, que foi nomeado pelo Senado para governar a Hispânia Citerior em 77 a.C., e que já tinha reputação de ser um dos comandantes mais bem-sucedidos da república, mais tarde também sendo conhecido como oponente de César na Guerra Civil. A carreira nem um pouco ortodoxa de Pompeu é tema do próximo capítulo, mas a esta altura vale enfatizar que, aos 29 anos de idade, ele era muito jovem para um general romano. O desejo de contrastar sua energia juvenil com a cautela do idoso Metelo pode ter estimulado nossas fontes a tratar o último de modo menos favorável. Diz-se que Sertório apelidou Pompeu de "pupilo de Sula". Metelo o chamava, de forma ainda mais desdenhosa, "aquela velha"[9].

Ao redor da mesma época, Sertório recebeu alguns reforços da Itália. Em 78, um dos cônsules, Marco Emílio Lépido, liderou uma rebelião contra o Senado, trazendo muitos partidários de Mário insatisfeitos à sua causa. Ele foi derrotado, mas alguns daqueles que o apoiavam, liderados por Marco Perperna Vento, fugiram para a Hispânia. Perperna vinha de uma família bem-estabelecida, embora não fosse tão proeminente, e se orgulhava mais do que devia de sua capacidade, pois sua carreira militar era uma série contínua de derrotas, muitas das quais infligidas por Pompeu. De início, ele desprezou ficar sob o comando de um homem novo como Sertório, mas finalmente o problema se resolveu quando seu exército recebeu a notícia de que Pompeu estava indo à Hispânia e o forçava a unir-se ao general vitorioso. Pompeu não pôde enfrentar Sertório até 76, uma vez que foi obrigado a combater algumas das tribos locais quando marchou pela província da Gália Transalpina. Em celebração às vitórias conquistadas durante a viagem no seu novo comando, ele, mais tarde, erigiria um monumento triunfal nos Pireneus[10].

Em 77, Sertório e seu questor, Lúcio Hirtuleio, infligiram diversas derrotas a Metelo, frustrando sua tentativa de capturar a cidade principal de Langobritae. Eles não só conseguiram levar água para abastecer a cidade, a despeito do bloqueio inimigo, como também evacuaram um grande número de não combatentes do local. Logo, as legiões de Metelo ficaram sem provisões e, depois de uma tropa encarregada de conseguir mantimentos ter sido emboscada e quase destruída, foi forçado a se retirar. Antes dessa operação, Sertório tinha desafiado Metelo a enfrentá-lo num combate singular, uma ideia pela qual os soldados do último demonstraram considerável entusiasmo, pois seu moral tinha caído demais. A chegada de Pompeu fez muito para revigorar o exército e seu comandante. Sertório decidiu medir a força do seu novo oponente antes de arriscar-se em batalha campal e deu instruções estritas aos seus subordinados para evitarem uma grande ação contra o exército principal, tanto de Metelo como de Pompeu. Dois legados de Pompeu, que comandavam pequenos destacamentos, foram derrotados individualmente, mas o jovem general avançou com grande confiança ao saber que o próprio Sertório estava sitiando a cidade de Lauron (provavelmente próxima da moderna Valência).

Orósio – uma fonte muito posterior, que deve ser tratada com considerável cautela – afirma que Pompeu tinha trinta mil soldados de infantaria e uma cavalaria composta por mil cavaleiros contra as forças de Sertório, que contava com uma infantaria duas vezes maior e uma cavalaria de seis mil homens montados – mas uma vantagem numérica tão superior parece improvável. A corrida para controlar o terreno elevado que dominava a cidade foi vencida por Sertório, mas Pompeu aproximou-se por trás, aparentemente encurralando seu inimigo entre suas legiões e a cidade. Sua confiança era tamanha que, diz-se, enviou mensageiros à cidade convidando seus habitantes a subirem nas muralhas e assistirem enquanto ele esmagava o inimigo. Só então descobriu que Sertório tinha deixado seis mil homens no seu antigo acampamento, em terreno elevado, os quais estavam agora à retaguarda da posição de Pompeu. Se ele lançasse seu exército num ataque à força principal de Sertório, seria atacado na retaguarda. Em lugar de concluir a guerra com uma rápida vitória, Pompeu foi forçado a assistir, impotente, a Sertório continuar o cerco, pois sentia que retirar seu exército seria admitir abertamente a superioridade do inimigo.

Esse foi apenas o começo da lição que Sertório resolveu dar ao "pupilo de Sula" em Lauron. Durante o cerco, havia apenas duas áreas das quais o exército de Pompeu podia retirar forragem para os animais e lenha. Uma delas era perto do seu acampamento, mas essa posição estava sendo continuamente atacada pela infantaria ligeira de Sertório. Depois de certo tempo, Pompeu resolveu que as equipes encarregadas de obter forragem deveriam voltar a atenção a outra área mais distante, a qual seu oponente tinha deliberadamente deixado livre. O tempo necessário para ir até esse local, retirar forragem e retornar exigia mais de um dia de ausência de qualquer expedição. Entretanto, de início, isso não parecia ser um risco sério, uma vez que não havia sinal de atividade do inimigo nessa área. Finalmente, quando os homens de Pompeu já não esperavam ser atacados, Sertório decidiu emboscar uma expedição que tinha observado sair do acampamento de seus oponentes. Ele enviou Otávio Grecino com uma grande força de dez coortes armadas como legionários – não sabemos se essas tropas eram espanholas ou romanas, ou uma composição das duas – e dez coortes de infantaria ligeira espanhola, *caetrati*, apoiadas por dois mil cavaleiros comandados por Tarquício Prisco.

Deslocaram-se à noite, evitando ser vistos pela força principal de Pompeu, e assumiram posição ao longo do caminho que, segundo sabiam, o comboio teria de tomar em seu retorno. Esses oficiais recompensaram sobremaneira a confiança que receberam de Sertório, reconhecendo cuidadosamente o terreno antes de colocar suas tropas em posição. A força de emboscada foi escondida num bosque com os *caetrati* à frente e a infantaria pesada próxima, para lhes dar apoio. A cavalaria se estacionou à retaguarda para evitar que os relinchos dos cavalos revelassem sua posição. Os homens, então, esperaram pelo amanhecer, mas não foi antes da terceira hora que o comboio de Pompeu começou a surgir na trilha. A disciplina em marcha era ruim, e muitos dos homens que deveriam servir de escolta tinham se dispersado para conseguir forragem ou saque. O ataque repentino dos *caetrati* – combatendo do modo tradicional de muitos povos espanhóis – lançou a coluna inteira numa confusão, e diversos soldados foram isolados e trucidados. Os oficiais de Pompeu começaram, então, a reagir e tentaram reunir a escolta e formar uma linha de combate, porém, antes de conseguirem completar a manobra, as coortes de Sertório emergiram do bosque e atacaram. A força de Pompeu fugiu, e seu caminho foi interrompido por Prisco e seus dois mil cavaleiros.

Em qualquer período da História, uma infantaria desordenada ficava à mercê de uma cavalaria bem treinada. Prisco certamente parecia entender do ofício. Ele tinha destacado 250 homens e os enviara a outra passagem, de maneira a surgir à frente dos fugitivos, impedindo-os de chegar à segurança do acampamento principal de Pompeu. As notícias da emboscada fizeram Pompeu enviar uma legião sob o comando de Décimo Lélio para resgatar o comboio. A cavalaria de Prisco parece ter cedido diante dessa nova força, tendo de mover-se à direita, mas seus oficiais mantiveram os soldados sob rígido controle, levando-os a manobrar e a ameaçar a retaguarda da legião. Logo, Lélio ficou sob ataque de Otávio e da força principal, à frente, e de Prisco, à retaguarda. Vendo que a situação piorava, Pompeu rapidamente comandou todo o seu exército a deslocar-se para o resgate. Conforme saíam do acampamento, o mesmo fez a força principal de Sertório, a qual se colocou em formação nas encostas das colinas do lado oposto. Se Pompeu avançasse para auxiliar Lélio, seria exposto a um ataque maciço vindo da retaguarda e, muito provavelmente, sofreria uma derrota catastrófica. Ele foi, portanto, forçado a observar enquanto a emboscada varria tanto o comboio como a maior parte das forças de Lélio. Frontino, nossa principal fonte sobre o episódio, refere-se a uma passagem perdida de Lívio, a qual afirma que Pompeu sofreu aproximadamente dez mil baixas nesse confronto[11].

Quando os habitantes de Lauron perceberam que seu aliado não era capaz de ajudá-los, renderam-se a Sertório. Ele permitiu que a população partisse em liberdade, mas arrasou a cidade, demolindo-a até o chão, num esforço para completar a humilhação de Pompeu. Foi um grande desapontamento para a primeira campanha de Pompeu na península, um duro golpe no homem que gostava de se referir a si próprio como um segundo Alexandre, o Grande, mas que agora devia ter percebido que, pela primeira vez, enfrentava um comandante com habilidade real. Seu único consolo era, talvez, o fato de Sertório ter relutado em travar uma batalha campal contra ele.

As coisas melhoraram para Pompeu em 75, pois, então, ele encontrou uma força comandada por subordinados de Sertório, entre os quais o inepto Perperna, e rapidamente a derrotou. Apesar de ter planejado juntar forças com Metelo antes de confrontar o próprio Sertório, essa vitória fácil parece tê-lo imbuído de confiança extrema e relutância em dividir o crédito da vitória. Pompeu apressou-se em atacar o exército principal inimigo, que estava acampado perto do rio Sucro. Sertório, sabendo que Metelo se aproximava e preferindo lutar contra um único oponente em vez de esperar pela união dos dois, dessa vez aceitou o desafio para o combate. Tanto Pompeu como Sertório estacionaram seus exércitos, no início da luta, com suas tropas no flanco direito – que era o lugar de honra – e deixaram os subordinados encarregados do resto da linha. Depois de um tempo, Sertório recebeu informações de que os homens de Pompeu estavam rechaçando a ala esquerda do seu exército. Rapidamente, cavalgou àquela parte do campo e tentou restaurar a situação, reunindo unidades em fuga e comandando as tropas reservas que tinham permanecido de prontidão.

Sua presença conferiu novo ímpeto a seus homens, que detiveram o inimigo e, em seguida, contra-atacaram, colocando-os em fuga. Em meio ao caos, Pompeu foi ferido na coxa e quase capturado, mas conseguiu fugir a pé quando seus perseguidores foram distraídos pela cara equipagem do seu cavalo e começaram a disputar o saque. No entanto, na sua ausência, o flanco direito de Sertório fora desbaratado pelo legado de Pompeu, Afrânio. Como sempre nas batalhas antigas, essas tropas não fizeram esforço para explorar o avanço e destruir o resto da linha inimiga, mas simplesmente continuaram a pilhar o acampamento de Sertório. Mais tarde, no mesmo dia, Sertório conseguiu reunir tropas suficientes para atacar o inimigo dispersos e lhe infligir pesadas perdas, ao mesmo tempo em que recuperava seu acampamento. No dia seguinte, as legiões de Metelo chegaram, dissuadindo Sertório mais uma vez de travar batalha. Ele teria afirmado que acabaria com "aquele garoto" se a "velha" não tivesse chegado[12].

Com seus exércitos unidos, Metelo e Pompeu eram fortes demais para Sertório atacar, mas o grande número de soldados representava um sério problema, já que as tropas precisavam ser abastecidas. Como operavam nas planícies ao redor de Sagunto, viram suas tropas encarregadas de obter forragem continuamente sob ataque e, no final, foram forçados a aceitar a batalha nos termos de Sertório.

Ele havia recebido as forças de Perperna, aumentando seu poder de combate. Um estímulo adicional ao moral de seus homens – e especialmente dos espanhóis – aconteceu quando seu gamo branco, que estava perdido, foi reencontrado e curado de seus ferimentos. A ação subsequente foi travada perto do rio Turia, e as legiões de Metelo e Pompeu foram surpreendidas separadamente. Sertório derrotou Pompeu mais uma vez, rechaçando suas tropas e matando seu legado e cunhado, Mêmio. Metelo também ficou sob pesada pressão e foi ferido por um dardo. Cercado por um grupo formado por seus homens, foi levado a um local seguro, e o incidente serviu para aumentar a resolução de seus comandados. As tropas de Sertório estavam provavelmente cansadas e devem ter saído de ordem durante seu bem-sucedido avanço, pois agora estavam sendo repelidas, e apenas a habilidade de seu comandante evitou uma fuga completa. No dia seguinte, ao que parece, ele lançou um ataque-surpresa ao acampamento de Metelo, e, embora essa ação fosse rechaçada, repeliu, de fato, a perseguição do inimigo.

Entretanto, Metelo e Pompeu ainda sentiam o cheiro da vitória e seguiram com ansiedade o inimigo enquanto este se retirava para as montanhas. Sertório parou quando chegou à cidade de Clunia. Acreditando que o tinham encurralado, finalmente, seus dois oponentes iniciaram um bloqueio, mas Sertório havia despachado mensageiros a comunidades aliadas, instruindo-as a arregimentar reforços e os enviar o quanto antes. Quando a grande força recrutada se aproximou, ele atacou e rompeu o bloqueio para juntar-se aos aliados. Em vez de enfrentar a força principal do inimigo, Sertório começou a atacar suas linhas de suprimento, fustigando e emboscando qualquer destacamento isolado. Logo, os dois generais foram forçados a retirar-se e a voltar às regiões costeiras, mas, mesmo nessa região, o apoio naval assediou e interceptou comboios de navios que transportavam suprimentos. Havia poucas dessas embarcações, pois o Senado em Roma dera pouca assistência aos comandantes na Hispânia desde o início da guerra.

Embora Sertório sempre precisasse encarar o problema de estabelecer um esforço de guerra subsidiado apenas pela receita gerada pelo controle de algumas partes da península e não tivesse acesso a novos recrutas romanos em lugar dos locais, seus inimigos não estavam em condições muito melhores. No inverno de 75-74, Pompeu escreveu ao Senado reclamando da falta de apoio, afirmando que os suprimentos e o dinheiro mal eram suficientes para uma campanha de um ano, e aquela já durava três. Seus próprios fundos, os quais gastara com liberalidade para manter o exército, tinham se exaurido, e as legiões estavam agora a ponto de passar fome, com seu pagamento em enorme atraso. O historiador Salústio fornece uma versão da carta, a qual termina com a ameaça de Pompeu de levar seu exército de volta à Itália. Se tal ameaça estava explícita ou meramente implícita no original, o resultado desejado foi atingido, e um reforço de duas legiões, juntamente com fundos consideráveis, foi rapidamente despachado em seu auxilio[13].

Ao mesmo tempo, Sertório recebeu uma embaixada de Mitridates do Ponto. Derrotado por Sula e obrigado a aceitar a paz em 85, diversos incidentes, notadamente a anexação da Bitínia pelos romanos, convenceram o rei de que apenas a derrota de Roma podia evitar a contínua erosão do seu poder. Assim, ele ofereceu a Sertório uma aliança, prometendo enviar navios de guerra e dinheiro; em troca, receberia conselheiros militares romanos para treinar seu exército nos modos de operação das legiões e o reconhecimento do seu direito sobre territórios, inclusive as províncias da Ásia e da Bitínia. Sertório colocou o problema diante de seu Senado, no qual a maioria dos membros estava inclinada a concordar com ele, já que a perda de terras que não estavam sob seu controle parecia ser um preço baixo a pagar pelo auxílio. A atitude de Sertório foi diferente e, uma vez mais, ele enfatizou que via a si próprio – em primeiro lugar e principalmente – como um servo da república, pois daria a Mitridates o direito a tudo, exceto à Ásia, que era uma província romana antiga e bem-estabelecida. Ao ouvir essa resposta, Mitridates teria se perguntado quais termos seriam exigidos por Sertório se ele estivesse no controle de Roma, em vez de circunscrito a um canto distante da Hispânia. Não obstante, o tratado foi confirmado, e quarenta galés e a grande quantia de três mil talentos de prata foram enviados pelo rei[14].

Nos anos seguintes, Metelo e Pompeu cooperaram novamente durante as estações de campanha, mas sua estratégia era agora muito mais metódica e consistia na captura sistemática de fortalezas leais ao inimigo. Às vezes, Sertório conseguia frustrar seus ataques, como quando substituiu as fortificações de madeira que Pompeu havia incendiado em Pallantia antes da sua chegada e, então, seguiu adiante para enfrentar e derrotar uma força inimiga nas vizinhanças de Calagurris, infligindo três mil mortes ao adversário. O destino era indeterminado, mas a derrota final de Sertório não parecia estar próxima. Metelo estava desesperado o bastante para oferecer um enorme prêmio pela cabeça de seu inimigo, prometendo não apenas terra e riquezas, mas o direito de qualquer exilado voltar a Roma se assassinasse Sertório[15].

Contudo, se Sertório não estava vencendo a guerra, agora era claro que não podia vencê-la. Apenas na Hispânia sob seu comando havia romanos que ainda lutavam contra o Senado estabelecido por Sula, quando este fora ditador. Sula havia se retirado da vida pública em 79 e falecera menos de um ano depois. A maior parte de seus inimigos estava morta, e o Senado que ele tinha engrossado com seus partidários já dirigira a república tempo bastante para convencer literalmente cada cidadão da sua legitimidade. Certamente, conforme os anos passavam, as possibilidades de Sertório e de seu Senado serem reconhecidos como líderes legítimos da república diminuíam quase que totalmente. Com Sula morto, o principal motivo da guerra tinha desaparecido, pois, como em todas as guerras civis de Roma, as causas desse conflito foram as rivalidades pessoais de políticos. Mesmo apesar de o Senado ser lento em destinar recursos à guerra contra os rebeldes na Hispânia, não havia mais dúvidas de que ele iria, no final, vencer. Sertório parece ter percebido isso, e Plutarco nos diz que, depois de diversas vitórias conquistadas por ele, mandou enviados a Metelo e Pompeu oferecendo depor as armas. Sua única condição era receber permissão para retornar a Roma e lá viver retirado da vida pública como um cidadão. Tais ofertas eram sempre recusadas. A mesma motivação para obter a vitória absoluta que tornava tão difícil derrotar os romanos nas guerras estrangeiras implicava que suas lutas intestinas eram sempre travadas até a morte. Os compromissos e termos firmados entre inimigos eram muito raros e nunca permanentes. Foi, talvez, o crescente sentimento de desespero que levou Sertório a abandonar seus hábitos antes frugais e dar-se a bebedeiras e tornar-se mulherengo.

Sertório continuou a lutar, mas o mesmo senso de futilidade alastrou-se aos romanos do seu exército. Havia crescente ressentimento pelo fato de ele manter uma guarda pessoal de celtiberos e pelos rumores de que não confiava em seus próprios conterrâneos. Perpena promoveu uma campanha de boatos para subverter a autoridade do seu comandante. Os oficiais romanos do seu exército tornaram-se cada vez mais brutais no tratamento que dispensavam aos nativos, apesar de Sertório estar consciente da necessidade de manter sua lealdade. Tal comportamento levou a rebeliões, depois das quais ele se viu forçado a infligir punições selvagens às comunidades. Vários dos rapazes que frequentavam a sua escola foram executados em resposta aos atos de deslealdade de seus pais. Com o tempo, a justa admiração dos habitantes da província degenerou em ódio ao despotismo, e a boa vontade que crescera ao longo dos anos desapareceu com rapidez. Desertores, tanto romanos como espanhóis, começaram a passar em número considerável para o lado do inimigo. Os romanos possivelmente foram estimulados pela legislação aprovada em Roma a conceder perdão àqueles que tinham apoiado Lépido, caso se rendessem. Perpena não tinha intenção de se render e queria, em vez disso, arrebatar para si o comando supremo. Em 72, ele ofereceu um banquete a Sertório e a alguns membros da sua guarda pessoal e, quando estavam bêbados, ordenou a seus soldados que matassem a todos. Apesar de sua ambição ter aumentado demasiadamente, a habilidade de Perpena como líder não melhorara, e ele foi rapidamente derrotado por Pompeu, que, desse modo, pôs fim à guerra[16].

Sertório foi uma figura trágica, quase romântica, que teve a infelicidade de apoiar o lado perdedor na guerra civil. Pelos padrões da elite política romana, foi um homem decente e extremamente capaz. Apesar de ter sido um "homem novo", ele deveria, sob circunstâncias normais, ter feito uma carreira de sucesso. Seus dons como líder, administrador e comandante eram da mais alta ordem – Frontino conta muito mais sobre seus estratagemas do que sobre os de outros generais romanos – e continuam a brilhar, apesar da escassez de fontes sobre suas campanhas.

CAPÍTULO 7

UM ALEXANDRE ROMANO: POMPEU, O GRANDE

Gnaeus Pompeius Magnus
(c. 106-48 a.C.)

De relevância para a glória do Império Romano, se fôssemos mencionar um homem neste ponto, seria, então, o nome e os triunfos de Pompeu, o Grande, pois ele se igualava em seu brilho às realizações de Alexandre, o Grande, e quase que ao próprio Hércules.[1]

Desde os primeiros dias da república, os exércitos romanos eram comandados por magistrados eleitos ou homens que recebiam o *imperium* outorgado pelo Senado. A decisão de conceder o comando espanhol para Cipião Africano, em 210, era excepcional devido à sua pouca idade, mas foi feita legalmente por voto da *Comitia Centuriata*. Era um exemplo extremo da flexibilidade do sistema político romano, que permitia o relaxamento das regulamentações normais que governavam os cargos públicos em tempos de crise. Os múltiplos consulados de Marcelo e Fábio Máximo e a eleição do Africano e de

Emiliano à magistratura maior quando eram tecnicamente jovens demais foram outras instâncias desse desejo de flexibilizar as regras por conta do interesse de vencer uma guerra. Não obstante, uma vez que a vitória fosse conquistada, a vida pública retornava rapidamente ao normal e carreiras como essas tornavam-se impossíveis, ao menos até a próxima emergência.

Mesmo assim, isso era reservado apenas a uns poucos indivíduos talentosos e populares, em nome dos quais o padrão convencional de regulamentação de cargos públicos poderia ser alterado. Mário concorreu cinco vezes ao cargo de cônsul, o que não tinha precedentes, mas, essencialmente, confirmava o princípio de que magistrados e, logo, comandantes eram escolhidos pelo eleitorado, mesmo que em geral não pudessem eleger o mesmo indivíduo repetidamente. Nenhum outro senador foi capaz de imitar Mário e ser reeleito cônsul, nem mesmo em dois anos consecutivos, pelo menos até as condições da Guerra Civil terminarem efetivamente com as eleições abertas. A esse respeito – o fato de um homem conquistar cargos públicos de modo extraordinário não implicava que todos os senadores pudessem fazer o mesmo –, a série de comandos outorgados a Pompeu, o Grande conformava-se ao espírito das medidas de emergência que haviam concedido posições a Cipião, embora fosse jovem demais. Em todos os aspectos, sua carreira foi uma subversão radical das tradições da vida pública, pois ignorou o *cursus onorum* e trilhou seu próprio caminho para a fama[2].

Isso começou quando Pompeu, aos 23 anos, formou um exército para combater na Guerra Civil. Ele não tinha autoridade para tanto, pois não possuía patente nem cargo militar e era apenas um cidadão civil. Em 210, Cipião tinha ao menos sido edil e era, provavelmente, membro do Senado, o que Pompeu sem dúvida não era, enquanto o comando de Africano foi formalmente passado a ele pelo Senado e pelo povo de Roma. Pompeu agia inteiramente por sua própria iniciativa, equipando seu exército e pagando seus soldados com sua fortuna pessoal. Uma vez que essa força existia, nem ela nem seu comandante podiam ser ignorados. Por mais de uma década, Pompeu foi empregado, primeiro por Sula e depois pelo Senado, em uma série de campanhas, culminando na guerra com Sertório. Em nenhuma ocasião durante esses anos, demonstrou desejo algum de embarcar numa carreira mais convencional, preferindo as responsabilidades maiores que tinha assumido por meio de suas ações. Em 70 a.C., começou a participar do Senado e tornou-se cônsul simultaneamente, tendo já recebido dois triunfos. Ainda com apenas 36 anos de idade, permaneceu, ativo e recebeu comandos ainda mais significativos nos anos seguintes. Depois de uma carreira tão heterodoxa, é ainda mais surpreendente que Pompeu tenha terminado sua vida como o defensor aparente das instituições contra o dissidente Júlio César.

UM GENERAL NÃO ELEITO

Pompeu não era um "homem novo" – seu pai Cneu Pompeu Estrabão tinha sido questor em 104, pretor em 92 e cônsul em 89 –, nem sua família fazia parte da bem-estabelecida aristocracia plebeia, mas era, decerto, extremamente rica, com grandes propriedades em Piceno. Como Mário, Pompeu começou a vida com apenas dois nomes, pois Estrabão, "Estrábico", era apenas um apelido que recebera devido à aparência do pai. Estrabão teve um papel destacado na Guerra Social, tomando Ásculo por meio de um cerco, durante seu consulado. Embora sua capacidade fosse muito respeitada, nunca foi um homem popular, nem com seus soldados nem com os outros senadores, e a distribuição dos espólios de Ásculo reforçou sua reputação de avarento. Quando a Guerra Civil irrompeu, em 88 a.C., Pompeu Estrabão não tinha ligação próxima com os líderes de ambos os lados e sua atitude foi, durante muito tempo, ambivalente. O Senado, presumivelmente com apoio de Sula, decidira substituir Estrabão por outro cônsul naquele ano, Quinto Pompeio Rufo, que talvez fosse um parente distante. Rufo foi impedido de assumir o cargo de imediato, o que conseguiu apenas com o apoio do exército, e, ainda assim, por pouco mais de um dia, antes de ser assassinado por uma multidão de soldados. Acreditou-se que o linchamento fora orquestrado por Estrabão, que reassumiu o comando do exército imediatamente. No ano seguinte, ele finalmente aliou-se a Cina e a Mário, mas, após uma batalha não decisiva, morreu repentinamente. Uma tradição afirma que foi atingido por um raio durante uma tempestade, outra, que contraiu uma doença que se alastrara pelo acampamento, mas é possível que sua morte não tenha sido natural. Ele era tão impopular que seu cortejo funerário foi atacado por uma turba, e seu corpo, profanado[3].

O adolescente Pompeu tinha servido como auxiliar de seu pai desde 89. Pouco se conhece sobre suas atividades durante a campanha, mas ele realmente frustrou uma tentativa de assassinato a Estrabão impetrada por um dos partidários de Cina. Na confusão que se seguiu ao atentado fracassado, o acampamento foi tomado por um tumulto, e foi Pompeu, então com 18 anos de idade, quem mais fez para reagrupar os homens e restabelecer a ordem. De acordo com Plutarco, ele implorou aos soldados, com lágrimas nos olhos, que se acalmassem e obedecessem às ordens, e, quando a multidão de soldados começou a abandonar o acampamento, atirou-se no chão, junto ao portão de entrada, desafiando os fugitivos a pisoteá-lo. O jovem tornou-se consideravelmente mais popular do que seu pai, e a maioria dos soldados foi tomada de vergonha e retornou às suas barracas. Depois da morte de Estrabão, Pompeu retornou a Roma, onde foi processado pela apropriação indevida de grande parte do espólio obtido em Ásculo. No final, revelou-se que um dos escravos libertos de seu pai tinha sido o principal responsável, mas a absolvição de Pompeu se deveu mais à habilidade de seus advogados, sua boa aparência, confiança, suas respostas precisas e, acima de tudo, um noivado secreto com a filha do juiz, Antistia. O rumor sobre isso espalhou-se rapidamente, de modo que, quando o veredito foi finalmente anunciado, a multidão que observava o julgamento imediatamente berrou "*talassio!*" – termo equivalente ao atual "agora os noivos podem se beijar". A atmosfera em Roma era muito tensa nos anos nos quais não havia certeza se Sula iria retornar, e a cidade era um lugar especialmente incômodo para um homem cujo pai lutara contra o regime vigente. Pompeu logo retirou-se para a propriedade da família em Piceno e lá permaneceu durante algum tempo[4].

Por volta de 84, Cina tinha iniciado preparativos mais urgentes para enfrentar a invasão de Sula. Pompeu decidiu unir-se ao seu exército, porém, foi tratado com desconfiança e logo voltou a Piceno. Pouco depois, Cina foi assassinado durante um motim por alguns de seus próprios soldados, e o comando supremo foi assumido pelo cônsul Cneu Papírio Carbão. Em 83, chegaram notícias de que Sula retornava, finalmente, à Itália; Pompeu resolveu não arriscar outra rejeição do partido de Mário e aliou-se ao procônsul que retornava. Vários dos jovens aristocratas, especialmente aqueles que tinham perdido parentes nos expurgos de Mário e de Cina, também uniram-se a Sula depois que ele chegou a Bríndisi, mas Pompeu estava determinado a destacar-se e a não voltar de mãos vazias. De início cauteloso, o jovem de 23 anos começou a recrutar tropas em Piceno. Sua popularidade e, sem dúvida, a relutância generalizada em aborrecer o mais rico proprietário local garantiram-lhe uma resposta entusiástica tanto das comunidades como dos indivíduos. Os agentes de Carbão não foram capazes de impedir a maré de recrutas e foram logo forçados a fugir. Em pouco tempo, Pompeu conseguiu organizar uma pequena cavalaria e uma legião inteira, nomeando centuriões e organizando-a em coortes, da maneira apropriada, além de usar sua fortuna pessoal para adquirir o equipamento necessário e pagar os salários dos legionários. Ele também comprou alimentos e os meios de transporte necessários para carregar os suprimentos. Em algum tempo, duas outras legiões foram formadas e financiadas do mesmo modo. Tudo foi feito com cuidado e aprovação, a não ser pelo detalhe essencial de que Pompeu não tinha autoridade legal para arregimentar nenhuma tropa.

Quando estava pronto, Pompeu colocou seu exército em marcha em direção ao sul para reunir-se a Sula. Diversos exércitos inimigos tentaram interceptá-los, mas as forças que se opunham a Sula eram, como sempre, prejudicadas por lideranças divididas e incompetentes. Também deve ser lembrado que, enquanto Carbão e seus aliados tinham arregimentado um número enorme de soldados

– Ápio afirma que eram cerca de 250 coortes –, a imensa maioria deles não era treinada como os homens de Pompeu. Ameaçado por três forças, do mesmo tamanho ou maiores do que as suas, Pompeu reuniu sua legião e atacou o inimigo mais próximo, do qual fazia parte um contingente da cavalaria auxiliar gaulesa. O jovem general autointitulado começou a ação quando liderou pessoalmente a cavalaria ao ataque. Derrubando o líder da cavalaria gaulesa que veio ao seu encontro, Pompeu esporeou o cavalo e golpeou o seu chefe, da mesma forma como Marcelo matara Britomaro. A morte do seu líder deixou em pânico os gauleses, os quais fugiram para a retaguarda, espalhando confusão ao restante do exército, que, por sua vez, saiu de formação e fugiu.

Essa foi a primeira de várias vitórias que Pompeu conquistou antes de alcançar Sula e seu exército principal. A recepção com que foi saudado superou suas próprias expectativas, pois o procônsul desmontou para cumprimentar o jovem general, aclamando-o *imperator*, termo tradicionalmente reservado apenas a um comandante vitorioso. Pompeu tornou-se um dos oficiais diretamente subordinados a Sula de maior confiança; sempre que seu jovem aliado aparecia, Sula se levantava da cadeira ou descobria a cabeça em sinal de respeito, honrarias que ele não estendia a muitos outros homens de distinção[5].

Nenhum dos lados em guerra estava dando muita atenção a precedentes e à lei, pois Carbão elegeu mais uma vez um cônsul para o mandato de 82 a.C., escolhendo como colega o filho de Mário, que ainda não tinha 30 anos de idade. Na primavera, Pompeu foi enviado à Gália Cisalpina para ajudar outro homem de Sula, o procônsul Metelo, com quem iria servir, posteriormente, na Hispânia. Os dois homens venceram diversas batalhas no norte da Itália, enquanto o próprio Sula tomou Roma. Alguns dos aliados samnitas de Carbão o enganaram e quase reconquistaram a cidade, mas ele conseguiu retornar a tempo de obter uma vitória difícil na Batalha de Porta Colina. A certa altura, durante o combate, Sula fora à sua ala esquerda, que estava sob muita pressão, e destacou-se como alvo para dois inimigos. Buscando controlar a batalha, ele não percebeu a ameaça e poderia ter sido morto caso seu ajudante de ordens não tivesse sido mais alerta do que ele e chicoteado o cavalo branco do general, de modo que o animal arrancou para a frente, desviando-o, assim, dos dardos que foram lançados em sua direção. O estilo romano de comando expunha o general a um perigo considerável, mesmo quando ele ficava afastado da luta propriamente dita[6].

Com o poder de Roma firmemente em suas mãos, Sula nomeou-se *dictator rei publicae constituendae* ("ditador para restaurar a república"), revivendo a antiga magistratura suprema, mas determinando um limite de seis meses para o cargo. A vingança que infligiu aos seus inimigos não foi menos brutal do que a imposta por Mário e Cina, mas foi, de muitos modos, mais organizada. Os samnitas aprisionados em Porta Colina foram chacinados em massa, porém em Roma Sula seguiu um processo mais formal e afixou listas de nomes no Fórum. Os homens listados nesses documentos eram "proscritos", imediatamente perdendo seus direitos de cidadãos e tornando legal que fossem mortos por qualquer pessoa. O cadáver, ou, mais frequentemente, a cabeça decepada do homem tinha de ser levada às autoridades como prova da morte, e muitos desses horrendos troféus logo passaram a decorar o Fórum e os espaços públicos de Roma. A maior parte das propriedades das vítimas passaram para Sula e para o Tesouro, mas o ditador foi generoso na distribuição dos lucros entre aqueles que o apoiavam, e muitos dos homens tornaram-se extremamente ricos. Mais tarde, haveria muitos rumores sobre nomes acrescidos às listas de proscritos simplesmente para satisfazer diferenças pessoais ou por pura ganância.

A maioria dos proscritos mortos eram senadores e membros da classe equestre, por conta tanto do seu relevo político quanto de sua riqueza. Posteriormente, Sula nomeou muitos novos membros ao Senado, dobrando o número de senadores para seiscentos. Ao longo do ano seguinte, ou pouco mais, ele introduziu um programa de legislação, reduzindo o poder dos tribunos da plebe e tornando esse cargo menos atraente aos ambiciosos, ao proibi-los de serem nomeados para outros magistérios depois que cumprissem seus mandatos como tribunos. Os tribunais foram reformados e as restrições tradicionais às nomeações de cargos e as atividades dos magistrados e governadores foram reformuladas ou endossadas. O programa de reformas de Sula como ditador foi o maior até Júlio César assumir o mesmo posto, depois de sua vitória numa guerra civil posterior.

Não obstante, o mais surpreendente é que Sula procurou mudar muito pouco da natureza básica da república. Apesar de toda a selvageria com que os líderes das lutas internas de Roma enfrentavam-se uns aos outros, esses conflitos raramente tinham base ideológica significativa. Os homens combatiam para tomar o poder ou para evitar que este passasse a um rival odiado. Embora alguns revolucionários fizessem promessas de doar terras ou perdoar dívidas para conseguir apoios, ao que parece ninguém planejou mudar de alguma forma fundamental o modo como a república funcionava. O principal objetivo era sempre que o líder e seus associados suplantassem aqueles que, naquele momento, dominavam o Estado. Sula conquistou tal vitória, e o resultado das suas reformas foi encher o Senado com seus partidários.

Apesar de a Guerra Civil ter virtualmente findado na Itália, os simpatizantes de Mário continuavam a lutar em algumas das províncias. Sula enviou Pompeu à Sicília no outono de 82, e, pela primeira vez, recebeu certo poder oficial quando o Senado lhe conferiu o *imperium* propretoriano. A campanha não durou muito – pois o propretor partidário de Mário, Perperna, fugiu rapidamente –, e foi completada pela captura e execução de Carbão. Pompeu caiu no opróbrio por conta da maneira como tratou o líder inimigo, embora este tenha sido desprezado por não ter enfrentado a execução com a coragem esperada de um aristocrata romano. Há outras histórias do jovem comandante deleitando-se com a licença advinda de um poder quase irrestrito, mas, de forma geral, acredita--se que Pompeu comportou-se com mais restrições do que muitos dos homens de Sula[7].

Depois da Sicília, foi enviado para a África, comandando uma enorme força de invasão de seis legiões. Aportou em Útica, próxima a

Cartago, que era uma nova colônia romana. Logo depois, um grupo de soldados desenterrou um tesouro em moedas púnicas, provocando rumores que se espalharam rapidamente pelo acampamento, segundo os quais, durante a guerra com Roma, muitos cartagineses ricos tinham enterrado seus bens em busca de segurança. Durante muitos dias, a disciplina ruiu, uma vez que os legionários foram tomados por um frenesi de caça ao tesouro. Era uma indicação da disciplina questionável de muitas das legiões formadas durante a confusão da guerra civil. Seu comandante percebeu que nada poderia ser feito para restaurar a ordem e simplesmente vagou pela planície próxima, rindo dos legionários que labutavam furiosamente. Não foi encontrado mais nenhum ouro, e, no final, os homens desistiram de sua busca. Pompeu anunciou que a fadiga autoimposta por eles próprios era punição suficiente e, então, colocou o exército em marcha contra o inimigo. Um combate confuso ocorreu durante uma tempestade, com os homens de Pompeu ganhando vantagem, mas sem conseguir explorá-la. Depois dessa ação, o jovem comandante foi quase morto ao não responder o desafio de uma sentinela nervosa – um risco nada incomum durante toda a História, e que era especialmente grande entre as tropas arregimentadas às pressas. Uma vitória decisiva foi obtida em seguida, e Pompeu fez questão de travar a batalha de cabeça descoberta para evitar tornar-se alvo de seus próprios homens. Ele fechou a campanha africana com uma enorme expedição de caça, declarando que até os animais deveriam ter uma mostra do poder e da habilidade romanos[8].

Pompeu recebeu um despacho de Sula que o instruía a permanecer na província com uma única legião e enviar o restante do exército de volta à Itália. Seus soldados viram isso como uma desconsideração ao seu amado comandante e exigiram que ele os liderasse pessoalmente na marcha à Itália. Pompeu reuniu o tribunal, o qual era sempre montado em um acampamento ocupado durante algum tempo, e tentou sem sucesso restaurar a disciplina. Depois de um período, desistiu e, com lágrimas correndo pelo rosto, retirou-se à sua barraca, mas foi imediatamente arrastado pelos seus homens e colocado de volta na plataforma. Foi só depois de ter jurado se matar, se os legionários não desistissem de suas exigências, que a confusão finalmente terminou, e mesmo assim ele precisou acompanhar as tropas no retorno à Itália.

No primeiro momento, Sula ficou temeroso de que a guerra civil recomeçasse, contudo os relatos que recebeu logo deixaram claro que a lealdade de Pompeu não havia esmorecido. O ditador recebeu o seu jovem protegido de modo caloroso, conferindo-lhe o título *Magnus* – "o Grande" –, apesar de Plutarco afirmar que Pompeu só o usou muitos anos depois. Sula pode ter ficado um tanto relutante em conceder ao jovem comandante o triunfo que ele havia requisitado, mas no final cedeu. Os planos de Pompeu eram grandiosos e, provavelmente, demonstram sua imaturidade, pois ele queria desfilar numa carruagem puxada por elefantes e só desistiu dessa ambição ao descobrir que tal parelha não passaria pelos portões principais no percurso da procissão. Um problema adicional surgiu quando os soldados ainda indisciplinados resolveram que, caso não recebessem um quinhão suficientemente generoso do butim, dissolveriam o desfile. Para contê-los, Pompeu ameaçou renunciar ao triunfo e negar a eles a honra de marchar em procissão através da cidade. A ameaça funcionou, e, dessa vez, a agitação rapidamente viu seu fim. No final, a cerimônia ocorreu sem incidentes, mas o que realmente se lembrou foi menos o esplendor da ocasião do que o fato de Pompeu ter realizado o que realizou quando ainda tinha menos de 30 anos, e sem nunca ter assumido uma magistratura. Cipião Africano não recebera um triunfo depois da sua vitória na Hispânia[9].

POLÍTICA E GUERRA

Pompeu decidiu não se tornar senador, embora pareça certo que Sula o teria feito membro do Senado caso o desejasse. Teria sido difícil para ele começar, agora, o tradicional *cursus* e assumir cargos menores como o de questor ou edil; assim, em lugar disso preferiu permanecer afastado da política convencional. Isso certamente não significa que ele não tivesse ambição de tornar-se uma figura dominante na república, mas simplesmente que buscava realizar seu intento de modo único. Seu casamento com Antistia havia sido contraído com vistas a vantagens políticas imediatas, e, em 82, o ditador decidiu que uma ligação semelhante era necessária para unir o jovem Pompeu a ele. Dessa forma, o jovem foi instruído a se divorciar de Antistia e casar-se com a enteada de Sula, Emília, que já estava grávida de seu marido de então. O golpe foi especialmente duro para Antistia, cujo pai fora assassinado por conta da sua ligação com Pompeu e cuja mãe tinha se suicidado logo depois. Não obstante, as alianças matrimoniais eram parte tradicional da vida política romana, e era apenas com relação ao grau de cinismo que isso diferia de muitos casamentos aristocráticos. A iniciativa partiu de Sula, mas Pompeu parece demonstrar pouca relutância em obedecer, pois a união era certamente vantajosa para os dois lados. O casamento, porém, foi de breve duração, pois Emília morreu pouco depois do parto. Os senadores raramente continuavam solteiros por muito tempo e, em 80 a.C., ele se casou com Múcia, que pertencia à distinta família Múcio Cévola (*Mucii Scaevolae*), forjando, desse modo, outra útil conexão política.

Para os senadores, o casamento era quase sempre uma questão de expediente político, e a afeição maior era frequentemente dedicada mais às amantes do que às esposas. Plutarco nos conta que, durante um tempo, Pompeu manteve um caso com a cortesã Flora, cuja beleza era tão grande que ela fora escolhida modelo para um retrato que Metelo Pio colocou no templo de Castor e Pólux – um dos primeiros exemplos de uma prática que se tornaria comum durante o Renascimento. Diz-se que Flora gabava-se de que a paixão do jovem general por ela era tão grande que sempre podia mostrar as marcas de seus dentes em seu corpo, depois de terem feito amor. Entretanto, mesmo nesse caso, Pompeu revelou a ambição de um político que, mais do que tudo, queria que os outros lhes devessem favores, pois, no final, passou Flora adiante, a um dos seus amigos que também estava apaixonado por ela, mas a quem ela rejeitara para favorecer o jovem general. Seu sacrifício foi considerado ainda maior porque, segundo se acreditava, ele ainda estava apaixonado por ela.

Às vezes o comportamento do jovem Pompeu era mais próximo de um príncipe helênico do que de um aristocrata romano. Ele era considerado extremamente belo, sempre com um sorriso no rosto e talento para despertar afeição. Muitos o igualavam ao jovem Alexandre, uma comparação que o agradava imensamente. Apesar de não deter nenhum poder formal e permanecer de fora do Senado, ele, não obstante, tinha considerável influência. No final de 79, apoiou a campanha eleitoral de Marco Emílio Lépido, que, por conta desse apoio, venceu a eleição para cônsul no ano seguinte, batendo o candidato apontado por Sula. Este, por sua vez, renunciou ao cargo de ditador e logo iria se retirar da vida pública para viver na sua propriedade rural. Sua saúde estava fraca, e ele teria apenas alguns poucos meses mais de vida, porém as más línguas afirmavam que ele se rendera à devassidão. Lépido tinha proclamado abertamente sua intenção de rejeitar grande parte da legislação de Sula, sobretudo a diminuição do poder do tribunato.

O julgamento que Pompeu fazia a respeito do caráter dos homens que o cercavam era, quase sempre, sofrível, e sua confiança na própria habilidade de controlar o comportamento dessas pessoas era exagerada. Os motivos de apoiar Lépido não são claros, mas a decisão logo mostrou-se um erro. Quando Sula contraiu uma doença que, de acordo com nossas fontes, as quais dão detalhes macabros, fez sua carne apodrecer e seu corpo ficar coberto por chagas infestadas de piolhos, Lépido tentou impedir que ele recebesse um funeral público, tão importante para os senadores. Pompeu, fosse pela afeição que nutria pelo seu antigo líder, fosse pelas amargas memórias do mau tratamento ao qual o corpo de seu pai fora submetido, foi um dos que garantiu a Sula um funeral apropriado e sem perturbações. As cinzas foram enterradas no Campo de Marte, num monumento que trazia inscrita uma citação do próprio morto, declarando que nenhum homem havia trazido maiores benefícios aos amigos, nem tanto mal aos seus inimigos.

Poucos meses depois de assumir o cargo de cônsul, Lépido colocou-se à frente de um exército, em revolta aberta contra o Senado. Fosse qual fosse a relação entre os dois homens, ela desapareceu, pois

Pompeu não se uniu ao cônsul rebelde nem demonstrou relutância em responder à convocação do Senado, desesperado para marchar contra Lépido. Ele rapidamente arregimentou soldados em várias partes – uma vez mais, principalmente na sua região natal de Piceno, e a maioria às próprias custas – e, em uma campanha de curta duração, suprimiu a rebelião. Ele capturou e executou o legado principal de Lépido, Marco Júnio Bruto (pai do homem que iria liderar a conspiração contra Júlio César em 44). Lépido fugiu para a Sardenha, onde caiu em abatimento e morreu logo depois. Dizem que ficou mais deprimido ao descobrir a repetida infidelidade da esposa do que pelo fracasso da sua revolução. Muitos dos rebeldes, inclusive Perperna, fugiram para a Hispânia, onde se uniriam a Sertório. A Itália estava, mais uma vez, em paz, porém Pompeu demonstrou relutância marcante em dissolver suas legiões e retornar à vida privada. Lúcio Márcio Filipo, um dos seus mais antigos aliados no Senado, sugeriu que o jovem comandante vitorioso fosse enviado para auxiliar Metelo na Hispânia. Seu caso foi muito fortalecido quando os dois cônsules eleitos no ano seguinte não demonstraram entusiasmo algum para assumir o comando. No final, o Senado aceitou que tinha poucas opções além de conferir a província da Hispânia Citerior e o *imperium* proconsular a Pompeu, então com 28 anos, pois era a melhor oportunidade de derrotar Sertório. Filipo enfatizou que Pompeu não estava sendo enviado como procônsul (*pro consule*), mas, "em vez disso, como ambos os cônsules" (*pro consulibus*)[10].

Como vimos, Pompeu enfrentou, na Hispânia, um oponente muito mais difícil do que qualquer outro em suas campanhas anteriores. O "Pupilo de Sula" recebeu árduas lições ao estilo de Mário, em especial nos primeiros encontros. Não obstante, Pompeu aprendeu com essas experiências e demonstrou superioridade sobre os subordinados de Sertório. No final, ele e Metelo gradualmente forçaram o seu oponente a uma seção cada vez menor da península. As vitórias de Sertório tornaram-se menos frequentes, na medida em que foi incapaz de repor perdas e em que seus aliados, tanto romanos como espanhóis, começaram a trair sua aliança. A campanha da Hispânia foi uma sangrenta guerra de atrito, travada com crueldade pelos dois lados. Escavações em Valência revelaram um nível datado da época em que a cidade foi capturada pelos homens de Pompeu. Nessa camada, onde há vestígios de incêndios, foram encontrados vários esqueletos. Alguns morreram das feridas infligidas durante a luta, mas pelo menos um – um homem mais velho que pode bem ter sido um oficial – foi torturado, encontrado com um *pilum* trespassado no reto. A guerra na Hispânia foi longa e causou muita devastação e problemas à vida das províncias. Após sua conclusão, Pompeu devotou considerável esforço a reorganizar a província, fundando cidades como Pampaelo (a moderna Pamplona) para estimular algumas das tribos montesas mais rebeldes a adotar uma existência mais estável e pacífica. Foi só em 71 que ele, por fim, levou seu exército de volta à Itália[11].

ESPÁRTACO, O GLADIADOR QUE SE TORNOU GENERAL

Embora livre de conflitos intestinos desde a derrota de Lépido, a Itália não estava totalmente em paz. Em 73 a.C., um grupo de cerca de oitenta gladiadores escapara de uma escola da profissão em Cápua e se refugiara nas encostas do monte Vesúvio. Atacando e saqueando a área vizinha, receberam reforços de muitos escravos fugitivos, até que o seu líder, Espártaco, viu-se no comando de um grande exército, sempre em crescimento. Pouco se sabe sobre esse homem notável, a não ser que era trácio. Várias fontes afirmam que havia lutado contra os romanos e fora capturado ou servira como auxiliar nas legiões romanas. As duas versões podem ser verdadeiras, apesar de a segunda afirmação ser mais duvidosa, pois os romanos orgulhavam-se de declarar que seus inimigos mais perigosos eram sempre aqueles que tinham treinado, exatamente como Jugurta aprendera a combater quando servira com Emiliano em Numância.

Seja qual for a verdade sobre suas origens, ele demonstrou ser um gênio de táticas, liderança e organização, transformando seu bando desigual de germânicos, trácios, gauleses e escravos de outras nacionalidades num exército formidável. Os romanos enviaram primeiro pequenas forças contra eles, mas foram derrotados. Então, reuniram exércitos completos sob comandantes consulares, apenas para serem vencidos por Espártaco, que, a cada vitória, capturava mais armas e armaduras para equipar seus homens. Com o tempo, os escravos construíram oficinas para fabricar equipamento militar, trocando o espólio que obtinham das ricas propriedades rurais por ferro, bronze e estanho. Depois que os dois cônsules eleitos para o ano de 72 foram derrotados, o Senado passou o comando principal da luta contra os escravos a Marco Licínio Crasso, que fora pretor no ano anterior. Crasso era outro homem que apoiara Sula durante a Guerra Civil – seu pai e seu irmão mais velho tinham sido mortos no expurgo de Mário. Ele serviu Sula com distinção, embora não de forma espetacular como Pompeu, e comandou uma das alas do exército na Batalha de Porta Colina. O ditador, agradecido, deu muitas propriedades confiscadas das vítimas das proscrições a Crasso, que, rapidamente, converteu tais ganhos numa enorme fortuna, por meio de investimentos audaciosos e atividades mercantis.

Crasso iniciou o seu comando na Guerra Servil ordenando que as legiões derrotadas sob seus predecessores sofressem a arcaica punição da decimação (ou dizimação). Um de cada dez soldados foi sorteado para ser espancado até a morte pelos colegas. Os 90% dos sobreviventes das legiões sofriam um castigo mais simbólico, recebendo uma ração de cevada em vez de trigo, e – ao menos em alguns casos – eram forçados a armar as barracas fora das paliçadas do acampamento do exército. Tal medida brutal era uma indicação do medo que tinham dos escravos, bem como da determinação implacável de Crasso em vencer. A essas duas legiões, ele acrescentou outras seis recém-arregimentadas. O pretor derrotou um grupo que se afastara do exército principal de Espártaco e construiu uma imensa linha de fortificações, isolando o restante dos escravos no extremo sudoeste da Itália. Espártaco conseguiu romper a linha de defesa, mas foi, finalmente, obrigado a travar batalha em 71, sendo derrotado após um combate muito encarniçado. No início da ação, o antigo gladiador cortara a garganta do seu próprio cavalo – o animal fora capturado de um comandante romano derrotado e era de grande valor – para demonstrar a seus homens que não iria fugir, mas lutar e morrer com eles. O gesto foi semelhante à decisão de Mário de colocar-se à frente do pelotão em Águas Sêxtias.

Plutarco afirma que Espártaco foi morto quando tentava alcançar Crasso, tendo já matado dois centuriões que o enfrentaram juntos. A maioria dos escravos foi executada, mas seis mil prisioneiros adultos foram capturados. Crasso mandou que todos fossem crucificados a intervalos regulares ao longo da Via Ápia, de Roma a Cápua, como uma tétrica demonstração do destino que aguardava os escravos rebeldes. Com uma sociedade que dependia tanto da escravatura, a ideia de que os escravos podiam se voltar contra seus mestres, estes em número inferior, era um dos maiores temores dos romanos. Contudo, exatamente porque Espártaco tinha se mostrado um oponente tão formidável quando estava vivo, a ameaça que ele representou foi diminuída depois da sua morte. Crasso teve seu pedido de receber um triunfo negado e precisou contentar-se com a honraria menor de uma ovação[12].

Quando o exército de Pompeu retornou à Itália, ele encontrou por acaso e aniquilou um grupo de vários milhares de escravos que tinham fugido da derrota de Espártaco. Demonstrando um ciúme trivial, devido à escala das suas realizações e ao segundo triunfo que logo iria celebrar, Pompeu afirmou ter sido o homem que pôs fim à Guerra Servil. Isso apenas aumentou a animosidade que já existia entre os dois generais, a qual datava da época em que Pompeu recebera uma posição mais proeminente de Sula, despertando a inveja de Crasso. Pompeu estava agora com 35 anos e havia decidido, depois de muito tempo, participar da política formal, buscando eleger-se cônsul. Crasso, que era oito ou nove anos mais velho e cuja carreira desde a Guerra Civil tinha sido deveras convencional, também estava ansioso por obter o posto mais alto da magistratura. Os dois homens estacionaram seus exércitos perto de Roma sob o pretexto de esperar para marchar em seu triunfo e receber sua ovação. Talvez isso fosse simplesmente uma ameaça velada, talvez refletisse a suspeita que nutriam um do outro, mas, em algum momento dos últimos meses de 71, os dois comandantes vitoriosos enterraram sua animosidade e anunciaram que se uniriam numa campanha eleitoral conjunta. O Senado rapidamente percebeu que tal combinação não poderia ser enfrentada e permitiu que Pompeu concorresse, embora ainda não tivesse a idade mínima estabelecida pela lei de Sula, e os dois homens concorreram *in absentia*, uma vez que nenhum deles recebeu permissão para entrar na cidade até o dia de seu triunfo e ovação. A popularidade de Pompeu e o dinheiro de Crasso, combinados com suas realizações genuínas e, possivelmente, com o medo dos seus exércitos, resultaram numa vitória estrondosa. Em 29 de dezembro de 71 a.C., Pompeu cavalgou em triunfo pela Via Sacra, iniciando seu consulado e tornando-se senador, tudo no mesmo dia[13].

Havia um último ato na transição de Pompeu para o que se aproximava de uma posição legítima na vida pública romana – uma peça do teatro político do tipo que os romanos adoravam. Era tradição que os censores eleitos a cada cinco anos fizessem um registro formal de qualquer membro da classe equestre que tivesse chegado ao fim do seu serviço militar, detalhando suas ações e formalmente louvando ou condenando seu comportamento. Por volta do século I a.C., essa prática era considerada arcaica, uma vez que os membros da classe equestre não mais forneciam a cavalaria para as legiões e apenas uma parte dessa classe escolhia servir como tribuno ou em outros cargos. Contudo, a diminuição da relevância raramente levava os romanos a abandonarem as cerimônias tradicionais.

Conforme os censores iniciaram essa tarefa, surgiu o rumor de que Pompeu estava chegando, acompanhado pelos doze lictores que seguiam os cônsules e montado num cavalo que simbolizava o antigo papel militar dos *equites*. O cônsul ordenou que seus lictores abrissem caminho para ele chegar até os censores, mas estes ficaram tão chocados que levou um momento para articularem as palavras tradicionais, inquirindo se o homem tinha cumprido suas obrigações com a república. Pompeu respondeu, com uma voz que alcançou a multidão em torno, que servira sempre que o Estado lhe pedira e sempre obedecera ao seu comando. Entre hurras e aplausos, os censores formalmente acompanharam o cônsul até sua casa como prova de respeito[14].

OS PIRATAS

A aliança entre Pompeu e Crasso não durou muito, e o mandato de ambos não produziu nada de significativo. Pompeu cumpriu a promessa de restaurar o poder do tribunato, retirando as restrições que Sula havia estabelecido durante seu mandato, que fizera quando estava em campanha. Como os dois cônsules tinham concluído uma guerra bem-sucedida, nenhum demonstrou desejo de tomar uma província após a conclusão do seu ano no cargo. Pompeu havia, agora, conferido legitimidade política à sua riqueza e ao seu prestígio e estava contente, naquele momento, com a posição que conquistara, a de um dos membros mais proeminentes do Senado. Logo descobriu, como Cipião Africano mais de meio século antes, que a juventude passada no campo de batalha e à frente do exército resultava em falta de educação formal e tropeçou na política romana.

No começo do seu consulado, pedira a Marco Terêncio Varro – descendente do homem que perdera a Batalha de Canas e sábio notável que escrevera vários estudos abrangentes – que lhe preparasse um manual sobre os procedimentos e convenções senatoriais. Agora que não podia mais exigir obediência nem derrotar seus oponentes em batalha, Pompeu encontrou dificuldades em conseguir o que queria ao transformar seu prestígio e riqueza em influência política real. Crasso usou seu dinheiro com grande habilidade, emprestando-o a muitos senadores que lutavam para bancar os altos custos da carreira política, e, com o tempo, conseguiu fazer que a imensa maioria do Senado ficasse lhe devendo. Pompeu não tinha nem experiência, nem instinto para fazer a mesma coisa. Sua oratória era medíocre e, conforme o tempo corria, ele ficava cada vez menos no Senado e raramente intervinha a favor de quem quer que fosse nos tribunais. Ele parece ter sido muito sensível a críticas e hostilidades, preferindo evitar qualquer dano ao seu prestígio e afastando-se da vida pública. Entretanto, após alguns anos, começou a frustrar-se porque os grandes feitos que realizara não lhe garantiram a proeminência permanente que acreditava merecer. Como Mário, lembrou-se da adulação do povo quando retornara à cidade vitorioso, e percebeu que apenas quando estivesse travando uma grande guerra eclipsaria verdadeiramente o restante do Senado. Pompeu começou a procurar outra guerra importante para travar e, em 67 a.C., achou a oportunidade.

A pirataria foi traço marcante da vida no Mediterrâneo durante a maior parte do período clássico. Quando havia reinos com poderosas marinhas, os piratas eram normalmente reduzidos a um mínimo e até, por curto período, erradicados. Contudo, a derrota da Macedônia e do Império Selêucida por Roma, aliada ao inexorável declínio do Egito Ptolomaico, deu fim às armadas que tinham controlado a pirataria no Mediterrâneo. Muitas das comunidades costeiras da Ásia Menor, especialmente na Cilícia, em Creta e em ilhas menores, começaram a fazer incursões marítimas que propiciavam altos lucros no saque e no pagamento de resgates, uma adição bem-vinda às magras recompensas da pesca e da agricultura. A propagação da pirataria foi estimulada quando Mitridates, do Ponto, deu aos chefes piratas dinheiro e navios de guerra para auxiliá-lo na sua guerra contra Roma. Apesar de virem de muitas comunidades diferentes e de não possuírem hierarquia política, os piratas raramente lutaram entre si e, quase sempre, enviavam forças ou dinheiro para auxiliar seus pares sob ameaça. Viajar tornou-se difícil – o jovem Júlio César foi apenas um dos romanos proeminentes a ser tomado como refém e a ter pagado resgate aos piratas –, e o comércio começou a ser afetado. A população da Itália e, em especial, da cidade de Roma já tinha havia muito se expandido além do nível no qual podia ser abastecida apenas por produtos cultivados ou produzidos localmente, e agora dependia maciçamente da importação de grãos da Sicília, do Egito e do norte da África. As atividades dos piratas começaram a afetar essa linha de abastecimento, fazendo que os estoques de grãos diminuíssem e os preços aumentassem.

Em 74, o Senado enviou o antigo pretor Marco Antônio para combater os piratas. Antônio recebeu amplos poderes e consideráveis recursos, mas, diferentemente do seu filho mais famoso, Marco Antônio, teve pouca habilidade e foi derrotado numa batalha naval travada nas costas de Creta em 72. Ele morreu pouco depois da sua derrota, e, em 69, o cônsul Quinto Cecílio Metelo foi enviado para derrubar as fortalezas de Creta. Ele demonstrou ser um comandante competente, mas a campanha envolvia sitiar uma cidade murada após outra, e o progresso foi lento. Apesar do seu sucesso, o problema provocado pelos piratas tornou-se ainda pior, e, em uma ocasião, dois pretores foram sequestrados juntamente com os seus lictores e toda a sua escolta quando viajavam pela região costeira da Itália, ao mesmo tempo em que a cidade de Óstia era atacada[15].

Por volta de 67, a escassez de grãos tornou-se crítica e o tribuno Aulo Gabínio propôs a recriação da grande província e o restabelecimento dos extraordinários poderes que haviam sido outorgados a Antônio. De início, Gabínio não fez menção a Pompeu, a pessoa mais obviamente qualificada para receber tal comando, mas está claro que já havia uma forte associação entre os dois homens. Cícero afirma que Gabínio estava muito endividado, e é muito possível que Pompeu tenha conquistado seu apoio ao ajudá-lo financeiramente. A *Lex Gabinia* foi aprovada pela Assembleia Popular e Pompeu recebeu o *imperium* proconsular não apenas do Mediterrâneo, como também de um trecho de oitenta quilômetros da costa até o interior. Não está bem claro se seu *imperium* era igual ou superior ao dos outros procônsules cujas províncias coincidiam com a sua, mas era provavelmente superior.

Para assisti-lo, Pompeu recebeu 24 legados – todos os quais tinham exercido um comando militar no passado ou, pelo menos, haviam sido pretores –, cada qual auxiliado por dois questores. Suas forças viriam a consistir em uma armada de quinhentos navios de guerra, apoiada por um exército composto por uma infantaria de 120 mil homens e uma cavalaria de cinco mil cavaleiros, além de dinheiro e recursos em alimentos e outros materiais essenciais para manter tal força. Muitas dessas tropas não eram, provavelmente, bem treinadas e disciplinadas, mas arregimentadas às pressas entre a população local. Esses números também podem ter incluído guarnições já existentes nas províncias abrangidas pelo *imperium* estendido de Pompeu, sob seu controle por toda a duração da campanha. Apesar da escala vasta, essa seria uma ação essencialmente policial. Pompeu precisava de grande quantidade de soldados, de modo a poder pressionar os piratas a partir de todas as direções simultaneamente, sendo que apenas uma pequena fração das suas forças deveria enfrentar combates árduos[16].

Embora Antônio tenha recebido um *imperium* semelhante, foi o prestígio de Pompeu que garantiu que tantos recursos fossem colocados à sua disposição, tornando esse comando completamente sem precedentes em termos de escala. De maneira surpreendente, ele lhe fora outorgado pelo tribunato, cujos poderes havia restaurado durante seu mandato como cônsul. O modo como essa província foi outorgada a ele conformava-se com a forma pela qual Mário fora nomeado para lutar contra Jugurta, os cimbros, os teutões e Mitridates. Apenas uns poucos generais tinham apoio popular suficiente para subverter o processo senatorial comum de alocação de províncias e recursos como fez Pompeu. A fé que o povo tinha nele era tanta que o preço dos grãos no Fórum caiu logo que ele foi nomeado. Mesmo os muitos senadores que eram relutantes em conceder tantos poderes a um único homem – quanto mais um homem cujo prestígio e riqueza suplantavam o de todos os seus rivais – parecem ter reconhecido que essa era a melhor maneira de enfrentar o flagelo da pirataria. Os legados de Pompeu formavam um grupo muito distinto, constituído basicamente de homens vindos de famílias nobres, tradicionais e estabelecidas.

A estratégia de Pompeu teve sucesso graças às enormes forças sob seu comando, mas também se deveu ao seu gênio organizacional. O Mediterrâneo era dividido em treze zonas – seis na região ocidental e sete na oriental, cada uma comandada por um legado com recursos militares e navais à sua disposição. Os comandos ocidentais foram alocados a Aulo Mânlio Torquato, Tibério Cláudio Nero, Marco Pompônio, Públio Atílio, Lúcio Gélio e Aulo Plótio, que haviam recebido a responsabilidade sob a costa italiana. A leste estavam Cneu Lêntulo Marcelino, Cneu Cornélio Lêntulo Clodiano, Marco Terêncio Varro (o mesmo homem que escreveu o manual sobre procedimentos senatoriais), Quinto Cecílio, Metelo Nepos, Lúcio Sisena, Lúcio Lólio e Marco Púpio Piso. Esses homens receberam ordens expressas de não perseguir nenhum inimigo para além das fronteiras das suas áreas. Pompeu não estava fixo em nenhuma região específica e mantinha uma esquadra de sessenta navios de guerra à sua disposição imediata. O papel dos outros legados não é especificado nas nossas fontes antigas. Alguns podem ter se envolvido na supervisão do enorme exercício logístico necessário para manter esse esforço colossal. Também é mais do que provável que os outros tenham recebido esquadras móveis como aquelas comandadas por Pompeu para perseguir navios piratas de uma região a outra.

No começo da primavera de 67, iniciou-se a campanha nas regiões ocidentais, as quais Pompeu livrou dos piratas em apenas quarenta dias. Os piratas, que tinham exercido suas atividades sem serem molestados durante muitas décadas, não estavam preparados para a investida de Pompeu, e cederam com pouca resistência. Depois de uma breve interrupção em Roma, onde um dos cônsules eleitos para o ano de 67 buscava minar sua autoridade e havia ordenado a desmobilização de algumas das suas tropas, Pompeu levou o seu comando móvel para leste a fim de enfrentar o núcleo central dos piratas. Aqui esperava-se que a luta fosse mais renhida, mas os piratas pareciam estar completamente desorientados e, apesar de todo o trabalho em equipe das épocas mais fáceis, agora tendiam a responder individualmente. Alguns tentaram escapar, porém, um número cada vez maior começou a se render. A atitude romana com relação à brutalidade era pragmática, e não era hora de execuções em massa. Os piratas e suas famílias não foram maltratados, e muitos deles começaram a atuar como informantes, fornecendo a Roma informações valiosas para o planejamento de operações contra outros líderes piratas.

Conforme a notícia sobre a recepção a esses homens se espalhava, mais e mais inimigos se rendiam. Pompeu tinha preparado equipamento para sitiar as fortalezas ao longo da costa montanhosa da Cilícia, mas quase todas capitularam assim que ele chegava. Ocasionalmente os piratas lutavam e eram derrotados, mas sua resistência logo ruiu. Floro descreve as tripulações largando os remos e as armas e batendo palmas – gesto que os piratas usavam para se render –, quase sempre quando avistavam as galeras romanas aproximando-se. Dessa vez a campanha demorou 49 dias. As forças de Pompeu capturaram 71 navios em combate e receberam mais 306 que se renderam. Cerca de noventa dessas embarcações foram classificadas como navios de guerra e receberam aríetes. Uma inscrição produzida para marcar o triunfo e para conformar-se à tradição que exigia que a vitória fosse quantificada tanto quanto possível afirmava que 846 navios foram capturados em toda a campanha, apesar de essa estatística provavelmente incluir até as menores embarcações.

O tratamento que Pompeu dispensou aos seus vinte mil cativos demonstrou perspicácia na compreensão das causas da pirataria, pois ele sabia que retomariam sua profissão rapidamente se tivessem permissão de retornar às comunidades costeiras às quais pertenciam. As antigas fortalezas piratas foram demolidas ou destruídas, e os prisioneiros, enviados para regiões mais férteis. Muitos foram transferidos para a cidade costeira de Soli, na Cilícia, que foi rebatizada como Pompeiópolis e tornou-se uma próspera comunidade comercial. A remoção em massa dos guerreiros problemáticos e de suas famílias para regiões melhores fora empregada pelos romanos antes, na Ligúria e na Hispânia, e mostrou-se tão eficiente com relação aos piratas como fora nessas áreas. A pirataria e os ataques navais não foram erradicados definitivamente do Mediterrâneo, mas não voltaram a ocorrer em tão grande escala até as primeiras décadas do século I a.C. Sob os imperadores romanos, uma marinha seria estabelecida de maneira mais permanente e preencheria o vácuo deixado pelo declínio das potências helênicas[17].

Na guerra contra os piratas, a república romana tinha mobilizado enormes recursos e, sob o hábil comando de Pompeu, conquistara uma vitória rápida e quase sem derramar sangue sobre inimigos numerosos, embora desunidos. Isso foi uma realização notável em termos de planejamento e logística, tanto quanto em termos de estratégia de combate, e foi uma infelicidade que tivesse terminado com um incidente que repercutiu mal para Pompeu. Em 67, Metelo ainda estava em operação contra os piratas de Creta, na campanha que lhe valeu o título honorário de Crético. Tendo ouvido sobre o generoso tratamento que Pompeu dispensava aos prisioneiros, representantes de uma fortaleza que estava sendo sitiada pelas legiões de Metelo foram enviados a ele, na Cilícia, oferecendo a rendição. Pompeu aceitou prontamente, vendo nisso uma oportunidade de aumentar sua grande fama, mas Metelo ressentiu a interferência na sua guerra e se recusou a aceitar tal decisão. Pompeu enviou um dos seus legados, Lúcio Otávio, que, segundo se diz, até combateu ao lado dos piratas contra os homens de Metelo, apesar de não conseguir evitar sua derrota. O desejo, tanto de Pompeu como de Metelo, de conquistar o crédito por vencer a guerra, o que era mais importante para eles que os interesses do Estado, era típico da mentalidade da elite senatorial. Não obstante, no caso de Pompeu, isso indica um ciúme e uma recusa em conferir a outro qualquer crédito, dada a escala de suas próprias realizações, que eram já maiores que as de Metelo ou de qualquer outro[18].

MITRIDATES E AS GUERRAS ORIENTAIS

Pompeu passou o inverno com seu exército principal na Cilícia. No começo de 66, outro comando extraordinário lhe foi conferido pela Assembleia Popular, com direito a um triunfo, dando-lhe o controle do Mediterrâneo oriental e o comando da guerra com Mitridates, do Ponto, que Sula tinha derrotado mas não destruído. O mandato de um ano como cônsul de Gabínio terminara, e logo ele assumiu como um dos legados de Pompeu, de modo que, dessa vez, a lei foi apresentada por um dos novos tribunos, Caio Manílio. Havia apoio considerável à *Lex Manilia* tanto dos senadores quanto, em especial, da classe equestre. Marco Túlio Cícero, que mais tarde publicou o discurso que fez a favor do projeto de lei, declarou que

Pompeu possuía em abundância os quatro atributos principais de um grande general, ou seja: "conhecimento militar, coragem, autoridade e boa sorte" (*scientam rei militaris, virtutem, auctoritatem, felicitatem*). Quando Pompeu ouviu sobre sua nomeação, lamentou em público que o Estado não lhe dava oportunidade para descansar e passar tempo com sua família. Mesmo seus amigos mais próximos julgaram que essa relutância fingida tinha sido inoportuna, pois havia muito tempo que ele desejava lutar contra Mitridates e tinha, com certeza, encorajado, ou até engendrado as manobras políticas que lhe garantiram essa chance[19].

Em 74, Mitridates invadiu a província romana da Bitínia e rumou para a vizinha Ásia. Seu oponente foi Lúcio Licínio Lúculo, o homem que, quando tinha sido questor em 88, fora o único senador a seguir Sula em sua marcha sobre Roma. Lúculo era um estrategista e tático de talento verdadeiramente excepcional, que, apesar de contar com recursos limitados, superou Mitridates por meio de manobras e derrotou seus exércitos em batalha, ou interrompendo suas linhas de suprimento e condenando suas forças à fome. Os invasores foram expulsos das províncias romanas e o Ponto foi atacado quando o rei forjou uma aliança com Tigranes, da Armênia – tendo o exército romano penetrado profundamente no território do último. Tanto a Armênia como o Ponto formavam exércitos excepcionalmente grandes em termos de número de soldados, mas possuíam poucas unidades com verdadeira habilidade de combate. Conta-se que Tigranes fez piada sobre o fato de os homens de Lúculo serem "poucos para um exército, mas muitos para uma embaixada"; pouco depois, em questão de horas, as legiões fizeram as forças do rei em pedaços.

Por volta de 68, a guerra parecia ter praticamente terminado, mas, apesar de sua perícia como general, Lúculo não tinha aptidão para conquistar a afeição de seus soldados e era muito pouco popular no exército. Muitos grupos influentes de Roma tampouco o apreciavam, em particular os negociantes da classe equestre, cujas empresas operavam nas províncias. Lúculo restringiu significativamente as atividades legais de muitos de seus agentes, medida que muito contribuiu para reconquistar a lealdade dos nativos das províncias para Roma. Em 69, a Ásia foi retirada da província de Lúculo, e um ano depois a Cilícia também foi removida da sua responsabilidade e passada para o comando de outro. No momento da vitória total, o general romano tinha extrema necessidade de tropas e recursos, de modo que seus legionários se amotinaram. Conforme a pressão romana diminuiu, o inimigo contra-atacou e, em 67, o legado triário foi derrotado por Mitridates. As perdas foram pesadas: nada menos do que 24 tribunos e 150 centuriões mortos. Tal número de mortos entre oficiais pode indicar a necessidade de oficiais de menor escalão assumirem os riscos envolvidos no esforço de inspirar soldados sem motivação. Na sequência da batalha, Mitridates quase foi morto por um centurião que se misturou à comitiva real e o feriu na coxa, antes de ser cortado em pedaços pelos enfurecidos guardas pessoais do rei.

No final do ano, tanto Mitridates como Tigranes haviam recuperado a maior parte de seus reinos, e Lúculo ficara reduzido a comandar o lamentável remanescente daquilo que eram as forças que uma vez controlara. Mesmo esses homens não nutriam grande afeição por ele e recusaram seus apelos para desobedecer à ordem para que essas legiões se unissem ao recém-chegado Pompeu. Plutarco descreve o comandante romano perambulando pelo acampamento com lágrimas nos olhos, implorando para que seus homens ficassem com ele. Era um final deveras patético para a carreira militar de um soldado muito capaz. A reunião na qual Pompeu formalmente assumiu o comando parece ter degenerado em bate-boca. De modo maldoso, seu sucessor permitiu que Lúculo recebesse apenas 1.600 soldados – homens tão amotinados que Pompeu os considerou totalmente inúteis para o serviço ativo – para acompanhá-lo no seu triunfo[20].

A província de Pompeu incluía a Bitínia, o Ponto e a Cilícia, e ele recebeu todos os recursos que haviam faltado ao seu predecessor, em especial porque continuava a deter o comando do Mediterrâneo, que lhe fora outorgado pela *Lex Gabinia*. Também tinha poder para iniciar uma nova guerra ou firmar a paz conforme julgasse necessário. Uma das leis de Sula havia proibido que governadores comandassem suas tropas além das fronteiras das suas províncias sem a permissão expressa do Senado, e a invasão não autorizada da Armênia por Lúculo provocara críticas em Roma, mesmo que fizesse todo o sentido em termos militares. Desde o começo, Pompeu recebeu muito mais liberdade de ação. Enquanto sua esquadra – exceto as frotas que ainda estavam designadas a regiões específicas – patrulhava a costa mediterrânea e o Bósforo, Pompeu formou um exército com uma infantaria de trinta mil homens e uma cavalaria com dois mil. A infantaria de Mitridates tinha aproximadamente o mesmo número de soldados, mas possuía mil cavaleiros a mais sob seu comando na fronteira ocidental do seu reino.

Essa região havia sido muitas vezes palco de batalhas durante as campanhas de Lúculo e fora devastada e saqueada, de modo que o exército do Ponto teve dificuldade em encontrar alimentos, enquanto esperava pela invasão romana. A deserção era punida crucificando, cegando o desertor ou queimando-o vivo, mas, apesar dessas penas brutais, o rei perdeu grande número de homens. Questionando-se se o tratamento clemente que Pompeu dispensara aos piratas poderia ser estendido a ele, Mitridates enviou embaixadores ao acampamento romano, os quais receberam como resposta a exigência de rendição incondicional. Conforme o problema de abastecimento piorava, o rei retirou-se para o interior do seu reino. Os romanos estavam mais bem preparados e, enquanto Pompeu seguia o exército do Ponto, suas legiões eram abastecidas por comboios que transportavam alimentos obtidos na província. Mitridates enviou sua cavalaria para atacar as linhas de comunicação romanas, mas, embora isso tenha causado alguma escassez de suprimentos, não foi suficiente para deter seus perseguidores[21].

A essa altura, os exércitos tinham alcançado uma região do reino de Ponto conhecida como Armênia Menor. Era uma área fértil, na maior parte intocada pela guerra, mas os esquadrões de forrageamento de Pompeu tiveram dificuldade em operar devido à confiante cavalaria inimiga, e também porque seus depósitos de suprimentos estavam a grande distância. Mitridates montara seu acampamento em terreno elevado, o que tornava improvável que um ataque direto contra uma tal posição bem defendida tivesse êxito. Pompeu mudou o seu acampamento para uma região mais florestada, onde a cavalaria do Ponto teria menos liberdade de operar. A mudança encorajou Mitridates, que julgara que seu oponente havia extrapolado seus limites e agora admitia sua fraqueza. Ele aceitou de imediato o desafio que Pompeu propôs na manhã seguinte ao enviar sua cavalaria e colocá-la à frente do acampamento do exército do Ponto. Os cavaleiros de Mitridates atacaram e perseguiram a cavalaria romana quando esta começou a retirar-se. As tropas do Ponto receberam ordem de avançar, e Pompeu pôs em ação a emboscada que tinha preparado. Uma força de infantaria leve composta por três mil homens e quinhentos cavaleiros fora escondida durante a noite em um vale recoberto por arbustos entre os dois acampamentos. Essa força atacou de repente a cavalaria de Mitridates pela retaguarda. Alguns dos cavaleiros do Ponto foram detidos pela infantaria romana e, sem as vantagens principais da cavalaria, isto é, a velocidade e o ímpeto, foram massacrados. Essa breve ação – semelhante em muitas maneiras às táticas usadas por Sertório contra Pompeu na Hispânia – esmagou o moral da orgulhosa cavalaria de Mitridates e a confiança que o rei depositava nela[22].

A cronologia exata da campanha é incerta, porém, em algum momento, Pompeu recebeu reforços de três legiões que haviam pertencido à guarnição da Cilícia, aumentando sua força para mais de quarenta mil homens, apesar do atrito que sofrera na campanha. Essa condição conferiu a ele uma vantagem numérica marcante sobre o rei, mas este não demonstrou inclinação por arriscar uma batalha que não fosse travada no terreno elevado que lhe dava vantagem. Assim, Pompeu resolveu interromper as linhas de abastecimento do inimigo, deixando-o faminto e obrigando-o sair da sua posição, e, usando seu grande número de homens, construiu um anel de fortes ligados por uma vala e uma muralha ao redor do exército inimigo. O sistema completo media cerca de trinta quilômetros (150 estádios) e é comparável às linhas construídas por Crasso no sul da Itália e por César na Gália.

O exército romano obtia suprimentos de Acilisene, no Eufrates Superior, enquanto os grupos de abastecimento do rei operavam com grande risco de sofrer ataque e emboscada. Logo, os soldados do Ponto foram obrigados a abater os animais de carga e alimentar-se deles. Fosse porque a linha de fortificações romanas estivesse incompleta, fosse porque tinha alguns vãos por conta das dificuldades apresentadas pelo relevo, Mitridates foi capaz de fugir ocultado pela escuridão, escondendo a manobra ao deixar fogueiras acesas em seu acampamento. Como parte do embuste, ele arranjara várias reuniões com aliados em potencial no futuro imediato. Tendo feito isso com habilidade, o rei marchou em direção ao reino vizinho da Armênia, esperando unir forças com seu antigo aliado Tigranes. Ao que parece, deslocou suas forças principalmente à noite, confiando no conhecimento das trilhas e acampando a cada dia numa posição forte demais para que Pompeu desejasse atacar. O terreno era montanhoso, com várias posições facilmente defensáveis.

Seguindo o rei, mas sem conseguir alcançar seu exército em movimento, Pompeu enviou patrulhas a uma distância considerável para reconhecer as rotas através das montanhas. Esses homens descobriram uma passagem que levava de volta ao caminho seguido por Mitridates. Pompeu ordenou uma marcha forçada a seu exército ao longo do novo caminho, apostando que conseguiria mover-se rápido o bastante para chegar atrás do rei. Como de costume, ele marchava de dia, obrigando seus homens a caminhar sobre um terreno acidentado sob o sol quente. Seus legionários deviam estar muito desgastados quando começaram a assumir posições de emboscada numa passagem estreita, através da qual passava a estrada principal. Mitridates desconhecia a manobra romana e pode ter nutrido esperanças de que os romanos tivessem desistido da perseguição. Ao cair da noite, seu exército continuava a se retirar da maneira costumeira, e a coluna, uma desorganizada mistura de unidades, indivíduos e bagagens, sobrecarregada com as esposas, os servos e outras pessoas que seguiam o acampamento, não estava de modo algum preparada para resistir a um ataque.

Logo que o exército inimigo ocupou totalmente a passagem estreita, Pompeu executou sua emboscada, ordenando a seus trombeteiros que soassem o desafio, ao mesmo tempo em que os legionários berravam seu grito de guerra, batendo as armas contra os escudos, e os servos do exército batiam panelas com qualquer metal que pudessem encontrar. O dilúvio de barulho foi seguido imediatamente por uma barragem de projéteis – *pila*, dardos, flechas e até pedras atiradas ou roladas da colina onde se encontravam os soldados de Pompeu. Então, os romanos atacaram em massa, causando pânico. A lua estava às suas costas e sua estranha luz projetava longas sombras à frente dos legionários, fazendo que os poucos inimigos que tentaram resistir não pudessem avaliar a distância entre eles e os romanos e arremessassem seus dardos antecipadamente. Em alguns locais, a multidão estava tão cerrada que os homens não podiam nem escapar, nem lutar, e foram mortos a cutiladas onde estavam.

Alguns poucos soldados do Ponto resistiram com bravura, mas a vitória dos romanos não foi ameaçada e o exército de Mitridates quase foi destruído. Plutarco e Ápio dizem que dez mil homens foram mortos, e outros capturados juntamente com o comboio de bagagem. O rei fugiu com um pequeno corpo da cavalaria e, mais tarde, encontrou-se com alguns milhares de soldados da infantaria que se uniram a ele; Plutarco afirma que, a certa altura, Mitridates tinha apenas três acompanhantes, um deles sua concubina Hipsícrates, cujo apelido masculino lhe havia sido dado por conta da bravura com que combatera a cavalo em batalha. O rei fugiu à sua fortaleza em Sinora, onde havia armazenado grandes valores, alguns dos quais usou para recompensar os seguidores que ainda lhe eram leais. Como Tigranes se recusou a receber os fugitivos na Armênia e ofereceu um prêmio por sua cabeça, Mitridates fugiu para uma região do extremo norte do seu reino, a Crimeia, tomando a rota terrestre ao longo da costa do mar Negro, a fim de evitar a frota romana que patrulhava suas águas[23].

Pompeu enviou apenas uma pequena força atrás do rei, com a qual logo perdeu contato. Sua prioridade, agora, era Tigranes e a Armênia. Uma invasão dos partos, estimulada pela diplomacia romana e apoiada pelo seu filho rebelde, que também se chamava Tigranes, impedira o rei de ajudar seu aliado e genro Mitridates. Apesar da idade – ele tinha mais de 70 anos –, Tigranes havia rechaçado os invasores quando eles atacaram sua principal fortaleza, Artaxata. Contudo, quando o exército de Pompeu avançou contra ele, Tigranes parece ter rapidamente resolvido que era melhor buscar a paz, mesmo que isso significasse abrir mão de terras e poder. Depois das negociações iniciais, o rei foi em pessoa ao acampamento romano para render-se. Obedecendo à instrução de caminhar, em vez de cavalgar, até o tribunal onde estava Pompeu, Tigranes então atirou ao chão seu diadema real e sua espada. Tal admissão aberta de total impotência diante do poder romano e do desejo de confiar na misericórdia que o inimigo escolhesse lhe conceder era uma conclusão muito apropriada a uma das guerras de Roma, e Pompeu logo aproveitou a oportunidade de demonstrar sua clemência na vitória. O rei recebeu ordens de pagar a Roma uma indenização de seis mil talentos, mas teve permissão de continuar com todo o território que ainda controlava. O resultado agradou a Tigranes, que pagou, por iniciativa própria, uma recompensa a cada um dos soldados de Pompeu, com somas consideravelmente mais elevadas para os centuriões e tribunos. Seu filho se unira a Pompeu após o fracasso da invasão dos partos, mas ficou desanimado ao receber apenas o governo de Sofena. Logo depois, rebelou-se e foi aprisionado pelos romanos[24].

Pompeu havia expulsado Mitridates do seu reino e recebido a rendição de Tigranes no seu primeiro ano de operações. Se a velocidade com que obteve tais sucessos devia-se muito às vitórias conquistadas por Lúculo nos anos anteriores, isso não diminuía a habilidade com que comandara a campanha. No final da estação de campanha de 66, quando seu exército principal foi dividido em três e construiu acampamentos para o inverno, o general romano começou a considerar como poderia utilizar da melhor forma a abundância de recursos à sua disposição para conquistar ainda mais glórias em prol da república. Em dezembro, os quartéis de inverno do exército foram atacados repentinamente pelo rei Oroeses, da Albânia. Os ataques fracassaram e Pompeu enviou uma coluna para perseguir o inimigo que se retirava, infligindo-lhe pesadas perdas quando alcançou sua retaguarda cruzando o rio Ciro.

Tendo resolvido que, por ora, essa punição bastava e relutante em promover novas operações de inverno para as quais não tivera tempo de se preparar, ordenou que seus homens retornassem ao acampamento.

Na primavera seguinte, descobriu que o vizinho de Oroeses, o rei Artoces, da Ibéria, também estava se preparando para atacá-lo e resolveu lançar um ataque imediato. Atravessando o vale do rio Ciro, alcançou a poderosa fortaleza de Harmozica antes que o exército de Artoces chegasse para apoiar a posição. Com apenas uma pequena força à sua disposição imediata, o rei retirou-se, incendiando a ponte sobre o rio Ciro depois de cruzá-la, uma manobra que obrigou a guarnição de Harmozica a render-se depois de breve resistência. Deixando uma força para controlar tanto a cidade como a passagem, Pompeu seguiu até as terras mais férteis além daquela posição. Artoces continuou a retirar-se, em um dos casos mesmo depois de ter iniciado negociações com os romanos. Numa repetição da campanha do verão anterior contra Mitridates, Pompeu ordenou às suas legiões uma marcha forçada para alcançar o rei e cortar sua retaguarda. O resultado foi uma batalha em vez de uma emboscada, mas a vitória romana foi completa. O exército ibérico tinha grande número de arqueiros, porém Pompeu ordenou que seus legionários atacassem sem demora, ignorando a perda de formação, diminuindo rapidamente a linha de alcance e eliminando os arqueiros inimigos. Artoces perdeu nove mil homens, mortos, e mais dez mil capturados ou que se renderam[25].

Da Ibéria, Pompeu retornou à Cólquida e à costa do mar Negro. A natureza, mais do que qualquer inimigo humano, foi o principal obstáculo nesse estágio da campanha, quando seu exército marchou através das acidentadas montanhas Mesquianas. Estrabão nos conta que seus homens construíram 120 pontes para cruzar o rio que circundava o vale. Uma das diferenças mais marcantes entre as legiões profissionais do final do período republicano e suas predecessoras produzidas pelo antigo sistema de milícia era a sua competência técnica e de engenharia, consideravelmente maior. Feitos espetaculares de construção de estradas por terrenos aparentemente impossíveis de atravessar e de pontes sobre rios eram celebrados quase tanto quanto as vitórias do exército em batalha. Ao chegar ao mar Negro, Pompeu descobriu que Mitridates havia alcançado a Crimeia e, sem ser intimidado pelos repetidos fracassos que sofrera, estava uma vez mais buscando reerguer suas forças para reiniciar a guerra contra Roma. Julgando que a esquadra era suficiente para conter e bloquear o rei, o exército romano principal pôs-se novamente em movimento. Pompeu tinha decidido que os albaneses mereciam outra demonstração ainda maior do poder romano e invadiu os domínios do rei Oroeses. As legiões cruzaram o vau do rio Ciro, com uma linha de animais da cavalaria estacionada rio acima para proteger os homens a pé e os animais de carga da rápida corrente. O avanço ao obstáculo seguinte, o rio Cambises, mostrou-se difícil, sobretudo porque os guias locais fizeram o exército desnortear-se — um perigo constante quando se operava em terreno desconhecido. Havia poucos mapas no mundo antigo, e quase nenhum deles trazia informação detalhada o bastante para que os exércitos planejassem seus deslocamentos. Entretanto, o rio foi, finalmente, alcançado e cruzado sem oposição do inimigo.

Oroeses tinha formado um grande exército, com cerca de sessenta mil soldados a pé e 22 mil a cavalo, de acordo com Estrabão, embora Plutarco afirme que a cavalaria tinha doze mil homens. Os números romanos não são informados nas nossas fontes, mas podem ter sido substancialmente menores do que os quarenta mil ou cinquenta mil que Pompeu arregimentara contra Mitridates no ano anterior. Muitas tropas eram necessárias para atuar como guarnições ou para eliminar os últimos fragmentos de resistência no território conquistado recentemente, enquanto os problemas de abastecer homens e animais no terreno quase sempre difícil desestimulava o uso de uma força demasiadamente grande. Pompeu possivelmente comandou um exército com a metade do tamanho daquele que liderara em 66 a.C., em número consideravelmente menor do que os albaneses. Estes sem dúvida tinham a vantagem apresentada pela cavalaria, com alguns cavalos equipados com armadura pesada, e Pompeu precisava encontrar um modo de enfrentá-la, enquanto o rei, obviamente com a intenção de forçar uma batalha campal, avançava ao seu encontro.

Dispondo seus cavaleiros de modo a formar uma proteção, ele avançou até uma planície flanqueada por colinas. Alguns dos seus legionários foram escondidos nos desfiladeiros que ficavam no terreno elevado, os soldados cobrindo seus capacetes de bronze com tecido para evitar que o sol se refletisse no metal e denunciasse suas posições. Outras coortes de legionários ajoelharam-se por trás da cavalaria, de modo que não podiam ser vistos de frente. Oroeses atacou o que parecia ser apenas uma linha de cavaleiros. Pompeu repetiu outra tática que usara contra Mitridates, ordenando que sua cavalaria atacasse com audácia e, então, fingindo pânico, batesse em retirada. A cavalaria albanesa perseguiu os cavaleiros romanos auxiliares com ansiedade, confiando em sua vantagem numérica e superioridade individual e, ao fazê-lo, saiu de formação. Os cavaleiros romanos retiraram-se através dos espaços deixados entre as coortes de infantaria, que em seguida puseram-se de pé. De repente, os albaneses viram-se frente a frente com uma linha de infantaria descansada e bem ordenada, que veio contra eles berrando seu grito de guerra. Atrás dos legionários, a cavalaria romana entrou novamente em formação e moveu-se por trás da linha de batalha para atacar os flancos do inimigo, ao mesmo tempo em que mais coortes emergiam dos desfiladeiros escondidos para ameaçar a retaguarda do inimigo. A posição do exército albanês estava irremediavelmente comprometida, mas, apesar disso, os guerreiros lutaram com ardor. Um relato afirma que Pompeu enfrentou o irmão do rei em combate singular e o matou, na melhor tradição de Alexandre, o Grande, ou de Marcelo. Embora tenha sido uma luta difícil, a batalha foi decisiva, pois Oroeses logo aceitou os termos de paz impostos a ele[26].

Depois da vitória na Albânia, Pompeu começou a marcha rumo ao mar Cáspio, mas, segundo as fontes, voltou quando estava a apenas três dias das suas praias, de acordo com Plutarco, detido em terras infestadas por cobras venenosas. Assim, retornou ao Ponto, onde ainda restava a maior parte das fortalezas de Mitridates, as quais foram tomadas ou persuadidas a se render, produzindo um enorme espólio. Juntamente com o ouro, a prata e os trabalhos artísticos, uma das fortalezas continha relatos detalhados de assassinatos de

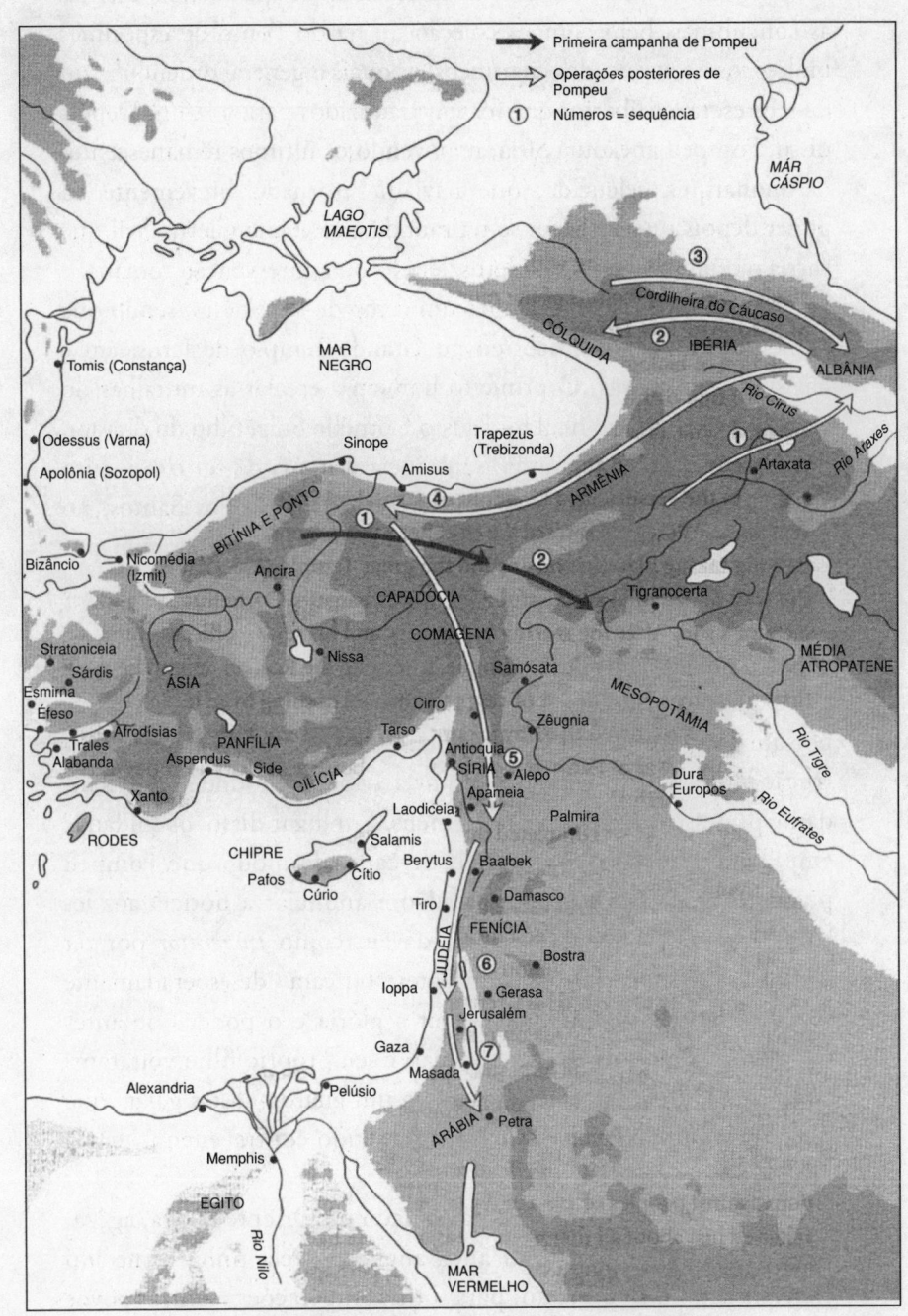

A CAMPANHA DE POMPEU NO LESTE

membros da família e coleções de cartas de amor apaixonadas escritas às concubinas, bem como a coleção do rei do Ponto de espécimes biológicos e seus estudos científicos, os quais o general ordenou a um de seus escravos libertos que fossem traduzidos para o latim. Depois disso, Pompeu anexou a Síria, removendo os últimos remanescentes da monarquia selêucida, que haviam retornado brevemente ao poder depois que Tigranes se retirara da área. Uma guerra civil que varria o reino hasmoneu de Jerusalém levou à intervenção romana, e Pompeu capturou a cidade após um cerco de três meses, sendo que grande parte das lutas ocorreu no Grande Templo de Jerusalém e nas suas vizinhanças. O primeiro homem a escalar as muralhas no bem-sucedido assalto final foi Fausto Cornélio Sula, filho do ditador. Depois da invasão, seguindo a instância romana de ser o primeiro a tomar qualquer coisa, Pompeu entrou no Santo dos Santos, no Templo, com seus oficiais de patentes mais elevadas, porém, por respeito, não removeu nada do local.

A isso seguiu-se, em 63, uma campanha contra os árabes nabateus, cuja capital era Petra, mas, a caminho de sitiar a cidade, Pompeu foi detido pela notícia da morte de Mitridates, trazida por um mensageiro. O exército ainda não havia completado a construção do acampamento e não havia tribuna de onde o comandante pudesse dirigir-se a seus homens. Em lugar disso, os soldados empilharam as selas dos animais de carga de modo que Pompeu pudesse elevar-se acima da multidão e anunciar a notícia aos legionários, que o aplaudiam e saudavam como *imperator* por ter completado sua vitória. Mitridates buscara desesperadamente reconstruir suas forças e recuperar a glória e o poder que antes tivera, mas a maioria dos seus oficiais e seu próprio filho voltaram-se contra ele. Assim, o rei ordenou a um guarda-costas gálata que o matasse, uma vez que, após anos tomando contravenenos, havia ficado imune a seus efeitos[27].

A guerra a que Pompeu fora enviado no Oriente estava, agora, terminada. Durante os dois anos anteriores, ela tinha fornecido efetivamente um pretexto para outras operações contra povos da mesma região, mas Pompeu parece ter realizado tudo o que desejava. Ele tinha, por exemplo, recusado oportunidades de iniciar uma guerra contra a Pártia, talvez ciente de que esse império era mais poderoso e militarmente mais forte do que qualquer um dos oponentes que enfrentara até então, e só poderia ser derrotado por meio de uma guerra longa. Pompeu havia conquistado fama e glória suficientes numa região associada a Alexandre, o maior conquistador entre todos. Embora a luta estivesse no fim, sua tarefa não estava completa. Mais de um ano deveria ainda se passar para efetivar a reordenação do Mediterrâneo oriental. Províncias foram organizadas, cidades fundadas ou refundadas – como Nicópolis, dedicada a Niké, a deusa grega da vitória, com a intenção de celebrar a derrota de Mitridates –, e reinos clientes foram regularizados. Muitos aspectos das colônias de Pompeu iriam durar até o final do governo romano na região. A escala da sua atividade foi enorme e, uma vez mais, um testamento do seu gênio de organização. Num sentido, Pompeu personificou o imperialismo romano, no qual o esforço de guerra feroz e destrutivo era seguido pela construção de um império estável e pelas suas leis. Mais tarde, no século I a.C., o poeta Virgílio faria o deus Júpiter declarar que era destino de Roma "poupar os conquistados e superar os orgulhosos na guerra" (*parcere subiectis et debellare superbos*), impondo lei e ordem ao mundo. A partir da perspectiva romana, isso era, essencialmente, o que Pompeu havia feito[28].

O RETORNO A ROMA E O "PRIMEIRO TRIUNVIRATO"

Em 62, Pompeu aportou em Bríndisi. Nos meses anteriores à sua chegada, alguns senadores preocuparam-se com a possibilidade de ele querer tomar o poder à força, como Sula fizera após sua guerra contra Mitridates. Crasso, obviamente, deixou Roma e levou sua família para uma propriedade rural, embora esse pareça ter sido um gesto cuja intenção era aumentar a já crescente histeria, e não uma resposta motivada por medo genuíno. Não obstante, as circunstâncias não eram, de modo algum, semelhantes às de 83, pois não havia oponentes armados esperando Pompeu, e o general, em seu retorno, logo deixou claro que não tinha desejo de tornar-se ditador. Em lugar disso, voltou a Roma e, depois de celebrar um espetacular triunfo que durou dois dias no fim de setembro, comemorando tanto a campanha contra os piratas como suas guerras orientais, dissolveu suas legiões. Nos últimos anos, ele usaria parte dos espólios da guerra para construir o primeiro teatro de pedra de Roma – um complexo de edifícios maior em escala do que qualquer monumento triunfal anterior. Suas realizações como general obscureceram as de qualquer senador vivo e, com efeito, de todas, exceto algumas poucas, gerações anteriores. Ele fez notar que seus três triunfos celebravam vitórias em continentes diferentes: África, Europa e Ásia.

Entretanto, o retorno de Pompeu a Roma não foi de todo feliz. Quase de imediato, ele se divorciou da esposa, a qual fora escandalosamente infiel durante sua ausência, mas durante um tempo não conseguiu encontrar uma substituta com as boas relações que lhe fossem adequadas. O temor que havia precedido o retorno do comandante vitorioso logo transformou-se em hostilidade, uma vez que os senadores começaram a se ressentir de um indivíduo que obtivera tanto prestígio, e buscavam meios de lhe restringir as ações. Foi criticado por tentar subornar o eleitorado a votar em um dos seus antigos legados, Lúcio Afrânio, na disputa pelo consulado do ano seguinte e, ainda mais importante, não conseguiu assegurar a ratificação formal da sua colônia oriental, nem garantir que os veteranos de seu exército que não tinham se estabelecido na Ásia recebessem terras. Nenhuma das suas propostas era, de modo algum, desarrazoada ou contrária aos melhores interesses da república, porém a maioria dos senadores mais influentes decidiu frustrá-las e, uma vez mais, a inexperiência de Pompeu como político dificultou que ele realizasse o que queria em Roma.

No final, foi forçado a tomar medidas mais desesperadas e, entre os anos 61 e 60 a.C., formou uma aliança política secreta com seu antigo rival Crasso e com Caio Júlio César. Para fortalecer essa relação, Pompeu casou-se com a filha de César, Júlia, e, apesar da enorme diferença de idade, o casamento foi extremamente feliz. No primeiro momento, a associação política foi igualmente bem-sucedida. Contando com o apoio garantido pelo dinheiro e pela influência dos outros dois, César venceu as eleições para cônsul de 59 e, durante o seu mandato de um ano, confirmou a colônia oriental por lei e distribuiu terras aos veteranos de Pompeu. Ele também tomou a estrada para emular a riqueza e os feitos militares de Pompeu. Apenas uma década mais tarde, a república romana novamente mergulharia na guerra civil, quando esses dois antigos aliados lutariam pela supremacia.

CAPÍTULO 8

CÉSAR NA GÁLIA

Caius Julius Caesar
(c. 100-44 a.C.)

Às vezes, ele travava uma batalha depois de cuidadoso planejamento, mas também, em algumas ocasiões, no calor do momento – quase sempre no final de uma marcha ou com tempo muito ruim, quando ninguém esperava [...] Ele nunca deixava que um inimigo em fuga se reorganizasse e sempre, portanto, invadia imediatamente seu acampamento.[1]

"Toda a Gália é dividida em três partes" (*Gallia est omnis divisa in parte tres*). As palavras de abertura da *A Guerra Gálica* de César ainda são familiares para muitos[2]. Para várias gerações de estudantes, a prosa elegantemente simples e gramaticalmente correta de César foi o primeiro contato com a literatura latina, de forma que a familiaridade pode, por vezes, ser tingida com memórias amargas. Mesmo hoje, quando os clássicos raramente fazem parte dos currículos escolares, Júlio César é uma das poucas figuras da Antiguidade cujos nomes são, em geral, lembrados, graças em parte ao seu famoso relacionamento com Cleópatra e ao seu espetacular assassinato, os quais forneceram muita inspiração para o teatro e o cinema.

Sejam quais forem os interesses principais, os historiadores militares provavelmente conhecem um pouco a respeito das campanhas de César, pois ele continua a ser incluído entre as fileiras dos generais mais bem-sucedidos e dotados de todos os tempos. Napoleão colocou César em primeiro lugar entre os grandes comandantes de cujas campanhas muito se pode aprender e, em Santa Helena, devotou algum tempo a produzir uma crítica detalhada do general romano, conforme descrito em *A Guerra Gálica* e *A Guerra Civil*. O imperador francês não foi o primeiro a aventar que César era, por vezes, inclinado ao exagero em seus relatos, embora, dado que seus pronunciamentos oficiais nos comunicados imperiais inspiraram o provérbio "mentir como um comunicado", não esteja claro se ele considerava essa afirmação uma ofensa séria. Mais recentemente, alguns historiadores têm usado a narrativa do próprio César para avaliar sua habilidade como comandante.

Os muitos detalhes dos *Commentarii* (*Comentários*) nos permitem conhecer mais sobre suas campanhas do que as de qualquer outro general romano. Há sete livros descrevendo as operações na Gália de 58 a 52 a.C., e três volumes abordam a Guerra Civil de 49 a 48 a.C. Outros livros, que não foram escritos por César, mas foram produzidos após sua morte por oficiais que serviram sob seu comando, cobrem as operações finais na Gália, em 51, e o restante da Guerra Civil. Não se sabe ao certo se cada um dos livros foi publicado no final do ano da respectiva campanha ou se a coleção foi lançada simultaneamente. É provável que tenha sido o primeiro caso e talvez tivessem a intenção de divulgar as realizações de César ao povo de Roma, enquanto suas operações ainda eram executadas. Diversas fontes atestam a grande velocidade com que César escreveu, e mais de uma autoridade, além de Cícero, declarou que os *Commentarii* constituem uma das maiores expressões da literatura latina. Poucos criticaram abertamente sua veracidade, apesar de um dos próprios subordinados de César ter afirmado que ele não dera a devida atenção a verificar os relatos de eventos que não tinha testemunhado. Muito raramente, em especial no que tange às campanhas gálicas, algum traço de versões alternativas sobrevive em outras fontes cobrindo esse período. Desse modo, a habilidade de César enquanto comandante é avaliada quase que exclusivamente por meio da sua própria narrativa, uma situação que, provavelmente, muitos generais da História invejariam.

Os *Commentarii* certamente relatam eventos de maneira favorável ao seu autor, apesar do uso da terceira pessoa em todo o texto tornar isso menos óbvio. É, porém, improvável que César tivesse liberdade total para inventar conforme lhe agradava, pois devemos lembrar que muitos senadores com legiões na Gália escreviam frequentemente às suas famílias e amigos em Roma. O irmão de Cícero Quinto serviu como um dos legados de César, e os irmãos correspondiam-se com regularidade. Sabe-se um bocado sobre as atividades do exército, e é bem possível que a narrativa básica dos *Commentarii* seja exata.

É, afinal de contas, devido aos escritos de próprio punho de César que muitos historiadores sentem-se capazes de criticar algumas das suas ações em campanha. Para muitos, ele aparenta ser um gênio falho, um homem inclinado a atitudes precipitadas, cujo talento quase sempre se mostra com maior clareza ao tirar seu exército de situações desesperadoras que seus próprios erros criaram. É, também, quase sempre considerado um líder heterodoxo que comandava de modo muito diferente se comparado à imensa maioria dos generais romanos, os quais os comentaristas modernos inclinam-se a ter como lentos e amadores. Os romanos com certeza não desenvolveram nenhuma instituição formal para treinar homens para o comando e, por isso, todos os seus comandantes, inclusive César, eram, nesse sentido, amadores. É importante, agora, discutir as campanhas de César no contexto das operações de outros generais romanos e, em particular, de seus contemporâneos, como Pompeu, e julgar se ele diferia ou não de forma fundamental de seus colegas em termos de estilo de comando[3].

INÍCIO DA VIDA E CARREIRA ATÉ 58 A.C.

Caio Júlio César nasceu por volta de 100 a.C. Sua família, os Julii Caesares, era constituída de patrícios que afirmavam descender da deusa Vênus, mas conseguiram produzir apenas um único cônsul durante todo o século II. César atraiu pela primeira vez a atenção generalizada durante a ditadura de Sula, quando expôs imagens de Mário no funeral de sua tia – e viúva de Mário – Júlia. Entre 80 e 78, ele iniciou o serviço militar, combatendo na Ásia e recebendo a *corona civica*. Enquanto retornava à Itália, seu navio foi atacado por piratas e ele foi tomado como refém. Durante todo o cativeiro, declarou continuamente que retornaria para testemunhar a crucificação de cada um dos piratas. Depois de o seu resgate ser pago, ele arregimentou forças, por iniciativa própria, das comunidades aliadas vizinhas e voltou para cumprir a promessa, apesar de, num ato de misericórdia, ter ordenado que os piratas tivessem suas gargantas cortadas antes de serem pregados nas cruzes. César possivelmente foi tribuno militar em 72 e talvez tenha servido contra Espártaco. Em 63, conquistou tanto o pretorado como o cargo de *pontifex maximus*, a posição sacerdotal suprema de Roma, com assistência de um tribuno que passou uma lei que mudava o procedimento da eleição[4].

Em grande parte, o início da carreira de César foi convencional, mas havia uma extravagância com relação ao seu comportamento que parecia causar controvérsia e que lhe trouxe muitos inimigos. Ele gastava com prodigalidade, muito além de seus recursos, para conquistar a simpatia dos pobres, oferecendo-lhes banquetes e diversão, e para associar-se às causas populares de sua época. Todos os jovens senadores que buscavam construir carreira pública procuravam destacar-se de seus pares, mas César levava tudo ao extremo, de maneira que atraía muito antipatia, em especial por seus talentos e sua inteligência serem obviamente excepcionais. Segundo acreditavam muitos senadores, ele se associara aos rebeldes de Catilina que tentaram dar um golpe de Estado em 63, suspeita que foi fortalecida quando ele argumentou no Senado mostrando-se contrário à imposição da pena de morte aos conspiradores. A maioria das pessoas também acreditava que Crasso estava envolvido no caso, mas, como grande parte da aristocracia romana lhe devia dinheiro, sentiu-se que não era boa política fazer disso um problema.

César era visto como politicamente instável, um libertino cujos dons naturais e ambição avassaladora o tornavam potencialmente perigoso. Seus casos amorosos – quase sempre com esposas de senadores ou de membros da classe equestre – foram muitos e, com frequência, tema de boatos. Pairava o persistente rumor de que, durante seu serviço no Oriente, ele tivera um caso homossexual com o idoso rei Nicomedes da Bitínia, de modo que era conhecido por ser "um homem para as mulheres e uma mulher para os homens". Tais injúrias rudes eram a moeda corrente da política romana, o que torna muito difícil saber se a história tinha base na realidade, mas o fato de César ser mulherengo era certo e ruidoso. Diz-se que ele seduziu tanto a esposa de Crasso, Tertúlia, quanto a terceira esposa de Pompeu, Múcia, de quem o general se divorciou ao retornar da Ásia. Um século mais tarde, era motivo de orgulho entre a aristocracia gaulesa afirmar que uma bisavó da família havia sido amante de César durante suas campanhas.

Em Roma, César atraía escândalos, embora nem todos fossem provocados por ele. Uma de suas obrigações como *pontifex maximus* era utilizar sua casa para a celebração do festival de Bona Dea, uma cerimônia na qual apenas as mulheres tinham permissão de estar presentes. Contudo, nessa ocasião, um senador desonrado chamado Clódio foi descoberto disfarçado de mulher para ter acesso aos ritos sagrados, e alegou-se que ele estava tendo um caso amoroso com a esposa de César. Este afirmou publicamente que acreditava não haver veracidade na história, mas, de qualquer modo, divorciou-se da esposa, declarando que "a esposa de César deve estar acima de qualquer suspeita". Uma vez mais, afastou-se dos outros homens e, apesar de o seu carisma pessoal conquistar muitas pessoas – inclusive as várias mulheres que se tornaram suas amantes –, era essa atitude de superioridade que levava aqueles que se opunham a ele a serem tão amargos em seu ódio. Catão, o Jovem, um homem cuja fama residia no modo de vida rigoroso semelhante ao do seu famoso ancestral, foi o mais proeminente entre estes. Seu ódio por César era profundo e tinha muito mais a ver com suas personalidades conflitantes do que com suas diferenças políticas. Durante o debate sobre a conspiração de Catilina, Catão percebeu que César tinha passado um bilhete e exigiu que este fosse lido em voz alta, obviamente esperando que contivesse algo que incriminasse seu inimigo. César objetou e, ao ser pressionado, finalmente passou o bilhete a Catão, que ficou desanimado ao descobrir que era, de fato, uma apaixonada carta de amor de sua própria meia-irmã, Servília (a mãe de Bruto, que iria liderar a conspiração contra César em 44 a.C.)[5].

Depois de seu mandato como pretor, César foi enviado como governador à Hispânia Ulterior, onde conduziu uma ação policial contra tribos rebeldes e recebeu o direito de realizar um triunfo. Contudo, ao enfrentar a obstrução deliberada de seus rivais políticos quando retornou a Roma, voluntariamente desistiu do direito de celebrar tal honra a fim de concorrer à eleição para cônsul. O sacrifício do triunfo fornece uma indicação do quanto César estava confiante em conquistar o cargo e receber uma glória ainda maior. A impaciência em conquistar seu intento rapidamente foi apoiada por Crasso e Pompeu, no caso do último com o apoio físico de suas gangues de veteranos ativas no Fórum, o que marcou sua campanha eleitoral e seu mandato com distúrbios e violência. No entanto, gradualmente, a maioria dos senadores percebeu que esses três homens haviam se unido numa aliança para dominar a república. O outro cônsul eleito para o mandato de 59, Marco Calpúrnio Bibulo, foi apoiado por elementos mais conservadores do Senado e, num primeiro momento, procurou bloquear todas as ações de seu colega. César respondeu tornando-se ainda mais radical nos métodos para forçar suas medidas, muitas das quais eram rejeitadas não por conta de seu conteúdo, mas simplesmente porque era ele quem as propunha. Em um incidente, Bibulo teve um cesto cheio de estrume descarregado em sua cabeça; depois disso, praticamente se retirou da vida pública pelo restante do ano. Uma testemunha declarou que havia dois cônsules naquele ano – Júlio e César.

Tradicionalmente, o Senado ainda alocava comandos provinciais, e seus oponentes, juntamente com a grande maioria que não aprovava as táticas do cônsul, determinaram que César deveria receber a atividade pouco gloriosa de supervisionar as estradas e as florestas da Itália. Desse modo, o perigoso radical fora privado da possibilidade de conquistar glória e enriquecer – suas dívidas eram, como todos sabiam, enormes. Essa manobra foi anulada novamente quando um tribuno apresentou um projeto de lei à Assembleia Popular para conferir o governo das províncias a cidadãos. César recebeu a Ilíria e a Gália Cisalpina, à qual a Gália Transalpina foi acrescentada, quando chegaram notícias de que seu governador tinha morrido. Seu comando deveria durar cinco anos – mais tarde, foi estendido para dez. Embora não tivesse a mesma escala do comando do Mediterrâneo oriental dado a Pompeu, ainda era uma grande responsabilidade para um único magistrado. Era ainda mais incomum pelo fato de não haver guerra, nem mesmo uma ameaça expressiva nessa região que justificasse a alocação de tantos recursos nas mãos de um único homem. César partiu para a sua província precisando desesperadamente conquistar glória e espólios, mas não é claro se já tinha decidido onde consegui-lo. É mais do que provável que tenha planejado uma campanha nos Bálcãs contra o reino forte e rico da Dácia (a região compreendida hoje, em parte, pela moderna Romênia). Então, uma oportunidade apresentou-se de forma repentina na fronteira da Gália Transalpina, e o foco do seu esforço de guerra voltou-se para aquela direção[6].

A MIGRAÇÃO DOS HELVÉCIOS, 58 A.C.

No início da primavera de 58 a.C., os helvécios – povo gaulês que ocupava a área mais ou menos equivalente à moderna Suíça – começaram a migrar, seguindo uma rota que os levaria através do rio Reno e da província romana da Gália Transalpina. A migração foi motivada pelo crescimento da população, que criara uma demanda por terra fértil em quantidade para cultivar. César afirma que eles planejavam chegar à costa ocidental da Gália, a região próxima à foz do rio Garona. Ele também sustenta que, com grande parte de seu território tribal cercado por montanhas, os helvécios sentiam-se confinados porque tinham oportunidades limitadas para saquear os vizinhos. A guerra era endêmica entre as tribos gaulesas e germânicas e, quase sempre, assumia a forma de expedições de saque que permitiam aos chefes militares conquistar glória e butim, além de manter um grupo de guerreiros como seus atendentes pessoais. Muitas das tribos, em especial as do sul e do centro da Gália, estavam evoluindo do sistema de liderança tribal para Estados organizados, cujo governo ficava nas mãos de magistrados eleitos. Contudo, alguns indivíduos da nobreza ainda detinham considerável poder, baseado nos guerreiros sob seu comando e apoiados por homens a eles ligados por laços de sangue ou por dívidas.

O relato de César é cheio de descrições das tentativas com que tais homens buscavam tomar o poder supremo nas suas tribos e, por vezes, em outros territórios. Um desses homens, um certo Orgetorix, que havia habilmente casado suas parentes do sexo feminino com nobres poderosos das tribos vizinhas para conquistar influência, originalmente inspirou os helvécios a migrar em 61 a.C. No entanto, enquanto os helvécios se preparavam para isso, as ambições de Orgetorix o puseram em conflito com os magistrados da tribo. Depois de uma tentativa fracassada de intimidá-los com uma mostra da força à sua disposição, ele foi julgado e morreu em circunstâncias um tanto misteriosas. Mesmo assim, pelo menos um dos associados de Orgetorix, seu genro, o nobre éduo Dumnorix, ajudou os helvécios durante sua migração. Pode bem ser que facções de diversas tribos gaulesas tenham recebido bem os migrantes, esperando, com sua ajuda, conquistar poder entre seus povos ou dominar seus vizinhos. Um exército de tribos germânicas liderado pelo rei Ariovisto fora convidado, alguns anos antes, a ir à Gália pelo povo sequano, subsequentemente vindo a dominar uma vasta área no centro do país. Há, provavelmente, muito fundo político no movimento migratório helvécio, o qual César escolheu não explicar, e outros que talvez ele desconhecesse[7].

A morte de Orgetorix com certeza nada fez no sentido de impedir os helvécios do seu empreendimento, e eles continuaram a amealhar suprimentos para a jornada. Como marca da determinação de não voltar, incendiaram suas próprias aldeias e fazendas antes de partir. César afirma que cerca de 368 mil pessoas migraram, sustentando que o número era baseado em registros mantidos pelos helvécios e escritos com caracteres gregos, os quais seus legionários capturaram no final da sua campanha. Como de costume, não temos meios de verificar a confiabilidade dessa estimativa e não podemos afirmar nada além de que um número substancial de guerreiros e de suas famílias migrava. Como os cimbros e os teutões, eles não viajavam numa única coluna, mas em diversos grupos separados e espalhados por uma grande área. César observa, a certa altura, que levaram vinte dias para cruzar o rio Arar (atual Saône), o que reforça o quadro de muitos comboios de colonos, semelhantes às ondas de caravanas que cruzaram o oeste dos Estados Unidos no século XIX d.C. Na sua narrativa, César fez um esforço concentrado de se referir ao espectro dos cimbros e teutões, lembrando seus leitores, em diversas ocasiões e com detalhes, que alguns dos helvécios, sobretudo o clã dos tigurinos, tinham tomado parte em movimentos anteriores similares e haviam derrotado o exército do cônsul Silano em 107[8].

César recebeu um relatório da migração enquanto ainda estava em Roma e partiu imediatamente para a Gália Cisalpina — a velocidade com que viajou, tanto cavalgando como em carruagem leve, impressionou seus contemporâneos. Ele estava determinado a evitar qualquer incursão ao território romano e, mais do que isso, percebia uma oportunidade de travar a guerra dramática e bem--sucedida pela qual desesperadamente ansiava. A guarnição da sua grande província das Duas Gálias e da Ilíria consistia em quatro legiões, numeradas VII, VIII, IX e X, e apoiadas por um número não especificado de auxiliares. Estes incluíam cavalaria espanhola, infantaria ligeira númida e talvez também cavaleiros, arqueiros da ilha de Creta e fundeiros baleares, além de várias tropas gaulesas arregimentadas localmente. No entanto, apenas uma legião — César não especifica qual — e alguns auxiliares estavam na Gália Transalpina imediatamente disponíveis para enfrentar a ameaça. Para atrasar os helvécios, César ordenou que a ponte sobre o Reno próxima de Genebra fosse destruída[9].

Uma embaixada dos helvécios foi ter com César a fim de pedir permissão para passar através de parte da província romana durante sua jornada, prometendo não causar danos enquanto lá estivessem. O comandante romano já decidira negar o atendimento do pedido, mas, naquele momento, respondeu que precisava de tempo para considerar sua resposta e pediu aos embaixadores que retornassem alguns dias depois. Entrementes, ordenou aos seus soldados que construíssem uma linha de fortificações que se estendia por cerca de trinta quilômetros a partir do lago Genebra até os montes Jura.

Quando os enviados retornaram, foram informados pelo procônsul de que ele não lhes daria permissão para passar pelo território romano e que resistiria a qualquer tentativa de realizarem esse intento.

Durante os dias seguintes, pequenos grupos de helvécios, quase sempre escondidos pela escuridão, tentaram cruzar o vau do Reno ou transpô-lo por meio de balsas e passar pela linha romana. O atraso a eles imposto, enquanto lutavam para passar pela vala e a muralha romana, deu tempo para que as reservas chegassem ao local, e cada tentativa era repelida por uma saraivada de projéteis. Bloqueados, os helvécios retornaram e, com a cooperação de Dumnorix, que exercia certa influência sobre aquela tribo, tomaram uma rota alternativa através das terras dos sequanos. Deixando seu legado Tito Labieno encarregado das tropas responsáveis pela linha fortificada, César retornou à Gália Cisalpina para buscar suas três legiões acampadas em Aquileia e arregimentou duas novas formações, XI e XII. É mais do que provável que ele tenha despachado ordens para que essas forças começassem a se deslocar antes da sua chegada. À frente das cinco legiões, ele, então, retornou pela rota mais curta, forçando o caminho através dos passos alpinos, apesar dos ataques das tribos locais – os Alpes não foram totalmente conquistados pelos romanos até as terras ao seu redor estarem sob seu controle. A dificuldade das operações nas montanhas e o magro espólio a ser conquistado fazia que essa área não fosse atraente para um magistrado em busca de fama e fortuna. Não foi senão no final do século I a.C., sob o comando do filho adotivo de César e primeiro imperador de Roma, Augusto, que a autoridade romana foi finalmente imposta a essa região[10].

César já tinha cruzado o Reno quando recebeu relatórios das tribos aliadas, notadamente dos éduos, reclamando que os helvécios estavam saqueando suas terras. Ele imediatamente avançou contra os migrantes, alcançando as colunas mais à retaguarda, constituídas principalmente pelos tigurinos, no Saône. À frente das três legiões, ele deixou o acampamento durante a noite e lançou um ataque repentino. A surpresa foi completa, e os gauleses foram massacrados ou dispersos com poucas perdas para os romanos. (Além da vingança obtida pela república por 107, César menciona, nessa altura, sua satisfação pessoal ao derrotar os tigurinos, uma vez que o avô de seu sogro fora morto com Silano.) O exército romano cruzou, então, o rio Saône e seguiu o corpo principal dos helvécios. César tinha agora seis legiões, uma força de, talvez, trinta mil homens e quatro mil auxiliares de cavalaria, incluindo um contingente de éduos liderado por Dumnorix. Enviados das tribos helvécias pediam que os romanos lhes concedessem terras, afirmando que se estabeleceriam com prazer onde quer que tais terras lhes fossem dadas. No entanto, recusaram de imediato a exigência que César fez de receber reféns em troca da concessão. No dia seguinte, os helvécios retiraram-se, porém sua cavalaria, em número inferior à dos romanos, infligiu uma derrota vergonhosa aos cavaleiros auxiliares de Roma, que os perseguiram sem tomar as devidas precauções. Houve rumores de que o ataque foi liderado por Dumnorix e seus homens. Encorajados, alguns dos helvécios se detiveram para oferecer batalha. César declinou e, pelas duas semanas seguintes, seguiu o inimigo, com sua vanguarda permanecendo a cerca de dez quilômetros atrás da tribo mais próxima.

Abastecer suas forças era e ainda é sempre uma das principais preocupações de qualquer comandante, e o exército de César estava começando a ficar sem suprimentos. Ele estivera alimentando seus homens com provisões trazidas do Saône de barco, mas, conforme se afastava cada vez mais do rio, isso se tornava impraticável. Os éduos deviam ter trazido quantidades consideráveis de grãos para seu exército, mas não o fizeram de modo eficiente. César reuniu os dois magistrados principais, ou *vergoerets*, da tribo – um dos quais era Diviciaco, irmão de Dumnorix. Dumnorix foi julgado culpado de atrasar deliberadamente a entrega de trigo e foi aprisionado, porém, como um favor a Diviciaco, sua punição limitou-se à detenção[11].

No mesmo dia, os batedores de César reportaram que os helvécios tinham acampado à noite numa planície dominada por terreno elevado, a cerca de quinze quilômetros do acampamento romano. Uma patrulha foi enviada para examinar essas colinas e as trilhas que levavam a elas. Descobriu-se que eram fáceis de atravessar, e César decidiu lançar outro ataque-surpresa sob a proteção da escuridão. Labieno e duas legiões, guiados por homens que tinham tomado parte na patrulha anterior, foram enviados na frente para ocupar o terreno elevado. Labieno recebeu ordens estritas para não entrar em batalha até que visse o restante do exército chegando para a operação. Uma hora mais tarde, o próprio César comandou a força principal ao longo da mesma rota. À frente da coluna ia a cavalaria, precedida por patrulhas de batedores sob o comando do experiente Públio Consídio, que tinha servido sob Sula e Crasso e era, provavelmente, tribuno. Ao amanhecer, Labieno já havia dominado o térreo elevado e César estava a mais de dois quilômetros de distância. Os helvécios, que, como muitos exércitos tribais, moviam-se desordenadamente e tomavam poucas precauções para proteger-se de ataques-surpresa, ainda não tinham percebido a presença das forças romanas. Contudo, Consídio galopou de volta para informar que as colinas estavam tomadas pelo inimigo, afirmando que reconhecera as tropas colocadas em seus lugares por conta das suas armas e insígnias – possivelmente o padrão dos escudos ou estandartes. Longe demais para ver tal detalhe, César teve de assumir que sua vanguarda tinha, na melhor das hipóteses, se perdido, ou, na pior, encontrado o desastre. Ordenando que seu exército parasse, comandou seus homens de volta até a colina mais próxima e colocou sua força em formação de batalha. Algumas horas se passaram até que suas patrulhas confirmassem que Labieno estava, de fato, onde deveria estar e, a essa altura, os helvécios, ainda desconhecendo a atividade do inimigo, tinham continuado sua marcha. César os seguiu e acampou a cinco quilômetros de distância da tribo mais próxima[12].

A tentativa de surpreender o acampamento inimigo tinha fracassado, mas o incidente é, não obstante, muito informativo. O método empregado – relato inicial de batedores confirmado por patrulhas de reconhecimento do terreno que, então, atuam como guia das colunas principais – não seria, em essência, diferente da rotina de um exército moderno. A capacidade de deslocar grandes números de soldados em segurança à noite é um sinal de alto nível de eficiência militar. O exército de Aníbal demonstrara superioridade marcante sobre seus oponentes romanos na capacidade de mover-se à noite, mais notadamente antes de Trasimeno e na fuga da planície Falerniana. Apenas poucas das legiões formadas pelo antigo sistema de milícia eram suficientemente bem treinadas e disciplinadas para realizarem tais manobras, porém, na época das campanhas de Pompeu e de César, elas parecem ter sido lugar comum. A velocidade com que César cruzou o rio Saône, num único dia, também reflete o maior grau de profissionalismo e perícia das legiões sob seu comando. Entretanto, as operações noturnas eram sempre passíveis de confusão, e nesse caso um relato falso resultou na desistência do ataque.

Àquela altura, o exército de César estava ficando com pouquíssimos suprimentos, e, como os éduos não tinham ainda entregado os grãos prometidos, ele resolveu levar as tropas até o local onde estavam os suprimentos, marchando para a sua principal cidade, Bibracte, a cerca de trinta quilômetros. As notícias dessa mudança de direção foram levadas aos helvécios por alguns cavaleiros auxiliares gauleses que desertaram para o seu lado. Eles interpretaram a manobra como tendo sido provocada por medo e decidiram que chegara o melhor momento de livrar-se de seu perseguidor. Quando os romanos tomaram outro rumo, os gauleses também mudaram de direção e os seguiram, atacando a retaguarda. César levou seus homens a uma colina e, enviando a cavalaria para atrasar o inimigo, colocou as legiões em formação de batalha. As quatro unidades veteranas adotaram o usual *tríplex acies* na metade da encosta, antes do topo. Atrás delas estavam as legiões XI e XII, ainda inexperientes, com a infantaria auxiliar e o comboio de bagagens. Elas receberam ordens de erguer um acampamento, embora não seja claro quanto trabalho empregaram nessa atividade. César não confiava nos legionários recrutados recentemente para colocá-los na linha principal de batalha, mas esperava que a visão de uma encosta repleta de soldados impressionasse o inimigo.

É provável que um comandante acima dos tribunos das unidades fosse nomeado para cada legião. (Em outra batalha, mais tarde naquele mesmo ano, o questor de César e cinco legados seriam encarregados de uma legião, de modo que "cada homem pudesse ter uma testemunha do seu valor"[13].)

César ordenou que seu cavalo, bem à vista de todos, seguido por um dos seus oficiais, fosse enviado à retaguarda. Ele também fez um discurso encorajador – provavelmente várias vezes, pois não teria sido possível dirigir-se a toda a linha ao mesmo tempo. É interessante notar que César muito raramente reconta seus discursos em detalhe, a não ser quando deseja fazer uma afirmação política. Conforme os romanos preparavam-se para batalha, os helvécios repeliram a sua cavalaria e formaram uma densa linha de guerreiros aos pés da colina – eles são, na verdade, descritos como uma falange por César. Atrás dos guerreiros estavam seus familiares em carroças, para observar a luta e testemunhar o comportamento de seus homens.

Os helvécios estavam extremamente confiantes e avançaram de pronto colina acima para atacar a linha romana que aguardava. Os legionários esperaram até que estivessem ao alcance de seus *pila* – cerca de quinze metros ou, talvez, um pouco mais, devido ao fato de estarem em terreno elevado – e, então, arremessaram esses pesados dardos. A tática era a mesma empregada pelos homens de Mário em Águas Sêxtias, como foi também o resultado. As pequenas pontas em forma de pirâmide das armas pesadas perfuravam os escudos, ocasionalmente fixando dois escudos sobrepostos, e, conforme eram projetadas, as longas e finas hastes passavam através do orifício e atingiam o homem atrás do escudo. Alguns gauleses foram mortos ou gravemente feridos, e muitos outros tiveram seus escudos cravados com o maciço *pilum*, que não podia ser retirado com facilidade, fazendo com que os largassem para lutar sem proteção. A combinação do avanço morro acima com o devastador lançamento de dardos dos romanos havia quebrado a formação dos helvécios e tirado muito do ímpeto do seu avanço. Quando os romanos sacaram suas espadas e atacaram morro abaixo em boa formação, tinham uma vantagem marcante.

Mesmo assim, demorou algum tempo – César diz *dandem* ou "mais tarde", porém é sempre difícil quantificar tal expressão – até os helvécios começarem a desistir. Eles recuaram cerca de oitocentos metros, e, presumivelmente, pela maior parte dessa distância as duas linhas de combate não estiveram em contato. Conforme as legiões avançavam para retomar a batalha, encontraram, de repente, uma nova ameaça. Os boios e os tulingos, dois subgrupos gauleses que acompanhavam os migrantes, formavam a retaguarda e, em função disso, chegaram mais tarde à batalha. Agora, eles ameaçavam o flanco exposto dos romanos. As legiões destacaram as coortes das suas terceiras linhas para formar uma nova linha de combate e enfrentar essa ameaça, enquanto a primeira e a segunda linhas continuavam pressionando o corpo principal do inimigo. A luta seguiu nas duas frentes por cerca de cinco horas, os romanos gradualmente forçando os helvécios cada vez mais morro acima e os boios e os tulingos de volta às carroças e ao comboio de bagagens, onde conseguiram usar as carroças para formar uma barricada. Alguns guerreiros lançaram dardos do alto desse baluarte improvisado, enquanto outros arremessavam objetos entre as rodas, mas, no final, os legionários forçaram essa defesa e a romperam. As baixas romanas foram bastante pesadas, pois os homens de César passaram os três dias seguintes cuidando dos feridos e enterrando os mortos. As baixas gaulesas foram, como é comum para um exército derrotado, consideravelmente maiores, e diversos prisioneiros distintos caíram nas mãos dos romanos, entre eles uma das filhas de Orgetorix[14].

Os helvécios retiraram-se até o território dos lingones, mas César havia lhes enviado mensageiros instruindo-os a não prestar qualquer auxílio ou dar alimentos aos fugitivos, do contrário teriam de enfrentar um ataque romano. Ameaçados pela fome, os helvécios mandaram enviados para pedir a paz, e dessa vez se submeteram à exigência de deixar reféns com os romanos. O poder dos líderes nas sociedades tribais raramente era absoluto, e pode ter sido essa independência de espírito que estimulou um grupo de cerca de seis mil pessoas a fugir durante a noite. César enviou mensageiros para ordenar às tribos por cujas terras os fugitivos passassem que os prendessem. Quase todos foram detidos enviados a ele e vendidos como escravos. Os remanescentes dos helvécios receberam instruções de retornar às suas terras natais. Os alóbroges, um povo vizinho que vivia dentro da província romana, foram ordenados a dar aos helvécios uma quantidade significativa de grãos para sustentá-los enquanto reconstruíam suas comunidades e semeavam plantações para o ano seguinte. Contudo, um subgrupo dos migrantes, os boios, conforme pedido expresso dos éduos, recebeu permissão de se estabelecer junto a estes. A colonização tinha a intenção de dar segurança à província romana e aos aliados de Roma. César afirma que apenas 110 mil helvécios retornaram aos seus; no entanto, devido ao desejo dos romanos de mensurar o sucesso militar com números espetacularmente grandes e aparentemente precisos dos mortos e capturados, devemos tratar com extremo ceticismo a implicação de que cerca de 258 mil pessoas pereceram ou foram escravizadas na campanha[15].

CÉSAR EM CAMPANHA, 58-53 A.C.

Logo depois da derrota dos helvécios, César recebeu apelos de diversas tribos gaulesas, inclusive dos éduos, para que os ajudasse contra Ariovisto, que comandava um exército de cerca de 120 mil guerreiros germânicos. Há um elemento de ironia nessa informação, pois o líder germânico tinha recentemente recebido o título de Rei e Amigo do Povo Romano, outorgado pelo Senado durante o mandato de César como cônsul[16]. Explicando que a necessidade de proteger os aliados de Roma e a província romana cancelava tal consideração,

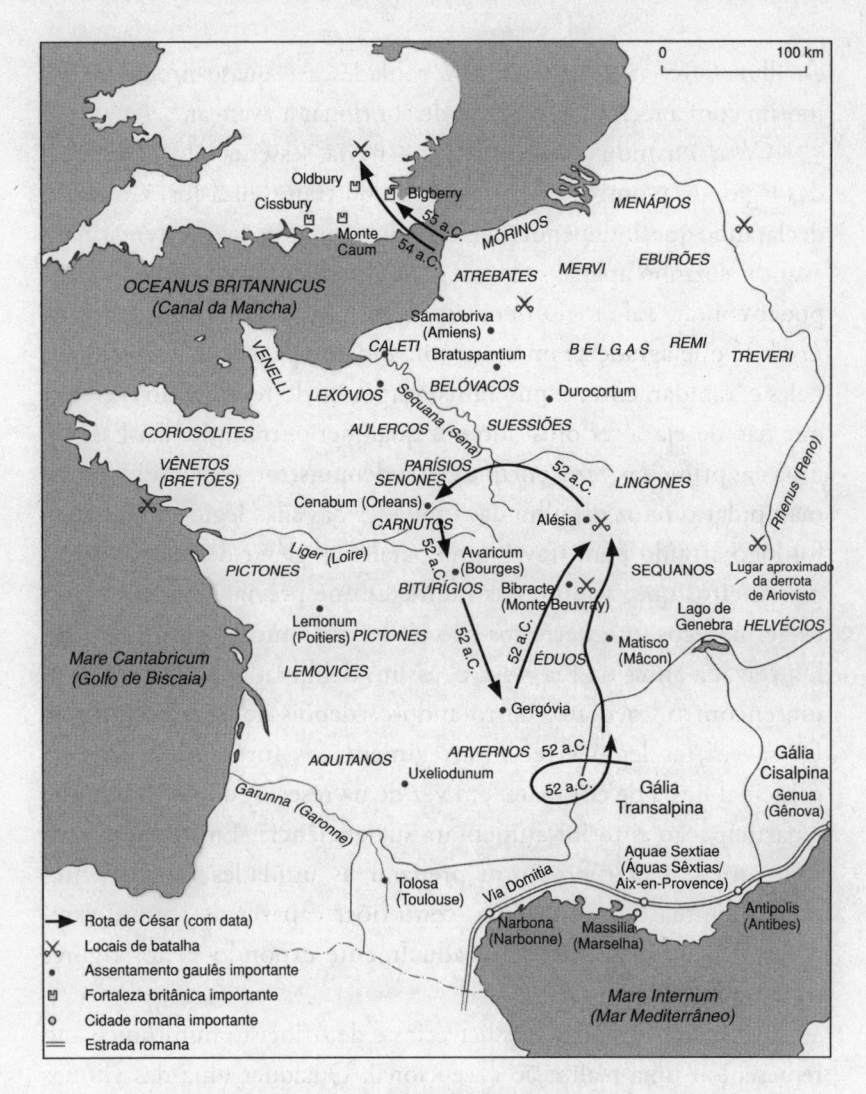

A CAMPANHA DE CÉSAR NA GÁLIA

o comandante romano avançou para confrontar esse novo inimigo. Apesar de toda a confiança do general, parece que, durante um tempo, o espírito do seu exército fraquejava devido aos rumores espalhados por mercadores e auxiliares gauleses sobre o tamanho e a ferocidade dos guerreiros germânicos. Os tribunos e outros oficiais graduados foram os primeiros a se influenciarem pelas notícias, mas o pânico espalhou-se com rapidez entre a soldadesca e quase produziu um motim com a recusa do exército de continuar a avançar.

César chamou os centuriões – havia sessenta em cada uma das legiões – e outros oficiais e procurou tranquilizá-los. Concluiu declarando que, independentemente do que o resto fizesse, tencionava avançar sozinho apenas com a *Legio X*, com a qual tinha certeza de poder contar. Tal elogio imediatamente conquistou os soldados da *Legio X*, que agradeceram a seu comandante pela fé que depositava neles e, rapidamente, expuseram a vergonha do restante do exército, que não desejava ser ofuscado por qualquer outra unidade. Essa foi uma das primeiras vezes em que César demonstrou sua habilidade em manipular o feroz orgulho das unidades das suas legiões. Ariovisto foi logo atraído para travar uma batalha – César descobrira pelos prisioneiros que, segundo as mulheres que previam o futuro para os germânicos, os guerreiros não poderiam vencer nenhuma batalha travada antes da lua nova e, assim, deliberadamente provocou um encontro imediato, derrotando-os depois de uma luta árdua. Dessa vez, as legiões recém-arregimentadas foram colocadas na principal linha de combate, em vez de na reserva, o que indica que a participação anterior aumentara sua eficiência. Em todas as suas campanhas, César procurou preparar as unidades inexperientes para o combate, promovendo centuriões capazes de legiões veteranas a posições elevadas e gradualmente expondo-as aos rigores da campanha[17].

A derrota completa dos helvécios e de Ariovisto num único ano representou uma realização excepcional. Qualquer uma das vitórias teria normalmente satisfeito um governador romano em termos de angariar fama e obter espólio. Conquistar ambas teria garantido ao homem um lugar de proeminência no Senado. Não obstante, para César, seguro no seu comando especial, elas eram apenas o começo. No ano seguinte, ele respondeu a um ataque contra outra tribo aliada, os remos, indo contra os povos belgas do nordeste da Gália. Um confronto inicial, quando os dois exércitos ocupavam uma forte posição e relutavam em deixá-la para atacar o inimigo em desvantagem, terminou quando os belgas ficaram sem alimentos – problema frequente dos exércitos tribais sem uma seção organizada para suprir o exército com alimentos e equipamentos. Retirar-se de um inimigo tão próximo era sempre uma operação arriscada, e os guerreiros sofreram demasiadamente enquanto vagueavam sob a proteção da escuridão. César, então, avançou e começou sistematicamente a assolar o território de cada tribo. Levou algum tempo para que os belgas conseguissem reunir de novo seu principal exército, mas, quando isso aconteceu, foram capazes de lançar um ataque-surpresa contra o exército romano, enquanto este levantava seu acampamento perto do rio Sambre. A descrição que César faz dessa luta confusa é uma das passagens mais famosas de *A Guerra Gálica*:

> César tinha de fazer tudo ao mesmo tempo: erguer o estandarte, que era o sinal de apresentar armas, soar a trombeta que chamava os soldados do trabalho, trazer de volta os homens que tinham saído do acampamento em busca de materiais para construir o baluarte, formar a linha de batalha, discursar para os soldados e dar o sinal de batalha.[18]

Conforme ele e seus legados, que tinham recebido ordem de permanecer com seus homens até que as fortificações do acampamento estivessem prontas, buscavam criar algo semelhante a uma linha de combate, César cavalgou ao longo da linha de batalha, indo de legião em legião.

Depois de discursar para a *Legio X*, César correu até a ala direita, onde viu seus homens sendo duramente pressionados e os estandartes [termo usado para descrever as formações de uma unidade] da *Legio XII* agrupados em um local, os soldados tão próximos um dos outros que isso os impedia de lutar. Todos os centuriões da quarta coorte tinham sido mortos, o porta-estandarte [sinalizador] estava morto e seu estandarte, capturado; nas demais coortes, quase todos os centuriões estavam mortos ou feridos, inclusive o primus pilus Sexto Júlio Báculo, homem excepcionalmente corajoso que estava exaurido por muitos ferimentos sérios e não conseguia mais ficar de pé; os outros soldados estavam cansados, e alguns na retaguarda, desistindo da luta, retiravam-se da zona de alcance dos dardos; o inimigo estava aproximando-se das encostas em frente e pressionava duramente nos dois flancos. Ele percebeu que a situação era crítica e que não havia reservas disponíveis; pegou, então, o escudo de um homem nas fileiras da retaguarda – estava sem o seu –, avançou até a linha de frente chamando os centuriões pelo nome, encorajando os soldados, e ordenou que a linha avançasse e as unidades abrissem maior espaço entre elas, de forma que pudessem usar suas espadas com maior facilidade. Sua chegada trouxe esperança aos soldados e reanimou seus espíritos, cada homem querendo dar o seu melhor em face do general, mesmo numa situação desesperadora como aquela. O avanço inimigo foi atrasado durante um tempo.[19]

Em batalha, César movimentava-se muito cavalgando – a não ser pela derrota dos helvéticos, não há nenhuma menção sobre ele comandando a pé em qualquer outra ação de campo – logo atrás da linha de batalha para observar o combate e responder de pronto. Nesse caso, conforme ele diz, "não havia nenhuma reserva disponível" e, então, o comandante foi em pessoa unir-se à linha de combate. Lá, tentou inspirar as tropas – tratando os centuriões como indivíduos, homens que conhecia e reconhecia (e podia, portanto, recompensar), e os legionários menos especificamente – e deu ordens para se reorganizarem e avançarem a linha. Apesar de César reconhecer o perigo da situação ao pegar emprestado um escudo, em nenhum ponto diz que, de fato, participou do combate. Em lugar disso, enfatiza seu papel de encorajar e orientar suas tropas.

Não há histórias escritas sobre César equivalentes àquelas que narram as lutas de Pompeu, de espada ou lança na mão e infligindo ou recebendo ferimentos. A tradição heroica incorporada por Marcelo e, até certo ponto, por Pompeu não tinha lugar no estilo de comando de César. Em todos os *Comentários*, sua coragem física é assumida e sua bravura moral é capaz de enfrentar qualquer crise, sem nunca duvidar de que se sairia vitorioso no final. No relato de César, seus legionários são disciplinados, leais, adaptáveis e corajosos; seus centuriões, tanto individualmente como no todo, completamente confiáveis e desdenhosos do perigo. Seu tratamento dispensado aos oficiais graduados varia. Algumas vezes, estes tomam a decisão errada ou ficam nervosos e entram em pânico. Apenas muito raramente os centuriões ou soldados hesitam. O próprio general nunca perde sua calma ou a certeza de que irá vencer. Em batalha, ele se move logo atrás da linha de combate, indo de um ponto crítico a outro. Ao longo de toda a linha, seus oficiais graduados agem da mesma forma, encorajando e orientando os soldados de modo semelhante, embora com menos talento, mas cada um desses homens estava ligado a um setor particular e não podia mover-se conforme sua própria vontade. Apenas em poucas ocasiões, César admite que não previu uma crise, porém normalmente outro oficial era capaz de reagir. Na batalha contra Ariovisto, foi Públio Crasso – o filho mais novo do aliado político de César – "que comandou a cavalaria e conseguiu mover-se com mais liberdade do que aqueles que estavam na linha principal" – que viu uma ameaça dos germânicos ao flanco romano e ordenou às coortes da terceira linha que o enfrentassem[20].

A Batalha de Sambre foi uma das mais duras travadas por César. Foi de muitas maneiras uma batalha de soldados, vencida pela tenacidade dos seus legionários, que se recusaram a desistir, mas o general e seus comandantes fizeram o que podiam para dirigir o combate. César conseguiu estabilizar sua ala direita, consistindo nas legiões XII e VII, sob ataque, contudo a posição foi apenas salva quando Labieno rompeu a resistência inimiga à esquerda e tomou seu acampamento. Observando a situação, ele enviou a *Legio X* de volta para atacar a retaguarda belga.

O restante do verão foi dedicado à supressão das tribos belgas. Em 56, César não enfrentou nenhuma forte confederação de tribos e dividiu seu exército para realizar campanhas em diversas regiões da Gália simultaneamente. Talvez a realização mais notável do ano tenha sido a derrota, numa batalha naval, para os vênetos, que viviam onde hoje é a Bretanha. César estava um tanto tomado pelas preocupações políticas daquele ano, pois pareceu, por um tempo, que o triunvirato estava se dissolvendo. Foi apenas por meio de uma reunião feita às pressas com Pompeu e Crasso, acompanhados por mais de uma centena de senadores que desejavam conquistar favores, em Luca, na Gália Cisalpina, que ele conseguiu resolver as diferenças entre os dois. Ambos os homens concordaram em tornar-se cônsules no ano seguinte e providenciaram que o comando de César fosse estendido para dez anos[21].

Há forte semelhança entre as campanhas de César na Gália e as operações de Pompeu no Oriente Médio. Nos dois casos, eles possuíam muito mais recursos e liberdade de ação do que a imensa maioria dos governadores romanos. Os dois também foram assegurados de que não seriam substituídos por um novo procônsul até que estivessem prontos e, desse modo, puderam planejar suas ações com antecedência em vez de simplesmente improvisarem em busca de glória imediata. As guerras que travaram foram, ao menos pelos padrões romanos, justificadas e movidas pelo bem da república – César deu-se ao trabalho de enfatizar esse fato em detalhes nos seus *Comentários*. As campanhas foram realizadas para proteger os aliados e os interesses de Roma, ou, simplesmente, seu poder. Um povo independente que não demonstrava respeito suficiente pelo poderio romano era culpado de orgulho e, assim, uma ameaça potencial que merecia receber uma lição. O verbo *pacare*, pacificar, era um eufemismo comum em Roma, que implicava impor pela força a vontade dos romanos sobre outros povos, e aparece com alguma frequência nos *Comentários*. Dessa forma, as legiões pilharam toda a Gália até chegar ao Atlântico, no oeste, ao canal da Mancha e ao mar do Norte, no norte, e ao Reno, no leste.

As atividades de César e de Pompeu diferiam do modo como os romanos faziam guerra porque as decisões principais sobre onde deveriam operar eram feitas, em grande parte, pelos próprios comandantes, sem quase nenhuma orientação do Senado. A imensa maioria dos senadores reconhecia que suas operações beneficiavam Roma, mas eles devem ter ressentido ou invejado demasiadamente esses dois indivíduos que conquistaram tanta glória pessoal. No entanto, enquanto órgão, eles não tinham nenhum controle sobre o que esses comandantes iriam fazer. Não obstante, nem mesmo os inimigos políticos podiam deixar de comemorar as incríveis conquistas das legiões. Numa ocasião, suspeitou-se que César estava traindo sua confiança ao atacar uma tribo germânica enquanto negociava com seus líderes – uma acusação que, por seu próprio relato, parece ter algum fundamento. Catão fez um discurso no Senado sugerindo que César fosse entregue aos germânicos, mas pode simplesmente ter querido confirmar sua reputação de pouco virtuoso, uma vez que ele, provavelmente, não tinha expectativas de que isso pudesse ser feito. Ele mesmo nunca parece ter questionado se as campanhas realizadas na Gália eram, de fato, do interesse de Roma. Como Pompeu, no Oriente, os oponentes de César deixaram-no vencer guerras pelo bem da república e aguardaram para opor-se a ele em seu retorno a Roma, quando se tornaria um cidadão privado de novo[22].

As operações de César na Gália foram conscientemente planejadas para serem espetaculares, já que ele sempre estava de olho na opinião de Roma. Em 55, construiu uma ponte sobre o Reno, descrevendo o projeto em detalhes favoráveis em *A Guerra Gálica*, pois tais feitos de engenharia eram passíveis de elogio quase tanto quanto as batalhas ou os cercos bem-sucedidos. Ao cruzar a ponte, tornou-se o primeiro general romano a marchar contra as tribos germânicas em seu próprio território, apesar de, na verdade, ter evitado batalhas e realizado pouco além de demonstrar seu poderio e capacidade de alcançá-los. No ano seguinte o exercício foi repetido, enfatizando às tribos a capacidade das legiões de construir tais maravilhas à vontade. Tanto em 55 como em 54, ele também comandou expedições além do mar até a Britânia, uma ilha misteriosa que mal fazia parte do mundo real.

A razão declarada por ele para realizar a invasão era que acreditava em que os gauleses tivessem sido ajudados pelos britânicos durante as recentes campanhas. Isso não é impossível, mas é improvável que tal apoio tenha sido em grande escala. Suetônio nos dá outro motivo, afirmando que sua predileção pessoal por pérolas o levou à Britânia, a qual acreditava-se ser rica nesse produto. Entretanto, mais do que qualquer outra coisa, foi, de fato, o desejo tipicamente romano de realizar algo nunca feito antes por outro comandante. A Britânia era uma terra prodigiosa, cujos habitantes combatiam em carruagens do mesmo modo que os heróis da *Ilíada,* uma técnica que os gauleses abandonaram séculos antes. César conquistou a submissão formal das tribos do sudeste, impondo a elas um tributo anual, embora não saibamos se alguma vez elas o pagaram. O mais importante foi que, por essa realização, o Senado declarou um período mais longo de ação pública de graças, mais do que havia concedido antes. Não importava que as duas expedições tivessem quase se tornado um desastre, quando a maior parte da armada invasora foi avariada ou destruída por tempestades, indicando que as expedições naufragariam na ilha. Para muitos comentaristas modernos, as expedições britânicas pareciam mal preparadas e perigosamente imprudentes. Não há indicação de que qualquer um dos contemporâneos de César tenha tido essa percepção. César não era mais ousado do que a maioria dos senadores colocados à frente de um exército, mas era, com certeza, muito mais bem-sucedido[23].

No inverno de 54-53 a.C., ele sofreu seu primeiro revés sério, quando uma rebelião entre os eburões rapidamente espalhou-se para outras tribos belgas. A recém-recrutada *Legio XIV* e outras cinco coortes foram atacadas em seus quartéis de inverno e, tendo negociado com o chefe Ambiorix, aceitaram uma trégua sob a qual iriam retirar-se para reunir-se com o restante do exército romano. Fosse intencionalmente ou como resultado da ação espontânea de guerreiros independentes – a verdade sobre tais assuntos é normalmente muito difícil de estabelecer, como aconteceu no massacre semelhante durante as tréguas firmadas no Forte William Henry, em 1757, em Cabul, em 1842, e em Kanpur, em 1857 –, a coluna romana foi emboscada numa região de florestas e praticamente aniquilada. César culpou o comando dividido pelo desastre, pelo qual ele era, obviamente, responsável, embora não o mencione, e em particular o comportamento covarde e não romano do legado Sabino. Nossas outras fontes referem-se a esse fato como uma das suas poucas derrotas graves, culpando-o mesmo que não estivesse presente. Suetônio nos diz que, ao receber a notícia do massacre, ele jurou não se barbear nem cortar seu cabelo até que os soldados mortos tivessem sido vingados.

Depois da sua vitória, a força principal dos eburões dispersou-se, cada guerreiro momentaneamente contente com a pilhagem e a glória conquistadas, mas Ambiorix foi com sua guarda pessoal até os nérvios e os persuadiu a atacar a legião que passava o inverno estacionada no seu território. Essa legião era comandada por Quinto Cícero, irmão do orador, que liderou uma defesa muito acirrada e recusou-se a negociar uma trégua com o inimigo. César rapidamente reuniu as únicas forças imediatamente disponíveis – duas legiões incompletas e uma pequena cavalaria auxiliar que, juntas, somavam não mais que sete mil homens – e marchou para socorrer a guarnição de Cícero. Embora estivesse em desvantagem numérica e com suprimentos suficientes apenas para uma campanha muito breve, ele conseguiu atrair os nérvios para lutar em circunstâncias desfavoráveis e logo os derrotou. Quando a legião sitiada foi libertada, viu-se que quase todos os seus soldados tinham sido feridos. Ainda era inverno, o que tornava muito difícil encontrar alimentos e forragem, de forma que houve uma interrupção de alguns meses nos combates. No entanto, antes da estação normal de campanha César tomou novamente o campo, lançando a primeira de várias expedições punitivas contra as tribos rebeldes. Por sua vez, as tribos, surpreendidas, não foram capazes de resistir de maneira efetiva, já que suas terras foram devastadas. A maioria capitulou, porém, quando os eburões mostraram-se relutantes, César declarou que qualquer um estava livre para saquear seu território. Ele preferiu tomar essa decisão para que qualquer baixa ocorrida nas inevitáveis escaramuças que ocorreriam quando a terra estivesse sem proteção, como era o caso, fosse sofrida não pelos seus próprios legionários, mas pelos bandos ansiosos de saqueadores que logo chegaram de toda a Gália e a Alemanha[24].

VERCINGETÓRIX E A GRANDE REBELIÃO, 52 A.C.

As intervenções iniciais de César na Gália tinham sido realizadas a pedido dos líderes das tribos aliadas, do mesmo modo que Ariovisto fora à Gália para auxiliar os sequanos na luta contra os éduos. Embora os povos gauleses compartilhassem língua e cultura comuns, as tribos eram ferozmente independentes e quase sempre hostis. Nenhuma tribo, nem os chefes que buscavam dominar seu próprio povo, tinham escrúpulos em buscar auxílio externo contra os inimigos ou rivais. Muitas tribos, em especial os éduos, beneficiaram-se com a chegada das legiões, mas, por volta do inverno de 53-52 a.C., um ressentimento generalizado contra a presença romana havia surgido. Um grupo de nobres de muitas tribos – tanto as que tinham sofrido ataques das legiões como algumas poucas que haviam, num primeiro momento, recebido bem a sua chegada – reuniram-se secretamente e planejaram uma rebelião coordenada. Seus motivos não eram nacionalistas nem de todo altruístas, uma vez que muitos esperavam que a glória obtida ao derrotar Roma lhes traria poder ou status real entre o seu próprio povo e outros.

O homem que emergiu como principal líder da rebelião, Vercingetórix, dos arvernos, teve primeiro de superar a oposição de seu próprio povo, quando seus seguidores o proclamaram rei. Entretanto, logo formou um exército recrutado não apenas entre os membros de sua própria tribo, mas também entre a maioria dos povos da Gália ocidental e central. Comparada com os exércitos tribais normais, a força que ele reuniu era maior e mais bem organizada e disciplinada, ainda que inferior aos romanos nesses últimos quesitos. Ele tomou mais cuidado com relação aos suprimentos do que normalmente se fazia na Gália, dando a Vercingetórix a capacidade de permanecer mais tempo em campo e não ser forçado a travar uma batalha em circunstâncias desfavoráveis, nas poucas semanas anteriores a quando seus homens fossem forçados a se dispersar por conta da falta de alimentos. Em 52 a.C., os gauleses conseguiram adotar uma estratégia muito mais refinada do que em seus encontros iniciais com César[25].

A primeira irrupção da rebelião aconteceu bem no início do ano em Cénabo, na terra dos carnutos, onde dois chefes tribais e seus seguidores massacraram todos os mercadores romanos que encontraram na cidade. O exército romano estava, naquele momento, disperso em quartéis de inverno espalhados por todo o território conquistado, enquanto César estava na Gália Cisalpina. Era seu hábito, entre as campanhas, passar lá os meses de inverno, executando suas atividades jurídicas e administrativas enquanto governador, ao mesmo tempo em que observava de perto os rumos da política de Roma. Quando César soube da rebelião, correu à Gália Transalpina. As únicas forças que tinha à sua disposição imediata eram algumas coortes recém-arregimentadas e forças formadas por nativos, por isso relutou em enviar mensageiros que chamassem as legiões para segui-lo, com receio de que fossem atacadas individualmente e derrotadas. Tal retirada aparente podia também ser interpretada como um sinal de medo e fraqueza, encorajando outras tribos a juntarem-se aos rebeldes. O próprio general, portanto, deveria ir até as legiões; porém, antes de poder fazê-lo, era importante realizar o máximo possível para proteger a província romana.

Já tinham ocorrido alguns ataques contra as comunidades da província, as quais eram gaulesas, por isso poderiam ser persuadidas a participar da rebelião. César enviou algumas das suas tropas aos setores ameaçados e concentrou uma pequena força de ataque perto dos passos dos cevenos, que tinham invadido o território dos arvernos. Ainda era inverno e o passo principal era considerado impraticável, mas César levou seus homens através dele, limpando as trilhas cobertas com até dois metros de neve, e lançou um ataque contra o inimigo. A surpresa foi completa e, durante dois dias, a coluna romana saqueou e destruiu à vontade, com a cavalaria auxiliar galopando à frente para espalhar pânico pela maior área possível. Logo, Vercingetórix recebeu incontáveis mensagens de pânico de seus conterrâneos exigindo auxílio imediato. Ele desviou a marcha de seu exército principal na direção das incursões, porém, àquela altura, César tinha colocado sua força sob o comando de Décimo Bruto, e ele mesmo partiu, anunciando publicamente que retornaria em três dias com mais reforços. Em vez disso, dirigiu-se rapidamente até Vienne, onde reuniu uma força de cavalaria – que provavelmente incluía uma unidade de quatrocentos germânicos aos quais fornecera bons cavalos, mantendo-os à sua disposição imediata –, à qual havia ordenado encontrar-se com ele naquele local. Sem mesmo parar para descansar à noite, levou os cavaleiros através das terras dos éduos ao território dos lingones e reuniu as duas legiões estacionadas naquele lugar para passar o inverno. Foram despachados mensageiros com instruções para que todas as outras legiões se concentrassem, e César uniu, desse modo, seu exército antes que as primeiras notícias sobre isso chegassem a Vercingetórix, informando-lhe que seu oponente não comandava apenas uma coluna de ataque[26].

O exército de campo romano estava reunido, mas a primavera ainda não tinha chegado, e nenhum estoque considerável de provisões fora providenciado de modo a permitir que as forças operassem em conjunto durante algum tempo. Quando Vercingetórix avançou para sitiar Gorgobina, a cidade principal dos boios, os quais tinham recebido permissão para estabelecer-se em território dos éduos em 58, César enfrentou um dilema. Seu exército não tinha provisões para uma campanha longa e não esperava obter quantidades significativas de alimentos e forragem no inverno, mas qualquer falha na proteção das comunidades aliadas seria interpretada como fraqueza e estimularia a deserção para o lado inimigo. As revoltas eram sempre mais fracas nas fases iniciais, pois muitos rebeldes em potencial esperavam para ver quais perspectivas de vitória eram suficientemente boas para valer o risco de unir-se a um dos lados. As derrotas romanas, mesmo as menores, ajudavam a encorajar os indecisos a comprometer-se com o inimigo, e até a falta de ação era normalmente interpretada como sinal de fraqueza. No inverno anterior, César se movera imediatamente com uma força pequena e mal abastecida para atacar os nérvios e libertar o acampamento de Cícero. Em 52, ele respondeu com semelhante audácia, decidindo que era melhor assumir prontamente a ofensiva, apesar dos riscos de permanecer inativo e parecer impotente. Essa era a resposta romana característica a uma rebelião: frustrar a iniciativa dos rebeldes na primeira oportunidade e, então, tentar reverter a situação com um ataque depois de outro com quaisquer tropas que estiverem disponíveis, em lugar de esperar para reunir uma força mais poderosa.

A aproximação indicava suprema confiança na inevitabilidade da vitória romana e, mesmo que isso não fosse mais que uma fachada e as tropas de ataque estivessem em desvantagem numérica, de qualidade ou mal abastecidas, era quase sempre suficiente para intimidar e esmagar uma rebelião[27].

César ordenou aos éduos que reunissem grãos e os levassem a ele tão logo fosse possível, e, deixando duas legiões para guardar o comboio do exército, avançou imediatamente em auxílio dos boios, tomando qualquer fortaleza hostil pela qual passava em sua rota e confiscando todos os suprimentos e animais de carga que encontrava. Uma dessas fortalezas era Cénabo, que foi completamente saqueada e incendiada como punição pela morte dos mercadores romanos. O avanço das legiões persuadiu Vercingetórix a abandonar seu bloqueio a Gorgobina e aproximar-se do inimigo. César tinha acabado de aceitar a rendição de outra cidade murada, Novioduno, quando o exército gaulês surgiu, reacendendo o entusiasmo dos habitantes da cidade por continuar a resistir. As cavalarias dos dois exércitos começaram a lutar, com a vantagem passando ora para um lado, ora para outro, como era usual em tais combates. Finalmente, César enviou seus cavaleiros germânicos, e essa reserva, aliada à significativa vantagem moral que os guerreiros germânicos tinham sobre seus pares gauleses, provocou a fuga do inimigo. A cidade se rendeu mais uma vez, e as legiões continuaram a marcha para atacar Avárico, uma das comunidades mais prósperas e importantes dos biturígios. César confiava em que a captura dessa cidade, após suas recentes vitórias, seria suficiente para persuadir a tribo a capitular[28].

Vercingetórix decidiu que era melhor, naquele momento, evitar o confronto direto com o inimigo e, em lugar disso, desgastar as legiões ao privá-las de alimentos. Ele acampou a cerca de 25 quilômetros de Avárico e ordenou que sua cavalaria acossasse os grupos de forrageadores romanos. Um jogo de gato e rato começou; os romanos tornaram-se mais cautelosos e tentaram evitar usar os mesmos caminhos mais de uma vez para não serem emboscados. Os biturígios foram persuadidos a levar embora ou abater seus animais e destruir seus depósitos de alimentos para evitar que caíssem nas mãos dos inimigos, e chegaram mesmo a queimar muitas das suas cidades e aldeias. César enviava mensagens aos éduos e boios com frequência, pedindo que lhe enviassem suprimentos de grãos – os quais, porém, eram pouco numerosos, e o que podiam fornecer logo se acabava. Os éduos poderiam ter feito mais, mas começavam a vacilar na sua lealdade e, portanto, passaram a não enviar quase nada.

Perseverando apesar dos reveses, César sitiou Avárico, ordenando a construção de uma enorme rampa de cerco através do vale entre seu acampamento e a cidade no alto de uma colina. Finalmente, após 25 dias de trabalho, uma rampa com cerca de 26 metros de altura e 110 metros de largura levava até o alto da muralha gaulesa. Era outro exemplo da capacidade das legiões em termos de engenharia e vontade de realizar trabalhos pesados prolongados – nesse caso, enquanto o tempo ainda estava frio, a chuva, pesada e frequente e as rações, mirradas. César supervisionou pessoalmente o projeto e conversou com os grupos de trabalho de cada legião conforme o trabalho era realizado, dizendo aos legionários que iria abandonar o cerco se sentissem que a falta de comida tinha se tornado séria demais. O orgulho dos soldados em si mesmos e em suas unidades os estimulou a continuar, de forma que cada grupo garantiu ao seu comandante que terminaria o que havia começado.

Enquanto o cerco continuava, o exército gaulês também começou a enfrentar a falta de provisões. A autoridade de Vercingetórix sobre o exército não era, de modo algum, absoluta, e os outros chefes o dissuadiram da decisão de aproximar-se da cidade e tentar libertá-la. A tentativa de emboscar um grupo forrageador romano foi detectada e levou César a mover-se com o núcleo das suas forças. Vercingetórix ofereceu travar a batalha numa posição muito forte no alto de uma colina, mas recusou-se a descer e lutar em campo aberto. Embora as legiões estivessem ansiosas e confiantes na sua capacidade de bater o inimigo em qualquer terreno, César recusou-se a atacar, anunciando aos seus soldados que valorizava sobremaneira suas vidas para conquistar uma vitória a custo de pesadas baixas, quando ela poderia ser obtida a um custo menor por outros meios. Vercingetórix conseguiu enviar dez mil guerreiros para reforçar a cidade sitiada, mas não foi capaz de ajudá-la de outro modo.

Os defensores foram muito ativos durante o cerco, lançando projéteis incendiários para queimar a construção e romper o cerco dos romanos. Conforme as obras aumentavam de tamanho e as torres de cerco eram erguidas de forma que os homens pudessem atingir os defensores nas muralhas da cidade, os gauleses construíram torreões de madeira protegidos por couro, esticados para aumentar a altura das suas muralhas. Muitos dos habitantes trabalhavam nas minas de ferro próximas e utilizaram sua experiência para cavar túneis abaixo da rampa. Quando esta ficou completa, os gauleses encheram os túneis com material incendiário e tentaram queimar a rampa durante a noite. A tentativa foi apoiada por grupos de homens que saíram das defesas para arremessar tochas na obra dos romanos, enquanto outros lançavam projéteis em chamas do alto da muralha.

Era prática durante o cerco que duas legiões sempre estivessem em estado de prontidão, e elas foram enviadas imediatamente para enfrentar os ataques. A luta foi encarniçada, e o próprio César prestou um tributo particular a um guerreiro gaulês que ficava sobre um dos portões arremessando bolas de graxa e piche. O homem foi atingido com um escorpião, nome de uma das catapultas leves usadas pelo exército, que disparava uma seta de ponta pesada com grande precisão e terrível força. Logo outro tomou o seu lugar, apenas para ser também atingido. Todas as vezes que um guerreiro se apresentava para continuar a tarefa ele acabava morto. Foi apenas quando os atacantes foram, finalmente, repelidos e o fogo se extinguiu que os gauleses desistiram.

Os gauleses perceberam que sua defesa não era possível, mas a tentativa dos guerreiros de romper o cerco foi frustrada. Na manhã seguinte, durante uma pesada tempestade, quando o inimigo menos esperava um ataque, César ordenou que seus legionários tomassem a cidade de assalto. As muralhas foram rapidamente ocupadas, mas por um curto tempo densas fileiras de guerreiros se posicionaram nas ruas estreitas e na praça do mercado da cidade para enfrentar o ataque. Os romanos os ignoraram, concentrando-se em tomar os pontos principais das defesas, e os gauleses entraram em pânico. O saque da cidade foi brutal ao extremo, uma vez que os cansados legionários deram vazão à sua frustração depois do seu trabalho prolongado e difícil e produziram outra vingança pelos ataques sofridos anteriormente. Quase todos os homens, mulheres e crianças foram massacrados. O exército permaneceu na cidade por vários dias para se recuperar, e César teve o prazer de descobrir grandes depósitos de grãos dentro das muralhas. Já era quase primavera e, certamente, não havia tempo para diminuir o ritmo da sua ofensiva; assim, depois desse breve intervalo, ele levou a força principal, constituída por seis legiões, para atacar a cidade arverna de Gergóvia e enviou as outras quatro sob o comando de Labieno contra os parísios e os xênones, ao norte. Raramente, nos *Comentários*, o autor fornece números precisos das tropas sob seu comando, mas parece provável que suas legiões veteranas tivessem, naquele momento, algo entre 50 e 75% da sua força – entre 2.500 e 4 mil homens –, embora as unidades recentemente arregimentadas possam ter sido maiores[29].

Apesar da perda de Avárico, que ele havia se mostrado contrário a defender, a influência de Vercingetórix foi reforçada por esse episódio, e ele conseguiu persuadir mais tribos a participarem da aliança. Durante um tempo, até os éduos que o favoreciam se rebelaram, embora a rápida ação de César tenha sido capaz de sufocar rapidamente a insurreição. O exército gaulês principal estava acampado no cume de uma serra, próxima a Gergóvia. O general romano foi em pessoa reconhecer a cidade, e logo concluiu que um ataque direto teria pouca possibilidade de sucesso. Também relutava em fazer um bloqueio demasiadamente longo até conseguir garantir suas linhas de abastecimento. Portanto, ergueu um acampamento e esperou. Durante os dias seguintes, houve frequentes escaramuças entre a cavalaria e as tropas ligeiras dos exércitos rivais. Numa noite de marcha, César ocupou uma colina próxima à cidade, vencendo uma pequena força inimiga lá estacionada e deixando duas legiões para ocupar e fortificar a posição. Os acampamentos romanos foram, então, ligados um ao outro por um caminho, defendido por uma vala de cada lado para garantir que a linha de comunicação não fosse interrompida. Depois de algum tempo, parte do qual esteve ausente negociando com os éduos, César resolveu realizar um grande ataque contra uma região exposta da serra na qual o exército gaulês estava acampado. Como sempre, seu planejamento baseou-se na observação pessoal do terreno e no interrogatório de prisioneiros, que o informaram de que o inimigo reduzira o número de homens naquela posição a fim de fortificar outra seção vulnerável.

Naquela noite, os romanos enviaram patrulhas de cavalaria com ordens de dispersar-se em todas as direções, fazendo tanto barulho quanto possível. Ao amanhecer, César enviou um grande número de pessoas que seguiam o acampamento e escravos com equipamento básico, montados em animais de carga, num estratagema semelhante àquele usado por Pompeu. Eles receberam ordens de subir em um grande círculo ao redor do terreno elevado que o inimigo controlava, esperando-se que, a distância, fossem confundidos com a verdadeira cavalaria. Uma legião marchou à vista dos gauleses na mesma direção, porém, quando estava no terreno baixo, escondeu-se numa floresta. O estratagema funcionou, e o núcleo principal do exército gaulês dirigiu-se naquele sentido para enfrentar a ameaça aparente, deixando seu acampamento quase vazio. Gradualmente, durante a manhã, pequenos grupos de legionários saíram do acampamento principal para o menor, até que a maior parte do exército mudou, desse modo, de posição. Então, César ordenou que atacassem, cada uma das legiões subindo com dificuldade uma das séries de reentrâncias que levavam até o alto da serra, com dez mil homens da infantaria auxiliar fornecidos pelos éduos, novamente leais, subindo por outra rota. O ataque foi bem-sucedido e rápido, sem que houvesse praticamente nenhuma resistência quando invadiram três dos acampamentos gauleses espalhados pelo alto da serra. Num deles, o rei Tcutomato, dos nitiobroges, foi quase capturado, acordando de seu repouso apenas com tempo suficiente para fugir seminu, a galope, num cavalo ferido.

O ataque fora muito bem-sucedido, e, segundo César, ele ordenou que os trombeteiros soassem o toque de chamada. A unidade na qual estava, a sua favorita *Legio X*, parou imediatamente, mas o sinal não foi ouvido pelas outras unidades que estavam ao longo das encostas da serra. Ele afirma que tinha dado ordens específicas aos legados e tribunos para não deixarem que os soldados saíssem de formação e levassem o ataque às últimas consequências. Entretanto, apesar de todos os seus esforços, aqueles homens não foram capazes de deter os exaltados legionários, que corriam colina acima para atacar as muralhas de Gergóvia. Num primeiro momento, parecia que o ataque impetuoso e mal organizado seria bem-sucedido devido ao forte entusiasmo e ao pânico que se espalhou entre os poucos defensores da cidade:

> As mulheres casadas lançavam tecidos e prata das muralhas e, despindo seus seios, esticavam as mãos implorando aos romanos que as poupassem e não massacrassem mulheres e crianças como tinham feito em Avárico. Algumas das mulheres deixaram-se baixar das muralhas pelas mãos e deram-se aos soldados. Lúcio Fábio, um centurião da *Legio VIII*, que tinha anunciado a sua unidade que estava inspirado pelas recompensas de Avárico e não permitiria que ninguém chegasse ao alto da muralha antes dele, reuniu três dos seus legionários para que o erguessem, de modo que pudesse escalar a muralha. Então, puxou cada um deles até o baluarte[30].

No entanto, os gauleses rapidamente começaram a se recuperar, e inúmeros guerreiros tentaram deter a incursão, entrando em formação em densos blocos por trás das muralhas. As mulheres pararam de implorar por misericórdia e começaram a estimular os homens de sua comunidade. Nesse momento, apenas um pequeno número de romanos tinha entrado na cidade, e estavam cansados e desorganizados. Durante um longo tempo, o entusiasmo dos homens de César não lhes permitiu desistir, mas estavam lutando em grande desvantagem e sofrendo pesadas baixas. O surgimento dos auxiliares éduos no flanco dos atacantes criou pânico, pois foram confundidos com o inimigo, apesar de terem o ombro direito despido para mostrar que eram aliados e não guerreiros rivais.

Ao mesmo tempo, o centurião Lúcio Fábio e os que haviam subido na muralha com ele foram cercados, mortos e arremessados do baluarte. Marco Petrônio, outro centurião do mesmo grupo que tinha tentado entrar pelo portão, estava cercado em grande desvantagem numérica, numa situação desesperadora. Ferido diversas vezes, ele chamou pelos homens da sua unidade que o tinham seguido: "Como não posso salvar a mim e a vocês, a quem conduzi ao perigo por causa do meu desejo de glória, posso, pelo menos, tentar salvar suas vidas. Quando tiverem oportunidade, salvem a si próprios". Ele atacou o inimigo, matou dois deles e forçou o resto a recuar um pouco do portão. Seus homens tentaram ir em seu auxílio, mas ele disse: "Não há esperança de vocês salvarem a minha vida, pois meu sangue e minha força estão se esvaindo. Então, fujam enquanto têm chance e voltem à legião". Desse modo, logo caiu combatendo e salvou seus homens.

Fábio e Petrônio eram dois dos 46 centuriões e alguns dos quase setecentos homens que foram mortos durante o combate. A única crítica que César fez às suas tropas nos *Comentários* foi dizer simplesmente que estavam confiantes demais e muito ansiosos para agradá-lo, enquanto a proeminência dada ao heroísmo e ao sacrifício de alguns poucos indivíduos ajudaram a ocultar a escala da derrota. Durante o combate, reuniu duas coortes da *Legio XIII*, que tinham sido deixadas para guardar o acampamento menor a fim de apoiar a *Legio X*, enquanto tentava cobrir a fuga dos seus homens. No dia seguinte, o exército foi passado em revista e admoestado pela desobediência às suas ordens, mas César não puniu nenhum dos soldados. Então, ordenou que saíssem dos acampamentos e se colocassem em ordem de batalha, numa posição consideravelmente forte. Vercingetórix, como era de esperar, recusou-se a atacar nessas circunstâncias desfavoráveis, e o comandante romano pôde garantir aos seus homens que, apesar do recente revés, os gauleses ainda os temiam. Em seguida se retirou, decidindo que não havia motivo para permanecer fora de Gergóvia; além disso haviam surgido novos problemas com os éduos, alguns dos quais tinham massacrado a guarnição romana em Novioduno. A cidade foi, em seguida, incendiada, e grandes quantidades de grãos estocados foram tomados, queimados ou destruídos de outras maneiras.

Depois de suas vitórias, os rebeldes enviaram pequenos grupos de cavalaria para ameaçar as linhas romanas de suprimento que vinham da Gália Transalpina. César perdera a iniciativa em Gergóvia, e seu revés fora suficiente para encorajar a maioria das tribos a juntar-se aos rebeldes, porém ele lançou uma contraofensiva numa direção diferente, voltando rapidamente à província romana em marcha forçada. Seu exército cruzou a vau o rio Loire, que estava cheio, a cavalaria formando um bloqueio rio acima para diminuir a corrente, os homens da infantaria erguendo armas e equipamentos acima da cabeça enquanto vadeavam o rio com água à altura do peito, exatamente como os homens de Pompeu tinha cruzado o Ciro. Mais ao norte, Labieno realizara uma campanha contra os parísios e os senones com considerável sucesso, mas sentia, agora, que era melhor unir-se novamente a César e confrontar o inimigo com sua força total. César aprovou totalmente sua decisão e forneceu um relato detalhado da perícia, com a qual o seu legado enganou os líderes gauleses sobre suas intenções e cruzou o rio sem encontrar oposição antes de engajar-se em batalha e esmagar o exército inimigo. De acordo com *A Guerra Gálica*, conforme a batalha se iniciou, Labieno encorajou seus homens pedindo que imaginassem que o próprio César estava presente para observar seu comportamento. Por mais talentoso que fosse o legado, os *Comentários* deixam claro que seu autor foi sempre o verdadeiro herói[31].

Durante um curto intervalo, os dois lados se reagruparam. Vercingetórix aumentou o número de guerreiros do seu exército principal e encorajou outras tribos a atacarem os romanos onde quer que pudessem. César tinha recebido as forças de Labieno e também havia recrutado mais soldados das suas províncias e contratado mais cavaleiros germânicos e infantaria ligeira do outro lado do Reno, substituindo os pequenos pôneis que cavalgavam por montarias mais adequadas, a maioria das quais fornecidas pelos seus oficiais. Então, avançou contra os sequanos e os lingones, da Gália oriental.

Vercingetórix reuniu uma grande força de cavalaria para atacar o exército romano em marcha. Os guerreiros fizeram o juramento solene de não deixar o campo de batalha até que cada um tivesse cavalgado duas vezes através da coluna inimiga. O líder gaulês dividiu seus homens em três grupos e ameaçou os dois flancos e a frente da coluna simultaneamente. Para reagir, César também dividiu sua cavalaria auxiliar em três destacamentos e enviou cada qual contra um dos grupos oponentes. Sempre que os cavaleiros gauleses pareciam conquistar uma vantagem, coortes de legionários recebiam ordem de entrar em formação, apoiando de perto a sua cavalaria. Isso ajudou a estabilizar o combate, uma vez que fornecia um sólido refúgio, atrás do qual os auxiliares podiam reunir-se e entrar novamente em formação antes de retornar à refrega, embora também diminuísse o progresso do exército.

No final, a cavalaria germânica estava enfrentando a ala direita da coluna romana, a qual forçou seu caminho até o alto de um terreno elevado e, atacando encosta abaixo, derrotou seus oponentes. Essa derrota provocou a retirada do restante da cavalaria gaulesa. Desencorajados pelo fracasso de um ataque executado pelo que consideravam sua arma mais forte, Vercingetórix e o exército gaulês retiraram-se para a cidade de Alésia. César os perseguiu, forçando o passo com o corpo principal, enquanto deixava seu comboio de bagagem sob a proteção de duas legiões no alto de uma colina. Pelo resto do dia, os romanos acossaram a retaguarda gaulesa, infligindo-lhe pesadas baixas. Na manhã seguinte, toda a força romana dirigiu-se a Alésia, onde descobriu o exército gaulês acampado no terreno elevado fora da cidade[32].

Com seu exército agora concentrado e colocado em formação, dessa vez César não hesitou em iniciar o bloqueio da cidade e do acampamento de Vercingetórix. Enquanto sua cavalaria protegia os trabalhos e travava diversas escaramuças com os cavaleiros gauleses, os legionários começaram a construir uma linha de fortificações de cerca de dezessete quilômetros de comprimento, com 23 fortes ligados por uma vala e um baluarte. Antes de o circuito ser completado, o comandante gaulês ordenou que sua cavalaria se dispersasse, instruindo cada contingente a retornar às suas tribos e a arregimentar tropas, formando um grande exército de reforço que retornasse e derrotasse o inimigo. César afirma que aproximadamente oitenta mil gauleses continuaram acampados fora da cidade, com alimentos suficientes para sustentá-los por pelo menos trinta dias. Contudo, parece muito improvável que o exército gaulês fosse assim tão grande, especialmente porque ele se deixou ser sitiado por uma força romana de, talvez, quarenta mil homens – César não dá informações sobre o tamanho da sua própria força, e o tamanho de cada legião em 52 a.C., bem como o número de tropas auxiliares, não é conhecido com precisão.

 O comandante romano soube da retirada da cavalaria inimiga e da determinação de Vercingetórix de resistir ao cerco. As legiões foram empregadas para fortalecer as linhas de cerco romanas, as quais tinham, de início, uma trincheira e uma muralha com cerca de dois metros de altura. Agora, uma vala de sete metros de largura com os lados inclinados cercava a posição inimiga. Isso foi feito visando a diminuir a velocidade de qualquer inimigo que tentasse cruzá-la, e garantia que os ataques fossem avistados e avisados de modo que os soldados tivessem tempo para correr às suas posições. O principal baluarte de terra e tábuas foi construído a cerca de quatrocentos passos da trincheira, e esta era protegida por mais duas valas, cada qual com cinco metros de largura, sendo que a que se localizava mais no interior do complexo era inundada sempre que possível. A muralha, encimada por um parapeito e uma passagem para caminhar, tinha quatro metros de altura, com um torreão alto a cada 25 metros. Estacas pontiagudas foram colocadas em fileira à frente do baluarte, e antes dessas também havia fileiras de estacas menores escondidas em fossos – armadilhas que os soldados apelidaram "lírios" por conta da sua aparência circular; mesmo mais à frente, havia fileiras de cavilhas de ferro enfiadas em pedaços de madeira e enterradas de forma que apenas a ponta aguda se projetasse acima do solo. Tais obstáculos podiam, em alguns casos, ferir ou até matar os inimigos que os atacavam em velocidade e de maneira descuidada, mas esse não era seu maior propósito. Os homens que se movessem com cuidado e devagar seriam provavelmente capazes de contornar as armadilhas sem se ferir, mas elas diminuiriam, inevitavelmente, o ímpeto do ataque em massa[33].

A construção das fortificações em Alésia foi uma tarefa enorme, que dobrou quando César ordenou que outra linha de contravalação (isto é, na muralha voltada para fora) quase idêntica fosse construída para evitar que qualquer exército de reforço atacasse as linhas de circunvalação (ou seja, na muralha voltada para dentro). Escavações arqueológicas que começaram a ser executadas em larga escala sob a égide de Napoleão III, depois continuadas por expedições mais modernas, confirmaram substancialmente a precisão da descrição de César. Quando a fortificação foi completada, o exército de César, que tinha armazenado alimentos e forragem para um mês, ficou protegido de ataques de qualquer direção. Embora Vercingetórix tenha tentado lançar ataques com o objetivo de atrapalhar as obras, não pôde evitar que elas fossem concluídas. Entrementes, as tribos reuniam reforços de, se dermos crédito ao número fornecido por César, uma cavalaria com oito mil homens e 250 mil soldados a pé ou mais, o que é certamente substancial e pode ter efetivado uma vantagem numérica marcante sobre o exército romano. Tal força reunia-se vagarosamente e levava tempo considerável para obter alimentos e outros suprimentos. Conforme o cerco se estendia, toda a população de Alésia que não podia lutar – mulheres, crianças e idosos – foi expulsa da cidade a fim de preservar o estoque de alimentos, que diminuía cada vez mais. César não desejava deixar os refugiados passarem através das suas linhas, e esses infelizes foram deixados na terra de ninguém entre os dois exércitos rivais para morrer de fome. Fosse porque temia que, durante a confusão, o inimigo pudesse lançar um ataque, fosse porque simplesmente desejava que os gauleses ficassem deprimidos pela terrível visão, César não explica o motivo de ter tomado essa decisão[34].

Logo depois, a força de reforço chegou e acampou no terreno elevado a 1,5 quilômetro das linhas romanas. No dia seguinte, desfilaram numa planície claramente visível àqueles que estavam cercados para demonstrar sua grande força, a cavalaria espalhando-se por mais de cinco quilômetros e a infantaria logo atrás. Vercingetórix comandou seus homens para fora do acampamento e da cidade e começou a preencher as seções da larga trincheira quatrocentos passos à frente das linhas romanas. César dividiu suas tropas para defender-se de um ataque de qualquer direção e, em seguida, enviou sua cavalaria para lutar com os cavaleiros gauleses. Intercalados entre estes e ocultos num primeiro momento, havia pequenos grupos de arqueiros e lanceiros, cujos dardos inesperados provocaram algumas perdas nos auxiliares. Quando alguns homens da cavalaria romana foram repelidos, o exército de reforço e os guerreiros sitiados gritaram em triunfo. Não obstante, os combates de cavalaria quase sempre envolviam retiradas dos cavaleiros, que rapidamente se reagrupavam e atacavam de novo, e esse combate não foi exceção, continuando esporadicamente durante a maior parte da tarde. Uma vez mais, a cavalaria germânica provou sua superioridade sobre os cavaleiros gauleses e lançou uma carga final que desbaratou o inimigo. A infantaria ligeira gaulesa, abandonada pela cavalaria, foi quase inteiramente massacrada[35].

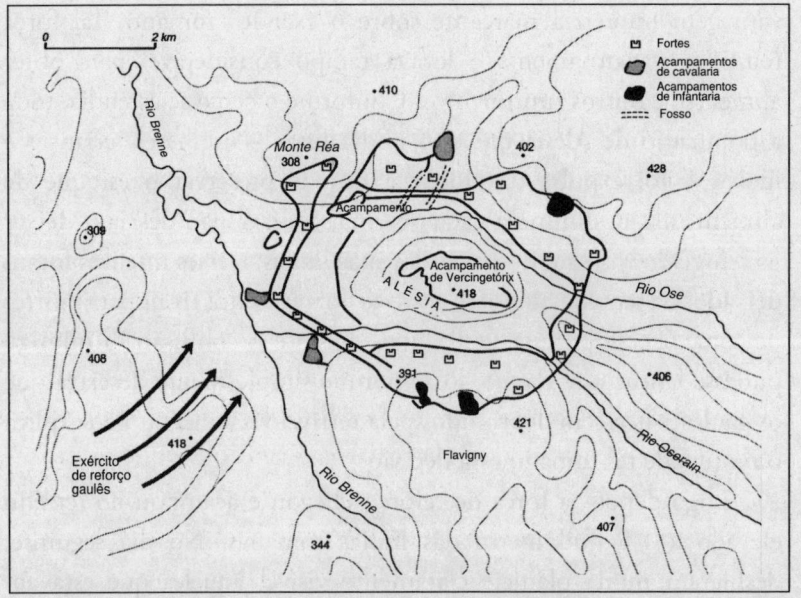

O CERCO DE ALÉSIA

Não houve combate no dia seguinte, pois os gauleses dedicaram esse tempo a construir escadas para escalar os baluartes e juntar feixes de madeira, além de outros materiais para formar pequenas pontes e passar sobre as trincheiras. Seu ataque principal se deu à meia-noite e foi iniciado pelo exército de reforço. O barulho da batalha anunciou sua chegada a Vercingetórix, que ordenou que as trombetas fossem soadas comandando seus homens para entrar em batalha. Os gauleses atacaram em massa, desviando-se dos obstáculos e passando por sobre as valas, enquanto uma barragem de pedras, flechas e dardos era lançada contra o baluarte num esforço de repelir os defensores. Os romanos responderam com dardos e pedras, que haviam sido coletados e deixados de prontidão no caminho construído no alto da balaustrada, e com os disparos dos escorpiões colocados nas torres. A luta foi feroz e confusa, pois a escuridão dificultava o controle, mas dois dos legados de César – um dos quais era Marco Antônio – conduziram tropas dos fortes para uma área que não estava ameaçada, levando reforços aos legionários sob ataque. Ambos os assaltos principais acabaram sendo, finalmente, repelidos.

Na manhã seguinte, os gauleses concentraram-se principalmente contra a seção mais vulnerável da linha, um forte defendido por duas legiões situado em uma encosta invertida e não muito inclinada, que dava pouca vantagem ao defensor. Uma força de elite – composta por sessenta mil homens segundo César – saiu do acampamento antes do amanhecer e se ocultou atrás do terreno elevado numa posição que tinha sido descoberta por batedores, da qual poderiam lançar um ataque a esse forte. Ao meio-dia o assalto começou, enquanto outros grupos de guerreiros faziam demonstrações e simulavam atacar em outras partes da linha. Vercingetórix não estava em comunicação com o exército de reforço e, uma vez mais, apenas ordenou que seus homens avançassem quando viu que os ataques tinham começado.

César cavalgou até um ponto de onde poderia observar bem a batalha – suas linhas de fortificação seguiam os contornos do relevo – e começou a orientar o combate. Sempre que via uma seção da sua linha sendo pressionada, enviava ordens às tropas de reserva para que providenciassem reforço aos homens. A maior ameaça era contra o acampamento na colina, e, enquanto os gauleses conseguiam passar por sobre as trincheiras de proteção e até por cima das estacas e fossos com os aparatos construídos para esse propósito, parecia que era iminente a tomada daquela posição. Dessa vez, o general enviou Labieno à frente de cinco coortes para reforçar as duas legiões que estavam no forte. Esse legado de confiança recebeu liberdade de ação considerável: César permitiu expressamente que concentrasse as coortes e abrisse caminho para elas caso sentisse que a posição não podia ser mantida. O próprio general também começou a mover-se pelas suas linhas, encorajando os legionários sob pressão.

Os homens de Vercingetórix, cientes da desesperada necessidade de fazer contato com o exército de reforço, conseguiram expulsar a maior parte dos defensores de uma seção da muralha, concentrando o fogo de dardos naquela direção. Os guerreiros atacaram, e alguns começaram a derrubar a muralha de terra com ferramentas. César ordenou a Décimo Bruto que os repelisse com várias coortes. Logo depois, outro legado, Caio Fábio, recebeu mais reservas para reforçar aquele setor. Finalmente, ele se colocou à frente de mais um grupo de coortes, algumas das quais retirara de um dos fortes que não estava sob grande ataque. Ele ordenou que alguns homens da sua cavalaria deixassem a linha por um dos portões distantes do combate, instruindo-os a mover-se ao redor do campo na colina através de um amplo circuito. O próprio César levou o restante de seus homens para reforçar o acampamento. Ali, Labieno, sob forte pressão, fora do baluarte, mas tinha reunido uma sólida linha de combate dentro do forte com suas tropas e quaisquer outras que conseguira reunir. A batalha tinha atingido sua crise. Talvez seja melhor deixar que o próprio César descreva a conclusão: Sua

> chegada foi percebida por causa da cor do seu manto, que ele sempre usava em batalha como marca de distinção, e as tropas [*turmae*] da cavalaria e as coortes que ele havia ordenado que o seguissem também ficaram visíveis, pois, das partes mais elevadas

da colina, aqueles na encosta e no declive podiam ser vistos. Então o inimigo engajou-se na batalha: os dois lados dando vivas, e o berro foi ecoado pelos homens nas fortificações e no baluarte.

Nossas tropas arremessaram os *pila* e começaram a trabalhar com as espadas. De repente, [*os gauleses*] viram a cavalaria atrás de si; outras coortes aproximaram-se. Os inimigos voltaram-se para se retirar e foram pegos enquanto fugiam pela cavalaria; um grande massacre ocorreu [...] foram capturados 74 estandartes de guerra elevados para César; poucos dessa grande horda conseguiram chegar ilesos ao seu acampamento.[36]

A vitória romana foi completada no dia seguinte, quando enviados gauleses foram até o seu acampamento e aceitaram sua exigência de rendição incondicional. César sentou-se sobre o tribunal à frente do baluarte enquanto os líderes chegavam, cada um por sua vez, para render-se. De acordo com Plutarco, Vercingetórix envergava sua melhor armadura e montava seu mais belo cavalo de batalha. Depois de cavalgar ao redor do tribunal, ele desmontou, depositou suas armas no chão e sentou-se na grama, esperando em silêncio para ser levado dali. O número de cativos era enorme – cada soldado do exército recebeu um prisioneiro para vender como escravo –, aumentando o já grande número de homens aprisionados por César durante as campanhas na Gália. Plínio acreditava que mais de um milhão de pessoas foram vendidas como escravas em consequência das suas conquistas, e muitas outras foram mortas. César tinha ido à sua província com uma enorme dívida, mas seus lucros nessas campanhas não apenas permitiram que pagasse seus credores, como também o tornaram um dos homens mais ricos da república. Uma ação de graças pública de vinte dias foi decretada pelo Senado para celebrar a derrota de Vercingetórix[37].

As operações na Gália não tinham sido completadas de todo. Outra rebelião menor ocorreu em 51 a.C., e César a enfrentou da sua maneira habitual, enviando imediatamente colunas para atacar quaisquer focos de resistência. A cidade de Uxeloduno foi tomada por meio de um cerco, e os guerreiros que a defenderam tiveram as mãos decepadas como aviso permanente e muito visível do que acontecia àqueles que eram tolos o bastante para se opor a Roma. Não foi a primeira vez que César impôs tal punição severa – ele já tinha ordenado a execução de todo o conselho governativo de uma tribo –, tampouco era incomum que um comandante romano agisse dessa forma. Porém, como outros generais romanos, César também agia com generosidade quando tal atitude trazia vantagens práticas. Tanto os arvernos como os éduos foram tratados com clemência depois da rebelião de 52 a.C., com seus guerreiros capturados recebendo permissão de retornar às suas terras em vez de serem vendidos. A atitude de César muito contribuiu para conquistar a tradicional atitude amistosa que essas tribos tinham com relação a Roma. Quanto a Vercingetórix, do mesmo modo que Jugurta e tantos outros líderes que enfrentaram Roma, não houve clemência. Ele foi mantido prisioneiro durante anos até poder acompanhar a procissão e ser ritualmente estrangulado no final do triunfo de César.

CAPÍTULO 9

CÉSAR CONTRA POMPEU

A Guerra Civil (49-45 a.C.)

Tudo isso deixou César tão forte que agora a esperança de resistência depende de um cidadão. Eu gostaria que esse cidadão [Pompeu] não tivesse lhe conferido tanto poder, em vez de se opor a ele na hora da sua força[1].

O DADO É LANÇADO

As vitórias de César na Gália lhe deram a glória militar e a riqueza que ele almejara em 59 a.C., mas a dúvida era se teria permissão de assumir uma posição de importância na vida pública em Roma. Ele sabia que tinha feito muitos inimigos implacáveis durante sua turbulenta carreira e esperava ser processado por ninguém menos que Catão, que desejara entregá-lo aos germânicos. O fato de ser inocente ou culpado tinha pouca relevância em determinar o resultado dos julgamentos políticos romanos, e, por volta do outono de 50 a.C., ele não sabia com quantos amigos poderia contar no Senado. Crasso tinha sido assassinado pelos partos em

53 a.C., ao invadir suas terras numa guerra desnecessária, inspirada em grande parte pelo desejo de rivalizar as realizações militares dos dois outros membros do triunvirato. Júlia tinha morrido ao dar à luz no ano anterior, rompendo o mais íntimo laço entre César e Pompeu. Embora fosse um casamento ditado pela conveniência política, ao que tudo indica, a união foi genuinamente feliz para ambas as partes. Pompeu parecia ter sempre desejado o relacionamento e respondia bem à devoção, fosse da esposa, fosse de um exército.

Apesar de não ter querido uma província depois do seu segundo termo como cônsul, exercido com Crasso em 55, Pompeu amealhara enorme poder quando diversos distúrbios politicamente motivados causaram o caos em Roma, levando à sua nomeação como único cônsul em 52. Ele recebeu todas as províncias espanholas e suas guarnições para comandar durante cinco anos, mas teve permissão de permanecer em Roma e governar por meio de legados. Tal caso é, de muitas formas, uma grande subversão do sistema republicano tradicional, maior, até, que qualquer uma das suas atividades anteriores. No mesmo ano, ele tomou outra esposa, jovem o bastante para ser sua filha: Cornélia, filha de Quinto Cecílio Públio Metelo Cipião, um crítico destacado de César. Os dois aliados pareciam estar se afastando um do outro.

César anunciou que desejava ir diretamente do seu comando gaulês a um segundo termo como cônsul, concorrendo à eleição *in absentia*, permanecendo na Gália até que pudesse entrar em Roma para celebrar seu triunfo e tornar-se cônsul no mesmo dia, exatamente como fizera Pompeu. Enquanto magistrado, teria isenção de ser processado e poderia, então, receber outra província e outro comando militar para conquistar glórias adicionais. Havia muita conversa sobre a necessidade de vingar a derrota de Crasso em Carras e os subsequentes ataques dos partos à Síria, e sentia-se que tanto César como Pompeu deveriam receber o controle dessa guerra. Entretanto, os oponentes mais acirrados de César estavam determinados a evitar que ele, assim, deixasse de ser processado e tomaram medidas para que tivesse de retornar como um cidadão comum. Contudo, a atitude de Pompeu permaneceu ambígua: esperava que seu antigo aliado, que em 59 era o mais novo dos membros do triunvirato, deveria simplesmente confiar na sua proteção.

César não queria fazê-lo, em parte porque as ações prévias de Pompeu na defesa de seus amigos contra inimigos políticos foram um tanto ineficientes. Ele não fizera nada para evitar o exílio de Cícero em 58, embora tivesse contribuído para o seu retorno no ano seguinte. César também relutava em admitir que necessitava da assistência e proteção de outro senador. Para ele, suas vitórias na Gália lhe conferiram uma posição de influência tão elevada ou mesmo maior do que a de Pompeu. Este tinha sido a maior figura militar de Roma por trinta anos e não desejava aceitar como igual um homem cuja fama era tão recente. Pode ser também que ele temesse ser eclipsado caso César tivesse permissão de retomar a vida pública em Roma, pois mesmo ele, provavelmente, percebia que o jovem tinha muito mais talento político. Os frequentes pronunciamentos de César de que preferia ser o primeiro homem na menor aldeia do que o segundo em Roma, ou que era muito mais fácil cair do segundo para o último lugar na república do que do primeiro para o segundo, parecem ter deixado Pompeu intranquilo[2].

A política nos meses que levaram à Guerra Civil foi extremamente complexa, com diversas propostas sendo apresentadas, mas com nada sendo feito. Alguns pediam que César renunciasse ao seu comando e ao seu exército, outros faziam o mesmo com Pompeu, e, então, sugeriu-se que os dois homens abrissem mão das suas tropas, o que apenas produziu discussões sobre quem deveria fazê-lo primeiro. A hesitação de Pompeu em apoiar as demandas de César encorajou Catão e outros oponentes no Senado a acreditarem que poderiam colocar um homem contra o outro. Pompeu era, com certeza, o menor dos males, uma vez que era um político menos hábil e poderia ser deposto no futuro com facilidade. Por sua vez, ele, sem dúvida, considerava útil aparecer como o campeão dos "melhores homens" (*optimates*) do Senado contra o homem que tentava escarnecer das leis da república. É difícil saber se as numerosas propostas de conciliação, feitas pelos partidários tanto de César como de Pompeu, foram mais do que meras tentativas de conquistar maior terreno moral na luta que agora os dois lados viam como inevitável. César acreditava que tinha de escolher entre abdicar do seu comando e enfrentar um processo jurídico e sua consequente morte política, ou travar uma guerra civil. Seus oponentes desejavam destruí-lo de um modo ou de outro, e, assim, começou uma guerra para proteger sua posição, ou *dignitas* – palavra sem equivalente em português que abranja o conceito que encerra para um aristocrata romano. Os lados rivais não tinham diferenças ideológicas significativas, tampouco suas ideologias eram desiguais. Em lugar disso, o que os movia era o orgulho pessoal, e, no caso de Catão e alguns outros senadores, uma profunda inimizade pessoal que mergulhou a república romana em outra guerra civil, espalhando a devastação por todo o Mediterrâneo e custando muitas dezenas de milhares de vidas.

Nas primeiras horas de 11 de janeiro de 49 a.C., uma carruagem puxada por dois cavalos aproximou-se do pequeno rio Rubicão, que marcava a fronteira da província da Gália Cisalpina com a Itália. Seguindo a alguma distância, havia trezentos cavaleiros e, mais atrás, a *Legio XIII*. De um lado da fronteira, César ainda detinha legalmente o *imperium* e tinha o direito de comandar suas tropas, mas, logo que cruzasse o rio à frente de seus soldados, estaria violando a lei. Os *Comentários* não dão atenção a esse momento, mas, outras fontes, as quais podem ter se baseado nos relatos de alguns dos oficiais que o acompanhavam, afirmam que César desceu da carruagem e hesitou durante um longo tempo. Finalmente, deu a perceber que chegara a uma conclusão e, empregando a expressão de jogadores "o dado está lançado" (normalmente citado em latim, *alea iacta est*, embora, na verdade, deva ter falado em grego), continuou sua jornada atravessando o Rubicão. Desse modo começava a Guerra Civil, apesar de que, como um grupo de centuriões e legionários à paisana tinham cruzado para a Itália e tomado a cidade mais próxima, Arimino (Rímini), de alguma forma ela já havia começado[3].

A CAMPANHA MACEDÔNICA, 48 A.C.

A pretensão dos dois lados de buscar um acordo negociado evitara que cada um dos líderes arregimentasse tropas. Nos meses anteriores, Pompeu havia declarado de modo jovial que tudo o que tinha a fazer era bater o pé no chão e as legiões brotariam do solo da Itália. Havia apenas duas legiões treinadas e experientes à sua disposição imediata, mas ambas tinham servido recentemente sob César na Gália e sua lealdade era um tanto questionável. Pompeu deixou Roma em meados de janeiro, anunciando que a cidade não podia ser defendida, e ele e seus aliados começaram a formar um exército. Embora fizesse sentido em termos militares, a decisão colaborou para criar um clima de pânico entre senadores como Cícero, que era simpático, mas não devotado, à sua causa. César tinha apenas uma única legião e alguns poucos auxiliares, sem quaisquer outras unidades próximas, exceto as estacionadas na Gália Transalpina, porém decidiu lançar uma ofensiva imediata. Nas semanas seguintes, pequenas forças compostas por tropas de César penetraram no coração da Itália, tomando cidades e forçando a render-se quaisquer coortes de Pompeu que se opusessem a elas. Nesse estágio, o treinamento e a experiência, aliados à agressão e à extrema confiança, mostraram-se mais eficientes do que a vantagem numérica.

Desde o começo, Pompeu foi prejudicado pela recusa de muitos dos seus aliados em seguir ordens. Vários senadores, cujo orgulho pesava mais do que sua capacidade, e cuja influência política exigia que recebessem cargos de responsabilidade, correram com audácia para enfrentar César com forças inadequadamente treinadas ou preparadas. Uma vitória seguiu-se a outra, conforme as tropas de César, agora reforçadas, mas ainda em desvantagem numérica, devastavam toda a península em apenas dois meses. Com a situação tornando-se cada vez mais crítica, pelo menos um senador sugeriu com acidez que talvez fosse a hora de Pompeu bater o pé. Não obstante, Pompeu não estava particularmente preocupado com o sucesso do seu antigo aliado, pois resolvera transferir a guerra para outro teatro. Ele concentrou todas as suas legiões recém-formadas em

Bríndisi e, depois de travar uma hábil ação de retaguarda, embarcou--as em navios e levou o exército através do Adriático até a Macedônia. César conquistou, naquele momento, o controle da Itália, mas sua vitória estava longe de ser completa, e a guerra continuaria[4].

É difícil dizer quando Pompeu decidiu que a Itália não podia ser defendida e que era melhor levar suas forças para a Macedônia, porém é possível que já considerasse a ideia antes mesmo de César cruzar o Rubicão. Ele sabia que levava tempo treinar soldados e preparar um exército para a batalha, em especial quando iriam enfrentar legiões endurecidas por anos de campanhas bem-sucedidas na Gália. O apoio que César tinha era limitado a alguns senadores mais jovens e com pouca reputação, enquanto a maior parte do Senado e das províncias favorecia ativamente Pompeu e seus aliados, ou, no mínimo, simpatizava com eles. Um encontro imediato tendia a favorecer César, mas uma guerra prolongada permitiria que seus talentos de organizador e planejador pudessem ser empregados. Deslocar seu exército para a Macedônia lhe daria acesso imediato aos enormes recursos das províncias orientais do império. Era uma área em que praticamente cada comunidade e governante inclinavam-se a ele, como resultado da sua colonização da região na década de 60 a.C., e, logo, tropas, dinheiro e suprimentos inundaram seu acampamento. Uma grande esquadra de navios de guerra também foi reunida. Pompeu, então com 57 anos, demonstrou toda a energia da juventude ao reunir e treinar seus soldados, exibindo sua própria habilidade nas armas e como cavaleiro, ao unir-se aos homens nos exercícios militares. O restante do ano foi passado na criação de um exército grande e eficiente, forte o bastante para enfrentar César caso ele escolhesse atacar, mas o objetivo de longo prazo sempre foi o retorno à Itália. Como o próprio Pompeu observava com frequência, "Sula fez isso; por que eu não deveria fazê-lo também?"[5].

Em março de 49, César não estava em posição de ir atrás de seu inimigo. Muitas das suas legiões ainda não tinham chegado à Itália e, de qualquer modo, ele não possuía uma frota que as transportasse através do Adriático. Não fazer nada seria colaborar com Pompeu enquanto ele aumentava suas forças, por isso César resolveu ir para o oeste e atacar os exércitos de Pompeu nas províncias espanholas. Tais forças consistiam em sete legiões, todas apropriadamente equipadas e treinadas, contando, também, com muitos auxiliares espanhóis. Os comandantes rivais pareciam passar a Guerra Civil sonhando com pronunciamentos dramáticos, e César declarou que iria combater "um exército sem general", antes de voltar para derrotar "um general sem exército". A campanha durou de abril a agosto e culminou na rendição das legiões de Pompeu. César tinha deliberadamente escolhido evitar uma batalha campal para não haver a perda desnecessária de vidas romanas. Em lugar disso, executou manobras que o colocaram em vantagem sobre os oponentes, de modo a interromper seu abastecimento de água e obrigando-os a render-se. César, então, colocou em prática a tática de libertar os prisioneiros aristocratas, a qual estava usando desde o começo da guerra, permitindo que fossem aonde quer que desejassem, enquanto desmobilizava ou recrutava seus soldados. Foi um sucesso considerável e uma operação a qual demonstrou a determinação das suas tropas e sua própria habilidade tática. Contudo, embora Pompeu tivesse perdido algumas das suas melhores legiões, seus legados derrotados logo juntaram-se a ele; ainda que fosse um reforço um tanto questionável, a campanha lhe deu um tempo precioso. A derrota total de uma expedição de início bem-sucedida à África, liderada por um dos subordinados de César, ajudou em parte a equilibrar suas perdas.

Por volta do final de 49, a posição de César ainda era extremamente precária, e notícias de que quatro das suas legiões tinham se amotinado em Placentia, no norte da Itália, foram especialmente desencorajadoras. Tais unidades, sobretudo a veterana *Legio IX*, que servira durante toda a campanha na Gália, reclamavam que muitos soldados já deveriam ter dado baixa há tempos e que nenhum deles tinha recebido o donativo de 500 denários por homem (valor maior do que o salário de dois anos) que César lhes prometera na primavera. A reação do general foi severa ao dizer a seus homens que receberiam tudo quando a guerra fosse vencida e que ele nunca deixara de cumprir nenhuma de suas promessas. Ele, então, declarou que submeteria a *Legio IX* à punição da *decimatio,* mas que se deixaria ser "persuadido" pelos apelos dos oficiais e soldados para executar doze dos 120 soldados tidos como líderes. O motim – como tantos outros que aconteceram ao longo da História – havia sido, em parte, produto de um período de inatividade, o qual permitira que um descontentamento menor fermentasse, mas era outro motivo pelo qual César não poderia se dar ao luxo de continuar na defensiva e esperar pelo retorno de Pompeu[6].

Em 4 de janeiro de 48 a.C., César embarcou, na pequena frota de navios mercantes que conseguira reunir, sete das doze legiões que havia concentrado em Bríndisi. Não é provável que qualquer uma dessas unidades tivesse mais do que a metade da sua força – no final do ano, a *Legio VI* contaria com menos mil efetivos –, de modo que sua força, provavelmente, tinha menos de vinte mil homens, com uma cavalaria auxiliar de quinhentos. Junto com suas tropas, ia o número mínimo de servos e bagagem para equipar o máximo de tropas de combate. A pequena cavalaria refletia como era necessário um espaço muito maior para transportar cavalos, mais do que implicava a ênfase romana na infantaria pesada. Poucos navios de guerra acompanharam os transportes para protegê-los da grande frota de Pompeu, comandada por Bíbulo, antigo colega consular de César em 59 a.C. e homem com uma meta pessoal a ser obtida. Contudo, a decisão de zarpar fora da estação normal de campanha surpreendeu o inimigo, e a sorte de César brilhou como de costume, de modo que ele pôde aportar sem enfrentar oposição em Paeleste, na costa de Épiro.

Bíbulo conseguiu capturar alguns dos navios vazios quando retornavam da viagem, e logo impôs um bloqueio que cortou o contato do exército de César com suas linhas de reforços e suprimentos. O problema mais crítico era o alimento, pois a estação – naquela época, janeiro, no calendário romano, caía no final do outono – implicava que ainda restavam alguns meses antes que quantidades significativas de alimento e forragem pudessem ser obtidas nas colheitas locais. O exército de César também estava em expressiva desvantagem numérica. Em pouco tempo, Pompeu foi capaz de concentrar nove legiões – cada qual com força próxima da total –, apoiadas por uma infantaria ligeira composta por cinco mil homens e uma cavalaria de sete mil. Mais duas legiões estavam a caminho da Síria para unirem-se a essas forças, comandadas por Cipião, sogro de Pompeu[7].

Na noite seguinte à sua chegada, César marchou até Orico, cidade onde Pompeu conservava parte dos seus depósitos de suprimentos, forçando-a a render-se. Apesar de um comboio de navios de grãos de Pompeu ter conseguido fugir com sua carga, ou destruí-la, a cidade ainda era uma conquista importante. Ainda mais valiosa era a cidade maior de Apolônia, que se rendeu logo depois. Esses sucessos compeliram César a lançar um ataque imediato ao maior de todos os depósitos de suprimentos de Pompeu, no grande porto comercial de Dirráquio (na moderna Albânia). Os batedores de Pompeu reportaram a marcha do inimigo, dando início a uma corrida que ele venceu por pouco. César não era forte o bastante para arriscar-se numa batalha e retirou-se para proteger Apolônia e Orico.

Conforme as semanas passavam, ele ficou ainda mais desesperado por receber os reforços de Marco Antônio, que tinham ficado com o resto das suas tropas em Bríndisi. Diversas tentativas de cruzar o Adriático foram prejudicadas, e, segundo a maior parte das nossas fontes, César ficou tão desesperado que se convenceu de que apenas a sua presença seria capaz de apressar o embarque. Zarpando num pequeno barco com mau tempo e dizendo com jovialidade ao nervoso capitão que não temesse, pois levava "César e a boa sorte de César", ele lhes ordenou que mantivessem o rumo apesar da tempestade. Entretanto, no fim das contas, até tal determinação teve de ceder aos elementos, e ele foi forçado a retornar ao litoral. Esses meses marcaram um período de desespero, com as expedições que buscavam alimentos, tendo de ir para cada vez mais longe. Pompeu estava satisfeito em deixar que a fome fizesse o trabalho por ele, em especial porque mesmo o seu bem preparado exército operava com dificuldade naquela estação. Não foi antes de 10 de abril que Antônio conseguiu levar o restante do exército – quatro legiões e oitocentos cavaleiros – até a Grécia, tendo sido extremamente afortunado ao conseguir realizar a operação com apenas poucas perdas diante da frota inimiga. Pompeu respondeu muito lentamente para evitar que as duas partes do exército de César se unissem[8].

César tinha agora onze legiões, cada qual, provavelmente, menor em tamanho do que as do inimigo, mas mais experiente. No entanto, ele ainda estava em grande desvantagem numérica em termos de cavalaria e tropas ligeiras. Certamente não foi fácil alimentar a força que chegava com seus magros recursos, pois não conseguiu obter quantidades substanciais de alimentos do outro lado do mar, da Itália, e a primavera demoraria ainda algumas semanas para chegar. Uma vez mais, ficar na defensiva traria benefícios ao inimigo, e César decidiu atacar Dirráquio. Ele conseguiu marchar mais rapidamente do que Pompeu e ficar entre seu exército e a cidade, mas não pôde tomar Dirráquio. O exército de Pompeu fortificou um acampamento numa colina chamada Petra, que dominava uma baía formando uma enseada natural. Desse modo, foi capaz de trazer alimentos suficientes para seus homens, enquanto o exército de César, acampado no terreno elevado no interior ao norte, seguia sem provisões.

A fim de deixar suas patrulhas e grupos forrageadores realizarem seus trabalhos sem serem atacados pela cavalaria inimiga, César ordenou a construção de uma linha de fortificações que seguia o relevo das colinas em frente à posição de Pompeu. Ele logo decidiu estender a linha com o objetivo de envolver completamente o inimigo, fazendo um cerco eficiente ao redor do exército maior. Para evitar isso, Pompeu ordenou a seus legionários que construíssem uma linha de fortificações em frente às de César, e várias escaramuças foram travadas enquanto os dois lados lutavam para controlar posições-chave. Os homens de César apressaram-se para estender a muralha e a trincheira de forma que chegassem ao mar, enquanto os soldados de Pompeu buscavam construir sua própria linha tentando impedir a conclusão das obras do inimigo. Pompeu tinha a vantagem numérica e uma distância menor a cobrir – cerca de 24 quilômetros, contra mais de 27 de César –, uma vez que estava mais perto da costa.

O uso de linhas de fortificação para cercar total ou parcialmente um inimigo, restringindo seus movimentos e o acesso a suprimentos, tinha sido usado pelos exércitos romanos no passado, notadamente por Crasso contra Espártaco, Pompeu contra Mitridates e César contra Vercingetórix. Os grandes projetos, marca das legiões profissionais, eram outro reflexo de sua habilidade de engenharia e tenacidade. De muitas maneiras, também era uma extensão dos dias ou semanas das tradicionais tentativas de manobra entre dois exércitos antes de uma batalha. As vantagens defensivas oferecidas pelos trabalhos de campo não deveriam tirar a atenção, nessas ocasiões, de seu uso altamente agressivo para restringir as atividades do inimigo, forçando seu comandante a lutar contra a sua vontade, a se retirar, ou, nos casos mais extremos, a observar a lenta destruição do seu exército pela fome[9].

Os dois exércitos tinham problemas de suprimentos, enquanto labutavam para estender as linhas de fortificação para o sul em direção ao mar. Por vezes, os homens de César alimentavam-se quase que exclusivamente de carne, em lugar da ração balanceada de grãos, legumes e carne que era normalmente distribuída – a afirmação de que as legiões eram vegetarianas e consumiam pouca ou nenhuma carne é um mito, baseado numa leitura errônea desta e de outra passagem dos textos de César. Alguns soldados procuravam uma planta chamada *charax*, cujas raízes podiam ser transformadas num substituto do pão de sabor desagradável, mas comestível. Ao ver uma dessas plantas, Pompeu teria dito que estava lutando contra animais e não contra homens. O moral não parece ter sido abalado, e muitos dos veteranos recordaram-se de privações semelhantes que passaram em Avárico. O exército de Pompeu sofreu mais com a falta de água do que com a de alimentos, pois os principais regatos que corriam em direção às suas posições haviam sido represados pelos homens de César. Poços foram cavados, mas não ofereceram solução completa para o problema. Além de soldados, seu exército tinha um número muito grande de montarias e animais de carga. Os primeiros receberam a prioridade depois dos homens, e as mulas e os cavalos do comboio logo começaram a morrer ou tiveram de ser abatidos em quantidades consideráveis. Doenças – possivelmente o tifo – também começaram a se espalhar entre os soldados.

O ritmo da luta aumentou quando os homens de César fizeram um último esforço inútil para completar o cerco ao inimigo. Antônio liderou a *Legio IX* para tomar uma colina vital, mas foi rechaçado pelo contra-ataque de Pompeu – embora tenha conseguido retirar-se com perdas mínimas. Pompeu, então, lançou uma série de ataques contra os fortes em um setor das linhas de César. Houve algum progresso inicial, porém a resistência extremamente obstinada ganhou tempo e possibilitou a chegada das reservas, que ajudaram a repelir o inimigo. As tropas de ataque de Pompeu foram apoiadas por um número muito grande de arqueiros e fundeiros, que lançaram uma barragem de projéteis contra os baluartes. Em um dos fortes, a maioria dos homens da guarnição de três coortes foi ferida, e quatro de seis centuriões de uma coorte perderam um dos olhos. O escudo de um centurião chamado Ceva foi encontrado, mais tarde, com marcas de 120 projéteis, e ele também foi ferido num olho. Fingindo que se rendia, esperou até que dois legionários de Pompeu o alcançassem, para, de repente, decepar o braço de um deles e matar o outro. De algum modo, a posição foi mantida, e, no final do dia, os atacantes fugiam em desordem. Ao que parece, muitos dos oficiais de César acreditaram que podiam vencer a guerra se aproveitassem essa vantagem, saindo do forte e atacando, mas o legado de César, Sula, decidiu em contrário, sentindo que não era tarefa de um subordinado tomar tal resolução crítica. César, que estava num setor diferente da linha de defesa, concordou totalmente com essa atitude[10].

Os heroicos defensores do forte foram regiamente recompensados com pagamento extra, algumas promoções e, o que na ocasião pode ter trazido maior satisfação, rações extras para todos. A deserção para o lado de Pompeu de dois nobres gauleses, juntamente com seus guerreiros, deu ao comandante informações que o levaram a promover um novo ataque no setor indicado como um ponto fraco das linhas inimigas. Dessa vez, a coluna principal de legionários que avançou a partir das linhas de Pompeu foi apoiada por uma força de infantaria ligeira, transportada por mar e colocada atrás das posições de César. Seu alvo era a seção ainda não terminada das fortificações, e, uma vez mais, o assalto fez algum progresso antes de ser rechaçado. Quando César e Antônio comandavam reservas até o setor ameaçado, o inimigo começou a sucumbir e foi derrotado.

Dessa vez, o comandante estava presente para ordenar o contra-ataque, cujo alvo foi um acampamento originalmente construído pela sua *Legio IX*, mas que tinha sido abandonado e agora era ocupado pelo inimigo. Escondidos numa área florestada, os legionários de César puderam aproximar-se sem ser vistos e invadiram a posição, num repentino ataque devastador. Não obstante, conforme os soldados de Pompeu descobriram, o sucesso desse ataque, como quase sempre acontecia, levou rapidamente à desordem e à confusão. Uma coluna dos homens de César perdeu-se, confundindo uma muralha que conduzia a outra direção com parte do baluarte do acampamento, e a seguiu. Então foi a vez de Pompeu enviar apressadamente todas as reservas disponíveis àquela área e derrotar os atacantes. O pânico se alastrou a partir das unidades mais avançadas e chegou até o núcleo das 33 coortes que César tinha empregado no ataque. O próprio César estava no local e tentou impedir o tumulto, agarrando os porta-estandartes enquanto fugiam. Segurar um estandarte ou seu carregador, além de tentar persuadir os soldados que batiam em retirada a reunir-se ao redor desse símbolo do orgulho e da identidade de sua unidade, era um gesto comum de um comandante romano que enfrentava tal situação. Sula fez isso uma vez com sucesso ao combater o exército de Mitridates, na Grécia. Dois anos depois, durante a campanha africana, César agarrou um dos seus porta-estandartes e virou o homem para o outro lado, dizendo: "Veja! É lá que está o inimigo!". Daquela vez, porém, sua presença não foi capaz de influenciar seus soldados. Pelo menos um homem deixou o estandarte nas mãos do seu comandante e continuou a correr. Outros relatos, embora ausentes dos *Comentários*, afirmam até que um dos homens em fuga tentou atingir César com a ponta pesada de ferro do seu *signum* (estandarte) e só foi detido quando a guarda pessoal do general decepou seu braço.

As baixas dessa ação foram muito pesadas, somando 960 homens e 32 tribunos ou centuriões mortos e outros capturados. Pompeu não aproveitou essa vantagem, o que levou César a declarar que o inimigo "teria vencido a batalha de hoje, caso fossem comandados por um vencedor". Contudo, a velocidade com a qual o sucesso inicial degenerou em derrota para ambos os lados leva a crer que Pompeu estava certo. Linhas de fortificação defendidas com firmeza e apoiadas de perto por fortes reservas eram muito difíceis de ser capturadas, mesmo por outro exército romano. O terreno de relevo acidentado, dividido ainda mais pelas muralhas e trincheiras, dificultava que o comandante controlasse qualquer ataque, introduzindo, desse modo, um alto nível de acaso no resultado de qualquer combate. Pompeu tinha conquistado uma vitória e, como no começo da campanha, o tempo estava ao seu lado; não havia vantagem real em buscar uma decisão rápida. Os soldados capturados pelas suas forças foram executados, embora até o próprio César tenha dito que essa ação não foi ordenada por Pompeu, apesar de ele não ter se oposto a ela. Foi o seu velho legado Labieno que fez um discurso contra os prisioneiros e, então, os executou. Labieno tinha mudado de lado no começo da campanha italiana – fosse por estar insatisfeito com as recompensas e elogios que recebera de seu comandante, um velho aliado de Pompeu, fosse por pura convicção política. César ordenara que sua bagagem pessoal lhe fosse enviada, mas, embora em público tratasse a deserção como algo de pouca monta, foi um grande golpe que o privou de seu comandante mais capaz. Labieno aparece como uma figura muito mais brutal em *A Guerra Civil* que em *A Guerra Gálica,* sendo em especial odiado pelos oficiais que escreveram livros complementando os relatos de César[11].

No dia seguinte, do mesmo modo que fizera em Gergóvia, César reuniu seus soldados e tentou restaurar o moral da tropa. Diversos porta-estandartes foram rebaixados publicamente por covardia. César não fez esforço algum para oferecer batalha ao inimigo como fizera na Gália, julgando provavelmente que seria muito arriscado caso o inimigo aceitasse. Agora ficava claro que ele não tinha perspectiva de bloquear Pompeu até que ele se submetesse, assim resolveu deixar o local e marchar até a Grécia central para recuperar a confiança e a saúde do seu exército. Enviando os feridos e doentes na frente, mandou o comboio de bagagens deixar o acampamento à noite e, então, seguiu com o exército principal. Alguns poucos homens da cavalaria de Pompeu perceberam a retirada a tempo de atacar a retaguarda, mas foram logo repelidos. A cavalaria numericamente inferior de César era apoiada de perto por uma coorte de quatrocentos legionários especialmente escolhidos, que marchavam prontos para a batalha, não estando, por isso, sobrecarregados com bagagem. César tinha se afastado com habilidade do contato próximo com o inimigo, o que nunca foi uma operação fácil, mas isso e o seu tom confiante nos *Comentários* não devem esconder o fato de que sofrera uma séria derrota[12].

Era época da colheita e, conforme as tropas de César marchavam por uma terra que não havia sido devastada por exércitos em campanha, puderam colher grãos em quantidade suficiente para satisfazer suas necessidades. Para algumas comunidades gregas, as legiões de César pareciam uma força derrotada, e elas relutaram em lhes oferecer auxílio, uma vez que poderia lhes custar a antipatia dos vitoriosos. Depois que Gomfoi fechou os portões aos seus oficiais e recusou-se a lhe fornecer alimentos, César invadiu a cidade e a saqueou. De acordo com algumas das nossas fontes, o progresso do exército no dia seguinte pareceu mais uma festa de bêbados que uma marcha disciplinada. Após essa lição brutal, a maior parte das cidades não ousou se recusar a atender pedido algum de César[13].

Pompeu o seguiu, mas manteve distância e aparentemente desejava continuar com sua estratégia de desgastar o inimigo privando-o de suprimentos. Muitos dos senadores eminentes no seu acampamento foram críticos e exigiram que ele concluísse a guerra com rapidez, derrotando César em batalha. César, que obviamente não é uma fonte imparcial, afirmou que eles já estavam discutindo entre si sobre quem receberia os cargos e as honras dos que o apoiavam naquele momento. A pressão sobre Pompeu era considerável, mas não está, de modo algum, claro se foi isso que finalmente o persuadiu a procurar batalha. Corria o mês de agosto, e tanto a estação quanto a liberdade de movimento melhoraram bastante a situação de César com relação a suprimentos. Os exércitos de Pompeu tinham uma superioridade marcante na infantaria e ainda maior na cavalaria, o que tornava a luta, especialmente se fosse travada em terreno aberto, uma perspectiva atraente. No começo do mês, os exércitos rivais estavam próximos a Farsália e passaram vários dias realizando as tradicionais manobras e oferecendo batalha. Na manhã de 9 de agosto de 48 a.C., César estava prestes a marchar a um novo local – onde ergueria seu acampamento, pois seus homens tinham exaurido a forragem disponível na posição em que estavam –, quando chegou a notícia de que o exército de Pompeu estava uma vez mais oferecendo batalha. Pela primeira vez, eles tinham avançado para além do terreno elevado em frente ao acampamento inimigo e entraram em formação na planície ao longo do rio Enipeu. Era um sinal de determinação arriscar uma ação propícia a César. Dando ordens para que seus homens depusessem as bagagens e se preparassem para a batalha, ele levou suas tropas para enfrentar o inimigo.

César tinha 22 mil legionários, divididos em cerca de oitenta coortes – sete delas deixadas para guardar o acampamento –, e uma cavalaria de mil soldados.

Estacionando seu flanco esquerdo no rio, ele mandou que as legiões entrassem em formação no usual *triplex acies*. Sua melhor unidade, a veterana *Legio X*, assumiu o lugar de honra à direita da linha, flanqueada por toda a cavalaria e apoiada por parte da infantaria ligeira. À esquerda, posicionou uma unidade composta pela *Legio VIII* e pela *Legio IX*, ambas muito desfalcadas, pois a última, em particular, tinha sofrido demasiadamente em Dirráqueo. Dividindo a linha em três setores, César colocou Marco Antônio no comando das forças à esquerda, Cneu Domício Calvino no centro e Públio Sula à direita. O comandante ficou, desse modo, livre para ir a qualquer seção da frente de batalha, mas iria, de fato, controlar a luta a partir da ala direita, passando a maior parte do seu tempo com a sua favorita *Legio X*.

Do outro lado da planície, as onze legiões de Pompeu também entraram em formação em três linhas. Somavam juntas 45 mil homens, e cada uma das suas coortes tinha dez fileiras de profundidade – as unidades de César, quase da metade desse tamanho, tinham provavelmente apenas quatro ou cinco fileiras. As melhores legiões foram estacionadas nos flancos e no centro, e a linha inteira foi dividida em três comandos, com Lúcio Domício Enobarbo à esquerda, o sogro de Pompeu, Cipião, no centro e Lúcio Afrânio à direita. Pompeu uniu-se a Enobarbo e às tropas imediatamente opostas a César. De acordo com Frontino, seiscentos cavaleiros foram postados no flanco direito próximo ao rio. Os 6,4 mil cavaleiros restantes – ou, em outras fontes, toda a força montada – foram concentrados à esquerda, com grandes números de fundeiros, arqueiros e outras unidades de infantaria como apoio. Sob o comando de Labieno, era essa força que deveria realizar o ataque principal e decisivo, conforme Pompeu esperava, derrotando a cavalaria de César, que estava em desvantagem numérica, e então voltando-se contra as legiões no flanco e na retaguarda. O plano não era sutil, uma vez que a concentração de tantos milhares de cavaleiros numa seção da planície não podia ser ocultada, mas isso não significava que seria fácil para César reagir. Sua resposta foi enviar uma coorte da terceira linha de cada legião e estacioná-la como quarta linha atrás da sua cavalaria, possivelmente escalonada atrás à direita. Os cavaleiros de César devem ter evitado que o inimigo observasse essa manobra.

Os dois exércitos estavam confiantes. Foram passadas senhas dos dois lados para reduzir a inevitável confusão que surgia quando lutavam oponentes com os mesmos uniformes e falando a mesma língua. Os homens de César usaram "Vênus que Traz a Vitória", em referência à sua ancestral divina, enquanto os soldados de Pompeu escolheram "Hércules, o Invencível". Numa cena semelhante àquelas que moldariam a lenda napoleônica, um antigo centurião da *Legio X*, que agora servia como comandante de uma unidade *ad hoc* de 120 veteranos, gritou para César: "Hoje eu conquistarei sua gratidão, vivendo ou morrendo". Esse homem, Caio Crastino, estava na linha de frente, que abriu a batalha ao avançar em direção ao exército de Pompeu. Este não se moveu. Era uma tática incomum, pois a infantaria romana normalmente avançava de encontro aos soldados inimigos a pé. Mesmo os homens de Mário em Águas Sêxtias e os de César quando enfrentavam os helvécios, embora tenham esperado o inimigo se cansar ao atacar colina acima, tinham no último minuto arremessado seus *pila* e, então, atacado imediatamente quando o inimigo estava a dez ou quinze passos. César diz que a ordem para permanecer imóveis foi dada por Caio Triário, que persuadira Pompeu de que, assim, evitaria que as coortes entrassem em desordem e lhes permitiria conseguir a melhor proteção possível com seus escudos contra os projéteis inimigos. A crença em que suas formações se romperiam caso se movessem pode ter sido um reflexo da inferioridade patente dos legionários de Pompeu em comparação aos homens de César. Por outro lado, Pompeu pode simplesmente ter desejado trazer a infantaria de César o mais para a frente possível, a fim de facilitar que sua cavalaria na ala esquerda a envolvesse. Nos *Comentários*, César é crítico quanto a essa decisão, argumentando que um avanço ajuda a encorajar os soldados e que a defesa passiva é prejudicial ao moral da tropa.

Antes de as linhas de legionários colidirem, a cavalaria de Labieno atacou a de César, rechaçando-a depois de breve luta. No processo, os cavaleiros de Pompeu saíram de formação. Era raro concentrar tantos cavaleiros numa frente tão estreita, e a maioria das unidades era inexperiente. Nem Labieno, nem seus oficiais subordinados tinham muita experiência em comandar e controlar tantas tropas montadas, e sua tarefa tornou-se ainda mais árdua devido às espessas nuvens de pó erguidas por tantos cascos. Tais fatores, combinados com a tendência natural de tantos cavalos colocados juntos a excitar-se, parecem ter transformado a ala esquerda de Pompeu, que passou de linhas bem ordenadas de esquadrões individuais a uma única massa desajeitada. Antes que pudessem reunir-se e entrar de novo em formação, César ordenou à sua quarta linha que contra-atacasse. As coortes surgiram de repente em meio à poeira e à confusão e avançaram rumo à multidão estacionada da cavalaria. Esses legionários receberam ordens de usar os *pila* como lanças. Em outras ocasiões, quando a infantaria romana tentou causar pânico na cavalaria inimiga, os soldados gritavam e batiam suas armas contra os escudos. Em uma das raras vezes em que a infantaria teve sucesso ao atacar a cavalaria em terreno aberto, os homens de Labieno começaram a ceder, transformando a confusão em derrota quando toda a massa de cavaleiros se dirigiu à retaguarda. Não sabemos se os cavaleiros de César tinham se reunido, nem se foram capazes de perseguir o inimigo, mas fica claro que a cavalaria de Pompeu não participou mais da batalha.

O ataque principal de Pompeu havia fracassado, expondo o flanco esquerdo da sua infantaria pesada e mostrando ainda outro motivo pelo qual não teria sido prudente essas forças avançarem. As coortes de César tinham seguido e, da maneira usual, acelerado e corrido numa carga preparatória para lançar os seus *pila* quando estivessem a cerca de trinta ou quarenta metros da linha inimiga. Quando os soldados de Pompeu foram impedidos de usar as táticas normais dos legionários e, finalmente, avançaram ao seu encontro, as tropas de César observaram e não desperdiçaram seus dardos enquanto permaneciam fora de alcance. Durante um tempo, a linha inteira parou, os centuriões e seus subordinados refazendo a formação das fileiras que se dispersaram durante a carga abortada. A frieza dessa manobra quando o inimigo estava tão próximo é testemunho da qualidade, treinamento e experiência dos legionários de César e de seus oficiais. Então, depois dessa pausa, a linha avançou de novo. A cerca de dez a quinze metros, os soldados arremessaram os *pila* e atacaram os homens, dando seu grito de guerra e desembainhando as espadas. A seu favor, e de certa forma confirmando as táticas de seu líder, os soldados de Pompeu os receberam com firmeza e também lançaram seus *pila*. A luta foi encarniçada; as fileiras extras e a formação muito próxima das coortes de Pompeu as manteve no combate contra seus adversários mais experientes. Crastino foi morto por um golpe de espada na boca tão forte que a ponta do gládio do seu oponente saiu pela nuca. As coortes da segunda linha de César, que sempre operavam em apoio próximo à primeira, logo entraram na luta.

Por algum tempo, nenhum dos lados conquistou vantagem marcante, até que a quarta linha de César voltou-se para atacar o flanco esquerdo de Pompeu. A linha de combate de Pompeu começou a ceder, e César deu o sinal para a terceira linha – menor em número do que o usual devido à criação da quarta linha, mas composta por tropas descansadas – avançar e entrar em combate. A pressão foi tanta que as legiões de Pompeu cederam e fugiram. César afirma que quinze mil soldados inimigos foram mortos e 24 mil capturados, juntamente com nove águias legionárias e 180 *signa* (estandartes). Ele teria dado ordens para que seus homens poupassem os conterrâneos sempre que possível, mas chacinassem auxiliares estrangeiros. Suas perdas somaram duzentos soldados e trinta centuriões – proporção que reflete o estilo de liderança agressivo e, portanto, arriscado que se desejava das legiões[14].

Pompeu parece pouco ter participado da batalha após o fracasso do ataque da sua cavalaria. César afirma que ele deixou o campo antes de a luta terminar, desesperando-se com sua derrota de modo indigno para um romano, e retornou ao seu acampamento. Quando viu que seu exército estava para ruir, retirou as insígnias de general e afastou-se a galope. Mesmo nos relatos favoráveis a Pompeu, não há traço do vigor que ele demonstrara nas primeiras campanhas que realizou. No que diz respeito aos *Comentários*, ficou claro que o melhor homem – com certeza, o melhor romano – tinha vencido.

Encontrando-se com a esposa, Pompeu fugiu para o Egito, onde foi assassinado pelos cortesãos do rei Ptolomeu XII, que esperava receber favores do general vitorioso. O primeiro golpe foi, na verdade, desferido por um centurião que servira sob Pompeu durante as campanhas orientais, mas que estava com uma das duas legiões estacionadas no Egito havia alguns anos, as quais agora, segundo acreditava-se, tinham "se tornado nativas". Quando César chegou, em 2 de outubro de 48 a.C., foi presenteado com a cabeça de Pompeu, mas recusou-se a olhar para ela e deu ao seu antigo aliado um funeral com honras. Ele afirmou publicamente que lamentava não ter podido estender sua famosa clemência a seu oponente mais distinto. Isso, porém, pode ter sido apenas para agradar a opinião pública, mas também é possível que ainda conservasse certa afeição e respeito pelo velho amigo[15].

A DITADURA E OS IDOS DE MARÇO

César passou os seis meses seguintes no Egito, dando, desse modo, tempo para os soldados sobreviventes de Pompeu formarem um novo exército no norte da África. O longo atraso antes do seu retorno a Roma desconcertou muitos daqueles que, como Cícero, esperavam que a Guerra Civil tivesse terminado. Talvez César acreditasse que, sem Pompeu, a oposição a ele findasse, ou provavelmente teve, naquele momento, menos satisfação na sua vitória do que esperava. Ele foi envolvido na disputa dinástica entre o adolescente Ptolomeu e sua irmã de 21 anos, Cleópatra. Esta – vivaz, inteligente, carismática e atraente, embora não estritamente linda conforme os padrões do seu tempo, e bem-educada tanto na cultura helenística como na antiga tradição egípcia – é famosa por supostamente ter sido levada aos quartéis de César escondida num tapete ou cobertor, que foi, então, desenrolado para revelar sua notável passageira. Os dois, que rivalizavam em perspicácia, em conhecimento e na enorme ambição, logo tornaram-se amantes, e a rainha egípcia causou impressão muito maior no promíscuo romano de meia-idade do que talvez qualquer uma das suas amantes, exceto, possivelmente, Servília, a mãe de Bruto e grande amor de César na juventude.

César derrotou Ptolomeu, que morreu na confusão, e instalou Cleópatra no trono egípcio. Mesmo assim, ele não queria deixar o Egito, e diz-se que os amantes partiram num longo e luxuoso cruzeiro através do Nilo. Foi apenas quando chegaram más notícias do Mediterrâneo que, finalmente, César viu-se forçado a interromper seu devaneio. Farnaces, o filho de Mitridates que se voltara contra o pai e recebera permissão de Roma para manter um reino muito reduzido, tinha invadido a província do Ponto e derrotado um exército romano. No final de maio de 47, César reuniu uma pequena força com as legiões imediatamente disponíveis e marchou contra ele. O exército do Ponto foi totalmente derrotado em Zela, em 2 de agosto, e a rapidez da sua vitória o levou a proferir o famoso comentário "Vim, vi, venci" (*veni, vidi, vici*). Não obstante, por um momento a disputa pareceu não estar resolvida, quando Farnaces quebrou todas as regras do generalato da época e atacou o exército de César enquanto este construía o acampamento em terreno elevado. Atacar um inimigo numa posição forte conferiu a vantagem inicial da surpresa ao exército do Ponto, mas as legiões recuperaram-se rapidamente e destruíram o inimigo. Zombando de Pompeu, César comentou como um general que combatera oponentes fracos como aqueles tinha sido beneficiado pela boa sorte[16].

Retornando para o oeste e para seus inimigos romanos, a forma como César conduziu o resto da Guerra Civil foi enérgica, impaciente e cada vez mais impiedosa. Em dezembro de 47, ele comandou uma invasão mal preparada à África, que foi, em certos aspectos, até mais audaciosa do que a ida à Macedônia dois anos antes. Uma vez mais, seu talento para a improvisação e sua recusa em duvidar de seu sucesso final, combinados com a grande qualidade dos oficiais e homens sob seu comando, permitiram que o exército de César sobrevivesse à sua fraqueza inicial até a chegada de reforços e a melhoria da situação relativa aos suprimentos. Em abril de 46, enfrentou o exército de Pompeu nos arredores da cidade de Tapso. O autor de *A Guerra Africana* dá a entender que César não tinha controle total sobre seu exército:

> César estava firme, resistindo ao entusiasmo e à ansiedade [de seus homens], gritando que não aprovava um ataque imprudente e segurando a linha [de combate], quando, de repente, na ala direita, um *tubicen* [trombeteiro], sem ordens de César, mas encorajado pelos soldados, começou a soar seu instrumento. A ordem foi repetida por todas as coortes, e a linha começou a avançar contra o inimigo, apesar de os centuriões terem se colocado à frente tentando em vão deter os soldados e impedir que atacassem sem ordens do general.
>
> Quando César percebeu que era impossível segurar os soldados entusiasmados, pronunciou a palavra de ordem "Boa sorte" [*felicitas*] e esporeou o cavalo em direção às fileiras frontais do inimigo.[17]

Em outra tradição menos favorável, César precisou deixar o campo por conta de um ataque epilético. Seja qual for a verdade desses relatos, as legiões de César conquistaram uma vitória rápida e decisiva. Ainda não foi o fim da guerra, porém, já que o filho de Pompeu, Cneu Pompeio, tomou o controle da Hispânia e precisou ser derrotado em Munda, em 45 a.C.[18]

César tinha vencido a Guerra Civil, espalhando devastação por toda a Itália e províncias para defender sua própria honra, mas ainda era necessário ver se podia ou não conquistar a paz. Enquanto ditador vitalício, deteve um poder igualado no passado apenas por Sula, o qual chamou de analfabeto político por ter se retirado da vida pública. As honras recebidas por ele foram maiores do que as concedidas a qualquer outro indivíduo, e a escala dos projetos que planejou eram verdadeiramente surpreendentes. Durante toda a Guerra Civil, César exibiu sua *clementia*, perdoando oponentes capturados, em alguns casos mais de uma vez. Muitos temiam que isso fosse simplesmente um estratagema cínico, lembrando como Sula tinha, num primeiro momento, agido de modo conciliador até a vitória permitir que executasse sua brutal vingança. Os temores de que César faria o mesmo mostraram-se infundados, pois não havia proscrições, e o Senado recebeu grande número dos seus antigos oponentes, alguns dos quais em cargos elevados. Contudo, se a ditadura não foi repressiva, também está claro que as eleições foram controladas de perto e que o Senado não tinha poder real nem independência. Corriam rumores de que César desejava tornar-se rei – título que ainda era tabu para os romanos, séculos depois da extinção da monarquia – e ser deificado. Às vezes, dizia-se que queria governar com Cleópatra (que trouxera para Roma) como sua rainha e fundar uma nova dinastia. Os motivos dos conspiradores liderados por Bruto e Cássio eram muitos e variados, mas tinham mais a ver com os temores relativos aos planos futuros de César do que com qualquer outra coisa que ele tivesse feito até então.

As intenções do ditador não podem, agora, ser estabelecidas, pois as fontes desse período foram completamente obscurecidas pela propaganda dos que o apoiavam dos seus inimigos após a sua morte.

É, por exemplo, impossível saber se o garoto Cesarião era, de fato, o filho ilegítimo de César e Cleópatra. O próprio César não foi claro quanto aos seus objetivos finais, uma vez que seu plano imediato era voltar a realizar o que fazia melhor: comandar um exército em guerra. Quando foi esfaqueado até a morte, numa sessão do Senado em 15 de março de 44 a.C., tendo publicamente dispensado sua guarda pessoal algum tempo antes, ele estava prestes a partir em campanha contra os dácios e, então, levar a guerra até os partos. Estes, em particular, demandariam uma tarefa que inevitavelmente duraria muitos anos, e não sabemos o que ele esperava que acontecesse em Roma durante sua ausência. Com o assassínio de César, Roma foi de novo arrastada a uma guerra civil. Numa última ironia, o cadáver do ditador caiu aos pés de uma estátua de Pompeu, pois o Senado estava, naquele dia, reunindo-se num templo ligado ao complexo teatral de Pompeu[19].

SOLDADO E GENERAL: CÉSAR, O LÍDER

Nos últimos capítulos, abordamos generais – Mário, Sertório, Pompeu e César – os quais, a certa altura da carreira, comandaram suas legiões contra outros exércitos romanos. Desde os primeiros dias da república, a política romana foi extremamente competitiva, mas só no século I a.C. as rixas entre senadores rivais transformaram-se em guerra civil. Parece extremamente duvidoso que Cipião Africano tenha sonhado lutar contra o regime que o forçou a retirar-se prematuramente da vida pública. Se ele tivesse feito isso, é difícil imaginar que qualquer um dos seus antigos soldados – agora aposentados e estabelecidos em suas casas – quisesse usar a força em defesa de seu antigo comandante. As legiões eram recrutadas de todas as seções das classes proprietárias, todas as quais eram capazes de contribuir para a vida política da república ao votar nas assembleias. Não obstante, em um século o relacionamento entre o exército, seus comandantes e a república havia se alterado, de modo que em 88 a.C. e em muitas outras ocasiões subsequentes os generais puderam comandar, como de fato o fizeram, suas legiões contra outros exércitos romanos. A mudança foi profunda e relacionava-se à ascensão do exército profissional, no qual a maioria dos legionários era recrutada entre os mais pobres da sociedade. Para tais homens, o serviço militar não era um dever ao Estado que interrompia sua vida normal, mas uma fonte de emprego e uma receita estável, embora pequena. Quando dispensados do exército, os *proletarii* não tinham nada a que voltar em termos de propriedade ou trabalho na vida civil. Diversos comandantes, como Mário, Sula, Pompeu e César, pressionaram, em alguns momentos, para que fossem estabelecidas colônias, que seriam povoadas por seus soldados veteranos. Em todos os casos, a ideia foi tremendamente impopular, em grande parte porque nenhum senador desejava que um rival tivesse tantos cidadãos devedores a ele. O Senado como um todo também relutava em reconhecer que as legiões eram, agora, recrutadas entre os pobres e se recusava a se responsabilizar pelo seu bem-estar depois que fossem dispensados. Isso estimulou uma relação mais próxima entre o comandante e suas tropas, de forma que a lealdade dos legionários era dirigida muito mais à pessoa do seu comandante do que à república, a qual lhes oferecia tão pouco. As legiões, com efeito, tornaram-se "clientes", ou exércitos particulares de comandantes populares e poderosos.

A visão tradicional de que as mudanças foram resultado da Reforma de Mário é um tanto simplista e tem sido muito criticada, especialmente pelos estudiosos que acreditam que a evolução do exército foi gradual e que sob Mário não houve mudança repentina. Eles observam, por exemplo, ser certamente falso que todo general romano do século I a.C. era capaz de voltar suas legiões contra seus rivais. Lúculo comandou seu exército durante anos de campanhas bem-sucedidas no Oriente, mas nunca conseguiu conquistar a afeição de seus soldados, os quais recusaram seus apelos para resistir à sua substituição por Pompeu. Em diversas ocasiões durante as guerras civis, generais impopulares foram desertados ou até linchados pelos seus próprios homens. Entretanto, se muitos generais do final da república, talvez a maioria, não podiam persuadir suas legiões a lutar contra outros romanos, alguns deles – e este é o ponto essencial – tanto puderam como o fizeram. Tal ação teria sido impossível nos velhos dias do exército de milícia ou de alistamento compulsório, responsável por conquistar o domínio de Roma no Mediterrâneo, e, embora talvez a intensidade e o jogo da competição política tivessem aumentado, a guerra civil só se tornou uma possibilidade com a nova natureza da legião. Isso é algo que os defensores da mudança gradual em detrimento da reforma militar repentina ainda não conseguiram explicar de modo adequado, apesar de, realmente, não haver motivo para que a primeira ideia não pudesse ter impacto tão poderoso quanto a última[20].

Uma vez que os comandantes romanos construíram uma relação próxima com seus legionários, de forma que estes desejassem lutar contra outros romanos, é importante considerar como o fizeram. Pompeu formou um exército às suas próprias custas e, em grande parte, às custas das propriedades da sua família, embora fosse jovem demais e não tivesse autoridade legal alguma. Poucos homens tinham riqueza para correr tal risco, mas muito do seu sucesso residia no seu carisma pessoal e na ligação tradicional da população com sua família. Em 88, Sula persuadiu seus homens a marchar contra Roma porque temiam que Mário levasse outras legiões à guerra lucrativa no Oriente. Contudo, apesar de ocasionalmente um homem ser capaz de conquistar o apoio dos soldados antes de os comandar numa campanha, um período comum e bem-sucedido de serviço ativo era o que, de fato, unia os legionários e os generais. Os homens de Pompeu e de Sula confirmaram sua lealdade desse modo, da mesma maneira que os dez anos que enfrentaram entre dificuldades e vitórias na Gália garantiram que nunca fosse levantada nenhuma questão sobre se o exército de César se recusara a segui-lo além do Rubicão. Normalmente, as campanhas longas e bem-sucedidas criavam um forte elo entre o general e os soldados, apesar de a experiência de Lúculo demonstrar que, por vezes, não era esse o caso. Uma das principais razões da sua impopularidade era a crença de que ele era miserável na distribuição do espólio capturado do inimigo. Mário,

Sula, Pompeu e César recompensavam regiamente seus homens, em especial os oficiais. A certa altura, possivelmente durante a Guerra Civil, César dobrou o pagamento de seus legionários para 225 denários por ano.

Nos *Comentários*, César justifica repetidamente sua causa, quase sempre em passagens nas quais reconta os discursos que fez às suas tropas. Era uma forma de reforçar sua mensagem para seu público leitor, mas apelos semelhantes também aparecem na maioria dos relatos que outros historiadores registraram sobre as guerras civis. Em grau maior ou menor, todos os soldados de um exército durante uma guerra civil provavelmente tinham algum conhecimento da natureza das suas causas. Os centuriões e os oficiais mais graduados, como os tribunos, certamente parecem haver apresentado interesse ativo nas políticas de Roma e precisavam ser persuadidos da justificativa e da legitimidade das ações dos seus comandantes. Os oficiais do exército, em especial os soldados rasos, sem dúvida tinham uma perspectiva diferente sobre as disputas políticas da classe senatorial, mas isso não significa que suas preocupações e ideias sobre legitimidade não fossem defendidas com afinco. Ao que parece, com frequência foram oficiais do exército que iniciaram deserções em massa para o lado oposto ou o assassinato de um general. No início da Guerra Civil, cada um dos centuriões de César ofereceu-se formalmente para pagar e equipar um cavaleiro às suas próprias custas, identificando-se fortemente com sua causa[21].

Mário é lembrado por introduzir uma forma de disciplina menos rígida, a não ser quando estava em campanha. E, em algumas ocasiões, como em Gomfi, César deu licença a seus homens para comemorar do modo mais desregrado. Ele teria bravateado que seus homens lutaram tão bem que era "como se estivessem cheirando a perfume"[22]. Nenhum dos dois comandantes negligenciava ofensas sérias, e ambos eram tidos como muito justos no tratamento dispensado aos transgressores, independentemente da sua patente. Vários oficiais foram humilhados publicamente e dispensados quando César julgava que não correspondiam aos seus padrões. Mário, Pompeu e César também se destacaram pelos rigorosos programas de treinamento que impuseram às suas tropas. Suetônio nos diz que César

> nunca avisou antecipadamente sobre uma marcha ou uma batalha, mas sempre as mantinha [suas tropas] prontas e preparadas para mover-se de repente sempre que decidia. Ele quase sempre as fazia marchar, mesmo quando não havia emergência, particularmente quando chovia ou durante festivais. E costumava avisar seus homens para observá-lo de perto e, então, saía repentinamente do acampamento a qualquer hora do dia ou da noite e realizava uma marcha especialmente longa e difícil, para cansar aqueles que seguiam muito devagar.[23]

Como Sertório, ele equipou seus homens com armas e armaduras impressionantes, as bainhas das espadas decoradas com ouro e prata, esperando que se orgulhassem de si próprios e de sua aparência. Os legionários eram estimulados por seu general ou por oficiais graduados, os quais respondiam diretamente ao comandante, sempre observavam seu comportamento e iriam recompensar os corajosos e punir os covardes. Quando César se dirigia a seus homens, sempre os chamava de *commilitones*, ou "camaradas". Na Gália, ele mandou transportar lajes no comboio de bagagem, de forma que sua tenda sempre fosse pavimentada, mas, apesar desse luxo e de outros, os quais em parte visavam a impressionar os chefes locais, ele buscava compartilhar os mesmos sofrimentos que seus homens. Suetônio menciona como ele

> demonstrava incrível poder de resistência. Nas marchas, liderava seu exército, normalmente a pé, mas por vezes a cavalo, sem proteção contra o sol ou a chuva, e podia viajar muito rápido numa carruagem leve, cobrindo grandes distâncias e levando um mínimo de bagagem; atravessava a nado rios que não podiam ser vadeados, ou flutuava até a outra margem usando peles infladas de animais, frequentemente chegando ao seu destino antes dos mensageiros que enviara à frente para anunciar sua chegada.[24]

Embora os *Comentários* descrevam as ações heroicas individuais de muitos soldados, é muito raro que legionários comuns sejam mencionados pelo nome. Quase sempre, sua coragem é elogiada coletivamente e legiões específicas são louvadas. Já observamos o talento de César na manipulação do orgulho das unidades militares, como na ocasião em que anunciou que atacaria Ariovisto apenas com a *Legio X*, se o restante do exército estivesse temeroso. Depois de um incidente no qual parte da sua legião recebeu cavalos para que atuassem como guarda-costas de César, a unidade adotou o título informal de *equestris*, ou "cavaleiros", e os soldados fizeram piada de que seriam promovidos à classe equestre pelo seu generoso comandante. Os soldados se identificavam muito com suas legiões, em especial as melhores unidades, e a rivalidade para provar que eram superiores ao restante do exército era intensa e muito estimulada[25].

A narrativa de César atenta em particular aos feitos dos seus centuriões. As vitórias são atribuídas, com frequência, em grande parte à sua coragem e ao exemplo inspirador, bem como às derrotas evitadas pelo seu heroísmo. O louvor que receberam nos seus relatos formais das campanhas era aliado a recompensas tangíveis e promoções dadas de imediato. Durante as campanhas na Gália, o exército de César mais do que dobrou em tamanho, criando diversas oportunidades de ascensão aos escalões mais elevados do centurionato. Pouco se sabe sobre as origens dos centuriões nesse período, e não é certo se a maioria era diretamente comissionada ou promovida, embora essa última ação nunca tivesse sido mencionada de modo explícito nos *Comentários*. É possível que pertencessem, sobretudo, ao que poderíamos chamar imprecisamente de "classe média" da sociedade romana – famílias que possuíam algumas propriedades e educação e que podem ter sido proeminentes nas pequenas comunidades italianas. Certamente, quando se tornavam centuriões, gozavam de condições de pagamento e serviço consideravelmente maiores que as dos legionários comuns. O potencial para promoções e recompensas também era grande. Ceva, o centurião que se distinguiu ao defender um dos fortes em Dirráquio, foi promovido à patente de *primus pilus* e recebeu uma recompensa de 50 mil denários (equivalente ao pagamento de cem anos de um legionário comum). Uma inscrição que data, provavelmente, da década de 30 a.C. faz referência a uma unidade de cavalaria auxiliar gaulesa conhecida como *ala Scaevae* (regimento de Ceva), e parece muito possível que seja o mesmo homem. Alguns dos centuriões de César até entraram para o Senado em seu período como ditador. Os centuriões eram recompensados regiamente, mas eram vítimas de alto índice de mortalidade, uma vez que buscavam conquistar distinção. Segundo Ápio, César ordenou a seus homens que procurassem com cuidado o corpo de Crastino entre os cadáveres da carnificina de Farsália e o enterrou em um túmulo distante da cova coletiva. Ele também teria condecorado o cadáver, o que, se for verdade, representaria um gesto poderoso, já que os romanos não conferiam normalmente medalhas póstumas[26].

César elogiava e recompensava seus homens, compartilhava os perigos que enfrentavam em campanha e os treinava arduamente. As vitórias sucessivas, interrompidas apenas por um punhado de derrotas, todas elas rapidamente vingadas, confirmaram a fé que os legionários tinham na sua habilidade como comandante. O próprio César sempre lembrava a todos que não era simplesmente um general com talento, mas também com sorte. Poucos comandantes na História obtiveram tanta devoção de seus soldados. Ocasionalmente, a relação se desviava da obediência absoluta retratada nos *Comentários*, como aconteceu durante a Guerra Civil, quando houve dois grandes motins. No final de 49 a.C., a *Legio X* protestou porque muitos homens não estavam sendo pagos nem dispensados, mas rapidamente cederam quando seu general chegou e os repreendeu pela ingratidão e falta de confiança. César encenou uma atuação tão repleta de fúria, anunciando que puniria a legião com a pena da *decimatio*, que os soldados ficaram quase aliviados quando ele, por fim, ordenou a execução de apenas doze líderes do motim.

A sua reação quando grande parte do exército, inclusive sua amada *Legio X*, se amotinou antes da campanha africana foi ainda mais avassaladora. Uma vez mais, a causa foi, provavelmente, a inatividade e a ausência de objetivo quando César estava no Egito, fazendo emergir antigos descontentamentos. Salústio, o futuro historiador e, na ocasião, um dos oficiais de César, escapou por pouco de ser linchado quando os soldados amotinados exigiram raivosamente os pagamentos atrasados e as recompensas. Então, seu comandante chegou de repente e apareceu no tribunal. O convite para que comunicassem suas queixas chocou as tropas reunidas, silenciando-as, até que algumas vozes se ergueram afirmando que desejavam ser dispensados do serviço. César, que estava para iniciar uma grande campanha e, portanto, obviamente precisava muito das tropas, replicou, sem qualquer emoção visível, que os homens estavam dispensados e que venceria a guerra com outras tropas, mas ainda daria a eles tudo o que prometera depois de conquistar a vitória. Não parece ter havido desejo real algum da parte de César de desmobilizar suas tropas, e a disposição dos legionários mudou da hostilidade para a mágoa e a vergonha, pois seu antigo general não parecia valorizar seus serviços.

César não disse mais nada, até que alguns dos seus oficiais de alta patente – muito possivelmente instruídos para esse papel antes do início do confronto – imploraram em voz alta que ele perdoasse os homens que passaram por tantos sofrimentos sob seu comando e desculpasse algumas poucas palavras precipitadas. As esperanças de que ele pudesse compadecer-se foram frustradas quando falou de novo, dirigindo-se às tropas como "civis" (*quirites*) em vez do seu tratamento habitual, "camaradas". Os amotinados começaram a gritar que estavam arrependidos e a implorar pela permissão de voltar ao seu serviço. Quando César se virou para deixar a plataforma, os gritos ainda mais altos, e os legionários pediram que ele punisse os que provocaram o tumulto e levasse o restante para sua campanha na África. O general fez um teatro de indecisão, deixando os homens cada vez mais desesperados, até finalmente anunciar que levaria todos à campanha, exceto a *Legio X*, cuja ingratidão após seus repetidos favores não podia ser desculpada. Os homens dessa unidade chegaram ao ponto de implorar que os condenasse à pena da decimação, mas levasse a legião para a guerra. No final, ele decidiu que a profusão de emoções era tão forte que seria desnecessário tomar medidas adicionais. A *Legio X* lutou com distinção em Tapso e teve papel importante ao romper as linhas inimigas em Munda. Depois do assassínio de César, os remanescentes de sua unidade veterana continuaram leais à sua memória e lutaram durante anos com grande eficiência ao lado do seu filho adotivo Otaviano[27].

César sabia como jogar com as emoções dos seus comandados, mais do que tudo com o orgulho que nutriam por suas unidades e com a sua própria condição de soldados bons e corajosos. O sucesso na vida pública exigia que todos os senadores romanos desenvolvessem a habilidade de lidar com as pessoas e conquistá-las, fossem indivíduos, fossem multidões, tanto no Fórum como num acampamento militar. César desenvolveu, por meio de instinto e experiência, a aptidão de conquistar e inspirar os soldados a um grau que nenhum outro grande comandante de Roma conseguiu alcançar, com a possível exceção de Pompeu.

CAPÍTULO 10

UM "PRÍNCIPE" IMPERIAL: GERMÂNICO ALÉM DO RENO

Claudius Germanicus Caesar
(15 a.C.-19 d.C.)

Germânico recebeu tão bem suas instruções [de Tibério], tendo sob seu comando absorvido minuciosamente a essência do conhecimento militar, que mais tarde, ao retornar para casa depois da conquista da Germânia, agradeceu-lhe muito. Quantas recompensas ele lhe concedeu apesar da sua pouca idade, de modo que o esplendor do seu triunfo se igualasse aos seus grandes feitos![1]

Os conspiradores que assassinaram Júlio César não parecem ter tido uma ideia muito clara do que se deveria fazer em seguida e podem ter esperado que, com o ditador morto, a vida pública fosse simplesmente retornar ao normal. Em poucos meses, uma nova guerra civil irrompeu, quando Marco Antônio reuniu muitas das legiões de César para vingar a sua morte. Por algum tempo, o Senado, que simpatizava demasiadamente com os conspiradores, tentou usar o filho adotivo de César, Caio Júlio César Otaviano

– mais citado pelos historiadores como Otaviano –, no papel de figura destinada a enfraquecer o controle de Antônio sobre as legiões veteranas. Otaviano tinha apenas 19 anos e parecia ser de pouca valia, a não ser pelo seu famoso nome. Cícero teria dito que o Senado deveria "louvar o jovem, recompensá-lo e, então, descartá--lo" logo que tivesse cumprido seu propósito. Entrementes, foi-lhe concedido o *imperium* proconsular, oficializando o seu comando sobre grande número de veteranos de César, inclusive a *Legio X*, que apoiava a sua causa. Percebendo a atitude do Senado para com ele e ansioso por combater os conspiradores, Otaviano escapou em 43 a.C., para unir-se a Antônio e Marco Lépido. Juntos, formaram o Segundo Triunvirato, no qual, diferentemente da aliança entre Crasso, Pompeu e César, cada homem recebeu o título, oficializado pela lei, de *triumvir rei publicae constituendae*. As palavras ecoam a posição de Sula enquanto ditador, bem como o comportamento dos triúnviros quando capturaram Roma e instituíram novas interdições, condenando à morte um número enorme de senadores e membros da ordem equestre.

Cícero pagou o preço pelas suas Filípicas, uma série de discursos vitriólicos que havia pronunciado e publicado para atacar Antônio: este ordenou que sua cabeça e sua mão fossem pregadas na plataforma do orador no Fórum. Em um ano, Bruto e Cássio tinham morrido por suas próprias mãos, depois que seus exércitos foram derrotados nas duas batalhas de Filipos. Os triúnviros dividiram o controle das províncias, porém, gradualmente, sua aliança deteriorou-se. Lépido foi colocado de lado de forma pacífica, mas a luta entre Antônio e Otaviano foi decidida à força na batalha naval de Áccio, em 31 a.C. Antônio fugiu para o Egito, onde ele e Cleópatra – que fora sua amante por mais de uma década e esposa durante um ano – se suicidaram[2].

Depois de Áccio, Otaviano comandou as maiores forças militares que já tinham sido controladas por qualquer general romano, com nada menos do que sessenta legiões comprometidas a ele pelo juramento de obedecer-lhe – um total que ele logo reduziria a 28 unidades permanentes. Com a morte de Antônio, não havia mais nenhum rival sério a ameaçar sua supremacia, e, com efeito, as batalhas, condenações e o suicídio fizeram muito no sentido de diminuir as fileiras dos membros mais poderosos do Senado. César foi assassinado porque seu poder era estrondoso. Seu filho adotivo sobreviveu porque criou um regime no qual o controle que exercia sobre os assuntos de Estado era velado. Otaviano – que mais tarde receberia o nome de Augusto em votação no Senado, o que lhe ajudou a gradualmente se desassociar do seu passado brutal como triúnviro – não era nem ditador nem rei, mas *princeps senatus*, um título honorífico tradicional conferido ao senador de maior distinção. Por conta desse título, o regime que ele criou é hoje conhecido como principado, ou, por vezes, império, em oposição à república. Na realidade, imperadores com poder absoluto, Augusto e seus sucessores fingiram ser não mais do que o magistrado-mor do Estado.

Muitas das instituições tradicionais de Roma persistiram, porém o poder real estava agora de maneira firme e irrevogável nas mãos dos *princeps*. O Senado sobreviveu e prosperou, ganhando novas responsabilidades e marcas de distinção ao preço de perder sua independência. Os jovens aristocratas continuaram a buscar a carreira na vida pública, que lhes trazia mais obrigações militares e civis, mas as nomeações para todos os postos importantes eram, agora, feitas por Augusto, em vez de conquistadas por meio de eleições. A vida pública era cuidadosamente controlada, para evitar um regresso à guerra civil. O regime de Augusto não foi uma criação instantânea, e sim produto de um desenvolvimento gradual, de tentativa e alguns erros. Seu sucesso se deveu em grande parte à habilidade política de Augusto, ao profundo desejo de estabilidade após décadas de sublevação e também devido à longevidade do *princeps*. Quando Augusto morreu, em 14 d.C., quase ninguém que estivesse vivo podia lembrar-se do tempo em que a república funcionara do modo tradicional.

Augusto não era um grande comandante, e corriam rumores de que fugira do campo de batalha quando a sua ala do exército fora derrotada no primeiro confronto de Filipos. Forte o bastante para admitir suas próprias limitações, ele contava com muito poucos subordinados de confiança para controlar por sua delegação as tropas. Sua atitude com relação aos soldados sob seu comando era muito mais rígida e formal do que a de César. Depois de Áccio, ele nunca mais se dirigiu a seus soldados como "camaradas", mas sempre como "soldados" (*nilites*), e exigia uma disciplina rígida. Em diversas ocasiões, aplicou a pena da *decimatio* às coortes que entraram em pânico e fugiram. Seus oficiais arriscavam-se a enfrentar a humilhação pública caso falhassem no cumprimento das suas funções, e Suetônio nos diz que ele costumava ordenar aos centuriões que permanecessem em prontidão do lado de fora da sua tenda o dia inteiro, às vezes segurando um punhado de turfa. Normalmente eram instruídos a remover seu cinturão de armas, e, sem esse aparato, a bainha da longa túnica militar caía quase que à altura dos tornozelos, parecendo-se mais com um vestido feminino do que com um uniforme militar. Não obstante, juntamente com a punição, ele também condecorava e promovia os homens que tinham realizado serviços com distinção, embora não fossem gratificados com a típica liberdade característica dos comandantes da era da guerra civil. Ainda mais importante, Augusto garantiu que os soldados fossem pagos com regularidade e os dispensava com terras ou com uma polpuda recompensa. Em 6 d.C., um tesouro especial, o *Aerarium Militare*, foi estabelecido e mantido sob o controle direto do imperador para realizar tal intento. Augusto não queria repetir o erro do Senado de negligenciar as necessidades dos legionários, ao mesmo tempo encorajando-os a dar sua lealdade a generais carismáticos[3].

Augusto promoveu a paz interna em Roma, feito que foi sempre celebrado durante o seu principado. Seu regime baseou-se fortemente na glória obtida nas guerras contínuas e espetaculares contra oponentes estrangeiros. Sob seu primeiro imperador, Roma continuou a expandir-se com tanta intensidade como nas últimas décadas da república, e, por volta de 14 d.C., já estava controlando quase todo o território que comporia o império por mais de quatro séculos. O *res gestae*, uma longa inscrição gravada do lado exterior do mausoléu de Augusto recontando suas realizações, lista os diversos povos e reis derrotados pelo imperador. Em termos de estilo, o texto é idêntico aos monumentos erguidos por generais vitoriosos durante muitas gerações, mas, em termos puramente numéricos de inimigos derrotados, a lista eclipsa as vitórias até de Pompeu e César.

De modo tipicamente romano, esses espetaculares sucessos militares justificaram a proeminência do imperador enquanto *pinceps*, o maior servidor do Estado. A maioria dessas vitórias foram, na verdade, conquistadas por seus *legati*, porém o crédito principal era conferido normalmente ao comandante supremo. Augusto não tinha intenção de ser rivalizado pelos mortos e, menos ainda, pelos vivos. Em 29 a.C., quando Marco Licínio Crasso, neto do aliado de César, completou sua vitória sobre os bastarnas matando o seu rei em combate singular, não teve permissão de receber o direito de dedicar o *spolia opima* devido a uma particularidade técnica legal. O próprio Augusto celebrou esse rito subsequentemente, mesmo apesar de não ter realizado o feito. Ninguém tinha permissão de conquistar glória pessoal o bastante a ponto de depreciar os feitos do *princeps*. Depois de 19 a.C., nenhum senador que não fosse parente de Augusto e de sua família recebeu o direito de celebrar um triunfo, apesar de os sucessos ainda serem, algumas vezes, recompensados com honras triunfais (*triumphalia*), permitindo que o homem exibisse os símbolos da vitória sem, de fato, participar da procissão pela cidade. A não ser pela África, todas as províncias que continham uma guarnição de legionários eram controladas diretamente por Augusto e governadas pelos seus *legati*, que recebiam o *imperium*. Não só todas as legiões em serviço – exceto uma – estavam sob o comando direto dos seus representantes, mas, com o tempo, o comando de todas as guerras importantes foi dado apenas a membros da família do imperador[4].

Desde o começo da sua carreira, Otaviano confiou muito em seu grande amigo Marco Vipsânio Agripa para comandar suas tropas. Foi Agripa que controlou as frotas que derrotaram Sexto Pompeu – o último filho sobrevivente de Pompeu, o Grande – em Nauloco, em 31 a.C., e Antônio em Áccio, em 31 a.C. Membro de uma família obscura, ele nunca ameaçou eclipsar o filho adotivo de César e cresceu com ele, casando-se com a filha de Augusto, Júlia. Até sua morte, em 12 a.C., Agripa foi frequentemente despachado para travar as guerras mais importantes do império, tendo realizado campanhas na Hispânia, na Gália, na Germânia, nos Bálcãs e no Oriente com grande sucesso. Era, evidentemente, um comandante muito capaz, porém pouquíssimas fontes sobre suas campanhas sobreviveram, nenhuma das quais nos permite reconstruí-las em detalhes. Isso pode não ser inteiramente uma coincidência, pois seus maiores sucessos sempre foram atribuídos publicamente ao imperador.

Conforme os membros mais jovens da família estendida de Augusto atingiam a maturidade, a maioria recebeu com pouca idade responsabilidades importantes. Os mais bem-sucedidos em termos militares foram seus enteados Tibério e Druso, que foram, ambos, colocados à frente de grandes exércitos quando contavam pouco mais de 20 anos. Os filhos do primeiro casamento da mulher do imperador, Lívia, eram membros da antiga elite senatorial, pertencendo ao clã patrício Claudiano tanto pelo lado da mãe como pelo do pai. Poucas famílias eram tão distintas quanto os Claudianos, os quais eram extremamente orgulhosos, autoconfiantes e conscientes de seu valor. Como resultado, produziram alguns dos maiores heróis do Estado, bem como alguns dos seus mais odiados vilões. Druso era um herói nos moldes tradicionais, carismático e popular tanto entre suas tropas quanto diante dos cidadãos de Roma. Desesperado para conquistar o *spolia opima*, ele teria perseguido chefes germânicos no campo de batalha com a esperança de derrotá-los em combate singular. Houve um desânimo geral quando Druso morreu, em 9 a.C., devido a ferimentos causados quando caiu do cavalo, retornando de uma campanha na Germânia[5].

Tibério não tinha o encanto do seu irmão mais novo nem, aparentemente, a habilidade de fazer os outros, em especial senadores, gostarem dele. Mesmo quando jovem, ele parece nunca ter adotado o estilo extravagante de liderança de Druso ou de Pompeu. Era considerado um disciplinador muito rígido, mesmo pelos padrões estabelecidos por Augusto, tendo reintroduzido alguns métodos arcaicos de punição. Numa ocasião, expulsou o legado que comandava uma legião porque ele havia mandado alguns dos seus soldados escoltarem um escravo numa expedição de caça em território hostil. Suetônio descreve como, em expedições do outro lado do Reno, ele ordenou que itens desnecessários não fossem transportados no comboio de bagagens, inspecionando pessoalmente a carga de cada carroça antes de o exército partir. Tendo negado luxos aos seus oficiais, ele também passava sem eles, dormindo na terra exposta e muitas vezes até sem uma tenda. Ele era cuidadoso com a rotina, certificando-se de que todas as suas ordens fossem escritas e estando sempre disponível aos oficiais para explicar o que exigia deles. Veleio Patérculo, que serviu sob seu comando como prefeito da cavalaria auxiliar e, mais tarde, como legado, conta que Tibério sempre cavalgava durante a marcha em vez de viajar numa carruagem e tomava sentado a refeição noturna (para a qual os oficiais eram normalmente convidados), em vez de reclinado num divã à maneira romana comum.

Apesar da rigidez que mantinha para si próprio e exigia dos outros, Tibério era solícito com o bem-estar de seus oficiais, colocando seu próprio cirurgião e seus servos à disposição de qualquer um que estivesse doente ou ferido e também lhes providenciando transporte. Como líder, era duro, mas justo; enquanto general, era cuidadoso e bem-sucedido e tinha a confiança dos soldados. Veleio escreveu depois que Tibério sucedera Augusto como imperador e, portanto, tinha grande tendência a bajular seu antigo comandante, mas podia, também apresentar um retrato fiel do respeito e até da afeição que o exército lhe dedicava[6]. A descrição que ele faz da recepção quase extática do exército germânico quando Tibério chegou para assumir o comando em 4 d.C. remete a algumas das inspeções de Napoleão:

> As palavras não podem descrever a reação dos soldados durante a reunião, suas lágrimas de alegria e de exultação ao saudá-lo, seu desejo desesperado de tocar sua mão e a incapacidade de conter gritos como: "Nós estamos realmente vendo o senhor, general?"; "O senhor voltou mesmo a salvo para nós?"; e, em seguida: "Eu servi com o senhor, general, na Armênia!"; "E eu em Récia!"; "Eu

fui condecorado pelo senhor na Vindelícia!"; "Eu também, na Panônia!"; e "Eu, na Germânia!"[7]

A SITUAÇÃO NA FRONTEIRA DO RENO EM 14 D.C.

Augusto confiou em Tibério, da mesma forma que no passado confiara a Agripa praticamente todos os comandos mais importantes na segunda metade do seu principado, mas esperou longo tempo antes de indicá-lo como sucessor. Vários outros, quase sempre mais jovens, membros da família ligados a ele pelo sangue e não simplesmente pelo casamento, foram preferidos, porém todos morreram prematuramente. Os rumores acusavam a esposa de Augusto, Lívia – a quem o imperador Calígula chamaria, mais tarde, *Ulixem stolatum*, ou "Ulisses de vestido", em referência ao herói causador de intrigas no poema de Homero –, pelas mortes, a fim de assegurar que seu filho se tornasse o imperador seguinte. Hoje é impossível saber a veracidade dessa afirmação, mas a família imperial teve uma taxa de mortalidade excepcionalmente elevada, mesmo para os padrões da época. O que está claro é que, no final, Augusto adotou Tibério como filho e compartilhou o poder com ele durante os últimos dias da sua vida. Tibério tinha um filho de sangue, conhecido como Druso, o Jovem, mas foi instruído a adotar o filho de seu falecido irmão, Germânico. O nome fora dado a Druso para honrá-lo pelas suas vitórias sobre as tribos germânicas e foi estendido a seus filhos depois de sua morte acidental. Germânico tinha 6 anos de idade em 9 a.C., mas seu nome mostrou-se singularmente apropriado, pois, como adulto, conquistou a fama em campanhas na Germânia. Sua mãe era Antônia, filha de Marco Antônio e Otávia, irmã de Augusto, a mesma Otávia cuja rejeição a favor de Cleópatra adicionara um elemento pessoal à Guerra Civil[8].

Quando Júlio César invadiu a Gália, deixou claro que não pretendia ocupar o território a leste do Reno, mas controlou todas as terras a oeste. Os *Comentários* enfatizam que o Reno era a fronteira entre os povos gauleses e os germânicos, mostrando que a sua "pacificação" da Gália fora completa. A recém-conquistada Gália, a antiga província romana da Gália Transalpina e a própria Itália só estariam seguras se os germânicos, mais primitivos e selvagens do que os gauleses, fossem mantidos a distância além do Reno e impedidos de fazer como os cimbros e os teutões. Na verdade, César admite que a situação era um pouco mais complicada e que vários povos germânicos já tinham se estabelecido a oeste do rio. A arqueologia tem dificuldade em confirmar a distinção que César e outros autores antigos traçaram entre as tribos germânicas e as gaulesas com base na sua cultura material – padrão e estilo de colonização, metalurgia e, principalmente, cerâmica. Isso não significa necessariamente que não houvesse diferença entre esses povos, e sim que esse tipo de evidência não pode, no caso, nem confirmar nem negar tal afirmação. A análise linguística dos nomes de lugares e pessoas tende a apoiar a imagem apresentada nas nossas fontes antigas. As fontes literárias deixam claro que, a não ser por compartilhar língua e cultura comuns, havia pouco senso de união ou de uma causa comum entre os gauleses e, em especial, entre os germânicos. Um guerreiro identificava-se com sua própria tribo ou clã como os catos, os marsos ou os queruscos, ou, por vezes, até certo grau, com um grupo maior de povos relacionados, como os suevos. De modo algum ele via a si próprio como um germânico[9].

César apresentou um retrato das tribos gaulesas como inerentemente instáveis; elas eram divididas por lutas pelo poder entre chefes ambiciosos que buscavam a supremacia e que faziam quase anualmente guerra contra seus vizinhos. Os germânicos tornaram-se profundamente envolvidos na região quando líderes gauleses buscaram sua ajuda ou quando um povo migrava para o outro lado do Reno em busca de terras mais férteis ou seguras para se estabelecer. César pode ter exagerado o cenário para justificar sua intervenção em defesa dos interesses de Roma e de seus aliados – o que em si não foi diferente do apoio que estendeu aos sequânios, conforme Ariovisto observou –, mas é provável que sua versão seja substancialmente precisa e se conforme ao padrão que prevalecia na maior parte da Europa durante as eras do Bronze e do Ferro. A guerra e, sobretudo, o saque eram endêmicos. Por vezes uma tribo tornava-se poderosa, quase sempre sob um líder guerreiro carismático, e passava a controlar os povos vizinhos. Normalmente, isso era temporário e raramente sobrevivia ao líder poderoso. Com frequência, guerras civis e expansões agressivas levavam facções ou tribos a migrar, o que resultava em pressão sobre os povos por cujas terras eles passavam. As migrações podiam ter o efeito de bater à porta de uma área muito ampla. César também exagerou quando pintou as tribos germânicas como pastores seminômades, baseando-se em estereótipos muito antigos que viam tais sociedades como inerentemente mais primitivas e selvagens do que as comunidades que cultivavam a terra e, em última instância, construíam cidades. Assim, na *Odisseia* de Homero os ciclopes não plantavam porque eram preguiçosos demais, comiam carne, bebiam leite e não tinham assembleia política – indicações de barbárie. A arqueologia demonstrou que muitas fazendas e aldeias da atual Alemanha foram ocupadas durante séculos, mas essa estabilidade não precisava conflitar com o potencial das tribos ou de parte delas, que buscavam terras em outros locais[10].

César conquistou a Gália – não há evidência de nenhuma rebelião séria enquanto ele estava longe travando a Guerra Civil –, mas o território ainda não estava completamente estabelecido enquanto província. O processo envolvia a imposição de uma nova estrutura administrativa, que incluía a realização de um censo para determinar a cobrança de impostos em pelo menos três ocasiões a partir de 27 a.C. e que, por vezes, provocava resistência generalizada. Agripa operou na Gália em diversos momentos entre 38 e 19 a.C., e houve muitas outras campanhas travadas em menor escala sob outros comandantes. Assim como na época de César, as tribos gaulesas próximas do Reno sempre buscavam a ajuda de bandos guerreiros entre os germânicos. Estes, "com frequência ainda maior", pilhavam as ricas terras da Gália; às vezes, esses ataques eram em grande escala. Em 16 a.C., um exército formado por três tribos, os sicambros, os tencteros e os usípetes, emboscou um destacamento da cavalaria romana e, depois de derrotá-lo, surpreendeu o exército principal do governador provincial Marco Lólio, infligindo uma grande derrota aos romanos. Durante essa batalha, uma legião de Roma, a *Legio V Alaudae*, sofreu a humilhação de perder seu estandarte de águia. A campanha tinha começado quando os germânicos aprisionaram e crucificaram mercadores romanos que operavam nas suas terras. Como em outros lugares, os mercadores romanos e italianos atuavam muito à frente do exército. Suas atividades e práticas eram, por vezes, ressentidas, e eles eram quase sempre o primeiro alvo quando as tribos se tornavam hostis a Roma. Tanto para assegurar a estabilidade e a paz na Gália quanto em resposta aos ataques e à violência contra os cidadãos, as legiões de Augusto iam, com frequência cada vez maior, realizar ações punitivas contra os germânicos.

Druso, o pai de Germânico, foi o primeiro comandante romano a alcançar o Elba, onde, segundo a versão oficial dos eventos ele foi avisado para não prosseguir pelo surgimento de uma deusa. Depois da sua morte, Tibério passou vários anos operando na mesma área. Com o tempo, uma província romana entre o Reno e o Elba começou a tomar forma. Em 6 d.C., um ataque foi planejado e preparado contra Marobóduo, rei de uma importante confederação de tribos suevas e de vários de seus vizinhos nas terras entre o Reno e o Danúbio. Contudo, uma grande rebelião na Panônia e na Daumásia irrompeu inesperadamente, exigindo a atenção de Tibério e de boa parte do exército romano. Os panônios eram extremamente belicosos; seus exércitos baseavam-se no modelo romano, já que muitos dos seus homens serviram como auxiliares em Roma. Em determinado ponto da campanha, Tibério viu-se à frente de uma força de dez legiões, apoiada por setenta coortes de infantaria auxiliar, catorze unidades com o tamanho de coortes, ou *alae* de cavalaria auxiliar, e número expressivo de tropas aliadas. É interessante notar que ele considerava tal força um exército grande demais para um único general controlar com eficiência, por isso dividiu-o em dois grupos independentes e, subsequentemente, em colunas muito menores. Foram necessários quase três anos de lutas árduas e custosas para sufocar a rebelião[11].

Quase imediatamente, Augusto recebeu notícia de um terrível desastre na Alemanha. Como na Gália, o processo de transformar um território conquistado numa província formal provocou nova resistência. O líder rebelde mais importante era um príncipe dos queruscos chamado Armínio, que servia como comandante de um contingente de homens da sua tribo no exército romano. No passado, ele tinha recebido a cidadania romana com o status de equestre e fora íntimo do legado provincial, Públio Quintílio Varo. A família de Varo tinha uma reputação militar um tanto questionável, pois tanto seu pai como seu avô apoiaram o lado errado na Guerra Civil e por fim foram obrigados a se suicidar; contudo, ele era muito experiente, tendo servido anteriormente como governador da Síria, onde suprimira uma rebelião na Judeia em 4 a.C. Sua nomeação para o comando germânico conformava-se à tendência de Augusto a confiar, basicamente, na sua família estendida, uma vez que era casado com uma filha de Agripa.

No final do verão de 9 d.C., Varo recebeu relatos de uma revolta e, do mesmo modo como agira em 4 a.C., respondeu da maneira tradicional romana ao reunir seu exército e marchar imediatamente contra o inimigo. A necessidade de reagir tão logo fosse possível a uma insurgência era considerada uma justificativa razoável para um general romano ir a campo com uma força pequena ou mal abastecida, composta apenas por tropas disponíveis no momento. Em contraste, Varo enfraqueceu sua tropa ao enviar muitos pequenos destacamentos, marchando com um exército sobrecarregado por um grande comboio de bagagem e acompanhado por uma horda de seguidores de acampamento, que incluía as famílias dos soldados. Abandonada por Armínio e seus batedores germânicos, a lenta coluna marchou em direção à emboscada numa área difícil, coberta de pântanos e floresta densa, a Teutoberg Wald. Atacando repentinamente durante vários dias, os guerreiros de Armínio enfraqueceram a coluna romana até conseguir matar seu último remanescente. Três legiões – as *Legiones XVII, XVIII* e *XIX* – foram massacradas, juntamente com seis coortes de infantaria auxiliar e três *alae* da cavalaria. Varo fez o que nenhum general romano deveria fazer e desesperou-se, suicidando-se antes do final da batalha. Escavações em Kalkriese (perto da moderna Osnabrück) revelaram cruéis evidências da provável última grande ação realizada por seu exército. A maioria dos pequenos destacamentos de tropas espalhadas pela província sofreu destino semelhante nos dias seguintes. Alguns poucos sobreviventes conseguiram chegar ao Reno, onde as duas legiões que sobraram esperavam ser atacadas a qualquer momento[12].

O desastre na Teutoberg Wald foi um golpe terrível no idoso Augusto, que deixou seu cabelo e barba crescerem durante um mês como sinal de luto e teria perambulado por seu palácio batendo a cabeça nas paredes e gritando: "Quintílio Varo, devolva as minhas legiões!". Por algum tempo, o exército ficou reduzido à força de 25 legiões, e os números XVII, XVIII e XIX nunca mais foram usados. Tibério foi enviado imediatamente à fronteira do Reno, e todas as tropas disponíveis foram transferidas de outras províncias para reforçar seu exército. Logo havia oito legiões e pelo menos o mesmo número de tropas auxiliares nas duas províncias das Germânias Superior e Inferior, que se estendiam ao longo da margem ocidental do rio. A invasão germânica esperada não se materializou, e os guerreiros de Armínio aparentemente seguiram a prática da maioria dos exércitos tribais ao longo de toda a História, dispersando-se e voltando para seus lares a fim de exibir os espólios e celebrar sua glória. Quando estava suficientemente forte, Tibério começou a enviar expedições punitivas contra as tribos germânicas. A reputação romana de invencibilidade fora abalada pela derrota de Varo e levaria vários anos de duras campanhas para começar a recuperá-la. Em 11 d.C., Tibério foi reforçado por Germânico, que ganhara experiência sob seu comando durante a rebelião das tribos da Panônia, ganhara 22 anos de idade. Augusto estava agora muito idoso e, em 13 d.C., Tibério retornou a Roma para ajudar o *princeps* e assegurar que a sucessão fosse realizada sem entraves depois da sua morte. Germânico substituiu-o como comandante supremo na fronteira do Reno[13].

MOTIM

Como seu pai, Germânico era extremamente popular entre os soldados e o povo de Roma, afeição que continuaria a ser nutrida muito tempo após sua morte. Sabemos que pelo menos uma unidade auxiliar romana, e, talvez, todo o exército, celebrava anualmente seu aniversário no século III d.C. Urbano, belo, de cabelo loiro, atlético – ele tinha trabalhado arduamente para desenvolver suas pernas, que eram muito finas na juventude –, seus modos eram tranquilos e corteses. Uma vez mais como seu pai, Germânico levou a esposa e os filhos para sua província. Ela era Agripina, filha de Agripa e da filha de Augusto, Júlia, e, portanto, sua prima, pois a família imperial tendia a arranjar casamentos entre os diferentes ramos da família estendida a fim de evitar dar a estranhos o elo sanguíneo do imperador. De muitas maneiras, ela personificava a matrona romana ideal – um grupo muito celebrado pela propaganda augustana como virtuoso –, trabalhando na administração do lar, no apoio ao marido para o desenvolvimento da sua carreira e produzindo a próxima geração de cidadãos romanos. O casal tinha nove filhos, muito acima da média numa época em que as taxas de natalidade entre as famílias senatoriais e de equestres estava em declínio, mas apenas seis dessas crianças – três meninos e três meninas – sobreviveram à infância. O filho mais novo, Caio, nasceu em 12 d.C. e, quando criança, era sempre vestido pelos pais com um uniforme de legionário em miniatura. Os soldados o apelidaram Calígula, ou "Botinhas", pelo nome das botas militares, *caligae*[14].

A morte de Augusto em 14 d.C. provocou ondas de choque em todo o império, pois a maioria da população mal se lembrava de uma época sem o *princeps*. A incerteza, aliada à falta de campanhas durante aquele verão, produziu motins entre as legiões, primeiro na Panônia e, então, no Reno. Os soldados reclamavam das pesadas deduções dos seus salários, tanto as oficiais, para custear uniformes, equipamentos e tendas, como as não oficiais, na forma de subornos aos centuriões para evitar fadigas desnecessárias. Sob Augusto, o processo de transformar o exército romano numa força profissional tinha sido praticamente completado. No começo do seu principado, os legionários deviam servir por dezesseis anos, seguidos de mais quatro anos como veteranos, quando deveriam ser dispensados das tarefas normais, porém ainda deveriam combater. As guerras quase constantes dessas décadas levaram ao aumento dos períodos para, respectivamente, vinte anos e cinco anos. A mudança foi ressentida, em especial porque um tempo maior de serviço foi exigido de um número imenso de homens após a grande crise de 6 e 9 d.C. Augusto tinha tanta necessidade de soldados que nesses dois anos reintroduziu o alistamento compulsório, o que se tornara extremamente impopular, em especial na Itália. Suetônio nos diz que Augusto vendeu como escravo um membro da ordem equestre que decepara os polegares dos filhos para incapacitá-los de usar uma arma e, assim, desqualificá-los para o serviço militar. A força das legiões era composta por homens relutantes em servir ou de um calibre que não era normalmente aceito pelos recrutadores. Ainda mais drástico, o Estado comprou grande número de escravos e os libertou para torná-los soldados, repetindo um fato que ocorreu nos dias desesperados da Segunda Guerra Púnica. Embora tais homens recebessem a cidadania juntamente com sua liberdade, Augusto insistia em que servissem em unidades distintas, as *cohortes voluntariorum civium Romanorum*, em vez de nas legiões[15].

A pior revolta começou no exército da Germânia Inferior, comandado por Aulo Cecina, oficial muito experiente que sempre era nomeado para cargos de responsabilidade subordinados aos membros mais jovens da família imperial. Nessa ocasião, ele permaneceu estranhamente inativo, até que todas as suas quatro legiões – *I, V, XX* e *XXI* – abandonaram completamente toda a disciplina. Os primeiros alvos do ressentimento dos soldados foram os centuriões, muitos dos quais foram aprisionados e açoitados. Germânico estava na Gália supervisionando a cobrança de impostos, mas logo correu para o acampamento do exército. Foi saudado por uma paródia da recepção normal oferecida a um comandante e conseguiu com alguma dificuldade impor certa ordem, pois os homens o bombardearam com reclamações sobre dispensas atrasadas e as más condições com que era pago o seu leal serviço. Algumas das tropas chegaram até a gritar que desejavam fazê-lo imperador em lugar de Tibério. Chocado, Germânico tentou abandonar a reunião e, quando os homens bloquearam seu caminho, chegou ao ponto de desembainhar a espada, ameaçando matar-se se os soldados não recobrassem a lealdade devida. Foi o tipo de gesto teatral comumente usado por um senador romano no Fórum ou no exército, mas naquele momento o impacto não saiu como desejado, pois, enquanto alguns homens seguraram seu braço para detê-lo, pelo menos um soldado teria oferecido sua espada ao general, afirmando que era mais afiada.

Por algum tempo, as concessões evitaram que houvesse mais violência, porém alguns senadores enviados por Tibério para investigar os agravos dos legionários foram maltratados e um ex-cônsul escapou por pouco da morte. Agindo por sugestão do seu *consilium*, Germânico resolveu enviar Agripina e Calígula, então com 2 anos de idade, para um local seguro numa das cidades gaulesas mais próximas. Os legionários romanos eram homens duros, capazes, por vezes, de extrema crueldade, mas também profundamente sentimentais, e a visão de um grupo choroso de refugiados fugindo do acampamento causou uma mudança radical de ânimos. Aproveitando-a, Germânico dirigiu-se a eles novamente, e dessa vez conseguiu exigir que os líderes do motim fossem trazidos até ele, sendo condenados e executados sumariamente. Entretanto, para evitar que o problema voltasse a acontecer, ele também dispensou diversos centuriões que foram julgados culpados de receber propina de seus homens.

Várias das concessões, inclusive a dispensa imediata daqueles cujo tempo de serviço havia vencido e o retorno do padrão anterior de dezesseis anos de serviço, mais quatro como veterano, foram anunciadas pouco tempo depois. A redução do tempo de serviço não durou muito tempo e logo retornou ao total de 25 anos, mas em outros aspectos as maiores demandas dos amotinados parecem ter sido atendidas. Depois de novas execuções sumárias e de escaramuças em outro acampamento, o motim do exército da Germânia Inferior terminou. Percebendo o resultado desse último incidente, Germânico teria dito que isso "não foi uma cura, mas um desastre!".

Com todo o seu exército – os auxiliares estrangeiros, ao que parece, permaneceram leais o tempo todo – de volta à costumeira disciplina, Germânico pôde voltar a atenção aos inimigos estrangeiros[16].

Agora, a estação de campanha estava no fim, porém, mesmo assim, Germânico reuniu uma coluna punitiva formada por elementos das quatro legiões que recentemente estiveram amotinadas, somando cerca de doze mil homens, juntamente com 26 coortes de infantaria auxiliar e oito *alae* de cavalaria. Cruzando o Reno, essa força moveu-se rapidamente para atacar os marsos. Em vez de seguir o caminho normal e mais fácil até o território da tribo, Germânico usou uma rota mais longa e menos conhecida. A infantaria auxiliar estava à frente, marchando depressa e carregando apenas seu equipamento, com ordens de encontrar e limpar o caminho de obstáculos, e atrás vinha o corpo principal da legião com um pequeno comboio de bagagens. Os romanos viajaram à noite, mas o céu claro pela forte luz das estrelas lhes permitiu encontrar a rota sem dificuldade. A surpresa foi ainda maior porque à noite havia um festival que os germânicos estavam comemorando com um banquete.

Antes do amanhecer, várias aldeias dos marsos foram cercadas pelas tropas romanas. Quase não houve resistência ao ataque e ao massacre dos habitantes. Germânico, então, dividiu seu exército, criando pequenos grupos de combate, cada qual baseado numa das quatro legiões presentes, e os enviou individualmente para devastar as terras num raio de cerca de oitenta quilômetros. Em geral, as expedições punitivas romanas eram brutais – numa ocasião, em 51 a.C., César causou surpresa simplesmente por ordenar que seus homens não incendiassem todas as casas pelas quais passassem –, mas essa expedição em particular foi ainda mais cruel do que o usual. Não foram feitos prisioneiros, e todo germânico encontrado foi massacrado independentemente de idade ou sexo. Os romanos costumavam ter certo grau de respeito por locais religiosos, mas um importante templo foi deliberadamente incendiado pelas tropas[17].

Os romanos não encontraram nenhuma oposição séria até as colunas se reunirem e começarem a marchar de volta para o Reno, pois levou algum tempo para que os exércitos tribais voltassem a se agrupar. Os marsos tinham sido muito afetados pelo massacre para reagir, mas seus vizinhos brúcteros, tubantes e usípetes juntaram um exército e se postaram ao longo da rota que, supuseram corretamente, os romanos usariam na jornada de regresso. Germânico soubera das suas intenções e moveu-se com seu exército em formação de quadrado, com o comboio de bagagem, agora aumentado pelo saque, no centro, e as coortes individuais prontas para entrar rapidamente em formação de batalha. Quando os romanos chegaram a um local estreito, os germânicos empreenderam a emboscada, lançando seu ataque principal contra a retaguarda. De acordo com Tácito, Germânico galopou até as tropas da *Legio XXI Rapax* (ou "gananciosa", implicando que tinha ganância por glória), que estavam na ala esquerda, "gritando que agora era tempo de erradicar a desgraça causada pelo motim. Deviam atacar e transformar a vergonha em glória". Com entusiasmo, as coortes dessa legião rechaçaram os germânicos, infligindo-lhes pesadas baixas. Temeroso, o exército tribal permitiu que as coluna romana completasse a marcha sem ser molestada. Germânico levou seus homens para os quartéis de inverno na Germânia Inferior[18].

A VINGANÇA DE ROMA, 15-16 d.C.

Sob diversos aspectos, as operações nos dois anos seguintes foram semelhantes à expedição punitiva contra os marsos, mas em escala muito maior. A guerra estava sendo travada para vingar o desastre de 9 d.C. e, ainda mais importante, para restabelecer um profundo temor pelo poderio romano entre as tribos germânicas. Armínio era o inimigo principal, mas o sucesso dos queruscos tinha estimulado muitos outros povos a se tornarem abertamente hostis. O poder dos chefes entre as tribos não era de modo algum absoluto, e dependia de seu prestígio. A maioria dos guerreiros costumava escolher um líder bem-sucedido, porém ele não podia obrigá-los a fazer isso: Armínio não era a única figura proeminente entre os queruscos, e alguns dos outros príncipes ressentiam seu domínio. Dessa forma, o esforço de guerra das tribos era normalmente descoordenado, e alguns grupos não reconheciam a preponderância dos queruscos. Roma fez guerra, portanto, contra muitos inimigos diferentes simultaneamente, e cada qual precisava ser persuadido de que a alternativa a fazer aliança e firmar a paz com o império era terrível demais para suportar. Nessa altura, os romanos não parecem ter planejado a reocupação física da província perdida a oeste do Elba. Na estação de campanha, os exércitos romanos entravam na Germânia, devastavam a terra (os romanos tinham um verbo, *vastare*, para essa ação) e derrotavam qualquer um que se atrevesse a opor-se a eles, mas no outono sempre retornavam às bases seguras no Reno. Em nenhum momento guarnições de tamanho significativo eram deixadas para trás, como fizera César ao invernar com as tropas nos setores da Gália invadidos mais recentemente durante suas campanhas.

A Germânia também diferia da Gália em outros aspectos importantes. Grandes povoamentos, equivalentes ao *oppida* gaulês, eram extremamente raros, e a maior parte da população vivia em aldeias dispersas, longe umas das outras. César conseguira obter quantidades consideráveis de grãos e de outros suprimentos das cidades gaulesas, fosse exigindo esses produtos das comunidades aliadas, fosse tomando-os à força do inimigo. Germânico não podia contar com isso na Gália; como reunir suprimentos diminuiria a marcha das colunas e deixaria os pequenos destacamentos encarregados da tarefa vulneráveis ao ataque, foi forçado a levar com as colunas quase tudo de que precisava. Há algum exagero retórico no retrato que Tácito faz da Germânia como sendo inteiramente coberta de florestas e pântanos, porém é verdade que boa parte do terreno era difícil para um grande exército em marcha. Mesmo na primavera e no verão, havia poucos caminhos adequados para as carroças do comboio de bagagem. Muitas das rotas eram trilhas formadas pelo uso frequente, melhoradas com a construção de pontes e, em certos trechos, com a pavimentação por exércitos romanos que operaram anteriormente na região sob Druso e Tibério. Os exércitos romanos pouco usavam mapas como hoje fazemos, e tinham tendência a pensar em termos de rotas a determinado lugar, mas na Germânia havia muito menos opções de caminhos alternativos. Os dois lados sabiam disso, e os germânicos quase sempre eram capazes de antever a direção que o inimigo iria tomar a tempo de reunir um exército e colocá-lo numa posição de emboscada.

Os exércitos tribais levavam algum tempo para se reunir, pois os guerreiros vinham de povoações dispersas e, sem disciplina formal e prestando obediência casual aos seus líderes, moviam-se vagarosamente. Por esse motivo, as grandes emboscadas aconteciam como em 14 d.C., quando a expedição romana estava retornando à base. Pode ser também que uma retirada dos romanos depois de um ataque fosse interpretada como sinal encorajante de timidez. Germânico, como todos os outros comandantes romanos que lideraram ou liderariam exércitos nesse teatro de operações, tinha de ser muito cuidadoso para equilibrar as forças que conduzia nas expedições punitivas. Se as enviasse em número insuficiente, havia o risco de serem derrotadas, em especial se penetrassem demais no território hostil. Grandes colunas exigiam um comboio de bagagem de tamanho considerável, com animais de carga e carroças para transportar os suprimentos, por isso moviam-se inevitavelmente com lentidão. Por esse motivo Tibério dispensara tanta atenção ao carregamento das carroças de bagagem durante suas expedições ao outro lado do Reno. Um grande comboio de suprimentos também tendia a forçar a coluna romana a espalhar--se sobre uma área maior, sobretudo se tivesse de transpor uma passagem estreita, o que dificultava sobremaneira a defesa em caso de emboscada.

O objetivo dos romanos era atacar com a maior velocidade e força possíveis, infligindo devastação e terror sobre a maior área possível e, então, retirar-se sem sofrer nenhuma perda significativa. Sua intenção era convencer cada uma das tribos de que era vulnerável e que não conseguiria resistir aos romanos se decidissem atacá-la. A derrota de um exército tribal em batalha travada quando o inimigo penetrava e quando se retirava do território também aumentava a impressão do poderio militar romano, mas não era essencial. Era vital que os romanos nunca sofressem um revés, mesmo pequeno, que pudesse encorajar as tribos no futuro[19].

Para a nova campanha, Germânico planejou usar exércitos tanto da Germânia Superior como da Inferior, reunindo uma força de oito legiões apoiadas por auxiliares. Lançou seu ataque no início da primavera de 15 d.C., atacando com sua força principal de quatro legiões e a maior parte dos auxiliares dos catos, enquanto Cecina, com o restante do exército, fustigava os queruscos. O inverno havia sido incomumente seco, e a coluna principal pôde vadear com facilidade os regatos, que eram quase sempre muito mais fundos. Um destacamento foi deixado para trás a fim de construir pontes e uma estrada apropriada. Os germânicos foram completamente surpreendidos e muitos dos catos, capturados ou mortos, embora a maioria dos guerreiros tenha fugido cruzando a nado o rio Eder. Sob a proteção da artilharia leve e dos arqueiros auxiliares, os legionários rapidamente construíram uma ponte até o outro lado do rio e atacaram, dispersando essa força. Nos dias seguintes, o principal assentamento dos catos, Matio, foi incendiado e as terras ao redor foram devastadas. Então, Germânico retirou-se com seu exército sem ser perturbado, uma vez que os catos não estavam em condições de reunir um exército e as ações de Cecina impediram que os queruscos e os marsos interviessem.

Germânico, como qualquer bom comandante romano, sabia sempre lançar mão da diplomacia a par da força quando parecia possível obter vantagem. Enviados de Segestes, um líder mais velho dos queruscos cuja influência fora desgastada pela ascensão de Armínio, procuraram Germânico pedindo proteção contra o rival. A mensagem do chefe germânico enfatizava a lealdade que tivera para com Roma, em particular quando tentara sem sucesso avisar Varo da revolta planejada por Armínio e da sua traição. Ainda no início das negociações, o exército de Germânico recebeu Segestes e seus homens durante a marcha. Muitos daqueles guerreiros, inclusive o próprio filho de Segestes, haviam lutado contra Roma em 9 d.C. e traziam com eles troféus tirados dos homens de Varo. Os ressentimentos passados foram ignorados por conta da vantagem política que a deserção de um chefe tão famoso oferecia. Tibério concedeu perdão a todos, dando aos exilados um lugar para viver no império e uma pensão vitalícia. A filha de Segestes não tinha, porém, tanta boa vontade. Ela fora sequestrada por Armínio e se casara com ele, sendo levada de volta à força para seu pai. Agora estava grávida do filho de Armínio, que nasceria e seria criado no exílio[20].

Armínio ficou enfurecido, tanto por causa da deserção como pela perda da esposa, e logo começou a reunir um grande exército, recebendo o apoio de seu tio, Inguiomero, outra figura poderosa da tribo que, no passado, fora considerado a favor dos romanos. O prestígio dos dois era tal, que muitos bandos de guerreiros de tribos vizinhas uniram-se aos queruscos. Quando relatos dessa movimentação chegaram a Germânico, ele e Cecina atacaram as tribos consideradas simpáticas ao inimigo, devastando o território dos brúcteros em particular. Durante as operações, o estandarte da águia da *Legio XIX* foi recuperado. Como não estava longe do local do desastre sofrido por Varo, Germânico resolveu marchar até a Teutoberg Wald e enterrar os mortos. Cecina foi à frente para reconhecer o terreno, construir pontes onde fosse necessário e pavimentar as áreas pantanosas. Por algum tempo, eles seguiram o mesmo caminho do exército derrotado. Tácito faz uma descrição dramática do que viram:

> O primeiro acampamento de Varo mostrou, com o seu tamanho e traçado apropriados, os esforços das três legiões; então, um baluarte meio destruído e uma trincheira rasa marcavam o local onde os últimos remanescentes tinham acampado. Na planície pouco além, havia ossos brancos espalhados por onde os homens tinham fugido, empilhados onde antes estiveram. Ao redor, estavam armas quebradas e pedaços de cavalos, enquanto os crânios dos homens estavam pregados nos troncos de árvores. Não muito longe, havia bosques que continham altares dos bárbaros, onde tinham sacrificado os tribunos e os centuriões. Testemunhas do massacre, que haviam sobrevivido à luta ou escapado das correntes do cativeiro, descreveram onde os legados caíram, onde as águias foram capturadas, onde Varo foi ferido pela primeira vez e onde ele encontrou a morte pela própria mão; e contaram sobre

o tribunal de onde Armínio tinha feito seu discurso de vitória, sobre as forcas e as covas para enterrar prisioneiros e sobre a arrogância com que ele insultara as águias e outros estandartes.

Agora, seis anos depois do desastre, um exército romano chegava ao local e enterrava os ossos de três legiões, sem que nenhum homem soubesse se eram os restos de um estranho ou de um parente que depositava para descansar... mas com a raiva pelo inimigo aumentando cada vez mais, e todos pranteavam e sentiam ódio.[21]

Uma colina funerária foi erguida como memorial sobre o túmulo coletivo. O próprio Germânico colocou o primeiro torrão de turfa para demonstrar seu respeito pelos mortos, embora tal ato não fosse realmente apropriado, uma vez que ele era membro do colégio áugures, e os romanos não gostavam que esses sacerdotes tivessem contato físico com os mortos. Tendo completado sua triste tarefa, o exército avançou contra Armínio. No primeiro momento, os germânicos retiraram-se à sua passagem, mas, quando os soldados da cavalaria auxiliar seguiram um pouco mais à frente que o costume da coluna principal, foram emboscados e massacrados. A infantaria auxiliar enviada como apoio foi contaminada pelo pânico e rechaçada. A perseguição dos germânicos só foi interrompida quando Germânico chegou com as legiões e as colocou em formação. Armínio não estava pronto para se arriscar numa batalha campal e retirou-se, contente com o sucesso conquistado. Agora era o final da estação, e o comandante romano estava relutante em atrasar seu retorno aos quartéis de inverno pela possibilidade incerta de provocar e vencer uma batalha decisiva. Decidiu retirar-se, levando metade do exército pela rota do norte, onde parte de seus homens podia ser transportada pelo rio ou pelo mar, e enviou Cecina com as quatro legiões restantes pela estrada pavimentada, conhecida como "pontes longas", que fora usada pelo exército no passado. Construídos por um exército sob o comando de Lúcio Domício Enobarbo mais de uma década antes, esses calçamentos sobre os pântanos estavam em mau estado e exigiram alguns reparos antes de poderem ser utilizados com segurança pelo comboio de bagagem. No entanto, a escolha dos romanos de usar essa rota bem conhecida foi logo percebida por Armínio, que levou rapidamente seus guerreiros por outros caminhos mais curtos, chegando às pontes antes de Cecina e tomando posições nas florestas e no terreno elevado[22].

O comandante romano dividiu seus homens entre construir um acampamento fortificado e reparar os calçamentos, mantendo algumas unidades em formação prontas para cobrir os grupos de trabalho. Durante todo um dia, foram atacados pelos germânicos, que combatiam a distância, mas que ocasionalmente faziam carga quando percebiam um ponto vulnerável nas linhas romanas. O terreno não era adequado às operações de um exército treinado e disciplinado, pois havia poucos trechos de terreno aberto e seco onde as unidades pudessem operar em formação. A situação piorou ainda mais quando alguns guerreiros de Armínio fizeram uma barragem num riacho, dirigindo o fluxo de água à planície já meio encharcada. Os germânicos, que portavam equipamento leve, estavam mais acostumados com o terreno pantanoso e lutaram muito melhor do que os legionários. Tácito afirma que as legiões estavam prestes a ceder sob a pressão quando a noite caiu, colocando um fim à luta. Usando um estilo literário, o qual tem sido empregado por vários autores ao longo dos séculos – como o famoso *Henrique V*, de Shakespeare –, ele contrastou o silêncio nervoso dos romanos insones com a algazarra bêbada e as bravatas audíveis dos acampamentos germânicos.

Na manhã seguinte, Cecina colocou seu exército na formação de quadrado com um espaço vazio no meio, muito empregada nessas campanhas, com a *Legio I* na frente, a *Legio V Alaudae* à direita, a *Legio XXI Rapax* à esquerda e *Legio XX* à retaguarda. Ele esperava que essa formação possibilitasse uma linha de combate forte o bastante no meio do pântano para cobrir os movimentos do comboio de bagagem e passar pelas "pontes longas". Contudo, por ter confundido as ordens ou, conforme Tácito dá a entender, por pânico, a *V Alaudae* e a *XXI Rapax* apressaram-se demais, não entrando em formação de batalha até passarem do pântano e chegarem a uma planície mais aberta à frente. O movimento deixou o comboio exposto, e Armínio ordenou que seus guerreiros atacassem em massa. O combate foi confuso, com os germânicos caindo em grandes números sobre as carroças e a coluna em marcha. O cavalo de Cecina foi ferido quando ele tentava dar alguma ordem àquele caos, jogando ao chão o idoso comandante – ele tinha, agora, cerca de 60 anos. Foi apenas a rápida ação de alguns soldados da *Legio I* que evitou sua morte ou captura.

Finalmente, o núcleo do exército romano conseguiu chegar ao terreno aberto, já ocupado pelas duas legiões que deveriam ter coberto os flancos. Uma vez lá, os homens exauridos foram forçados a trabalhar por várias horas para construir uma trincheira básica e um baluarte ao redor do acampamento. Grande parte da bagagem fora tomada pelo inimigo, cuja preocupação com o espólio contribuíra muito para a fuga da força principal. Naquela noite, poucos dos feridos tinham curativos ou remédios para tratar os ferimentos, e quase nenhum dos homens possuía uma tenda onde dormir. Quando um cavalo fugiu, rompendo as correntes que o prendiam, galopando através do acampamento e causando confusão, um grupo de homens em pânico correu até os portões acreditando que estavam sendo atacados pelo inimigo. Cecina só conseguiu detê-los porque se jogou à frente do portão aberto e os desafiou a passar sobre ele, pisoteando-o. Em seguida, os tribunos e os centuriões explicaram em detalhe o que tinha acontecido, acalmando os homens.

Armínio e Inguiomero pareciam ter à sua mercê o exército romano, encurralado num terreno difícil e exausto depois de dias de emboscadas, assim como os homens de Varo em 9 d.C. No entanto, enquanto Armínio planejava deixar Cecina sair do seu acampamento e marchar de novo até um terreno aberto antes de lançar um ataque, seu tio estava convencido de que já tinham vencido. Sua sugestão de que os bandos de guerreiros deveriam cercar o acampamento romano e lançar um ataque direto foi calorosamente recebida pelos outros chefes. Era isso que Cecina esperava que fizessem, e preparou-se para tanto. Seus homens entraram em formação de modo a prepararem--se para sair de cada um dos quatro portões do acampamento, liderados por um corpo selecionado entre os soldados mais valentes montados a cavalo, cedidos a eles pelo comandante, e seus oficiais mais graduados. Em tal situação desesperadora, Cecina queria deixar claro aos seus homens que não fugiria a galope abandonando-os, mas enfrentaria o destino que eles tivessem.

Os legionários foram mantidos sob rígido controle, quando o amanhecer revelou um denso círculo de guerreiros germânicos avançando para atacar. Cecina deixou que se aproximassem, esperando que a aparente relutância dos romanos em sair do acampamento e lutar aumentasse o desprezo que os bárbaros sentiam por eles. Só no último minuto ele ordenou às legiões que atacassem e saíssem dos portões, com as trombetas soando e os homens gritando. Quase que imediatamente, a inflada confiança do inimigo foi esmagada e o pânico logo se espalhou por entre suas fileiras. Embora não tenham fugido instantaneamente, a planície aberta permitiu que os romanos tirassem vantagem de seu treinamento e equipamento superiores. As baixas dos germânicos foram pesadas e incluíram Inguiomero, que foi gravemente ferido enquanto os romanos os perseguiam pelo resto do dia. Durante o restante da marcha de volta ao Reno, a coluna romana não foi atacada. Entretanto, os rumores de um desastre precederam os homens de Cecina, causando pânico nos comandantes das guarnições na fronteira. Diz-se que foi apenas devido à intervenção de Agripina, esposa de Germânico, que se evitou a destruição da ponte sobre o rio, em Vetera (hoje, Xanten). Ela também permaneceu lá para receber a coluna que retornava, agradecendo pessoalmente aos homens, distribuindo roupas àqueles que as tinham perdido e cuidando dos feridos[23].

A jornada de retorno da outra metade do exército, comandada por Germânico, teve menos incidentes; no entanto, uma seção da sua força enfrentou dificuldades consideráveis e algumas perdas quando a planície costeira através da qual marchavam – mais ou menos ao longo da atual costa norte holandesa – foi inundada por uma maré incomumente alta. Esse incidente, aliado à problemática retirada da coluna de Cecina, reduziu o impacto do sucesso daquela estação de campanha, pois indicou que os romanos não eram invencíveis. Armínio pode não ter conquistado nenhuma vitória significativa,

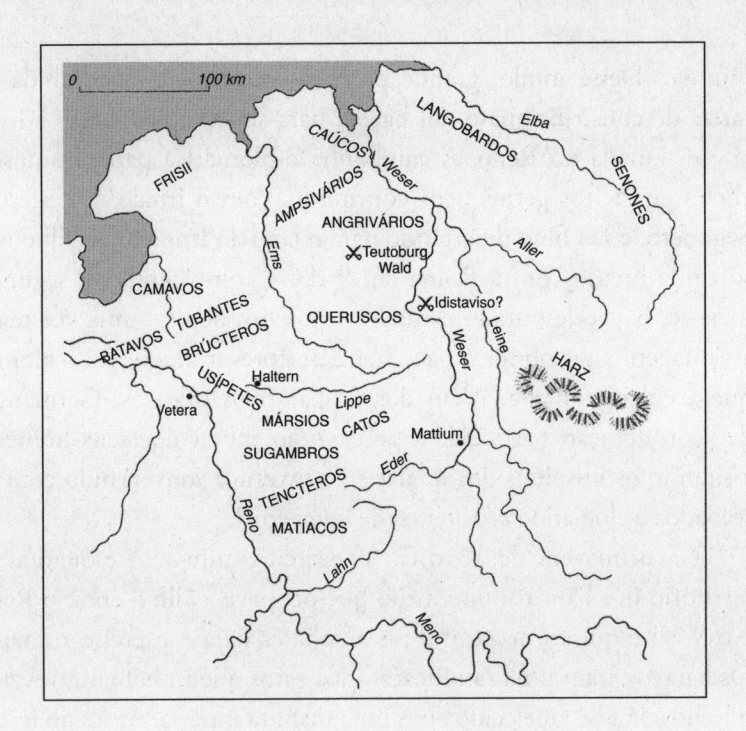

AS TRIBOS DA ALEMANHA

mas evitara ser derrotado de modo decisivo e seu prestígio se elevara. Germânico decidiu que no ano seguinte buscaria o confronto direto com o líder guerreiro germânico. Dessa vez, todas as oito legiões combateriam como uma força única. Para esse fim, passou os meses de inverno em preparativos, recompondo seu exército. As províncias ocidentais do império, notadamente a Hispânia e a Gália, rivalizaram no envio de grãos, montarias e animais de carga ao exército, apesar de Germânico saber que o custo das longas guerras na Germânia levara essas regiões ao limite dos seus recursos. Isso tornava ainda mais imperativo o sucesso amplo e possivelmente final da próxima estação de campanha.

Foi decidido que o exército seria transportado até o local mais longe possível por água, navegando ao longo da costa do mar do Norte e passando pelas ilhas frísias para aportar já no interior do território inimigo. Desse modo, grande parte do exército foi incumbida da tarefa de construir quase mil barcos para serem adicionados à frota já estacionada no Reno. A campanha diplomática para conquistar chefes guerreiros germânicos continuou, com o irmão de Segestes, Segimero, e seu filho desertando para o lado do Império. O filho não só tinha lutado contra Roma em 9 d.C., como também, segundo dizia-se, havia desonrado o cadáver de Varo, porém, uma vez mais, a vantagem a ser obtida ao acolher desertores inimigos foi maior do que a cólera romana. Além dos preparativos práticos, Germânico dedicou atenção particular à saúde e ao moral dos seus homens, visitando os hospitais dos quartéis de inverno, conversando com os soldados e elogiando seus feitos de coragem[24].

Na primavera de 16 d.C., o exército uniu-se à esquadra no território dos batavos, uma tribo que ocupava a "ilha" entre o Reno e o Waal e que forneceu muitos auxiliares para o exército romano. Os batavos eram uma ramificação dos catos que tinham atravessado o Reno e lá se estabelecido após uma disputa interna. Antes do início da campanha principal, Germânico enviou uma pequena coluna ligeira para atacar os catos. Ao mesmo tempo, chegaram notícias de que um forte romano construído perto do local do desastre de Varo estava sob ataque, por isso ele comandou seis legiões para reverter a situação. Nenhuma das operações desdobrou-se em combates sérios, mas Germânico descobriu que os inimigos tinham destruído a colina funerária erigida sobre o túmulo coletivo dos homens de Varo, bem como o altar e o monumento construídos décadas antes por seu pai. Tais símbolos do poder romano erguidos no seu território parecem ter sido vistos como profundamente humilhantes para os guerreiros nativos. Germânico ergueu novamente o altar, porém decidiu não restaurar a colina funerária[25].

Marchando de volta para encontrar-se com a frota, o exército romano embarcou e navegou ao longo da costa até o estuário do rio Ems. O desembarque foi na margem ocidental, embora isso tenha causado atraso, pois as legiões tiveram de construir uma ponte através do rio, permitindo que o exército de Armínio se reagrupasse. As notícias de uma rebelião entre os angrivários levou ao envio de uma coluna para devastar suas terras como punição imediata. Em seguida, Germânico avançou para oeste e encontrou o exército inimigo reunido na margem oriental. Tácito conta a história de que Armínio chamou seu irmão Flavo, que tinha permanecido leal a Roma e ainda estava servindo o império como comandante auxiliar. Os dois teriam discutido aos berros das margens opostas, comparando seu destino, mas isso é muito possivelmente uma invenção retórica, ou, pelo menos, o exagero de um incidente real. Relutante em tentar o ataque direto através do rio até dominar uma posição segura e dar tempo às legiões para construir algumas pontes, Germânico enviou uma força de cavalaria auxiliar do outro lado do rio por um vau. Com eles foram Chariovalda, o chefe guerreiro (ou *dux*) dos batavos, e seus guerreiros. No início as coisas foram bem, mas os batavos caíram numa emboscada armada pelos queruscos e viram-se cercados, com seus guerreiros formando um círculo de escudos voltados para fora, num episódio que se conformava às tradições mais heroicas da guerra intertribal. Depois de algum tempo, Chariovalda liderou um ataque e rompeu o círculo de proteção, contudo foi morto na ação. Os remanescentes de seus homens foram salvos pela cavalaria romana que saiu em seu auxílio[26].

Nos dias seguintes, o restante do exército romano conseguiu atravessar o Weser. Batedores informaram que Armínio tinha se retirado para uma posição a partir da qual planejava travar combate, perto da floresta sagrada dedicada a um deus, o qual os romanos relacionavam com Hércules. Um desertor afirmou que o líder germânico planejava realizar um ataque noturno ao acampamento romano, mas este não se realizou porque se descobriu que as legiões estavam em alerta. Mais cedo naquela mesma noite, Germânico teria se disfarçado usando um capuz de pele de animal, provavelmente do tipo usado pelos porta-estandartes, e circulou através das tendas, esperando mensurar o ânimo dos soldados. (Direta ou indiretamente, é provável que o incidente tenha servido de inspiração para um episódio muito semelhante da peça *Henrique V*, de Shakespeare.) Ouvindo as conversas ao pé das fogueiras, o comandante romano de 31 anos teria ficado surpreso pela aflição e confiança que seus homens nutriam por ele. Sentiu-se ainda mais encorajado quando um guerreiro germânico que falava latim – talvez como resultado de ter prestado serviço como auxiliar – aproximou-se do baluarte e propôs aos berros que qualquer um que desertasse recebesse terra e uma esposa, mais 25 denários por dia até o final da guerra. Como o salário anual de um legionário era, nessa época, apenas 225 denários, a oferta era tremendamente generosa. Contudo, a ideia de que pudessem trair o seu lado insultou os homens, que tomaram alegremente a proposta como um bom presságio, respondendo que significava que as terras e mulheres germânicas eram suas para serem tomadas[27].

Na manhã seguinte, o comandante falou ao seu exército, apesar de que, como havia oito legiões e auxiliares presentes, é provável que tanto ele como seus oficiais tenham repetido o discurso para vários grupos menores. De acordo com Tácito, ele lhes disse:

> A planície aberta não é o único campo de batalha bom para um soldado romano, pois, se ele pensar bem, as florestas e os cerrados também são adequados. Do meio dos troncos das árvores, os grandes escudos e as enormes lanças dos bárbaros não são tão adequados como os *pilum*, os gládios e a couraça bem ajustada. O que eles [os legionários] precisam fazer é atacar de modo duro e rápido, apontando para o rosto. Os germânicos não usavam armadura nem capacete, e seus escudos não eram reforçados com metal ou pele, mas simplesmente feitos de vime ou de tábuas finas pintadas. Apenas as primeiras fileiras portam lanças adequadas, o restante tinha só clavas curtas endurecidas pelo fogo. Apesar de sua estatura ser impressionante e poderosa, não aguentavam ser feridos num ataque rápido.[28]

Encorajados por essa difamação do inimigo e pela promessa de que a vitória poria fim aos seus árduos trabalhos, os soldados gritaram "vivas" com entusiasmo, antes de receber ordem de entrar em formação e marchar para a batalha. Armínio, Inguiomero e o exército germânico esperaram por eles numa planície coberta pela floresta e com um terreno elevado à retaguarda perto do Weser. O local era conhecido como Idistaviso, mas nunca foi identificado com precisão. Armínio e a maior parte dos queruscos ficaram na reserva – um refinamento incomumente sutil para um exército tribal –, num terreno elevado. O exército romano marchou para o campo de batalha numa formação que podia entrar rapidamente em ordem de combate. Tácito diz que os romanos avançaram com auxiliares gauleses e germânicos apoiados por arqueiros a pé, à frente, seguidos por quatro legiões comandadas pelo próprio Germânico e duas coortes da Guarda Pretoriana (a guarda imperial de elite), além de um destacamento selecionado da cavalaria. Atrás, vinham as outras quatro legiões com a infantaria ligeira e os arqueiros montados na retaguarda. Não se sabe que formação cada seção empregou, se, por exemplo, cada grupo de quatro legiões marchou na formação de quadrado com o centro vazio tão usada nessas campanhas. No início da batalha, Germânico afirmou ter visto oito águias voando na direção em que os romanos avançavam e anunciou aos seus homens que aquilo era um augúrio da vitória. O relato de Tácito da batalha não nos permite fazer uma reconstrução clara da sequência de eventos. Ao que parece, alguns dos queruscos se adiantaram para atacar, desobedecendo às ordens de Armínio, e foram logo rechaçados no flanco e na retaguarda por unidades da cavalaria auxiliar. A infantaria romana também avançou com firmeza, repelindo os germânicos. O próprio Armínio liderou uma carga contra os arqueiros na vanguarda do exército romano e só foi detido pela infantaria pesada auxiliar. Ferido, ele lambuzou o rosto com o próprio sangue para evitar ser reconhecido e fugiu, graças à qualidade do seu cavalo. Correram rumores de que os auxiliares germânicos da tribo dos caúcos o deixaram escapar deliberadamente. Numa luta árdua, o exército germânico foi desbaratado e sofreu pesadas baixas. Alguns guerreiros afogaram-se ou foram atingidos por flechas ou dardos quando tentavam atravessar o Weser, outros foram atingidos pelos arqueiros quando tentavam esconder-se entre os galhos das árvores. As perdas dos romanos foram extremamente baixas, apesar de Tácito não fornecer números. Depois da batalha, o exército desfilou e saudou Tibério como *imperator*, pois qualquer vitória, até uma conquistada por seu filho adotivo, era sempre atribuída ao *princeps*. Foi feito um troféu com as armas capturadas e inscrições os nomes das tribos derrotadas[29].

Enfurecidos ao ver o símbolo da sua derrota, os germânicos começaram a fustigar a coluna romana enquanto ela se retirava. Uma vez mais, um exército foi reunido e tomou posição num local ao longo do caminho que os romanos seguiam, perto de um baluarte que marcava a fronteira das terras dos angrivários. Ali perto, havia florestas e pântanos margeando uma estreita planície alagada. A infantaria germânica escondeu-se perto do baluarte, enquanto a cavalaria se colocou no terreno coberto por floresta um pouco mais atrás, pronta para atacar a retaguarda da coluna romana. Os romanos estavam conscientes da presença do inimigo, e Germânico decidiu que outra batalha campal seria vantajosa. Deixando a cavalaria para cobrir terreno aberto, dividiu a infantaria em duas forças, uma para atacar o baluarte e outra visando o terreno florestado perto da trilha principal. O próprio comandante liderou o assalto à fortificação, pois julgava ser a área mais bem defendida.

O primeiro ataque fez pouco progresso, com os soldados sofrendo baixas ao tentar escalar a muralha de turfa. Germânico ordenou que se reagrupassem e, então, trouxe os fundeiros e os atiradores para bombardear os defensores. A artilharia leve (escorpiões) abateu os guerreiros mais resolutos, disparando seus projéteis a uma distância maior do que as armas manuais, e com uma força que nem um escudo ou uma armadura eram capazes de deter. Suprimidos, os defensores não conseguiram responder de modo adequado – os arqueiros parecem ter sido raros nos exércitos germânicos –, e um segundo ataque tomou o baluarte. Germânico abriu caminho com as duas coortes pretorianas, enquanto os romanos avançavam até o terreno coberto pela floresta para aproveitar essa vantagem. Germânico tinha tirado seu capacete para que seus homens o reconhecessem com maior facilidade. O combate foi acirrado, mas os romanos adaptaram-se melhor à visibilidade restrita da floresta do que seus oponentes, os quais tiveram problemas em fazer valer seu grande número. O comando de Armínio foi um tanto letárgico, e Tácito especula que isso pode ter sido em razão do ferimento que sofrera na última batalha. Perto do final do dia, Germânico retirou uma legião para começar a construir um acampamento. Novamente os romanos haviam infligido pesadas perdas ao inimigo, e outro troféu foi erguido para celebrar a vitória[30].

Agora, o verão estava no fim e era hora de retornar às províncias da fronteira. O núcleo do exército romano retirou-se pelo mesmo caminho por onde tinha vindo, embarcando nos navios e navegando ao longo da costa do mar do Norte. Uma grande tempestade dispersou a frota, levando alguns barcos até a costa da Britânia e afundando diversos outros. Ao retornar – a certa altura, ele se viu com apenas um navio e aportou no território dos aliados caúcos –, Germânico rapidamente organizou algumas expedições punitivas para mostrar que o exército romano ainda era formidável. Os catos e os marsos foram atacados de novo, sendo que a ação contra os últimos resultou na recaptura de outra das águias perdidas por Varo[31].

REGRESSO E MORTE MISTERIOSA

No final de 16 d.C., Tibério chamou Germânico de volta para Roma, onde ele celebrou um triunfo por conta da vitória sobre os germânicos. Duas coortes da Guarda Pretoriana receberam ordens para encontrá-lo em uniforme de gala, mas sua popularidade era tão grande que todas as nove coortes insistiram em tomar parte no triunfo como sinal de respeito. Segundo Tácito, Germânico implorou para que seu comando fosse estendido por um ano a fim de completar a vitória. Pode ser que isso fosse apenas um rumor aprovado oficialmente para mostrar que Roma poderia ter facilmente conquistado a vitória completa, se assim o tivesse desejado. Germânico logo foi enviado à Síria para supervisionar as províncias orientais, pois havia indicações de possíveis problemas entre os partos e a Armênia.

A atitude de Tibério com relação ao seu filho adotivo não pode ser estabelecida com certeza. Corriam rumores de que ele o invejava como um rival em potencial, lembrando-se da oferta dos amotinados em 14 d.C. de fazer imperador o jovem e popular comandante. O papel público de Agripina ao cuidar dos soldados, aliado ao fato de os pais vestirem seu filho com um uniforme em miniatura, pareciam indicar um desejo de subverter as tropas a seu favor. Dizia-se que o legado imperial enviado para governar a Síria, Cneu Calpúrnio Piso, tinha recebido ordens de Tibério para vigiar e dificultar as coisas para Germânico. Houve, com certeza, considerável fricção entre os dois homens, o que acabou com a demissão de Piso. Pouco depois, Germânico adoeceu e morreu em meio a rumores de envenenamento e de afirmações de que os culpados eram Piso e Tibério. Piso tentou retornar à sua província e assumir o comando, reunindo algumas tropas para defender a sua causa antes de ser derrotado. Posteriormente, foi julgado no Senado e se suicidou pouco antes de sair o veredito de culpado. A reação popular quanto à morte de Germânico foi enorme, dando testemunho da grande afeição que lhe era dedicada. Seu corpo foi levado de volta a Roma com grande cerimônia[32].

Se Tibério invejava ou não Germânico e se este foi, de fato, assassinado, é hoje impossível de dizer. Nos anos seguintes, ele certamente iria enviar Agripina e seus dois filhos mais velhos ao exílio ou executá-los. O regime estabelecido por Augusto apresentava-se como uma modificação da república tradicional, mas, apesar dessa fachada, era desde o início uma monarquia – e poucos monarcas não nutriram suspeitas quanto a rivais, imaginários ou não. Em Roma, a reputação do imperador baseava-se fortemente no sucesso continuado dos seus exércitos, porém era vital que ninguém mais, nem mesmo um parente, recebesse muita glória por seus feitos militares. As condições do principado ofereceram a alguns membros da família imperial boas oportunidades de comando militar quando ainda contavam pouca idade, mas não os livraram da suspeita de tramar contra o imperador.

Por uma estranha coincidência, o ano de 19 d.C. também viu a morte do grande oponente de Germânico, Armínio, que foi assassinado pelos seus chefes, os quais achavam que seu poder tinha crescido em demasia. No início daquele ano, Tibério recusara a proposta feita por um chefe querusco de assassinar o líder guerreiro, declarando que Roma não precisava lançar mão de métodos desonrosos. Claramente, as vitórias de Germânico foram consideradas vinganças suficientes por Teutoberg Wald, e o líder germânico não foi mais visto como uma ameaça, uma vez que outras guerras – notadamente contra Jugurta – foram concluídas com atos semelhantes de traição. O poder era sempre precário entre os povos tribais, e talvez Tibério simplesmente contasse com isso para eliminar Armínio, como de fato ocorreu. Armínio tivera sucesso onde outros, como Vencingetórix, fracassaram, rebelando-se contra Roma e não sendo vencido. O tributo feito a ele pelo historiador Tácito, no início do século II d.C., foi certamente merecido:

> Sem dúvida, ele foi o libertador da Germânia, um homem que lutou contra o povo romano não nos seus primeiros dias, como outros reis e chefes guerreiros, mas no auge do seu poder; em guerras e batalhas não decididas, sem ser derrotado, ele viveu por 37 anos e conservou o poder por doze, e é, até hoje, celebrado nas canções locais.[33]

CAPÍTULO 11

LEGADO IMPERIAL: CÓRBULO E A ARMÊNIA

Cneus Domitius Corbulo
(morreu em 67 d.C.)

Domício Córbulo costumava dizer que o inimigo era conquistado com a picareta.[1]

Em última instância, o poder de Augusto e de seus sucessores repousava no controle que detinham sobre o exército. Um imperador precisava ter habilidade política para aplacar o Senado e evitar que a insatisfação popular se tornasse uma ameaça, mas nada disso importava se os generais pudessem imitar Sula ou César e usassem suas legiões para abrir caminho à força na conquista do poder supremo. Augusto pôde confiar à sua família estendida o comando das guerras mais importantes do seu principado, porém poucos dos que o sucederam puderam fazer o mesmo. No início, Tibério empregou Germânico e Druso, o Jovem, de modo semelhante, mas depois de suas mortes em 19 e 23 d.C., respectivamente, não houve ninguém que os substituísse nos catorze anos restantes do seu reinado.

Calígula, Cláudio e Nero não tinham parentes homens para travar guerras em seu nome (e provavelmente não teriam confiado em tais pessoas, caso existissem). Diferentemente de Augusto e Tibério, que promoveram campanhas com grande sucesso, seus três sucessores não tinham experiência militar, o que os tornava ainda mais relutantes em permitir que qualquer um de seus generais obtivesse uma reputação distinta ou conquistasse a simpatia das suas tropas.

Um imperador não poderia se dar ao luxo de ser ofuscado por um senador, especialmente no campo das realizações militares, o que continuava a ser de importância central para a aristocracia romana. Não obstante, era entre os membros do Senado que os *princeps* precisavam arregimentar a imensa maioria dos homens que iriam governar as províncias e comandar as legiões lá estacionadas. Os senadores eram considerados – e não menos por eles mesmos – os homens mais adequados para essa tarefa, mas também era importante dar-lhes oportunidades para conquistar fama e distinção do modo tradicional. Um bom imperador garantia que houvesse tarefas importantes a serem dadas aos membros do Senado, encorajando essa instituição a sujeitar-se ao seu governo, de forma a reduzir o risco de conspirações contra ele. O ideal era um relacionamento de benefício mútuo para o imperador e os senadores, porém isso sempre trazia um elemento de risco de que os últimos amealhassem demasiado poder e viessem a se tornar rivais para o trono. Conta-se que Tibério teria comparado o trabalho do imperador a "segurar um lobo pelas olheiras", por causa, em grande parte, dessa ligação instável[2].

Os exércitos romanos sob o principado foram quase todos comandados por senadores, assim como acontecera durante a república, mas esses generais operavam agora num ambiente profundamente distinto. Isso se reflete de maneira mais óbvia no seu título, pois não eram mais procônsules ou propretores, e sim legados ou representantes do imperador. Todas as legiões, salvo uma mantida por Augusto, foram estacionadas em províncias controladas pelo imperador, num arranjo semelhante ao governo indireto das províncias espanholas de Pompeu após seu segundo termo como cônsul (a exceção era a legião alocada à África, que era controlada por um procônsul, mas esse arranjo deixou de existir durante o reinado de Tibério). O imperador possuía *imperium* superior aos outros procônsules (*maius imperium proconsulare*), embora essa marca do regime de Augusto fosse raramente mencionada em público e nunca tenha feito parte de seus outros títulos, mais notadamente o fato de possuir os poderes de tribuno da plebe (*tribunicia potestas*). O representante do imperador empossado no governo de uma província recebia o título de *Augusti pro praetore*, e seu *imperium* era delegado e não seu por direito. Os soldados faziam e renovavam com regularidade um juramento de lealdade ao imperador, que não era, como em tempos anteriores, o de obedecer ao seu general e ao Senado e Povo de Roma, e era em nome do imperador que recebiam seu pagamento e quaisquer recompensas adicionais e condecorações. Além dos seus outros estandartes, cada unidade do exército levava agora um *imago*, que trazia o busto do *princeps* como uma lembrança adicional do fato de que pertenciam a esse homem.

A carreira senatorial sob o principado passava por ocupar, do modo tradicional, cargos civis e militares. No final da adolescência, o homem normalmente servia como tribuno (*tribunus laticlavius*) de uma legião entre um e três anos. Os outros cinco tribunos (*tribuni angusticlavii*) de cada legião eram equestres que seguiam um plano de carreira diferente, a qual envolvia o comando de unidades auxiliares. Aos 30 anos, um senador poderia esperar tornar-se legado no comando de uma legião (a nomeação *ad hoc* dos oficiais comandantes dessas unidades, que fora comum nos dias de César, transformou-se num cargo formal – *legatos legionis* – sob Augusto). Em média, um legado legionário servia nesse cargo por cerca de três anos. Finalmente, aos 40 anos ele podia tornar-se *legatus Ausgusti pro praetore* no comando de uma província, o que incluía o controle de até três legiões, e em alguns poucos casos quatro. O tempo nesse posto variava consideravelmente, embora a média fosse, de novo, três anos, e alguns homens podiam receber um segundo comando em outra província.

Em termos do amplo espectro de postos que tendiam a ser assumidos numa carreira, e também do escopo relativamente

Coorte   Coorte   Coorte   Primeira coorte
   Coorte   Coorte   Coorte
Coorte   Coorte   Coorte

Coortes II-X

Centúria	Centúria	Centúria	Centúria	Centúria	Centúria
hastatus posterior	hastatus prior	*princeps* posterior	*princeps* prior	pilus posterior	pilus prior

Cada centúria era composta por oitenta legionários e comandada por um centurião, cujo título aparece no interior de cada quadro.

Primeira coorte

Centúria	Centúria	Centúria	Centúria	Centúria
hastatus posterior	hastatus	*princeps* posterior	*princeps*	primus pilus

Cada centúria era composta por 160 legionários e comandada por um centurião, cujo título aparece no interior de cada quadro. Os centuriões da Primeira coorte eram conhecidos como *primi ordines* e possuíam imenso prestígio.

Uma centúria das coortes II a X

● Centurião

○○○○○○○○○○○○○○○○○○○○
○○○○○○○○○○○○○○○○○○○○
○○○○○○○○○○○○○○○○○○○○
○○○○○○○○○○○○○○○○○○○○

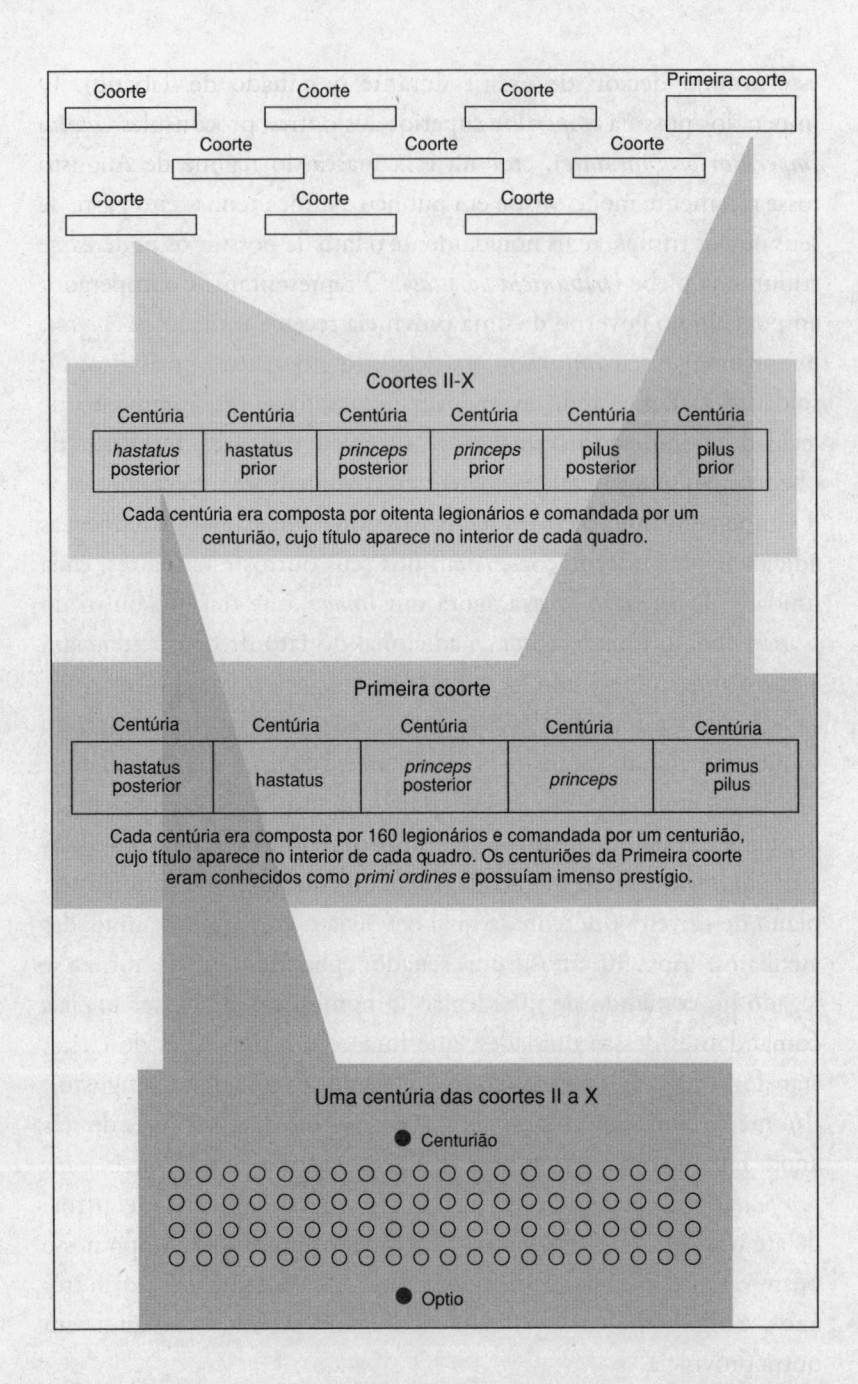

● Optio

DIAGRAMA DE UMA LEGIÃO IMPERIAL (COORTE)

limitado da conquista de experiência militar, havia pouca diferença entre a república e o principado. Contudo, se antes o sucesso dependia de vencer eleições e ganhar influência no Senado, agora dependia do favor do imperador. Não só isso, mas em todos os postos militares que assumiam, especialmente no comando de uma legião ou de toda uma província, eles eram homens do imperador e não agentes com liberdade de ação. César parece ter expressado uma crença comum ao afirmar que a liberdade de ação de um legado era consideravelmente menor do que a do comandante do exército. Sob o principado, isso foi levado a um estágio além, e as atividades dos legados provinciais eram monitoradas e reguladas muito mais de perto do que as de qualquer governador nos tempos da república. Desse modo, afetou não só sua permissão de fazer guerra, mas também o que deveriam fazer. De acordo com Suetônio, Augusto "acreditava que nada era menos apropriado a um general do que a pressa e a imprudência, por isso sempre usava estes adágios: 'Mais agilidade, menos velocidade'", "É melhor um comandante a salvo do que um ousado" e "O que é feito no tempo certo é feito corretamente"[3]. Não se esperava que um legado assumisse riscos para conquistar uma vitória rápida antes de ser substituído, mas, em vez disso, que agisse conforme o interesse do imperador. Cada homem recebia instruções (*mandata*) do *princeps* e, embora o escopo e a frequência dessas instruções sejam debatidos ferozmente pelos estudiosos, está claro que nenhuma grande operação – sobretudo as ofensivas – era executada sem permissão específica[4].

O imperador alocava homens para os comandos provinciais e decidia quanto tempo permaneceriam no posto. Ele também controlava suas atividades muito mais de perto do que o Senado jamais tivera capacidade de fazer.

Não obstante, a distância tornava impossível ao imperador dirigir o comportamento de seus legados em todos os detalhes, e o poder e a chance de demonstrar sua habilidade continuavam numerosos. Esperava-se que um governador comandasse suas tropas, movendo guerra em resposta a rebeliões internas ou à invasão da sua província, sem ter de buscar primeiro a aprovação de Roma. Uma inscrição registrando as realizações de Tibério Pláucio Silvano Eliano como *legatus Augusti pro praetore* de uma das províncias do Danúbio, na segunda metade do século I d.C., dá uma ideia do espectro das tarefas militares, e, principalmente, diplomáticas, que um governador deveria exercer:

> Nesse cargo, ele fez mais de cem mil pessoas que vivem do outro lado do Danúbio pagarem tributo a Roma, juntamente com suas esposas e filhos, chefes e reis. Sufocou uma rebelião dos sármatas, embora tenha enviado grande parte do seu exército numa expedição à Armênia; e fez que reis anteriormente desconhecidos ou hostis ao povo romano venerassem os estandartes militares de Roma na margem do rio que estava protegendo. Ele devolveu aos reis dos bastarnas e dos roxolanos [...] seus filhos que tinham sido capturados pelo inimigo. Também tomou como hóspedes alguns deles, estendendo desse modo e fortalecendo a paz na província. E o rei dos citas foi vencido no cerco de Quersoneso, que fica além de Boristenos. Ele foi o primeiro a ajudar no abastecimento de grãos de Roma, enviando da sua província grande quantidade de trigo.[5]

A convite do imperador Vespasiano – e essa cortesia seria mantida por todos os bons imperadores –, o Senado concedeu honras triunfais (*triumphalia*) a Silvano para marcar seu muito bem-sucedido mandato como governador. A linguagem desse monumento não difere significativamente das celebrações aristocráticas tradicionais de realizações importantes. Muitas das ações, como a realocação de tribos, com o objetivo diplomático de instilar respeito pelo poder romano nos povos locais, sufocar rebeliões e defender aliados, eram as mesmas executadas pelos governadores desde que as primeiras províncias permanentes foram criadas. Esperava-se que o legado imperial realizasse bem tais tarefas, mas não as estendesse por iniciativa própria, menos ainda buscasse obter glória por novas e não autorizadas conquistas.

CÓRBULO NA GERMÂNIA

Cneu Domício Córbulo era um homem grande, viril, com aparência de soldado da cabeça aos pés, e tinha um talento instintivo para conquistar o respeito dos homens, especialmente dos legionários. Sabe-se relativamente pouco sobre os primeiros anos de sua vida, mas sua família era rica e bem-estabelecida. Seu pai foi cônsul (na verdade foi escolhido cônsul em eleição para completar o mandato do magistrado eleito anteriormente, que fora afastado em processo de impedimento), em 39 d.C., e tinha uma meia-irmã – sua mãe foi casada nada menos do que seis vezes –, Milônia Cesônia, a última esposa de Calígula. Em 47, Córbulo foi nomeado legado da Germânia Inferior por Cláudio. Antes da sua chegada, a província havia sido saqueada pelos caúcos. A partir de suas terras na costa do mar do Norte, esses guerreiros germânicos vinham em pequenos navios para atacar o norte da Gália, sempre que tinham acesso às comunidades por mar ou por rio. Era um tipo de atividade rotineira entre os povos da área, que em séculos vindouros se tornariam famosos como os vikings.

Os caúcos eram liderados por Ganasco, embora esse chefe guerreiro viesse originalmente de outra tribo, os cananefates, povo relacionado aos batavos. Ele era desertor de uma unidade auxiliar romana, sendo, portanto, outro dos vários inimigos considerados ainda mais perigosos, já que os romanos os tinham ensinado a lutar.

Ao chegar à Germânia Inferior, Córbulo respondeu com rapidez, empregando tanto o exército quanto esquadrões navais da frota que patrulhava o Reno e o mar do Norte, a *classis Germanica*. Pequenas tropas foram enviadas para interceptar quaisquer saqueadores que tivessem aportado, enquanto galés romanas perseguiam embarcações germânicas. Grupos de saque podiam atacar com rapidez e eram difíceis de ser detidos, porém tendiam a ser vulneráveis quando se retiravam levando seu espólio. Depois de um breve período de operações, os caúcos foram expulsos das províncias romanas e Córbulo concentrou seu exército, submetendo as tropas a um programa de treinamento de curta duração, mas muito rigoroso. Diz-se que ele executou dois legionários que trabalhavam construindo fortificações de um acampamento de marcha por terem deixado de lado suas espadas. Tácito, que conta a história, achou que podia ser um exagero, mas sentiu que, mesmo assim, ela indicava a dura disciplina imposta aos que serviam o exército. Como vimos, o general, cuja primeira tarefa era treinar um exército indisciplinado e inexperiente, era uma figura familiar da literatura romana, por isso deve-se sempre suspeitar que uma descrição dessa atividade fosse apenas um dos clichês inevitavelmente atrelados aos comandantes famosos. Contudo, como o exército do Reno parece ter realizado campanhas de menor seriedade por mais de uma década antes da chegada de Córbulo, é provável que muito soldados e unidades não tivessem experiência no serviço ativo. Também em 43 d.C., grande parte do exército das duas províncias germânicas, inclusive as três legiões e muitos auxiliares, tinha sido deslocada para formar a força de invasão da expedição à Britânia de Cláudio. Possivelmente as unidades mais bem preparadas para o combate foram selecionadas para esse fim, deixando para trás os soldados não tão bem treinados e talvez os oficiais menos ambiciosos e agressivos. De qualquer modo, era impossível manter os legionários e auxiliares num estado permanente de total prontidão para a guerra, especialmente porque havia muitas outras tarefas que os soldados tinham de realizar[6].

Quando sentiu que o exército estava pronto, Córbulo cruzou o Reno e avançou até as terras ao longo da costa do mar do Norte. A primeira tribo que encontrou foi a dos *frisii*, que atacara tropas romanas em 28 d.C. e não fora ainda subjugada. Impressionados com o tamanho e a confiança do exército de Córbulo, os líderes dos *frisii* imediatamente se renderam e permitiram que os romanos estabelecessem uma guarnição em seu território. O comandante romano seguiu, então, para leste, em direção às terras dos caúcos. À frente do exército, foram enviados emissários que exigiram a submissão da tribo. Esses homens também providenciaram o assassinato de Ganasco, que tinha escapado depois da derrota das suas forças.

Do mesmo modo que a traição a Jugurta e o assassinato de Viriato, este incidente demonstra uma vez mais o desejo dos romanos de empregar métodos dúbios e indignos para se livrar de líderes inimigos cuja existência prolongasse um conflito. Entretanto, neste caso, o assassinato levou os caúcos a resistir aos romanos com mais tenacidade, de modo que o exército de Córbulo avançou contra eles para o que se esperava ser uma grande campanha. A essa altura, ele recebeu instruções de Cláudio, ordenando-lhe que interrompesse as operações e retornasse com o exército à sua província. O relato de Tácito não deixa claro quanto o imperador sabia sobre onde ele estava e o que fazia, mas a fonte mais provável para essas informações seriam os próprios despachos de Córbulo. Cláudio não desejava que grandes operações a leste do Reno fossem retomadas, principalmente enquanto a conquista da Britânia ainda não se concluíra. Tácito também afirma que esse imperador sem inclinação militar, aleijado de nascença e considerado durante muito tempo mentalmente incapaz até por sua família, não desejava que Córbulo adquirisse fama com tal conquista. Cláudio já havia enfrentado a tentativa de rebelião de um governador provincial em 42 d.C. e não tinha intenção de criar um rival ainda mais perigoso.

Córbulo imediatamente obedeceu às ordens – do contrário arriscaria ser rapidamente executado –, porém seu comentário nostálgico, "como os generais romanos dos tempos antigos tinham sorte", evocava a república, quando muito menos restrições eram impostas a um magistrado que buscava a glória. Apesar de ser chamado de volta à capital do império, ele ainda foi recompensado com honras triunfais. Quando todas as tropas, inclusive a guarnição estacionada entre os caúcos, foram enviadas para a margem ocidental do Reno, seu comandante ordenou que construíssem um canal entre aquele rio e o Mosa. Projetos assim contribuíam para manter os soldados ocupados e em forma, quando não no auge do treinamento militar, e tinham a vantagem adicional de beneficiar as províncias. O legado responsável era quase sempre honrado pelo imperador. Tácito continua seu relato sobre a campanha germânica de Córbulo contando um incidente que envolveu Cúrcio Rufo, o legado da província vizinha à Germânia Superior, que empregara seus legionários para explorar uma nova mina de prata. Muitos homens se acidentaram ou morreram durante esse projeto, e os lucros obtidos foram poucos; mesmo assim, Rufo recebeu honras triunfais (*triumphalia*). Tácito afirma com acidez que, depois disso, os legionários escreveram uma carta a Cláudio pedindo que concedesse tal honra automaticamente a cada legado que assumisse seu mandato, em lugar de esperar que ordenassem a seus homens a realização de trabalhos árduos e sem sentido[7].

ROMA, A PÁRTIA E A QUESTÃO ARMÊNIA

A ação de Córbulo na Germânia lhe garantiu considerável sucesso, mas foram suas campanhas posteriores no Oriente que estabeleceram sua reputação como um dos maiores generais romanos do século I d.C. Antes de examinar essas operações em algum detalhe, vale a pena rever a história das relações entre Roma e a Pártia.

A Pártia foi o reino mais poderoso que surgiu do esfacelamento do Império Selêucida no final do século II a.C. A dinastia arsácida veio a controlar uma grande área do território, que incluía parte significativa dos modernos Irã e Iraque. Nessa área havia uma população muito diversificada, variando de cidades helênicas como Selêucia e Ctesifonte a tribos pastorais e seminômades. A sociedade parta era essencialmente feudal, com boa parte do poder teoricamente nas mãos do rei, sendo, na prática, exercido pelos líderes de sete grandes famílias nobres. O exército era formado por uma combinação das próprias tropas do rei e dos nobres partidários, os quais, em outros tempos, poderiam facilmente tornar-se rivais na disputa pelo trono. Não era, portanto, inteiramente de interesse do rei permitir que qualquer aristocrata criasse uma força grande ou eficiente demais que pudesse voltar-se contra ele. A fraqueza interna da Pártia evitava que ela virasse um sério rival do Império Romano, mesmo no controle das províncias orientais, mas ela foi com certeza o poder independente mais forte encontrado por Roma durante o final da república e o principado.

Os exércitos partos eram essencialmente forças de cavalaria, que apresentavam um problema muito diferente para as legiões, comparado com os povos tribais a oeste de Roma. A maioria dos cavaleiros partos eram arqueiros montados que manipulavam arcos compostos muito eficientes; eles treinavam por meio de longa prática em disparar cavalgando, o que representava um alvo difícil para o inimigo, e nunca se aproximavam demais, exceto quando possuíam uma vantagem esmagadora. Os guerreiros de maior prestígio eram os catafractários, os quais, tanto eles como suas montarias, usavam armadura pesada. Tais homens pertenciam sobretudo à aristocracia, uma vez que o custo desse equipamento era muito alto, e por vezes atacavam em carga, cada homem armado com uma longa lança (*kontos*). Em combinação, os arqueiros desgastavam o inimigo antes de os catafractários atacarem; esses cavaleiros poderiam ser de uma eficiência devastadora, mas os exércitos partos não eram sempre liderados com habilidade ou bem equilibrados com relação ao tamanho das tropas desses dois tipos de cavaleiros. Não obstante, apesar da aparência de tropas semelhantes em exércitos de outras nações, nenhum outro povo desse período foi capaz de superar os melhores exércitos partos nesse estilo de combate[8].

Pompeu encontrou os partos perto do final das suas campanhas orientais e escolheu sabiamente a diplomacia em lugar de tentar obter ainda mais glória, a qual o confronto militar poderia lhe proporcionar. Contudo, em 54 a.C., Crasso, ansioso por rivalizar as realizações dos seus aliados Pompeu e César, invadiu a Pártia. Havia poucas justificativas para a guerra, mesmo pelos padrões romanos, embora essa opinião tenha se tornado dominante apenas quando a expedição terminou em desastre. Crasso tinha mais de 60 anos e sua última experiência no serviço ativo fora contra Espártaco. No primeiro momento, ele conduziu a campanha com letargia, pois deixou que grande parte do primeiro ano passasse sem pressionar o inimigo. Tanto os romanos como os partos estavam superconfiantes, já que seus exércitos eram acostumados a derrotar as forças de outros reinos da região com grande facilidade.

Em 53 a.C., Crasso encontrou um destacamento do exército parto principal, comandado por Surena (que pode ter sido um título, em vez de o nome de uma pessoa) em Carras. Era um bom terreno para a cavalaria, e os legionários romanos não conseguiram alcançar seus oponentes móveis, os quais lançaram uma chuva de flechas sobre eles. A cavalaria romana, grande parte da qual era composta por auxiliares gauleses, estava sob o comando do filho do general, Público, que os levou para longe da força principal, onde foram cercados e aniquilados. Durante o resto do dia, os arqueiros a cavalo continuaram a disparar flechas no quadrado formado pelos legionários, e a esperança dos romanos de que o inimigo ficasse sem flechas mostrou-se vã, pois Surena tinha um comboio de suprimentos bem organizado sobre camelos que transportavam munição.

Muitos dos homens de Crasso foram feridos, a maioria no rosto, nas pernas ou no braço direito, que não estava protegido pelo escudo, apesar de as legiões não se reduzirem a ponto de ficarem vulneráveis a um ataque dos catafractários. Mesmo assim, Crasso, que depois da morte de Público saíra da sua letargia e tentava supervisionar e encorajar seus homens ao melhor estilo romano, desesperou-se e ordenou a retirada. Retirar-se de um contato próximo com o inimigo sempre foi perigoso, mas, quando o inimigo possuía uma grande cavalaria e o terreno era aberto, era cortejar o desastre. A maior parte do exército romano foi rapidamente morta ou capturada (há uma teoria intrigante de que alguns dos prisioneiros foram subsequentemente vendidos como escravos, indo servir chineses, mas as evidências são inconclusivas). Crasso foi morto enquanto tentava negociar uma trégua, e sua cabeça foi levada para o rei parto. Apenas alguns poucos sobreviventes, comandados pelo questor Cássio Longino – um dos homens que, mais tarde, iria assassinar César –, fugiram para a Síria e conseguiram repelir alguns ataques débeis contra a província. Por algum tempo, os partos estiveram ocupados demais com problemas internos para aproveitar a grande vantagem que obtiveram com sua vitória. Nos meses seguintes, Surena foi executado pelo rei por ser um rival potencialmente perigoso. Sem dúvida, isso pouco fez para estimular o surgimento de outros comandantes igualmente talentosos[9].

Como Roma logo mergulhou na guerra civil, não houve oportunidade para vingar Crasso. César foi assassinado antes que pudesse lançar a invasão que planejava. Então, em 40 a.C., o rei Orodes da Pártia enviou um exército para conquistar a Ásia e a Síria; com eles, estava Quinto Labieno, filho do antigo legado de César, posteriormente seu inimigo, e alguns partidários de Pompeu que ainda não haviam sido eliminados. Esse foi um caso quase único de um aristocrata romano desertando para o lado de um inimigo, mas o acontecimento está um tanto ofuscado e o fato pode ser visto como uma continuação da Guerra Civil. Carras tinha confirmado a convicção de muitos partos de que seus guerreiros eram superiores a qualquer inimigo, inclusive os romanos. O excesso de confiança, combinado com a liderança fraca, resultou em pesadas perdas em 39 e 38 a.C., quando exércitos partos atacaram de maneira mal planejada forças romanas preparadas e bem comandadas que ocupavam posições fortes. Na segunda dessas derrotas, o filho do rei Pacoro foi morto, e a tentativa de invadir a Síria, abandonada. Marco Antônio não esteve presente a essa campanha, e o comando caiu nas mãos capazes do seu legado Públio Ventídio Basso. Outro de seus subordinados expulsou o regime apoiado pelos partos na Judeia, no ano seguinte. Em 36 a.C., o próprio Antônio lançou um grande ataque à Pártia. Conhecendo o destino de Crasso, ele apoiou seus legionários com uma cavalaria muito maior e com infantaria ligeira armada de arcos e fundas, mantendo-se, sempre que possível, em regiões que não eram adequadas às operações de cavalaria. O exército principal de Antônio deslocou-se através da Armênia até a Media Atropatene (moderno Azerbaijão), onde iniciou um cerco à cidade de Fraapsa. Uma tentativa dos partos de libertar a cidade foi frustrada – os legionários bateram suas armas contra os escudos e gritaram para assustar os cavalos –, mas o inimigo montado conseguiu fugir sem sofrer grandes perdas. Antônio impelira seu exército a avançar tão rapidamente durante a invasão, que seu comboio com equipamentos pesados de cerco ficou a alguma distância para trás. Conforme os partos voltavam a atenção para as linhas de suprimento romanas, uma força da sua cavalaria esmagou o comboio e sua escolta. Sem artilharia ou outro equipamento pesado, não havia perspectiva de tomar Fraapsa, e Antônio foi forçado a se retirar, ainda que relutante. Como de costume, os partos atacaram as colunas em marcha, infligindo pesadas perdas aos legionários. A expedição de Antônio não foi um desastre da escala de Carras, mas mesmo assim constituiu uma grande derrota. A crescente tensão entre Antônio e Otaviano impediu qualquer tentativa de retomar a guerra[10].

Augusto ignorou os partos por quase uma década depois de Áccio, porém, em 20 a.C., enviou o jovem Tibério ao Oriente para instalar um novo monarca no trono armênio e substituir o títere dos partos a quem fora dado o poder. Por meio de uma combinação de diplomacia com a ameaça do uso da força, os romanos conseguiram atingir todos os seus objetivos, inclusive a devolução dos seus estandartes, especialmente as preciosas águias legionárias, e prisioneiros tomados de Crasso e de Antônio. As águias foram levadas a Roma e depositadas com grande cerimônia no Templo de Mars Ultor (Marte, o Vingador), a parte central do novo Fórum de Augusto. Esse sucesso diplomático evitou o risco de uma guerra em grande escala com a Pártia num momento em que o exército de Augusto estava completamente comprometido em outro lugar. Tanto os romanos como os partos, na época, nutriam um respeito saudável pelo poderio militar do outro. A principal fonte de fricção entre as potências era a Armênia, que ambos consideravam estar dentro da sua esfera de influência. Para os romanos, era um entre vários reinos clientes, e esperavam que seu rei reconhecesse abertamente que seu poder dependia da aprovação dos romanos. Um dos principais motivos para enviar Germânico ao Oriente em 18 d.C. era conferir formalmente o poder ao novo rei armênio em Artaxata. Não obstante, em termos de cultura, a Armênia tinha muito mais em comum com a Pártia e era considerada um reino apropriado, bem como vantajoso, com o qual recompensar parentes leais do rei arsácida.

Em 35 d.C., um rei parto colocou um dos seus filhos no trono armênio, embora ele tenha sido rapidamente derrotado por um rival apoiado pelos romanos. Em 52 d.C., Vologases I da Pártia tirou vantagem de um período de confusão na Armênia, que se seguiu ao assassinato do rei pelo seu impopular sobrinho, para substituí-lo por seu irmão Tiridates. O idoso imperador Cláudio não respondeu de imediato a tal manobra, porém, após sua morte em 54, seu sucessor e filho adotivo Nero resolveu agir. No ano seguinte, Córbulo foi enviado para a região. A escolha foi extremamente popular, pois parecia indicar que o novo regime escolheria homens com base no mérito – e, claro, do ponto de vista dos senadores, também com base no nascimento e na riqueza[11].

CÓRBULO NA ARMÊNIA

Córbulo recebeu uma província extraordinária, que combinava a Capadócia e a Galácia. Eram províncias senatoriais regulares, mas o sistema de Augusto era extremamente flexível, e a nomeação de um legado imperial para controlar a área não trazia dificuldades. De fato, como os legados tinham funcionários para assisti-los e homens do exército para constituir seu grande corpo de auxiliares, eles tinham normalmente mais pessoal administrativo à sua disposição do que um procônsul senatorial. A certa altura, Córbulo recebeu o *imperium* proconsular em vez do propretoriano e contara com um legado que o auxiliava na execução da maior parte das tarefas administrativas diárias dessa grande província. A Capadócia contava com bom acesso à Armênia, enquanto a Galácia dispunha de uma população expressiva, grande parte da qual de descendentes das tribos gaulesas, ou gálatas, que invadiram a região no século III a.C., e era considerada um terreno fértil para recrutamento militar. A Capadócia tinha guarnições de unidades auxiliares, mas nenhuma dessas áreas possuía uma legião, e o núcleo das forças colocadas à disposição do novo legado era formado pelo exército da Síria. Córbulo recebeu duas das quatro legiões sírias, apoiadas por cerca de metade das unidades auxiliares da província. Tropas adicionais seriam fornecidas pelos reinos clientes da região. Desde o começo, houve alguma fricção entre Córbulo e o legado da Síria, Umídio Quadrato, que foi forçado a ceder boa parte do seu exército e sabia que seria ofuscado pelo seu colega mais famoso. No entanto, como Córbulo tinha *imperium* superior, a disputa poucas vezes produziu algo mais que pequenas altercações.

Desde o início, esperava-se que fosse possível uma solução diplomática, através da qual Tiridates concordaria em ir para Roma e receber o título de rei formalmente conferido a ele por Nero. Desse modo, Córbulo despachou embaixadores – quase sempre centuriões – a Vologases, mas, ao mesmo tempo, começou a preparar seu exército para a guerra, para o caso de esses arranjos serem rejeitados. Nero já tinha ordenado que as legiões sírias fossem reforçadas por alistamento (*dilectus*), embora o significado dessa ação não fique claro no contexto do principado. Em teoria, todo cidadão romano continuava apto para o serviço militar, porém as experiências de Augusto em 6 e 9 d.C. mostraram o quanto a convocação não era

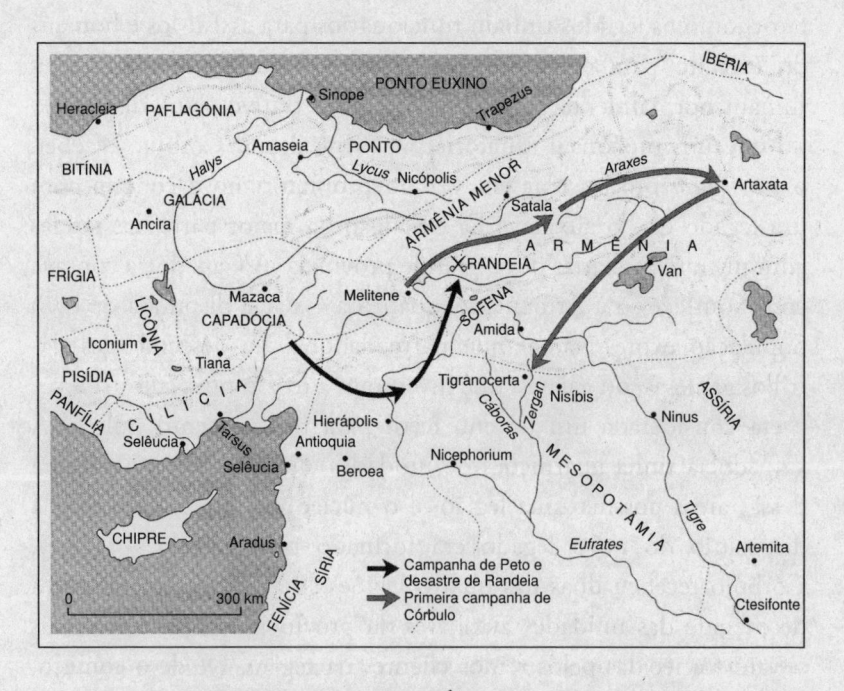

AS CAMPANHAS DE CÓRBULO NO LESTE

popular, em especial na Itália. A convocação nas províncias orientais pode ter assumido uma forma organizada, com o amplo uso de algo como um grupo de divulgação ou simplesmente o despacho de grupos de recrutamento maiores do que os normais para encontrar voluntários. Em meados do século I, o número de homens nascidos na Itália e que serviam nas legiões estava declinando, sendo que a maioria dos recrutas eram cidadãos das províncias. Desde muito cedo, parece realmente ter havido o desejo de alistar homens que não eram cidadãos de Roma, oriundos de algumas das regiões mais colonizadas do Oriente, que recebiam a cidadania quando entravam nas legiões. Augusto tinha formado uma legião inteira, a *XXII Deiotariana*, com soldados gálatas, e a província era considerada a que fornecia os recrutas de melhor qualidade. É interessante notar que a convocação para aumentar as forças das legiões ocorreu mais ou menos na mesma época da jornada missionária do apóstolo Paulo à Galácia, embora haja debates com relação à rota que ele tomou na província. Sua última carta às igrejas gálatas contém surpreendente quantidade de vocabulário e imagens marciais[12].

Córbulo descobriu que as tropas sob seu comando estavam em mau estado. Tácito diz que as legiões sírias não estavam em boas condições e eram mal disciplinadas, pois o exército lá estacionado estivera ocioso por muitos anos. Ele afirma que alguns soldados antigos nunca tinham visto ou construído um acampamento de marcha e outros não possuíam couraça ou capacete. Depois de passar suas tropas em revista, o general ordenou a dispensa de todos aqueles cuja idade ou saúde os tornava inadequados ao serviço. Uma vez mais encontramos o clichê do grande comandante que chega e encontra um exército desmoralizado, ao qual rapidamente impõe disciplina e transforma num exército eficiente. Também é um tema literário comum que o longo serviço no Oriente, sobretudo nas maiores cidades, corrompia a moral e destruía a eficiência militar dos soldados. De acordo com a observação acertada dos estudiosos, as fontes que trazem essa sugestão demonstram que as legiões estacionadas no Oriente não eram quase sempre de má qualidade e que seus recrutas não eram de modo algum um material militar pior do que aqueles alistados nas províncias ocidentais. No entanto, isso não significa que, em 55 d.C., as tropas de Córbulo não precisassem de treinamento intenso. O exército sírio passou a maior parte do tempo no policiamento das províncias, com seus soldados distribuídos em muitos pequenos destacamentos. Isso conferiu às unidades poucas oportunidades de treinamento regular, especialmente em nível de legião ou até superior. A experiência de Córbulo na Germânia já demonstrara como a prontidão das tropas para entrar em combate numa província em paz tinha declinado, por isso não havia nada de exclusivo com relação ao exército sírio. Além disso, as legiões sob seu comando tinham acabado de dispensar muitos dos seus soldados mais antigos e recebido grupos de novos recrutas. Havia grande necessidade de treinar esses novos soldados e integrá-los completamente nas suas novas unidades. Dessa maneira, o rigoroso programa de treinamento que Córbulo impôs aos seus homens era uma preparação prática e normal para o que poderia vir a ser uma campanha árdua[13].

O general levou seus homens ao alto das montanhas para treinar em condições semelhantes às que poderiam encontrar nas frias terras altas da Armênia. Tácito conta histórias de numerosos casos de congelamento, como o de um homem cujas mãos caíram ao congelarem e grudarem num feixe de lenha, ou de sentinelas encontradas mortas ao serem expostas ao frio em seus postos. Durante todo o inverno, o exército permaneceu em barracas de lona, em vez de construir alojamentos mais adequados ao clima ou retornar a quartéis na cidade. Córbulo compartilhava as dificuldades com seus homens e, "vestindo roupas leves e de cabeça despida, movia-se continuamente pelas tropas da coluna em marcha, ou quando os homens trabalhavam, elogiava os que executavam o serviço com presteza, encorajando os que estavam cansados e atuando como um exemplo para todos"[14]. Além de tentar inspirar seus homens, o general também punia qualquer crime de modo mais severo que o usual. A deserção sempre foi um problema no exército profissional, onde os homens tinham de servir por 25 anos e eram sujeitos a punições brutais; nessas duras condições, muitos resolviam desertar. Córbulo ordenou que todos os desertores fossem executados, ignorando a prática de determinar uma pena mais branda para aqueles que fugiam pela primeira ou segunda vez. Alguns ainda desertavam, mas a severidade da ordem garantiu que seu exército perdesse menos homens do que a maioria das forças romanas. As duas legiões da guarnição síria, a *III Gallica* e a *VI Ferrata*, receberam uma terceira, muito provavelmente a *IV Scythica*, da Mésia, apesar de Tácito afirmar que a unidade estava estacionada a leste da Germânia. Não sabemos quando esse reforço chegou, mas parece mais do que provável que também essa unidade tenha passado por um período de treinamento a fim de se preparar para as batalhas. Mesmo assim, aparentemente não teve um papel de destaque nas operações até perto do final da guerra[15].

No primeiro momento, a impressão era de que apenas a diplomacia bastaria para garantir os objetivos de Roma, pois Vologases respondeu aos enviados dando-lhes reféns. A não ser por uma disputa menor entre o embaixador mandado por Quadrato e o enviado de Córbulo sobre quem deveria receber o crédito por escoltar esses aristocratas partos até o império, parecia que a crise tinha sido superada e assim o Senado votou por conceder honras a Nero. Entretanto, Tiridates se recusou a ir a Roma, no que foi apoiado por seu irmão, e a tensão voltou a crescer ao longo do ano seguinte.

A maior parte do exército estava estacionada perto da fronteira com a Armênia, e Córbulo construiu uma série de fortes ocupados sobretudo por auxiliares sob o comando de um certo Pácio Orfito, um centurião sênior, ou *primus pilus*. Sob o principado, um *primus pilus* era seguramente promovido à ordem equestre depois de assumir esse posto, e Orfito era agora, provavelmente, prefeito auxiliar ou tribuno legionário. Era também um oficial autoconfiante e agressivo, que reportou a Córbulo que as guarnições armênias próximas estavam em más condições e pediu permissão para começar o ataque. Apesar da ordem clara de evitar qualquer ação como esta, Orfito foi encorajado a lançar um ataque pelo entusiasmo de algumas tropas (*turmae*) de cavalaria auxiliar chegadas havia pouco. Os armênios se mostraram mais prontos do que ele previra e derrotaram a guarda avançada da tropa de ataque. As coisas pioraram quando seu pânico se alastrou às outras tropas, que imediatamente fugiram e retornaram a seus fortes. Uma derrota, mesmo numa escaramuça menor, era o pior começo possível para uma campanha, em especial para um exército inexperiente. Normalmente, um general esperava prosseguir o período de treinamento com algumas vitórias fáceis para aumentar a confiança dos homens. Córbulo se sentiu insultado com o ocorrido e passou uma severa reprimenda em Orfito e nos outros prefeitos. Quando eles e as unidades sob seu comando reuniram-se ao exército principal, receberam ordens de erguer suas tendas do lado de fora do baluarte do acampamento, uma humilhação simbólica infligida aos sobreviventes de uma unidade que fora dizimada.

Córbulo talvez tenha esperado que, ao isolar as tropas derrotadas dessa forma e expô-las ao desprezo do restante do exército, evitaria que a maioria dos soldados fosse afetada com a perigosa opinião de que o inimigo era poderoso. Mais tarde, o general se permitiu ser "persuadido" por uma petição de todo o exército – ou, mais provavelmente, dos seus oficiais – para permitir que as unidades voltassem ao acampamento. Ele também pode ter sentido que a lição objetiva sobre a importância de obedecer às suas ordens foi bem passada. É possível que, por volta da mesma época, tenha ocorrido uma história narrada por Frontino. De acordo com ela, Córbulo descobriu que um prefeito que comandava uma unidade de cavalaria auxiliar, a qual tinha sido derrotada pelo inimigo, não havia armado nem equipado seus homens de maneira apropriada. Como punição, ele mandou que esse homem, um certo Emílio Rufo, voltasse à sua tenda e que seus lictores o despissem. Rufo foi então obrigado a ficar nessa condição indigna até que o general resolvesse dispensá-lo[16].

Com o inimigo reunindo-se em grandes números na sua fronteira, Tiridates iniciou uma campanha ativa para reprimir as comunidades do seu reino que pareciam simpáticas a Roma. Além de suas próprias forças, ele havia recebido cavaleiros adicionais enviados por seu irmão. Córbulo avançou contra ele e, no primeiro momento, tentou interceptar os ataques lançados contra cidades amigas. No começo, esperava atrair o inimigo a uma batalha campal, mas Tiridates não tinha a intenção de arriscar-se em um encontro desse tipo e escolheu, em vez disso, usar sua mobilidade. Córbulo dividiu seu exército em várias colunas menores, esperando pressionar o inimigo em diversos pontos de modo simultâneo. Ele também instruiu o rei de Comagena a atacar as regiões da Armênia mais próximas da sua terra. As atividades diplomáticas conseguiram atrair os homens de Mosquia, uma tribo das fronteiras orientais da Armênia a alguma distância do império, e os persuadiram a atacar Tiridates a partir de outra direção. Enquanto isso, Vologases precisou enfrentar uma rebelião interna e não pôde enviar ajuda militar significativa. Tiridates mandou enviados perguntarem por que ele estava sendo atacado apesar de ter entregado reféns no início das negociações. Em resposta, Córbulo simplesmente exigiu que o rei fosse a Roma para que seu poder fosse concedido por Nero.

Uma reunião foi arranjada, mas o comandante romano ignorou a sugestão de Tiridates de levar apenas uma escolta de legionários sem armaduras para enfrentar seus mil arqueiros montados. Em vez disso, Córbulo levou todas as tropas consigo, inclusive a *VI Ferrata* reforçada com três mil homens da *III Gallica*, que desfilaram sob uma única águia para parecer que apenas uma legião estava presente. Ele também providenciou para que a reunião ocorresse num local que lhe oferecesse uma posição muito boa em caso de haver uma batalha. No evento, Tiridates, talvez não confiando numa força tão grande, recusou-se a se aproximar. Depois de algumas horas, os dois lados se retiraram para acampar naquela noite, porém o rei retirou-se sob a proteção da escuridão e, então, enviou grande parte das suas forças para atacar as linhas de suprimento romanas, que vinham do porto do mar Negro de Trapezus. Tal manobra era típica do modo parto de fazer guerra e, no passado, se mostrara bem-sucedida contra Antônio. Córbulo estava mais bem preparado, pois construíra uma série de fortes que guardavam a estrada através dos passos da montanha que levavam ao mar, e providenciara que cada comboio de suprimentos fosse escoltado por tropas[17].

É impossível reconstruir com certeza a cronologia das campanhas de Córbulo, pois Tácito, que fornece o único relato detalhado dessas operações, é vago a esse respeito. Para ele, a descrição de uma guerra, mesmo uma conduzida com tanto crédito por um verdadeiro herói senatorial, representava pouco mais que uma digressão útil para interromper seu relato sobre a vida política romana e os vícios do imperador e da sua corte. Não está claro se as operações descritas aconteceram em 56 ou 57 d.C., ou talvez em 58. Entretanto, depois de fracassar em atrair Tiridates a uma batalha decisiva nessas operações iniciais, Córbulo resolveu, em vez disso, atacar as cidades e fortalezas leais ao rei, que eram as mais importantes. Sua intenção era atrair as forças inimigas para longe das suas linhas de abastecimento e, talvez, até forçar o rei a arriscar uma batalha em sua defesa. As fortalezas controlavam as terras vizinhas e eram fontes determinantes de receita e recursos militares, tornando-as valiosas por si sós. Ainda mais importante, um rei que não pudesse defender as comunidades leais a ele e que observava impotente enquanto eram tomadas por meio de cercos perdia muito prestígio.

O exército romano atravessou o elevado planalto de Erzurum e entrou do vale do rio Araxes. O próprio Córbulo comandou uma força contra a fortaleza de Volandum (possivelmente a moderna Igdir), enquanto, ao mesmo tempo, dois dos seus subordinados atacaram cidades menores ou não tão bem defendidas. Após fazer pessoalmente o reconhecimento da posição e dar tempo para garantir que seus homens recebessem suprimentos suficientes, bem como todo o equipamento necessário à operação, ele deu ordens para o assalto, encorajando os soldados com a confiança que tinha em sua coragem e com a esperança de obter glória e espólios. Com o apoio da artilharia, de arqueiros e fundeiros, alguns legionários foram colocados na formação *testudo* – com os escudos acima da cabeça de modo a unirem-se uns aos outros, formando um telhado forte o bastante para resistir a todos os projéteis, exceto os mais pesados – e começaram a destruir a muralha com picaretas e pés de cabra. Outro grupo foi encarregado de colocar escadas contra o baluarte e invadir as muralhas. Volandum caiu em questão de horas sem que os romanos sofressem uma única baixa. Os defensores foram massacrados e as mulheres, filhos e outros não combatentes foram leiloados como escravos. O restante do butim foi dado como recompensa aos soldados. As duas outras fortalezas caíram num massacre semelhante no mesmo dia. Aterrorizados com a facilidade com que os romanos tomaram essas posições e temendo sofrer o mesmo destino que seus ocupantes, a maioria das cidades e aldeias vizinhas rendeu-se a Córbulo sem resistir[18].

O exército romano concentrou-se novamente e avançou contra Artaxata. Antes de iniciar o cerco, os legionários precisavam cruzar o Araxes, mas, como a ponte estava ao alcance das muralhas da cidade, Córbulo levou seus homens por uma rota mais longa, atravessando o rio por um vau. A ameaça à capital regional forçou Tiridates a trazer seu exército em seu socorro. Ele colocou as forças prontas para a batalha numa planície aberta, no caminho do exército romano, esperando ou combater nesse terreno, favorável à sua cavalaria numericamente superior, ou fingir que batia em retirada, atraindo desse modo os romanos a persegui-las e a sair de formação. O exército de Córbulo estava avançando na formação de quadrado com o centro vazio, cada uma das coortes em marcha pronta para entrar rapidamente em ordem de batalha. Ele tinha ganhado reforços de uma *vexillatio* – destacamento cujo nome se baseava na bandeira quadrada, *vexillum*, que levava como estandarte – de uma das legiões estacionadas na Síria, a *X Fretensis*, que formava a frente do quadrado. A *III Gallica* compunha a direita do quadrado e a *VI Ferrata*, a esquerda, cercando o comboio de bagagem no centro. A retaguarda era fechada por mil cavaleiros que tinham ordens estritas de não saírem de suas posições por nenhum motivo. Mais cavaleiros apoiados por arqueiros a pé foram empregados como alas. Vendo que o exército romano estava bem preparado para enfrentar um ataque direto, Tiridates enviou pequenos grupos de arqueiros a cavalo para enfraquecer o inimigo. Esses cavaleiros equipados com armas leves galopavam em direção aos romanos, disparando flechas contra eles, e então retiravam-se, quase sempre fingindo pânico na esperança de provocar uma perseguição desorganizada. Córbulo manteve seus homens sob rígido controle – a punição de Orfito era um lembrete do preço da desobediência. Contudo, um decurião ansioso por conquistar a fama atacou à frente de seus homens, apenas para cair sob uma chuva de flechas. Era um aviso adicional de que os partos aparentemente em fuga continuavam a ser um inimigo extremamente perigoso. Ao anoitecer, Tiridates retirou seu exército.

Córbulo montou seu acampamento onde estava e chegou a considerar mandar as legiões em marcha forçada contra Artaxata naquela mesma noite, suspeitando que o rei fora para aquela cidade e esperando surpreendê-lo antes que pudesse organizar sua defesa. Ele abandonou a ideia quando seus batedores (*exploratores*) reportaram que Tiridates tinha ido em outra direção e parecia estar fugindo para uma região distante. No dia seguinte, enviou sua infantaria ligeira ao amanhecer para cercar a cidade e impedir que seus habitantes fugissem, seguindo com a força principal logo depois. Abandonados pelo seu rei, os habitantes de Artaxata abriram os portões e se renderam aos romanos que se aproximavam. Eles receberam permissão de continuar em liberdade, mas sua cidade foi incendiada e suas muralhas foram derrubadas, pois Córbulo tinha poucas tropas para destacar uma guarnição para a cidade, e a grande distância das outras bases romanas tornaria sua posição precária. O exército romano vitorioso saudou formalmente Nero como *imperator* pelo sucesso conquistado por seu legado. Era um título que o imperador aceitou com prazer, como eram também as outras honras conferidas a ele por um Senado sicofanta[19].

Depois dessa vitória, Córbulo seguiu para Tigranocerta, provavelmente seguindo a mesma rota que o exército de Lúculo seguira mais de um século antes. As comunidades e pessoas que o receberam calorosamente foram poupadas, e aquelas que resistiram ou fugiram foram punidas. Num caso em que descobriu que os habitantes de uma localidade haviam se abrigado em cavernas nas montanhas com as posses que podiam levar, ele ordenou aos soldados que empilhassem lenha na entrada das grutas e ateou fogo à madeira, queimando ou sufocando seus ocupantes. Os ibéricos, que eram aliados de Roma, receberam instruções de saquear o território dos mardis, uma tribo das montanhas que se recusou a submeter-se. Córbulo, como todos os outros comandantes romanos, empregava a força ou a diplomacia de forma puramente pragmática, visando a obter vantagens. O bom tratamento daqueles que se submetiam a Roma estimulava que outras comunidades se rendessem e, desse modo, ajudassem a enfraquecer o inimigo.

Foi uma marcha árdua através de um terreno difícil, e, como Córbulo forçava o passo, as provisões começaram a escassear; ele provavelmente levou o menor comboio de bagagem possível. Durante algum tempo, a ração dos soldados consistiu quase que inteiramente em carne, em vez da usual alimentação equilibrada, até chegar às planícies férteis nos arredores de Tigranocerta, onde tiveram mais oportunidades para forragear. Naquele momento a resistência estava um pouco melhor organizada, e, enquanto uma cidade fortificada era invadida rapidamente, o ataque a outra era repelido e ela tinha de ser conquistada por meio de um cerco. Àquela altura, alguns nobres armênios que tinham desertado para unir-se aos romanos foram presos e executados, sob suspeita de tramarem o assassínio de Córbulo. Quando o exército de Roma finalmente chegou a Tigranocerta, os líderes da cidade não tinham certeza sobre se deveriam resistir ou não. Um proeminente aristocrata local, chamado Vadando, fora capturado num combate recente – ou talvez fosse um dos suspeitos de conspirar contra o comandante romano. Córbulo mandou que fosse decapitado e que sua cabeça fosse lançada por sobre as muralhas da cidade com uma *ballista*. Frontino afirma que "por acaso ela caiu no meio de um conselho que estava acontecendo com a presença dos bárbaros mais importantes: a visão daquele objeto, que parecia quase um presságio, os aturdiu tanto que eles correram para se render"[20]. Córbulo recebeu uma coroa de ouro de presente e, esperando que a clemência conquistasse a população de uma cidade tão importante, dirigiu-se aos cidadãos anunciando que não seriam punidos de nenhuma maneira.

Os combates continuaram; os romanos reduziram a guarnição de um local chamado Legerda, depois de um cerco e de um assalto cuidadosamente preparados. Tiridates não foi capaz de fazer muita coisa para defender seu reino, pois Vologases estava preocupado com uma séria rebelião dos hicarnianos, que viviam perto do mar Cáspio. Estes mandaram enviados a Córbulo e formaram uma aliança com

Roma. Tiridates fez uma tentativa de retornar à Media, mas foi impedido por uma força de auxiliares sob o comando do legado legionário Verulano Severo. Sabendo que Córbulo e o exército principal aproximavam-se rapidamente daquele local, ele se retirou o mais depressa que pôde. Os romanos enviaram expedições punitivas a qualquer parte da Armênia que parecesse demonstrar lealdade ao rei arsácida, mas não enfrentaram mais uma oposição concentrada no país. Nero despachou um príncipe da casa real capadócia – que também era aparentado dos Herodes – para tornar-se o novo rei da Armênia. Esse homem, Tiridates, passara grande parte da vida como hóspede-refém em Roma e era considerado confiável pelo imperador. Córbulo e o exército principal retiraram-se do reino e foram à Síria, que, naquele momento, não tinha governador, pois Quadrato morrera alguns meses antes. Córbulo deixou para trás uma força de mil legionários, três coortes de infantaria auxiliar e duas *alae* de cavalaria para apoiar o recém-empossado Tiridates[21].

Os capadócios mostraram-se ousados, pois, em 61 d.C., uma das suas primeiras ações foi lançar um ataque à Adiabena, região controlada pela Pártia. As reclamações de Monobazo, governante da Adiabena, de que o rei parto não estava oferecendo a proteção devida aos seus súditos forçaram Vologases a agir para evitar a humilhação que quase certamente se seguiria à perda da terra. Fazendo uma declaração pública sobre a lealdade de Tiridates e reivindicando o trono armênio, ele lhe emprestou um destacamento da sua cavalaria sob comando de Monaeses e uma força arregimentada na Adiabena. Também firmou paz com os hircanianos para deixar Tiridates com maior liberdade na Armênia. Com esse reforço e o restante das suas tropas, Tiridates partiu para reconquistar o seu trono. Córbulo respondeu enviando duas legiões, a *IV Scythica* e a *XII Fulminata*, à Armênia. Embora ainda tivesse outras três legiões sob seu comando, ao que parece havia apenas uma disponível de imediato para defender o Eufrates, no caso de o rei parto resolver atacar a Síria. Essa unidade imediatamente recebeu a tarefa de preparar as defesas, o que incluía a construção de uma linha de fortes que controlava todas as fontes principais de água potável. Ele também escreveu a Nero pedindo a nomeação de um novo legado para controlar a guerra na Armênia, pois era difícil para apenas um homem supervisionar o conflito nesse reino e proteger a Síria[22].

Monaeses comandou seu exército contra Tigranocerta, mas descobriu que Tiridates estava bem preparado para defender a cidade, tendo armazenado grandes quantidades de provisões e reunido uma forte guarnição que incluía as tropas romanas deixadas por Córbulo. Os cavaleiros partos não gostavam dos trabalhos demandados por um cerco e não eram adequados para realizar as tarefas impostas; ao mesmo tempo, a necessidade de alimentar seus cavalos tornava-se uma grande carga para a forragem disponível localmente. A situação piorou porque grande parte da vegetação fora recentemente consumida por uma nuvem de gafanhotos. Por conta disso, o contingente da Adiebena assumiu o papel principal no ataque subsequente à cidade e pagou um alto preço em óbitos ao ser repelida e tentar fugir da força romana. Córbulo enviou um centurião como embaixador a Vologases, que levara sua corte e seu exército a Nisibis, a cerca de 37 milhas romanas de Tigranocerta. O fracasso do cerco e a escassez de provisões persuadiram o rei a ordenar a Monaeses que voltasse à Pártia. Depois das negociações, acordou-se que os embaixadores partos deveriam ser enviados a Nero em Roma e, entrementes, os romanos também se retirariam da Armênia. Tiridates parece ter ido com eles, pois os romanos ainda concordariam em reconhecê-lo como rei no lugar de Tigranes, desde que ele aceitasse admitir que governava com permissão do imperador. Contudo, os detalhes dessa condição mostraram-se inaceitáveis para os partos e a guerra foi reiniciada em 62 d.C.[23].

Um novo legado chegara para assumir o comando da Capadócia (e, provavelmente, também da Galácia), com responsabilidade pela guerra na Armênia. Esse homem era Lúcio Cesênio Peto. Correram rumores de que, no ano anterior, a notícia da sua nomeação tinha desestimulado Córbulo a lutar, em vez de negociar, pois ele não queria começar uma campanha e ser substituído para que outro a concluísse. Tácito não deixa de mencionar que, segundo algumas pessoas, Córbulo também temia o risco de sofrer algum revés que pudesse afetar sua lista de sucessos contínuos. Tão logo chegou, Peto assumiu o comando de duas das legiões sírias, a *IV Scythica* e a *XII Fulminata*, reforçadas pela *V Macedonica*, recentemente transferida da fronteira do Danúbio, enquanto Córbulo retinha o comando da *III Gallica*, da *VI Ferrata* e da *X Fretensis*. As duas forças eram apoiadas por auxiliares, mas é notável que Córbulo tenha mantido as legiões com as quais promovera campanhas nos anos recentes. Peto recebeu tropas que podem ter sido mal treinadas e certamente tinham muito menos experiência. Ele errou ao não ordenar – e pode não haver tido tempo – um programa de treinamento comparável àquele com que Córbulo preparara seus homens para a guerra. Do mesmo modo que ocorrera na relação entre Córbulo e Quadrato, não havia simpatia entre os dois legados de Nero. Peto ansiava por mostrar que era um homem independente e não apenas mero subordinado, capaz de igualar ou superar as realizações do seu colega de maior fama, enquanto Córbulo demonstrava pouco entusiasmo em auxiliá-lo nessa tarefa[24].

Pouco se sabe sobre Peto, porém a maneira como conduziu a campanha subsequente foi inepta. Começou bem, quando levou seu exército à Armênia em resposta a uma invasão dos partos comandada por Tiridates. Levou apenas duas legiões, deixando a *V Macedonica* para trás (talvez por não ter tido tempo suficiente desde sua chegada para integrá-la ao exército). A força marchou através dos montes Tauro e dirigiu-se a Tigranocerta, mas os preparativos foram feitos às pressas e não havia suprimentos em quantidade adequada. Diversas fortalezas foram tomadas, mas a falta de alimentos forçou o exército a se retirar de volta à região na fronteira da Capadócia, em vez de passar o inverno na Armênia central. No primeiro momento, os partos parecem ter planejado dirigir seu ataque principal contra a Síria, mas Córbulo construíra uma ponte de barcos no Eufrates para dar cobertura a grupos de trabalho com a artilharia instalada em navios, e também colocara suas tropas numa posição forte na outra margem. Barrado por sua confiança e por sua potência evidentes, o inimigo enviou a maior das suas forças à Armênia. Peto não estava preparado para enfrentá-la, tendo dispensado suas legiões e concedido grande quantidade de licenças, provavelmente a maior parte delas aos seus oficiais. Quando Vologases e o exército principal chegaram, a disposição de Peto mudou rapidamente da autoconfiança para o pânico. Primeiro ele avançou com ousadia, cruzando o rio Arsânias até uma posição perto de Randeia, contudo, após ser derrotado em algumas escaramuças menores, achou melhor desistir de travar uma batalha campal. Boa parte do exército foi contagiada pelo nervosismo de seu comandante e, como resultado, vários destacamentos afastados foram derrotados de modo vergonhoso. Houve outro choque quando uma força da cavalaria auxiliar panoniana, considerada tropa de elite, foi vencida pelos partos. Num terreno que deveria oferecer boas posições defensivas para um exército de infantaria, Peto foi superado pelas manobras do inimigo e cercado no seu acampamento construído às pressas e mal defendido.

Mensagens com pedidos de ajuda cada vez mais desesperados foram enviadas a Córbulo, mas, antes da chegada do auxílio, o general romano com o rei parto iniciou negociações, que se concluíram com uma rendição humilhante. De acordo com Tácito, houve rumores de que os soldados de Peto foram obrigados a passar por baixo da canga, e é certo que o romano concordou com a evacuação da Armênia por parte de todas as forças de Roma, cedendo os suprimentos e as posições fortificadas aos partos. Os legionários até construíram uma ponte através do Arsânias, de forma que Vologases pudesse atravessá-la de elefante para celebrar seu triunfo. Nessa ocasião, espalhou-se o rumor de que os soldados tinham construído a ponte para que ela cedesse sob o peso do animal, por isso o rei fez o elefante cruzar o rio no vau. A retirada do exército se pareceu mais com uma fuga desorganizada, pois a coluna foi saqueada com entusiasmo pelos armênios. Os romanos cobriram uma distância de cerca de quarenta milhas romanas num dia, abandonando os feridos e doentes que não podiam acompanhá-los. Córbulo, que levara uma *vexillatio* de mil homens de cada uma das três legiões reforçada com tropas auxiliares, estava, naquele momento, muito perto e começou a encontrar os fugitivos quando cruzava o Eufrates. A sua coluna era acompanhada por grande número de camelos de carga transportando grãos, de forma que poderia deslocar-se com maior rapidez e evitar a necessidade de forragear.

Mais tarde, nos seus *Comentários*, hoje infelizmente perdidos, mas disponíveis a Tácito, Córbulo afirmou que os homens de Peto queimaram grandes reservas de alimentos quando deixaram seu acampamento, e que os partos estiveram prestes a desistir do cerco porque seus suprimentos tinham acabado completamente. Na época, alguns sugeriram que o comandante veterano havia se atrasado deliberadamente na expedição de resgate, esperando aumentar o drama da sua chegada. Não obstante, se esse era o caso, a situação desastrosa fora criada por Peto. Rejeitando os apelos deste para lançar uma invasão conjunta, uma vez que ele era agora legado da Síria e não tinha ordens de invadir a Armênia, e lamentando o que tinha acontecido com o trabalho que realizara, Córbulo marchou de volta à sua província. Peto retornou para passar o inverno na Capadócia. Nos meses seguintes, Vologases exigiu que Córbulo abandonasse a cabeça de ponte que tinha estabelecido no Eufrates e se retirasse para a margem síria. Em resposta, afirmou que todas as tropas partas deveriam primeiro deixar a Armênia e só então ele abandonaria sua posição. Outra embaixada dos partos foi despachada para Roma. Suas exigências, conjugadas às interrogações do centurião que a acompanhava, deixaram claro que o despacho oficial de Peto tinha ocultado a extensão da sua derrota. O legado foi imediatamente chamado de volta a Roma, mas Nero anunciou que ele não receberia nada além de uma reprimenda, comentando causticamente que, se um homem tão nervoso fosse mantido em suspenso quanto ao destino que o aguardava, provavelmente morreria de ansiedade[25].

Tácito tinha poucas coisas boas a dizer a respeito de Nero, mesmo sobre o começo do seu reinado, quando seu governo não era tirânico. Entretanto, ele aprovou a decisão do imperador de arriscar "uma guerra incerta" em vez de submeter-se a uma "paz vergonhosa". Um novo governador, Caio Céstio Galo, foi enviado como legado à Síria, de modo que Córbulo ficou uma vez mais encarregado da situação armênia, com autoridade de fazer a guerra se isso fosse necessário para os objetivos de Roma. Seu *imperium* era maior que o de todos os outros governadores da região, o que fez Tácito comparar sua posição à de Pompeu durante a guerra contra os piratas. Ele também recebeu reforços de uma legião adicional, a *XV Apollinaris*, enviada da Germânia. Isso deu a ele sete legiões, porém a *IV Scythica* e a *XII Fulminata* foram consideradas inaptas para o serviço e mandadas de volta à Síria. Um exército de campo foi formado, constituindo-se da *III Gallica*, da *V Macedonica*, da *VI Ferrata* e da *XV Apollinaris*, juntamente com *vexillatio* das legiões do Egito e da fronteira do Danúbio, além de uma grande força de infantaria e cavalaria auxiliares. Antes da invasão da Armênia começar, ele realizou as cerimônias religiosas apropriadas para purificar o exército e discursou para os soldados, recontando suas vitórias iniciais e culpando Peto pelo desastre de Randeia.

A chegada da grande e bem treinada força romana logo fez Vologases e Tiridates tentarem negociar, e os dois exércitos encontraram-se perto de Randeia. Córbulo delegou ao filho de Peto, que servia como tribuno em uma das legiões, o encargo de levar um pequeno grupo e enterrar os restos mortais dos homens tombados em 62. Após um período de negociações, o general romano e o rei armênio encontraram-se com uma escolta de vinte homens entre as linhas e desmontaram para se saudarem como prova de respeito, firmando o tratado. Tiridates depositou seu diadema real em frente a uma estátua de Nero e concordou em ir para Roma a fim de receber o poder da mão do imperador. Os dois lados fizeram uma demonstração de força, desfilando seus exércitos e ordenando que estes realizassem uma série de manobras. No meio da força romana, estava o tribunal do comandante, sobre o qual fora colocada uma estátua de Nero, sentada na cadeira do magistrado. Quando Tiridates e seus seguidores foram convidados para um banquete, Córbulo explicou em detalhes a rotina do acampamento romano, sempre enfatizando a organização e a disciplina do exército. Tais demonstrações do poderio romano tinham sido, e continuariam a ser, a base da sua diplomacia durante muitos séculos. No que dizia respeito aos romanos, esses encontros nunca foram uma reunião de iguais, mas celebrações visíveis da supremacia de Roma[26].

No final, os romanos atingiram seu objetivo de fazer Tiridates reconhecer formalmente que seu direito ao trono dependia da aprovação do imperador romano. Quando isso foi deixado claro, considerou-se o conflito apropriadamente concluído. Córbulo não recebeu permissão de ocupar a Armênia e criar uma nova província, nem mesmo de lançar uma invasão em larga escala à Pártia. Ao longo dessas campanhas, sua liberdade de ação foi limitada pelas instruções do imperador. Não obstante, a supervisão de Nero e de seus conselheiros também possibilitou transferir reforços de outras províncias para aumentar as forças no Oriente. Córbulo também recebeu permissão para permanecer no comando por um período mais longo do que qualquer outro general republicano, exceto Pompeu e César, conseguiram em circunstâncias normais. Embora tenha tido muito menos liberdade para tomar decisões estratégicas mais determinantes, por outro lado Córbulo controlou e inspirou seu exército de modo semelhante ao dos comandantes republicanos. Apesar de agora operarem num ambiente político diferente, os aristocratas romanos continuaram a buscar glória para si e para suas famílias. A rivalidade entre Córbulo e seus colegas que governavam as províncias vizinhas, quando cada um tentava ofuscar os outros, é muito similar à existente entre governantes republicanos.

Esperava-se que um legado imperial executasse suas tarefas com competência, e a maioria dos imperadores procurou homens com talento genuíno para comandar as campanhas mais importantes, uma vez que as derrotas repercutiam mal para o próprio imperador. No entanto, ao contrário dos comandantes republicanos, que raramente tinham suas ações limitadas até deixarem o cargo e retornarem a Roma, os legados eram supervisionados tão de perto quanto a distância e a velocidade das comunicações permitia.

Em 60 d.C., grande parte da província da Britânia havia se rebelado sob o comando da rainha dos icenos, Boadiceia. Quando a revolta começou, o legado Caio Seutônio Paulino, com duas das quatro legiões estacionadas na província, tinha acabado de capturar a ilha de Mona (a moderna Anglesey), o centro principal do culto druídico. Essa foi uma das poucas religiões ativamente perseguidas pelos romanos, que não aprovavam o papel de relevo dos sacrifícios humanos nos rituais druídicos e também tinham consciência de que a religião promovera a união de elementos contrários aos romanos na Gália e na Britânia.

Enquanto Paulino estava ocupado com a invasão de Mona e o massacre dos druidas e dos seus seguidores, a rebelião se intensificou no leste da província. A colônia de Camuloduno (Colchester) foi o primeiro alvo dos rebeldes, pois os locais ressentiam o confisco das suas terras para serem dadas aos veteranos romanos lá estabelecidos no final do serviço militar. Alguns dos veteranos conseguiram resistir durante dois dias no grande Templo de Cláudio, mas a colônia não tinha fortificações apropriadas nem condições de se defender daquela força. Furiosos, os bretões cometeram atos de tortura e mutilação quando massacraram toda a população da cidade. Nas semanas seguintes, Verulamium (St. Albans) e Londinium (Londres) sofreram o mesmo destino. Os arqueólogos descobriram uma considerável camada de material resultante de incêndio nesses locais, datada da época da revolta de Boadiceia.

A primeira resposta significativa do exército romano foi dada quando uma grande *vexillatio* da *Legio IX Hispana* marchou direto para o lugar de onde a rebelião se irradiava, esperando quebrar a resistência dos bretões com uma demonstração de força. Em vez disso, os romanos encontraram um exército muito mais poderoso do que anteciparam. Talvez numa emboscada ou possivelmente num ataque noturno ao seu acampamento, quase todos os legionários foram mortos e apenas o legado e alguns membros da cavalaria conseguiram fugir do desastre. Paulino pôde chegar a Londinium antes de a cidade cair, porém contava apenas com um pequeno corpo da cavalaria sob seu comando, pois tinha deixado a maior parte do exército para trás. Alguns refugiados conseguiram alcançar a proteção do governador e da sua cavalaria, mas a maior parte da população foi massacrada. Quando se retirou para encontrar o exército principal, Paulino reuniu algo em torno de dez mil homens. A *Legio IX* tivera muitas baixas para continuar na campanha, no entanto o governador enviara mensageiros com ordens de chamar a outra legião estacionada na Britânia, a *II Augusta*, da sua base no sudoeste para reunir-se a ele. Seu comandante, o prefeito Poênio Póstumo, por algum motivo desconhecido, recusou-se a obedecer às ordens de Paulino. Desse modo, foi apenas com suas próprias tropas – a maior parte da *Legio XIV Gemina* e parte da *Legio XX*, mais algumas unidades auxiliares – que foi forçado a confrontar Boadiceia, cujo exército era muitas vezes maior.

Paulino escolheu um local – que não pôde ser identificado com certeza – onde um desfiladeiro coberto por um bosque oferecia proteção aos seus flancos e à retaguarda. A maneira como colocou suas forças em formação, com as legiões no centro, a infantaria auxiliar nos flancos e a cavalaria nas alas, era totalmente convencional. Como Mário em Águas Sêxtias e César contra os helvéticos, ele manteve seus homens parados e silenciosos enquanto a massa de bretões avançava em sua direção. Só no último minuto ordenou que seus homens arremessassem seu *pila* e atacassem. A chuva dos dardos pesados diminuiu a velocidade dos bretões, mas os guerreiros entraram numa formação tão densa ao penetrar no desfiladeiro para atacar seus inimigos que não puderam se retirar. Como o exército romano em Canas, tinham se tornado uma grande massa incapaz de manobrar ou combater com eficiência. Lenta e continuamente, foram abatidos pelos romanos, embora estes tenham pagado um alto preço pela vitória. Pouco menos de 10% dos homens de Paulino foram mortos ou feridos – uma taxa de baixas muito elevada para um exército vitorioso do mundo antigo. Num único dia de luta, a espinha dorsal da rebelião foi rompida. Boadiceia fugiu, mas logo depois suicidou-se tomando veneno. Paulino e seus homens promoveram uma campanha cruel ao longo do inverno para extinguir todas as brasas que ainda restavam da resistência; o ódio resultante das atrocidades cometidas pelos bretões era profundo.

A derrota de Boadiceia foi um dos grandes triunfos do reinado de Nero, as unidades que tomaram parte na luta foram recompensadas com novas honras. A *Legio XIV* recebeu o título de *Martia Victrix*

(Vitoriosa de Marte) e a *Legio XX* também pode ter recebido o título *Victrix* pelo seu serviço na campanha. Na época, a imaginação popular colocou Paulino e Córbulo como rivais em termos de glória. Contudo, apesar do seu feito em 61 d.C., Paulino foi chamado de volta a Roma depois de o relatório de um representante imperial afirmar que ele foi tremendamente brutal nas medidas que tomou para sufocar a resistência. A preocupação foi menos pelo bem dos habitantes da província e mais pela promoção da clemência, que tendia a proporcionar paz e estabilidade à Britânia no longo prazo. Córbulo manteve-se dentro dos limites da ação e do comportamento exigidos por um imperador e serviu como legado por um período muito maior do que o normal. Outro homem que conseguiu manter a confiança imperial foi Cneu Júlio Agrícola, sogro do historiador Tácito, que foi legado na Britânia por sete anos, entre 78 e 84 d.C. Durante esse tempo, recebeu permissão para expandir a província até o norte, construindo fortes no território recém-conquistado. A biografia de Tácito refere-se sobretudo a esses anos, tentando mostrar como um senador ainda podia conquistar fama e respeito de modo apropriadamente aristocrático, mesmo sob um regime repressivo. Os últimos anos do comando de Agrícola foram passados sob o reinado de Domiciano, que iria mais tarde ordenar a execução de outro governador da Britânia, Salústio Lúculo, simplesmente para nomear um novo governador[27].

Córbulo e Agrícola conseguiram demonstrar capacidade sem levar seus governantes a suspeitar que tivessem ambições imperiais, o que teria lhes privado de comandos importantes. Ambos mostraram-se leais e venceram guerras em nome do imperador. No processo, também conquistaram glória e o respeito de outros senadores. Córbulo é o único general do principado de fora da família imperial a figurar no *Estratagemas* de Frontino, uma coletânea de planos inteligentes elaborados por comandantes e escritos pelo predecessor de Agrícola como legado da Britânia. Não obstante, quando tais homens conquistavam suas vitórias e eram incluídos entre os senadores de maior destaque, podiam ser vistos como grande ameaça a um imperador que não tivesse realizações militares. A proeminência durante o principado, particularmente sob certos imperadores, era acompanhada de alto risco. Em 67 d.C. – ou possivelmente desde 66 –, Nero embarcou numa viagem à Grécia. Era basicamente uma oportunidade de demonstrar seus talentos artísticos, embora ele também tenha participado dos Jogos Olímpicos e se tornado o único competidor na história a vencer todos os eventos, inclusive aqueles que não chegou a completar. Antes de Nero e seus acompanhantes deixarem a Itália, uma série de execuções marcou a descoberta de uma conspiração senatorial – se real ou imaginária, é impossível de dizer. Um dos líderes alegados era o genro de Córbulo, Lúcio Ânio Viniciano, que também fora legado da *Legio V Macedonica* na Armênia e escoltara Tiridates a Roma. Córbulo foi chamado a se reunir com Nero na Grécia, onde recebeu permissão de evitar sua execução suicidando-se, um gesto que normalmente concedia à família do condenado a herança de suas propriedades. Pouco depois, os legados das duas províncias germânicas receberam instruções para suicidar-se. A posição do legado imperial era, de muitas maneiras, ainda mais precária do que a do comandante de um exército romano durante as guerras civis que marcaram a queda da república[28].

CAPÍTULO 12

UM JOVEM CÉSAR:
TITO E O CERCO DE JERUSALÉM, 70 D.C.

Titus Flavius Sabinus Vespasianus
(41-81 d.C.)

Percebendo que sua segurança dependia unicamente de suas façanhas pessoais, ele virou o cavalo e gritou aos companheiros que o seguissem num ataque ao centro das forças inimigas, lutando para abrir caminho a golpes de espada em meio a seus próprios homens [...] De toda a chuva de flechas disparadas contra Tito, que não usava nem elmo nem couraça – pois ele havia se adiantado [...] não para lutar, mas para fazer reconhecimento – nenhuma o atingiu.[1]

Nero, abandonado pelo Senado e pela sua própria guarda pretoriana, ordenou a um dos seus últimos escravos fiéis que o matasse, em 68 d.C. Desse modo, morreu o último membro da dinastia Júlio-Claudiana. Ele não tinha herdeiros, e o poder foi tomado por Galba, o legado da Hispânia, apoiado pela legião que estava estacionada em sua província e pela Guarda Pretoriana

– seduzida pela promessa de uma polpuda recompensa a quem quer que o seguisse. No entanto, o novo imperador não cumpriu sua promessa e foi linchado pelos pretorianos sete meses depois de tomar o poder. Seu sucessor, Oto, comprou sua ascensão, mas durou apenas 95 dias até se suicidar, ao receber notícias da derrota do seu exército por um rival, Vitélio, o legado da Germânia Inferior. Vitélio conseguira reunir a força principal dos exércitos do Reno em torno da sua causa e invadira a Itália. Logo ele teve de enfrentar as legiões das províncias orientais, comandadas por Vespasiano, o legado da Judeia. Com seu exército derrotado no vale do Pó e com Roma invadida pelo inimigo, Vitélio foi brutalmente assassinado oito meses após tomar posse.

Vespasiano foi o quarto homem a se tornar *princeps* em doze meses, e os eventos mais recentes demonstraram abertamente o poder das legiões de criar ou destruir imperadores. Depois de quase um século de paz interna, o império tinha mergulhado numa guerra civil tão selvagem quanto qualquer uma daquelas que marcaram as décadas finais da república. Diferentemente dos conflitos do século I a.C., a Guerra Civil de 68–9 d.C. não nasceu de rivalidades políticas que existiam há tempos. Os líderes eram em geral legados razoavelmente comuns que se viram no comando de exércitos poderosos numa época em que havia um vácuo no poder no centro do império. Com exceção de Vespasiano, não eram homens que haviam comandado recentemente legiões em campanha e criado, desse modo, um elo baseado em experiência comum e confiança. Em vez disso, contavam com a conquista do exército, principalmente os oficiais, mesmo nas suas províncias e também nas vizinhas. Uma vez mais os soldados romanos mostravam-se desejosos de lutar contra outros romanos em prol de generais que lhes prometeram recompensas. Vitélio tinha dissolvido a guarda pretoriana de Oto e recrutado uma nova guarda de coortes de suas próprias legiões. O apoio das legiões sírias a Vespasiano ganhou força quando chegaram rumores afirmando que Vitélio planejava colocá-las no Reno e enviar guarnições daquelas províncias para assumir os alojamentos mais confortáveis do Oriente[2].

Vespasiano mostrou-se líder capaz e decente, um dos poucos homens cujo caráter não degenerou sob as tentações de ter o poder supremo nas mãos. Sua família não fazia parte da antiga aristocracia, e ele e seu irmão Sabino foram os primeiros a entrar no Senado. A riqueza que lhes garantiu acesso a essa instituição vinha de diversas fontes pouco respeitáveis, como o recolhimento de impostos e a criação de mulas, e a própria carreira de Vespasiano incluíra diversas atividades. Em 43 d.C., ele era o legado legionário no comando da *Legio II Augusta*, que tomou parte na grande expedição de Cláudio à Britânia. Vespasiano teve papel proeminente na batalha principal – provavelmente no rio Medway – contra a forte confederação tribal comandada pelos irmãos Caratacos e Togodumno, e em seguida operou de modo independente com sua própria legião apoiada por tropas auxiliares contra os povos do sudoeste. Cláudio foi extravagante ao recompensar com honras e condecorações os participantes da expedição, sua única grande guerra, e Vespasiano foi um dos que recebeu direito a uma *triumphalia*, o que era uma honra incomum a alguém da sua patente. Mesmo assim, ele nunca se tornou um dos homens mais importantes do Senado e durante algum tempo praticamente se retirou da vida pública. Mais tarde, gozou dos favores de Nero por um período, até que seu hábito de sair abruptamente ou de cochilar durante os recitais musicais do imperador levou à sua exclusão da corte.

Obscuro demais e com poucas relações para ser visto como um rival em potencial, o descontentamento que Vespasiano causou ao imperador não provocou sua execução, e em 67 d.C. ele foi enviado como legado à Judeia, onde uma rebelião começara no ano anterior. Ele havia assumido todos os postos normalmente delegados antes do comando de uma província imperial e conquistara certa reputação na Britânia, mas sua nomeação devia-se ao sentimento de que ele nunca representaria uma ameaça ao imperador. Como forma de garantir sua segurança, Nero manteve o filho mais novo de Vespasiano, Domiciano, com ele em Roma, efetivamente como refém. É duvidoso que qualquer um, inclusive o próprio imperador, considerasse seriamente Vespasiano um possível candidato para o trono até que a guerra civil já estivesse em curso. Mesmo após a morte de Nero, ele reconheceu abertamente a autoridade, primeiro de Galba e depois de Oto, declarando-se imperador somente depois do suicídio do último[3].

As vitórias conquistadas por seus subordinados tornaram Vespasiano imperador, mas foi sua capacidade política que evitou que seu principado fosse tão breve quanto o de seus predecessores imediatos. O mais importante de tudo foi que ele negou aos governadores provinciais a oportunidade de virarem seus exércitos contra ele. Como Augusto, usou parentes e partidários – todos homens cujos interesses eram servidos pela continuação do novo regime – para travar as maiores guerras do seu reinado. O novo imperador precisava celebrar sucessos militares, pois esse tipo de glória ainda era um dos atributos mais importantes de um *princeps*. O serviço ativo também mantinha os exércitos ocupados e evitava que se amotinassem ou se revoltassem, sobretudo se seus líderes fossem homens de confiança. Uma guerra era especialmente importante para Vespasiano, pois, apesar do progresso que realizou ao suprimir a guerra civil, o conflito evitara que sua campanha na Judeia fosse concluída. Embora a maior parte da província estivesse agora sob controle romano, a grande cidade de Jerusalém, além de um punhado de pequenas fortalezas, continuava nas mãos dos rebeldes. Um imperador novo e ainda inseguro não poderia bancar a associação pessoal com uma guerra que ainda não resultara numa vitória total dos romanos. Jerusalém precisava ser tomada o mais rapidamente possível e de um modo que não depreciasse os primeiros feitos de Vespasiano no conflito. Assim, na primavera de 70, a tarefa de cercar a cidade e de esmagar o centro da rebelião coube ao filho mais velho do imperador, Tito, então com 29 anos.

O cerco de Jerusalém é descrito com mais detalhes do que qualquer outra operação importante realizada pelo exército romano. A cidade ocupava uma forte posição natural e era muito fortificada, com três fileiras principais de muralhas, de forma que, durante os cinco meses de cerco, os romanos foram obrigados a conquistar seção por seção, um assalto difícil seguido por outro e mais outro. O custo foi elevado, tanto em termos de baixas como do entusiasmo dos sobreviventes, sendo que por vezes o moral dos legionários caía a um nível muito baixo. Tito enfrentou uma tarefa extremamente complicada, mas que por motivos políticos deveria ser realizada tão logo fosse possível. A captura de Jerusalém fornece uma ótima ilustração da natureza da guerra de cerco e dos problemas peculiares que ela traz a um comandante. Nossa compreensão da campanha é auxiliada em grande parte pelo trabalho arqueológico, que permite uma reconstituição bastante fiel do traçado de Jerusalém no período do Segundo Templo. A principal narrativa literária é fornecida pelo historiador judeu Josefo, que escreveu em Roma, sob o patrocínio de Vespasiano e de Tito, sua história da Rebelião Judaica. A adulação que ele faz a ambos, em especial ao último, muitas vezes chamado simplesmente de César, é frequente e óbvia, como, por exemplo, na seguinte passagem:

> Assim, se, sem uma sílaba de adulação ou mácula de inveja, a verdade deve ser contada, César resgatou pessoalmente a legião inteira por duas vezes quando estava em perigo e permitiu que se entrincheirasse no seu acampamento sem ser molestada.[4]

Apesar de todo o sicofantismo, Josefo estava presente no quartel de Tito durante a operação e descreve os eventos em grandes detalhes, oferecendo de longe o melhor retrato do exército do principado em campanha. Ele também era peculiarmente adequado para descrever o conflito, pois começara a guerra como general nomeado pelo governo rebelde e combatera os romanos antes de se render e passar a colaborar com o antigo inimigo. Sua atitude com relação aos líderes rebeldes foi extremamente hostil, porém ele também se dedicou a descrever o heroísmo de muitos combatentes judeus e as derrotas que infligiram aos romanos. Mais do que qualquer conflito fora das guerras civis, somos capazes de observar a Rebelião Judaica a partir da perspectiva dos dois lados e não simplesmente do ponto de vista romano[5].

A REBELIÃO JUDAICA

A Judeia tornou-se uma província governada diretamente depois da morte de Herodes, o Grande, em 4 a.C. Isso provocou uma rebelião que foi brutalmente suprimida por Varo, o legado da Síria. Herodes fora um político consumado; mesmo que tenha apoiado Antônio na guerra civil, conquistou o favor de Otaviano depois de Áccio, conseguindo assim permanecer no trono. Não obstante, nunca fora popular com seus súditos, que o viam como um estrangeiro – ele era idumeu e, portanto, não considerado propriamente judeu – imposto a eles por uma potência gentílica. Os governadores romanos que o sucederam tiveram ainda menos sucesso na conquista dos corações e mentes da população. Tais homens não eram senadores, pois a Judeia era uma província menor com uma pequena guarnição auxiliar, constituída de equestres com o título de prefeito, apesar de por volta de 40 d.C. esse título ter sido alterado para procurador.

Não era uma província fácil de controlar, já que a cultura e a religião da sua população monoteísta a colocavam à parte do restante do mundo politeísta romano. Os pagãos viam os judeus (e mais tarde os cristãos) como perversos, quase ateus, pois negavam a existência de outros deuses[6]. Mesmo os aristocratas judeus que recebiam a cidadania romana não conseguiam seguir carreira no serviço imperial devido aos tabus religiosos. Desse modo, foi impossível absorvê-los na elite do império como aconteceu com as famílias nobres de outras províncias, que passaram, com o tempo, a receber posições elevadas no exército e na administração, tornando--se finalmente equestres e até entrando para o Senado. As famílias dos sumos sacerdotes de Jerusalém receberam papel dominante na administração do Grande Templo, outorgado pelos procuradores, mas sua capacidade de controlar o grosso da população era limitada. Muitos judeus desejavam ter, como líderes religiosos, pessoas que não pertencessem à aristocracia, quase sempre homens de origem humilde como João Batista ou Bano, a quem o adolescente Josefo seguiu por algum tempo. De maneira geral, os judeus tinham um sentido muito mais forte da sua identidade enquanto nação do que a maior parte dos outros povos que vieram a ficar sob o governo romano. Todo ano, o festival da Páscoa os lembrava da sua fuga da escravidão no Egito e, mais recentemente, cultuavam a memória da bem-sucedida rebelião dos Macabeus contra o domínio do Império Selêucida, no século II a.C. [7].

A religião e os rituais associados ao Grande Templo de Jerusalém atuavam como uma lembrança contínua da identidade judaica, porém a sociedade também estava dividida de forma ferrenha em seitas e doutrinas que se separavam devido à interpretação da lei. Os nativos da Judeia não consideravam os galileus como judeus de fato, enquanto ambos detestavam os samaritanos, que ocuparam a Palestina central e possuíam seu próprio culto e templo. As três maiores seitas religiosas judaicas, fariseus, saduceus e essênios, discordavam com relação à maioria dos temas e dividiam-se em dissidências internas. A atitude apropriada quanto ao governo romano era sempre tema de discórdia, e muitos dos líderes religiosos populares que surgiam periodicamente eram percebidos como revolucionários que incitavam à rebelião. Nos anos 30, Jesus foi questionado publicamente sobre sua atitude com relação ao pagamento de impostos – "Dai a César o que é de César e a Deus o que é de Deus" – e finalmente foi executado como rebelde – "Não temos rei, exceto César". Problemas econômicos dividiam ainda mais a sociedade, com a quebra da lei e o banditismo tornando--se um desafio recorrente à paz e à estabilidade. A violência surge logo abaixo da superfície dos Evangelhos, em histórias de viajantes sendo assaltados e espancados ou mencionando a ausência de proprietários, além de discípulos com nomes de revolucionários como Simão Zelote ou Judas Iscariotes. Barrabás, que foi libertado por Pôncio Pilatos em lugar de Cristo, estava na prisão, de acordo com Marcos, por liderar uma insurreição em Jerusalém. Pelo menos alguns dos criminosos provavelmente tinham motivação religiosa ou política, mas o impacto das suas ações (como tem sido frequentemente o caso ao longo de toda a História) caía mais pesadamente sobre os pobres.

A Judeia era uma região problemática, esforçando-se por se conformar com o sistema romano e muitas vezes sujeita a procuradores que não compreendiam suas peculiaridades e eram quase sempre corruptos e repressores. Irrupções esporádicas de rebelião ocorreram a partir de 4 a.C., transformando-se, finalmente, numa grande revolta no verão de 66 d.C. O procurador marchou sobre Jerusalém para sufocar a insurreição com uma demonstração de força, mas acabou derrotado. Em poucos dias, a guarnição de Jerusalém foi massacrada. O legado da Síria, Caio Céstio Galo, reuniu apressadamente um exército para enfrentar os rebeldes, chegando aos arredores da cidade em outubro. Sua força se baseava em torno da *Legio XII Fulminata*, que fora derrotada de forma humilhante com Peto em Randeia quatro anos antes, reforçada por *vexillatio* da *III Gallica*, da *VI Ferrata* e da *X Fretensi*, que eram apoiadas por alguns auxiliares regulares e grande número de recrutas recentemente convocados e mal disciplinados. Não era um exército preparado com cuidado, treinado ou adequadamente abastecido para a guerra, porém Galo estava seguindo a prática romana normal de responder tão rapidamente quanto possível à insurreição, esperando que um contra-ataque imediato e executado com confiança seria capaz de sufocar a rebelião antes que ela se alastrasse.

Surpreso com a força da resistência, Galo sofreu algumas derrotas menores e, concluindo que não poderia tomar a cidade, abandonou o cerco e retirou-se. A sua saída logo transformou-se em desastre quando a coluna romana foi atacada sem piedade ao transpor o estreito passo de Beth-Horon. No final da campanha, 5.780 soldados romanos tinham sido mortos e a *XII Fulminata* perdera sua águia (Joséfo não menciona a captura desse troféu pelos rebeldes, de modo que ele pode ter sido perdido na confusão. Isso não teria alterado a desgraça causada pela perda do precioso estandarte, símbolo do orgulho da legião.) Galo morreu logo depois, provavelmente de doença[8].

No final de 66 ou no início de 67, Vespasiano foi enviado para assumir o comando da guerra na Judeia, enquanto Caio Licínio Mulciano tornou-se legado da Síria, a fim de tratar da administração regular da província. O arranjo era semelhante de muitas maneiras à estrutura de comando por meio da qual Córbulo fora mandado ao Oriente para resolver o problema armênio. Na época em que Vespasiano foi nomeado para a Judeia, Córbulo talvez já estivesse morto, mas é improvável que tenha recebido outro comando, mesmo não tendo perdido os favores do imperador. O ideal da classe senatorial – se não de cada senador – era que as oportunidades de conquistar glória militar fossem aproveitadas sempre que possível. Vespasiano, então com 57 anos de idade, ainda não tinha servido como legado provincial, mas possuía um registro militar competente e a confiança qualificada do imperador, que recentemente havia estado muito preocupado com as ambições dos senadores mais proeminentes. Tácito descreveu-o como o comandante romano ideal, "ativo na guerra e acostumado a marchar à frente da coluna, a escolher o local para acampar e a assolar o inimigo dia e noite por meio da sua habilidade de general e, se a ocasião exigisse, pela própria mão; sua ração era o que a sorte dava, no vestir e no modo de vida era muito parecido com o soldado raso"[9]. Em 67, Vespasiano lançou uma invasão à Galileia em grande escala e devidamente preparada, invadindo as cidades muradas e aldeias que não se renderam.

Durante a rebelião, os judeus não foram capazes de formar um exército de campo efetivo, e o conflito foi dominado por cercos. Em Jotapata, Vespasiano recebeu a rendição do comandante rebelde Josefo, que havia se escondido numa caverna com um grupo de seguidores devotados, todos os quais resolveram se suicidar em vez de entregar-se. O futuro historiador, que admite não ter se entusiasmado com tal gesto, persuadiu seus companheiros a tirar a sorte para determinar quem deveria matar os outros. Por um milagre – embora o leitor incline-se a suspeitar de uma causa mais desonrosa –, Josefo e outro soldado foram escolhidos para ser os últimos a morrer e, tendo observado o resto dos companheiros despacharem-se uns aos outros, resolveram que render-se era, de fato, a única ação razoável a ser tomada. O general rebelde foi levado a Vespasiano e declarou, rastejando na própria bajulação, que ele iria um dia tornar-se imperador – atitude que mais tarde levaria à libertação de Josefo e ao tratamento favorável que recebeu quando a "profecia" realizou-se[10].

Em 68, o exército romano foi dividido para suprimir a Idumeia, a Pereia e praticamente toda a Judeia, mas o ano seguinte testemunhou poucos combates, uma vez que Vespasiano concentrou seus esforços na tentativa de assumir o trono. A sucessão de derrotas que os judeus sofreram desde sua vitória inicial em 66 tinha, a essa altura, desacreditado o governo essencialmente aristocrático formado no início na insurreição. Em vez disso, diversos outros líderes muito mais radicais haviam tomado o poder. No começo de 70, Jerusalém estava cindida entre três facções, duas baseadas no movimento zelote e a outra liderada por Simão bar Giora. Deixados pelos romanos, esses líderes vinham lutando entre si pelo poder. Depois de um derramamento de sangue considerável, a disputa no movimento zelote foi resolvida, e João de Giscala – que fora o maior rival de Josefo pelo controle da Galileia – foi reconhecido como seu líder. As hostilidades entre os zelotes e os homens de Simão continuaram, envolvendo expressiva perda de vidas da população em geral e a destruição de reservas de alimentos – o que seria sentido muitíssimo nos meses seguintes. Apenas a chegada dos romanos aos arredores da cidade trouxe finalmente uma união cheia de inveja e de suspeitas contra o inimigo comum.

TITO E SEU EXÉRCITO

Até a repentina elevação de seu pai ao poder supremo, a carreira de Tito tinha sido bem convencional. Ele serviu como tribuno senatorial numa legião na Germânia e na Britânia, talvez na época da rebelião de Boadiceia, em 60-61 d.C. Quando Vespasiano recebeu o comando da Judeia, Tito foi nomeado legado da *Legio XV Apollinaris*, unidade que vira alguma ação no final da campanha de Córbulo, mas não possuía a experiência da maior parte do restante do exército. Em 27, Tito era mais jovem que a maioria dos legados legionários, e sua escolha refletia a tradição, estabelecida havia muito tempo, de senadores confiando em membros da família para servir como seus subordinados diretos. Na Armênia, uma das legiões de Córbulo fora comandada por seu genro Viniciano, enquanto o filho de Cesênio Peto era um tribuno sob o comando do pai. Esse era outro exemplo de uma prática que não foi alterada pela criação do principado, apesar de possivelmente haver apenas favorecido comandantes que tinham permissão para escolher seus próprios legados. O jovem Tito era uma figura arrojada, atlética e bela – seu rosto tão redondo quanto o do pai, mas mais suave –, e, conforme o clichê familiar, tão hábil em cavalgar e manobrar suas armas quanto em comandar as tropas sob sua responsabilidade. Ele teve papel de destaque nas campanhas da Galileia e da Judeia, comandando assaltos bem-sucedidos a Jafa, Tarichaeae [Magdala] – onde liderou sua cavalaria através das ondas do mar da Galileia para invadir a cidade pelo seu lado desprotegido – e Gamala, além de persuadir Giscala a se render ou a enfrentar ataque semelhante[11].

Jerusalém era um alvo muito maior e mais difícil de dominar que qualquer uma das pequenas comunidades, e para essa tarefa Tito assumiu o comando de uma força de campo maior do que qualquer outra que seu pai jamais concentrara. Era baseada em quatro legiões: a *V Macedonica*, comandada por Sexto Vetuleno Cerealis; a *X Fretensis*, liderada por Aulo Lársio Lépido Sulpiciano; a *XII Fulminata*; e a *XV Apollinaris*, sob o comando de Marco Tício Frugi. Também presente e ocupando posição de proeminência no *concilia* do general estava Tibério Júlio Alexandre, judeu alexandrino que abandonara a prática formal da sua religião pela carreira a serviço do império. A identidade do comandante da *XII Fulminata* é desconhecida. Essa era a primeira vez que a legião veria serviço ativo após a desastrosa campanha de 66, e sua reputação continuava baixa, embora Josefo afirme que os soldados estavam especialmente ansiosos pela vingança. Duas inscrições dão a entender que um dos centuriões da unidade foi transferido para a *X Fretensis* com uma patente menor depois do desastre. Tal medida – seja forçada, seja voluntária, para se desassociar do estigma da derrota – não tem paralelo entre nossas evidências sobre as carreiras dos centuriões. Todas as legiões, principalmente a *V*, a *X* e a *XV*, tiveram suas forças reduzidas como resultado das baixas da campanha, e também porque enviaram destacamentos à Itália para derrotar Vitélio. A fim de compensar esse estado de coisas, o exército tinha recebido reforços de uma *vexillatio* de dois mil homens da *III Cyrenaica* e da *XXII Deiotariana*, estacionadas no Egito, e mais algumas tropas do exército sírio[12]. O contingente egípcio incluía poucos homens (ou nenhum) com experiência de combate, porém lutariam com bravura rara em pelo menos uma ocasião. Era comandado pelo prefeito Fronto e por Atério. Apoiando as legiões, havia oito *alae* de cavalaria auxiliar e vinte coortes de infantaria, juntamente com forças enviadas pelos reis clientes locais, muitas das quais foram treinadas e equipadas seguindo o modelo dos auxiliares regulares. No total, Tito deve ter tido uma força de combate entre trinta mil e quarenta mil homens sob seu comando, além de grande número de escravos do exército e de gente que seguia os acampamentos militares[13].

Era uma força formidável, que incluía uma boa proporção de soldados experientes, mas a missão que precisava realizar era extremamente difícil, pois Jerusalém era intensamente protegida tanto por fortificações feitas pelo homem como por defesas naturais. A cidade fica sobre duas colinas, a do leste marcadamente mais baixa do que a outra. Na época do Antigo Testamento, a cidade estivera confinada à colina mais baixa, que era ainda protegida por uma muralha e incluía o Grande Templo – conhecido como Segundo Templo, em contraste com o Primeiro, construído originalmente por Salomão. O Segundo Templo fora erigido com enormes proporções por Herodes, o Grande, que deixou sua marca em boa parte da cidade. Ele havia instalado uma grande torre, encimada por um torreão em cada um dos cantos, a nordeste do templo, batizando-a de Fortaleza Antônia em homenagem a seu patrono Marco Antônio. Mesmo sem esse reforço, o templo era basicamente um forte da rebelião contra Nero. Mais tarde, sob os asmoneus, a cidade se expandiu e ocupou a segunda e maior colina, uma região que foi mais tarde cercada ao norte por outra muralha, normalmente conhecida como segunda muralha (sendo a primeira ao redor da Cidade Velha). O palácio de Herodes e vários outros monumentos, notadamente as três grandes torres que receberam o nome da sua família (uma área conhecida hoje como "cidadela"), foram construídos na Cidade Nova. No século I d.C., Jerusalém continuou a se expandir, com muitas habitações construídas fora da segunda muralha, porém não foi antes de 66 que uma terceira muralha exterior foi levantada para defender esse subúrbio. Era a mais fraca das fortificações, pois as estruturas mais antigas eram obras de escala excepcional e de grande qualidade em termos de materiais utilizados e da habilidade dos construtores. A leste, a colina mais baixa era ainda defendida pelo vale de Cédron, em cujo lado oposto erguia-se o monte das Oliveiras. Um ataque realizado a partir dessa direção teria poucas possibilidades de sucesso, e isso nunca foi de fato tentado[14].

Nossas fontes antigas não fornecem nenhuma estatística confiável sobre a população da cidade em 70 d.C. e o número de defensores ativos. Jerusalém era sem dúvida uma comunidade excepcionalmente grande pelos padrões do mundo romano, mas um total de mais de um milhão de habitantes, de acordo Josefo, ou mesmo cerca de seiscentos mil, segundo Tácito, parece elevado demais. Josefo afirma que Simão comandou uma força de dez mil dos seus próprios guerrilheiros e cinco mil aliados idumeus, enquanto João possuía oito mil zelotes. Esses homens bem armados e altamente motivados iriam suportar a violência da luta durante o cerco, mas em várias ocasiões seu número foi aumentado por muitos dos cidadãos comuns. Os zelotes controlavam o Templo e uma parcela significativa da área ao redor, enquanto os homens de Simão dominavam a maior porção da Cidade Nova[15].

PRELIMINARES E TOMADA DA PRIMEIRA MURALHA, FIM DE ABRIL-MAIO DE 70

O exército romano aproximou-se em várias colunas, principalmente a partir do Oeste, a não ser a *X Fretensis*, que estivera estacionada em Jericó durante a maior parte do ano anterior e avançou a partir daquela direção. Embora não fosse provável que os romanos encontrassem uma grande força inimiga em campo aberto, o exército não avançou em ordem de batalha, contudo, mesmo assim, movia-se com cuidado e sob o firme controle de Tito e seus oficiais. A ordem de marcha da coluna principal era muito semelhante à adotada por Vespasiano em 67 d.C. A vanguarda consistia em tropas auxiliares e aliadas, a maioria em formação cerrada, mas provavelmente apoiada pela cavalaria e por grupos de arqueiros e infantaria ligeira, cuja missão era reconhecer locais potenciais para emboscada. Seguindo bem perto iam os oficiais e os homens encarregados de demarcar e iniciar a construção do acampamento noturno do exército em marcha. Então vinha o comboio de bagagens dos oficiais, seguido por Tito e seus ajudantes pessoais, protegidos pelos *singulares* – guarda de elite de infantaria e cavalaria escolhida entre as unidades auxiliares – e pelos 120 cavaleiros que cada legião mantinha. Depois, vinham os equipamentos de artilharia necessários para o cerco e, então, os comandantes das unidades auxiliares, cada qual com uma pequena escolta. Presumivelmente iam juntos em lugar de permanecer com suas unidades, de modo a facilitar que Tito transmitisse suas ordens. Atrás vinham as legiões, cada qual precedida por sua águia e outros estandartes, reunidas e escoltadas pelos trombeteiros e seguidas por seus comboios de bagagens e escravos. Finalmente, a retaguarda era formada pelo restante das tropas auxiliares e aliadas[16].

Conforme suas forças aproximavam-se da cidade, Tito, escoltado por seiscentos cavaleiros, muito possivelmente seus *singulares*, cavalgou à frente para fazer o reconhecimento. Ele não estava usando nem capacete nem armadura, pois não planejava lutar, e sim observar e julgar a disposição e o entusiasmo dos defensores. Num primeiro momento, o surgimento da patrulha romana não provocou resposta da cidade, até que, quando cavalgaram sem cautela ao longo das muralhas, um grupo de rebeldes lançou um ataque repentino. Por um momento o general romano foi separado, junto a um pequeno grupo de seguidores, do restante da sua força – os demais tinham fugido acreditando que ninguém ficara para trás –, vendo-se forçado a comandar uma carga para romper a linha inimiga. Tito escapou ileso, embora dois dos seus guarda-costas tenham sido mortos quando tentavam escapar. O reconhecimento feito em pessoa dava ao comandante informações úteis, mas era

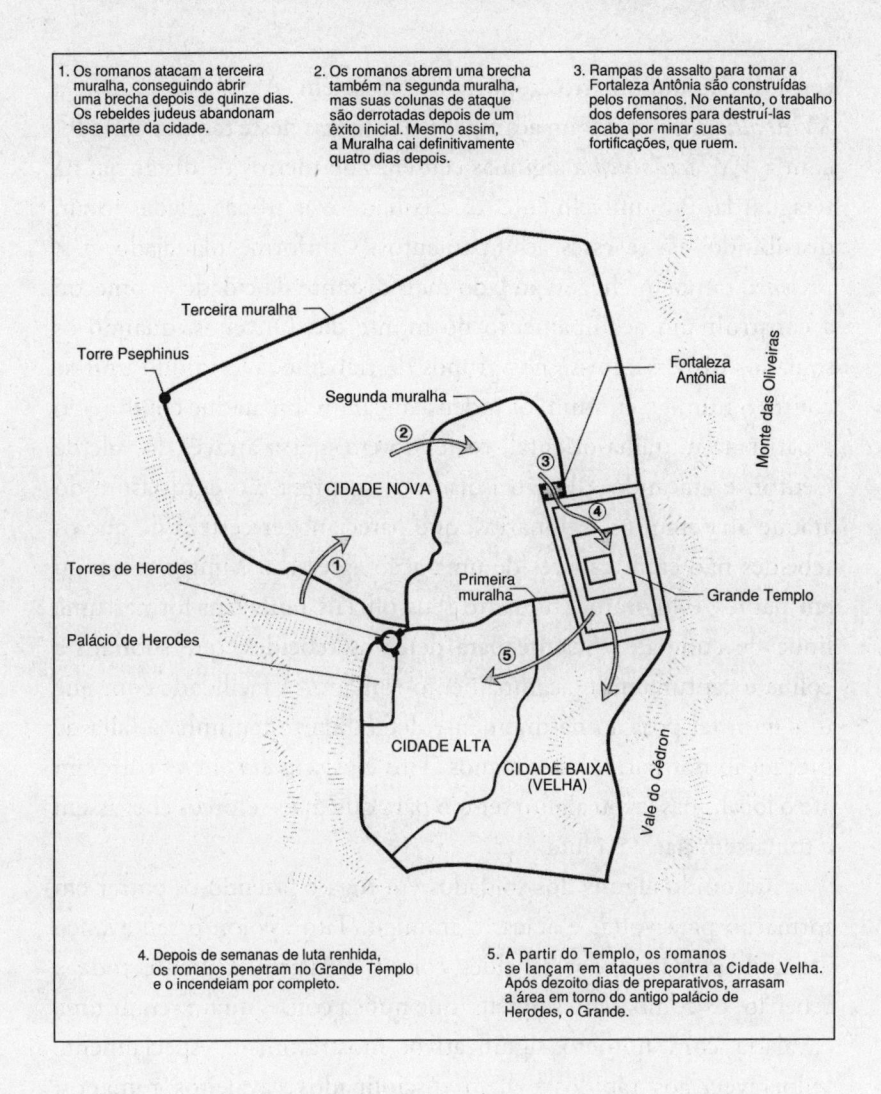

1. Os romanos atacam a terceira muralha, conseguindo abrir uma brecha depois de quinze dias. Os rebeldes judeus abandonam essa parte da cidade.

2. Os romanos abrem uma brecha também na segunda muralha, mas suas colunas de ataque são derrotadas depois de um êxito inicial. Mesmo assim, a Muralha cai definitivamente quatro dias depois.

3. Rampas de assalto para tomar a Fortaleza Antônia são construídas pelos romanos. No entanto, o trabalho dos defensores para destruí-las acaba por minar suas fortificações, que ruem.

4. Depois de semanas de luta renhida, os romanos penetram no Grande Templo e o incendeiam por completo.

5. A partir do Templo, os romanos se lançam em ataques contra a Cidade Velha. Após dezoito dias de preparativos, arrasam a área em torno do antigo palácio de Herodes, o Grande.

O CERCO DE JERUSALÉM

difícil não haver riscos envolvidos, conforme a morte de Marcelo demonstrara séculos antes[17].

No dia seguinte, as três legiões – as quais se aproximavam ao longo da mesma rota seguida quatro anos antes por Céstio Galo –, chegaram ao monte Scopus, uma elevação que dominava a cidade a cerca de 1,6 quilômetro ao norte de Jerusalém. A *XII Fulminata* e a *XV Apollinaris* montaram acampamento juntas nesse terreno elevado, com a *V Macedonica* a algumas centenas de metros de distância, na retaguarda. Presumivelmente, os auxiliares e as tropas aliadas foram distribuídos entre esses acampamentos. Conforme planejado, a *X Fretensis* também chegou ao lado mais distante da cidade e começou a construir um acampamento no monte das Oliveiras, quando os soldados dispersaram-se nos grupos de trabalho. Decidindo unir-se contra o inimigo comum, os judeus lançaram um ataque combinado a partir da muralha oriental, correndo em massa através do vale de Cédron e atacando a legião isolada. A surpresa e o entusiasmo do ataque abateram os legionários, que pareciam ter certeza de que os rebeldes não eram capazes de uma ação agressiva. Muitos entraram em pânico e fugiram, enquanto seus oficiais tentavam formar uma linha de combate eficiente para deter os rebeldes, que subiram a colina e capturaram o acampamento romano. A facilidade com que tomaram tal posição naturalmente defendida testemunha a falta de precaução por parte dos romanos. Tito e os seus *singulares* correram até o local, mas levou algum tempo para que mais reforços chegassem e tomassem parte na luta.

Reunindo alguns dos soldados em fuga e fazendo-os entrar em formação para voltar e atacar o inimigo, Tito apoiou o seu avanço atacando o flanco dos rebeldes com a cavalaria. Durante toda a rebelião, os combatentes judeus, que nunca conseguiram reunir uma cavalaria com número significativo, mostravam-se especialmente vulneráveis aos rápidos e bem disciplinados cavaleiros romanos. Conforme o contra-ataque dos romanos ganhava ímpeto, os judeus foram repelidos, voltando pelo mesmo caminho de onde vieram. Tendo cruzado o Cédron, conseguiram agrupar-se na outra margem e detiveram seus perseguidores. Durante algum tempo, os dois lados lançaram projéteis esporádicos e iniciaram algumas cargas. Por volta da hora do almoço, Tito concluiu que a ameaça terminara e ordenou à maior parte da legião que voltasse à tarefa de construir o acampamento, deixando uma força de cobertura de coortes auxiliares e de outros homens trazidos como reforços. Os rebeldes tinham uma sentinela nas muralhas, que observava os romanos e sinalizou essa retirada parcial com uma bandeira. Isso acionou um novo ataque dos rebeldes, que saíram de um dos portões e

> correram com tanto ímpeto que sua velocidade era comparável à das feras mais selvagens. Na verdade, ninguém na linha oposta esperou pela carga, mas, como se atingidos [por um projétil] de uma máquina, romperam suas fileiras, voltaram-se e fugiram para um dos lados da montanha, deixando Tito com alguns poucos seguidores a meio caminho da encosta.[18]

Galopando ao redor da colina, o comandante romano liderou todos os homens que pôde encontrar numa série de ataques desesperados, combatendo à sua frente. Depois de algum tempo, algumas seções da legião interromperam suas tarefas para unirem-se à luta, recebendo reforços de algumas outras tropas. Tito foi capaz de interromper o ataque inimigo e reunir sua força mais uma vez, permitindo, em seguida, que os legionários retornassem às suas tarefas e completassem o acampamento[19].

Nos dias seguintes, um grupo de soldados, ludibriado por rebeldes que fingiam se render, aproximou-se das muralhas e ficou ao alcance de projéteis, sofrendo pesadas baixas antes de fugir. Tito fez um discurso furioso aos sobreviventes, condenando sua indisciplina ao se aproximar das muralhas sem ordens expressas. O jovem comandante anunciou que pretendia executá-los, de acordo com as tradições mais rígidas de disciplina militar. Ouvindo isso, uma grande multidão de camaradas dos soldados condenados aproximou-se dele, implorando que perdoasse os homens e declarando que garantiriam que aquilo não voltaria a acontecer. Foi uma cena teatral semelhante a alguns dos confrontos de Júlio César com suas tropas, e típica do modo como os senadores romanos interagiam com os soldados e com a multidão no Fórum. Tito cedeu aos seus pedidos, sabendo que não era prático executar tantos homens de uma vez e também porque a importância do que queria enfatizar sobre a necessidade de obediência fora entendida.

Ele ordenara que três legiões saíssem do monte Scopus e acampassem mais perto da cidade, no lado oeste. Como os rebeldes tinham demonstrado vontade de atacar qualquer destacamento que parecesse vulnerável, os romanos colocaram-se de frente para a cidade a fim de cobrir os movimentos do comboio de equipamento e dos seguidores do acampamento. Tito posicionou sua infantaria numa formação de três fileiras, apoiadas por uma quarta de arqueiros, por sua vez secundada de perto por três fileiras de cavalaria. Uma vez mais, as três legiões foram divididas em dois acampamentos, Tito com a *XII Fulminata* e a *XV Apollinaris* em posição a menos de quinhentos metros das muralhas, enquanto a *V Macedonica* estava um pouco além, ao sul, de frente para a Torre Hípico, um dos três grandes torreões construídos por Herodes[20].

Antes de lançar o ataque à terceira muralha exterior, Tito foi novamente com sua cavalaria de guarda-costas examinar as fortificações e escolher o trecho mais adequado para rompê-la. A abordagem mais fácil era perto do túmulo de um sumo sacerdote, cuja localização não conhecemos com precisão, embora pareça ter sido perto do atual Portão de Jafa. Foram dadas ordens para os legionários prepararem o terreno perto das muralhas, a fim de que fossem iniciadas as obras de cerco, e para começarem a obter a madeira necessária para as obras. Os defensores tentaram atingir os trabalhadores com projéteis disparados de escorpiões e de uma *ballistae* maior, que tinham capturado nas fortalezas da cidade ou durante a derrota de Céstio Galo, em 66 d.C. Instruídos por desertores romanos, seus disparos eram, num primeiro momento, muito imprecisos, mas a pontaria melhorou gradualmente conforme o cerco prosseguia. As legiões usavam sua artilharia – uma fonte posterior afirma que cada unidade tinha sessenta escorpiões e dez grandes *ballistae* que arremessavam pedras, mas é provável que os números variassem consideravelmente dependendo da natureza da operação – num esforço de suprimir os defensores na muralha. Tal era a função principal da artilharia durante um cerco: o atacante tentava impossibilitar que os defensores ficassem em posições das quais pudessem impedir as obras de cerco, enquanto os atacados buscavam justamente o contrário. As fortificações da escala das muralhas e torres de Jerusalém não podiam ser danificadas pelos projéteis da artilharia antiga.

Embora os romanos sofressem baixas durante a troca de mísseis e pedras disparados das máquinas, no final a ação por parte dos defensores não foi suficiente para impedir o progresso dos grupos de trabalho de modo significativo. O grande número e o tamanho das suas máquinas – os da *X Fretensis* eram especialmente renomados –, além da qualidade das suas equipes, permitiam que vencessem o duelo da artilharia, apesar de essa disputa não pender de forma alguma para nenhum dos lados. Josefo nos diz que, no começo, as pedras coloridas das catapultas – que podem ter sido cortadas e talhadas no local – eram fáceis de serem vistas no ar pelos defensores. As sentinelas na muralha gritavam: "Bebê a caminho!", a tempo de os defensores se agacharem e se protegerem. Quando souberam disso, os romanos começaram a pintar sua munição com uma cor muito mais escura, tornando os projéteis bem menos visíveis e aumentando de maneira expressiva os danos causados. A força de tais projéteis era incrível. Josefo registrou ter visto a cabeça de um homem voar até quinhentos metros de seu corpo ao receber o impacto de uma pedra de catapulta durante o cerco de Jotapata. Ainda mais terrível, ele descreve o projétil que acertou uma mulher grávida, matando-a instantaneamente e fazendo-a expelir o bebê natimorto[21].

Como as muralhas não podiam ser demolidas pela artilharia, o método principal para abrir uma brecha era o uso de um grande aríete, cuja ponta de ferro era normalmente moldada na forma da cabeça de um carneiro. Os esforços dos romanos concentraram-se principalmente em construir três rampas que permitissem que essas máquinas se aproximassem da muralha. Lançando uma linha com um peso de chumbo à ponta para calcular a distância até os muros da cidade – o único meio de os engenheiros não ficarem expostos aos projéteis do inimigo – a fim de confirmar que as rampas estavam prontas, as legiões levaram as imensas máquinas. Tito ordenara a construção das posições de artilharia para cobrir as rampas e evitar que os defensores prejudicassem o trabalho dos aríetes. Em Jotapata, um gigante galileu arremessou uma pedra que quebrou a cabeça de ferro de um aríete. Em outra ocasião, os defensores baixaram sacos cheios de palha para amortecer os golpes e reduzir a força das máquinas. A convenção romana determinava que, até o primeiro golpe do aríete na muralha de uma cidade, seus ocupantes ainda podiam render-se e esperar termos razoáveis. Segundo nos conta Josefo, um grande lamento do povo de Jerusalém ecoou quando o barulho do primeiro golpe de aríete soou através das ruas. Outra trégua tensa foi firmada entre Simão e João, o primeiro permitindo que os zelotes passassem através dos setores dominados pelos seus homens a fim de chegar à seção ameaçada da muralha. Do baluarte, começaram a arremessar projéteis incendiários ou a atirar em qualquer romano visível. Alguns grupos saíam rapidamente das muralhas e lançavam tochas nos aríetes e nas construções de cerco. Apesar da audácia dos atacantes, todos foram repelidos por uma combinação de arqueiros e artilharia apoiados por cargas da cavalaria enviada por Tito, que dirigia a batalha[22].

Embora os romanos tenham conseguido defender suas obras, os aríetes causaram, inicialmente, pouco dano às muralhas, com exceção do operado pela *XV Apollinaris*, que conseguiu minar o canto de uma torre. Conforme o dia passava, muitas das unidades romanas tiveram permissão de retornar ao acampamento, já que se tinha a impressão de que a ameaça principal havia sido contida. Não obstante, uma vez mais eles subestimaram a determinação dos seus oponentes, que lançaram um segundo ataque, dessa vez de um portão escondido próximo à Torre Hípico. Foi nesse momento que a resistência acirrada da *vexillatio* das legiões egípcias conquistou fama, detendo um avanço que parecia poder derrotar os inimigos. Dessa vez, Tito comandou sua cavalaria numa carga contra os rebeldes, matando doze deles com as próprias mãos. Um único prisioneiro foi feito durante o combate, e o comandante romano ordenou que ele fosse crucificado à vista das muralhas como um aviso sobre o destino que aguardava aqueles que combatiam Roma. Apesar disso, o fervor dos rebeldes surpreendera os homens de Tito e criara uma atmosfera de nervosismo. Quando uma das torres de cerco caiu durante a noite, o pânico se alastrou, até que oficiais fossem enviados para descobrir a causa da confusão. Havia três dessas torres, uma para cada rampa, e seu propósito era fornecer uma plataforma sobre a qual os arqueiros e os escorpiões pudessem disparar contra os defensores que estavam nas ameias da muralha. Aos poucos, os defensores foram perdendo a capacidade de combater a partir das suas fortificações, ao mesmo tempo em que o trabalho dos aríetes começava a surtir efeito, e um deles finalmente conseguiu abrir uma brecha na muralha. A maior parte dos rebeldes decidiu que aquela posição estava perdida e retirou-se para a segunda muralha. Quando os invasores romanos entraram pela brecha, os poucos homens que haviam ficado fugiram. A muralha externa da cidade caíra após quinze dias de cerco. Tito ordenou que a maior parte da muralha fosse demolida, juntamente com a maior parte dos edifícios, dos jardins e de outras estruturas nessa seção da cidade. As legiões – exceto a *X Fretensis*, que permaneceu no monte das Oliveiras – ocuparam a área tomada e acamparam[23].

A SEGUNDA MURALHA

Apesar de os defensores terem abandonado a terceira muralha, a defesa que empreenderam na segunda foi tão determinada e agressiva como a dos combates iniciais. Ataques contínuos foram realizados contra os soldados romanos que trabalhavam na preparação do assalto, o que resultou em muitas escaramuças sangrentas. Josefo nos conta que os rebeldes ainda confiavam na sua capacidade de defender a cidade e estavam ansiosos por conquistar os favores dos seus líderes. Em contraste, para os romanos,

> os incentivos à bravura eram o hábito da vitória e a inexperiência da derrota, suas campanhas contínuas e treinamento perpétuo, a magnitude do seu império e, acima de tudo, Tito sempre em todos os lugares ao lado de todos eles. Porque, quando César estava ali compartilhando as dificuldades, a covardia era algo monstruoso, enquanto o homem que lutasse

com bravura tinha como testemunha do seu valor alguém que também iria recompensá-lo.[24]

Enquanto isso, um cavaleiro de uma das *alae* auxiliares fez um ataque solitário contra um denso bloco de inimigos postados do lado de fora das muralhas, matando três deles antes de galopar de volta intacto. Havia uma antiga tradição no exército romano, datada pelo menos dos dias de Políbio, de recompensar tais atos de bravata. Nesse caso, Tito elogiou o homem, um certo Longino, ou Longuinho – o nome era comum, em especial entre os auxiliares –, mas também alertou seus homens para que não fossem tão imprudentes na busca da honra.

A abordagem da segunda muralha foi mais fácil do que a da primeira, e em cinco dias um dos aríetes abriu brecha numa das torres. Tito levou seus *singulares* e mil legionários até a cidade e, no primeiro momento, encontrou pouca oposição. Contudo, não ordenou que os grupos de trabalho aumentassem a brecha na muralha. De acordo com Josefo, isso foi por esperar que Jerusalém ainda se rendesse e para evitar destruição desnecessária, mas essa suposição não parece provável –, e os soldados invasores tiveram dificuldades em encontrar o caminho através do labirinto de ruas estreitas. Os rebeldes lançaram um contra-ataque; seu número e o conhecimento do local lhes deram grande vantagem. Os romanos sentiram intensamente o golpe e logo foram forçados a se retirar, porém a estreita brecha na muralha os impediu de deixar a cidade depressa, e tampouco deixou que os reforços entrassem. Uma ação desesperada de retaguarda desenvolveu-se, enquanto Tito e uma força de arqueiros auxiliares detinha os rebeldes cobrindo a retirada do restante dos homens. Nessa ocasião, o comandante romano teria demonstrado tanta habilidade com o arco como antes demonstrara com a lança e a espada, abatendo doze homens com o mesmo número de flechas[25].

Encorajados por terem repelido o inimigo, os defensores continuaram controlando a posição com determinação renovada durante mais três dias, até que um segundo assalto romano reverteu o panorama no quarto dia. Dessa vez, as legiões receberam ordens para demolir a maior parte das muralhas e dos prédios naquela área para lhes dar mais espaço de movimento. A resistência foi temporária, mas é notável que alguns dias tenham se passado antes de os romanos conseguirem promover o segundo ataque. Assaltar uma fortificação defendida pelo inimigo exigia demais da coragem dos soldados que tomavam parte no ataque, provavelmente ainda mais do que nas batalhas. Na tentativa de dar aos soldados mais tempo para se recuperar, e para animá-los, Tito ordenou a suspensão das obras principais do cerco, enquanto o exército realizava uma parada formal para receber seu pagamento. O exército era pago normalmente três vezes por ano, no primeiro dia de janeiro, maio e setembro. Como o desfile em Jerusalém aconteceu no começo de junho, isso significa que o pagamento foi atrasado em pelo menos um mês.

Era uma ocasião de grande cerimônia, com as unidades desfilando cada qual por sua vez durante quatro dias para receber o pagamento que lhes era devido. Muito tempo e trabalho eram devotados a polir armaduras e armas, uma vez que os soldados e as unidades competiam para mostrar-se as melhores. O resultado era uma cena de grande esplendor, em que as fileiras passavam com os escudos pintados de cores vivas, pela primeira vez livres das coberturas protetoras de couro à vista da cidade. Para os romanos, era um lembrete do orgulho que tinham de si e de suas unidades, bem como das recompensas tangíveis do serviço militar. Para os rebeldes, era uma demonstração do poder e da força esmagadora do exército romano. Embora não tenha tido o efeito de provocar uma rendição repentina, esse retorno à rotina formal e ritual de tempos de paz ajudou a preparar as tropas para as tarefas ainda maiores que as aguardavam[26].

A FORTALEZA ANTÔNIA E O TEMPLO

A fase seguinte do cerco envolveu a construção de rampas de assalto contra a Fortaleza Antônia e um trecho da primeira muralha. A

V Macedonica trabalhou na construção da primeira rampa contra a Fortaleza Antônia, enquanto a *XII Fulminata* construiu outra a cerca de dez metros de distância. A *X Fretensis* e a *XV Apollinaris* construíram mais duas rampas a cerca de quinze metros da muralha, provavelmente perto do atual Portão de Jafa (é possível que cada par de legiões estivesse, de fato, trabalhando em cada um dos lados de uma única rampa, mas essa teoria não pôde ser provada nem afeta a narrativa básica do cerco, no caso de ter havido duas rampas em vez de quatro)[27]. A altura das muralhas, em especial da Fortaleza Antônia, combinada com a crescente precisão da artilharia rebelde, tornou esse trabalho extremamente difícil. Além disso, os defensores continuamente atacavam as obras com tropas, de modo que um grande número de soldados tinha de ser disponibilizado para defender os trabalhadores. Apesar disso, os romanos perseveraram e completaram as rampas após dezessete dias de trabalho pesado. A necessidade de obter madeira para a construção já tinha desnudado as colinas numa área de vários quilômetros.

O grande senso de realização obtido após o término das obras foi tremendamente abalado quando as rampas foram destruídas antes de os aríetes serem colocados em posição. Enquanto os romanos trabalhavam na sua construção, os homens de João de Giscala escavaram túneis a partir da Fortaleza Antônia até as rampas. O telhado do túnel era sustentado por escoras de madeira recobertas com betume e cercadas de material combustível. Finalmente, ateou-se fogo a elas, e as chamas consumiram as escoras, provocando o desmoronamento do túnel e destruindo as obras dos romanos. Aquilo que não foi demolido incendiou-se conforme o fogo se alastrou rapidamente na madeira da rampa. Dois dias depois, Simão igualou o sucesso do seu rival, quando seus homens saíram das muralhas num ataque repentino e incendiaram as rampas em frente à sua seção na primeira muralha. Os romanos ficaram confusos com esse ataque, de modo que os rebeldes chegaram perto de invadir parte do acampamento e só foram repelidos por um piquete estacionado em frente à rampa, pois seus membros tinham jurado não abandonar sua posição. Tito, que estava na Fortaleza Antônia inspecionando o estrago feito à construção pelo inimigo, chegou à frente dos seus *singulares* e atacou o flanco do inimigo. Uma vez mais, a infantaria dos judeus mostrou-se vulnerável à cavalaria bem-ordenada e sofreu pesadas baixas ao retornar à cidade. Isso não diminuiu a extensão de sua vitória ao destruir o resultado de tanto trabalho dos romanos[28].

O moral entre os soldados que promoviam o cerco caiu de maneira alarmante depois desses reveses. Dion nos diz que alguns soldados ficaram tão desesperados e desanimados de tomar a cidade, que desertaram e juntaram-se aos rebeldes. Tito reuniu seus oficiais mais graduados para um *consilium* a fim de discutir o problema. Alguns sugeriram um ataque imediato usando todo o exército, na esperança de esmagar os defensores e invadir a cidade, mas isso era arriscado e poderia resultar num grande fracasso, que abalaria irrevogavelmente o moral dos homens. Outros sugeriram que era melhor cercar Jerusalém com uma muralha e deixar que a fome submetesse os inimigos, apesar de isso demandar inevitavelmente um tempo maior e de estar longe de ser o tipo de vitória dramática de que o pai de Tito precisava para cimentar sua posição à frente do império. Tito apoiou aqueles com opinião mais moderada, resolvendo que deveriam continuar o ataque e começar a construir novas rampas, apesar de isso exigir quantidades de madeira que poderiam ser difíceis de encontrar e que sem dúvida não seriam rapidamente substituídas se fossem destruídas pelo inimigo.

Antes de o exército retomar esse trabalho, ele ordenou também o levantamento de uma linha de circunvalação ao redor da cidade. Cada legião e subunidade do exército foi encarregada de construir um trecho da rampa, provavelmente de pedra, como no pequeno circuito ainda visível em Massada. Tal era o método romano normal de realizar qualquer projeto maior, empregado, por exemplo, na construção da Muralha de Adriano, onde foram descobertas muitas inscrições registrando que o término de determinado trecho da muralha fora realizado por uma centúria específica de uma legião. Essa divisão do trabalho fazia sentido prático em termos administrativos, mas também tinha a intenção de explorar o orgulho que os soldados nutriam pelas suas unidades, estimulando-os a competir para terminar suas tarefas antes dos demais. Tito visitava os grupos de trabalho continuamente, estimulando as tropas a acreditar que seu comandante notava tudo o que faziam e que iria recompensar sua capacidade com a mesma rapidez com que punia a indolência. Em três dias, uma linha de cerca de oito quilômetros de extensão, que incluía quinze fortes, foi construída completamente ao redor da cidade. A cada noite Tito ia inspecionar as obras em pessoa, visitando as sentinelas e postos avançados em torno da muralha. Na segunda inspeção, Tibério Alexandre assumiu essa tarefa e, na terceira, um dos legados legionários foi selecionado por sorteio para a mesma missão[29].

Tito dera aos seus homens um trabalho que, embora envolvesse considerável esforço, podia ser, e foi, realizado rapidamente. A satisfação sentida quando da sua conclusão ajudou a aumentar o moral entre os soldados. Aos defensores, a muralha dos romanos enviava a clara mensagem de que não poderia haver escapatória, tornando muito mais perigosa a situação para os pequenos grupos que saíam da cidade em busca de alimentos. Os suprimentos de comida em Jerusalém estavam terminando, especialmente para a população comum, incapaz de evitar que os rebeldes se apoderassem de tudo o que podiam encontrar. Não obstante, qualquer tentativa de deixar a cidade e se render aos romanos implicava execução imediata. Tampouco era seguro aproximar-se do acampamento romano. A certa altura do cerco, alguns civis que se renderam foram vistos recolhendo moedas de ouro das suas próprias fezes, as quais tinham engolido para evitar que fossem confiscadas por soldados de ambos os lados. Espalhou-se o rumor de que os desertores estavam cheios de ouro, o que levou a um terrível massacre, quando seguidores do acampamento, auxiliares e alguns legionários agarravam qualquer prisioneiro que encontravam e abriam seu estômago em busca de riquezas. Horrorizado, até porque tais atrocidades apenas impediriam que outros desertassem para o acampamento romano no futuro, Tito discursou às suas tropas, prometendo executar qualquer um que fosse responsável por crimes desse tipo, embora os culpados não tivessem sido descobertos. Mesmo assim, o sonho do ouro escondido levou a mais instâncias de tais assassínios brutais sempre que o oficial responsável não estava à vista[30].

Depois de completar a linha de circunvalação, os romanos começaram a construir novas rampas de frente para a Fortaleza Antônia. Havia pouco material e os homens precisavam ser enviados a distâncias de até vinte quilômetros para encontrar e derrubar árvores. Em 21 dias as novas rampas de assalto ficaram prontas, apesar de uma vez mais o trabalho ter sido dificultado pela atividade contínua dos defensores. Mesmo assim, quando João levou seus homens para incendiar as obras, encontrou as tropas romanas guardando as posições, apoiadas por arqueiros e escorpiões. O ataque foi mal organizado e não cumpriu seu objetivo. Então, os aríetes foram trazidos para demolir as muralhas da Antônia, enquanto uma barragem de projéteis lançados pela artilharia foi dirigida aos baluartes e tentava atingir os defensores. Alguns legionários entraram na formação *testudo*, com seus escudos criando uma proteção sobre a cabeça, e puseram-se a trabalhar tentando tirar pedras da muralha com pés de cabra. Pouco foi realizado após um dia de esforço concentrado, mas durante a noite tudo mudou, quando a maior parte da Fortaleza Antônia, minada pelos túneis anteriormente cavados pelos homens de João, ruiu de repente. Uma grande brecha se abriu na fortaleza, para espanto dos romanos. Os zelotes tinham suspeitado dessa possibilidade e construído às pressas uma nova muralha por trás da primeira, cortando o caminho que levava direto até o pátio do Templo. Contudo, as pedras da torre demolida empilharam-se sobre essa nova muralha, tornando relativamente fácil escalá-la[31].

As tropas romanas demonstraram relutância surpreendente em assaltar a fortificação improvisada, apesar do discurso encorajador de Tito, prometendo recompensar os primeiros homens que chegassem ao parapeito. Apenas uma dúzia de auxiliares respondeu, liderados por um sírio chamado Sabino, cuja compleição fraca e pele escura não se conformava de modo algum com a imagem ideal do bravo soldado. Chamando a atenção do general que os observava, Sabino comandou a carga rampa acima, apenas para ser morto juntamente com três dos seus camaradas. Os outros soldados foram feridos, porém conseguiram voltar às linhas romanas. O restante das tropas não seguiu o exemplo desses homens corajosos. No entanto, duas noites depois, um grupo de vinte legionários que estavam de serviço num posto avançado, aliado a um porta-estandarte (*signifer*), um trombeteiro e dois cavaleiros auxiliares, subiu por sua própria inciativa ao alto do baluarte inimigo. Tendo matado ou expulsado as sentinelas judaicas, eles ordenaram que o músico soasse a trombeta.

Até onde podemos dizer, essa iniciativa não fora passada pelos comandantes, mas era simplesmente uma tentativa dos soldados de conquistar fama e obter recompensa. Mesmo assim, Tito rapidamente descobriu o que estava acontecendo e levou um corpo das tropas para garantir a posição. Explorando esse êxito, enviou homens ao pátio do Templo, onde um furioso combate se desenvolveu, no qual os rebeldes tentaram defender aquele que era o mais sagrado dos locais. Na escuridão, havia pouco que os líderes pudessem fazer para organizar a luta, porém a refrega continuou até depois da metade do dia seguinte, quando os romanos foram finalmente repelidos. Durante o combate, um centurião da Bitínia chamado Juliano fez um ataque solitário ao pátio do Templo, repelindo o inimigo, porém sem conseguir persuadir os soldados romanos a segui-lo. No final, suas sandálias – as *caligae*, nome do qual fora tirado o apelido de Calígula – escorregaram nas pedras lisas, e ele foi cercado por um grupo de rebeldes e feito em pedaços. Tais histórias de morte heroica, semelhantes às histórias que César contava com tanta frequência para amenizar o impacto dos seus reveses, são mais que prováveis e foram incluídas nos *Comentários* de Tito, os quais Josefo afirma ter consultado[32].

O assalto seguinte ao Templo foi mais bem preparado que o primeiro, e o general ordenou que demolissem o restante da Fortaleza Antônia que permanecia de pé, criando uma larga rampa até o pátio do Templo. Apenas um único torreão foi deixado intacto como posto de observação. O general romano também enviou Josefo com uma mensagem a João de Giscala, desafiando-o formalmente a sair e travar batalha. O gesto tinha em parte a intenção de enfatizar ao grosso da população da cidade que ela apenas sofreria com as ações dos seus líderes radicais, mas também pode ter visado a encorajar suas tropas, dando a entender que o inimigo temia lutar contra elas de igual para igual. As deserções, sobretudo entre os membros da aristocracia, estavam agora ocorrendo com mais frequência, sempre que esses homens podiam despistar os guardas colocados pelos guerreiros rebeldes. Alguns dias depois, Tito formou uma força especial de assalto, a qual colocou sob o comando do legado Cerealis. Era constituída por unidades temporárias de mil homens, comandados por um tribuno e escolhidos entre os trinta legionários mais corajosos de cada centúria. Assim, esses homens foram tidos como especiais, na esperança de que seu orgulho os motivasse a lutar ainda melhor para justificar sua escolha. O ataque deveria acontecer à noite, sendo observado por Tito a partir do torreão da Fortaleza Antônia que não fora demolido. Josefo afirma que o jovem comandante precisou ser impedido por seus oficiais de liderar a invasão em pessoa como fizera em cercos anteriores. Certamente, cada comandante enfrentava a difícil escolha entre permanecer na retaguarda, onde não veriam o que estava acontecendo, e arriscar a morte ou a captura indo à frente com seus soldados. No primeiro, e malsucedido assalto a Gamala, em 67 d.C., Vespasiano ficara frustrado por não ter podido dirigir o ataque e nem entrar na cidade com seus *singulares*. Quando os romanos foram repelidos pelo contra-ataque dos rebeldes, Vespasiano foi separado das tropas e sofreu um ferimento no pé, antes que ele e seus guardas conseguissem abrir caminho e fugir. Em Jerusalém, Tito enfatizou de novo aos soldados que o motivo principal de ficar à retaguarda era poder observar melhor sua conduta individual.

O ataque pegou os defensores de surpresa, mas eles rapidamente se organizaram e foram em número cada vez maior para o pátio do Templo a fim de conter o inimigo. Novamente a batalha noturna continuou até o dia seguinte, sem que qualquer um dos lados obtivesse uma vantagem marcante. A maior parte do pátio, exceto por um canto estreito, estava nas mãos dos judeus. Em sete dias, o caminho sobre as ruínas da Fortaleza Antônia estava pronto, possibilitando aos romanos enviarem tropas com mais facilidade para apoiar seus ataques. Com essa tarefa completada, começaram as obras nas rampas para permitir que os aríetes fossem levados até a primeira muralha, embora a madeira necessária para as obras tivesse agora de ser trazida de mais de vinte quilômetros de distância. Por algum tempo houve um intervalo entre os maiores ataques, mas todos os dias havia escaramuças. Tito ordenou a execução de um cavaleiro de um grupo que deixara seus cavalos livres enquanto participava de uma expedição para obter forragem; com isso, eles haviam sido roubados pelo inimigo. A falta de víveres na cidade atingia proporções dramáticas como resultado do bloqueio, e João e Simão uniram forças para lançar um ataque ao acampamento da *X Fretensis* no monte das Oliveiras, esperando romper a linha romana naquele ponto. Foram repelidos depois de uma luta árdua e perseguidos pela cavalaria romana ao tentar fugir através do vale. Um cavaleiro auxiliar, membro das tropas de cavalaria com menor pagamento e prestígio que formavam parte de certas coortes predominantemente de infantaria, galopou no meio dos inimigos em fuga e pegou um deles pelo tornozelo. A sela de quatro pontas usada pelos romanos conferia ao cavaleiro muita firmeza, mas mesmo assim esse foi um feito marcante de força, bem como uma mostra de desprezo pelo inimigo. O homem ganhou seu prêmio e o depositou diante de Tito. O soldado foi elogiado e seu prisioneiro, crucificado às vistas das muralhas. Em várias ocasiões durante o cerco, os legionários romanos divertiam-se ao pregar suas vítimas nas cruzes em diversas posturas grotescas[33].

O combate acirrado continuava no pátio do Templo, com os dois lados colocando luzes nos pórticos para fortalecer suas posições nos contra-ataques. Como antes, os defensores faziam de tudo para atingir os homens que trabalhavam nas rampas do cerco. Durante esse período, Josefo conta como um pequeno homem chamado Jônatas desafiou qualquer romano para um combate singular. Um cavaleiro – obviamente a pé, numa indicação de que os homens a cavalo deviam realizar tarefas desmontados nas perigosas operações de cerco – aproximou-se e foi morto ao escorregar. O triunfo de Jônatas foi breve, pois ele foi morto pela flecha disparada por um centurião romano chamado Prisco. Os defensores tiveram mais sucesso ao abandonar uma seção do pórtico que já haviam preparado para incendiar, atraindo assim alguns legionários impetuosos para uma armadilha onde ou seriam mortos pelas chamas ou abatidos e capturados pelo inimigo. Alguns dias mais tarde, foi feita uma tentativa de capturar o restante do Templo escalando as muralhas. Escadas foram instaladas contra os pórticos e os invasores subiram até o alto, mas não conseguiram fazer avanço algum. Perto da frente, havia diversos porta-estandartes que pouco podiam fazer para se defender enquanto carregavam sua pesada carga. Depois de uma luta renhida em torno desses símbolos de orgulho da unidade, todos os romanos que tinham chegado ao alto do pórtico foram mortos e os estandartes, capturados. Nos dias subsequentes, outros pórticos exteriores foram incendiados pelos romanos, mas o enorme tamanho e a qualidade do trabalho de alvenaria impediram que os aríetes produzissem grande efeito[34].

De acordo com Josefo, Tito reuniu um *consilium*, no qual deixou claro que ainda esperava evitar a destruição do Templo. Para o historiador judeu, era importante que a culpa dessa terrível catástrofe não fosse imputada ao seu herói, e sim aos líderes radicais rebeldes. A luta continuou no que restou do pátio do Templo, assim Tito enviou a cavalaria da sua guarda pessoal para reforçar a linha de infantaria quando esta parecia prestes a ceder. Nessa ocasião, ele estava uma vez mais observando o combate de um ponto nas ruínas da Fortaleza Antônia. Gradualmente, os romanos tomavam cada vez mais terreno do Templo, até que os rebeldes foram rechaçados para o pátio interno. Na confusa luta que prosseguiu, eles foram retirados dessa posição e a parte mais sagrada do Templo acabou incendiada. Independente de quem tenha ateado fogo, logo as chamas saíram de controle, e muitos dos soldados romanos relutaram em apagá-lo. Tito tentou organizar grupos para combater o incêndio, ordenando a um centurião e a alguns dos seus homens que usassem a força contra quaisquer homens que desobedecessem ao comando, porém não conseguiu trazer ordem ao caos. Os soldados estavam ansiosos por saquear a fabulosa riqueza que se dizia haver naquele lugar, bem como desejavam destruir o local mais sagrado para um inimigo que os tinha combatido com tanta determinação. Na confusão da conquista final do Templo, a maioria dos prédios foi destruída pelo fogo e grande parte dos civis que se abrigavam nas proximidades foram massacrados. Era o final de agosto[35].

Mais tarde, quando parte da ordem foi reestabelecida, o exército romano celebrou de modo mais formal, desfilando os estandartes no pátio do Templo e oferecendo um sacrifício. A cidade velha foi logo conquistada e saqueada. Josefo menciona que o espólio tomado pelas tropas romanas foi de tal monta que o valor do ouro caiu pela metade em toda a Síria, quando os homens retornaram às suas guarnições. Às vezes, os saqueadores encontravam rebeldes realizando a mesma tarefa. Um legionário membro da cavalaria – cada legião desse período incluía uma pequena força de 120 homens a cavalo – foi capturado, mas conseguiu fugir antes de ser executado. Em mais uma ação teatral, Tito cedeu aos apelos de seus soldados para não matar o homem por ter sido pego, mas mesmo assim o fez sofrer a humilhação de ser expulso da sua legião. Houve ainda reveses menores, porém os defensores perderam o ânimo após a queda do Templo. João de Giscala e Simão bar Giora tinham tentado entabular negociações, mas essa iniciativa, tão tardia, foi rejeitada. Passaram dezoito dias construindo rampas contra as muralhas da cidade alta, mas os rebeldes estavam agora desmoralizados e sofrendo em demasia devido à falta de víveres, de modo que sua resistência foi débil. Antes mesmo de o grupo de invasores romanos atingir a brecha aberta pelos aríetes, os defensores fugiram e se dispersaram. O cerco de Jerusalém estava no fim. João de Giscala rendeu-se e foi condenado à prisão perpétua. Simão seria mantido como o prisioneiro mais importante no triunfo de Tito. Chegava o final de setembro[36].

Depois do cerco, Tito promoveu um desfile formal para agradecer a seus homens e recompensá-los.

> Um espaçoso tribunal foi construído para ele no centro do seu antigo acampamento; aqui ele se colocou com os seus oficiais

principais, de modo que pudesse ser ouvido por todo o exército. Ele expressou sua profunda gratidão a eles pela lealdade que tinham continuamente demonstrado...

E ordenou aos oficiais indicados que lessem o nome de todos os que haviam realizado feitos brilhantes durante a guerra. Chamando cada um pelo nome, ele os aplaudiu quando se aproximavam, tão exultante com seus atos como se fossem dele próprio. Então os coroou com coroas de ouro, presenteou-os com colares de ouro, pequenas lanças douradas e estandartes feitos de prata, e promoveu cada um a uma patente mais elevada; além disso, designou a eles parte dos espólios de ouro e prata e outros objetos do butim em abundância. Quando todos tinham sido recompensados conforme julgou merecido, ele invocou bênçãos sobre todo o exército, então desceu em meio a muitas aclamações e foi oferecer sacrifícios em agradecimento pela sua vitória. Uma grande quantidade de touros foi trazida até os altares, e ele sacrificou-os e distribuiu sua carne às tropas para que fizessem um banquete.[37]

Foi um ritual que confirmou o papel do comandante como juiz do comportamento dos seus homens, terminando com três dias de festejos. Depois disso, a *Legio X Fretensis* tornou-se a guarnição da cidade capturada. A *XII Fulminata* não havia ainda sido totalmente perdoada por suas derrotas iniciais, uma vez que não recebeu permissão para retornar à sua antiga base em Rafanaeae, na Síria, mas foi transferida para uma posição muito menos confortável na fronteira entre a Capadócia e a Armênia. Após várias celebrações e cerimônias, Tito retornou à Itália, eliminando os temores da volta à guerra civil ao saudar seu pai de forma muito calorosa. O imperador e seu filho mais velho celebraram então um triunfo sobre a Judeia, que culminou com o estrangulamento ritual de Simão bar Giora. Vespasiano achou que o ritmo da procissão era extremamente cansativo e murmurou que merecia aquilo por desejar tal honra na sua idade. Não obstante, a nova dinastia havia conquistado a vitória espetacular necessária para justificar o seu governo e tratou de demonstrar num desfile essa realização. Nos anos seguintes foi construído o Arco de Tito, que ainda conserva relevos retratando o seu triunfo. Isso foi parte de um programa de construções que incluía o Coliseu, com o qual Vespasiano empregou os cidadãos pobres e ajudou a reconstruir o centro de uma Roma devastada pelo incêndio e pelos projetos grandiosos de Nero[38].

Vespasiano conseguiu restaurar a estabilidade do império; seu único defeito grave era a avareza, mas ela pode ter se devido principalmente à necessidade de recuperar o tesouro, esgotado pelos excessos de Nero. Ele morreu em 79 d.C., e suas últimas palavras foram uma referência jocosa à convenção pela qual os imperadores eram quase sempre divinizados depois da sua morte – "Acho que estou me tornando um deus". Na sua procissão funerária, o ator que usava sua máscara e seus símbolos de ofício perguntou aos oficiais que organizaram a cerimônia qual era o seu custo. Quando responderam com um número enorme, o ator lhes ofereceu 1% do total e sugeriu que simplesmente jogassem o corpo no rio Tibre.

Durante a vida de seu pai, Tito comandou a Guarda Pretoriana e realizou grande parte do trabalho sujo do imperador. Foi uma surpresa e um alívio que o seu governo tenha sido benevolente e justo. Para manter a propriedade, ele desistiu da sua amante de muito tempo, a rainha Berenice, descendente de Herodes, o Grande, bem como do bando de eunucos e homossexuais que normalmente participavam de seus entretenimentos. Como seu pai, Tito tornou-se muito mais popular depois de se tornar imperador. Mesmo assim, seu reinado foi breve. Ele morreu em 81 d.C., aos 40 anos, e foi sucedido por seu irmão mais novo, Domiciano, muito menos popular[39].

CAPÍTULO 13

O ÚLTIMO GRANDE CONQUISTADOR: TRAJANO E AS GUERRAS DÁCIAS

Marcus Ulpius Traianus
(56-117 d.C.)

Ele sempre marchava a pé entre as fileiras de seu exército e verificava a ordenação e disposição das tropas durante toda a campanha, conduzindo-as por vezes numa ordem e por vezes em outra; e cruzava a vau todos os rios que eles atravessavam. Às vezes, mandava seus batedores fazerem circular falsos relatos, a fim de que os soldados pudessem praticar manobras militares, perder o temor e preparar-se para quaisquer perigos[1].

Depois da morte de Augusto, o Império Romano conquistou pouco território novo. Durante todo o restante do século I d.C., diversos reinos aliados foram anexados e tornaram-se províncias governadas diretamente, mas a única nova grande conquista ocorreu quando Cláudio enviou um exército para invadir a Britânia em 43 d.C. Os grandes conquistadores das décadas passadas da república também foram os principais líderes das guerras civis que dividiram o Estado, e era simplesmente um risco enorme para o imperador permitir que qualquer um dos seus comandantes conquistasse fama e glória de modo semelhante. Era absolutamente vital que as realizações militares do *princeps* nunca fossem eclipsadas pelas de qualquer outro senador. Até Augusto puniu um prefeito do Egito que celebrara suas vitórias de maneira audaciosa demais, forçando-o a cometer suicídio, embora o homem em questão tenha sido apenas um equestre e não um membro do Senado. Tibério, Vespasiano e Tito já haviam obtido distinção militar antes de chegar ao trono, mas Calígula, Cláudio, Nero e Domiciano não tinham essa vantagem e foram ainda mais relutantes em permitir que rivais em potencial recebessem demasiado prestígio. Já vimos como Cláudio chamou Córbulo do Reno, em lugar de permitir que ele continuasse a guerra e reocupasse parte da província da Germânia perdida em 9 d.C. O mesmo imperador fez questão de estar presente à conclusão da primeira campanha da sua expedição à Britânia, em 43 d.C.

Cláudio passou menos de quinze dias na Britânia, porém esteve na maior derrota dos bretões ao norte do Tâmisa e participou da conquista e ocupação da capital tribal, Camuloduno (Colchester). Seu papel no resultado dessas operações é questionável, mas é relevante o fato de ele ter sentido que valia a pena empreender a longa jornada e ficar seis meses longe de Roma para estar à frente do sucesso do exército. Embora a visita tenha sido breve, ajudou a associar o imperador à subjugação da misteriosa ilha visitada, porém não conquistada, por Júlio César. Cláudio pôde, então, retornar a Roma e celebrar um triunfo ao longo da Via Sacra, algo que os imperadores não faziam normalmente como resultado das vitórias obtidas vicariamente por seus legados. Na enxurrada de propaganda subsequente, a qual incluiu jogos, a construção de diversos monumentos e a adoção do nome Britânico por Cláudio e por seu filho adotivo, deixou-se clara a vitória do imperador. Para um homem cujo reinado começara ao ser descoberto escondendo-se atrás de uma cortina, em meio ao caos que se seguira ao assassinato de Calígula, e que fora colocado no poder pela Guarda Pretoriana apesar dos desejos do Senado, aquela era uma prova importante do seu direito e capacidade de ser o primeiro cidadão de Roma[2].

No longo prazo, o sistema político criado por Augusto desestimulou maiores expansões do império. A maioria dos imperadores relutava em passar longos períodos em campanha comandando conquistas e não confiava em que ninguém fizesse isso por eles. Alguns autores dos dias de Augusto já proclamavam que Roma controlava todas as melhores e mais prósperas regiões da Terra e que expansões adicionais teriam nos custos um número maior do que nos lucros. Havia alguma verdade nisso, embora a hipótese aventada por alguns estudiosos modernos, segundo a qual os romanos interromperam a expansão porque agora faziam fronteira com povos cujo sistema militar não podia ser derrotado imediatamente, não possua evidências que a comprovem. Não obstante, é certamente verdadeiro que o exército profissional constituído sob os Júlios-Claudianos não podia ter seu tamanho aumentado de modo rápido e fácil para fornecer tropas a novas aventuras militares. O alistamento era muito impopular, conforme Augusto descobriu em 6 e 9 d.C., tendo sido evitado, quando possível, por todos os imperadores subsequentes. O exército imperial era em média uma força de combate muito mais eficiente do que a milícia pré-Mário, mas não tinha as reservas ilimitadas de homens que se mostraram a força por trás das Guerras Púnicas.

Sob o principado, o maior papel do exército era controlar as províncias – missão que os envolvia em todo tipo de atividade, desde o policiamento até a repressão de rebeliões – e proteger as fronteiras, o que normalmente era realizado por uma combinação de diplomacia com domínio agressivo dos povos vizinhos, por meio de expedições punitivas a esses povos ou da ameaça de empreendê-las. As guerras de conquista eram raras, embora a ideologia do império e de seus governantes continuasse a ser, durante séculos, essencialmente de expansão. Crescer ainda era considerado fundamentalmente bom para o *imperium* de Roma, mas, como sempre foi o caso, isso não necessariamente exigia a aquisição de mais território. O poder romano podia ser respeitado numa região mesmo quando esta não fosse ocupada fisicamente pelo exército ou governada por um oficial romano, e muitas áreas que nunca foram controladas desse modo ainda eram vistas pelos romanos como parte do seu império. A determinação de proteger e aumentar o *imperium* de Roma forneceu a motivação para a maioria das guerras travadas sob o principado.

Domiciano passou vários anos supervisionando o combate de seus exércitos nas fronteiras do Reno e do Danúbio, apesar de ele provavelmente nunca ter exercido comando direto no campo de batalha. Uma linha de fortes na fronteira foi estabelecida na Germânia, aumentando as que já existiam no passado, mas apenas uma área relativamente pequena foi anexada assim. De modo geral, tais conflitos eram versões em grande escala das frequentes campanhas para manter o domínio romano sobre as tribos fronteiriças. A Dácia foi invadida em resposta aos ataques à província de Mésia Inferior, mas é provável que não houvesse a intenção de ocupá-la permanentemente, e nesse ato as operações tiveram pouco sucesso. Um exército – comandado pelo prefeito pretoriano Cornélio Fusco, para irritação do Senado, que achava que qualquer exército deveria ser comandado por um membro da sua classe e não por um simples equestre – foi derrotado e talvez aniquilado pelos dácios em 86 d.C.[3] O relacionamento de Domiciano com a classe senatorial foi piorando ao longo do seu principado, negando-lhe a mesma popularidade – e tratamento favorável pelas nossas fontes, escritas principalmente por senadores para senadores – de seu pai e de seu irmão. No final, ele foi assassinado em 96 d.C. numa conspiração palaciana, substituído pelo Senado por um de seus membros, o idoso Nerva.

Nerva foi o primeiro daqueles que Edward Gibbon chamou "os cinco bons imperadores", que governaram o Império Romano no ápice do seu poder e prosperidade, no século II d.C. Ele foi sucedido por Trajano, que devotou grande parte de seus esforços para retomar a expansão. Sua conquista da Dácia nasceu das campanhas insatisfatórias de Domiciano na área e teve origem nos problemas da fronteira. Em contraste, a invasão da Pártia e a marcha ao golfo Pérsico tiveram poucos motivos além do tradicional desejo do aristocrata romano de conquistar glória e derrotar inimigos poderosos.

A FORMAÇÃO DE TRAJANO E A SUBIDA AO PODER

Trajano nasceu e cresceu na cidade de Itálica, na Hispânia. Sua família afirmava descender dos soldados romanos e italianos que formaram essa colônia estabelecida por Cipião Africano após a vitória em Ilipa, em 206 a.C. Itálica prosperou, cresceu e tornou-se uma das maiores e mais importantes cidades da Hispânia. Ao que parece, seus cidadãos tinham latino, apesar de a aristocracia local poder obter a cidadania romana ao assumir magistraturas. Se tivessem riqueza suficiente – e o sucesso político, mesmo em nível regional, sempre exigia dinheiro –, essas famílias podiam tornar-se equestres e colocar os filhos no serviço imperial. Com o tempo, alguns conseguiram a riqueza e os favores que lhes permitiram entrar no Senado. No século I a.C., especialmente com Augusto, muitos nobres italianos tornaram-se senadores. Sob seus sucessores, um número crescente de homens das províncias entrou na Casa. Alguns eram descendentes de colonos romanos, mas uma quantidade cada vez maior pertencia à aristocracia nativa que recebera a cidadania. Cláudio introduziu vários gauleses no Senado. No final do século I também participavam da Casa homens da Hispânia, do norte da África e da Grécia. Todos eram romanos, tanto na lei como na cultura, independentemente da sua origem étnica, e o seu comportamento na vida pública não diferia de modo significativo do observado em senadores italianos ou romanos. Sob o principado, a elite governante de Roma gradualmente absorveu os ricos e poderosos da maioria das províncias sem perder o seu *ethos* tradicional. Esse processo contribuiu bastante para que as rebeliões fossem extremamente raras na maioria das províncias, exceto naquela cuja aristocracia continuava fora do sistema. Trajano foi o primeiro imperador cujo elo com a Itália era muito distante. Ele foi sucedido pelo seu primo Adriano, outro espanhol cujo sotaque provinciano foi ironizado por diversos outros senadores quando ele foi para Roma pela primeira vez. Perto do final do século, o trono seria tomado por Sétimo Severo, um senador de Léptis Magna, no norte da África. Mais tarde haveria imperadores sírios, gregos, panonianos e ilírios[4].

O IMPÉRIO SOB TRAJANO

O Império Romano em 214 d.C.
- Império Romano
- Estado protegido
- Território em disputa Britânica setentrional
- Bases legionais em 214 d.C.
- Fronteira do Império Romano

O IMPÉRIO SOB TRAJANO

O pai de Trajano e seu homônimo, Marco Úlpio Trajano, tivera uma carreira senatorial de distinção, embora não seja claro se foi o primeiro da família a entrar no Senado. Em 67 d.C., foi legionário legado, comandando a *X Fretensis* sob Vespasiano durante a campanha na Galileia, e o apoiou durante a guerra civil. Isso lhe valeu a posição de cônsul, talvez em 70 d.C., e foi nomeado *legatus AugustiI*, primeiro para a Capadócia e em seguida para a Síria. Durante essa época, houve atritos com os partos, e o modo habilidoso com que Trajano enfrentou o problema lhe assegurou ornamentos triunfais. Não está claro se as operações incluíram combate ou se trataram de diplomacia. Ao longo desses anos, a família recebeu o status de patrícios. Poucos patrícios genuínos ainda sobreviviam nessa época, uma vez que os homens proeminentes tinham sido muito afetados nos expurgos promovidos pelos sucessivos imperadores, e Vespasiano decidira dar a novos membros a dignidade de patrícios para conferir dignidade ao seu Senado. A maioria dos beneficiários eram homens que se mostraram confiáveis durante a guerra civil, como a família do futuro sogro de Tácito, Júlio Agrícola[5].

A educação de Trajano parece ter sido bastante convencional pelos padrões da classe senatorial, embora se afirmasse que ele era medíocre em retórica e em outras realizações acadêmicas. Ainda muito jovem, desenvolveu a paixão pela caça, que continuou por toda a sua vida, e destacou-se nos exercícios físicos em especial nos militares. No final da adolescência, provavelmente por volta de 75 d.C., tornou-se tribuno senatorial (*tribunus laticlavius*) numa das legiões na Síria, servindo sob o comando de seu pai, assim como faziam muitos jovens aristocratas. Mais tarde, foi transferido para uma legião na fronteira do Reno, onde lutou contra as tribos locais. Alguns tribunos ficaram notórios por desperdiçar seu tribunato militar, mas Trajano abraçou a vida no exército com grande entusiasmo e serviu por muito mais tempo do que o usual. Plínio, o Jovem, no seu *Panegírico* – a versão escrita de seu discurso louvando o imperador, originalmente pronunciado no Senado – afirmou que ele serviu durante dez anos, o período exigido para tornar-se elegível para um cargo público na república. Pode ser um exagero, mas seu relato da época de Trajano como tribuno pode nos dar um quadro preciso do entusiasmado jovem oficial:

> Como tribuno [...] tu serviste e provaste teu valor nas longínquas fronteiras do império, pois a fortuna te colocou para aprender sem pressa as lições que mais tarde ensinarias. Não foi o bastante que tu olhasses o acampamento de longe, durante um curto período de serviço: enquanto tribuno, tu desejaste as qualificações para o comando, de modo que nada foi deixado para aprender quando chegou o momento de passar teu conhecimento a outros. Durante dez anos de serviço, tu aprendeste os costumes de povos, as localidades dos países, as oportunidades da topografia, e tu te acostumaste a cruzar todos os tipos de rios e enfrentar todos os tipos de clima [...] tantas vezes trocaste teu corcel, tantas vezes tiveste as armas desgastadas no serviço!⁶

Diversos cargos civis seguiram-se a esse período no exército, até que, no fim dos anos 80 d.C., Trajano tornou-se legado da *Legio VII Gemina* na cidade de Legio (a raiz do seu nome moderno, Leon), na pacífica província da Hispânia Tarraconense. Em 89 d.C., Lúcio Antonino Saturnino, o legado da Germânia Superior, rebelou-se contra Domiciano. Trajano recebeu ordem de marchar da Hispânia para confrontar o exército rebelde. Ele não chegou antes de Saturnino ser derrotado, mas sua lealdade e sua ação imediata conquistaram-lhe a confiança do imperador. A sua legião permaneceu no Reno e empreendeu uma bem-sucedida expedição punitiva contra uma tribo germânica – talvez os catos, que tinham feito uma aliança com Saturnino. Na década de 90, ele aumentou sua reputação como comandante e serviu como legado provincial, possivelmente tanto na Germânia Superior como na Panônia, no Danúbio. Durante sua permanência nessa última região, combateu e derrotou algumas das tribos suevas. Quando Domiciano foi assassinado e Nerva, colocado no trono, Trajano já era muito respeitado como um dos maiores generais de então devido ao seu serviço ativo – ele tinha, na época, 40 anos. Enfrentando pressão dos pretorianos, que exigiam a punição dos assassinos de Domiciano, e provavelmente nervoso com os rivais que emergiam entre os legados provinciais, em 97 d.C. Nerva adotou Trajano, tomando-o como seu herdeiro. A escolha foi popular, sobretudo no exército, e contribuiu muito para proteger o novo regime. Um ano depois, Nerva morreu e Trajano tornou-se imperador. Dali a um ano ele estava vistoriando a fronteira do Danúbio, e em 101 iniciou uma grande campanha nessa área, com o objetivo de derrotar o rei Decébalo, da Dácia[7].

AS GUERRAS DÁCIAS, 101-2 d.C. E 105-6 d.C.

Em 58 a.C., Júlio César considerava atacar a Dácia, "uma área mais ou menos equivalente à moderna Transilvânia", até que os helvécios lhe ofereceram uma alternativa ainda mais atraente para conquistar glória militar. Seu assassinato, em 44 a.C., impediu que seu plano original de travar tal guerra fosse realizado. Os dácios estavam naquela época unidos sob o governo de Burebista, líder guerreiro e carismático que controlava uma força de guerreiros muito maior do que a maioria dos líderes tribais. Não muito tempo depois da morte de César, o rei dácio foi assassinado, e nenhum governante tão forte quanto ele emergiu entre seu povo por mais de um século. Isso mudou quando Decébalo subiu ao poder, nas últimas décadas do século I d.C., uma vez mais reunindo uma poderosa força de guerreiros – ele gostava especialmente de recrutar desertores do exército romano – e submetendo muitos povos vizinhos, como os sármatas e os bastarnas. Dion o descreveu em termos convencionais como o comandante ideal, pois era:

> sagaz na sua compreensão da arte da guerra e também perspicaz no modo como a realizava; julgava bem quando atacar e escolhia o momento certo para se retirar; era um especialista em emboscadas e um mestre em batalhas campais; sabia bem como proceder depois de uma vitória, mas também como agir diante da derrota.[8]

Sob o comando agressivo de Decébalo, os dácios tinham feito pilhagens através do Danúbio e infligido sérias derrotas aos romanos. A campanha de Domiciano contra eles terminou de maneira muito insatisfatória, com um tratado pelo qual os romanos pagavam a Decébalo uma indenização anual e lhe davam engenheiros e artilharia para melhorar as fortificações do seu reino. Esses termos indicavam que Roma não tinha vencido a guerra, e até insinuavam que a haviam perdido, aumentando ainda mais a impopularidade de Domiciano junto ao Senado. Quando Trajano lançou a invasão da Dácia em 101 d.C., sua maior meta era conseguir um tratado de paz muito mais satisfatório, baseado numa vitória romana que permitiria a imposição de um acordo apropriado e tornando a superioridade de Roma sobre a Dácia óbvia para todos. No primeiro momento, ele não parece ter planejado anexar o reino.

Trajano escreveu subsequentemente seus *Comentários*, onde descreveu suas Guerras Dácias, porém apenas pequenos fragmentos da obra sobreviveram. Dion Cássio, senador de origem grega que escreveu no começo do século III d.C., nos dá a melhor narrativa sobre essas operações, mas mesmo seu texto aparece na forma de epítomes produzidas séculos depois e com poucos detalhes. Algumas outras poucas fontes nos dão um pouco de informação, contudo é impossível produzir uma narrativa do conflito com as minúcias das outras campanhas examinadas até aqui. Os espólios da conquista da Dácia foram usados para construir o grande complexo do Fórum, erigido posteriormente por Trajano em Roma. Pouco desse complexo sobreviveu, além da sua grande peça central, uma coluna de cem pés romanos de altura (29,78 metros), decorada com um friso espiral esculpido que conta a história das guerras. Centenas de cenas retratam milhares de figuras individuais de soldados romanos e de seus inimigos, formando uma narrativa clara. Originalmente era colorida, com as figuras pintadas e equipadas com armas de bronze em miniatura, e a escultura incorporava níveis de detalhe que não podiam ser visíveis ao observador no nível do chão.

A Coluna de Trajano conta uma história, mas é uma narrativa que podemos ler apenas com dificuldade. Algo como ver a Tapeçaria de Bayeux sem as legendas e com somente uma ideia nebulosa dos eventos e personalidades da Conquista Normanda. Embora tenham sido feitas muitas tentativas de relacionar os relevos à topografia da Romênia e de reconstruir o curso das guerras em detalhe, nenhum desses esforços produziu uma narrativa muito convincente e não se pode ir além de conjecturas. Não obstante, a Coluna de Trajano nos fornece uma visão fascinante sobre como os comandantes romanos gostavam de ser retratados na arte. Diversas convenções artísticas influenciaram o seu estilo, porém grande parte deriva da tradição secular da arte triunfal romana, pois os generais que desfilavam em seus triunfos pela cidade quase sempre incluíam em sua parada pinturas retratando os feitos de seu exército e deles mesmos. Tais retratos eram frequentemente usados para decorar templos ou outros monumentos construídos com os espólios de guerra. A Coluna de Trajano representa o comandante ideal da arte romana, e é interessante comparar as imagens à figura literária do grande general. Cenas de outro monumento em Adamclisi, na Romênia, provavelmente mostram episódios da guerra, mas a história que contam é ainda mais difícil de reconstruir. Trajano talvez seja um dos oficiais retratados no monumento de Adamclisi, mas as figuras estão desgastadas demais pelo tempo para permitir que algo seja reconhecido definitivamente[9].

As preparações para a campanha foram longas e provavelmente levaram pelo menos um ano. Nove legiões – com força total ou pelo menos na forma de uma *vexillatio* substancial – concentraram-se no Danúbio para tomar parte nas operações ou apoiá-las. Outras legiões enviaram *vexillatio* menores, e as forças auxiliares da região, já em número considerável, foram engrossadas por unidades e destacamentos inteiros de outras províncias. Um terço, talvez, do exército romano então constituído deveria participar da guerra, embora essas tropas nunca tenham sido reunidas num único exército de campo, e sim operadas em várias forças separadas e executando papéis de apoio. Era uma força formidável, porém a tarefa que deveriam executar não seria fácil. A Dácia era defendida pela força natural dos Cárpatos. O reino era rico em depósitos de ouro, e Decébalo usara esse recurso para criar um grande exército e construir poderosas fortalezas controlando os principais caminhos nas montanhas. Escavações em diversos desses sítios confirmaram sua natureza impressionante, com muralhas e torres combinando métodos de construção nativos, helenísticos e romanos. Os guerreiros dácios eram audazes, mas não mais disciplinados do que os dos povos tribais. Sua religião, baseada ao redor do culto do deus Zalmóxis, recomendava que os homens se suicidassem em vez de render-se. Em batalha, poucos usavam armadura, a não ser pela cavalaria sárma aliada, cujos cavaleiros combatiam como catafractos, isto é, cavalo e homem com armadura de metal ou de chifre. Suas armas consistiam em arcos, dardos, espadas no estilo celta e a *falx*, uma espada curva com a lâmina no lado interno terminando numa ponta aguda em forma de foice. Essa arma era capaz de atravessar um escudo e infligir ferimentos terríveis, o que estimulou alguns legionários romanos a equipar-se com protetores de canela e uma guarda articulada para proteger o braço direito exposto. A Coluna de Trajano começa com cenas mostrando os postos romanos na fronteira do Danúbio, além de uma força de legionários marchando com seus estandartes sobre uma ponte de barcaças – o equivalente romano à ponte do tipo pontão. Em seguida, aparece o imperador num *consilium* com seus oficiais para discutir as operações que seriam executadas. Trajano normalmente é um pouco maior do que os homens ao seu redor, mas nunca domina a cena pelo seu tamanho como se vê na arte monumental dos antigos governantes, por exemplo a dos faraós do Egito. O ótimo planejamento e o despacho de ordens ao alto--comando do exército são seguidos por outras preparações para a campanha. Com sua cabeça coberta, respeitando o protocolo do seu ofício como *pontifex maximus*, o sumo sacerdote de Roma, o imperador deposita um bolo circular ritual, ou *popanum*, nas chamas de um altar, enquanto ao seu redor o rito da *suovetaurilia* é executado com o sacrifício a Marte de um touro, um carneiro e um javali. Essa importante cerimônia acontecia fora dos baluartes do acampamento do exército, antes do início de qualquer grande campanha, para purificar as tropas e garantir o apoio das divindades romanas. Do mesmo modo que na vida política romana, os magistrados tinham papel central nas cerimônias religiosas do exército. Há, então, uma cena curiosa que mostra Trajano observando um camponês que agarra um grande objeto circular caído de uma mula, o que pode estar relacionado com uma anedota, registrada por Dion, na qual tribos aliadas enviam uma mensagem ao imperador escrita em latim sobre um enorme cogumelo. Então, o comandante monta um tribunal e faz um discurso para seus legionários, a mensagem conhecida como *adlocutio*. Depois, os soldados fortificam diversas posições – presumivelmente na margem inimiga do Danúbio –, com o imperador andando entre eles enquanto trabalham para supervisionar a obra.

Com a travessia protegida, o exército principal avança através das montanhas, provavelmente indo em direção ao passo nos Cárpatos conhecido como Portões de Ferro. Trajano e um dos seus oficiais aparecem inspecionando um forte inimigo numa colina, que parece abandonado, antes da retornar para supervisionar um grupo de legionários que abrem caminho através da espessa floresta. Um tema proeminente na coluna, bem como na literatura, é a perícia de engenharia e a determinada perseverança dos soldados romanos, e com muita frequência Trajano e seus oficiais são retratados inspecionando os trabalhos. Ele também aparece interrogando um prisioneiro dácio, do mesmo modo que César e outros comandantes fizeram, antes de a ação passar rapidamente para a primeira grande batalha. Nela, os legionários aparecem em formação na reserva, enquanto os auxiliares combatem; entre estes, há vários bárbaros de peito desnudo – talvez germânicos ou até bretões das unidades irregulares conhecidas como *numeri* – portando porretes de madeira.

A selvageria desses soldados, que não eram cidadãos, é enfatizada nessa e em outras cenas. Um guerreiro da infantaria auxiliar regular prende nos dentes cerrados o cabelo da cabeça decepada de um inimigo, de modo que suas mãos permanecem livres para lutar. Na retaguarda, outros dois auxiliares presenteiam o imperador com cabeças decepadas. Nessa cena Trajano, parece desviar o olhar, mas em outra imagem semelhante ele é mostrado de braços esticados para aceitar dois desses grotescos troféus. Os romanos haviam proibido o corte de cabeças nas províncias do império, porém era evidentemente aceitável que esses soldados fizessem isso quando em combate contra inimigos estrangeiros. Contudo, com apenas uma possível exceção, só os auxiliares são retratados na coluna cortando cabeças, e é provável que tal comportamento fosse aceitável entre esses soldados menos civilizados, mas não entre os legionários.

O ato de levar troféus ao comandante ecoa incidentes descritos na literatura, como o cavaleiro em Jerusalém que agarrou um rebelde e o levou a Tito. O general e, mais ainda, o imperador podiam recompensar tais feitos heroicos, e seu papel como testemunha do comportamento dos seus homens era vital. Tal tarefa implicava permanecer relativamente próximo do combate, de modo que os homens acreditavam que podiam ser vistos individualmente. Um dos generais de Domiciano teria ordenado a seus homens que pintassem os nomes nos escudos para que se sentissem mais visíveis. Depois, na coluna, Trajano é retratado distribuindo recompensas às tropas auxiliares, embora outra evidência leve a crer que esses homens não recebiam mais medalhas (*dona*) como os legionários, portanto as recompensas devem ter assumido outra forma. As unidades auxiliares ganhavam honras de batalha e por vezes a cidadania era outorgada após a dispensa de um soldado; assim, a promoção e dinheiro ou espólio eram provavelmente a forma mais comum de recompensar um soldado auxiliar[10].

Essa primeira batalha possivelmente ocorreu perto de Tape, onde, em 88 d.C., um dos generais de Domiciano conquistara uma vitória que ajudou a diminuir a vergonha da derrota de Cornélio Fusco. Um deus arremessando raios sobre os dácios aparece no alto do friso, mas não está claro se sua intenção é simplesmente mostrar as divindades de Roma lutando a seu favor ou se indica uma ação realizada, ou talvez concluída, durante uma tempestade. Alguns comentaristas aventaram a hipótese de que a confiança dos auxiliares, empregados em combate enquanto os legionários permanecem na reserva, reflete o desejo romano de conquistar vitórias sem a perda de sangue de cidadãos. Tácito elogia Agrícola por vencer a Batalha do Monte Graupio desse modo, mas tal sentimento raramente é expressado de fato. Parece ter sido muito comum, por volta do final do século I d.C., formar a primeira linha da infantaria com tropas auxiliares, enquanto as legiões formavam a segunda linha e as subsequentes. Isso era lógico, pois a maior organização das legiões, com dez coortes sob o comando de um legado e acostumadas a operar em conjunto (diferentemente das coortes auxiliares, que eram todas unidades independentes), tornava mais fácil para o comandante do exército controlá-las. Por esse motivo, os legionários eram mais eficientes como tropas reservas a serem utilizadas quando a linha de combate necessitava de reforços. Em alguns casos, a batalha pode ter sido vencida por auxiliares sem a necessidade das reservas. Não se sabe se foi o caso em Tape, em 101 d.C. É igualmente possível que os escultores tenham escolhido simplesmente representar a fase inicial da batalha, quando a infantaria e a cavalaria auxiliares lançaram um ataque ao inimigo. Dion nos diz que o combate foi extremamente feroz e que a vitória custou pesadas baixas aos romanos. Quando as estações romanas de auxílio médico – paramédicos são mostrados tratando soldados em uma das cenas posteriores da coluna – ficam sem bandagens, Trajano lhes manda suas próprias roupas para serem cortadas em tiras, a fim de compensar a falta. Para celebrar os mortos, ele também erigiu um altar no local da batalha[11].

Depois do seu sucesso, os romanos são retratados ainda avançando e incendiando as comunidades capturadas. O parapeito de um forte dácio apresenta, como decoração, uma fileira de cabeças colocadas em postes, enquanto na frente do baluarte há estacas escondidas em fossas, semelhantes aos "lírios" feitos pelos homens de César em Alésia. Segundo Dion, num desses fortes capturados os romanos encontraram estandartes e equipamentos tomados do exército de Fusco[12]. Os romanos, então, cruzam um rio, dessa vez sem fazer uso de uma ponte. Um legionário é retratado atravessando a água com sua armadura e seu equipamento levados no escudo retangular acima da cabeça. Depois disso, Trajano faz outro discurso às tropas, antes de encontrar-se com um grupo de embaixadores dácios e, subsequentemente, com mulheres nativas. Em seguida, a ação se passa em outra área, pois a coluna mostra guerreiros dácios e catafractos sármatas nadando através do Danúbio – e em alguns casos, afogando-se ao tentar fazê-lo – para atacar algumas guarnições romanas protegidas por tropas auxiliares. Um grupo de inimigos usa um aríete com ponta de ferro no formato de cabeça de carneiro para tentar abrir uma brecha na muralha do forte – isso pode ser uma indicação do conhecimento das técnicas de cerco que Decébalo adquiriu dos desertores e do tratado com Domiciano.

Em resposta a essa nova ameaça, vemos Trajano e um grupo de guardas pretorianos e auxiliares embarcando num navio de guerra e numa barcaça. Eles estão com as cabeças despidas, usando capuz de viagem (*paenulae*) e levando bagagens – talvez barracas dobradas ou suprimentos. A força viaja ao longo do Danúbio e, então, desembarca. Trajano está sempre à frente e cavalga com um grupo de infantaria e cavalaria auxiliares, além de bárbaros irregulares, à caça da força inimiga. Dois cavaleiros auxiliares fazem um relatório ao imperador – presumivelmente são batedores que encontraram os dácios –, e a isso segue-se um grande ataque da cavalaria romana. A surpresa é completa – a deusa da noite é vista no alto da cena, indicando um ataque protegido pela escuridão –, e os sármatas e dácios são vencidos e massacrados ao redor de suas carroças de quatro rodas. Como César observou, os exércitos gauleses eram sempre acompanhados por carroças que levavam suas famílias, e é possível que os dácios tivessem costume semelhante. Contudo, pode ser que essas cenas não representem uma força de ataque, e sim uma migração empreendida por povos locais, talvez tribos aliadas a Decébalo.

As métopas de Adamclisi também mostram um combate ao redor de carroças bárbaras e uma dramática carga da cavalaria romana comandada por um oficial superior, talvez o próprio Trajano. Embora em estilo menos sofisticado, esses relevos são menos estilizados do que os da coluna e parecem representar três tipos distintos de bárbaros, provavelmente sármatas, bastarnas e dácios. É possível que as métopas de Adamclisi correspondam às cenas da coluna; podem, porém, igualmente retratar eventos bem diferentes.

Depois dessa vitória romana, Trajano é visto recebendo outra embaixada dácia, dessa vez composta por aristocratas "de barrete" (*pileati*) em vez dos guerreiros socialmente inferiores enviados por Decébalo no começo da guerra. Dion menciona diversas tentativas de negociação, as quais fracassaram devido à natureza desconfiada de Decébalo e, muito provavelmente, à natureza descomprometida das exigências romanas[13]. A isso segue-se uma grande batalha, na qual os legionários são retratados lutando ao lado dos auxiliares. As tropas romanas são apoiadas por um escorpião montado numa carroça, que por sua vez é puxada por uma parelha de duas mulas chamada de *carroballista*. Trajano supervisiona a batalha por trás da linha de combate, enquanto um auxiliar lhe traz um cativo. Atrás dele está a famosa cena da estação médica, o que pode significar que a história de Dion sobre as bandagens deve ser associada a essa batalha, em vez de a um encontro anterior. Como sempre, em se tratando da coluna, simplesmente não podemos saber.

Depois da derrota dos dácios – muitos dos quais são mostrados prisioneiros numa instalação –, Trajano monta um tribunal para discursar aos seus soldados e, então, senta-se numa cadeira dobrável de campanha para distribuir recompensas aos auxiliares que se destacaram. Contudo, em meio a essas cenas de celebração romana, há no canto uma cena sombria, na qual diversos homens amarrados nus são brutalmente torturados por mulheres. Os homens são muito possivelmente soldados romanos capturados e as mulheres, dácias – em muitas sociedades guerreiras, a tarefa de humilhar e torturar até a morte prisioneiros inimigos era quase sempre executada pelas mulheres da tribo. A cena pode bem indicar que a guerra ainda não tinha acabado, uma vez que tal inimigo selvagem precisava ser completamente derrotado.

Nessa altura da narrativa na coluna há uma clara quebra, talvez indicando o final do primeiro ano de campanha, de modo que as cenas subsequentes devem ser relacionadas ao ano de 102 d.C. Outra viagem fluvial é mostrada, e então uma coluna de legionários marcha através de uma ponte de barcos, e dois exércitos romanos se unem. Nessa e nas seções seguintes, vemos Trajano saudando as tropas que chegam, fazendo discursos aos soldados, tomando parte em outro sacrifício *suovetaurilia* a Marte, recebendo embaixadas dácias e aceitando um prisioneiro ou outros troféus levados a ele por seus soldados. Conforme o exército avança através das montanhas, construindo estradas, erigindo fortes, travando batalhas e fazendo cercos a fortalezas, o imperador está sempre com eles, observando, dirigindo e inspirando. Ele não leva ferramenta nem arma para se unir aos soldados nas suas tarefas, pois seu papel é orientar seus esforços e não realizá-los em conjunto. Finalmente, os romanos superam o terreno difícil e seus inimigos obstinados e ferozes. A Primeira Guerra Dácia termina com a rendição formal de Decébalo e dos dácios, ajoelhados ou em pé enquanto suplicantes diante do imperador, que está sentado num tribunal, cercado pelos estandartes da sua guarda pretoriana. Então, Trajano aparece de pé nesse ou em outro tribunal para discursar com seus soldados reunidos. Troféus e a deusa vitória marcam o fim do conflito.

 A paz mostrou-se temporária. Decébalo concordou com a perda de parte do território, devolveu máquinas de cerco e engenheiros, entregou os desertores romanos e prometeu não os recrutar mais. Em muitos aspectos, a guerra terminara de modo completamente satisfatório para os romanos, com seu inimigo reduzido à condição de aliado subordinado, e Trajano pôde tomar o título honorário "Dácio". No entanto, nos anos seguintes Decébalo descumpriu a maior parte dos termos, começando a reunir um exército e a fortalecer-se, e ocupando parte das terras dos iázigis, um povo sármata, sem pedir a aprovação romana. O rei claramente não estava se comportando de forma apropriada a um aliado romano, e a guerra, cuja ameaça começara em 104, recomeçou abertamente em 105, quando os dácios retomaram o ataque a algumas guarnições romanas. O comandante da guarnição mais importante, Cneu Pompeu Longino – antigo *legatus Augusti*, que podia ainda ter a mesma patente durante esse conflito – foi traiçoeiramente aprisionado durante uma negociação. Entretanto, as tentativas de Decébalo de usá-lo como refém não tiveram resultado, pois o romano conseguiu obter veneno e se suicidar. A certa altura, os dácios também alistaram um grupo de desertores para assassinar o imperador, mas esse plano também fracassou[14].

Trajano estava na Itália quando a Segunda Guerra Dácia começou, e a narrativa da coluna se inicia com sua viagem através do Adriático e, depois, o mostra sendo saudado por dignitários e pela população local. Seguem-se duas cenas de sacrifício. Forças ainda maiores foram reunidas para a Segunda Guerra. Trajano arregimentou duas novas legiões, batizadas em sua homenagem, a *II Traiana Fortis* e a *XXX Ulpia Victrix*, ambas as quais provavelmente serviram na Segunda Guerra, embora não esteja claro se participaram da Primeira. Ao estilo convencional romano, o imperador combinou força com vigorosa atividade diplomática em 105 d.C., aceitando a rendição de chefes dácios que abandonaram o seu rei e negociando com embaixadores de todos os povos vizinhos. Como resultado, Decébalo parece ter ficado com muito menos aliados. Mesmo assim, a coluna mostra um forte ataque a alguns postos avançados auxiliares, os quais resistiram até receber reforços comandados pelo próprio Trajano.

A ofensiva romana principal pode não ter sido lançada até 106, e muito provavelmente seguiu uma rota diferente da campanha anterior. Começa com outro sacrifício às margens do Danúbio, antes de o exército cruzar o rio em Dobreta. Dessa vez não usaram uma ponte de barcos temporária, mas uma ponte de arcos monumental, construída com pedra e madeira e sustentada por vinte molhes, cada qual com 45 metros de altura, cinquenta metros de largura e a uma distância de 52 metros um do outro. Foi projetada por Apolodoro de Damasco – que mais tarde planejou o complexo do Fórum de Trajano e presumivelmente teve grande papel na construção da coluna – e construída pelos soldados. Uma estrada foi aberta nas escarpas do Danúbio para permitir o acesso mais fácil à ponte. O relato de Dion descreve esse feito de engenharia com detalhes afetuosos, que lembram demais a narrativa de César sobre sua ponte no Reno. Foi uma vitória importante e magnífica da engenharia de Roma, tão admirável para os romanos quanto seus feitos de armas. A coluna fornece um retrato detalhado, porém estilizado, da ponte como plano de fundo da cena do sacrifício[15].

Depois disso, Trajano juntou-se ao exército – os soldados o saudaram com entusiasmo, do mesmo modo como Veleio descreveu a recepção que Tibério recebeu dos legionários –, realizou outra cerimônia de purificação *suovetaurilia*, com a procissão ritual realizada ao redor do acampamento, e discursou aos legionários e membros da Guarda Pretoriana. Num *consilium*, Trajano apresentou e discutiu os planos da campanha com seus oficiais mais graduados. Terminadas as costumeiras preliminares, o exército avançou, colhendo grãos dos campos para suplementar as provisões. A coluna leva a crer que houve alguns combates, porém menos, talvez, do que na Primeira Guerra. Dion também conta a história de um cavaleiro auxiliar que, descobrindo que suas feridas eram mortais, deixou o acampamento para voltar à batalha e morreu após realizar feitos espetaculares de heroísmo. O ápice da campanha foi o cerco de Sarmizegetusa, o centro político e religioso do reino dácio, situado no alto dos Cárpatos. Depois de dura resistência e, ao que parece, de um ataque romano malsucedido, os defensores desesperaram-se e atearam fogo à cidade antes de envenenarem-se. A guerra ainda não tinha terminado, mas o resultado pendia claramente para os romanos, que agora perseguiam os dácios remanescentes. Decébalo foi encurralado por um grupo de batedores da cavalaria romana, mas abriu sua garganta em vez de deixar-se aprisionar.

O comandante da patrulha romana era um certo Tibério Cláudio Máximo, que entrara no exército como legionário e fora promovido a oficial da *auxilia*. Na coluna, ele é retratado aproximando-se de Decébalo, e por sorte seu epitáfio sobreviveu, trazendo uma inscrição que descreve sua carreira e dá outra versão da cena. Decébalo teve a cabeça decepada e levada para Trajano, que ordenou que seguisse em desfile diante do exército. A guerra estava terminada e a vitória completou-se pela descoberta do tesouro do rei, enterrado no leito de um rio, após muito trabalho dos prisioneiros romanos[16].

Uma nova província foi criada, protegida por duas legiões apoiadas por auxiliares e com o centro principal na recém-fundada colônia de Sarmizegetusa Úlpia – uma grande cidade construída numa terra fértil aos pés dos Cárpatos, diferente da fortaleza na montanha de Decébalo. Os colonos eram originários de muitas partes do império, mas especialmente das províncias orientais, e logo a Dácia romana prosperou. O destino dos dácios, se foram completamente removidos ou se simplesmente foram absorvidos de modo mais normal, tem sido tema de acirrado debate em séculos recentes, sobretudo entre os romenos – a política contemporânea exerce grande influência sobre sua crença de que seus ancestrais foram romanos ou dácios.

IMPERADORES EM CAMPANHA

Um importante programa de propaganda, do qual o complexo do Fórum era parte, celebrou a vitória na Dácia. Se Trajano quisesse apenas glória militar para confirmar sua posição enquanto imperador, é improvável que fosse buscar outras oportunidades de realizar uma guerra agressiva. Seu governo foi tão popular quanto o de qualquer outro imperador, e as gerações subsequentes preservaram sua memória chamando-o de *Optimus Princeps*, o melhor dos imperadores, rivalizado em termos de prestígio apenas por Augusto. Seu relacionamento com o Senado – sempre o fator mais crítico para determinar o tratamento de um governante nas nossas fontes literárias – era, em geral, muito bom, e seu governo foi considerado justo e bem-sucedido. Mesmo os vícios de Trajano – ele era inclinado a nutrir paixões por meninos e jovens – foram perdoados, uma vez que seu comportamento nunca atingiu um estágio que os romanos considerassem excessivo ou que o tornasse depravado. Sua decisão de lançar uma invasão à Pártia em 114 d.C. foi, de acordo com Dion, motivada pelo desejo de conquistar fama.

Trajano passara mais tempo da sua vida com o exército do que a maioria dos aristocratas romanos, e certamente parece ter apreciado a vida militar. O pretexto para a guerra foi, uma vez mais, uma disputa sobre o relacionamento do rei armênio com Roma, pois um novo monarca fora presenteado com o diadema da autoridade pelo governante parto e não por um representante de Roma. A paz com a Pártia sempre foi conturbada, já que, para os romanos, seu vizinho oriental representava algo profundamente incômodo – o antigo inimigo não fora reduzido à condição de subordinado e continuava completamente independente e forte. Ao que parece, Trajano planejara conquistar uma vitória permanente, pois sua campanha foi desde o começo muito mais do que um simples esforço para dominar a Armênia. Enormes forças romanas e aliadas – cerca de dezessete das trinta legiões foram completas e enviaram *vexillatio* substanciais para a guerra – tiveram o apoio de grandes quantidades de suprimentos que haviam sido recolhidos no Oriente durante vários anos de preparação para o conflito. O imperador estava ansioso por rivalizar as grandes conquistas de Alexandre na mesma região pela qual o rei macedônio passara séculos antes. A cultura do Império Romano era firmemente greco-romana, e os heróis do mundo helênico serviam de inspiração tanto quanto as primeiras gerações de romanos[17].

A guerra oriental de Trajano começou bem, uma vez que nos anos seguintes ele invadiu a Armênia, a Mesopotâmia e grande parte da Pártia. A capital parta, Ctesifonte, e a maior cidade selêucida foram ambas capturadas, e depois disso Trajano desceu o Tigre em direção ao golfo Pérsico. Se planejava continuar seguindo os passos de Alexandre – o que parece improvável –, seus planos foram frustrados quando irromperam rebeliões por todos os territórios conquistados em 116 d.C. As colunas romanas tiveram de operar nas novas províncias, sufocando a insurreição. Os problemas foram agravados por uma intensa rebelião das comunidades judaicas no Egito e em outras províncias, embora não na Judeia, o que exigiu grande quantidade de tropas para derrotá-las. O próprio Trajano comandou um cerco à cidade de Hatra, no deserto da Arábia. Durante o cerco, quando a cavalaria da sua guarda pessoal participou de um dos assaltos, Trajano foi quase atingido por um projétil enquanto passava pelas muralhas. Dion observa que o imperador não estava usando nenhum símbolo que indicasse sua patente, esperando não se destacar dos outros oficiais, mas sua idade – à época estava com 60 anos – e o cabelo branco deixavam clara sua categoria superior. Ele não foi atingido, mas o cavaleiro ao seu lado acabou morto. Hatra resistiu à investida romana, até que os homens de Trajano, desesperados com a falta de água e de outras provisões, retiraram-se. O imperador estava planejando novas operações, quando sofreu um derrame, morrendo logo depois[18].

Trajano foi sucedido pelo seu parente Adriano, mas houve considerável dúvida quanto a ele ter sido nomeado antes de sua morte. Assim, no começo do seu reinado, a posição de Adriano estava um tanto insegura, tornando-o relutante em passar alguns anos longe de Roma para realizar as ambições de seu predecessor no Oriente. Isso, combinado talvez com uma percepção de que os recursos militares de Roma estavam sobrecarregados, levou-o a abandonar os territórios tomados aos partos. Outra perda foi a grande ponte de Trajano no Danúbio, parcialmente demolida para evitar que fosse tomada e usada por um inimigo. Não haveria guerras de conquista durante o reinado de Adriano, de 117 a 138 d.C., e na maioria dos casos as batalhas travadas aconteceram em resposta a rebeliões ou a ataques, sendo comandadas pelos legados do imperador sem a sua supervisão no local onde eram empreendidas. Sem as agressivas ambições de Trajano, Adriano mesmo assim passou boa parte de seu reinado visitando as províncias e, em particular, inspecionando o exército. Dion observou que ele "submetia as legiões à mais rígida disciplina, de modo que, embora fortes, não eram nem insubordinados nem intolerantes"[19]. O culto à *Disciplina* – uma das diversas divindades romanas que personificavam virtudes – floresceu no exército nessa época, especialmente entre as tropas da Britânia e da África, e pode bem ter sido estimulado pelo próprio Adriano. Mesmo quando o exército não estava em guerra, o imperador ainda se conformava com o ideal do bom general, que garantia que as tropas fossem sempre bem treinadas e estivessem prontas para lutar caso fosse necessário. De acordo com Dion:

> Ele examinava e investigava pessoalmente absolutamente tudo, não apenas o que era normalmente supervisionado nos acampamentos, como armas, máquinas, trincheiras, baluartes e paliçadas, mas também os assuntos particulares dos homens a serviço e

dos oficiais – suas vidas, seus alojamentos e seus hábitos –, reformulando e corrigindo em muitos casos as práticas e os arranjos que tinham se tornado excessivamente magnificentes. Ele exercitava os homens para todo tipo de batalha, honrando alguns e admoestando outros, e os ensinava tudo o que devia ser feito. E, para que se beneficiassem ao observá-lo, levava uma vida vigorosa e andava ou cavalgava em todas as ocasiões [...], nunca cobria a cabeça, fizesse frio ou calor, mas, tanto nas neves da Germânia quanto no sol escaldante do Egito, andava com a cabeça descoberta. De modo que, tanto por meio do seu exemplo como dos seus preceitos, ele treinava e disciplinava toda a força militar por todo o império, e até hoje [isto é, um século depois] os métodos que introduziu são as leis dos soldados em campanha.[20]

Adriano observava as tropas executarem exercícios do mesmo modo que os comandantes o faziam durante as batalhas, louvando e recompensando a habilidade e criticando e punindo as más atuações. Uma inscrição feita por um soldado auxiliar de nome Sorano sobreviveu, registrando, embora em verso latino deveras pobre, um incidente em que o imperador elogiou sua perícia como arqueiro[21]. Inscrições muito mais completas encontradas em Lambésis, no norte da África, trazem trechos de vários discursos feitos num desfile do exército provincial, como culminação de uma série de exercícios rigorosos. O estilo de Adriano é muito direto, referindo-se à *Legio III Augusta* como "sua" legião e ao comandante como "seu" legado. Ele demonstra conhecimento profundo da história recente da legião, observando que estava seriamente desfalcada por ter enviado uma coorte para servir numa província vizinha. Ele também menciona que a legião mandou subsequentemente uma coorte, reforçada por homens retirados do resto da unidade, para reforçar outra legião. Afirmando que, sob tais condições, era compreensível que a *III Augusta* não tivesse estado à altura de seu alto padrão, ele reitera seu elogio declarando que não precisariam desculpar-se. Os centuriões, sobretudo os mais eminentes, são destacados para serem louvados. Tanto nesse trecho do discurso como nas partes dirigidas a unidades auxiliares individuais, o imperador presta repetidamente tributo à diligência do legado Quinto Fábio Catulino. Seu discurso ao elemento de cavalaria de uma coorte mista (*cohors equitata*) dá uma boa indicação do estilo de sua oratória em tais ocasiões:

> É difícil para a cavalaria de uma coorte fazer uma demonstração agradável e especialmente não desagradar depois de um exercício executado por uma *ala*; esta cobre uma extensão maior de terreno, tem mais cavaleiros para arremessar dardos, faz voltas frequentes à direita e executa a cavalgada cantábrica em formação cerrada e, por conta dos pagamentos mais altos, tem cavalos superiores e melhor equipamento. Contudo, vocês superaram tais desvantagens ao fazer tudo o que fizeram com energia, apesar do calor; além disso, arremessaram pedras de fundas e lutaram com dardos, cavalgando rapidamente. O cuidado especial tomado pelo meu legado Catulino é muito óbvio...

Os discursos também contêm algumas críticas, por exemplo quando uma unidade de cavalaria é admoestada por perseguir o inimigo muito rapidamente e sair da ordem, o que a tornaria vulnerável a um contra-ataque. De modo geral, Adriano tentou estimular seus soldados e fazê-los sentir que tanto eles como suas unidades eram valorizados e respeitados. A não ser por detalhes específicos, há pouco que seria diferente em um discurso proferido por um general ou um gerente modernos[22].

O sucessor de Adriano, Antonino Pio, não era militar e não passou o tempo em campanhas. O fato de ele se contentar em delegar a administração dos maiores conflitos da época é uma marca da segurança do seu tempo. Essas operações foram todas em resposta a problemas nas fronteiras. A partir do final do século I d.C., as bases militares nas fronteiras do Império Romano foram cada vez mais envolvidas por um ar de permanência, com as velhas fortificações e os prédios internos de madeira sendo substituídos por pedra. Adriano levara o processo além nas suas visitas às províncias, ordenando a construção de novas instalações e de limites fronteiriços. No norte da

Britânia, o exército construiu a Muralha de Adriano, que se estendia por oitenta milhas romanas de costa a costa. Tais barreiras visavam a restringir elementos forasteiros e nunca a prejudicar os movimentos do exército romano; em vez disso, davam-lhe bases seguras a partir das quais podiam mover operações agressivas. Roma tentou dominar seus vizinhos, não meramente rechaçar invasões ou ataques às províncias, contudo, tentativas permanentes de ocupação de novos territórios eram raras.

CAPÍTULO 14

UM CÉSAR EM CAMPANHA: JULIANO NA GÁLIA, 356-360 D.C.

Juliano, o Apóstata
(332-263 d.C.)

E se for necessário enfrentar o inimigo, tomar seu posto com convicção entre os porta-estandartes, espere cuidadosamente pelo momento certo para inspirar seus homens com um ato audacioso, inspire os combatentes pelo exemplo sem ser imprudente, apoie-os com reforços quando estiverem sob pressão, repreenda os preguiçosos com moderação e esteja presente como uma verdadeira testemunha dos seus feitos, tanto dos corajosos como dos covardes. Desse modo, instado pela gravidade da situação, vá como um homem corajoso liderar outros homens corajosos.

Conselho de Constantino a Juliano depois da sua nomeação como césar em 355 d.C.[1]

A expansão sob Trajano foi seguida pela redução e reorganização das fronteiras sob Adriano e Antonino Pio. Quando Pio morreu, em 161 d.C., seu sucessor, Marco Aurélio, herdou a guerra com a Pártia.

Problemas na fronteira do Danúbio obrigaram Aurélio a passar grande parte da última década do seu reinado em campanha, e ele provavelmente planejava criar novas províncias a leste do Danúbio pouco antes da sua morte, em 180. Apesar de o século II d.C. ter testemunhado diversos conflitos maiores, foi em geral uma época de notável prosperidade, quando o Império Romano atingiu em muitos aspectos o seu apogeu. No século XVIII, Edward Gibbon veria os anos entre 96 e 180 d.C. como o "período da História do mundo em que a condição da raça humana foi a mais feliz e próspera". Para ele, o declínio de Roma começou com o reinado do filho de Aurélio, o brutal Cômodo, que rompeu o costume recente de o imperador escolher um senador capaz para adotá-lo como herdeiro em vez de procurar parentes consanguíneos. O assassinato de Cômodo produziu uma guerra civil que certamente superou em escala o "Ano dos Quatro Imperadores", que se seguiu ao suicídio de Nero. O vencedor do conflito, Sétimo Severo, passou a maior parte do seu reinado combatendo rivais ou fazendo guerra contra os partos e, mais tarde, contra as tribos caledônias do norte da Britânia. Severo morreu em York, aconselhando os dois filhos que o sucederam a "cuidar dos soldados e desprezar todos os demais"[2]. Poucos meses depois, seu filho mais velho, Caracala, assassinou seu irmão e assumiu o poder.

Caracala apreciava a vida militar e gostava de ser visto não só com o uniforme dos soldados comuns, mas também usando um moinho manual para moer sua ração de trigo e fazer sua própria farinha, como os próprios legionários faziam[3]. Mesmo assim, essas atitudes não evitaram que fosse apunhalado até a morte por um cavaleiro da sua própria guarda, quando se agachou atrás de um arbusto para aliviar-se a caminho de outra guerra contra a Pártia. Depois de Caracala, imperadores foram entronizados e caíram com uma frequência alarmante, a maioria assassinada ou executada por rivais, e uns poucos morrendo em batalha com inimigos estrangeiros. As guerras civis eram comuns, e, como o exército romano desgastava sua força lutando contra si próprio, as derrotas nas fronteiras tornaram--se cada vez mais frequentes. Ocasionalmente, um imperador forte era capaz de manter a estabilidade por alguns anos, talvez por toda uma década, antes de as revoltas e o caos retornarem.

Embora seja extremamente difícil descrever em detalhes qualquer uma das guerras do século II d.C., as fontes sobre as campanhas do século III tornam essa tarefa impossível. Certamente não nos permitem escrutinar a capacidade de liderança de qualquer comandante do exército com a mínima clareza, apesar de os poucos casos preservados sugerirem que seu comportamento tinha muito em comum com o dos primeiros séculos. Contra essa medida de continuidade, o relacionamento entre o general e o Estado mudou profundamente durante esse período, uma vez que a antiga tradição de delegar aos senadores o comando do exército terminou. O relacionamento entre o *princeps* e seus legados senatoriais sempre foi instável, pois tais homens nunca deixaram de ser rivais em potencial. Marco Aurélio promoveu vários oficiais equestres ao alto-comando, mas normalmente apenas depois de admiti-los no Senado. Tais homens eram quase sempre soldados profissionais, tendo passado muitos anos em comandos sucessivos em vez de intercalar postos militares e civis conforme o modo tradicional. É impossível dizer se esse fato os tornou marcadamente mais competentes do que a massa de oficiais senadores, porém eles eram claramente vistos como mais leais, já que sua promoção dependia do favor imperial. Severo estimulou essa tendência quando colocou prefeitos equestres em lugar de legados senatoriais no comando das três novas legiões – *I*, *II* e *III Parthica* – que formou durante seu reinado. No século III, os equestres substituíram os senadores em todos os postos militares mais elevados, e apenas um punhado de senadores prestou serviço militar.

Embora a crescente confiança nos oficiais equestres fosse motivada sobretudo pelo temor dos sucessivos imperadores de que, incitadas por subordinados ambiciosos, suas próprias tropas se voltassem contra eles, no longo prazo o resultado foi, de fato, tornar tal usurpação muito mais fácil. Marco Aurélio passou quase metade do seu reinado com o exército, assim como Sétimo Severo. Aqueles que buscavam o patronato do imperador eram forçados a ir até ele, de modo que, com o tempo, grande parte da atividade da corte imperial passou a ocorrer nos quartéis de qualquer exército que o imperador estivesse acompanhando. A cidade de Roma teve sua importância diminuída, pois os governantes passavam cada vez menos tempo lá. A importância do Senado também declinou, tanto porque o imperador raramente o visitava quanto porque seus membros estavam perdendo seu prestigioso papel militar. Por volta do final do século III, o Senado era irrelevante em termos políticos, e a cidade de Roma assumiu pouco mais que um significado simbólico. O foco da atividade política estava agora com o exército, que garantia aos imperadores sua única segurança. Um homem continuava no poder somente enquanto detinha a lealdade de tropas suficientes para derrotar as forças de qualquer rival. Assim como no passado o homem que buscava tornar-se imperador precisava conquistar o apoio da maioria do Senado – apesar da inveja –, ele agora precisava do consentimento dos oficiais mais importantes do exército, os quais eram quase todos equestres. Cada vez mais, esses homens encontravam líderes entre seus pares e os cobriam de púrpura. Quando o imperador não outorgava recompensas e favores suficientes à facção de oficiais que o colocara no poder, isso levava ao rápido assassinato do governante e à sua substituição por outro. Era muito mais fácil virar imperador do que havia sido no início do principado, mas permanecer no poder era consideravelmente mais difícil. Como os imperadores recém-empossados deveriam conceder honras e promoções aos líderes do exército que apoiaram sua aclamação, os homens que serviam em outras províncias tinham poucos benefícios com sua elevação. Como resultado, eles quase sempre se mostravam ansiosos por encontrar alguém entre seus pares que fosse adequado ao trono e apoiavam sua reivindicação em batalha, ávidos para receber benefícios pela sua vitória.

Era extremamente difícil para um homem reter a lealdade do exército em todo o império, e a situação tornou-se ainda pior por conta do desaparecimento, na estrutura de comando do exército, de uma patente equivalente em autoridade ao antigo legado provincial. Sob o principado, houve uma redução gradual no número de legiões estacionadas numa única província. Sob Augusto, várias das províncias tinham permanentemente quatro legiões, porém por volta do final do século I era raro haver até mesmo três legiões sob o mesmo comando. No século II, a mesma tendência continuou, de modo que, por exemplo, a província da Britânia, com três legiões, foi dividida em duas. Conforme os imperadores perdiam cada vez mais segurança, tornaram-se relutantes em confiar o comando de um exército com mais de vinte mil soldados ou mais a qualquer rival em potencial. Ao redor do século IV, a maioria das antigas províncias havia sido dividida em cinco ou seis regiões com guarnições comparativamente menores. Mesmo assim, o poder civil e militar era dividido entre diferentes oficiais, o que dificultava a organização do abastecimento de uma força de campo.

Tal sistema respondia bem às escaramuças nas fronteiras, contudo era completamente inadequado para enfrentar um grande ataque ou invasão. Se um problema comparativamente expressivo surgisse, então o imperador tinha de ir pessoalmente resolver a questão ou enviar um subordinado com número suficiente de tropas, correndo o risco de que usasse mais tarde seu comando para reivindicar o poder. Sem confiar nos seus oficiais, a maioria dos imperadores dos séculos III e IV passaram grande parte dos seus reinados em campanha, realizando tarefas que no passado cabiam aos governadores provinciais. Como um homem só pode lidar com um problema de cada vez, tornou-se mais e mais comum que os imperadores compartilhassem o poder com um colega. Isso ocorreu pela primeira vez quando Marco Aurélio nomeou Lúcio Vero, seu irmão por adoção, seu cogovernante, ou césar. Foi Vero que presidiu a guerra contra a Pártia, embora, a despeito de algumas histórias extremamente mentirosas que o retratam como herói, seja improvável que ele tenha exercido papel muito ativo na campanha[4].

No final do século III, Diocleciano criou um sistema conhecido como tetrarquia, pelo qual o império foi dividido numa seção oriental e em outra ocidental, cada qual controlada por um imperador, conhecido como *Augustus* ("augusto"), auxiliado por um parceiro em posição menor, ou *Caesar* ("césar"). Uma estátua mostrando os quatro homens, em pé, cada qual repousando um braço no ombro de um colega imperador, simbolizava o governo cooperativo ideal. Em sua forma mais pura, o sistema de tetrarquia mal sobreviveu a Diocleciano, mas o princípio de múltiplos imperadores continuou a ser a norma, exceto em períodos ocasionais nos quais um homem, mais notadamente Constantino, o Grande, foi capaz de tomar o poder e reinar sozinho. As regiões sentiam-se negligenciadas se um imperador falhasse em dedicar atenção suficiente aos seus problemas. Tal descontentamento quase sempre levava as tropas lá estacionadas a nomear um novo imperador que pudesse satisfazer suas necessidades[5].

A NOMEAÇÃO DE JULIANO COMO CAESAR NA GÁLIA, 355 D.C.

Quando Constantino morreu, em 337, tendo reinado por treze anos como único imperador, o poder imperial foi distribuído entre seus três filhos, Constantino II, Constantino e Constante, mas não demorou muito para que eles começassem a lutar entre si. Por volta de 350, apenas Constantino sobrevivera, e a maior parte do Império do Ocidente fora tomada pelo usurpador Magnêncio. Este foi derrotado completamente em três anos. O império havia mais uma vez sido unificado sob um único *Augustus*, mas Constantino logo descobrira a necessidade de ter pelo menos um assistente para auxiliá--lo na sua tarefa. Quase toda a família estendida de Constantino fora assassinada nas lutas pelo poder após a sua morte, sobrando apenas os dois filhos do seu meio-irmão Júlio Constantino. Em 351, o mais velho dos dois, Galo, foi nomeado *Caesar* e recebeu a tarefa de supervisionar as províncias orientais, enquanto Constantino enfrentava Magnêncio.

Um ano depois da supressão do usurpador, Galo foi executado por um *Augustus* que deixara de confiar no julgamento e nas ambições do seu *Caesar*. Não obstante, Constantino podia apenas estar em um lugar de cada vez, e os distúrbios trazidos pela guerra civil tinham provocado uma série de problemas na fronteira. O *Augustus* enviou

Silvano, o Mestre da Infantaria (*Magister Peditum*, um termo que não implicava maior associação com os soldados a pé do que com os cavaleiros e simplesmente denotava um general), para restaurar a situação na Gália, que havia sofrido com ataques de bárbaros, alguns dos quais estabeleceram-se como colonos. No entanto, o risco inerente de confiar em qualquer um com comando independente logo ficou claro, quando esse homem foi proclamado *Augustus* pelo seu exército. O perigo de uma guerra civil foi evitado quando um dos oficiais de Constantino subornou alguns soldados descontentes para assassinarem Silvano. Os problemas na Gália continuaram, e o *Augustus* resolveu enviar o irmão de Galo, Juliano, para resolvê-los, decidindo que um parente deveria ser mais confiável do que qualquer outra pessoa. Para fortificar ainda mais esse elo, Juliano casou-se com a irmã de Constantino, Helena.

Juliano foi proclamado *Caesar* na Gália, em 6 de novembro de 355 d.C., num desfile formal do exército, quando os soldados demonstraram sua aprovação batendo seus escudos contra os joelhos. Essa cerimônia demonstrava abertamente a transferência do poder político aos militares. O novo *Caesar* tinha 23 anos e nunca assumira nenhum cargo público, tampouco passara tempo algum no exército. Como Galo até sua ascensão ao poder, Juliano passara os primeiros anos da sua vida em confortável prisão, dedicando-se com entusiasmo aos estudos acadêmicos em Nicomédia e subsequentemente em Atenas, onde foi deveras influenciado pelo neoplatonismo místico. Constantino, o Grande havia tornado o cristianismo a religião oficial do império, embora nunca tenha suprimido ativamente a maioria dos cultos pagãos, e sua família também era cristã. Estimulada por uma profunda aversão por Constantino – sentimento reforçado pela execução de Galo –, a rebelião do estudante tomou um caminho religioso. Publicamente Juliano seguia a nova fé, mas abraçava o paganismo em segredo, uma decisão descrita pelos cristãos como sua apostasia. Mais tarde, afirmou que o deus Sol lhe aparecera num sonho, instruindo-o na criação de um novo culto, o qual ele tentaria introduzir, sem sucesso. Tanto nos seus escritos quanto em outros relatos, Juliano aparece quanto um homem hábil, mas que não tinha compreensão das visões e dos sentimentos dos outros, especialmente aqueles com menos informação acadêmica. Como general, ele se mostraria competente, embora pouco inspirado, e a sua inclusão neste trabalho deve-se, mais do que a seu grande gênio, à relativa riqueza de material sobre suas campanhas em comparação com o existente sobre qualquer outro general do século IV[6].

Até que estivesse a caminho da região, Constantino deliberadamente ocultou de seu colega inferior a escala do problema na Gália. O mais sério era a notícia de que a Colônia Agripina (Colônia) tinha sido invadida pelos francos, mas também estava sendo atacada severamente por outras tribos, os alamanos. Nenhum desses povos era conhecido no início do principado, e tem-se aventado a hipótese de que as tribos germânicas menores que as enfrentadas por César e Germânico uniram-se nos séculos II e III d.C., formando confederações tribais mais poderosas que passaram a representar uma ameaça maior à fronteira romana do que suas predecessoras. No entanto, um exame mais profundo da organização militar e política dos povos germânicos no século IV leva a crer que pouco ou nada mudou de fato. Divididos em tribos e clãs, cada qual com seus próprios chefes, tinham muito pouca unidade política ou senso de propósito comum, e o poder dos reis e dos líderes mostrou-se transitório como sempre tinha sido. Não se sabe se as tribos, havia muito conhecidas pelos romanos, apenas mudaram seus nomes ou foram suplantadas por outros povos, mas o problema apresentado ao exército romano continuou o mesmo, como de modo geral também eram os métodos usados no esforço de resolvê-lo.

Sempre que percebiam que os romanos estavam vulneráveis, as tribos atacavam as províncias. Se tivessem sucesso e não fossem punidas, então mais ataques ocorriam em escala cada vez maior, talvez até promovendo invasões em massa para tomar e ocupar terras. Nos anos anteriores à nomeação de Juliano como *Caesar*, a fronteira ao longo do Reno e do Danúbio Superior teve muitas das suas guarnições retiradas, já que os homens eram enviados para combater nas guerras civis. A fraqueza romana era confirmada quando assaltantes bárbaros conseguiam penetrar as províncias estabelecidas e retornar com espólios e glória. Tais sucessos estimularam ataques em escala ainda maior e, como nenhum imperador ou subordinado ia para a região com força e autoridade suficientes para promover a guerra, esses ataques tornaram-se ainda mais comuns.

Roma era vista como fraca, e vários líderes guerreiros germânicos exploraram essa situação. A tarefa de Juliano não era simplesmente restaurar a ordem nas defesas fronteiriças, mas instilar novamente o temor pelo poderio romano nos povos além do Reno.

Os recursos disponíveis para resolver a situação não eram de maneira alguma abundantes. Sob Diocleciano e Constantino, o número de homens servindo o exército aumentou de modo significativo, embora no mesmo período o tamanho dos exércitos de campo individuais tenha diminuído. Nos dias de Juliano, o exército romano era dividido em duas seções básicas, os *limetani*, que eram estacionados nas fronteiras e as patrulhavam, e os *comitatenses*, ou exércitos de campo. Os *comitatensis* por vezes são vistos como uma reserva móvel, porém suas origens residem mais no desejo dos sucessivos imperadores de obter proteção contra rivais internos do que na ameaça de inimigos estrangeiros. No exército, o tamanho das unidades individuais diminuíra, de forma que a legião com cerca de cinco mil homens não passava de uma memória distante e agora continha ao redor de mil a 1,2 mil homens. As unidades de infantaria auxiliar eram semelhantes em termos de tamanho, ou talvez fossem menores, e a cavalaria tinha provavelmente um número em torno de quinhentos soldados. Cada regimento era comandado por um oficial chamado de tribuno, prefeito ou *praepositus*. Em campanha, muitas unidades eram ainda menores. A maioria delas, nos exércitos de campo, eram dispostas em pares, contudo o nível de organização era mais elevado e subdivisões maiores dentro de um exército não eram mais consideradas necessárias. O exército do século IV era composto para fazer guerra em escala relativamente menor, uma impressão confirmada pelas operações de Juliano na Gália.

O serviço no exército era compulsório para os filhos dos soldados, e, de modo geral, as condições parecem ter piorado com relação às do início do principado. Números consideráveis de recrutas eram fornecidos pelas tribos bárbaras, inclusive muitas de fora do império, e tem sido aventado com frequência que essa barbarização do exército levou ao declínio da eficiência militar. No entanto, os romanos tinham longa tradição de fazer bom uso de soldados estrangeiros, e é difícil encontrar muitos exemplos de soldados "bárbaros" que se mostraram menos leais ou eficientes do que as tropas recrutadas nas províncias. O que sem dúvida é verdadeiro é que a tendência a recrutar tropas locais, já visível nos séculos I e II, tornara-se ainda mais pronunciada e que os soldados frequentemente demonstravam uma lealdade particular à região na qual estavam estacionados[7].

A PRIMEIRA CAMPANHA, 356 D.C.

Quando Juliano chegou à Gália, o ano já estava muito adiantado para iniciar a campanha, e ele passou o inverno em Vienne, reunindo informações e lidando com problemas administrativos. Em junho, recebeu um relatório informando-o de que Augustodunum (Autun) estava sob ataque de um grupo de alamanos. Os exércitos tribais não dominavam as técnicas de cerco e tinham um registro baixo na conquista de posições fortificadas, mas nesse caso as muralhas estavam em mau estado, e foi apenas a defesa entusiasmada de um grupo de veteranos aposentados que os repeliu. Os alamanos haviam instalado um bloqueio frouxo contra a cidade, enquanto a maior parte dos guerreiros se dispersava para atacar e saquear a área próxima. Juliano foi imediatamente socorrer a cidade e lá chegou em 24 de junho sem enfrentar oposição séria.

ÁREA DE COMANDO DE JULIANO A PARTIR DE 355 D.C.

Reunindo seus oficiais mais graduados num *consilium* para decidir como atacar e punir os bárbaros, ele perguntou àqueles que conheciam as rotas principais qual delas o levaria à importante cidade de Remi (a moderna Reims), onde ordenou que seu exército de campo se concentrasse e reunisse provisões suficientes para alimentar os soldados durante um mês. Ignorando diversas alternativas, Juliano escolheu tomar uma rota direta através de uma região densamente florestada, desprezando o risco de emboscada basicamente porque fora informado de que o usurpador Silvano tinha usado a mesma estrada com sucesso. Com ele, seguia apenas uma unidade de catafractos – a primeira dessas unidades de cavalaria pesada fora formada por Adriano, mas mais tarde tornaram-se relativamente comuns, sobretudo nos exércitos das províncias

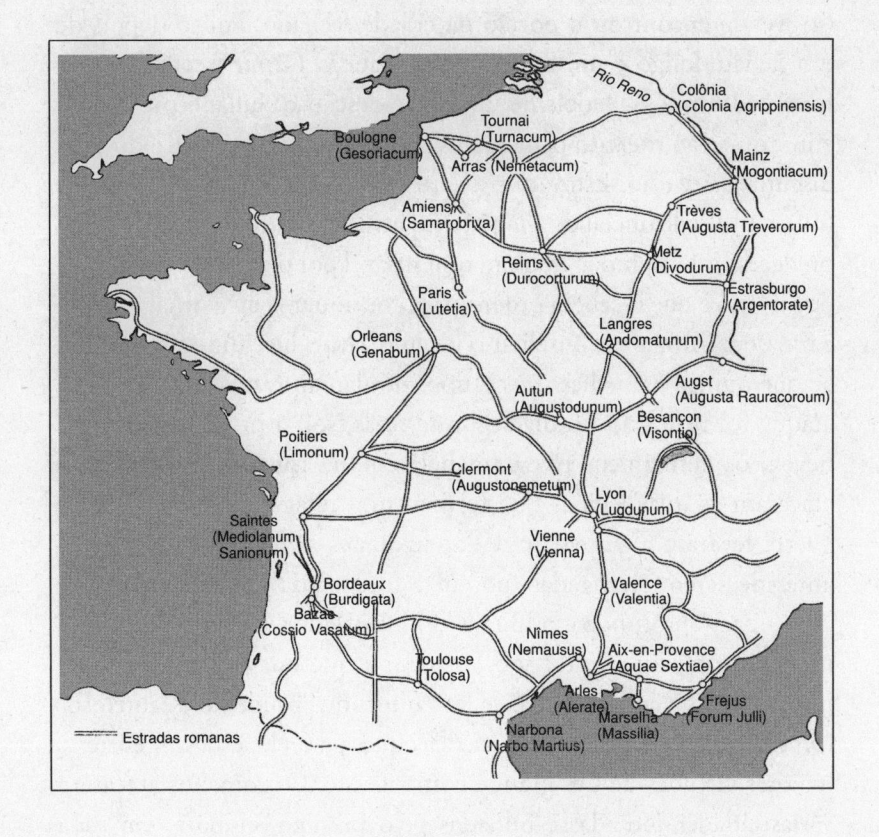

ÁREA SOB O COMANDO DE JULIANO
A PARTIR DE 355 D.C.

orientais – e um regimento de *ballistarii*, que eram provavelmente homens da artilharia, porém podem apenas ter sido equipados com um tipo primitivo de arco. Não era uma força especialmente adequada a escaramuças, mas, no primeiro momento, os romanos não encontraram quaisquer guerreiros e conseguiram passar pelo trecho mais perigoso da estrada sem enfrentar nenhum combate. Conforme a jornada prosseguia, foram atacados por pequenos grupos de alamanos, porém conseguiram repelir todos, apesar de não terem infligido muitas perdas, pois os catafractos com seus cavalos protegidos por armaduras não eram adequados à perseguição rápida. Uma indicação clara do nervosismo da população local diante de tantos ataques foi dada quando a pequena força chegou a Tricasa (Troyes) e encontrou o portão da cidade fechado. Foi só depois de um debate longo e um tanto indigno que o *Caesar* e seus homens foram admitidos. Depois de um breve descanso, Juliano prosseguiu e juntou-se ao exército principal. Outro *consilium* foi realizado para discutir a situação. Estavam presentes Marcelo, o *Magister Equitum* (outro título de oficial de alta patente no exército do século IV), e seu predecessor Ursicino, o homem responsável por planejar o assassinato de Silvano e que recebera ordens para continuar lá até o final do ano, a fim de informar e aconselhar o jovem *Caesar*. Decidiu-se lançar um ataque punitivo imediato aos grupos de alamanos mais próximos. O ataque foi realizado no dia seguinte, mas, sob a proteção de densa névoa, os germânicos passaram pela coluna romana em marcha e atacaram as duas legiões que formavam a retaguarda. Os gritos de guerra levaram algumas unidades auxiliares a irem em seu socorro antes de serem esmagadas, porém a inesperada quase derrota teve um impacto profundo em Juliano. O historiador Amiano Marcelino, na época oficial servindo sob Ursicino e que estava provavelmente junto à coluna, afirma que esse fato o tornou "prudente e cauteloso" (*providus et cunctator*), características que, para ele, estavam entre as maiores virtudes de um grande comandante. Os romanos atacaram várias cidades tomadas e pilhadas pelo inimigo, embora, em cada caso, depois do seu sucesso os germânicos tenham se dispersado para saquear a área próxima. Nos arredores de Brotomagum (Brumath), um bando de guerreiros enfrentou os romanos e Juliano realizou sua primeira luta significativa, apesar de não ter passado de uma escaramuça. Ele empregou as tropas de modo que as duas alas avançassem, tentando parecer um crescente, e cercou os germânicos. A maioria fugiu antes de a armadilha se fechar e apenas uns poucos foram mortos ou capturados. Entretanto, a pequena vitória bastou para intimidar outros bandos de saqueadores e restaurar alguma ordem na área[8].

Juliano foi para o norte e reocupou a Colônia Agripina. A presença do exército romano foi suficiente para persuadir os reis francos mais próximos a encerrar as expedições de saque e a aceitar os termos de paz impostos por Juliano. Agora aproximava-se o fim da estação de campanha, e a maior parte do exército de campo romano dispersou-se em quartéis de inverno. Os alimentos também podem ter escasseado, e Amiano menciona que o *Caesar* estava especialmente preocupado em conseguir suprimentos suficientes para a campanha do ano seguinte. Os anos de saque e perturbações tinham prejudicado a agricultura da área e consumido muitas fontes de alimentos e forragem. Outro grande problema era a necessidade de restabelecer um sistema apropriado de guarnições na fronteira para impedir futuras incursões. Juliano resolveu passar o inverno em Senonae (Sens), e alguns desertores foram procurar os francos. Não é claro se esses soldados eram germânicos e simpatizavam com o inimigo ou se sua deserção foi provocada por outra circunstância. Quando Amino dá um motivo para a deserção de algum soldado, é normalmente o temor da punição.

Sejam quais forem suas razões, os desertores informaram as tribos de que o *Caesar* tinha relativamente poucas tropas. Uma força de alamanos atacou Senonae de imediato, mas foram frustrados pelas muralhas que os romanos reformaram rapidamente. Juliano tinha poucos homens para deixar a cidade e combater em terreno aberto, e após um mês de cerco os germânicos retiraram-se, lamentando sua insensatez ao tentar sitiar a cidade. Se a surpresa ou a traição impediram que entrassem na cidade, um exército tribal normalmente ficaria sem provisões e teria de se dispersar antes que os defensores fossem forçados a se render. Nos séculos III e IV, muitas comunidades que não haviam percebido a necessidade de fortificações construíram muralhas no início do principado. Simultaneamente, o exército colocava muito mais ênfase na construção de baluartes reforçados e projetava torres ao redor de suas bases. A defesa era agora uma prioridade muito maior do que tinha sido nos primeiros séculos[9].

A CAMPANHA E A BATALHA DE ARGENTORATO (ESTRASBURGO), 357 D.C.

Durante o cerco de Senonae, Marcelo tinha fracassado em fornecer reforços ao seu comandante. Perto do final do inverno, ele foi substituído pelo muito experiente Severo. Ursicino também foi chamado de volta e logo enviado à fronteira oriental, onde a guerra com a Pártia estava fermentando. Entretanto, como clara indicação da prioridade dedicada à Gália, Constantino enviou da Itália uma força de 25 mil homens sob o comando do *Magister Peditum* Barbácio. O plano romano era lançar uma grande ofensiva contra os alamanos, Juliano atacando do norte e Barbácio, do sul. Além disso, pressão indireta seria colocada sobre os alamanos pelas operações do próprio *Augustus* a partir da Récia, no Danúbio Superior. Organizar tão grande operação tomou tempo, e no início da primavera uma força invasora de tribos alamanas iludiu as concentrações de tropas romanas e atacou Lugdunum (Lyon). Uma vez mais, os bárbaros foram frustrados pelas fortificações da cidade, mas vaguearam livremente através das terras vizinhas, queimando e saqueando. Juliano respondeu com rapidez, reunindo uma força de três regimentos de cavalaria e enviando-os para guardar as três rotas principais que os saqueadores teriam maior probabilidade de tomar em sua jornada de retorno. Grupos saqueadores sempre eram mais vulneráveis quando se retiravam, sobrecarregados com seu espólio e quase sempre superconfiantes por conta do sucesso inicial. Houve muitas ocasiões, ao longo da história romana, em que os saqueadores foram surpreendidos e massacrados enquanto transportavam seu espólio de maneira descuidada. Quase sempre, a maior parte dos guerreiros estava embriagada, e Amiano fala sobre uma vez em que todo um grupo foi emboscado enquanto os guerreiros se banhavam ou tingiam seu cabelo de vermelho num rio[10].

De início, a operação romana teve sucesso, eliminando com facilidade quaisquer grupos de guerreiros que tomavam as estradas. Apenas aqueles germânicos que abandonaram seu butim e seguiram pelo terreno florestado conseguiram passar pela cavalaria. Contudo, Barbácio, cujo acampamento estava muito mais perto do que o de Juliano, não fez movimento algum para apoiar os três regimentos de cavalaria, e, de fato, um de seus oficiais ordenou explicitamente que essas tropas não protegessem a estrada principal dos bárbaros que se retiravam. Na sequência dessa falha, dois dos tribunos da cavalaria foram dispensados do exército quando foram falsamente acusados – embora um deles reapareça pouco depois em outro comando e o segundo tenha se tornado imperador, de modo que essa passagem pode estar incorreta. Não foi um começo promissor para uma campanha que exigia cooperação entre Juliano e Barbácio.

Quando a ofensiva principal se iniciou e as colunas avançaram contra as comunidades alamanas que se estabeleceram na margem ocidental do Reno, os romanos descobriram que os inimigos tinham, na maioria dos casos, se retirado, muitos deles para as ilhas do rio. O progresso foi lento, pois os bárbaros haviam construído numerosas barricadas ou derrubado árvores para bloquear as estradas e caminhos principais, obrigando os romanos a abrir passagem para que o comboio de bagagens pudesse passar. Juliano decidiu que era importante atacar os germânicos que se escondiam nas ilhas, portanto pediu a Barbácio que lhe emprestasse sete das barcaças que tinha reunido para serem usadas na construção de uma ponte. O *Magister Peditum* não só recusou, como também ordenou que as barcaças solicitadas fossem queimadas. Então, logo depois, também destruiu parte significativa dos grãos estocados por Juliano para sustentar o exército. Amiano, que descreve esses incidentes, obviamente antipatizava com Barbácio quase tanto quanto admirava Juliano, mas não há motivos para rejeitar a veracidade de incidentes desse tipo. Os líderes romanos sempre foram demasiadamente competitivos, porém, no final da Antiguidade, essa concorrência envolvia menos constrangimentos do que em qualquer outro período, inclusive o das guerras civis do século I a.C. As carreiras não tinham a estrutura formal e os limites do antigo *cursus honorum*, e era possível alcançar o poder supremo de modo repentino ou por meio de pequenos estágios. Como qualquer um que conseguisse conquistar o apoio de um número suficiente de tropas podia tornar-se imperador, quem quer que fosse julgado capaz disso era considerado alguém que nutria tais ambições. Talvez Silvano fosse um usurpador relutante, mas fora forçado efetivamente a essa disputa pelo poder, uma vez que se acreditou que ele tramava contra o *Augustus*, e provavelmente seria executado mesmo que continuasse a obedecer às ordens. As ligações familiares não garantiam segurança contra a desconfiança e, desde o momento da sua nomeação, Juliano foi alvo de uma campanha de difamação que visava a plantar dúvidas quanto à sua lealdade na cabeça de Constantino. Muitos homens amealharam poder e influência na corte ao tramar a derrubada de seus superiores, apesar de muitos tornarem-se presa das maquinações de outros homens ambiciosos. Havia pouca segurança para os líderes do exército e do Estado romanos nesse período.

Frustrado por Barbácio, Juliano teve a sorte de capturar alguns batedores germânicos, que revelaram, durante o interrogatório, que o rio podia ser vadeado no verão. O tribuno Bainobaudes, comandando um regimento de auxiliares chamado *cornuti* (ou "chifrudos", talvez em referência a algum ornamento no escudo ou no elmo), recebeu ordens de lançar um ataque-surpresa. Os homens são descritos como infantaria ligeira, o que possivelmente significa que deixaram de lado a armadura e os capacetes em geral usados em batalhas para aquela operação específica. Eles conseguiram cruzar o rio nas partes mais rasas e nadaram através das seções mais profundas, usando os escudos como boias, e alcançaram uma ilha antes de os alamanos os perceberem. Num ataque violento e repentino, os auxiliares caíram sobre os germânicos e massacraram todos os que encontraram, mulheres, crianças e idosos, além dos guerreiros. O objetivo dessa incursão era matar, com o propósito de aterrorizar as outras tribos. O contexto da operação teria, de qualquer maneira, dificultado tomar prisioneiros e levá-los de volta. Capturando alguns barcos, os auxiliares remaram até diversas outras ilhas, massacrando seus ocupantes. Então, retornaram à margem ocidental do Reno sem sofrer baixa alguma, apesar de a maior parte do espólio capturado ter se perdido quando um barco atolou. Percebendo que as ilhas eram vulneráveis, os alamanos fugiram para a margem oriental tentando escapar dos romanos. Juliano ocupou-se da restauração ou reconstrução das guarnições ao longo do rio. Era a época da colheita, e os romanos aproveitaram a oportunidade para retirar a produção dos campos cultivados pelos germânicos, conseguindo provisões suficientes para encher os celeiros dos fortes e sustentar o exército de campo por vinte dias[11].

Os alamanos sofreram um revés, mas um único ataque, ainda que aterrorizador, certamente não era o bastante para convencer as tribos de que Roma havia de repente se tornado invencível de novo após anos de fraqueza. Uma grande força de guerreiros cruzou a Gália e surpreendeu o exército de Barbácio, derrotando-o e capturando boa parte da sua bagagem, dos seguidores de acampamento e dos animais de transporte. Amiano pode ter exagerado a escala da derrota, mas Barbácio de fato não participou do restante da campanha daquele ano. Em vez disso, foi até a corte de Constantino para fazer intrigas contra Juliano. Alguns anos mais tarde, essas intrigas levariam à sua própria execução, quando o *Augustus* passou a acreditar que ele nutria ambições imperiais.

O *Caesar* tinha mais problemas imediatos em suas mãos, pois sete reis alamanos haviam se reunido sob Conodomário e seu sobrinho Serápio, que comandaram um dos maiores exércitos tribais registrados no século IV. Amiano afirma que chegava a 35 mil homens comandados pelos reis, dez príncipes e diversos outros chefes. Como sempre, é difícil saber quão preciso é esse número, ou se os romanos ou os alamanos conheciam exatamente o tamanho da força.

O grosso do exército era constituído por guerreiros capazes de armar-se para a batalha e combater em bandos com os membros da sua tribo e os clãs. A força principal era formada pelos *comites*, guerreiros semiprofissionais ligados aos líderes. Conodomário comandava duzentos desses guerreiros bem equipados e altamente motivados, mas parece improvável que os outros chefes com menos prestígio tivessem tantos seguidores. Os exércitos tribais normalmente levavam algum tempo para se reunir, uma vez que os guerreiros apareciam quando tinham disposição para tanto, e essa força não era exceção. Apenas parte do exército estava do outro lado do Reno quando Juliano acampou, a cerca de 35 quilômetros. Os líderes germânicos foram informados por um desertor de que Juliano tinha pouco mais do que treze mil à sua disposição – provavelmente três mil a cavalo e dez mil a pé –, e sua vantagem numérica, que era talvez significativa fosse qual fosse o tamanho do seu exército, aumentou ainda mais sua confiança. Também estavam encorajados pela fácil derrota que as tropas de Barbácio sofreram e pela informação de que tais tropas estavam longe demais para apoiar outra força romana.

Depois de avançar até a área vizinha a Argentorato (Estrasburgo), enviaram mensageiros ao *Caesar*, dizendo-lhe que deixasse as terras que tomaram pela espada e que a recusa significaria enfrentar seu grande exército em batalha. Os alamanos estavam tratando os romanos do mesmo modo como tratariam qualquer tribo germânica cujas terras tivessem tomado. Tais gestos eram típicos de muitas sociedades tribais encontradas pelos romanos por todos os séculos. Juliano demorou a dar uma resposta aos embaixadores, esperando até que suas tropas tivessem terminado de reparar um antigo forte de fronteira, e então preparou-se para a batalha. Ele também esperou ansiosamente que grande parte dos alamanos se reunisse na margem ocidental do Reno, já que a derrota de apenas uma pequena guarda de vanguarda não deveria resultar em vantagem duradoura, mas não queria enfrentar todo o exército. Essa consideração dificulta ainda mais estimar o número de guerreiros germânicos que participaram da batalha subsequente[12].

Juliano retirou seu exército do acampamento ao amanhecer e avançou numa coluna bem ordenada em direção ao inimigo. A infantaria estava no centro, flanqueada pela cavalaria, que incluía não apenas os catafractos, mas também arqueiros montados, bem como cavaleiros armados do modo convencional. Todo o exército estava protegido por pequenos grupos de batedores, arregimentados provavelmente da cavalaria. Por volta de meio-dia, eles se aproximaram do inimigo, e Juliano estava inclinado a parar e construir um acampamento, permitindo que seus homens descansassem antes de travar batalha no dia seguinte. Quando explicou esse plano aos soldados, surgiram protestos, com os homens batendo as hastes das lanças contra os escudos – um gesto que Amiano diz ser sempre um sinal de protesto, diferente da aclamação, quando batiam os escudos nos joelhos. Os homens gritaram, pedindo-lhe que os levasse para atacar o inimigo imediatamente e declarando que, com um general afortunado como ele, tenderiam a vencer. Os oficiais também estavam ansiosos por lutar, argumentando que era melhor confrontar e derrotar todos os alamanos em vez de perseguir grupo por grupo se seu grande exército se dispersasse. Finalmente, um porta-estandarte destacou-se das fileiras e pediu que o "mais afortunado de todos os *Caesars*" os comandasse para a vitória. O exército, então, retomou seu avanço[13].

Os comandantes romanos eram quase sempre um tanto teatrais nos discursos que faziam aos seus homens, porém esse incidente denota um relacionamento muito diferente entre o general e suas tropas do que aquele que existira em períodos anteriores. É possível que Juliano estivesse planejando combater naquele dia e simplesmente fingisse relutar na frente de seus soldados entusiasmados, de modo que sua ansiedade os ajudasse a esquecer a fadiga da longa marcha sob o calor de final de verão. Não obstante, Amiano certamente não dá a entender que esse fosse o caso, mas tal engodo seria louvável num general e sem dúvida não seria algo a ser suprimido. Uma das piores coisas que um comandante poderia fazer era arriscar uma batalha quando julgava não ser o momento. César certamente não teria retratado a si próprio sendo dissuadido pelos seus subordinados de desistir de uma ação que tinha planejado. O porta-estandarte que fez o pedido a Juliano parece, num primeiro momento, semelhante aos centuriões e soldados descritos nos *Comentários* dirigindo-se a César, mas é importante observar que estes nunca tentaram convencer seu comandante a nada que ultrapassasse sua coragem e devoção a ele. É difícil evitar a conclusão de que no século IV, os soldados tinham consciência da sua capacidade de induzir qualquer general e substituir suas ordens por uma alternativa da sua própria escolha, sentindo-se muito livres para expressar sua opinião.

Os romanos prosseguiram e chegaram até uma série de colinas baixas que não eram distantes da margem do Reno. Três batedores da cavalaria germânica foram vistos galopando para avisar sobre a aproximação, e um guerreiro a pé foi capturado. Ele informou aos romanos que os alamanos estavam cruzando o rio nos três dias anteriores. Logo, os bandos de guerreiros tornaram-se visíveis, formando uma linha de batalha a distância. Cada grupo tinha entrado na formação conhecida como *cuneus*, palavra que pode ser traduzida como "cunha" e que possivelmente indica uma formação vagamente triangular – provavelmente causada pela minoria formada pelos guerreiros mais entusiasmados que se adiantavam com relação aos demais –, ou talvez apenas uma coluna estreita, porém profunda. Amiano nos conta, em outro lugar, que o apelido que os soldados davam para a formação *cuneus* era "cabeça de porco" (*caput porci*)[14]. À sua direita, havia uma área de terreno pantanoso irregular que incluía um aqueduto ou canal abandonado. Provavelmente por conta do terreno impraticável à sua esquerda, os romanos concentraram a cavalaria na ala direita, exceto pelos duzentos homens que formavam a escolta pessoal de Juliano. Os alamanos responderam concentrando todos os seus cavaleiros do lado oposto ao de seus pares romanos. Não se sabe quantos cavaleiros os germânicos tinham, mas é possível que fossem relativamente poucos e em geral equipados de modo mais leve que seus oponentes, sobretudo os catafractos. Os alamanos seguiram a tática enfrentada por César e descrita por Tácito de apoiar o cavalo com grupos de jovens guerreiros ágeis a pé. Conodomário – que é descrito como uma figura heroica, quase homérica, por Amiano – comandou a esquerda do exército romano, enquanto Serápio liderou a direita[15].

Conforme os romanos avançavam em direção à linha inimiga, Severo, que estava no comando da ala esquerda, suspeitou de uma emboscada num local à sua frente e parou. Com o flanco esquerdo parado, o restante do exército romano entrou em formação antes de retomar o avanço. Ao que parece, a infantaria foi ordenada em pelo menos duas linhas. Juliano foi a cavalo até cada unidade discursando em turnos, pois Amiano nos diz que era impossível ser ouvido pela força inteira quando ela estava em formação de batalha (e também observa que um discurso formal a todo o exército era prerrogativa do *Augustus*). A alguns homens ele pediu que lutassem com valentia, enquanto a outros incitou a restringir seu entusiasmo e não se adiantar com relação aos outros sem ordens para tanto. De modo geral, repetiu as mesmas palavras a cada uma das unidades que visitou. Durante esse longo intervalo, Amiano afirma que a infantaria germânica deu um grande grito, o que indicava que os reis e príncipes deveriam deixar a cavalaria e desmontar para combater ao seu lado. Era um sentimento semelhante àquele que uma vez proibira os ditadores romanos de cavalgar, de modo que ficassem com a falange. Conodomário foi o primeiro a desmontar e unir-se a eles, num gesto semelhante ao encontro de César com os helvécios em 58 a.C., ou à atitude de Agrícola em monte Graupius em 84 d.C. Os outros chefes imediatamente seguiram seu exemplo[16].

Quando os dois lados soaram suas trombetas, ambos os exércitos ficaram a uma distância de alcance dos projéteis e começaram a arremessar dardos uns contra os outros. Em seguida os germânicos atacaram, berrando seu grito de guerra. Aproximaram-se primeiro da cavalaria romana, e o combate avançou e retrocedeu durante algum tempo. Então, enquanto os catafractos romanos estavam descansando e se reagrupando, seu comandante foi ferido. Quase no mesmo momento, a montaria de outro homem desabou de cansaço, por conta do peso do cavaleiro e da armadura. Esses eventos menores alastraram um pânico repentino, e toda a unidade fugiu. Na confusão, a maioria do restante da cavalaria romana uniu-se à fuga, alguns correndo em direção à própria infantaria. Era um momento perigoso, pois, se os soldados a pé tivessem entrado em pânico, todo o flanco do exército poderia ter se dissolvido. No entanto, a disciplina da infantaria funcionou e os soldados mantiveram a formação enquanto a massa de cavaleiros vinha em sua direção. Juliano percebeu o perigo e galopou com sua guarda pessoal para reunir as tropas em fuga, sendo sua posição marcada pelo estandarte púrpura *draco*, a cabeça de um animal em bronze com a boca aberta e algo semelhante a uma biruta drapejando por trás. Era um tipo de estandarte copiado dos povos do Danúbio no século II d.C., e está retratado na Coluna de Trajano tremulando acima das cabeças dos dácios e de outros bárbaros.

A visão do seu comandante fez que um dos tribunos da cavalaria sentisse vergonha, parasse e reunisse seus homens. Amiano comparou a ação de Juliano à ocasião em que Sula deteve seus homens em fuga, dizendo-lhes que contassem como abandonaram seu general lutando sozinho na Ásia. Mesmo assim, era muito difícil retomar o controle sobre tropas em fuga, como César descobriu em Dirráquio. Alguns cavaleiros entraram em formação ao redor de Juliano e outros reuniram-se sob a segurança da infantaria pesada, mas é bem provável que muitos tenham abandonado o campo de batalha. Aqueles que ficaram deviam estar abalados, e não há menção de que a cavalaria tenha realizado muito no restante da ação. No entanto, também não há indicação de que a cavalaria alamana tenha ameaçado os flancos da infantaria romana, de modo que é possível que um número suficiente de cavaleiros tenha se reunido e enfrentado[17].

Um combate feroz aconteceu ao longo da linha principal, com o ar repleto de dardos e flechas, enquanto grupos entravam na batalha e lutavam. Na linha romana, havia uma brigada de auxiliares constituída pelos *cornuti* e pela sua unidade irmã, os *bracchiati*. Amiano descreve esses soldados dando o grito de batalha germânico tradicional, o *barritos*, que começa com um murmúrio baixo e vai aumentando num crescendo. É impossível dizer se esses auxiliares agiram assim porque eram germânicos ou se simplesmente porque os muitos anos de campanha contra as tribos lhes mostrara que os guerreiros germânicos achavam esse gesto especialmente intimidador. Logo depois, mais duas unidades auxiliares, os batavos e os regnis, foram enviadas à linha de combate, presumivelmente por ordem de

Juliano ou de algum de seus oficiais. Durante algum tempo as coisas se estabilizaram, até que um grupo de guerreiros germânicos muito determinados, comandado por diversos de seus reis, lançou uma carga, estimulando os outros bandos a fazerem o mesmo. Algumas das tropas romanas cederam e os bárbaros romperam a primeira fileira, continuando seu avanço para atacar as tropas na reserva. A força principal desse ataque caiu sobre a legião Primani, no centro da segunda linha. Esses soldados mantiveram-se firmes e gradualmente começaram a fazer os alamanos recuarem. Por um tempo, os guerreiros germânicos seguiram lutando com grande determinação, até que suas perdas se tornaram demasiadas e seu ânimo de repente desabou. Toda a força tribal cedeu e se dissolveu numa fuga, com os oponentes romanos perseguindo-os. Quando os alamanos tiveram a fuga interrompida pelo rio, Juliano preocupou-se com que seus homens pudessem sofrer perdas ao perseguir o inimigo com tanta ansiedade na água, e ele e seus oficiais galoparam ao redor dos soldados, detendo seu avanço na margem do rio. Os romanos atiraram dardos e dispararam flechas nos inimigos que tentavam escapar a nado. Na confusão inicial, Conodomário conseguira fugir, mas foi logo encontrado e capturado quando se escondia num pequeno bosque[18].

Juliano conquistara uma importante vitória na sua primeira grande batalha. Quando seu exército se retirou para um acampamento erguido às pressas, com baluartes improvisados por fileiras de escudos, Juliano descobriu que perdera 243 homens e quatro tribunos. Amiano não menciona o número de feridos. Afirmou-se que seis mil cadáveres do inimigo foram contados no campo, e muitos outros devem ter morrido durante a perseguição ou afogados no Reno. Quando o exército romano celebrava a vitória, os soldados começaram a saudar Juliano como *Augustus*, o que levou o *Caesar* a se manifestar imediatamente, reprovando a aclamação e fazendo um juramento público, pelo qual declarava não ter ambição alguma além do seu status de então. Vários cortesãos desejavam alimentar as suspeitas sobre o subordinado de Constantino, mas o *Augustus* também ficou feliz por receber o crédito da derrota dos alamanos no seu pronunciamento oficial. Acredita-se até que ele tenha afirmado estar presente na batalha, dirigindo o exército em pessoa, e que no final Conodomário fora trazido a ele, e não a Juliano[19].

Na Gália, o *Caesar* estava determinado a explorar ao máximo sua vitória, cruzando o Reno e devastando o território dos alamanos. De início houve alguma resistência por parte das suas tropas, que achavam que a campanha estava completa, forçando Juliano a persuadi-los por meio de um discurso.

Cruzando o Reno, ele comandou uma coluna numa expedição de punição. Os alamanos vacilaram, tentando primeiro fazer a paz, e então resolveram lutar por seu território. Assim, um exército tribal começou a se reunir no terreno elevado de frente para os romanos. Durante a noite, Juliano embarcou oitocentos homens numa frota de pequenos barcos e os enviou a cerca de cinco quilômetros rio acima, onde desembarcaram e começaram a atacar e queimar as aldeias mais próximas. O ataque naquele ponto inesperado bastou para retirar os guerreiros da posição elevada vantajosa. Uma vez mais, os germânicos perderam o ímpeto e os romanos não encontraram oposição ao seu avanço, tomando o gado e as colheitas dos aldeões, e incendiando todas as casas e construções que encontravam.

Depois de quinze quilômetros, chegaram a uma floresta, onde um desertor informara Juliano que muitos guerreiros estariam esperando para emboscar os invasores. Durante algum tempo os romanos prosseguiram, até avistar os caminhos principais bloqueados com barricadas de árvores caídas – um claro sinal de que os germânicos pretendiam acossá-los se continuassem. Era início de outono e o tempo começava a esfriar, de modo que Juliano resolveu retirar-se em vez de se arriscar a lutar em condições inadequadas em troca de ganhos potencialmente modestos. Em vez disso, dirigiu-se a um forte abandonado nas proximidades que havia sido construído por Trajano. Os soldados trabalharam para restaurar as fortificações e uma guarnição foi instalada e abastecida ali. Esse sinal de que os romanos planejavam manter uma presença mais permanente na sua terra finalmente levou os alamanos a buscarem a paz, a qual Juliano concedeu num primeiro momento por dez meses aos três reis que o procuraram[20].

A luta parecia ter sido concluída por aquele ano, porém, quando o exército romano retornava aos quartéis de inverno, uma coluna comandada por Severo encontrou inesperadamente alguns guerreiros francos que estavam saqueando a província romana. Mais tarde, descobriu-se que cerca de seiscentos desses guerreiros concluíram que a preocupação de Juliano com os alamanos o impediria de defender apropriadamente outras seções da fronteira. Assim, em vez de retornar às suas terras pós a estação de saque, tinham resolvido estabelecer sua base em dois fortes romanos abandonados e continuar suas atividades pelos meses de inverno. Durante 54 dias entre dezembro e janeiro, Juliano, o *Caesar* na Gália e segundo homem com status menor apenas que o do imperador Constantino, cercou esses francos até eles finalmente se renderem. Para evitar que os germânicos fugissem pelo rio congelado, ele estabeleceu um sistema pelo qual soldados em pequenos barcos quebravam regularmente o gelo. Isso não evitou que a notícia chegasse a alguns membros daquela tribo, que formaram um pequeno exército para ir em auxílio dos saqueadores, mas essa força voltou ao seu local de origem ao descobrir que seus camaradas haviam se rendido. A operação foi executada com bastante eficiência e concluída com sucesso, contudo o envolvimento de um imperador, mesmo de status menor, num problema de pequena escala é um sintoma do baixo nível no qual os governantes de Roma operavam no final da Antiguidade. Durante todo o seu tempo na Gália, quase tudo o que Juliano fez teria sido tarefa normal de um procônsul ou propretor na época da república, ou de um legado sob o principado[21].

MAIS OPERAÇÕES, 358-359 D.C.

Juliano passou o resto do inverno em Lutécia (Paris), tratando de assuntos administrativos e financeiros. A derrota dos alamanos fora apenas parcial, e os romanos tinham consciência de que a maioria das suas tribos e dos clãs estava determinada a se vingar por Argentorato. Juliano dera ordens para que fossem estocados grãos para abastecer o exército, mas sabia que isso só poderia ser feito a partir de julho.

Os germânicos também sabiam dessa situação, assim não esperavam qualquer atividade maior por parte dos romanos antes daquele mês. Acreditando que o inimigo chegara a essa conclusão, Juliano resolveu ir a campo diretamente, alimentando suas tropas com biscoito duro (*buscellatum*) feito com os grãos dos depósitos das bases. Era uma aposta, pois, se não fosse possível reabastecer os celeiros dos fortes, que eram normalmente objeto de cerco, eles poderiam sucumbir facilmente à fome. Quando o exército partiu, cada soldado recebeu uma ração desses biscoitos para vinte dias[22].

Os primeiros alvos de Juliano foram os francos sálicos, povo que se estabelecera na província romana da Toxiandra, correspondente mais ou menos à área das Flandres modernas. Antes de iniciar a campanha, Juliano recebeu uma delegação desse povo, que estava consciente de suas intenções. Os embaixadores francos pediam permissão para manter a terra que haviam tomado, prometendo que não atacariam nem devastariam as comunidades próximas daquela província. Juliano lhes deu uma resposta deliberadamente truncada e ordenou um rápido ataque logo depois que os enviados partiram. Os sálicos foram tomados de surpresa e rapidamente se renderam, permitindo a Juliano impor-lhes seus próprios termos. Após esse sucesso inicial, os romanos foram contra outro povo germânico, os chamavos, que também tinham se estabelecido naquela província. Dessa vez houve alguns combates, mas a resistência logo foi superada e os germânicos receberam ordens de retornar às suas terras originais além do Reno. Essas vitórias foram rápidas, e Juliano decidiu que poderia restabelecer uma segurança mais permanente na área restaurando e reocupando três fortes ao longo do rio Meuse. As guarnições poderiam ser fornecidas pelas unidades sob seu comando, porém era mais difícil conseguir alimentos suficientes para abastecer os celeiros dos fortes. O exército ainda tinha um suprimento de biscoitos equivalente a dezessete dias, e Juliano ordenou que seus soldados dessem a maior parte desse suprimento às guarnições. Isso produziu protestos, e mais uma vez os soldados sentiram-se livres para expressar sua desaprovação quanto à decisão do general, chamando-o de "asiático" ou "greguinho", em referência à sua origem. Ainda havia algumas semanas para que a colheita pudesse ser feita, e a maioria ficou nervosa por ter de continuar a campanha sem alimento suficiente. Amiano parece haver tido considerável simpatia pelos soldados, observando que não estavam exigindo pagamento extra ou donativos, apesar de não terem recebido seu salário regular nem qualquer bonificação desde que Juliano assumira o comando. Constantino não desejara dar ao seu *Caesar* fundos suficientes, para que ele não conquistasse demasiada lealdade do exército da Gália[23].

Amiano não nos diz especificamente o que aconteceu depois desse protesto, a não ser que foi resolvido com palavras suaves, mas é mais do que possível que o comandante tenha recuado. Juliano também tinha outros problemas. Severo, seu antigo subordinado confiável, estava muito doente e logo iria morrer. Na sua última campanha, em 358, tornara-se quase morbidamente cauteloso, de modo que a coluna sob seu comando realizou muito pouco. Por meio da diplomacia, conseguira vencer um dos reis mais poderosos dos alamanos. Outro fora forçado a se submeter depois que uma expedição punitiva arrasara um trecho do seu território. Os romanos foram guiados por um guerreiro capturado por dois tribunos, enviados por Juliano explicitamente para lhe trazerem um prisioneiro. No primeiro momento, a coluna foi atrapalhada pelas familiares barricadas que bloqueavam as trilhas, mas foi finalmente capaz de penetrar numa região que os alamanos consideravam segura, provocando a capitulação do rei. A essa altura, o verão estava chegando ao final e o exército romano dispersou-se nos seus quartéis de inverno uma vez mais. Juliano voltou a ocupar-se com a administração[24].

A campanha do ano seguinte começou novamente com um ataque-surpresa a grupos dos alamanos que tinham se recusado a submeter-se. Como preparação, um tribuno que falava a língua germânica chamado Hariobaudes foi enviado numa missão diplomática ostensiva para conseguir informações sobre as intenções dos vários líderes. Além disso, Juliano conseguira grandes quantidades de grãos da Britânia, suficientes para alimentar seu exército de campo e também para encher os celeiros dos fortes e das cidades muradas que tencionava restaurar, deixando-as prontas para a defesa. Sete dessas cidades foram reocupadas, e até os auxiliares – que normalmente desdenhavam dessas tarefas, considerando-as abaixo do seu status de guerreiros – trabalharam com entusiasmo ao lado das outras tropas. Agindo de acordo com as informações fornecidas por Hariobaudes, Juliano cruzou o Reno e atacou os alamanos, a maioria dos quais fugiu, deixando suas plantações para serem queimadas ou confiscadas. No final do ano, quase todos os chefes alamanos tinham se rendido. Mesmo assim, a paz continuou provisória, possível de ser quebrada logo que os germânicos começassem a acreditar de novo que os romanos estavam fracos. Quando, no inverno de 359-360, grande parte do norte da Britânia foi invadido pelos pictos e pelos escotos, Juliano achou que não seria inteligente arriscar-se a ir resolver o problema. Em vez disso, enviou o sucessor de Severo, Lupicino, com quatro unidades de auxiliares para restaurar a situação do outro lado do canal da Mancha. O tamanho dessa força é outra indicação de como era pequena a escala da maior parte da atividade militar no século IV[25].

JULIANO COMO AUGUSTUS, 360-363 D.C.

Enquanto Juliano estava em campanha ao longo da fronteira do Reno, Constantino estivera lutando no Danúbio, mas suas atenções foram voltadas à fronteira oriental do império. Em 359, uma disputa com a Pérsia – no século III, a dinastia sassânida de etnia persa havia derrubado a monarquia arsácida parta –, que há muito se desenvolvia, finalmente evoluiu para a guerra aberta. Desde o começo, as coisas foram mal para os romanos. Precisando de homens, Constantino ordenou que seu *Caesar* lhe enviasse quatro regimentos auxiliares completos – *Celtae*, *Petulantes*, *Batavi* e *Heruli* –, juntamente com trezentos homens de cada uma das suas outras unidades. Correram rumores de que o *Augustus* estava quase tão preocupado em diminuir o poder do seu bem-sucedido colega de status inferior, quanto em reforçar o exército que iria enfrentar os persas.

Juliano ficou perplexo com a ordem. Seus homens se enfureceram e se amotinaram mais uma vez, recusando-se a deixar suas famílias e parentes, sobretudo porque estes ficariam à mercê dos alamanos. Novamente proclamaram Juliano *Augustus*, e dessa vez ele aceitou, apesar de Amiano afirmar que isso se deveu apenas a ele não ter conseguido persuadir os soldados a obedecerem às ordens e a lhe permitirem pedir que Constantino rescindisse a exigência. O general de 28 anos foi erguido num escudo levantado à altura dos ombros por alguns soldados – a primeira ocasião registrada em que um imperador romano foi aclamado do modo tradicional germânico de nomear um chefe guerreiro. Um torque usado ao redor do pescoço como sinal de valor lhe foi dado por um porta-estandartes para servir como diadema do *Augustus* (isso foi um avanço em relação à sugestão inicial de que o objeto fosse um dos colares da sua esposa ou, ainda menos auspicioso, parte dos arreios decorativos de um cavalo). Enquanto era levado pelo acampamento, o novo *Augustus*, "relutante", prometeu a cada soldado um prêmio substancial em prata e ouro por apoiá-lo. Até Amiano acreditava que Juliano tinha a expectativa de que Constantino o aceitasse como seu igual e compartilhasse o governo do Império[26].

Roma enfrentava uma vez mais a guerra civil, mas nesse caso houve menos combates, pois Constantino morreu de causas naturais no começo de 361. O império voltava a ter um único senhor, porém sua popularidade mostrou-se fugaz. Sem mais sentir-se constrangido em fingir ser fiel à Igreja, Juliano professou abertamente o paganismo, limitando a atuação dos cristãos, que àquela altura eram um grupo numeroso e poderoso. Mesmo alguns pagãos acharam que o decreto que proibia os cristãos de dar palestras e de lecionar era injusto. Outras medidas irritaram grupos como as aristocracias pagãs das grandes cidades orientais, com cujo apoio ele poderia ter contado. Quaisquer que fossem as intenções de Juliano, suas decisões enquanto imperador mostraram sua falta de bom senso.

O mesmo poderia ser dito sobre a grande expedição que lançou contra a Pérsia em 363. Para tanto, ele reuniu um exército de cerca de 83 mil homens, que incluiu boa parte das tropas da Gália, as quais desejaram seguir seu *Augustus* até o Oriente, apesar da sua relutância inicial em fazer o mesmo sob Constantino. Sendo o maior exército romano empregado contra um oponente estrangeiro no século IV, foi capaz de penetrar profundamente em território inimigo, derrotando todas as forças que encontrava. Não obstante, Juliano não conseguiu forçar os persas a travar uma batalha decisiva e logo enfrentou os problemas inevitáveis de abastecer um número tão expressivo de homens ao longo de grandes distâncias. Desde o início da campanha, pelo menos um quarto dos seus homens foram usados para tripular a frota de barcos fluviais que transportava suprimentos através do Eufrates.

O comportamento de Juliano denotava, por vezes, uma emulação consciente dos primeiros comandantes romanos. Tendo lido que Cipião Emiliano, Políbio e um pequeno grupo de soldados cortaram caminho através de um portão protegido pelo inimigo em Cartago, Juliano tentou copiar a ação no cerco de Pirisabora, mas foi rechaçado. Amiano desculpa essa falha do seu herói explicando que as circunstâncias em que o feito original foi realizado eram diferentes. Durante um reconhecimento em outra fortaleza em Maozamalcha, Juliano e seus oficiais foram emboscados por dez persas, dois dos quais reconheceram o imperador por conta do seu uniforme e o atacaram. O *Augustus* matou um deles com sua espada, enquanto seus guarda-costas cuidaram do outro. Depois de Maozamalcha cair, Juliano imitou publicamente Alexandre, o Grande e Cipião Africano ao não molestar (e nem mesmo olhar) muitas belas nobres que tinham sido capturadas. A literatura sempre enfatizou o ideal de comportamento de um grande general, porém há forte possibilidade de que o desejo de Juliano de se igualar aos grandes comandantes históricos ditasse seu comportamento[27].

Os romanos chegaram a Ctesifonte, tendo desobstruído um canal construído por Trajano e também usado por Sétimo Severo para trazer suprimentos pelo Eufrates e pelo Tigre. Mesmo assim, ao lá chegar, Juliano e seus oficiais resolveram que não estavam em posição de tomar a cidade e começaram a se retirar. Contra o conselho de seus oficiais, o *Augustus* ordenou que a frota de transporte fosse incendiada e instruiu o exército a marchar para longe do rio e se retirar através de uma região que os exércitos rivais ainda não tinham cruzado. A visão da frota sendo incendiada provocou protestos entre os soldados, mas a ordem cancelando a instrução original chegou tarde demais para evitar sua implementação. Nos primeiros dias de marcha, foi fácil conseguir água, alimentos e forragem das terras através das quais os romanos estavam passando. Logo, porém, os persas reagiram e começaram a queimar as plantações à frente da coluna inimiga. Juliano teve ainda mais motivos para lamentar suas ordens imprudentes, quando percebeu tardiamente que a destruição dos barcos tornara impossível para o exército construir uma ponte de barcos que lhe permitiria cruzar o Tigre uma vez mais, deixando o rio entre ele e os persas.

A situação de abastecimento estava agora ficando desesperadora, contudo o exército continuou a marcha, travando várias escaramuças violentas à noite com os persas que o perseguiam. Numa delas, Juliano destacou-se a cavalo para tentar dirigir o combate, sem haver tido tempo de vestir sua armadura. Foi atingido por um dardo que se alojou na lateral do seu corpo, derrubando-o do cavalo. Ninguém sabia ao certo quem arremessara o dardo, embora Libânio tenha registrado um rumor de que o atirador seria romano, um soldado cristão enfurecido com Juliano por ele promover o paganismo. O ferimento foi mortal, e o *Augustus* morreu na sua barraca pouco depois, sendo substituído rapidamente por um membro do exército escolhido pelos oficiais. Com o exército em tal posição precária, havia poucas opções a não ser concluir uma paz vergonhosa com a Pérsia[28].

Na Gália, Juliano se mostrara um comandante razoavelmente competente, apesar da falta de experiência militar antes de sua nomeação como *Caesar*. Como vimos, o tipo de problema que ele enfrentou era daquele rotineiramente tratado pelos governadores provinciais dos períodos anteriores. Por volta do século IV, apenas um imperador possuía tanta autoridade e tinha a capacidade de concentrar recursos suficientes para derrotar incursões bárbaras menores. Juliano contribuiu para restaurar a segurança da fronteira ao longo do Reno, embora nos anos subsequentes ela se mostrasse impossível de manter sem uma presença militar ativa na área. Ele conquistou diversas vitórias e não sofreu derrotas sérias, mas não há nada nessas campanhas que indique talento excepcional da sua parte. Algumas das suas decisões são questionáveis, e ele com certeza não tinha o talento de Cipião ou Júlio César para julgar a disposição dos seus homens.

Na campanha persa, a grande escala da operação e os problemas inerentes a operar no território inimigo em lugar de numa província aumentaram bastante as consequências dos seus erros e a falta de compreensão das opiniões dos seus soldados. Exércitos romanos excepcionalmente amplos não tinham um bom registro de resultados – Canas e Aráusio são os dois exemplos mais famosos e desastrosos –, e parecia extremamente difícil para um general controlar com eficiência forças maiores que quarenta mil homens. Por volta do século IV, quando o tamanho das unidades diminuíra e o exército era mantido para fazer guerras em escala muito menor, um exército de 83 mil homens era tremendamente desajeitado. Ninguém, nem mesmo Juliano, tinha experiência alguma em controlar e abastecer forças como essas. Isso, aliado aos mesmos problemas que contribuíram para evitar que as campanhas de Trajano e de Severo no Oriente resultassem na derrota definitiva dos partos, finalmente resultou num fracasso humilhante. A carreira de Juliano é interessante não por conta da sua capacidade pessoal como comandante, mas por fornecer uma boa indicação das circunstâncias sob as quais os generais romanos do final do Império realizavam suas funções.

CAPÍTULO 15

UM DOS ÚLTIMOS: BELISÁRIO E OS PERSAS

Belisarius
(505-565 d.C.)

Então, Belisário assim se dirigiu aos seus oficiais que o cercavam: "Não desejo revelar a todos o que estou pensando, pois uma conversa num acampamento não pode ser mantida em segredo [...] mas, vendo que a maioria de vocês está se permitindo agir do modo mais desordenado e que cada qual deseja ser o comandante supremo na guerra, devo agora falar coisas que deveriam ser mantidas em segredo, mencionando, porém, primeiro, que quando muitos num exército seguem julgamentos independentes é impossível que qualquer coisa necessária seja realizada".[1]

No século IV d.C. e no início do século V, o exército romano mantinha o potencial de se tornar uma força de combate muito eficiente. Batalhas campais eram mais raras do que tinham sido durante o principado, pois os comandantes preferiam agora derrotar o inimigo por meio de ações cautelosas e manobras, evitando lutar.

Apesar disso, quando escolhiam combater, os romanos normalmente venciam, e seus melhores exércitos eram marcadamente superiores aos de todos os seus oponentes, apesar de algumas poucas derrotas espetaculares, como a de Adrianópolis em 378 d.C. O impacto dessa derrota, em que o imperador do Oriente foi morto junto com muitos dos seus soldados, sempre foi exagerado e certamente não foi o último suspiro do exército. A eficiência militar sempre fora baseada no treinamento, na motivação, na disciplina e no bom equipamento das tropas. Em todos os períodos, houve ocasiões em que esses fatores não foram aplicados, e o resultado foi quase sempre a derrota. Manter um exército em boas condições demandava enormes recursos humanos e materiais e, sobretudo, dinheiro, bem como a capacidade política e a vontade de aplicar tais recursos. Esse era o problema essencial no fim da Antiguidade, pois, enquanto os romanos continuavam sabendo como tornar o exército eficiente, as circunstâncias raramente permitiam realizar isso na prática. As frequentes guerras civis, além do declínio econômico que se desenvolvia desde o final do século II, deixaram os imperadores fracos e inseguros. Boa parte da infraestrutura que apoiava o exército – estradas, bases fortificadas e linhas de suprimento – fora se desgastando simplesmente por não haver nem dinheiro, nem determinação da autoridade central em mantê-los. O exército ainda era grande e formidável, mas era raramente capaz de produzir seu melhor resultado, e em média suas unidades eram de pior qualidade do que as dos primeiros exércitos profissionais.

A partir do século III em diante, Roma entrou em declínio, com a contínua instabilidade desgastando o governo central, de modo que grande parte do poder foi dispersada entre líderes locais e era difícil conseguir que qualquer coisa fosse realizada em instância superior. A fraqueza interna produziu mais derrotas nas fronteiras, o que por vezes levava a guerra civil, quando imperadores eram assassinados ou desacreditados por conta de seus fracassos e algumas regiões decidiam que a solução para o problema dos inimigos externos era nomear seu próprio imperador.

Muito gradualmente, a força de Roma diminuiu, porém a extensão e o poder do império eram tamanhos que, mesmo no final do século IV, ela continuava muito mais poderosa do que seus inimigos estrangeiros. A ameaça apresentada era, de qualquer maneira, descoordenada e esporádica, mas os trechos de fronteira percebidos como vulneráveis logo tornavam-se alvos de ataques.

A presença de um imperador para conduzir a guerra numa região podia, conforme Juliano mostrou, restabelecer temporariamente a segurança, no entanto, mesmo quando havia mais de um imperador, esses homens não podiam estar em todos os lugares ao mesmo tempo.

Sua tarefa era ocupar os espaços e esperar que se mantivessem seguros o tempo suficiente para que tratassem dos problemas de outros locais. Se tivesse sido possível manter um longo período de estabilidade sem conflitos internos, o império ainda conseguiria se recuperar, mas o suporte modificado do poder imperial impedia que isso acontecesse. Roma declinou muito lenta e progressivamente, de modo que mesmo o colapso final da seção ocidental do império não pode ser facilmente associado a um único cataclismo. Roma foi saqueada pelos godos em 410 d.C., porém esses guerreiros germânicos e seus líderes eram parte do exército romano, e o contexto era mais de uma guerra civil do que de uma invasão estrangeira. O último imperador ocidental, Rômulo Augústulo, foi deposto em 476, mas a maioria de seus predecessores não tivera poder real, e o evento em si teve pouco impacto para o grosso da população. Durante o século V, as províncias ocidentais do império seguiram seu próprio rumo, como a Britânia, ou foram invadidas e transformadas em reinos por chefes guerreiros germânicos, muitos dos quais já estiveram a serviço de Roma. Dessa forma, grupos de visigodos, ostrogodos, francos e vândalos tomaram a Hispânia, Gália, Itália, Sicília e o norte da África.

Enquanto o Império Romano do Ocidente ruía, o do Oriente, com sua capital em Constantinopla e um território que incluía os Bálcãs, a Grécia, a Ásia Menor, o Egito e a Síria, continuou. De diversas maneiras, era uma unidade mais coerente do que o império maior havia se tornado e possuía mais fronteiras naturais seguras ao norte. Era uma região que um único imperador podia governar de modo eficiente e, embora por vezes se escolhesse nomear um co-regente, o Império Romano do Oriente (normalmente chamado, pela convenção moderna, de Império Bizantino) veio a ter de novo a estabilidade política que faltara durante tanto tempo. Por volta do século VI era raro que um imperador comandasse em pessoa uma campanha, e sua preocupação em outorgar o comando de seus exércitos a outros é uma indicação da maior segurança pessoal de que gozavam. As atividades dos generais eram observadas de perto em busca do menor sinal de deslealdade, entretanto, na maioria dos aspectos, o relacionamento entre o imperador e o comandante de campo retornara a condições próximas às vistas no principado. Os imperadores orientais eram capazes de conduzir ativamente a guerra em mais de um palco simultaneamente, de uma maneira que dificilmente fora possível durante séculos.

Os recursos militares disponíveis tinham diminuído, mas ainda eram consideráveis. Em termos de território, o Império do Oriente era mais ou menos equivalente ao seu maior rival, a Pérsia sassânida, embora os romanos – pois era assim que os bizantinos se viam e se chamavam – fossem provavelmente mais ricos e possuíssem população maior. A redução do seu território alterou a atitude dos imperadores romanos com relação ao mundo exterior, e havia certamente uma tendência a dirigirem-se ao rei persa como um igual, ou mesmo um "irmão". Tal disposição fazia contraste marcante com a diplomacia de séculos anteriores, a qual sempre buscara enfatizar a enorme superioridade de Roma sobre as outras nações. Contudo, pelo menos alguns imperadores orientais continuaram a nutrir a ambição de reviver o antigo poderio do império, e, durante o reinado de Justiniano (527-565 d.C.), um esforço concentrado foi feito no sentido de reconquistar os territórios perdidos no Mediterrâneo ocidental. O norte da África, a Sicília e a Itália foram reconquistados numa série de campanhas, embora tais conquistas não tenham sido duradouras. Um dos comandantes mais proeminentes dessas operações foi Belisário, que teve sua primeira experiência como general nas guerras da fronteira oriental[2].

BELISÁRIO E A BATALHA DE DARA, 530 D.C.

Belisário era um dos *doryphoroi* de Justiniano, membros do seu grupo doméstico de militares que viviam às suas custas e eram treinados para servir como oficiais. Ele era de origem germânica, de uma das províncias do Danúbio, porém, em termos culturais, isso tinha muito poucas implicações. Contudo, era muito mais um soldado profissional do que os aristocratas senatoriais dos primeiros tempos, ou o acadêmico Juliano. Em 526, Belisário e outro dos *doryphoroi*, Sitas, foram colocados no comando de uma força enviada para atacar a região do Império Sassânida conhecida como Persarmênia. No início, as coisas foram bem e os romanos reuniram espólio considerável, mas, pouco depois, foram confrontados pelas forças persas superiores e derrotados. Essa operação era parte da hostilidade esporádica que ocorria ao longo da fronteira nas décadas seguintes a 502-506, um período de guerra em grande escala entre as duas potências. As hostilidades começaram quando o rei persa Cavades (Cabades, nas fontes romanas), precisando de dinheiro e tendo negado um pedido de empréstimo ou de doação que fizera ao imperador Anastácio, lançou uma expedição de saque às províncias romanas com vistas a obter lucro rápido. No final, as negociações levaram a uma declaração de sete anos de paz, provavelmente acompanhada de pagamentos por parte dos romanos e restrições de construir novas fortificações para os dois lados.

A paz mostrou-se instável, e a tensão aumentou ainda mais quando, no início da década de 520, Cavades começou a impor a religião persa do zoroastrismo aos seus súditos do reino da Ibéria, no sul do Cáucaso – uma ação possivelmente estimulada mais pela política do que pela convicção, pois temia-se uma deserção para Roma. Os ibéricos apelaram, enquanto cristãos pediam apoio aos romanos. Cada um dos lados também estimulou seus aliados a atacar os seus inimigos. Uma complicação adicional surgiu quando o idoso Cavades, opondo-se ao seu filho mais velho, Kaoses, tentou manobrar para ser sucedido pelo seu filho mais novo, Khusro. Embaixadores persas procuraram o tio de Justiniano, o imperador Justino, e lhe pediram que adotasse Khusro, comprometendo-se, desse modo, a garantir que ele sucedesse a seu pai. Justino e Justiniano exultaram no primeiro momento, até começarem a suspeitar que o objetivo real de Cavades era conseguir que seu filho tivesse direito a reivindicar o trono romano. Sua contraproposta, uma adoção limitada, ao estilo da normalmente feita com a realeza bárbara, o que impossibilitaria a sucessão, foi recebida como um insulto pelos persas. Os temores dos romanos, assim como a proposta original, refletiam as relações muito diferentes entre as duas potências que prevaleciam por volta do século VI[3].

A tensão continuou a aumentar, até que o reinício da guerra tornou-se inevitável. As campanhas nessa área eram baseadas nas fortalezas que permitiam o controle da região vizinha. As batalhas eram raras, a maior parte dos combates consistiam em incursões, como aquele comandado por Belisário, e as fortalezas forneciam bases seguras a partir das quais os ataques podiam ser lançados. Em 505, os romanos começaram a construção de uma nova fortaleza em Dara, a cerca de 23 quilômetros da cidade de Nísibis, controlada pelos persas. Estes se opuseram à construção depois que a paz foi declarada, em especial porque os romanos aumentavam gradualmente as forças lá estacionadas. Outras iniciativas de construir novas fortalezas ou de concentrar tropas perto da fronteira foram vistas também como provocações. Às vezes, como quando os romanos ocuparam dois fortes na fronteira com a Ibéria por volta de 527, a reação persa era suficiente para forçar sua evacuação. Em 528, Belisário recebeu a tarefa de erguer um forte em Mindos, um local que não pode ser identificado com precisão, porém, evidentemente, não era longe de Nísibis. Essa posição também se mostrou inatingível, face à forte reação do inimigo, mas pode ser que a operação se destinasse, de fato, a distrair os persas do programa de fortificação que estava em andamento em Dara.

As operações iniciais de Belisário fracassaram, porém sua habilidade e sua lealdade perceptíveis garantiram que, quando Justiniano tornou-se o único imperador após a morte de Justino, em 527, ele recebesse postos cada vez mais graduados. Em 530, foi nomeado comandante – seu título era Mestre dos Soldados para o Oriente

(*Magister Lilitum per Orientem*) – de um dos cinco exércitos de campo que então existiam. Com ele, foi seu auxiliar principal (*accessor*) Procópio, que mais tarde iria escrever um relato detalhado das campanhas de Belisário em sua obra *Guerras*. Embora o ano de 529 tenha passado em negociações de paz, Justiniano também se preparou para a guerra, e o recém-nomeado Belisário tinha cerca de 25 mil homens concentrados na sua base em Dara, um exército muito grande para esse período. Não está claro que proporção dessa força era constituída pela cavalaria, embora, provavelmente, fosse de um terço. A infantaria parece ter sido de qualidade questionável, em parte, talvez, porque as incursões na fronteira oriental deram--lhe menos oportunidades do que à cavalaria de entrar em serviço ativo. Sua experiência era mais da vida em quartel e de missões de policiamento do que de combate.

Durante toda a sua carreira, Belisário fez uso frequente da cavalaria, raramente confiando nas unidades de soldados a pé para lutar, exceto em condições muito favoráveis. Em Dara, suas tropas montadas incluíam 1,2 mil hunos, que combatiam no seu modo tradicional como arqueiros a cavalo, além de trezentos hérulos, um povo do Danúbio que tinha reputação de grande ferocidade. Todos esses grupos se mostrariam altamente eficientes nas lutas que estavam por vir. Outro elemento da cavalaria era constituído pelas tropas domésticas de Belisário, ou *bucellarii*. Esses homens viviam às custas do seu comandante, por isso seu nome derivava do biscoito duro usado pelos militares, mas eram sujeitos ao imperador por um juramento de lealdade. Não está claro quantos deles Belisário comandava em Dara, apesar de, anos depois, ele ter uma força de cerca de mil homens seguindo-o diretamente nas campanhas. Era uma cavalaria pesada, com o cavaleiro – provavelmente, não o cavalo – usando uma armadura e equipado com uma lança e um arco composto. Os *bucellarii* eram especialmente bem treinados, mesmo para os padrões das tropas de elite[4].

Em junho, um exército persa ainda maior avançou contra os romanos, na ofensiva principal de três ataques que estavam sendo organizados por Cavades. Somava cerca de quarenta mil homens sob o comando de um homem chamado Peroz ou Firuz (Perozes, em grego), membro da casa mirânida, uma família aristocrática que produziu tantos comandantes persas que os romanos vieram a acreditar que "mirânida" fosse uma patente. Como o exército romano, sua força baseava-se nas tropas montadas, uma vez que a infantaria persa era mal equipada e pouco motivada, na maioria das circunstâncias menos eficiente do que seus pares inimigos. Antes da parte principal da batalha, Peroz recebeu reforços de dez mil homens da guarnição de Nísibis, mas esses soldados não parecem ter sido melhores que os outros. A cavalaria persa era quase inteiramente constituída por catafractos, sendo tanto o cavalo quanto o cavaleiro equipados com armaduras pesadas. Eram armados com arcos e, em geral, tinham preferência por combater a distância, porém também se aproximavam e travavam combates singulares quando necessário. Peroz também contava com os Imortais, que tinham recebido seu nome da guarda real do rei nos dias anteriores à conquista do Império Persa por Alexandre, uma cavalaria de elite de reserva. Aparentemente, havia cerca de dez mil desses homens no exército[5].

A BATALHA DE DARA

Procópio nos diz que os persas estavam extremamente confiantes quando seu exército avançou e acampou a apenas alguns poucos quilômetros da posição romana. Eles não apenas tinham vantagem numérica sobre seus oponentes, mas também estavam inflamados pelo fato de haverem derrotado os romanos em todas as grandes batalhas das décadas anteriores. Peroz enviou um emissário para instruir Belisário a preparar um banho para ele em Dara na noite seguinte. Não obstante, com efeito, ele e seus comandantes ficaram chocados ao ver o exército romano, pois Belisário se preparara cuidadosamente para a batalha. Ele havia escolhido uma posição a poucas centenas de metros do portão principal das muralhas de Dara. Com uma colina à esquerda, as tropas romanas fortaleceram a posição principal com uma trincheira. No centro, havia uma

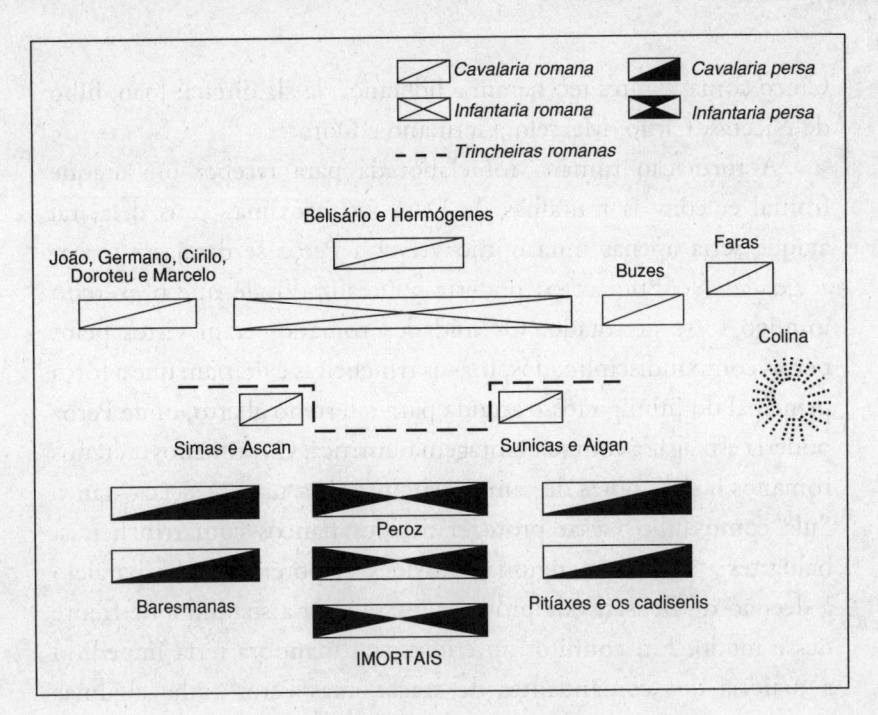

A BATALHA DE DARA

Diagrama da batalha mostrando as posições das forças romanas e persas:

- Cavalaria romana / Cavalaria persa
- Infantaria romana / Infantaria persa
- − − − Trincheiras romanas

Forças romanas (de cima para baixo):
- João, Germano, Cirilo, Doroteu e Marcelo | Belisário e Hermógenes | Buzes | Faras
- Colina (à direita)
- Simas e Ascan | Sunicas e Aigan

Forças persas:
- Baresmanas | Peroz | Pitíaxes e os cadisenis
- IMORTAIS

vala em cada ponta, e outra vala retornava em 90 graus, unindo-se com outras trincheiras escavadas paralelamente à primeira. Alguns lugares de passagem foram estabelecidos em cada seção, pois seria mais fácil os romanos usá-los do que os persas encontrarem o caminho no calor e na confusão da batalha. Atrás das trincheiras, Belisário formou uma linha consistindo em toda a sua infantaria e, provavelmente, uma pequena parte da cavalaria. Na reserva, havia uma linha totalmente composta pela cavalaria. Em frente à vala, no ângulo próximo às trincheiras que se conectavam, havia duas unidades de hunos, cada qual com seiscentos homens. Aqueles à esquerda eram comandados por Sunicas e por Aigan, enquanto o grupo à direita estava sob o comando de Simas e de Ascan. Esses quatro homens eram hunos e também membros dos *doryphoroi* de Belisário. O restante da cavalaria foi dividido entre as duas alas. A esquerda era comandada por Buzes e por Faras, líderes dos hérulos.

Cinco comandantes receberam a liderança da ala direita: João, filho de Nicetas, Cirilo, Marcelo, Germano e Doroteu.

A formação romana foi elaborada para receber um ataque frontal e, com as muralhas de Dara tão próximas atrás dela, tal ataque seria apenas uma opção viável a Peroz se desejasse tomar a cidade. Nenhum cerco poderia ser realizado até que o exército inimigo fosse derrotado. Os soldados romanos eram vistos pelos persas como indisciplinados, mas as trincheiras evitariam que a força principal do inimigo fosse atraída para o terreno aberto, onde Peroz poderia esmagá-la com sua vantagem numérica. Os primeiros exércitos romanos faziam obras de campo para proteger uma posição – tanto Sula como Júlio César protegeram seus flancos com trincheiras, baluartes e fortes em algumas ocasiões –, porém não há paralelo à decisão de Belisário de proteger quase toda a sua linha de frente desse modo. Em conflitos anteriores, tal manobra teria impedido a maioria dos comandantes de atacar, mas Peroz tinha algumas alternativas. Ele havia recebido ordens de Cavades para tomar Dara e obteve, para tanto, mais da metade do total de tropas despachadas contra Roma. Dessa maneira, para encorajar seus homens antes da batalha, disse que as trincheiras romanas eram uma indicação do seu profundo temor dos persas[6].

No primeiro dia, Peroz não quis arriscar um grande ataque e, durante horas, os dois exércitos permaneceram encarando um ao outro sem realizar nenhum movimento agressivo. No final da tarde, um grupo da cavalaria persa avançou sozinho contra a ala esquerda romana. O esquadrão romano mais adiantado recuou, fingindo pânico, e conseguiu enganar os persas, fazendo que eles os perseguissem fora de formação, voltando-se, então, para enfrentá-los. Sete persas foram mortos e o restante fugiu de volta para suas linhas. Esse sucesso dos romanos foi um tanto surpreendente, uma vez que a cavalaria persa era normalmente disciplinada demais para cair em tal estratagema. Isso pode ser uma indicação de que o exército persa desprezava seus oponentes romanos e, por isso, combatia com menos cuidado. Depois disso não houve mais ataques, mas um jovem guerreiro persa cavalgou adiante e ofereceu-se para lutar com qualquer romano em combate singular. Procópio conta que o desafio foi respondido por um membro da casa de Buzes, um certo Andreas, que não era soldado, mas instrutor de luta livre e assistente de banho do seu senhor. Mesmo assim, ele estava, evidentemente, armado e equipado como cavaleiro, prestando assistência imediata a Buzes. Andreas matou o primeiro desafiante com uma facilidade desdenhosa e, após esse sucesso, derrotou um segundo guerreiro, este mais experiente, que o desafiou em seguida. Sua vitória fez emergir um grande grito de celebração das fileiras do exército romano. O dia terminava, e os persas logo começaram a se retirar. Enquanto a noite caía, os romanos marcharam de volta aos seus alojamentos, em Dara, entoando alegremente canções de vitória[7].

O dia seguinte foi passado numa troca de mensagens, com os romanos tentando persuadir os persas a se retirarem, enquanto eram acusados de deslealdade por Peroz, o qual acabou mandando que as cartas que recebeu do inimigo fossem afixadas no seu estandarte. Naquele mesmo dia, Peroz recebeu reforços de dez mil homens de Nísibis. Como as negociações não produziram resultado, na manhã seguinte os dois comandantes discursaram aos seus homens, com a clara expectativa de que a batalha ocorreria. Belisário enfatizou quão mal equipada estava a infantaria e como sua motivação era baixa. Os dois exércitos entraram em formação, os persas em duas linhas principais com a infantaria no centro e a cavalaria nas alas. Peroz manteve os Imortais na reserva, com ordens de não avançarem até receberem o sinal. Peroz se colocou no centro com a infantaria, mas, ao que parece, ela não deveria lançar um ataque e seu papel seria mais marcar a infantaria romana com sua presença e dar cobertura atrás da qual a cavalaria persa pudesse se reagrupar. A ala esquerda, a qual incluía um forte contingente dos selvagens cadisenis, era comandada por Pitíaxes, enquanto a direita estava sob Baresmanas. Depois de entrar nessa formação, os persas esperaram durante horas sem fazer movimento algum. Procópio explica que os romanos estavam acostumados a comer ao meio-dia, enquanto os persas não se alimentavam antes do final da jornada, de modo que Peroz esperava que permanecer durante horas sob o quente sol de junho enfraquecesse o inimigo mais do que seus homens. Entrementes, os romanos fizeram uma alteração em sua ordem de batalha, quando Faras foi até Belisário e Hermógenes (o segundo em comando do exército romano) e disse: "Não me parece que causarei dano ao inimigo se continuar aqui com os meus hérulos, mas, se nós nos escondermos nessa encosta, quando os persas começarem a lutar atacaremos de repente sua retaguarda, disparando flechas por trás deles; assim, conseguiremos causar muitas perdas". Como sua ideia agradou a Belisário e seus oficiais, ele executou o plano[8].

Faras e os hérulos colocaram-se numa posição escondida, na encosta posterior da colina no flanco esquerdo do exército.

A batalha começou à tarde, quando a cavalaria persa lançou um ataque a ambas as alas. Os romanos e os persas dispararam um dilúvio de flechas uns contra os outros, mas os persas disparavam contra um vento forte, o qual diminuía a força de seus projéteis. Em outro texto, Procópio afirma que a técnica da arquearia romana era mais eficiente do que a persa, já que os romanos haviam copiado métodos usados pelos hunos. Conforme as unidades persas na primeira linha da cavalaria se fatigavam ou ficavam sem munição, eram substituídas por grupos de cavaleiros da segunda linha para manter a pressão. Após um tempo, quando a maioria dos homens esgotou toda a sua munição, os cavaleiros dos dois lados lançaram cargas uns contra os outros. Um ataque furioso dos cadisenis irrompeu a partir da esquerda romana. Vendo os cavaleiros inimigos perseguindo os romanos em fuga, Sunicas e Aigan comandaram seus hunos contra o flanco esquerdo das tropas que avançavam. Antes de entrarem em contato, Faras já tinha trazido os seus hérulos de trás da colina para atacar os cadisenis na retaguarda. O pânico e a confusão espalharam-se rapidamente através da ala direita persa. Uma parcela da cavalaria conseguiu abrigar-se atrás das sólidas fileiras de soldados a pé, mas a maior parte foi repelida do campo com pesadas perdas. Procópio afirma que três mil persas tombaram nesse estágio da batalha.

Conforme a sua direita se dissolveu na fuga, Peroz transferiu o peso do seu ataque para a ala esquerda, enviando os Imortais para reforçar a cavalaria. Vendo essa manobra, Belisário ordenou a Súnicas e Aigan que se juntassem aos outros hunos. Outras tropas de cavalaria foram enviadas da reserva para se concentrarem atrás dos hunos, prontas para ameaçar o flanco de quaisquer unidades que fossem capazes de romper a ala romana. Não está claro de qual lado das trincheiras essas tropas foram colocadas, embora os hunos estivessem com certeza à frente, e é possível que outras unidades também tenham ido até essa posição por vias mantidas com esse propósito. Os homens de Baresmanas, reforçados pelos Imortais, conseguiram repelir a cavalaria romana que os enfrentava e passaram a persegui-la. Então, os hunos dirigiram um ataque contra o flanco exposto dos persas, passando pela massa dos cavaleiros inimigos e separando-os do seu exército. Sunicas matou pessoalmente o porta-estandarte de Baresmanas com sua lança. Os membros da cavalaria persa, que fora separada das suas forças, tentou desesperadamente abrir caminho de volta às suas linhas.

Ao mesmo tempo, Baresmanas comandou um grupo de Imortais numa tentativa de recapturar seu estandarte. Atacados pela cavalaria romana em várias direções simultaneamente, os persas tinham pouco espaço para manobrar e não podiam atacar sem expor seu flanco ou a retaguarda ao inimigo. Dessa vez, Sunicas abateu o próprio general persa, e a morte de Baresmanas acabou de tirar o resto da confiança que seus homens ainda conservavam. Os cavaleiros que conseguiram fugir espalharam seu pânico aos infantes mais próximos, os quais largaram seus escudos e armas e também fugiram. Diz-se que os romanos mataram mais cinco mil soldados nessa seção do campo, porém Belisário e seus oficiais rapidamente os restringiram, impedindo que continuassem a perseguição, sabendo que homens espalhados eram vulneráveis demais a um contra-ataque, mesmo que houvesse um número pequeno de inimigos descansados. A vitória que já tinha conquistado bastava. O exército principal de Cavades fora derrotado numa batalha campal, e a humilhação foi sentida profundamente pelo inimigo. A tiara de ouro incrustada de pérolas que marcava a patente de Peroz foi retirada dele pelo rei[9].

CAMPANHAS POSTERIORES

No ano seguinte, uma força de quinze mil persas, guiados por aliados árabes, atacou de surpresa um ponto ao sul do Eufrates, muito longe das áreas principais de campanha nas quais os exércitos rivais haviam combatido recentemente. O ataque surpreendeu Belisário, e ele levou algum tempo para conduzir o exército ao confronto com o inimigo perto de Calínico. Sua intenção era fazer uma demonstração de força que seria suficiente para os invasores se retirarem sem infligir muito dano à população da província. Com ele iam cerca de vinte mil homens, entre os quais se incluíam dois mil aliados locais e um número considerável de soldados recém-convocados, pois algumas das tropas que combateram em Dara foram despachadas para reforçar as guarnições das fronteiras, para o caso de Cavades lançar um novo ataque quando o exército principal estivesse no sul. Os persas não souberam da sua aproximação antes de ele chegar a cerca de vinte quilômetros de distância, e começaram imediatamente a se retirar, uma vez que não desejavam travar batalha. A decisão de Belisário de segui-los a certa distância mostrou-se muito impopular, tanto entre os oficiais de alta patente como entre os soldados comuns, embora Procópio observe que ninguém ousou criticar sua estratégia diretamente. Na Sexta-Feira Santa, 18 de abril de 531, os persas chegaram a Calínico; estavam perto de uma região árida e esparsamente povoada, pela qual precisariam passar em seu retorno. Se o exército romano os seguisse, teriam tanta dificuldade quanto o inimigo para conseguir alimentos, pois não havia guarnições significativas na área.

A ideia de penetrar naquela terra, ou, alternativamente, de deixar os persas escaparem, iniciou uma divergência entre os soldados romanos. Belisário discursou para o exército, explicando que não havia nada a ser ganho em batalha quando o inimigo já estava deixando suas terras. Também observou que não era o momento de lutar, porque no dia seguinte todos iriam jejuar em preparação para o domingo da Páscoa, e, assim, não teriam energia para um confronto árduo. Os homens começaram a insultá-lo abertamente e com truculência, o que levou o general a declarar que estava apenas testando o seu valor e se estavam ansiosos por lutar. Procópio dá a entender que isso foi uma mudança genuína da sua disposição e não um estratagema para incendiar os ânimos dos soldados. Como Juliano em Argentorato, Belisário foi forçado pelo seu exército a lutar em condições que não acreditava serem adequadas. Nesse caso, porém, seu julgamento provou-se correto, pois a batalha terminou em derrota. Sem a posição cuidadosamente preparada que fora ocupada em Dara, o exército romano mostrou-se frágil no combate de cavalaria que se desenvolveu e perdeu oitocentos homens, além da maior parte dos soldados aliados. Belisário foi um dos últimos a fugir, lutando com seus *bucellarii* num esforço para apoiar um destacamento de homens liderados por Ascan, que foram separados do exército e só se retiraram depois que seu comandante fora morto[10].

A derrota foi lamentável, mas não obscureceu a vitória obtida em Dara. A morte de Cavades no outono do mesmo ano diminuiu, durante algum tempo, o ímpeto do esforço de guerra persa, e logo levou a negociações de paz com Khusro. Pouco depois, Belisário foi chamado de volta a Constantinopla, pois Justiniano resolvera enviá-lo numa expedição para reconquistar dos vândalos o norte da África. Apesar dos recursos limitados colocados à sua disposição – seu exército tinha apenas cinco mil cavaleiros, entre os quais os seus *bucellarii*, além de um contingente de hunos e uma infantaria de dez mil homens –, Belisário aportou em 533 e, no ano seguinte, derrotou o rei vândalo Gelimero. Algumas das dificuldades que enfrentou haviam sido familiares para comandantes anteriores; outros reveses, porém, eram sintomas das grandes mudanças que o exército romano sofrera no século VI. No início da campanha, ele perdeu quinhentos homens antes de descobrir que os estoques de biscoitos fornecidos para o exército não foram produzidos de modo adequado. Era normal que os biscoitos duros fossem assados duas vezes, um processo que ajudava a preservá-los, mas também reduzia seu peso em cerca de um quarto. Evidentemente obrigado a fornecer ao exército um peso específico de biscoitos, o oficial responsável resolveu tirar bom lucro disso. Recusou-se a pagar padeiros para prepararem o biscoito de forma adequada e, em vez disso, providenciou que fossem assados na fornalha dos banhos públicos. A aparência dos biscoitos era satisfatória, mas mantinham o peso original da farinha e rapidamente começaram a se estragar. Não havia nada de novo na tentativa de se obter lucro às custas do Estado e de soldados em campanha, pois, no auge da Segunda Guerra Púnica, uma empresa contratada para abastecer as legiões da Hispânia fora condenada por usar navios arruinados para reivindicar indenização do Estado por uma carga inexistente[11].

Outro evento significativo no início da expedição foi a execução de dois soldados hunos que mataram um camarada numa briga de bêbados. Isso causou protestos do restante da sua unidade, para a qual o estado de intoxicação de uma pessoa impedia que fosse responsabilizada por seus próprios atos. Muitos dos outros soldados também se juntaram ao protesto, nervosos com a possibilidade de seus generais também adotarem punições severas como essa por outras faltas disciplinares. Nesse caso, Belisário foi firme, determinado a evitar que seus homens saqueassem ou abusassem da população, desestimulando, dessa maneira, aqueles já inclinados a se voltarem contra seus senhores vândalos. De modo geral, ele conseguiu seu intuito e açoitou, como exemplo aos demais, alguns soldados que foram surpreendidos saqueando; com isso, impôs a seus homens uma disciplina rígida para os padrões da época[12]. Quando Cartago capitulou, Belisário esperou para entrar na cidade à luz do dia, de forma que pudesse melhor vigiar seus homens, uma medida que Júlio César tomara em Massilia durante a Guerra Civil[13]. Seu contingente de hunos afirmou que tinham sido enganados quanto aos termos dos serviços quando foram recrutados e mostrou-se pouco leal durante a campanha. No final, eles parecem ter desejado permanecer com Belisário ou derrotar Gelimero, dependendo do que fosse mais fácil de realizar. Após a derrota dos vândalos em Tricamaro, em dezembro de 533, a disciplina de todo o exército ruiu e eles se espalharam, perseguindo o inimigo e saqueando à vontade. Procópio descreve como os soldados, sendo extremamente pobres, ao conquistarem, de repente, muita riqueza e mulheres jovens e extremamente belas, não conseguiam conter-se ou satisfazer-se com as coisas que tinham, mas ficaram tão intoxicados [...] que cada um quis levar tudo de volta consigo para Cartago. E vaguearam não em grupos, mas sós ou em pares [...] E Belisário, observando tudo isso, não sabia como lidar com a situação. Mas, ao raiar do dia, subiu em certa colina perto da estrada, apelando à disciplina que não mais existia e censurando a todos, fossem soldados, fossem oficiais.[14]

Tudo o que Belisário mais temera que acontecesse ao exército depois de Dara ocorreu após a sua última vitória, embora, felizmente, os vândalos se mostrassem incapazes de explorar a vulnerabilidade dos romanos. Gradualmente, por meio de apelos e repreensões, ele conseguiu trazer alguma ordem ao caos, mesmo que parcial. Pouco tempo depois, um dos seus melhores subordinados foi ferido mortalmente no pescoço por uma flecha disparada por um baixo oficial bêbado que tentara acertar um pássaro. Mais tarde, depois que a guerra estava ganha e ele retornara a Constantinopla, Belisário foi chamado para sufocar um motim do seu antigo exército[15].

Apesar desses episódios infelizes, a expedição africana foi um grande sucesso e Belisário foi recebido por Justiniano com grande cerimônia. Não só a tradição de outorgar honras triunfais aos comandantes vitoriosos foi revivida, como também Belisário recebeu permissão para marchar em triunfo – literalmente, pois andou em vez de ir numa carruagem – em Constantinopla. Parte dos espólios tomados na África e levados na procissão foram reconhecidos como aqueles que haviam sido retirados por Tito do Templo de Jerusalém e, mais tarde, saqueados de Roma pelos vândalos. Esse tesouro foi enviado para as igrejas de Jerusalém. No final do desfile, tanto o cativo Gelimero (cristão ariano como seu povo, ele passara todo o dia murmurando uma citação do segundo versículo do Eclesiastes, "vaidade das vaidades, tudo é vaidade") quanto o vitorioso Belisário prostraram-se diante de Justiniano e da imperatriz Teodora. Não havia necessidade de que um escravo sussurrasse aos seus ouvidos para lembrá-lo de sua mortalidade, pois agora era claro que ele não passava de um servo do imperador.

Em 535, Belisário foi enviado com uma força de apenas 7,5 mil homens para retomar a Itália e a Sicília para o império. As relações com o reino ostrogodo da Itália eram boas, mas haviam se deteriorado nos últimos anos, quando uma facção hostil a Constantinopla chegara ao poder. Suas atividades deram a Justiniano um pretexto para a guerra, e o sucesso na África o encorajara a realizar mais empreendimentos no Ocidente. A maior parte das comunidades da Sicília recebeu bem Belisário, e já pelo final do ano toda a ilha estava sob seu controle. A campanha na Itália mostrou-se, porém, mais difícil desde o começo, e Nápoles foi tomada apenas depois de um cerco árduo, quando os romanos descobriram um túnel havia muito esquecido e um velho aqueduto que levavam para dentro das muralhas da cidade. Em dezembro, os cidadãos de Roma abriram seus portões para Belisário, mas ele e uma força de apenas cinco mil homens viram-se sob um cerco realizado pelos godos[16]. Numa escaramuça, o comandante romano e mil cavaleiros encontraram inesperadamente uma força tribal que acabara de cruzar a Ponte Mílvia, depois de a guarnição que a protegia ter desertado ou fugido sem lutar. Belisário combateu com seus homens e foi identificado e visado pelo inimigo após os desertores entre eles terem gritado para atacarem o homem de cara branca no cavalo cinza. Procópio nos diz que a maioria dos godos

> começou a atirar em Belisário. E todos os homens que desejavam afirmar seu valor foram imediatamente tomados por grande ansiedade de conquistar honra, assim, aproximando-se o mais que podiam, tentaram agarrá-lo e com grande fúria atacaram com suas lanças e espadas. Mas Belisário, voltando-se de um lado para o outro, continuou matando-os à medida que se aproximavam, sendo ajudado pela lealdade de seus lanceiros e guardas no momento de perigo. Todos o cercaram [...] erguendo seus escudos para defender tanto o general como o seu cavalo, aparando todos os projéteis, e também forçaram o inimigo para trás, derrotando

aqueles que de tempos em tempos voltavam para atacá-lo. Desse modo, todo o combate foi centrado no corpo de um único homem [...] mas por sorte Belisário não foi nem ferido, nem atingido por um projétil naquele dia...[17]

Quando os godos lançaram um ataque subsequente às muralhas da cidade, o general ordenou a seus homens que esperassem em silêncio e não disparassem com os arcos até que ele o fizesse, pois queria que o inimigo se aproximasse e estivesse dentro da linha de alcance antes de ser recebido por uma barragem de projéteis. Quando chegou o momento, sua primeira flecha atingiu e matou um dos líderes inimigos e sua segunda, outro guerreiro. Então, enquanto todos os seus soldados atiravam, Belisário orientou os homens próximos a ele para mirar nos bois que puxavam as máquinas de cerco do inimigo. O ataque foi repelido[18].

O sucesso romano durante o cerco conferiu um espírito de confiança extremada às tropas, semelhante àquele que precedera a derrota em Calínico. Uma vez mais, Belisário foi incapaz de restringir o entusiasmo de seus homens e resolveu que, como estavam determinados a lutar, ele iria pelo menos garantir que o fizessem sob circunstâncias favoráveis. As tentativas de lançar um ataque-surpresa fracassaram quando o plano dos romanos foi revelado ao inimigo por desertores. No final, Belisário levou seus homens para fora das muralhas a fim de travar uma batalha, a qual, num primeiro momento, foi bem para os romanos. No entanto, seu sucesso inicial ao repelir os godos acabou tornando-se uma confusão, quando muitos dos soldados romanos se dispersaram para saquear. Os germânicos reuniram-se, entraram em formação e contra-atacaram, infligindo uma grande derrota aos seus oponentes. Mais tarde, o cerco foi finalmente rompido, quando um ataque-surpresa cuidadosamente planejado teve grande sucesso e permitiu que reforços entrassem na cidade[19].

Belisário iniciou uma campanha mais para o norte da península Itálica e, em 539, recebeu outro exército comandado pelo eunuco Narses. As ordens deste incluíam, evidentemente, vigiar de perto seu colega para certificar-se de que ele não tinha ambições que pudessem ameaçar Justiniano. Os dois homens não cooperaram bem, e por algum tempo isso tirou o ímpeto das operações na Itália. Narses foi chamado de volta no final do ano, e Belisário conquistou mais vitórias no norte da Itália até também ser retirado, em 540, e enviado mais uma vez à fronteira persa. O general eunuco voltou para assumir as operações na Itália e as comandou com considerável habilidade, mas enfrentou a ressurgência do poder dos godos. Belisário ajudou a restabelecer a situação no Oriente por meio de uma campanha de manobras e diplomacia, antes de retornar à Itália em 544. Roma foi perdida em 546, recapturada em 548 e tomada de novo pelos godos em 550. A essa altura, Narses tinha retornado para substituir Belisário, e foi ele que completou a conquista da Itália ao derrotar os godos em Tadine, em 551 ou 552, e os francos em Casilino, em 554[20].

A reconquista da África, da Sicília e da Itália foi considerada uma vitória de comandantes que receberam recursos extremamente modestos para suas missões, porém o Império do Oriente não foi capaz de manter esses territórios no longo prazo. Belisário havia conquistado muitas glórias nas suas campanhas e foi realmente honrado por Justiniano, embora tenha recebido poucas oportunidades de realizar serviço ativo. Os imperadores do século VI tinham confiança suficiente na sua posição para permitir que outros comandassem seus exércitos em campo, mas isso não significa que não suspeitassem de que seus generais poderiam voltar-se contra eles. Belisário recebeu brevemente um comando ativo em 559, quando bárbaros ameaçaram Constantinopla. Em 562, foi acusado de traição e aprisionado, e, apesar de ter sido libertado mais tarde, viveu seus últimos anos amargurado e desapontado, falecendo em 565.

De algumas maneiras, Belisário comandou seu exército num estilo semelhante ao dos generais das primeiras gerações. Embora por vezes manejasse a lança, a espada ou o arco no fragor da luta, seu papel primário era dirigir as ações dos outros, função que executava ficando por trás da linha de combate. Contudo, em muitos aspectos, o mundo e a natureza da guerra tinham mudado profundamente por volta do século VI. Uma das principais diferenças era a escala das operações. Os 25 mil homens reunidos em Dara representavam uma força excepcionalmente grande para o período. O autor de um manual militar do final do século VI concluiu que os exércitos normalmente tinham entre cinco mil e quinze mil homens, a maioria dos quais de baixa patente, e foram forças desse tamanho que Belisário comandou na África e na Itália. Com a exceção ocasional da fronteira oriental, nenhum dos exércitos que se opuseram a Roma obrigou que suas forças fossem maiores do que isso, mesmo se homens suficientes pudessem ser encontrados. A cavalaria formava uma proporção muito maior do total do que tinha representado nos primeiros exércitos e, ao menos sob Belisário, realizava a parte principal da luta. Embora os exércitos tenham diminuído de tamanho, ainda operavam em grandes áreas. Batalhas campais eram raras e as guerras consistiam predominantemente em escaramuças, incursões e cercos.

Conforme o estilo e o nível da guerra mudaram, o mesmo aconteceu com o caráter essencial do exército romano. Belisário era tido como um comandante razoavelmente rígido, e ainda assim as tropas sob seu comando mostraram-se repetidas vezes indisciplinadas, pressionando-o a combater contra sua vontade em Calínico e Roma, bem como depois da sua vitória na África. Os motins não eram novidade no exército romano, tendo sido comuns até durante a república, mas a truculência e a desobediência quase rotineira dos soldados do século VI raramente – se é que em algum momento – tiveram exemplos semelhantes no passado, mesmo durante a confusão das guerras civis. O ideal literário do grande comandante que impunha rígida disciplina aos seus soldados não mais apareceu no final da Antiguidade, uma vez que grande parte do sistema formal de regulamentos e punições do exército havia desaparecido. A teoria militar ainda enfatizava a importância de manter os soldados bem treinados, contudo, na prática, apenas uma pequena proporção das unidades – o que quase sempre incluía os *bucellarii* de um líder capaz – chegava perto desse ideal. Conforme os exércitos aumentavam de tamanho em relação aos padrões da época, aumentava também a probabilidade de que um número significativo de soldados se mostrasse extremamente instável. Séculos de entronizar e destronar imperadores havia tornado os soldados romanos inclinados a não aceitar uma disciplina rígida, e as tentativas de restringir seu comportamento provocaram reclamações, motins e deserções[21].

Há um sentido fortemente medieval nas campanhas de Belisário. Durante quase mil anos, as guerras europeias viriam a ser caracterizadas por exércitos relativamente pequenos, quase sempre incluindo uma proporção razoável de tropas de infantaria com valor militar insignificante, além de mercenários ou aliados cuja lealdade era incerta. As tropas mais eficientes eram normalmente os soldados bem armados e bem montados diretamente ligados aos reis e aos nobres. A guerra foi dominada por posições fortificadas, a partir das quais poderiam ser lançadas incursões, e por combates de pequena escala. Por vezes tais fortalezas sofriam cercos, mas raramente havia batalhas campais. Mesmo os maiores reinos do período eram incapazes de sustentar forças militares semelhantes ao exército romano bem equipado, organizado e disciplinado do final da república ou do principado. Tal exército era simplesmente caro demais e sempre se mostrara, até para Roma, difícil de controlar. Durante muitos séculos, o exército bizantino preservou em seu ritual e em sua linguagem alguns traços do antigo exército, porém, nos aspectos mais importantes, era uma instituição muito diferente. No Ocidente, o exército desapareceu com o colapso do império, enquanto no Oriente transformou-se. Quando o antigo exército das legiões desapareceu, com ele foi-se o *imperator*, o general romano com seu estilo de comando distinto.

CAPÍTULO 16

OS ÚLTIMOS ANOS:
O LEGADO DOS GENERAIS ROMANOS

A personalidade do general é indispensável, ele é a cabeça e tudo num exército. Os gauleses não foram conquistados pelas legiões romanas, mas por César. O veredito não surpreende, uma vez que ele se identificava muito fortemente com a ideia do "grande homem" moldando o mundo ao seu redor e via paralelos entre a sua carreira e as das grandes figuras da Antiguidade. A partir do Iluminismo, a educação, a arte e a cultura europeias foram dominadas por histórias do mundo clássico, e a história da Grécia e de Roma foi frequentemente contada como uma sequência de episódios dominados por um ou dois indivíduos – filósofos, estadistas ou generais, como Sócrates e Platão, Péricles e Demóstenes, Filipe e Alexandre, ou muitos dos romanos que discutimos nos capítulos precedentes. Os biógrafos da Antiguidade, como Plutarco, concentravam-se no caráter de um sujeito e em como as virtudes dele – sempre "dele", já que os personagens significativos da Antiguidade celebrados nas fontes eram invariavelmente homens – levaram ao seu sucesso e em como suas falhas produziram fracassos. Numa época em que o aprendizado, combinado com a determinação de implementar suas lições, parecia oferecer um modo de compreender e melhorar o mundo, a ênfase sobre a força do indivíduo era muito atraente.

Para Napoleão, seu próprio talento e sua vontade – e mesmo sua boa estrela – determinaram sua ascensão da obscuridade ao poder supremo na França e lhe permitiram subjugar quase toda a Europa. Podemos listar outros fatores que tornaram isso possível – o caos político da revolução que criou um vácuo de poder; a introdução do recrutamento em massa, que lhe deu exércitos de tamanho anteriormente inimaginável; os reformadores militares que lançaram as fundações das estratégias e táticas que tornariam La Grande Armée tão formidável –, mas reconhecer sua importância não nos leva forçosamente à conclusão de que o caráter e os talentos de Napoleão foram irrelevantes. Ele não criou do nada o sistema dos *corps d'armée*, que permitiu a seus exércitos vantagens de manobra sobre oponentes mais desajeitados, ou os funcionários imperiais que coordenavam seus movimentos, porém certamente deixou uma marca característica. O quadro de oficiais, em particular, era baseado nele, e as ordens escritas eram elaboradas à sua maneira idiossincrática. Num sentido verdadeiro, o espírito de Napoleão imbuiu seu exército de uma maneira que poucos entre seus oponentes podiam igualar. O modo de fazer a guerra nesse período era obviamente moldado em grande parte por fatores mais práticos – número expressivo de soldados e a capacidade de treinar, transportar e suprir as tropas com alimentos, roupas, armas, munição, a qual custa dinheiro do Estado –, e Napoleão sempre teve consciência disso. Contudo, tal condição não altera o fato de que os conflitos desses anos não podem ser compreendidos sem considerarmos a personalidade do imperador[1].

De forma semelhante, há pelo menos um pouco de verdade na afirmação de que foi César que conquistou a Gália. Como vimos, houve um forte elemento de oportunidade na luta de César contra os gauleses, mais do que na guerra contra os dácios, e seu próprio desejo de glória com objetivos políticos influenciou muitas das suas decisões, mais notadamente o ataque à Britânia. Poder-se-ia argumentar que o impulso de expansão da república romana levou à conquista da Gália, de modo que, se César não tivesse começado a realizar essa tendência em 58 a.C., então alguém mais a teria realizado posteriormente. No entanto, isso não implica uma inevitabilidade quanto ao curso da História que retiraria dos seres humanos qualquer independência real de ação. Nesse esquema, tendências e pressões subjacentes – talvez sociais, ideológicas, econômicas ou condições criadas por desenvolvimentos tecnológicos, aumento ou declínio populacional ou mudanças climáticas ou ambientais – ditam o acontecimento dos eventos, removendo efetivamente o elemento humano da História.

Tal visão é extremamente difícil de esquadrinhar com a observação do mundo real, pois a vida é repleta de decisões conscientes e inconscientes, todas as quais têm consequências. Além do mais, as pessoas variam enormemente nas suas reações e habilidades, mesmo quando parecem vir de um cenário e de um ambiente muito similares. Na guerra, como talvez em nenhuma outra atividade, a capacidade de cada agente de influenciar os eventos é óbvia, uma vez que as consequências das suas decisões e ações tendem a ser dramáticas. Se César não tivesse conquistado a Gália, outro comandante romano poderia tê-lo feito, mas sua realização não se daria exatamente como os eventos entre 58 e 50 a.C. A personalidade de César e, de fato, a de todos envolvidos nos dois lados ajudaram a moldar o curso das suas campanhas, mas o homem no alto da organização hierárquica exerceu inevitavelmente mais influência do que qualquer outro indivíduo. Essencialmente, retornamos ao nosso estágio inicial para dizer que líderes e generais importam e que eles eram e continuam a ser um fator significativo, senão decisivo, para determinar a trajetória e o resultado de um conflito.

Neste livro, vimos vários conflitos e indivíduos durante séculos de expansão, consolidação e, finalmente, de esforço contra o colapso. A guerra e os generais sempre estiveram presentes na História romana. A ascensão e a queda de Roma teriam certamente ocorrido, mesmo se os quinze homens discutidos neste livro tivessem morrido na infância, como aconteceu com tantos outros dos seus contemporâneos, ou sido assassinados enquanto comandavam seus exércitos. Entretanto, suas carreiras e vitórias representaram importantes estágios nesse processo e fizeram muito para determinar a forma como isso ocorreu. Em várias ocasiões, o surgimento de líderes especialmente talentosos ou determinados injetou propósito e ânimo no modo como os romanos faziam guerra, mais do que acontecera em outros períodos. Homens como Marcelo, Fábio Máximo e Cipião Africano ajudaram Roma a enfrentar a ameaça de Aníbal e, finalmente, a derrotar Cartago. Pompeu e César podem ter dividido a república, mas também acrescentaram mais territórios ao império do que quaisquer outros líderes. Augusto justificou publicamente seu novo regime por conquistas, e pela afirmação de ter restaurado a paz e a estabilidade internas.

A guerra e a política continuaram inseparáveis, uma vez que não havia maior serviço para o líder do Senado do que derrotar um inimigo na guerra. No final da Antiguidade, a antiga tradição de uma carreira civil e militar mista tinha sido abandonada, mas mesmo assim Belisário foi feito cônsul pelo agradecido Justiniano ao retornar da África. A guerra era frequente no mundo antigo, e o Estado precisava de homens capazes para vencê-las. Em todos os períodos isso conferia prestígio, que podia ser transformado em vantagem política. A aristocracia senatorial que, durante tantos séculos, forneceu os generais de Roma orgulhava-se das *virtus* que qualificavam seus membros para o alto-comando, porém nunca se sentiu muito à vontade com indivíduos cujos feitos marciais obscureciam demais seus pares.

É instrutivo, a esta altura, verificar o destino dos nossos quinze comandantes. Dois foram mortos em escaramuças – Marcelo pelos cartagineses, e Juliano talvez por um de seus próprios homens – e Trajano morreu de causas naturais, embora em campanha, como Mário, logo depois de tomar Roma. Três foram assassinados – Sertório por um dos seus oficiais, Pompeu por ordem dos cortesãos de Ptolomeu, e César por uma conspiração de senadores – e outro, Córbulo, recebeu ordens de Nero para se suicidar. Cipião Emiliano e Germânico tiveram suas mortes cercadas por rumores de envenenamento, e Tito pode ter sido morto pelo irmão que o sucedeu. Fábio Máximo permaneceu na política, mas o final da sua longa vida foi tingido pelo ciúme da crescente fama de Cipião Africano. Este foi prematuramente forçado a sair da vida pública e amargar sua aposentadoria, de certa forma semelhante ao que ocorreu com Belisário. Os últimos anos de Emílio Paulo foram marcados pela oposição que ele teve de superar para celebrar seu triunfo e ainda mais pela morte de seus dois filhos. Nas batalhas, os comandantes romanos dirigiam suas tropas por trás da linha de combate, uma posição um tanto perigosa. Sobreviver a isso e conquistar glórias traziam outros perigos não menos reais.

DEPOIS DE ROMA

> Devemos admitir que Alexandre, César, Cipião e Aníbal foram os guerreiros mais valorosos e famosos que já existiram; não obstante, tenha certeza [...] eles nunca teriam [...] conquistado países tão facilmente se estes tivessem sido fortificados, como a Alemanha, a França e os Países Baixos, entre outros, passaram a ser desde então.

Quando Sir Roger Williams escreveu o seu *Breve discurso sobre a guerra*, em 1590, e indicou que novos desenvolvimentos na arte bélica – notadamente as fortificações modernas e os canhões – tinham diminuído a relevância dos comandantes de sua época em comparação com os da Antiguidade, muitos outros teóricos militares buscavam ativamente aprender com os gregos e os romanos[2]. Isso não era inteiramente novo, já que o *Epítome da ciência militar* de Vegécio fora um dos manuscritos circulares copiados por toda a Idade Média. É difícil determinar até que ponto as ideias de Vegécio realmente influenciaram o comportamento dos capitães medievais em campanha, mas ele era sem dúvida estimado pela comunidade culta. Muitas das suas recomendações, como por exemplo, evitar a batalha a não ser nas circunstâncias mais vantajosas e retirar-se para fortificações bem provisionadas até o invasor ficar sem alimentos e bater em retirada, eram certamente características da guerra medieval. Contudo, os líderes que colocaram isso em prática podem ter baseado suas decisões na experiência, em vez de no conselho de um teórico romano.

Por volta do século VI, o modo romano de fazer a guerra havia se tornado caracteristicamente medieval, com exércitos relativamente pequenos, disciplina mais frouxa do que nos primeiros anos e a prevalência de incursões e outras operações de pequena escala em lugar de grandes batalhas. Os reinos medievais não tinham a riqueza, os recursos e o grau de centralização necessários para formar exércitos de campo semelhantes aos dos romanos no auge do império. Não foi até o final dos séculos XV e XVI que as condições começaram a se modificar, quando os Estados se tornaram mais sofisticados e passaram a ter exércitos ainda maiores. Os métodos tradicionais de controlar os exércitos não eram práticos quando o número de soldados aumentou, um problema que se agravou ainda mais pela grande necessidade de ordem para que fosse possível usar as novas armas de fogo leves de forma eficiente. A alfabetização tornou-se mais comum, e o acesso a livros e panfletos foi facilitado pela introdução da imprensa. Alguns autores antigos foram redescobertos, e muitos tornaram-se acessíveis por traduções para línguas modernas. Por volta do final dos séculos XVI e XVII, líderes como Maurício e Guilherme de Nassau, na Holanda, e Gustavo Adolfo, na Suécia, estavam buscando conscientemente transformar seus exércitos em forças baseadas na disciplina, na organização e no sistema tático das legiões romanas. Em 1616, John Bingham publicou uma tradução em inglês, *The Tactics of Aelian*, que incluía não apenas diagramas mostrando lanceiros com roupas do século XVII ao executar movimentos individuais, mas também uma seção sobre como os exercícios antigos haviam sido adaptados para aplicação no serviço holandês. A capa era ainda mais direta, ao mostrar Alexandre, o Grande, entregando sua espada a Maurício de Nassau.

Com os exércitos formados segundo o modelo romano – ou pelo menos segundo aquilo que os reformadores militares pensavam ser o modelo romano –, não é surpreendente que, de muitas maneiras, os comandantes possam ser observados atuando de um modo semelhante ao romano durante vários séculos. À frente de exércitos que raramente tinham mais do que trinta mil homens se movendo em formação cerrada, eles também podiam ver grande parte do campo de batalha. Muitas das condições nas quais o general operava, bem como sua capacidade de controlar suas tropas, não mudaram – os binóculos melhoraram a visibilidade, mas, ao mesmo tempo, as nuvens de fumaça produzidas pelas armas de fogo a reduziam. A comunicação ainda não era mais rápida do que a velocidade com que um mensageiro podia cavalgar. Os oficiais que assistiam o líder eram normalmente, do mesmo modo que nos tempos de Roma, selecionados entre familiares e amigos, comparativamente poucos em termos numéricos, não especializados e sem qualquer tipo de treinamento formal. Dificilmente César ou Pompeu teriam achado o campo de batalha de Gustavo Adolfo ou de Marlborough muito diferente dos seus, ou vice-versa.

O comandante dos séculos XVII ou XVIII ainda tinha mobilidade semelhante, indo a um ponto propício para observar, ou cavalgando atrás da linha de combate, tentando antecipar a crise ou a oportunidade que o colocaria na melhor posição para responder ao combate. Por meio de observação pessoal, enviando um oficial para escrutinar a situação, ou por relatórios a ele mandados por seus subordinados no controle de cada seção da linha, o general tentava compreender a batalha, empregando no momento apropriado as unidades que mantinha em reserva, como qualquer comandante romano. Por vezes, cavalgava à frente de seus homens liderando uma carga. Alguns comandantes, por temperamento ou senso de obrigação, faziam isso com mais frequência, embora a maioria dos homens que comandava dessa maneira, como Gustavo Adolfo, acabasse seriamente ferida ou morta. O desenvolvimento da artilharia moderna fez até os líderes que permaneciam por trás da linha de combate correrem ainda maior risco de serem feridos do que seus pares romanos. É fácil encontrar diversas ocasiões em que comandantes dos séculos XVII e XVIII agiram de modo muito similar aos líderes romanos – o gesto de agarrar um estandarte no esforço de reunir uma unidade em fuga tornou-se um clichê artístico dessa era, tanto quanto fora tema literário dos romanos. Também era, na verdade, um método prático de tentar deter os homens em fuga. É muito mais difícil dizer se agiam assim porque sua educação baseava-se nos clássicos e imitavam conscientemente os heróis do passado, como Juliano, o Apóstata, fizera, ou se condições semelhantes no campo de batalha simplesmente produziam reações semelhantes.

Contudo, em alguns aspectos a guerra do século XVIII diferia marcadamente dos conflitos romanos. Muito da formalidade, da manobra cautelosa e da relutância em arriscar batalha no século XVIII tinha mais em comum com as campanhas dos sucessores de Alexandre do que com a determinação implacável com a qual Roma normalmente fazia a guerra. Outra diferença estava no relacionamento entre o líder e seus soldados. A disciplina desenvolvida na revolução militar do início da era moderna foi moldada pelo problema de empregar armas de fogo manuais de forma eficiente. Os mosquetes tinham alcance limitado – sua introdução não havia de fato conferido à infantaria uma arma com eficiência maior do que o arco, mas era muito mais fácil treinar mosqueteiros do que arqueiros. Eles também eram muito pouco precisos e tomava-se tempo demasiado para carregá-los, de modo que uma única fileira de mosqueteiros podia facilmente ser esmagada por uma carga inimiga (especialmente da cavalaria), antes de poder atirar mais que uma vez. Assim, foram desenvolvidos métodos que formavam a infantaria em várias linhas, as quais disparavam e recarregavam cada qual de uma vez, quase sempre a segunda fileira passando para o lugar da primeira antes de disparar. Com o tempo, a melhoria nos métodos de recarga reduziu o número de fileiras necessárias para produzir disparos quase constantes contra o inimigo de a partir de dez para duas ou três fileiras, porém tais desenvolvimentos diminuíam a precisão. No século XVII, a linha de infantaria não mirava (a maioria dos mosquetes sequer tinha mira), porém simplesmente apontava suas armas e disparava. Assumia-se que uma rajada de uma fileira cerrada tendia a infligir perdas a uma formação semelhante desde que estivesse perto o bastante.

O treinamento tinha a intenção de tornar os movimentos da marcha em formação e a recarga do mosquete mecânicos, pois, a não ser que todos coordenassem suas ações, o resultado seria confusão e provavelmente muitas baixas acidentais. A disciplina era, portanto, extremamente rígida, uma vez que a intenção era transformar o soldado num autômato, quase um "mosquete ambulante". Embora marchar juntos mantendo a formação fosse importante no exército romano, a vitória no combate singular não resultava puramente desses exercícios. A iniciativa e a agressão individual eram, sob as circunstâncias corretas, muito estimuladas pelos militares romanos, pois quase sempre as ações de alguns poucos homens representaram a diferença entre a vitória e a derrota. Uma das tarefas mais decisivas do general romano era atuar como testemunha e juiz do comportamento individual dos soldados. O sistema tático do exército conferia ao comandante papel vital na coordenação das unidades sob seu comando e o encorajava a intervir em diversos níveis se necessário. No entanto, isso nunca deveria desestimular a iniciativa dos oficiais subordinados de todas as patentes. O papel dos legados, tribunos, prefeitos e centuriões era fundamental. Um dos motivos pelos quais o general podia cavalgar ao longo da linha de combate, tentando coordenar as ações de onde julgava ser a seção mais crítica da luta, era sua confiança em que os oficiais subordinados agiriam de modo apropriado para controlar as tropas em outros setores do campo de batalha.

O objetivo dos romanos era ter alguém que inspirasse e dirigisse as tropas em todos os pontos – a autoridade e o prestígio do comandante do exército conferiam a ele potencial para instilar mais resolução nos acontecimentos do que qualquer outra figura, mas muitos outros eram capazes e desejavam assumir essa responsabilidade quando o general estava ocupado em outro lugar. Havia subordinados imprudentes tanto quanto existiam generais insensatos, e algumas iniciativas de oficiais menos graduados pioraram a situação ou levaram à derrota (e na Gergóvia, em 52 a.C., deram ao comandante do exército uma desculpa pelo fracasso). Apesar disso, de modo geral, as atividades do general e dos subordinados complementavam-se no sentido de conferir maior flexibilidade ao exército do que a de seus oponentes.

Foi apenas no final do século XVIII que parte dessa flexibilidade retornou aos exércitos europeus. Por meio do sistema de *corps d'armée*, Napoleão conseguiu controlar efetivamente os movimentos estratégicos de exércitos duas vezes maiores do que os que usavam métodos mais tradicionais ou que eram como o dos romanos. Por sua natureza, isso exigia conceder muito mais liberdade de ação aos seus subordinados e, sobretudo, aos comandantes dos corpos. Apesar disso, o exército não era tão grande a ponto de o imperador ser incapaz de ver e ser visto pela maioria de seus soldados. Em campanha, ele passava muito tempo sobre a sela, e suas visitas formais e informais às unidades normalmente culminavam na promoção ou condecoração imediata de certos indivíduos. Embora apenas um punhado de soldados da La Grande Armée tenha encontrado o bastão do marechal que supostamente levavam em suas mochilas, um número suficiente de homens teve carreira espetacular a ponto de convencerem o restante de que a coragem e a habilidade eram percebidas e recompensadas. A disciplina era importante, mas não havia por que ser tão rígida se a obediência cega sufocasse toda a iniciativa, um *ethos* que tinha muito em comum com o do exército romano.

A propaganda e a retórica de Napoleão eram marcadamente clássicas e particularmente romanas – arcos do triunfo, relevos mostrando o triunfo dos vitoriosos, águias como estandartes e capacetes inspirados na Antiguidade para algumas unidades. Napoleão tinha grande conhecimento da história militar, inclusive a do mundo antigo, e incluía César entre os grandes capitães de cujas campanhas ele derivara conhecimento do comando. A sua ordem do dia em Austerlitz – "Soldados, eu comandarei em pessoa todos os seus batalhões; ficarei ao alcance se, com sua costumeira bravura, vocês provocarem desordem e confusão nas fileiras inimigas; mas, se a vitória for incerta por um momento, vocês verão seu imperador se expor na primeira fileira" – poderia facilmente ter vindo de um general romano. Napoleão era mais ativo antes de uma batalha, organizando as circunstâncias pelas quais seu exército podia esmagar o inimigo, e deixava a maior parte do controle tático da luta aos subordinados. O grande tamanho dos seus exércitos, especialmente em alguma das últimas campanhas, estimulava isso, tornando importante que o quartel general imperial fosse um tanto estático, de modo que os mensageiros o pudessem localizar.

Wellington, que na maioria dos casos comandou forças menores e tinha um número de oficiais muito menos numeroso e eficiente para controlá-las, atuou durante uma batalha num estilo muito romano. Em Waterloo ele foi muito móvel, cavalgando ao longo da linha de frente, tentando estar sempre no ponto crítico, dando ordens e recebendo relatórios onde quer que estivesse e intervindo quando julgasse apropriado, mesmo que por vezes em nível muito baixo – "Agora, Maitland, agora é sua vez!". Os relatos britânicos da batalha mencionam a súbita presença do duque, embora seu estilo de comando certamente não estimulasse a iniciativa de seus oficiais subordinados[3].

Depois de Waterloo, tornou-se impossível para o comandante dirigir a batalha de modo pessoal, ao menos na Europa, onde o crescente poder da nação-Estado, aliado aos desenvolvimentos como as ferrovias e o telégrafo, produziu exércitos de centenas de milhares e, posteriormente, de milhões de homens. Na mesma época, as melhorias nos armamentos tornaram as tradicionais formações cerradas impraticáveis e aumentaram o tamanho do campo de batalha. As lutas eram agora travadas a distâncias que impossibilitavam o comandante observar a ação inteira em pessoa. Ele podia comandar seus homens de forma apenas indireta, e muitas das tarefas de supervisionar de perto e inspirar os soldados enquanto lutavam ficaram unicamente nas mãos dos subordinados. Não obstante, os clássicos continuaram a ser parte central da educação, inclusive a militar ministrada aos jovens oficiais em diversos países, de modo que a maioria dos militares tinha alguma familiaridade com as grandes campanhas da Grécia e de Roma. É, porém, difícil provar uma influência direta em seu comportamento, uma vez que uma simples ação semelhante a algo que fizera Cipião ou Pompeu pode simplesmente indicar que os líderes bem-sucedidos agem de modo similar. A influência direta, embora distante, é difícil de avaliar, pois a tradição clássica fincou raízes profundas na cultura ocidental. Os diversos comandantes que buscaram copiar Napoleão, por exemplo Havelock, McClellan e até "Boney" Fuller, estavam se baseando num homem que se associara de perto com os grandes líderes da História.

Os teóricos militares da era pós-Waterloo ficaram tão divididos quanto os renascentistas com relação à relevância do modo grego e romano de fazer a guerra. Clausewitz via as batalhas formais da Antiguidade como tendo pouco em comum com a guerra moderna, no que é apoiado por outros estudiosos. Apesar da influência nos militares prussianos, e posteriormente alemães, o estudo da história militar, inclusive a da Antiguidade, tornou-se parte vital da educação dos oficiais. No caso extremo de Von Schlieffen, a tentativa de retirar lições práticas das antigas batalhas chegou a um nível próximo da obsessão. O interesse no passado foi especialmente profundo no exército alemão, e deve ser lembrado que, no mesmo período, os estudiosos da Alemanha dominavam a maior parte dos campos de estudo sobre o mundo antigo, embora não estivessem sozinhos. O influente teórico francês Ardant du Pick tirou muitos dos seus exemplos das batalhas romanas porque, segundo acreditava, os antigos desejavam mais do que as fontes modernas dizer a verdade sobre o comportamento dos homens em batalha.[4]

O mundo mudou desde o século XIX, e uma das maiores mudanças foi a diminuição do conhecimento maior dos clássicos. Mesmo assim, os escritores militares continuam a tirar das guerras de Roma lições para o presente. Num sentido, a maior probabilidade de que os exércitos ocidentais venham a lutar uma guerra assimétrica contra oponentes menos sofisticados, em vez de guerras contra oponentes com sistemas táticos e níveis de tecnologia equiparados, cria uma situação semelhante àquela enfrentada por Roma. Durante a maior parte da sua história, o exército romano foi mais bem equipado e, ainda mais importante, muito mais organizado e disciplinado do que seus inimigos. Em termos de terminologia vitoriana, inúmeras campanhas romanas foram "guerras menores". Talvez as maiores lições para o presente estejam no modo como essas operações foram conduzidas, e não nas famosas batalhas contra cartagineses ou macedônios.

CRONOLOGIA

	a.C.
753	Data tradicional da fundação de Roma.
509	Data tradicional da expulsão do último rei de Roma, Tarquínio Soberbo.
396	Os romanos introduzem o soldo no exército.
390	Gauleses comandados por Breno derrotam um exército romano no rio Ália e saqueiam Roma (Políbio estipulou ser 387 o ano desses eventos).
295	Os romanos obtêm uma grande vitória sobre um exército gaulês, samnita e úmbrio em Sentino.
280-275	**Guerra com Pirro**, contratado pelos tarantinos para combater Roma.
c. 275	Nascimento de Fábio Máximo.
c. 271	Nascimento de Marcelo.
264-241	**Primeira Guerra Púnica.**
c. 236	Nascimento de Cipião Africano.
228	Nascimento de Emílio Paulo.
225	Exército invasor gaulês derrotado em Télamo.
222	Marcelo recebe permissão para dedicar *spolia opima* durante seu termo como cônsul.
218-201	**Segunda Guerra Púnica.**
217	Ditadura de Fábio Máximo.
216	Os romanos sofrem uma grande derrota em Canas. Um pequeno exército é emboscado e derrotado pelos gauleses.

214-205	**Primeira Guerra Macedônica.**
213-211	Marcelo toma Siracusa depois de um longo cerco.
209	Cipião Africano captura Noca Cartago. Fábio Máximo recaptura Tarento.
208	Marcelo é morto numa missão de reconhecimento.
206	Cipião conquista uma vitória decisiva na campanha hispânica, em Ilipa.
204	Cipião invade a África.
203	Morte de Fábio Máximo
202	Cipião derrota Aníbal em Zama.
200-196	**Segunda Guerra Macedônica.**
197	Filipe V é derrotado decisivamente em Zama.
200-196	**Guerra Síria** contra o selêucida Antíoco III.
191	A invasão de Antíoco à Grécia termina numa batalha nas Termópilas.
189	Antíoco é derrotado na Magnésia.
c. 184	Morte de Cipião Africano. Nascimento de Cipião Emiliano.
172-167	**Terceira Guerra Macedônica.**
168	Macedônios sob Perseu são derrotados em Pidna.
c. 160	Morte de Emílio Paulo.
157	Nascimento de Mário.
154-138	**Guerra Lusitana.**
153-151	**Segunda Guerra Celtibera.**
149-146	**Terceira Guerra Púnica.**
146	Destruição de Cartago e de Corinto.
143-133	**Guerra Numantina.**
139	Assassinato de Viriato.
137	Exército romano sob Mancino é derrotado e se rende aos numantinos.
133	Numância se rende a Cipião Emiliano.
129	Morte de Cipião Emiliano.
c. 125	Nascimento de Sertório.
113	Exército romano sob Papírio Carbão é derrotado em Noreia pelos cimbros e teutões, tribos germânicas em migração.
112-106	**Guerra de Jugurta.**
106	Nascimento de Pompeu.
105	Os cimbros e os teutões destroem um grande exército romano em Aráusio.
102	Mário derrota os teutões em Águas Sêxtias.
101	Mário e Catulo derrotam os cimbros em Vercelas.

c. 100	Nascimento de Júlio César.
91-88	**Guerra Social**, a última grande rebelião dos aliados italianos de Roma. Os *socii* são derrotados depois de árduo esforço.
88	Sula marcha sobre Roma, quando Mário toma dele o comando contra Mitridates.
86	Morte de Mário.
82-72	Campanhas de Sertório na Hispânia.
74-66	Derrota final de Mitridates, do Ponto.
73-70	Grande rebelião de escravos liderada por Espártaco.
67	Pompeu recebe comando extraordinário para eliminar os piratas do Mediterrâneo, o que consegue numa campanha breve, porém altamente organizada.
66	Pompeu recebe comando extraordinário para concluir a guerra com Mitridates.
58-50	César recebe as províncias das Gálias Transalpina e Cisalpina e da Ilíria, e faz delas suas bases, a partir das quais se lança à conquista da Gália Comata.
58	César derrota os migrantes helvécios. César derrota o rei germânico Ariovisto.
57	César derrota as tribos belgas, vencendo a Batalha de Sambre.
55	César cruza o Reno pela primeira vez e invade a Britânia.
54-53	Primeira grande rebelião gaulesa contra César.
53	Crasso é derrotado e morto pelos partos sob Surena, em Carras.
52	Segunda grande rebelião gaulesa, liderada por Vercingetórix.
49-45	**Guerra Civil**, entre César e Pompeu.
48	César é enquadrado em Dirráquio, mas derrota Pompeu em Farsália. Pompeu foge para o Egito e é assassinado. César o segue até o Egito e intervém na luta pelo poder local, colocando Cleópatra no trono.
47	César empreende uma rápida campanha para derrotar Farnaces, rei do Bósforo, em Zela.
46	César sofre uma quase derrota para Labieno, em Ruspina, no norte da África, mas finalmente derrota o exército de Pompeu e Tapso.
45	César obtém a vitória final em Munda, na Hispânia.
44-42	O assassinato de César provoca outro ciclo de guerra civil entre os conspiradores e os seguidores de César, liderados por Marco Antônio, que recebe apoio de Otaviano, sobrinho de César e seu filho adotivo.
42	Bruto e Cássio são derrotados em Filipos.

36	Antônio lança uma grande ofensiva contra os partos, mas esta não se desenvolve, porque ele não consegue tomar Farapsa e perde muitos homens, os quais morrem de fome e de doenças no retorno.
31	Antônio é derrotado por Otaviano na batalha naval de Áccio. Otaviano torna-se o único governante do Império Romano.
29 M.	Crasso realiza uma campanha bem-sucedida nos Bálcãs, matando o rei dos bastarnas com suas próprias mãos, mas Otaviano não lhe concede o direito de dedicar o *spolia opima*.
27 a.C.-14 d.C.	**Principado de Augusto.**
15	Tribos germânicas atacam províncias romanas e derrotam Lólio Urbico. Nascimento de Germânico.
12-9	Tibério conquista a Panônia, enquanto seu irmão, Druso, realiza campanhas na Germânia.
9-7	Tibério realiza campanhas na Germânia.

d.C.

4-5	Tibério reassume o comando na Germânia e conclui a conquista de uma nova província que se estende até o Elba.
6-9	Grande revolta na Panônia e na Dalmácia. Números colossais de tropas, inclusive coortes de escravos libertos, são enviados para suprimir os rebeldes, muitos dos quais haviam servido o exército romano como auxiliares. Tibério e Germânico finalmente derrotam os rebeldes.
9	Revolta dos germânicos liderada por Armínio, dos queruscos, massacra três legiões lideradas por Varo em Teutoberg Wald.
10-11	Tibério e Germânico estabelecem a fronteira do Reno e realizam breves expedições punitivas contra as tribos germânicas.
14	Morte de Augusto, seguida por motins das legiões no Reno e no Danúbio, que são sufocados por Germânico e pelo filho de Tibério, Druso.
14-37	**Principado de Tibério.**
15	Germânico comanda exércitos do Reno contra os germânicos e enterra os restos do exército de Varo.
16	Germânico derrota Armínio em Indistaviso, mas não consegue conquistar a vitória final no conflito e é chamado de volta a Roma.
19	Armínio é assassinado por chefes rivais. Morte de Germânico.
37-41	**Principado de Caio (Calígula).**
41-54	**Principado de Cláudio.**
41	Nascimento de Tito.

43	Cláudio invade a Britânia.
47	Córbulo suprime os *frisii*.
53	Vologaeses I da Pártia ocupa a Armênia e coloca seu irmão Tiridates no trono.
54-68	**Principado de Nero.**
55	Córbulo recebe o comando oriental.
56	Nascimento de Trajano.
64	Córbulo faz uma demonstração de força na Armênia. Depois de um acordo de paz, Tiridates recebe sua coroa de Nero.
66-74	Rebelião judaica.
66	O governador sírio Céstio Galo lidera uma expedição a Jerusalém, mas é forçado a se retirar e sofre bastante com a perseguição que lhe é infligida.
67	Vespasiano recebe o comando da Guerra Judaica e submete a Galileia. Josefo rende-se a ele depois da queda de Jotapata. Córbulo é forçado a se suicidar.
68-69	**Ano dos Quatro Imperadores.** A morte de Nero provoca uma guerra civil, durante a qual exércitos provinciais nomeiam seus comandantes como sucessores do imperador.
70-79	**Principado de Vespasiano.**
70	Tito captura Jerusalém depois de um longo cerco.
79-81	**Principado de Tito.**
81-96	**Principado de Domiciano.**
85	Decébalo, rei da Dácia, invade a Mésia e inflige pesada derrota a seu governador.
86	Cornélio Fusco é derrotado na Dácia.
88	Outro exército romano invade a Dácia e derrota Decébalo em Tape.
96-98	**Principado de Nerva.**
98-117	**Principado de Trajano.**
101-102	**Primeira Guerra Dácia.**
105-106	**Segunda Guerra Dácia.** A Dácia é anexada como província.
113-117	**Guerra Parta** de Trajano.
117-138	**Principado de Adriano.**
138-161	**Principado de Antônio Pio.**
161-180	**Principado de Marco Aurélio.**
324-337	**Reinado de Constantino** como imperador inquestionável.
332	Nascimento de Juliano.
337	O poder imperial é dividido entre os filhos de Constantino, Constantino II no Ocidente, Constante na África, Itália e Ilíria, e Constantino II no Oriente.

340	Constantino é morto na guerra civil com Constante.
355	Juliano é nomeado *Caesar* no Ocidente.
356	Juliano realiza campanhas contra os alamanos.
357	Juliano derrota os alamanos numa batalha campal em Estrasburgo.
358	Juliano realiza campanhas contra os francos.
360-361	Juliano é proclamado *Augustus* pelo seu exército. Morte de Constantino.
363	Juliano lança uma grande ofensiva contra a Pérsia.
429	Os vândalos invadem e ocupam a África.
451	Aécio repele a ofensiva dos hunos de Átila em Châlons (Campus Mauriacus).
469-478	Os visigodos invadem a Hispânia.
476	O último imperador do Ocidente, Rômulo Augústulo, é deposto por Odoacro, que funda o reino ostrogodo da Itália.
502-506	Guerra de Anastácio com a Pérsia. Os persas capturam Amida, mas ela é devolvida aos romanos como parte do acordo de paz.
505	Nascimento de Belisário.
528	Belisário é derrotado em Mindos.
530	Belisário conquista uma grande vitória em Dara.
531	Belisário é derrotado em Calínico e retirado do comando oriental.
533-534	Belisário derrota os vândalos na África.
535-554	Tentativa de reconquistar a Itália com exércitos comandados por Belisário e, mais tarde, por Narses. Roma é conquistada e reconquistada diversas vezes.
552	Narses derrota os ostrogodos de Totila, em Tagina.
553	Narses conquista outra vitória sobre os godos perto do monte Vesúvio.
554	Narses derrota um exército de invasores francos em Casilino.
565	Morte de Belisário.

GLOSSÁRIO

ala: *(1)* Divisão de tropas aliadas mais ou menos equivalente em tamanho a uma legião (do século III ao II a.C.). Uma dessas unidades apoiava cada legião. *(2)* Unidade de cavalaria auxiliar de tamanho semelhante ao da coorte de infantaria no exército do principado (do final do século I ao século IV d.C.).

aquilifer: Porta-estandarte que levava o estandarte da legião (***aquila***), uma estatueta de prata de uma águia, e mais tarde de ouro (do século I a.C. ao século III d.C.).

auctoritas: O prestígio e a influência de um senador romano. Era muito fortalecida pelas realizações militares.

auxilia (**auxiliares**): Soldados que não eram cidadãos recrutados para o exército durante o final do período republicano e o império. Por volta do século III d.C., a diferença entre eles e as legiões de cidadãos parece ter sido mínima.

ballista: Catapulta de torção de dois braços capaz de lançar pedras ou projéteis com considerável precisão. As *ballistae* eram construídas em vários tamanhos e quase sempre usadas em cercos (do século III a.C. ao século VI d.C.).

bulcellarii: Soldados pagos e sustentados por um comandante particular que faziam parte do seu grupo de empregados domésticofs. Esses homens ainda compunham o exército regular e eram leais ao imperador. O nome deriva de um biscoito duro (***bucellatum***) distribuído como ração e enfatizava a obrigação do comandante de alimentar seus soldados (do final do século IV ao século VI d.C.).

catafracto: Cavaleiro que usava uma armadura pesada e quase sempre montava um cavalo também protegido por armadura. Os romanos encontraram esses guerreiros pela primeira vez nos exércitos orientais, mas mais tarde também os empregaram em suas forças.

centurião: Importante patente do exército romano durante a maior parte da sua história. Os centuriões originalmente comandavam uma centúria de sessenta a oitenta homens. O centurião de maior patente da legião era o *primus pilus*, um posto de enorme prestígio assumido por apenas um ano (do século IV a.C. ao século III d.C.).

centúria (*centuria*): Subunidade básica do exército romano, comandada por um centurião e consistindo normalmente em sessenta e, mais tarde, oitenta homens (do final do século IV a.C. ao século III d.C.).

carroballista: Versão do **escorpião** armada sobre uma carroça e puxada por mulas para aumentar a mobilidade (do século I a.C. ao século VI d.C.).

coorte (*cohors*): Por volta do século I a.C., a coorte substituiu a **manípula** como unidade tática básica da legião. A infantaria auxiliar também era organizada em coortes. Normalmente consistia em seis centúrias de oitenta soldados, com força total de 480 homens (do século I a.C. ao século III d.C.).

comes: Oficiais do exército romano tardio, abaixo do *Magistri Militum* (do final do século III ao século VI d.C.).

comitatenses: Unidades incluídas nas forças regionais não ligadas a províncias fronteiriças específicas (do século IV ao VI d.C.).

commitio (pl. *commilitones*): Camaradas – forma familiar frequentemente usada por um general romano para dirigir-se aos seus soldados em discurso, especialmente em épocas de guerra civil.

cônsul: Os dois cônsules anuais eram magistrados eleitos da república romana e assumiam o comando das campanhas importantes. Por vezes, o Senado estendia o seu poder além do termo de um ano, e nesse caso eram chamados de **procônsules**.

decurião: Oficial da cavalaria que originalmente comandava dez homens. Sob o principado, o decurião comandava uma *turma* de cerca de trinta cavaleiros (do século I ao III d.C.).

ditador: Em época de crise extrema, um ditador era nomeado por um período de seis meses, durante o qual exercia poder civil e militar supremo. Mais tarde, os vencedores das guerras civis, como Sula e Júlio César, usaram o título como base para um poder mais permanente (do século V ao I a.C.).

dux: Oficiais do exército romano tardio (do final do século III ao século VI d.C.).

dux (duces) limitis: Comandantes de todas as tropas (*limitanei*) nas regiões nas quais as províncias fronteiriças do Império tardio foram divididas (do final do século III ao século VI d.C.).

equites singulares: Termo que designava a cavalaria de guardas unida aos funcionários diretos dos governadores provinciais sob o principado. Ao que parece, essas unidades tinham cerca de quinhentos homens recrutados entre os membros da *alae* auxiliar (do século I ao III d.C.).

***equites singulares augusti*:** Guardas a cavalo do imperador durante os três primeiros séculos do principado, uma cavalaria de elite para apoiar a Guarda Pretoriana (do século I ao III d.C.).

escorpião: A *ballista* leve empregada pelo exército romano em campo e em cercos. Tinha longo alcance e precisão, podendo penetrar em qualquer tipo de armadura (do século I a.C. ao século VI d.C.).

***foederati*:** Bárbaros aliados obrigados a prestar serviço militar ao imperador. Normalmente serviam em suas próprias unidades e por vezes sob seus próprios comandantes, que em geral detinham patente romana (do século IV ao VI d.C.).

***gladius* (gládio):** Palavra latina que significa espada, convencionalmente usada para descrever o *gladius hispaniensis*, a espada curta espanhola que era a arma básica de padrão romano até o século III d.C. Feita de aço de alta qualidade, essa arma podia ser usada para cortar, mas era basicamente uma arma de estocada (do século III a.C. ao século III d.C.).

***hastatus* (pl. *hastati*):** Primeira linha da infantaria pesada da legião republicana, recrutada entre homens jovens (do final do século IV ao II a.C.).

***imaginifer*:** Porta-estandarte que levava o *imago*, um estandarte que levava o busto do imperador (do século I ao III d.C.).

***imperium*:** Poder de comando militar recebido por magistrados e pro-magistrados pela duração do seu cargo (do século III a.C. ao século III d.C.).

***legatus* (pl. *legati*):** Oficial subordinado que recebia *imperium* em lugar de exercer o poder por direito próprio. Os *legati* eram escolhidos por um magistrado em vez de serem eleitos (do século III ao I a.C.).

(1) *legatus augusti pro praetore*. Esse título era dado aos governadores das províncias militares sob o principado que comandavam como representantes do imperador (do século I ao III d.C.). **(2) *legatus legionis*.** Título dado aos comandantes legionários sob o principado (do século I ao III d.C.).

legião (*legio*): Originalmente um termo que significava "recrutado", as legiões tornaram-se a unidade principal do exército romano durante a maior parte da sua história. Sob a república e o principado eram grandes formações, predominantemente de infantaria, com cerca de quatro mil a cinco mil homens, mas no final da Antiguidade tiveram sua força diminuída para cerca de mil homens.

***limitanei*:** Tropas comandadas pelos *duces limitis*, comandantes militares das várias regiões, normalmente na fronteira, nas quais as províncias do império tardio foram divididas (do século IV ao VI d.C.).

Magister Militum: Título dado a oficiais de alta patente no exército imperial tardio (do século IV ao VI d.C.).

Magister Equitum: *(1)* Segundo em comando, logo abaixo do ***dictator*** republicano, o Mestre do Cavalo tradicionalmente comandava a cavalaria, uma vez que o ditador não tinha permissão para cavalgar (do século V ao I a.C.). *(2)* Título dado aos oficiais seniores do exército imperial tardio, com status igual ao do ***Magistri Peditum*** (do século IV ao VI d.C.).

Magister Peditum: Título dado aos oficiais seniores do exército imperial tardio (do século IV ao VI d.C.).

manípula (*manipulus*): Unidade tática básica da legião republicana, constituída por duas centúrias (do final do século IV ao século II a.C.).

***ovatio* (ovação)**: Forma menor de triunfo. Na ovação, o general desfilava pela cidade a cavalo em vez de numa carruagem (do século V a.C. ao século I d.C.).

palatini: Unidades de maior prestígio e posição do que os ***comitatenses***, também faziam parte dos exércitos de campo do final da Antiguidade (do século IV ao VI d.C.).

***pilum* (pl. *pila*)**: Dardo pesado que fez parte do equipamento padrão do legionário durante a maior parte da história romana (do século III a.C. ao século III d.C.).

praefectus castrorum: Terceiro em comando de uma legião durante o principado, era um oficial experiente que havia sido antes um ***primus pilus*** (do século I ao III d.C.).

prefeito (*praefectus*): Comandante equestre de uma coorte auxiliar ou ***ala*** (do século I ao III d.C.).

pretor: Magistrados eleitos anualmente que, sob a república, governavam as províncias menos importantes e travavam guerras menores.

Guarda Pretoriana: Guarda militar dos imperadores do principado, comandada por tribunos e todo o corpo comandado por dois prefeitos pretorianos. Foi dissolvida por Constantino em 312, depois de apoiar seu rival Magnêncio (do século I ao IV d.C.).

***Princeps* (pl. *principes*)**: A segunda linha da infantaria pesada da legião republicana, recrutada entre homens jovens (do final do século IV ao século II a.C.).

***quaestor* (questor)**: Magistrados cujas responsabilidades eram primariamente financeiras, os questores atuavam como delegados dos governadores consulares e quase sempre assumiam comandos militares subordinados (do século III ao I a.C.).

quincunx: Formação em tabuleiro de xadrez, usada pela legião republicana, na qual três linhas eram postadas com intervalos amplos entre as manípulas, sendo os vãos preenchidos com manípulas da fileira seguinte (do final do século IV ao século II a.C.).

signifer: Porta-estandarte que levava o estandarte da centúria (*signum*) (do século III a.C. ao século III d.C.).

socii: Os aliados italianos da república. Após a Guerra Social (90-88 a.C.) e a extensão da cidadania à maior parte da península Itálica, os *socii* desapareceram e todos os italianos passaram a ser recrutados nas legiões (do final do século IV ao século II a.C.).

spolia opima: A maior honra que um general em triunfo podia reivindicar era o direito de dedicar o *spolia opima* no Templo de Júpiter Ótimo Máximo no Capitólio. O direito só era concedido àqueles que tivessem matado o general inimigo em combate singular, sendo celebrado apenas em poucas ocasiões.

testudo: A famosa formação em tartaruga, na qual os legionários romanos erguiam seus longos escudos para dar proteção à frente, aos flancos e à cabeça. Era usada com maior frequência durante os ataques a fortificações (do século III a.C. ao século III d.C.).

triarius (pl. *triarii*): A terceira linha da infantaria pesada e a de maior categoria da legião republicana, recrutada entre os soldados veteranos (do final do século IV ao século II a.C.).

tribunus militum (tribuno militar): *(1)* Seis tribunos militares eram eleitos ou nomeados para cada legião republicana, dois deles assumindo comando em qualquer ocasião dada (do século III ao II ou I a.C.). *(2)* Sob o principado, cada legião tinha um tribuno senatorial sênior e cinco equestres (do século I ao III d.C.).

tribuno da plebe (*tribunicia potestas*): Embora detivessem um cargo político sem responsabilidades militares diretas, os dez tribunos da plebe eleitos a cada ano podiam legislar sobre qualquer assunto. Durante os últimos anos da república, muitos generais ambiciosos, como Mário e Pompeu, contaram com a ajuda do tribunato para obter importantes comandos.

triunfo: A grande celebração outorgada pelo Senado a um general vitorioso. Tomava a forma de uma procissão ao longo da Via Sacra, a principal estrada cerimonial de Roma, exibindo os espólios e cativos da sua vitória e culminando com a execução ritual do líder inimigo capturado. O comandante desfilava numa carruagem, vestido como as estátuas de Júpiter, com um escravo segurando uma coroa de louros da vitória sobre sua cabeça. O escravo devia lembrar ao general, sussurrando ao seu ouvido, que ele era mortal. Sob o principado, apenas os membros da família imperial receberam triunfos, mas outros comandantes receberam a insígnia de um triunfo (***ornamenta triumphalia***).

turma: A subunidade básica da cavalaria romana ao longo de grande parte da sua história, constituída de cerca de trinta homens. Sob o principado, era comandada por um decurião (do final do século IV a.C. ao século III d.C.).

veles (pl. ***velites***): A infantaria ligeira da legião republicana, recrutada entre os pobres ou aqueles jovens demais para combater na infantaria pesada. Não se sabe se eram idênticos ou se suplantavam os ***rorarii***, outro termo usado para designar a infantaria ligeira da legião republicana (do final do século IV ao século II a.C.).

vexillatio*:** *(1)* Destacamento que operava de modo independente, a *vexillatio* podia ter de poucos homens a muitos milhares e podia ser formada por diversas unidades (do século I ao III d.C.). *(2)* Muitas unidades da cavalaria dos exércitos de campo tardios eram chamadas de *vexillatio*. Parecem haver tido o mesmo tamanho das antigas ***alae (do século IV ao VI d.C.).

vexillum*:** Bandeira quadrada montada transversalmente num mastro, usada para marcar a posição do general, e também o estandarte levado por um destacamento de tropas (do século I ao III d.C.). O ***vexillum de um general costumava ser vermelho.

NOTAS

Introdução

1 Onasandro, *The General 33. 6* (tradução de Loeb, levemente modificada).

2 Sobre a teoria militar romana vide J. Campbell, *"Teach yourself how to be a general"*, Journal of Roman Studies 77 (1987), pp. 13-29 e K. Gilliver, *The Roman Art of War* (2000); para os fatores que determinavam a nomeação dos comandantes compare E. Birley, *The Roman Army, Papers 1929-1986* (1988), p. 75-114 e J. Campbell, *"Who were the viri militares?"*, Journal of Roman Studies 65 (1975), p. 11-31.

3 Sobre opiniões desfavoráveis sobre comandantes romanos vide Maj. Gen. J. Fuller, *Julius Caesar: Man, Soldier and Tyrant* (1965), p. 74, 75; W. Messer, *"Mutiny in the Roman Army of the Republic"*, Classical Philology 15 (1920), p. 158-175, esp. p. 158; F. Adcock, *The Roman Art of War under the Republic* (1940), p. 101. O comentário do ancião Moltke de que "na guerra com seu enorme atrito até o medíocre se torna uma realização e tanto" é citado em M. Van Creveld, *Command in War* (1985), p. 13.

4 Para uma pesquisa recente da história antiga de Roma vide T. Cornell, *The Beginnings of Rome* (1995).

5 *Iliad* 12. 318-321 (tradução de R. Lattimore, University of Chicago Press, 1951).

6 *The Horiatii and Curiatii*, Lívio 1. 23-27, Horatius Cocles, 2. P. 10,11.

7 Sobre a antiga organização militar de Roma vide Cornell (1995), p. 173--197; B. D'Agustino, *Military Organization and Social Structure in Archaic Etruria*, em O. Murray e S. Price (eds.), *The Greek City* (Oxford, 1990), p. 59-82; E. McCarteney, "The Military Indebtedness of Early Rome to Etruria", *Memoirs of the American Academy at Rome 1* (1917), p. 122-167; M. P. Nilsson, *The introduction of Hoplite Tactics at Rome*, Journal of Roman Studies 19 (1929), p. 1-11; E. Rawson,

"The Literary Sources for the Pre-Marian Roman Army", *Papers of the British School at Rome 39* (1971), p. 13-31; L. Rawlings, "Condottieri and Clansmen: Early Italian Warfare and the State", em K. Hopwood, *Organized Crime in the Ancient World* (Swansea, 2001); e A. M. Snodgrass, "The Hoplite Reform and History", *Journal of Hellenic Studies 85* (1965), p. 110-122.

8 Sobre o papel do comandante nos exércitos gregos vide E. Wheeler, "*The General as Hoplite*", em V. Hanson (ed.), *Hoplites: the Classical Greek Battle Experience* (1991), p. 121-170.

9 Plutarco *Pyrrhus 16* (tradução Penguin).

10 Lívio 10. Pp. 26-30, esp. 28; sobre a discussão de combate único vide S. Oakley, "Single Combat and the Roman Army", *Classical Quarterly 35* (1985), pp. 392-410.

11 Sobre a discussão da natureza da virtude aristocrática vide N. Rosenstein, *Imperatores Victi* (1990), esp. pp. 114-151.

12 Sobre o desenvolvimento do exército republican, vide L. Keppie, *The Making of the Roman Army* (1984), e E. Gabba, *The Roman Republic, the Army and the Allies* (Oxford, 1976), tradução P. J. Cuff.

13 Sobre o contexto de comando vide Van Creveld (1985), pp. 17-57. Sobre a disponibilidade de mapas e outras informações geográficas no mundo romano vide A. Betrand, "*Stumbling through Gaul: Maps, Intelligence, and Caesar's Bellum Gallicum*", *The Ancient. History Bulletin* 11. 4 (1997), 107-122, C. Nicolet, *Space, geography and politics in the early Roman empire* (1991), e B. Isaac, "*Eusebius and the geography of Roman provinces*", em D. Kennedy (ed.), *The Roman army in the east. Journal of Roman Archaeology Supplementary Series 18* (1996), pp. 153-167.

CAPÍTULO 1   O ESCUDO E A ESPADA DE ROMA

1 Frontino, *Strategems* 1. 3. 3.

2 Para um relato das fases iniciais da Segunda Guerra Púnica vide J. Lazenby, *Hannibal's War* (1978), pp. 1-66, A. Goldsworthy, *The Punic Wars* (2000), pp. 143-190.

3 Sobre os exércitos Púnicos, vide Goldsworthy (2000), pp. 30-36.

4 Lívio 22. 7. 6-14, 8. 2-7, Políbio 3. 87.

5 Plutarco, *Fabius Maximus* 1-5; sobre o seu primeiro consulado, vide S. Dyson, *The Creation of Roman Frontier* (1985), pp. 95,96.

6 Plutarco, *Fabius Maximus* 5, Lívio 22. 9. 7-10. 10.

7 Plutarco, *Fabius Maximus* 4.

8 Políbio 3. 89. 1-90. 6, Lívio 22. 12. 1-12, Plutarco, *Fabius Maximus* 5.

9 Plutarco, *Fabius Maximus* 5.

10 Lívio 22. 15. 4-10.

11 Lívio 22. 13. 1-18. 10, Políbio 3. 90. 7-94. 6, Frontino, *Strategems* 1. 5. 28.

12 Políbio 3. 100. 1-105. 11, Lívio 22. 18. 5-10, 23. 1-30. 10.

13 Para uma discussão detalhada de Canas, vide A. Goldsworthy, *Cannae* (2001).

14 Plutarco, *Marcellus* 12 e discussão em Lazenby (1978), pp. 94,95.
15 Plutarco, *Marcellus* 1-3.
16 Plutarco, *Marcellus* 4-7; generais evitando que maus presságios desencorajassem seus homens, Frontino, *Strategems* 1. 12. 1-12.
17 Plutarco, *Marcellus* 8.
18 Lívio 23. 15. 7-17. 1.
19 Sobre uma visão global das campanhas na Itália durante esses anos, vide Goldsworthy
(2000), pp. 222-229; Lívio 23. 15. 7-16. 1, Plutarco, *Marcellus* 10, *Fabius Maximus* 20; espada e escudo de Roma, Plutarco, *Fabius Maximus* 19, *Marcellus* 9.
20 Siracusa: vide Goldsworthy (2000), pp. 260-268, Tarento: vide ibid. pp. 229-233, 235,236; a morte de Marcelo, Lívio 27. 26. 7-27. 14, Plutarco, *Marcellus* 29-30, Políbio 10. 32.

CAPÍTULO 2 UM ANÍBAL ROMANO

1 *Imperator me mater, non bellatorem peperit* – Frontino, *Stratagems* 4. 7. 4.
2 Lívio 26. 19. 3-9, Gélio, *Attic Nights* 6 (7). 1. 6.
3 Políbio 10. 2. 1-5. 10; F. Walbank, *A Historical Commentary on Polybius 2* (Oxford, 1967), pp. 198-201, que observou que a história de Políbio sobre Cipião, sendo eleito para a edilidade no mesmo ano que seu irmão, é incorreta.
4 Políbio 10. 3. 3-6; Plínio *Natural History* 16. 14; Lívio 21. 46. 10.
5 Lívio 22. 53. 1-13; Frontino, *Strat.* 4. 7. 39.
6 Lívio 222. 61. 14-15; cf. N. Rosenstein, *Imperatores Victi* (1993), pp. 139,140.
7 Lívio 26. 18. 1-19. 9; cf. H. Scullard, *Scipio Africanus: Soldier and Politician* (London, 1970), p. 31, J. Lazenby, *Hannibal's War* (Warminster, 1978), e B. Caven, *The Punic Wars* (London, 1980).
8 Sobre as antigas campanhas na Hispânia, vide Goldsworthy (2000), pp. 246-253.
9 Políbio 10. 6. 1-9. 7; Walbank 2 (1967), pp. 201,202.
10 Políbio 10. 7. 3-5; Walbank 2 (1967), p. 202, cf. Lazenby (1978), p. 134.
11 Políbio 10. 9. 4-7, Lívio 26. 42. 1.
12 Políbio 10. 9. 7, Lívio 26. 42. 6; Walbank 2 (1967), pp. 204, 205.
13 Relatos de lutas, Políbio 10. 9. 8-17. 5, Lívio 26. 42. 6--46. 10, Apiano *Spanish Wars* 20-22; Walbank 2 (1967), pp. 192-196, 203-217.
14 Políbio 10. 13. 1-4.
15 Sallust, *Bellum Catilinae* 7. 6.
16 Plutarco, *Marcellus* 18, Políbio 8. 37. 1.
17 Políbio 10. 15. 4-5. Vide também A. Ribera I Lacomba con M. Calvo Galvez, "La primera evidencia arqueológica de Ia destrucción de Valentia por Pompeyo", *Journal of Roman Archaeology 8* (1995), pp. 19-40, sobre evidências de atrocidades romanas, embora nesse caso, cometidas durante uma guerra civil. Para

a discussão a respeito de saques romanos, vide A. Ziolkowski "Urbs direpta, or how the Romans sacked cities", em J. Rich e M. Shipley, *War and Society in the Roman World* (London, 1993), pp. 69-91, embora nem todas as suas conclusões tenham sido comumente aceitas.

18 Lívio 26. 48. 5-14.
19 Políbio 10. 18. 1-19. 7, Lívio 26. 49. 11-50. 14, cf. Plutarco, *Alexander* 21.
20 Políbio 10. 39. 1-40. 12; Lívio 27. 17. 1-20. 8, 28. 1. 1-2. 12, 1. 13-4.4.
21 Políbio 11. 20. 1-9, Lívio 28. 12. 10-13. 5.
22 Políbio 11. 21. 1-6, Lívio 28. 13. 6-10.
23 Sobre a batalha como um todo, vide Políbio 11. 21. 7-24. 9, Lívio 28. 14. 1-15. 11. Para discussão a respeito do local da batalha e a manobra de Cipião, vide Lazenby (1978), pp. 147-149, Walbank 2 (1970), pp. 296-304 e Scullard (1970), pp. 88-92.
24 Para relatos mais detalhados a respeito da campanha Africana, vide Goldsworthy (2000), pp. 286-309.
25 Sobre esse período, vide Scullard (1970), pp. 210-44.
26 Lívio 35. 14.

CAPÍTULO 3   O CONQUISTADOR DA MACEDÔNIA

1 Lívio 44. 34.
2 Sobre um breve relato a respeito da Primeira Guerra Macedônica, vide J. Lazenby; *Hannibal's War* (1978) pp. 157-169, e Goldsworthy (2000), pp. 253--260. Para uma visão crítica dos motivos de Roma na guerra, vide W.V. Harris, *War and Imperialism in Republican Rome 327-70 BC* (1979), pp. 205-208.
3 Lívio 31. 6. 1; sobre a descrição da declaração de guerra, vide Lívio 31. 5. 1-8. 4; e comentários em Harris (1979), pp. 212-218, F. Walbank, "Polybius and Rome's eastern policy", *Journal of Roman Studies 53* (1963), pp. 1-13, P. Derow, "Polybius, Rome in the east", *Journal of Roman Studies 69* (1979), pp. 1-15, e em geral J. Rich, *Declaring War in the Roman Republic in the period of Transmarine Expansion. Collection Latomus* 149 (1976).
4 As negociações entre Flaminino e Felipe V, Políbio 18. 1. 1-12. 5, Lívio 32 32. 1-37. 6; Cinoscéfalos, Políbio 18. 18. 1-27. 6, Lívio 33. 1. 1-11. 3.
5 A campanha de Magnésia, Lívio 38. 37-44, Apiano, *Syrian Wars* 30-36.
6 Sobre a campanha de Galácia, Lívio 38. 12-27, 37-41; para o debate a respeito das ações de Vulso, Lívio 38. 44-50; o escândalo de Lúcio Flaminino, Lívio 39. 42-43.
7 Sobre as causas da guerra, vide Lívio 42. 5-6, 11-18, 25-26, 29-30, e comentários em Harris (1979), pp. 227-233.
8 O tamanho do exército, Lívio 42.31; Spurio Ligustino, Lívio 42. 32-35.
9 O exército de Perseu no começo da guerra, Lívio 42. 51. Um dos melhores estudos a respeito de qualquer exército Helenístico é de B. Bar Kochva, *The Seleucid*

Army (1976); sobre equipamentos vide, P. Connolly, *Greece and Rome at War* (1981), pp. 64-83.

10 Lívio 42. 49. 53, 43. 17-23, 44. 1-16; Cássio Longino, Lívio 43. 1. 4-12.

11 Lívio 44. 4. 10 – *"cum Romanus imperator, maior sexaginta annis et praegravis corpore"*.

12 Paulo na Hispânia, Lívio 37. 2. 11, 37. 46. 7-8, 57. 5-6; em Ligúria, Lívio 40. 18, 25, 28. 7-8, Plutarco, *Aemilius Paullus* 6; os filhos de Paulo, Plutarco, *Aemilius Paullus* 5.

13 O tamanho do exército, Lívio 44. 21. 5-11.

14 Lívio 44. 34. 3.

15 Lívio 44. 32. 5-34. 10; vide também F. Walbank, *A Historical Commentary on Polybius* 3 (1979), pp. 378-391.

16 Plutarco, *Aemilius Paullus* 15-16, Lívio 44. 35; sobre uma discussão detalhada da campanha, vide N. Hammond, "The Battle of Pydna", *Journal of Hellenic Studies 104* (1984), pp. 31-47.

17 Lívio 44. 36. 12-14.

18 Hammond (1984), pp. 38,39.

19 Lívio 44. 36. 1-4.

20 Lívio 44. 37. 5-9, Plutarco, *Aemilius Paullus* 17.

21 Plutarco, *Aemilius Paullus* 17-18, Lívio 44. 37. 10-40. 10, Frontino, *Stratagems*. 2. 3. 20, e Hammond (1984), pp. 44,45.

22 Plutarco, *Aemilius Paullus* 18 e Hammond pp. 45,46.

23 Plutarco, *Aemilius Paullus* 19.

24 Plutarco, *Aemilius Paullus* 20.

25 Plutarco, *Aemilius Paullus* 19.

26 Plutarco, *Aemilius Paullus* 19-22, Lívio 44. 41. 1-42. 9.

27 Políbio discute sobre os pontos fortes e fracos das legiões e falanges, 18. 28. 1-32. 13.

28 Plutarco, *Aemilius Paullus* 21, Lívio 44. 44. 1-3

29 Plutarco, *Aemilius Paullus* 30-32, Lívio 45. 35. 5-39. 19.

30 Plutarco, *Aemilius Paullus* 32 (tradução de R. Waterfield, *Plutarch: Roman Lives* (Oxford 1999)).

31 Plutarco, *Aemilius Paullus* 34 (tradução Oxford, 1999).

32 Lívio 45. 32. 11.

CAPÍTULO 4 PEQUENAS GUERRAS

1 Apiano, *Spanish Wars* 87.

2 Sobre um relato da campanha de Télamo vide, Políbio 2. 23-31.

3 Lívio 34. 9. 1-13, 11. 1-15. 9, Apiano, *Spanish Wars* 40.

4 Para uma análise dessas operações, vide S. Dyson, *The Creation of the Roman Frontier* (1985), pp. 174-198.

5 Políbio 32. 9. 1-2.

6 Sobre o caráter de Cipião, vide Políbio 31. 23. 1-30. 4. Sobre a vida de Cipião e carreira em geral vide, A. Astin, *Scipio Aemilianus* (1967).

7 Apiano, *Spanish Wars* 44-50.

8 Políbio 35. 1. 1-4. 14, com Walbank 3 (1979), pp. 640-648; Apiano, *Spanish Wars* 49.

9 Campanha de Lúculo, vide Apiano, *Spanish Wars* 50-55, e comentários em Dyson (1985), pp. 202-203; sobre Galba vide Apiano, *Spanish Wars* 58-60.

10 Políbio 35. 5. 1-2.

11 O tribuno na Legião IV; Cícero *De Re Publica* 6. 9; sobre um relato a respeito do papel de Cipião na Terceira Guerra Púnica, vide Goldsworthy (2000), pp. 342-356.

12 Apiano, *Spanish Wars* 61-75, com Dyson (1985), pp. 206-213.

13 Apiano, *Spanish Wars* 76-83, Plutarco, *Tiberius Gracchus* 5-6, com Dyson (1985), pp. 214-217.

14 Apiano, *Spanish Wars* 84.

15 Apiano, *Spanish Wars* 85.

16 Frontino, *Strat.* 4. 1. 1, 1. 9.

17 Frontino, *Strat.* 4. 3. 9.

18 Apiano, *Spanish Wars* 86-89.

19 Sobre o cerco em geral, vide Apiano, *Spanish Wars* 90-98.

20 Frontino, *Strat.* 4. 7. 27.

21 Apiano, *Civil Wars* 19-20.

CAPÍTULO 5   UMA PESSOA DEVOTADA À GUERRA

1 Plutarco, *Marius* 7 (tradução de R. Waterfield, *Plutarch: Roman Lives* (Oxford 1999)).

2 Plutarco, *Marius* 3.

3 Plutarco, *Marius* 2.

4 Plutarco, *Marius* 3 e 13.

5 Plutarco, *Marius* 4-6, Sallust, *Bellum Jugurthinum* 68. 1-7 e G.M. Paul, *A Historical Commentary on Sallust's Bellum Jugurthinum* (1984), pp. 166-171, e R.J. Evans, *Gaius Marius* (1994), pp. 19-60.

6 Sallust, *Bellum Jugurthinum* 27. 1-.36. 4.

7 Sallust, *Bellum Jugurthinum* 44. 1-45. 3.

8 Sallust, *Bellum Jugurthinum* 85. 13-17.

9 Sallust *Bellum Jugurthinum* 103-114, Frontino, *Stratagems* 3. 9. 3.

10 Para discussão vide, L. Keppie, *The Making of the Roman Army* (1984), pp. 57-79, E. Gabba, *Republican Rome: the Army and Allies* (1976), e F. Smith, *Service in the PostMarian Roman Army* (Manchester, 1958).

11 Sallust, *Bellum Jugurthinum* 87-88, 100, *"more by their sense of shame than punishment"*, 100. 5.

12 Valério Máximo 2. 3. 2, Frontino, *Strat.* 4. 2. 2; sobre os métodos de treinamento, vide Vegécio, *Epitoma Rei Militaris* 1. 11-19.

13 Plutarco, *Marius* 13-14, Políbio 6. 37.
14 Plutarco, *Marius* 11, S. Dyson, *The Creation of the Roman Frontier* (1985), pp. 161-164.
15 Apiano, *Celtica* 13.
16 Veleio Patérculo 2. 12. 2, Orósio 5. 16. 1-7, Plutarco, *Sertorius* 3.
17 Plutarco, *Marius* 12, Estrabão *Geography* 4. I. 13.
18 Plutarco, *Marius* 14-15, *Sulla* 4, *Sertorius* 3.
19 Plutarco, *Marius* 15 (tradução de R. Waterfield, Oxford 1999).
20 Plutarco, *Marius* 25 (tradução de R. Waterfield, Oxford 1999).
21 Para uma discussão mais detalhada de combate neste período, vide A. Goldsworthy, *The Roman Army at War 100 BC-AD 200* (1996), pp. 171-247.
22 Plutarco, *Marius* 15-18, Frontino *Strat.* 4. 7. 5.
23 Plutarco, *Marius* 17.
24 Plutarco, *Marius* 19; para uma discussão a respeito dos servos do exército, vide J. Roth, *The Logistics of the Roman Army at War, 264 BC-AD 235* (1999), pp. 91-116.
25 Plutarco, *Marius* 20, Frontino, *Strat.* 2. 9. 1.
26 Plutarco, *Marius* 21-22.
27 Plutarco, *Marius* 23-27.
28 Apiano, *Civil Wars* 1. 28-33, Plutarco *Marius* 28-30.
29 Plutarco, *Marius* 33-35, *Sulla* 8-9, Apiano *Civil Wars* 1. 55-63.
30 Plutarco, *Marius* 45.
31 Plutarco, *Marius* 33 (tradução de R. Waterfield, Oxford 1999).

CAPÍTULO 6 GENERAL DO EXÍLIO

1 Plutarco, *Sertorius* 10 (tradução Penguin).
2 Plutarco, *Sertorius* 3-4, cf. Lívio 27. 28. 1-13.
3 Plutarco, *Sertorius* 4-6, Apiano *Civil Wars* 1. 71-75.
4 Plutarco, *Sertorius* 7-12, Apiano *Civil Wars* 1. 108; cf. S. Dyson, *The Creation of the Roman Frontier* (1985), pp. 227-234. Para proveitosas pesquisas a respeito das campanhas de Sertório, vide P. Greenhalgh, *Pompey: The Roman Alexander* (1980), pp. 40-57.
5 Plutarco, *Sertorius* 14, Apiano, *Civil Wars* 1. 108.
6 Plutarco, *Sertorius* 14; César, *Bellum Civile* 1. 41.
7 Plutarch, *Sertorius* 16, Frontino, *Stratagems* 1. 10. 1; 4. 7. 6, cf. 1. 10. 2.
8 Frontino, *Strat*, 1. 11. 13.
9 Plutarco, *Sertorius* 18.
10 cf. G. Castellvi, J. M. Nolla e I. Rodà, "La identificación de los trofeos de Pompeyo en el Pirineo", *Journal of Roman Archaeology 8* (1995), pp. 5-18.
11 Sobre a campanha de Lauro vide Plutarco, *Sertorius* 18, Frontino, *Strat*, 2. 5. 31, e Greenhalgh (1980), pp. 46-48.
12 Plutarco, *Sertorius* 18-19 e *Pompey* 19.
13 Plutarco, *Sertorius* 20-22, Apiano, *Civil Wars* 110, Sallust, *Histories* 2. 98.
14 Tratado com Mitrídates, Plutarco, *Sertorius* 23-24, Apiano, *Mithridates* 68.

15 Plutarco, *Sertorius* 22.
16 As campanhas finais, Plutarco, *Sertorius* 25-27, Apiano, *Civil Wars* 111--115, Greenhalgh (1980), pp. 54-57.

CAPÍTULO 7   UM ALEXANDRE ROMANO

1 Plínio, *Natural History* 7. 95 – tradução usada por Greenhalgh, *Pompey: the Roman Alexander* (1980), p. 122.
2 Sobre a vida de Pompeu em geral, vide P. Greenhalgh, *Pompey: the Roman Alexander* (1980) e *Pompey: the Republican Prince* (1981).
3 Apiano, *Civil Wars* 1. 40, 47, 63-64, 68, Plutarco, *Pompey* 3, Greenhalgh (1980), pp. 1-11.
4 Plutarco, *Pompey* 4.
5 Plutarco, *Pompey* 5-8, Apiano, *Civil Wars* 1. 80,81.
6 Plutarco, *Sulla* 29.
7 Apiano, *Civil Wars* 1. 95-103, Plutarco, *Pompey* 10-11 e *Sulla* 30-35.
8 Plutarco, *Pompey* 11,12.
9 Plutarco, *Pompey* 14; sobre os primeiros comandos de Pompeu até esse período, vide Greenhalgh (1980), pp. 12-29.
10 Sobre os negócios de Lépido, vide Plutarco, *Pompey* 15-16, Apiano, *Civil Wars* 1. 105-106, e Greenhalgh (1980), pp. 30-39.
11 A. Ribera i Lacomba con M. Calvo Galvez, "La primera evidencia arqueológica de Ia destrucción de Valentia por Pompeyo", *Journal of Roman Archaeology 8* (1995), pp. 19-40.
12 Sobre a Revolta de Escravos vide Plutarco, *Crassus* 8-11, Apiano, *Civil Wars* 1. 116-121.
13 Greenhalgh (1980), pp. 64-71.
14 Plutarco, *Pompey* 22.
15 O problema com piratas e a nomeação de Pompeu, vide Apiano, *Mithridates* 91-93, Plutarco, *Pompey* 24-25.
16 Para uma revisão detalhada a respeito das fontes para o debate acerca da *Lex Gabinia*, vide Greenhalgh (1980), pp. 72-90.
17 A campanha contra os piratas, vide Apiano, *Mith*. 94-96, Plutarco, *Pompey* 26-28.
18 Sobre os negócios de Metelo, Plutarco, *Pompey* 29.
19 Cícero, *de imperio Cnaeo Pompeio* 28, Plutarco, *Pompey* 30,31.
20 Sobre as campanhas de Lúculo, vide Apiano, *Mith*. 72-90, Plutarco, *Lucullus* 7-36; os comentários de Tigranes, Apiano, *Mith*. 85.
21 Plutarco, *Pompey* 32; Apiano, *Mith*. 97
22 Frontino, *Sratagems* 2. 5. 33.
23 Apiano, *Mith*. 98-101, Dião 36. 45-54, Plutarco, *Pompey* 32, Frontino, *Strat*. 2. 1. 12; para uma discussão sobre as fontes e narrativa detalhada da campanha, vide Greenhalgh (1980), pp.105-114.
24 Plutarco, *Pompey* 33, Apiano, *Mith*. 104.

25 Plutarco, *Pompey* 34.
26 Estrabão, *Geography* 11. 3. 499-504, Plutarco, *Pompey* 35, Frontino, *Strat.* 2. 3. 14, Apiano, *Mith.* 103.
27 Plutarco, *Pompey* 41,42, Apiano, *Mith.* 107-112.
28 Para uma discussão a respeito de outras operações de Pompeu no leste e a colonização, vide Greenhalgh (1980), pp. 120-167.

CAPÍTULO 8   CÉSAR NA GÁLIA

1 Suetônio, *Julius Caesar* 60.
2 Ao menos por sua contribuição à primeira página dos quadrinhos de Asterix.
3 Para uma introdução à literatura a respeito dos comentários de César, vide a coleção de trabalhos de K. Welch e A. Powell (eds), *Julius Caesar as Artful Reporter: The War Commentaries as Political Instruments* (1998).
4 Sobre a vida de César, vide C. Meier (tradução de D. McLintock), *Caesar* (1995), e M. Gelzer (trad. P. Needham), *Caesar: Politician and Statesman* (1985). O incidente com os piratas, Suetônio, *Julius Caesar* 4.
5 Sobre esse período, vide Meier (1995), pp. 133-189; o incidente durante as Catilinárias está em Plutarco, *Brutus* 5.
6 Meier (1995), pp. 204-223.
7 César, *Bellum Gallicum* 1. 2-5.
8 Números, *BG* 1. 29; a travessia de Arar 1. 13; Tigurinos 1. 7, 12.
9 *BG* 1. 7-8; seu exército na Gália, vide H. Parker, *The Roman Legions* (1928), pp. 48-71.
10 *BG* 1. 8-10.
11 *BG* 1. 11-20.
12 *BG* 1. 21-22.
13 *BG* 1. 52.
14 *BG* 1. 23-26.
15 *BG* 1. 27-29.
16 O tamanho do exército, *BG* 1. 31, o total provavelmente inclui os 24.000 harudes recém-chegados; Rei e Amigo do Povo Romano, *BG* 1. 35.
17 A campanha contra Ariovisto, *BG* 1. 30-54.
18 *BG* 2. 20.
19 *BG* 2. 25.
20 *BG* 1. 52; a campanha belga, vide *BG* 2. 1-35.
21 Meier (1995), pp. 265-301.
22 Plutarco, *Cato* 51.
23 Suetônio, *Julius Caesar* 47.
24 *BG* 5. 24-58, 6. 1-10, 29-44, Suetônio, *Julius Caesar* 57.
25 *BG* 7. 1-2.
26 *BG* 7. 3-10.

27 Sobre revoltas, vide A. Goldsworthy; *The Roman Army at War, 100 BC-AD 200* (1996), pp.79-95.
28 *BG* 7. 11-15.
29 *BG* 7. 16-31.
30 *BG* 7. 47.
31 Operações ao redor de Gergóvia e o envolvimento de Labieno, *BG* 7. 32-62.
32 *BG* 7. 66-68.
33 *BG* 7. 69-74.
34 *BG* 7. 75-78.
35 *BG* 7. 79-80.
36 *BG* 7. 88.
37 *BG* 7. 81-89, Plutarco, *Caesar* 27.

CAPÍTULO 9   CÉSAR CONTRA POMPEU

1 Cícero, *Letters to Atticus* 7. 3 (tradução de Loeb).
2 Sobre as causas que levaram à guerra civil, vide C. Meier, *Caesar* (1995), pp. 330-363; o desejo de ser o primeiro, Plutarco, *Caesar* 12.
3 Apiano, *Civil Wars* 2. 34, 35, Plutarco, *Caesar* 32.
4 Sobre as primeiras etapas da guerra, vide Meier (1995), pp. 364-387; *"stamping his foot"*, Plutarco, *Pompey* 57, 60.
5 César, *Bellum Civile* 3. 3-5, Plutarco, *Pompey* 63, 64, Apiano, *Civil Wars* 2. 40, 49-52.
6 A revolta de *Legio IX*, Apiano, *Civil Wars* 2. 47.
7 César, *Bellum Civile* 3. 6-10.
8 César, *BC* 3. 11-30, Apiano, *Civil Wars* 2. 50-59, Plutarco, *Caesar* 65.
9 César, *BC* 3. 34, 39-44, Apiano, *Civil Wars* 2. 60, 61.
10 César, *BC* 3. 45-53, Suetônio, *Julius Caesar* 68. 3, 4.
11 César, *BC* 3. 54-56, 58-72, Apiano, *Civil Wars* 2. 61-63, Plutarco, *Caesar* 65.
12 César, *BC* 3. 73-76.
13 César, *BC* 3. 77-81, Plutarco, *Caesar* 41.
14 Fontes sobre Farsalos, vide César *BC* 3. 82-99, Apiano, *Civil Wars* 2. 68-82, Plutarco, *Caesar* 42-47 e *Pompey* 68-72.
15 Plutarco, *Pompey* 73-79, 80 e *Caesar* 48, Apiano, *Civil Wars* 2. 83-86, 89, 90.
16 Para uma descrição das campanhas posteriores na guerra civil, vide Meier (1995), pp. 402-413; César e Cleópatra, vide Plutarco, *Caesar* 48, 49 e Suetônio, *Julius Caesar* 58; Zela, vide Plutarco, *Caesar* 50.
17 César, *African War* 82, 83.
18 Plutarco, *Caesar* 53.
19 Meier (1995), pp. 414-486.
20 Sobre o exército desse período, vide L. Keppie, *The Making of the Roman Army* (1984), pp. 80-131.

21 Suetônio, *Julius Caesar* 68, cf. César *BC* 1. 39 quando ele usa um empréstimo dos centuriões e tribunos para pagar as tropas.

22 Suetônio, *Julius Caesar* 67.

23 Suetônio, *Julius Caesar* 65.

24 Suetônio, *Julius Caesar* 57, cf. Plutarco, *Caesar* 17; incentivou os homens a terem equipamentos decorados, Suetônio, *Julius Caesar* 57.

25 César, *Bellum Gallicum* 1. 42.

26 Scaeva, *BC* 3. 53, *ala Scaevae, Corpus Inscriptiones Latinarum* 10. 6011; Crastino, Apiano, *Civil Wars* 82.

27 Apiano, *Civil Wars* 2. 47, 92-94, Suetônio, *Julius Caesar* 69, 70.

CAPÍTULO 10 "UM PRÍNCIPE" IMPERIAL

1 Veleio Patérculo, *Roman History* 2. 129. 2.

2 Sobre a ascensão de Augusto e a criação do Principado, vide R. Syme, *The Roman Revolution* (1939).

3 Augusto e soldados, Suetônio, *Augustus* 25; sobre o exército nesse período em geral, vide L. Keppie, *The Making of the Roman Army* (1984), pp. 132-171.

4 Sobre Crasso e a *spolia opima*, vide Dião 51. 24.

5 Suetônio, *Claudius* 1.

6 Suetônio, *Tiberius* 18-19, Veleio Patérculo, *Roman History* 2. 113. 1-115. 5.

7 Veleio Patérculo, *Roman History* 2. 104. 4.

8 Suetônio, *Caius* 23.

9 Vide M. Todd, *The Early Germans* (1992); sobre a posição estratégica na fronteira do Reno nesse período, vide C. Wells, *The German Policy of Augustus* (1972).

10 Sobre a oferta de César aos gauleses, vide K. Welch e A. Powell (eds), *Julius Caesar as Artful Reporter: The War Commentaries as Political Instruments* (1998), e especialmente os artigos de Barlow, *"Noble Gauls and their other in Caesar's propaganda"*, pp. 139-170, e L. Rawlings, *"Caesar's portrayal of the Gauls as warriors"*, pp. 171-192.

11 A derrota da *V Alaudae* vide Dião 54. 20, Veleio Patérculo, *Roman History* 2. 106. 1; sobre as campanhas em geral, vide Wells (1972); *Tiberius' decision to divide his army in Pannonia*, Veleio Patérculo, *Roman History* 2. 113. 1, 2.

12 Veleio Patérculo, *Roman History* 2. 117. 1-119. 5, Dião 56. 18-22.

13 Dião 56. 23-24, Suetônio, *Augustus* 23.

14 A celebração do aniversário de Germânico pela terceira unidade do exército centurião, vide R. Fink, *Roman Military Records on Papyrus* (1971) No. 117; Suetônio, *Caius* 5, 9.

15 Suetônio, *Augustus* 24, 25.

16 Tácito, *Annals* 1. 16-45, 48,49; *"not a cure, but a disaster"*, 1. 49.

17 César, *Bellum Gallicum* 8. 3.

18 Tácito, *Annals* 1. 50, 51.

19 Para uma discussão da vida militar de Germânico, vide A. Goldsworthy, *The Roman Army at War 100 BC-AD 200* (1996), pp. 42-53; sobre os objetivos e métodos das expedições punitivas romanas, vide ibid. pp. 95-105.
20 Tácito, *Annals* 1. 55-58.
21 Tácito, *Annals* 1. 61,2.
22 Tácito, *Annals* 1. 59-63.
23 Tácito, *Annals* 1. 63-69.
24 Tácito, *Annals* 1. 70, 71.
25 Tácito, *Annals* 2. 5-8.
26 Tácito, *Annals* 2. 9-11.
27 Tácito, *Annals* 2. 12-13.
28 Tácito, *Annals* 2. 14.
29 Tácito, *Annals* 2. 14-18.
30 Tácito, *Annals* 2. 19-22.
31 Tácito, *Annals* 2. 23-26.
32 Suetônio, *Caius* 2, 4-6.
33 Tácito, *Annals* 2. 88.

CAPÍTULO 11 LEGADO IMPERIAL

1 Frontino, *Stratagems* 4. 7. 2.
2 Sobre o relacionamento entre os príncipes e o exército, vide B. Campbell, *The Emperor and the Roman Army, 31 BC-AD 235* (1984).
3 Suetônio, *Augustus* 25. 4 A segunda marcação era na verdade uma citação de Eurípedes, *Phoenisae* 599 onde é empregada ironicamente. Muito da mesma ideia é expressada por Apiano em *Iberica* 87.
4 Para uma discussão, vide D. Potter, "Emperors, their borders and their neighbours: the scope of imperial mandata", em D. Kennedy; *The Roman Army in the Near East. Journal of Roman Archaeology Supplementary Series 18* (1996), p. 49-66.
5 *Inscriptiones Latinae Selectae* 986 (tradução de Campbell (1984), p. 359-361).
6 Tácito, *Annals* 11. 18.
7 Tácito, *Annals* 11. 19, 20.
8 Sobre os exércitos partas, vide A. Goldsworthy, *The Roman Army at War 100 BC-AD 200* (1996), p. 60-68; sobre o estado Parta, vide N. Debevoise, *The Political History of Parthia* (1938), M. Colledge, *The Parthians* (1967); sobre o relacionamento entre Roma e a Pártia, vide B. Isaac, *The Limits of Empire* (1992), p. 19-53, B. Campbell, "War and Diplomacy: Rome and Parthia, 31 BC-AD 235" em J. Rich e G. Shipley, *War and Society in the Roman World* (1993), p. 213-240, e D. Kennedy; "Parthia and Rome: eastern perspectives" em Kennedy (1996), pp. 67-90.
9 Crasso e Carras, Plutarco, *Crassus* 17-33.
10 Plutarco, *Antony* 37-51.

11 Tácito, *Annals* 13. 6-8.

12 Tácito, Annals 13. 9. Sobre o recrutamento vide J. Mann, *Legionary Recruitment and veteran settlement during the Principate* (1983) e P. Brunt, "Conscription and volunteering in the Roman Imperial Army", *Scripta Classica Israelica* 1 (1974), p. 90-115.

13 Vide B. Isaac, *The Limits of Empire* (1992), p. 24, 25 e E. Wheeler, "The laxity of the Syrian legions", em Kennedy (1996), p. 229-276.

14 Tácito, *Annals* 13. 35.

15 Tácito, *Annals* 13. 3; sobre a identidade das legiões sob o comando de Córbulo, vide H. Parker, *The Roman Legions* (1957), p. 133-135.

16 Tácito, *Annals* 13. 36 e Frontino, *Strat.* 4. 1. 21 e 28.

17 Tácito, *Annals* 13. 37-39.

18 Tácito, *Annals* 13. 39.

19 Tácito, *Annals* 13. 40, 41.

20 Frontino, *Strat.* 2. 9. 5.

21 Tácito, *Annals* 14. 23-26.

22 Tácito, *Annals* 15. 1-3.

23 Tácito, *Annals* 15. 4-6.

24 Tácito, *Annals* 15. 7.

25 Tácito, *Annals* 15. 8-17.

26 Tácito, *Annals* 15. 18. 24-31.

27 Paulino, Tácito, *Annals* 14. 29-39; Agrícola, Tácito, *Agricola passim*; Lúculo, Suetônio, *Domitian* 10.

28 Tácito, *Annals* 15. 28 sobre o papel de Ânio na campanha oriental; sobre a política por trás da alegada conspiração, vide M. Griffin, *Nero: the End of a Dynasty* (1984).

CAPÍTULO 12 UM JOVEM CÉSAR

1 Josefo, *Bellum Judaicum* 5. 59-61 (tradução de Loeb).

2 Uma boa narrativa do Ano dos Quatro Imperadores é apresentada por K. Wellesley, *The Long Year: AD 69* (1989).

3 Sobre Vespasiano, vide B. Levick, *Vespasian* (1999).

4 Josefo, *BJ* 5. 97 (tradução de Loeb).

5 Sobre Josefo vide T. Rajak, *Josephus: The Historian and his Society* (1983), e S. Cohen, *Josephus in Galilee and Rome* (1979). Sobre a Judeia desse período, vide E. Schurer, *The History of the Jewish People in the Age of Jesus Christ*, ed. rev. G. Vermes, F. Millar, M. Black, M. Goodman (Edimburgo, 1973-87), A. Smallwood, *The Jews under Roman Rule* (1976), e M. Avi-Yonah, *The Jews of Palestine* (1976). Há ainda muita relevância em B. Isaac, *The Limits of Empire* (1992).

6 Uma boa indicação da ignorância geral acerca da natureza do judaísmo pode ser obtida com a leitura de Tácito, do breve sumário da história judaica, que precedeu o seu relato sobre a queda de Jerusalém, *Histories* 5. 2-13. Vide também

M. Whittaker, *Jews and Christians: Greco-Roman Views* (1984) para uma coleção de fontes descrevendo comportamentos pagãos.

7 Sobre a aristocracia judaica desse período, vide M. Goodman, *The Ruling Class of Judaea: Origins of the Jewish Revolt against Rome, AD 66-70* (1987).

8 Sobre a campanha de Céstio Galo, vide Josefo, *BJ* 2. 499-555 e também S. Brandon, "*The Defeat of Cestius Gallus in AD 66*", *History Today* 20 (1970), p. 38-46.

9 Tácito, *Histories* 2. 5.

10 A rendição de Josefo, *Bell, J.*, 3. 340-408.

11 Tribuno, Suetônio, *Titus* 4; legatus of *XV Apollinaris*, Josefo, *BJ* 3. 64-69; Jafa, *BJ* 3. 289-305; Tarichaeae, *BJ* 3. 462-502; Gamala, *BJ* 4. 70-83.

12 *BJ* 5. 44.

13 As forças de Tito, *BJ* 5. 40-46, Tácito, *Histories* 5. 1. Sobre o exército na campanha de Jerusalém, vide A. Goldsworthy, "Community under Pressure: the army at the Roman siege of Jerusalem", em A. Goldsworthy e I. Haynes, *The Roman Army as a Community in Peace and War, Journal of Roman Archaeology Supplementary Series 34* (1999), p. 197-210. O centurião, vide E. Dabrowa, *Legio X Fretensis: A Prosopographical Study of its Officers I–III AD. Historia Einzelschriften 66* (Stuttgart, 1993), nº 19, p. 89, com revisão de B. Isaac em *Scripta Classica Israelica* 14 (1995), p. 169-171. As inscrições são *Corpus Inscriptiones Latinarum* III. 30, *Inscriptiones Latinae Selectae* 8759a e *L'Aunée Epigraphique* 1923. 83 respectivamente.

14 A descrição de Josefo dos monumentos de Jerusalém, *BJ* 5. 136-247.

15 O número de defensores, *BJ* 5. 248-250, e a população total, 6. 420-434, Tácito, *Histories* 5. 13.

16 *BJ* 5. 47-51.

17 *BJ* 5. 52-66.

18 *BJ* 5. 86-7 (tradução de Loeb).

19 *BJ* 5. 67-97.

20 *BJ* 5. 98-135.

21 *BJ* 5. 258-274; o impacto da artilharia de pedras, 3. 245-7; o número com cada legião Vegécio, *Epitoma Rei Militaris* 2. 25.

22 *BJ* 5. 275-283; incidente em Yodfat, 3. 229-232.

23 *BJ* 5. 284-303.

24 *BJ* 5. 310, 311 (tradução de Loeb).

25 *BJ* 5. 304-341, Suetônio, *Titus* 5.

26 *BJ* 5. 346-355, e discussão em Goldsworthy (1999), p. 203.

27 Vide P. Connolly, *The Jews in the Time of Jesus* (1994), p. 77, 86.

28 *BJ* 5. 356-360, 460-490.

29 *BJ* 5. 491-511, Dião 65. 5. 4.

30 *BJ* 5. 548-561.

31 *BJ* 5. 522-526, 6. 1-32.

32 *BJ* 6. 33-92, cf. Josefo, *Vita* 361-363.

33 *BJ* 6. 93-5, 118-163.

34 *BJ* 6. 164-192, 220-235.
35 *BJ* 6. 236-266.
36 *BJ* 6. 316-413.
37 *BJ* 7. 5-16 (tradução de Loeb).
38 Temores acerca da renovação da guerra civil, Suetônio, *Titus* 5; o triunfo, *BJ* 7. 123-157, e os comentários de Vespasiano, Suetônio, *Vespasian* 12; sobre o reinado de Vespasiano e o papel de Tito, vide Levick (1999), pp. 79-106, 184-195.
39 Últimas palavras, vide Suetônio, *Vespasian* 23; funeral, Suetônio, *Vespasian* 19; a impopularidade de Tito antes de sua ascensão e romance com Berenice, Suetônio, *Titus* 6-7.

CAPÍTULO 13   O ÚLTIMO GRANDE CONQUISTADOR

1 Dião Cássio, 68. 18. 2-3 (tradução de Loeb).
2 Sobre a relação entre os príncipes e o exército vide, B. Campbell, *The Emperor and the Roman Army 31 BC-AD 235* (1984); sobre Cláudio na Britânia vide, Dião 60. 19. 1-22. 2 e Suetônio, *Claudius* 17.
3 Dião 67. 6. 16, 7. 2-4.
4 Sobre a experiência e carreira em geral de Trajano, vide J. Bennett, *Trajan: Optimus Princeps*, 2ª ed. 2001.
5 Bennett (2001), p. 11-19.
6 Plínio, *Panegyricus* 15. 1-3.
7 Bennett (2001), p. 19-26, 42-62.
8 Dião 67. 6. 1 (tradução de Loeb).
9 Sobre pesquisas a respeito da escassez de fontes sobre as Guerras Dácias, vide Bennett (2001), p. 85-103, S. S. Frere e F. Lepper, *Trajan's Column* (1988), L. Rossi, *Trajan's Column and the Dacian Wars* (1971), I. Richmond, *Trajan's Army on Trajan's Column* (1982).
10 Liderança da coluna, cenas 57, 58, 140, 183, 184, 302, 303; para discussão acerca desse fenômeno no exército romano, vide A. Goldsworthy, *The Roman Army at War 100 BC-AD 200* (1996), p. 271-276; escrita de nomes nos escudos, Dião 67. 10. 1; sobre decoração, vide V. Maxfield, *The Military Decorations of the Roman Army* (1981).
11 A Batalha de Tape e a história das ataduras, Dião 68. 8. 1, 2.
12 Descoberta de equipamento capturado em um forte, Dião 68. 9. 3.
13 Dião 68. 9. 1, 2, 4-7.
14 Dião 68. 10. 3-12. 5.
15 Dião 68. 13. 1-6.
16 A inscrição de Tibério Cláudio Máximo, *L'Année Epigraphique* 1969/70, p. 583 e comentários em M. Speidel, "The Captor of Decebalus", *Roman Army Studies 1* (1984), p. 173-187.
17 O caráter de Trajano, vide Dião 68. 6. 1-7. 5; sobre a guerra de Parta, vide Dião 68. 17. 1-31. 4, e em geral F. Lepper, *Trajan's Parthian War* (1948), e Bennett (2001), p. 183-204.

18 Hatra, Dião 68. 31. 1-4.
19 Dião 69. 5. 2 (tradução de Loeb).
20 Dião 69. 9. 2-4 (tradução de Loeb).
21 *Inscriptiones Latinae Selectae* 2558, cf. Dião 69. 9. 6.
22 *Inscriptiones Latinae Selectae* 2487, 9133-5; para uma discussão acerca dos discursos lambésios, vide Campbell (1984), p. 77-80.

CAPÍTULO 14 UM CÉSAR EM CAMPANHA

1 Amiano Marcelino 15. 8. 13.
2 Dião 56. 15. 2.
3 Herodiano 4. 7. 4-7, 12. 2.
4 O satírico Luciano ridicularizou os vários relatos exagerados sobre o comportamento de Vero em seu *Quomodo Historiae*.
5 O melhor estudo da vida militar romana sobre esse período em H. Elton, *Warfare in Roman Europe, AD 350-425* (1996). Existe uma série de biografias de Juliano, particularmente R. Browning, *The Emperor Julian* (1976), e G. Bowersock, *Julian the Apostate* (1978). Sobre pesquisa a respeito das nossas principais fontes, vide J. Matthews, *The Roman Empire of Ammianus* (1989).
6 Amiano Marcelino 15. 8. 1-17.
7 A perda de Colônia Agripina, Amiano Marcelino 15. 8. 19. Sobre o último exército romano, vide Elton (1996), K. Dixon e P. Southern, *The Late Roman Army* (1996), e A. Ferrill, *The Fall of the Roman Empire* (1986). Sobre escassas evidências a respeito do tamanho das unidades nesse período, vide T. Coello, *Unit Sizes in the Late Roman Army. British Archaeological Review Series 645* (1996) e W. Treadgold, *Byzantium and its Army, 281-1081* (1995).
8 Sobre as operações iniciais, vide Amiano Marcelino 16. 2. 1-13; *"prudent and cautious"* 16. 2. 11.
9 Amiano Marcelino 16. 3. 1-4. 5; sobre fortificações e o parco estado de prevenção dos exércitos tribais nas campanhas de cercos vide Elton (1996), pp. 82-86, 155-174.
10 Amiano Marcelino 27. 1-2.
11 A fase inicial da campanha de 357, vide Amiano Marcelino 16. 11. 1-15.
12 Tamanho dos exércitos, Amiano Marcelino 16. 12. 1-2, 12. 24-26, 12. 60.
13 Amiano Marcelino 16. 12. 1-18.
14 Sobre *cuneus* e seu apelido, vide Amiano Marcelino 17. 13. 9, Tácito, *Germania* 6, e Vegécio, *Epitoma Rei Militaris* 3. 17.
15 Amiano Marcelino 16. 12. 19-26.
16 Amiano Marcelino 16. 12. 27-35.
17 Amiano Marcelino 16. 12. 36-41; observe também os comentários em H. Delbrück (trad. W.J. Renfroe), *The Barbarian Invasions. History of the Art of War, Volume 2* (1980), p. 261-268, esp. 263-264 sobre os aspectos práticos de um comandante reagrupando tropas dessa forma. Os comentários de Delbrück sobre a batalha são, como sempre, extremamente interessantes, contudo a sua crença – à

beira da obsessão — de que os guerreiros bárbaros eram tão ferozes que poderiam ser somente derrotados através de um grande contingente de soldados vindos de estados civilizados não está realmente embasada em qualquer evidência tornando muitas de suas conclusões questionáveis.

18 Amiano Marcelino 16. 12. 42-66.

19 Perdas, Amiano Marcelino 16. 12. 63; a reação de Constantino 16. 12. 67-70.

20 Amiano Marcelino 17. 1. 1-14.

21 Amiano Marcelino 17. 2. 1-4. No relato de Libânio, que é extremamente favorável a Juliano é dito que o número de francos era de 1000, Libânio, *Opera* 18. 70.

22 Amiano Marcelino 17. 8. 1, 2.

23 Amiano Marcelino17. 8. 3-9.

24 Amiano Marcelino17. 10. 1-10.

25 Amiano Marcelino 18. 2. 1-16, 20. 20. 1. 13.

26 Amiano Marcelino 20. 4. 1-5. 10.

27 Sobre Pirisabora, vide Amiano Marcelino 24. 2. 15-17; Maozamalcha, vide 24. 4. 1-5.

28 Amiano Marcelino 24.7. 1-25. 3. 23.

CAPÍTULO 15 UM DOS ÚLTIMOS

1 Procópio, *Wars* 2. 18. 5-6 (tradução de Loeb).

2 Sobre o último exército romano no oriente, vide W. Treadgold, *Byzantium and its Army, 281-1081* (1995). Para uma ampla pesquisa sobre a vida militar bizantina, vide J. Haldon, *The Byzantine Wars* (2001). Sobre o conflito com a Pérsia, vide G. Greatrex, *Rome and Persia at War, 502-532* (1998).

3 Vide Greatrex (1998), esp. p. 120-165; sobre as origens de Belisário, vide Procópio, *Wars* 3. 9. 21; o ataque em *c. 526 Wars* 1. 12. 20-3.

4 Mindos, Procópio, *Wars* 1. 13. 2-5; nomeação de comando 1. 12. 24; as forças em Dara, vide 1. 13. 23 e Greatrex (1998), p. 169, 173, e sobre uma discussão geral acerca do exército nesse período p. 31-40.

5 Procópio, *Wars* 1. 13. 23, 1. 14. 1 e discussão em Greatrex (1998), p. 175-176.

6 Procópio, *Wars* 1. 13. 19-23; sobre o uso de fortificações de campo de Sula vide Frontino, *Strategems* 2. 3. 17 e de César vide *Bellum Gallicum* 2. 8.

7 Procópio, *Wars* 1. 13. 24-39.

8 Procópio, *Wars* 1. 14. 33 (tradução de Loeb).

9 Sobre a batalha, vide Procópio, *Wars* 1. 14. 1-55 e discussões em Greatrex (1998), p. 171-185 e Haldon (2001), p. 28-35; sobre a punição de Perozes, vide *Wars* 1. 17. 26-8.

10 Procópio, *Wars* 1. 18. 1-50 com Greatrex (1998), p. 195-207.

11 Revogação e nomeação de novo comando de Belisário, Procópio, *Wars* 1. 21. 2, 3. 9. 25, 3. 10. 21, 3. 11. 18; tamanho do exército 3. 11. 2; o incidente com os biscoitos, 3. 13. 12-20; fraude durante a Segunda Guerra Púnica, Lívio 25. 3. 8-4. 11.

12 Procópio, *Wars* 3. 12. 8-22; Belisário manda açoitar os soldados, 3. 16. 1-8.

13 César, *Bellum Civile* 1. 21, 2. 12.

14 Procópio, *Wars* 4. 4. 3-7 (tradução de Loeb).

15 Procópio, *Wars* 4. 3. 23-4. 25; a última revolta e campanha contra os mouros, 4. 14. 7-15. 49.

16 Procópio, *Wars* 5. 5. 1-7; cerco de Nápoles 5. 8. 5-10. 48; tamanho da força em Roma 5. 22. 17.

17 Procópio, *Wars* 5. 18. 9-15 (tradução de Loeb); para um relato completo da ação 5. 18. 1-29.

18 Procópio, *Wars* 5. 22. 1-10.

19 Procópio, *Wars* 5. 28. 1-29. 50.

20 Vide C. Fauber, *Narses: the Hammer of the Goths* (1990), Haldon (2001), p. 35-44, e H. Delbrück (trad. W.J. Renfroe), *The Barbarian Invasions. History of the Art of War, Volume 2* (1980), p. 339-383.

21 Sobre a disciplina sob a República vide W. Messer, "Mutiny in the Roman Army in the Republic", *Classical Philology* 15 (1920), p. 19-29.

CAPÍTULO 16 OS ÚLTIMOS ANOS

1 Para uma discussão a respeito do estilo de comando de Napoleão, vide M. Van Creveld, *Command in War* (1985), p. 58-102.

2 Sobre Sir Roger Williams vide G. Parker, *The Military Revolution* (1988), p. 6.

3 Sobre Wellington em batalha vide J. Keegan, *The Mask of Command* (1987), p. 145- 154.

4 Para uma discussão acerca desse período vide Creveld (1985), pp. 103-147.

ÍNDICE

O índice está disposto em ordem alfabética com as alíneas listadas cronologicamente, onde for apropriado.

Áccio, batalha de 320, 322, 323, 368, 396
Acerrae 52, 53
Acilisene 230
Adamclisi, monumento 435, 440
Aderbal 155
Adiabena , 380
Adriano, imperador 429, 447-8, 449, 450, 451, 461
Adriano, Muralha de 415
Adrianópolis 484
Aemiliü, clã 130
Aerarium militare 322
Afrânio, Lúcio 240, 303
África
   Belisário na 487, 488, 489, 490
   breves referências 37, 59, 137, 155, 156, 157, 158, 190, 210, 221, 240, 307, 317, 356, 429, 447
   Campanha de César na 285, 297-8, 307
   Campanha de Pompeu na 203
   Cipião Africano invade a 61, 90, 91
   Cipião Emiliano na 15, 21
   Eventos na Numídia 155, 157
   inscrições dos discursos de Adriano na 434
Agrícola, Cneu Júlio 389
Agripa, Marco Vespasiano 323, 324, 326, 328, 330, 332
Agripina (esposa de Germânico) 332, 334, 344, 352
Águas Sêxtias (Aix-en-Provence) 174, 177, 218, 256, 304, 388
Aigan 491, 494, 495
ala (alae) 43, 131, 171, 329, 330, 335, 380, 402, 412

alamanos 458, 460, 462, 463, 464, 466, 467, 468, 469, 470, 473, 474, 475, 477, 478, 479
Albânia/ Albanos 233, 236-7, 295
Albino, Aulo Postúmio 156
Albino, Espúrio Postúmio 156
Albino, Lúcio Postúmio 51, 131
Albino, Lúcio Postúmio (filho do anterior) 118
Alésia, cerco de 279-81
Alexandre, o Grande 15, 22, 62, 79, 94, 97, 102, 108, 196, 203, 236, 480, 510
Alexandre, Tibério Júlio 401
Alóbroges 258
Alpes 37, 52, 62, 168, 169, 171, 174, 252
Ambiorix 266, 267
ambrones 168, 171, 172, 175, 177
Amiano, Marcelino 22, 462, 463, 465, 467, 469, 470, 471, 472, 473, 477, 479, 480
Amílcar 68
Anastácio, imperador 487
Andreas 493
Anfípolis 125
Angrivários 346, 350
Aníbal 20, 37, 38, 39, 41, 42, 43, 44, 45, 46, 47, 48, 49, 50, 54, 55, 56, 57, 59, 60, 62, 63, 65, 66, 68, 80, 90, 91, 93, 95, 96, 97, 100, 103, 105, 107, 131, 168, 185, 187, 255, 508, 509,
Antigônidas 94
Antíoco III, o Grande 98, 122
Antistia (esposa de Pompeu) 206, 213
Antônia (mãe de Germânico) 326
Antonino Pio, imperador 449, 451
Antônio, Marco 222, 283, 295, 302, 319, 326, 367, 402

Ápia, Via 218
Apiano 139, 140, 142, 144, 146
Apiano, Cláudio 64
Apolodoro de Damasco 443
Apolônia 295
Aquileia 105, 252
Arábia 446
Arar, rio vide Saône (Arar), rio
Aráusio (Orange) 170, 171, 186, 482
Araxes, rio 377
arqueiros, partos 377, 404, 408, 410, 411, 412, 417, 468, 489, 512
Arevacos 130, 135, 136, 139, 140
Argentorato (Estrasburgo), Batalha de 464, 468, 475, 497
Arimino (Rímini) 290
Ariovisto, rei 250, 258, 260, 263, 315, 327
armas
    aríete 409
    escorpião 273, 441
    gladii hispaniensis ("espada espanhola") 121
    manuseio do 167
    pila (dardos) 176, 177, 232, 256, 285, 304, 305, 388
    sarissa (lança) 101, 102, 118, 120, 121
Armênia
    breves referências 227, 229, 231, 232, 237, 325, 351, 355, 360, 364, 367, 368, 369, 370, 372, 373, 375, 380, 381, 382, 383, 384, 385, 386, 446
    campanha de Trajano na 432
    Córbulo 369
    exércitos 84, 85, 487, 488, 493, 494, 496
        vide também exército britânico; exército bizantino; exército cartaginês; exército gaulês; exércitos helênicos; exército macedônio; exércitos partos; exército persa; exército romano
    reinvindicação parta ao trono da 357
    vide também Armênia Menor
Armênia Menor 229
Armínio 330, 331, 336, 339, 340, 341, 342, 343, 344, 346, 347, 348, 349, 351, 352, 353
Arpi 45
Arpino 153
Arquimedes 55
Arsácida, dinastia 364, 368, 380, 478
Arsânias, rio 383
Artaxata 233, 368, 370, 377, 378
artilharia, tropas de 11, 79, 97, 108, 111, 339, 350, 368, 376, 382, 404, 408, 409, 410, 414, 417, 434, 462, 511
Artoces, rei da Ibéria 234
Arvernos 268, 269, 286
Ascan 491, 497
Ásculo 104, 205, 206
Asdrúbal (oficial encarregado do comboio de suprimentos) 48
Asdrúbal Barca 57, 66, 67, 80-2
Asdrúbal Gisgo 66, 67, 80
Ásia 94, 97, 98, 180, 199, 221, 227, 228, 240, 246, 247, 367
Ásia Menor 67, 94, 98, 221, 485
asmoneus 402
Assembleia Popular 160, 181, 222, 226, 249
Atenas 26, 94, 96, 185, 457
Atílio, Públio 223

Augusto, imperador (ex Otaviano)
    breves referências 253, 321, 368, 394, 425, 445
    e as vitórias 312, 413
    e o desastre na Germânia 315, 316
    e o exército 313, 323, 324, 345, 358, 407
    e os generais 347
    e os partos 355
    enquanto Otaviano 179, 308, 309, 310
    escolha de Tibério como sucessor 315, 316
    morte 321
    poder 311, 312
    realizações 312
    votou o nome Augusto 310
Augusto, Rômulo 485
Augustodunum (Autun), 460
Augustus (imperador principal) 455
Aurélio, Marco 451, 453, 455
Austerlitz 514
Avárico 271, 272, 274, 276, 297

Báculo, Sexto Júlio 261
Bainobaudes 466
Bálcãs 249, 485
ballistarii 462
Bano 396
Barbácio 464, 465, 466, 467, 468
Bárbaros, do norte 166-8, 170, 172 vide também os nomes das tribos
Bardyaei 188
Baresmanas 493, 495
Barrabás 397
Basso, Públio Ventídio 367
bastarnas 100, 323, 433, 440
batavos 346, 347, 361, 472
Bécula 80-7
belgas, povos / belgas 260, 261, 263, 266
Belisário
    breves referências 17, 22, 483, 493, 494
    e a Batalha de Dara 488, 494
    e a tensão com os persas 472, 474
    últimas campanhas 482, 489
belos (belli) 134
Berenice, rainha 424
Béstia, Lúcio Calpúrnio 156
Beth-Horon, passo de 398
Bibracte 255
Bibulo, Marco Calpúrnio 248, 294
Bingham, John: The Tacticks of Aelian 510
Bitínia 94, 199, 227, 228
biturígios 271
bizantino, exército 504
Bizantino, Império (Império Romano do Oriente) 486
Boadiceia, rainha dos icenos 386
Boco, rei da Mauritânia 161
Boeorix, rei 178
boios 130, 132, 257, 258, 270, 271, 272
Bona Dea, festival de 247
Bósforo 229
bracchiati 472
Bríndisi 207, 239, 292, 294, 295
Britânia
    Agrícola como legado na 377
    breves referências 386, 387, 388, 389, 393, 400, 425, 426, 447, 450, 452
    construção da Muralha de Adriano 436

expedição de César à 250, 251
expedição de Cláudio à 350, 381, 382, 412, 413
Lupicino enviado para a 464
Paulino enfrenta a rebelião de Boadiceia na 375-7
Sétimo Severo na 429
britânico, exército 12, 18, 84
Britomaro, rei 52, 208
Brotomagum (Brumath) 362
brúcteros 336, 340
Bruto, Décimo Júnio 269, 284
Bruto, Marco Júnio (assassino de César) 269, 284
Bruto, Marco Júnio (pai do assassino de César) 269, 284
bucellarii 489, 497, 503
Burebista 433
Buteo, Fábio Máximo 141
Buzes 491, 493

Cadisenis 493-4
Caepio, Quinto Servílio (procônsul 105 a.C.) 139, 169
Caesar (imperador secundário) 456
Calagurris 200
caledônias, tribos 452
Calígula, imperador (Caio César) 326, 332, 334, 356, 361, 418, 426
Calínico 496, 501, 503
Calvino, Cneu Domício 302
Cambises, rio 235
Campânia 47
Camulodunum (Colchester) 387, 426
Cananefates 361
Canas 50, 51, 53, 61, 63, 64, 65, 74, 103, 107, 131, 179, 220, 388, 482
Canusio 63
Capadócia 369, 370, 380, 381, 382, 384, 423, 431
capite censi ("contagem de cabeça") 161
Cápua 216
Caracala, imperador 452
Carataco 393
Caraunio, Retógenes, o 147
Carbão, Cneu Papírio 169
Carbão, Cneu Papírio (filho do anterior) 207, 208, 210
Carnutos 268
Cárpatos 435, 437, 444
Carpetâni 67
Carras 288, 365, 367, 368
Cartago 22, 23, 37, 48, 60, 61, 66, 68, 69, 70, 72, 79, 81, 89, 90, 95, 96, 100, 137, 138, 145, 148, 174, 211, 480, 498, 499, 508 vide também Guerras Púnicas
cartaginês, exército 38, 48, 49, 53, 86, 87
Casilino 502
Cáspio, mar 236, 379
Cassio Longino, Caio (comandante da Ilíria) 169
Cassio Longino, Caio (conspirador contra César) 366
Castulo 186
catafractos 436, 440, 461, 468, 470, 471, 490
Catão, o Jovem 247
Catão, o Velho (Marco Porcio Catão) 39, 122
Catilina 246
Catulino, Quinto Fábio 449
Catulo, Quinto Lutácio 171, 173, 178

Cauca 136, 144
caúcos 349, 351, 361, 362, 363
Cavades (Cabades), rei da Pérsia 487, 488, 489, 492, 495, 496, 497
cavalaria 144, 145, 156, 162, 172, 176, 187, 190, 194, 195, 196, 207, 208, 219, 222, 229, 230, 232, 235, 236, 251, 253, 254, 255, 263, 269, 271, 274, 275, 278, 279, 280, 301, 316, 325, 341, 364, 387, 410, 415, 440, 459, 465, 489, 503
Cecílio Metelo (Metelo), família 64, 140, 154, 157, 222, 224
Cecina, Aulo 333, 339, 340, 343
Cédron, vale 403, 406
celtas 436
celtiberos 38, 65, 66, 135, 140, 141, 154, 187, 191, 201
Cénabo 268, 271
Cenómanos 132
censores 153, 219, 220
centúrias 33, 147
centuriões 18, 19, 89, 100, 105, 108, 113, 120, 156, 163, 207, 218, 228, 233, 260, 261, 277, 290, 298, 305, 308, 313, 332, 340, 370, 401, 448, 469, 513
Ceraetae 153
cerco, métodos de guerra de vide Alésia; Jerusalém
Cerealis, Sexto Vetuleno 401, 419
César, Caio Júlio
    a visão de Napoleão de 234, 491, 499
    aliança com Crasso e Pompeu (Primeiro Triunvirato) 235, 240, 254
    breves referências 240, 246, 319
    campanha macedônia contra Pompeu 281
    descrição das tribos gaulesas e germânicas 316, 317
    ditadura 295-8
    e a migração dos helvécios 260
    e a rebelião liderada por Vercingetórix 268-97
    e os eventos que levaram à Guerra Civil 278-81
    e os historiadores militares 234, 235, 236
    em campanha na Gália 58-53 a.C. 248-56
    fontes de informação sobre 23, 235
    juventude e carrreira até 58 a.C. 274-7
    liderança 299, 305, 453-4
    Livros:
        A Guerra Civil 244, 300
        Comentários 21, 244, 262, 264, 274, 277, 278, 290, 299, 301, 304, 306, 313, 315, 316, 326, 384, 418, 434, 469
    morte 299, 307, 421, 494
Cesarião 310
Cesônia, Milônia 361
Ceva 298, 315
Cevenos, passos 269
Chamavos 476
Chariovalda 347
Cícero, Marco Túlio 45, 154, 216, 219, 220, 270, 280, 282
    De re publica 134
    Filípicas 320
Cícero, Quinto Túlio 43, 134, 222, 226, 244, 267, 270, 289, 291, 307, 320
Cilícia 221, 225, 226, 228, 230
cimbros 167, 168, 169, 170, 171, 172, 177, 178, 182, 186, 223, 251, 327

Cina, Lúcio Cornélio 181, 188, 189, 206, 207, 209
Cinoscéfalos 97, 99, 122, 131
Cipião, Africano, Públio Cornélio
    Batalha de Ilipa 80-88
    breves referências 16, 107, 111, 126, 138, 151, 174, 185, 203, 212, 220, 310, 429, 480, 508,
    captura de Nova Cartago 66-80
    carreira subsequente 90-91
    e a cultura grega 126,
    encontro com Anibal 91
    invasão da África 88-91
    juventude 61-66, 203
    realizações 60-61
Cipião, Emiliano Africano Numantino, Públio Cornélio
    breves 22, 62, 107, 110, 121, 151, 154, 155, 157, 480, 508
    campanha espanhola e o cerco de Numância 139-145
    e a captura de Cartago 137-38
    e a carreira de Mário 154-55
    e a controvérsia em Roma 148
    juventude 133-36
    morte 149, 508,
    nomeado para o comando africano 138
Cipião, Cneu Cornélio 52
Cipião, Lúcio Cornélio 161
Cipião, Nasica (filho de Públio Cornélio Nasica) 148
Cipião, Nasica, Públio Cornélio 111, 112, 116
Cipião, Públio Cornélio 57, 60, 66, 107
Cipião, Quinto Servílio (cônsul 40 a.C.) 139
Ciro, rio 233, 234
Cirta 155
Cisalpina, Gália 48, 51, 52, 94, 97, 132, 171, 180, 208, 249, 251, 252, 264, 269, 290 vide também Gália
citas 360
Citerior, Hispânia 131, 134, 135, 141, 190, 192, 215 vide também Hispânia
civis, guerras 182, 184, 200, 311, 313, 328, 390, 395, 425, 452, 458, 466, 484, 503
classis Germanica 361
Clastidium 52
Claudii / clã Claudiano 324
Claudio Máximo, Tibério 444
Claudio, imperador 356, 361, 362, 363, 364, 369, 387, 393, 425, 426, 429
Clausewitz, Karl von 516
Cleópatra 244, 307, 309, 310, 320, 326
Clodiano, Cneu Cornélio Lêntulo 224
Clódio 247
Clunia 198
Clúvio, Caio 115
cohortes voluntariorum civium Romanorum 333
Colina, Batalha de Porta 208, 209
Colônia Agripina (Colônia) 458, 463
Colônia oriental 240
Cólquida 234
Comagena 375
comandantes/generais 13, 14, 15, 16, 17, 18, 19, 20, 21, 26, 28, 29, 30, 31, 34, 35, 36, 38, 39, 46, 49, 50, 53, 54, 56, 57, 60, 65, 71, 76, 81, 89, 94, 97, 99, 103, 107, 109, 112, 115, 120, 124, 132, 137, 141, 146, 151, 154, 166, 170, 176, 180, 188, 191, 196, 202, 210, 215, 218, 222, 240, 252, 262, 277, 293, 300, 312, 321, 329, 341, 344, 352, 359, 362, 375, 378, 379, 383, 384, 385, 386, 388, 389, 390, 395, 399, 401, 404, 407, 410, 412, 416, 418, 419, 423, 426, 432, 433, 435, 437, 438, 439, 442, 444, 448, 453, 462, 464, 469, 470, 471, 472, 477, 480, 481, 482, 483, 486, 490, 500, 510, 515
comitatenses 459
Comitia Centuriata 25, 41, 66, 96, 138, 171, 203
Cômodo, imperador 452
Conodomário 467, 468, 470, 471, 473, 474
Consídio, Públio 254
consilium (coselho de guerra) 84
Constâncio, Júlio 436
    breves referências 343, 350, 351, 371, 380, 382, 404
    cônsules 28, 34
Constante 456
Constantino 456, 457, 458, 459, 464, 466, 467, 473, 475, 477, 478, 479, 480, 485
Constantino II 456
Constantino, o Grande 456, 457
Constantinopla 485, 497, 499, 500, 502
coortes 115, 132, 163, 191, 195, 207, 208, 236, 257, 261, 263, 266, 269, 277, 279, 284, 285, 291, 298, 299, 302, 304, 305, 308, 322, 329, 335, 349, 351, 358, 377, 380, 392, 402, 406, 420, 439
Córbulo, Cneu Domício
    e Nero 384
    na Armênia 367-81
    na Germânia 361
    suicídio 385
Coriolano, Caio Márcio 185
Cornélia (filha de Cipião Africano) 148
Cornélia (filha de Públio Metelo Cipião) 288
Cornélio, clã 152
cornuti 466, 472
corona civica (coroa cívica) 51, 63, 167, 246
corona muralis (coroa mural) 71, 78
Crasso, Marco Licínio 217, 323
Crasso, Marco Licínio (neto do anterior) 323
Crasso, Públio Licínio (cônsul 71 a.C.) 105
Crasso, Públio Licínio (filho de Marco Licínio Crasso, o triúnviro) 105
Crastino, Caio 303, 305, 316
Creta 111, 221, 222, 226, 251
Crimeia 232, 235
cristianismo 457
Ctesifonte 364, 446, 480
cuneus, formação 470
Curiácios 24
cursus honorum 30, 31, 466

Dácia 249, 300, 428
    Primeira Guerra Dácia 433, 434, 435
Segunda Guerra Dácia 441, 442, 443, 445
Dalmácia 133
Danúbio/fronteira do Danúbio 329, 360, 382, 428, 432, 436 vide também Dácia
Dara 487
    Batalha de 487, 490, 491
Decébalo, rei da Dácia 433, 434, 436, 440, 441, 443, 444, 445,
decimatio (dizimação) 294

Delfos 125
Demétrio da Macedônia 100
Digito, Sexto 78
Diocleciano, imperador 455, 456, 459
Dion Cássio 434
Dirráquio, Batalha de 295, 296, 316, 472
Dium 106, 112
Diviciaco 254
Dobreta 443
Domiciano, imperador 389, 393, 424, 426, 428, 432, 433, 434, 438, 440
Domício, Lúcio 190
Douro (Durius), rio 146
druídico, culto 387
Druso 324, 326, 329, 337, 355
Druso, o Jovem 326, 355
Dumnorix 250, 252, 253, 254

Ebro, rio 60, 70
eburões, tribo 266, 267
Eder, rio 339
éduos 253, 254, 255, 258, 268, 270, 271, 272, 274, 275, 276, 277, 286
Éfeso 91
Egito 94, 221, 306, 307, 317, 320, 385, 397, 402, 426, 436, 446, 448, 485
Elba, rio 168, 329, 337
elefantes 80, 82, 87, 98, 103, 104, 106, 118, 119, 135, 155, 158, 212
Elpeus, rio 108, 110
Emília (esposa de Cipião Africano) 63
Emília (esposa de Pompeu) 122
Emiliano, Públio Cornélio 133, 134, 136, 137, 138, 141
Emiliano, Públio Cornélio Cipião vide Cipião
Emiliano, Quinto Fábio Máximo 107
Emílio Paulo, Ludus vide Paullo, Ludus
Emporion 66, 131
Ems, rio 346
Enipeu, Batalha do Rio 302
Enobarbo, Lúcio Domício (filho do anterior) 303
Enobarbo, Lúcio Domício 341
Épiro 27, 28, 95, 104, 123, 294
equestres 357, 396, 429, 453, 454
Erzerum 315
escotos 478
Espártaco 216, 217, 218, 246, 297, 365
essênios 397
Estrabão 205
Estrabão, Cneu Pompeu 234, 235
estradas pavimentadas ("pontes longas") 341
Etólia, Liga 94, 95, 98
Eufrates, rio 230, 380, 382, 383, 384, 480, 496
extraordinarii 34

Fábio Máximo, Quinto 41, 42, 107
    ditadura 41-46
Fábio Máximo Emiliano, Quinto 107, 139, 141
Fábio Pictor, Quinto 39, 126
Fábio Ruliano, Quinto 42
Fábio, Caio 284
Fábio, clã 141
Fábio, Lúcio 276, 277
falange 17, 22, 25, 26, 44, 101, 102, 104, 112, 113, 116, 118, 120, 123, 256, 471
Faras 491, 494
fariseus 397

Farnaces 307
Farsália, Batalha de 302, 316
Fenícia, Paz da 95
Filipe II, rei da Macedônia 27, 101, 103
Filipe V, rei da Macedônia 95, 96, 97, 98, 99, 100, 101, 105, 108, 121, 122, 123
Filipo, Lúcio Márcio 215
Filipo, Quinto Márcio 106
Filipos 320, 321
Flamínio, Caio 38, 41, 43, 44, 52
Flamínio, Quinto Quíncio 97
Flamínio, Tito Quíncio 97
Flavo 347
Flora (amante de Pompeu) 213
Floro 225
Fraapsa 367-8
francos 458, 463, 475, 476, 485, 502
frisii 362
Frontino, Sexto Júlio 174, 175, 176, 196, 202, 303, 374, 379, 389
Frugi, Marco Tício 401
Fuller, general J. F. C. 18
Fusco, Cornélio 428, 438

Gabínio, Aulo 222, 226
Gaesatae 52
Galácia 369, 371, 381
gálatas, tribos 98, 369, 371
Galba 123, 136, 137, 139, 391, 394
Galba, Públio Sulpício 96
Galba, Sérvio Sulpício 123, 136
Gália / gauleses
    breves referências 21, 22, 48, 51, 52, 94, 97, 129, 132, 164, 169, 171, 179, 180, 191, 193, 208, 230, 243, 244, 245, 249, 250, 251, 252, 259, 263, 264, 267, 278, 285, 287, 290, 291, 300, 312, 324, 327, 330, 333, 337, 345, 361, 387, 451, 456, 458, 464, 467, 475, 479, 481, 485, 506
    campanhas no século II a.C. 178, 179, 180, 207, 211, 212, 213
    distinção entre as tribos gaulesas e germânicas 211, 342-3
    e a ameaça germânica 334, 361
    e César 272, 308, 309, 332, 342, 344, 351, 494, 495, 496
    e Juliano 436, 471, 472, 474
    e Marcelo 51-2
    e Pompeu 192, 208
    vide também Gália Cisalpina; Gália Transalpina
Gália Transalpina 164, 169, 179, 193, 249, 251, 269, 278, 291, 327 vide também Gália
Galileia 399, 400, 401, 431
galileus 397
Galo 398, 456
Galo, Caio Céstio 398, 405, 408
Galo, Caio Sulpício 114
Gamala 401, 419
Ganasco 361, 362
Garona, rio 249
Gaugamela 102, 103, 109
gauleses, exército 52, 271, 272, 274, 275, 279, 280
Gelimero, rei dos vândalos 497, 498, 499
Gélio, Lúcio 223
Gemino, Marco Servílio Pulice 123

ÍNDICE   551

Genebra, lago de 259
generais vide comandantes / generais
Gergóvia 274, 276, 277, 278, 300, 513
Germânia
    Armínio descrito como libertador da 353
    breves referências 340, 341, 342, 349, 350, 382
    campanhas de Germânico na 339-53
    Córbulo chamado a Roma da 350, 404
    Córbulo na 361
    derrota de Varo 335-6
    motim do exército na 365
    no reinado de Domiciano 405
    vide também germânicas, tribos / germânicos
Germânia Inferior 333, 334, 336, 361, 392 vide também Germânia
Germânia Superior 339, 363, 432 vide também Germânia
germânicas, tribos / germânicos
    ameaça das 217-19
    ataques realizados na Gália 334
    campanhas de César contra as 275-6, 280
    campanhas de Germânico contra as 339-53
    campanhas de Mário contra as 212-19
    Catão deseja passar a César, 280, 299
    convidados à Gália pelos sequanos 268
    Córbulo age contra as incursões das 361
    descrição de César das 333
    distinção entre tribos gaulesas e 211, 342-3
    e Juliano 454, 455, 471 províncias ocidentais invadidas pelas 408 vide também o nome das tribos
    e o desastre de Teutoberg Wald 335-6
    guerreiros no exército de 285, 291, 292
    guerreiros no exército de Vercingetórix 284
    organização política e militar no século IV 444
    Tibério envia expedições punitivas contra as 336
    Trajano evolvido em expedição contra as 422
Germânico, César Cláudio
    breves referências 336, 342, 343, 344, 351, 458
    campanhas contra tribos germânicas 339
    chamada a Roma e morte 353-4
    e motim 348-50
    família 347
    popularidade 346-7
    torna-se comandante supremo da fronteira do Reno 346
Gerúnio 49
Gibbon, Edward 428, 452
Giscala 400
Glábrio, Marco Acílio 98
Gomfoi 301
Gorgobina 270, 271
godos 485, 500, 501, 502
governadores 360, 385, 394
Graco, Caio 165, 179
Graco, Lei Agrária de 149
Graco, Tibério Semprônio (cônsul em 177 a.C.) 133, 140, 148
Graco, Tibério Semprônio (cônsul em 215 a.C.) 51
Graco, Tibério Semprônio (tribuno em 133 a.C.) 148
Gracos, clã 154
Grânico 109

Grécia 27, 94, 95, 98, 99, 100, 101, 125, 126, 127, 134, 179, 295, 299, 300, 390, 429, 485, 505, 515
grega, cultura 126, 134, 154
Guerra Africana, A 308
Guerra Gálica, A 243, 244, 261, 265, 278, 300
Guerra Servil (insurreição dos escravos) 217, 218
guerra, mudança nos métodos de fazer 433, 434, 435
Guerras Púnicas
    Primeira 29, 37, 39, 45, 56
    Segunda 16, 20, 31, 37, 39, 42, 45, 47, 51, 53, 55, 56, 59, 61, 67, 94, 96, 123, 126, 133, 138, 155, 161, 163, 333, 427, 498
    Terceira 133, 139, 145, 155
Guilherme de Nassau 510
Gustavo Adolfo 510, 511

Hariobaudes 477, 478
Harmozica 234
hastati 32, 113, 162
Haterius, Fronto 402
Hatra 446
Helena (esposa de Juliano, o Apóstata), 457
helenístico, exército 28 vide também macedônio, exército
helvécios 169, 249, 250, 251, 252, 253, 254, 255, 256, 257, 258, 260, 304, 433, 471
Heracleia 104
Heracleum 111
Hermógenes 494
Herodes, o Grande 396, 402
hérulos 489, 491, 494
Hiempsal 155
Hipsícrates 232
hircanianos 380
Hirtuleio, Lúcio 193
Hispânia
    breves referências 37, 38, 39, 48, 59, 60, 96
    Catão na 122
    César na 248, 309
    Cipião Africano na 60-69, 79-81, 88, 212
    Cipião Africano nomeado para o comando da 60
    Cipião Emiliano na 129, 131, 133-41
    Graco estabelece a paz na 133
    mais conflitos na 131-33, 137, 139
    Paulo na, 107
    Pompeu na 192, 193, 215, 216, 230
    Sertório na 186, 188, 189-202, 198, 199, 200, 215, 230
    Trajano criado na 429
    vide também Hispânia Ulterior; Hispânia Citerior
Hispânia Tarraconensis 432
Homero
    Ilíada, 24, 27, 51, 138, 266
    Odisseia 127, 328
hoplitas 25-26
Horácio Cocles 24
Horácios 24
hunos 489, 491, 494, 495, 497, 498

iáziges 442
Ibéria, reino da/ibéricos 234, 270, 370, 487, 488
icenos 386

Idistaviso 349
Idumeia 399
Ilipa, Batalha de 80, 81, 84, 114, 429
Ilíria 95, 105, 110, 129, 169, 249, 251
Imortais 490, 493, 494, 495
imperadores 30, 225, 321, 360, 386, 390, 392, 424, 426, 427, 428, 429, 431, 445, 452, 453, 454, 459, 484, 502, vide também nomes dos imperadores
imperium 25, 31, 32, 41, 43, 60, 115, 203, 210, 215, 222, 223, 290, 320, 323, 357, 369, 370, 385, 427, 428
Índia 27
Inguiomero 340, 343, 344, 348
Insubres 52, 53, 132
insurreição dos escravos (Guerra Servil) 274, 397, 398, 400, 446
Intercatia 137
Isso 102, 109
Istmo, Jogos do 126

Jafa 401
Jericó 403
Jerusalém
    bem fortificada 391
    breves referências 391, 489
    cercada por Pompeu 236
    cercada por Tito 384, 385, 400
    defensores de 388
    facções rebeldes em 387
    Galo avança contra os rebeldes em 385-86
    nas mãos dos rebeldes 383-84, 385-87
    papel dos judeus na administração de 384
Jesus Cristo 397
João Batista 396
João de Giscala 400, 414, 418, 422
jogos gladiatórios 167, 173
Jônatas (no cerco de Jerusalém) 420
Josefo 22, 395, 396, 398, 399, 400, 401, 403, 409, 410, 411, 412, 418, 419, 420, 421, 422
Jotapata 399, 409
Judaica, Rebelião 395, 396 vide também Jerusalém
Judeia 330, 367, 392, 393, 394, 396, 397, 398, 399, 400, 401, 423, 446
judeus 395, 396, 397,399, 400, 405, 406, 415, 419 vide também Judaica, Rebelião
Jugurta 155, 156, 157, 158, 159, 160, 161, 166, 171, 187, 190, 216, 223, 286
Júlia (filha de Augusto) 288, 323
Júlia (filha de César; esposa de Pompeu) 240
Júlia (viúva de Mário) 246
Juliano, o Apóstata
    breves referências 22, 451, 512
    campanha e Batalha de Argentorato 464-75
    como Augustus 471-4
    conselho de Constantino a 448
    mais operações (358-359 d.C.) 469-71
    morte 448-51, 509
    nomeado Caesar na Gália 428-30
    primeira campanha na Gália 430-1
Julianos 418
Júlios, clã 152
Júlios Césares 155, 191, 221
Jura, montes 252
Justiniano, imperador 17, 486, 487, 488, 489, 497, 499, 500, 502, 508
Justino, imperador 487

Kalkriese 331
Kaoses 487
Khusro 487, 497

Labieno, Quinto 367
Labieno, Tito 252, 254, 263, 274, 278, 284, 300, 303, 304, 305,
Lambésis 448
Langobritae 193
Larissa 105
Lauron 194, 196
legados 324, 359, 361, 367, 381, 384, 398, 513
    legatus Augusti pro praetore 360, 525
    legatus legionis 360, 525
Legerda 379
legiões 18, 33, 34, 38, 39, 43, 44, 45, 52, 54, 78, 80, 81, 86, 94, 95, 96, 99, 100, 101, 104, 105, 107, 108, 118, 131, 135, 157, 162, 164, 166, 171, 177, 181, 188, 193, 197, 199, 207, 210, 215, 226, 230, 235, 240, 245, 251, 255, 260, 263, 271, 280, 291, 310, 339, 347, 356, 364, 377, 382, 386
    Legio I (motim em 14 d.C., campanha na Germânia 15-16 d.C.) 322, 330
    Legio I (Terceira Guerra Macedônica, Batalha de Pidna) 128, 143, 144
    Legio I Parthica 453
    Legio II (216 a.C.) 96
    Legio II (Batalha de Pidna) 143, 144, 180
    Legio II Augusta 371, 372
    Legio II Parthica 453
    Legio II Traiana Fortis 444-5
    Legio III Augusta 448
    Legio III Cyrenaica 402
    Legio III Gallica 373, 375, 377, 382, 385, 398
    Legio III Parthica 453
    Legio IV (Canas 216 a.C.) 74
    Legio IV (Terceira Guerra Púnica 149 a.C.) 133
    Legio IV Scythica 373, 380, 382, 385
    Legio IX 293, 294, 298, 299, 302
    Legio IX Hispana 387
    Legio Primani 473
    Legio V Alaudae 329, 342
    Legio V Macedonica 382, 385, 390, 401, 406, 408, 414
    Legio VI 294
    Legio VI Ferrata 373, 375, 377, 382, 385, 398
    Legio VII Gemina 432
    Legio VIII 276, 302
    Legio X 302, 303, 315, 316, 317, 318, 320, 423
    Legio X Fretensis 377, 380, 382, 401, 403, 406, 409, 411, 414, 420
    Legio XI 261
    Legio XII 261
    Legio XII Fulminata 380, 382, 383, 398
    Legio XIII 277, 290
    Legio XIV 266
    Legio XIV Gemina 388
    Legio XIX 335-6
    Legio XV Apollinaris 385, 400, 401, 406, 408, 410, 414
    Legio XVII 335-6

Legio XVIII 335-6
Legio XX 322, 330, 371
Legio XXI Rapax 336, 342
Legio XXII Deiotariana 371, 402
Legio XXX Ulpia Victrix 444-5
Legio (Leon) 387
Lélio, Caio (filho do anterior), "o Sábio" (Sapiens), 134, 149
Lélio, Caio 62, 70, 71, 76
Lélio, Décimo 196
Lépido, Marco 320
Lépido, Marco Emílio 193, 214
Lex Gabinia 222, 228
Lex Manilia 226
Libânio 481
líbios 38, 48, 82, 86, 88, 189
lictores 43, 219, 222, 374
Liga Aqueia 94, 98
lígures/Ligúria 38, 42, 106, 116, 130, 132, 175
Ligustino, Espúrio 100, 163
limetani 459
Lingones 257, 270, 278
Lívia (esposa de Augusto) 324
Lívio
    breves referências 22, 23, 29, 41, 45, 46, 54, 110, 196
    sobre a Batalha de Ilipa 80, 85
    sobre a Batalha de Pidna 107
    sobre as campanhas da Segunda Guerra Púnica na Itália 51, 53, 55, 57, 59, 61, 67, 96, 126
    sobre Cipião Africano 60, 62, 88, 90, 91, 99
    sobre eclipse lunar antes da Batalha de Pidna 114
    sobre Filipos 105
    sobre o alistamento do exército para serviço na Macedônia 101
    sobre Paulo 108, 109, 110sobre Sentino 29
Locri 89
Loire, rio 278
Lólio, Lúcio 224
Lólio, Marco 329
Londinium (Londres) 387
Longino, Caio Cássio (comandante na Iliria) 105
Longino, Caio Cássio (conspirador contra César) 412
Longino, Cneu Pompeu 442
Longino, Lúcio Cássio 169
Luca 264
Lúculo, Lúcio Licínio (cônsul 51 a.C.) 135, 136, 137, 144, 227, 228, 229, 233
Lúculo, Lúcio Licínio (questor 88 a.C.) 312, 378
Lúculo, Salústio 389
Lugdunum (Lyon) 464
Lupicino 478
lusitanos/Lusitânia 38, 137, 189, 190
Lutécia (Paris) 475
Lutia 147
Luzio, Caio 167, 170

Macabeus 397
Macedônia
    breves referências 59, 67, 164, 221, 292
    macedônica, campanha (César contra Pompeu) 291
    Primeira Guerra Macedônica 95, 121
    Segunda Guerra Macedônica 97-9, 125
    Terceira Guerra Macedônica 99-104
    vide também exército macedônio 143, 144-5, 146, 147
Macedônia
    breves referências 59, 67, 164, 221, 292
    macedônica, campanha (César contra Pompeu) 291
    Primeira Guerra Macedônica 95, 121
    Segunda Guerra Macedônica 97-9, 125
    Terceira Guerra Macedônica 99-104
    vide também exército macedônio 143, 144-5, 146, 147
Magister Equitum (Mestre do Cavalo) 44, 462
Magnêncio 456
Magnésia 90, 98, 99, 104, 122, 131
Mago 66, 67, 71, 73, 75, 76, 77, 79, 80, 81, 145
Mago Barca 80
Malevento 28, 104
Málio Máximo, Cneu 170
Mancino, Aulo Hostílio 105, 106
Mancino, Caio Hostílio 140, 141, 148
Mancino, Lúcio Hostílio 47
Manílio, Caio 226
manípulas 33, 87, 119, 120, 122, 163
Maozamalcha 480
Marcelino, Cneu Lêntulo 224
Marcelo (Magister Equitum de Juliano) 462, 464
Marcelo, Marco Cláudio (cônsul em 152 a.C.) 135
Marcelo, Marco Cláudio (em Águas Sêxtias em 104 a.C.) 176, 177
Marcelo, Marco Cláudio (271-208 a.C.) 50, 51, 52, 53, 54, 55, 56, 59, 60, 62, 65, 73, 74, 75
Márcio, Lúcio 65, 70, 87
Marco Aurélio 451, 453, 455
Mardi 378
Mário, Caio e as mudanças na política e na sociedade romana
    breves referências 184, 186, 188-89, 192-93, 204-10, 215, 217, 221-23, 246, 310-13
    e a ameaça do norte 168-178
    eleição como cônsul 152-53, 158-59, 160, 204
    Infância e juventude 153-54
    morte 188-89
    na Numídia 155-160, 165
    reforma militar 161-166
    últimos anos 178-182
Marobóduo, rei 329
marrucinis 115
marsos 171, 327, 335, 336, 339, 351
Marta (profetisa) 174
Massada 415
Massília (Marselha) 38, 498
Massinissa, príncipe 80, 81, 155
Matio 339
Maurício de Nassau 510
Mauritânia 189
Media Atropatene (Azerbaijão) 367
Mediolano (Milão) 53
Mediterrâneo 94, 99, 126, 180, 181, 184, 189, 221, 222, 223, 225, 226, 228, 239, 249, 290, 307, 312, 486
Medway, rio 393
Mêmio (cunhado de Pompeu) 166
Mêmio, Caio 143, 156, 179, 198
Mésia 373, 428

Mesopotâmia 446
Mesquianas, mountanhas 234
Messer, W. 18
Metauro 57, 80, 94
Metelo (Cecílio Metelo) 64, 140
Metelo Dalmático, Lúcio Cecílio 164
Metelo Nepos, Quinto Cecílio 224
Metelo Pio Cipião, Quinto Cecílio 241, 246, 253
Metelo Pio, Quinto Cecílio 224, 288,
Metelo, Quinto Cecílio (cônsul 109 a.C.) 140
Metelo, Quinto Cecílio (cônsul 143 a.C.) 140
Metelo, Quinto Cecílio (cônsul 69 a.C.) 186, 190
Metelo, Quinto Cecílio (líder dos desertores 216 a.C.) 64
Meuse, rio 476
Micipsa 155
Mindos 488
mineração 273
Minúcio Rufo, Marco 44, 63
Mirânida, família 490
militar, serviço 31, 34, 61, 65, 96, 148, 154, 159, 161, 163, 164, 165, 167, 187, 219, 246, 311, 333, 370, 387, 413, 453
Mitridates VI, rei de Ponto 180
Moltke, Helmuth, Conde von 18
Mona, ilha de (Anglesey) 387
Monaeses 380, 381
Monobazo 380
Monte Gráupio, Batalha de 439
Mosquia 375
Múcia (esposa de Pompeu) 213, 247
Mucii Scaevolae, família 213
Mulaca, rio 161
Mulciano, Caio Licínio 398
Munda 309, 318
Mus, Públio Décimo 29
Mutul, rio 158

nabateus, árabes 238
Napoleão Bonaparte 13, 244, 281, 325, 506, 514, 515
Napoleão III 281
Nápoles 500
Narses 501
Nasica, Públio Cornélio Cipião vide Cipião Nasica
Nauloco 323
Negro, mar 232, 234, 375
neoplatonismo 457
Nero, Caio Cláudio 57, 65
Nero, imperador 378
    breves referências 57, 65, 223, 356, 369, 370, 373, 375, 378,
    e a Armênia 380-86
    e a execução de suspeitos de conspiração 390
    e o suicídio de Córbulo 390, 508
    e Vespasiano 393-94
    morte 391
Nero, Tibério Cláudio 223
Nerva, imperador 428, 432
nérvios 267, 270
Nicomedes, rei da Bitínia 247
Nicomédia 457
Nicópolis 239
Nisíbis 381, 488, 490, 493
Nitiobroges 275
Nobilior, Quinto Fúlvio 135
Nola 53

Nórica 169, 171
Nova Cartago (Cartagena) 66, 68, 69, 70, 79, 89, 145, 174
Novioduno 271, 278
Numa, rei 24
Numância 129, 134, 135, 139, 140, 141, 144, 145, 146, 147, 148, 155, 156, 157, 216
númidas 38, 56, 80, 81, 104, 155, 156, 158, 167
    vide também Numídia
Numídia 155, 157, 158, 160, 165, 170, 179, 181
    vide também númidas
Numistro 56
Nussa 186

O general 16
Olímpicos, Jogos 390
Olimpo, monte 106, 108, 113
Oliveiras, monte das 403, 405, 411, 420
Onassandro 15
Oretani 187
Orfito, Pácio 373
Orgetórix 250, 257
Orico 295
Orodes, rei da Pártia 367
Oroeses, rei da Albânia 233, 234, 235, 236
Orósio 194
Osca 190
Óstia 222
ostrogodos 485
Otávia (irmã de Augusto) 326
Otaviano vide Augusto, imperador
Otávio, Cneu 110
Otávio, Grecino 195
Otávio, Lúcio 226
Oto 392, 394

Pacoro 367
Paeleste 294
Paelignis 115
Pallantia 141, 144, 200
Pampaelo (Pamplona) 216
Panônia 326, 329, 331, 332, 430, 432
parisii 274, 278
Pártia/partos 364, 365, 367, 368, 380
partos, exércitos 364
Paulino, Caio Seutônio 386
Paulo, apóstolo 371
Paulo, Lúcio Emílio
    breves referências 63, 93, 131, 133, 151
    comando macedônio e Batalha de Pidna 107-125
    e a cultura grega 125-26
    últimos anos 509
Pela 121
Peloponeso, Guerra dor 26
Pera, Marco Júnio 50
Pereia 399
Pérgamo 94
Peroz (Firuz, Perozes) 490, 491, 492, 493, 494, 495
Perperna Vento, Marco 193
persa, exército 489, 492
Persarmênia 487
Perseu, rei da Macedônia 100, 101, 104, 105, 106, 108, 110, 111, 112, 113, 114, 115, 119, 121, 122, 123, 124, 125, 134
Pérsia 27, 478, 479, 481, 486
Pérsico, golfo 428

Peto, Lúcio Cesênio 381
Petra 238
Petrônio, Marco 277
petulantes 478
Phila 110
Piceno 44, 205, 207, 215
Pick, Charles Ardant du 516
pictos 478
Pidna, Batalha de 107, 117
piratas 95, 220, 221, 222, 223, 224, 225, 226, 229, 240, 246, 385
Pirisabora 480
Pirro, rei do Épiro 27, 28, 91, 95, 104, 105, 185
Pisístrato 185
Piso, Cneu Calpúrnio 352
Piso, Marco Púpio 224
pítia 111
Pitíaxes 493
Placentia 115, 293
planície Falerniana (Ager Falernus) 47, 255
Plemínio 89
Plínio, o Jovem: panegírico 431
Plínio, o Velho 63
Plótio, Aulo 223
Plutarco
  estilo de escrita 505
  sobre a Batalha de Pidna 118-20, 125
  sobre a força de Cipião Nasica 111
  sobre Aníbal 46
  sobre as campanhas de Mitridates 232
  sobre as forças de Oroeses 235
  sobre as forças de Sertório 200
  sobre Espártaco 218
  sobre Lúculo 228
  sobre Marcelo 52-53
  sobre Mário 153-54
  sobre Pirro, do Épiro, 27-8
  sobre Pompeu 206, 213, 228, 236
  sobre Sertório 186, 188-90, 200
  sobre tribos bárbaras 168, 172, 174-77, 189
  sobre Vercingetórix 285
Pó, vale do 38, 131, 392
Políbio
  amizade com Cipião Emiliano 134
  breves referências 142, 146, 412, 480
  como testemunha 22
  escreve a História universal 39
  sobre a prática romana de saquear as cidades 77
  sobre Catão, o Velho 127,
  sobre Cipião Africano 62, 63, 70, 71, 73, 74, 77, 78
  sobre Cipião Emiliano 136, 138
  sobre Marcelo 56
  sobre o exército de Mário 167
  sobre Paulo 110
  sobre Perseu 119
  visão sobre religião 43
  vive na casa de Cipião Emiliano 62
Pompeiópolis (Soli) 225
Pompeu Aulo, Quinto 140
Pompeu Estrabão, Cneu 205
Pompeu Magno, Cneu vide Pompeu, o Grande
Pompeu Rufo, Quinto 205
Pompeu, Cneu 309
Pompeu, o Grande (Cneu Pompeu Magno)
  aliança com Crasso e César (Primeiro Triunvirato) 240-41, 248

amante 213
apoia campanha eleitoral de Lépido 214
assassinato 306, 442
breves referências 16, 21, 245, 247, 249, 255, 262, 264, 265, 275, 278, 307-13, 318, 323, 324, 356, 365, 367, 385, 386, 508, 511, 515
campanha macedônia contra César 291-99, 300-06
campanhas na África 210-12
campanhas na Sicília 210
carreira não convencional 204
casamentos 212, 287-88
e a guerra contra os piratas 220-26
e a guerra na Hispânia 192-201, 208, 215-16
e a Guerra Servil 217-18
e Mitridates e as guerras orientais 226-239
e os eventos que levaram à Guerra Civil 287-290
fontes de informação a respeito 21-22, 192
forma exército 204-05, 312
forma legiões e suprime insurreição de Lépido 214-15
infância e juventude 204-06
luta ao lado de Sula 206-08
retorna a Roma 239-241
torna-se cônsul 204-05
Pompeu, Sexto 323
Pompônio, Marco (em Trasimeno) 41
Pôncio Pilatos 397
Ponto 180, 181
Popílio 170
Possidônio 55, 119
Póstumo, Poênio 388
pretores 222, 356
Pretoriana, Guarda 391, 392, 424, 424, 442, 444
princeps 321, 323, 331, 332, 350, 356, 357, 358, 359, 392, 394, 426, 445
principado 35, 321, 322, 326, 333, 352, 355, 356, 357, 359, 364, 370, 373, 389, 390, 394, 395, 401, 427, 428, 429, 454, 458, 459, 464, 475, 483, 486, 504 vide também sob o nome dos governantes
Prisco 421
Prisco, Tarquínio 195
Procópio 22, 489, 490, 493, 494, 496, 497, 498, 500
proletarii 161, 165, 311
Ptolemaicos 221
Ptolomeu II, rei 95
Ptolomeu XII, rei 306
púnico, exército vide exército cartaginês

Quadrato, Umídio 369, 373, 380, 382
quaestor 31
queruscos 327, 330, 336, 337, 339, 340, 347, 349
quincunx 33

Rafanaeae 423
Randeia 383, 385, 398
Récia 464
Regnis 472
Remi (Reims) 461
remi (tribo) 259
Reno / fronteira do 168, 170, 249, 251, 252, 253, 259, 264, 265, 278, 340, 345, 346, 361, 362, 363, 392, 428, 431, 432, 443, 458, 459, 465, 467, 468, 470, 474, 476, 478, 481
  Germânico no 319-326
  situação na 14 d.C. 326-338

Rio Sambre, Batalha do 261
Ródano, rio 171, 172, 186
Roma (cidade)
    Arco de Tito 356 424
    Coliseu 356 424 primeiro teatro de pedra
        201-2 240
    Coluna de Trajano 365-74, 396 434-36, 472,
    Fórum 25,91, 151, 176, 188,207 30, 41,
        108, 170, 179, 184, 209, 248, 320,
        334, 407,
    Fórum de Augusto 308 368,
    Fórum de Trajano 365, 373, 374 434, 443
    história:
    Batalha da Porta Colina 175, 176 208-09,
        217
    Belisário em 486-89
    breves referências 51, 56, 74, 95, 96, 114,
        126, 127, 129, 136, 153, 156, 159,
        164, 165, 180, 185, 200, 209, 221,
        240, 246, 264, 286, 289, 310, 321,
        322, 336, 352, 360, 368, 379, 386,
        427, 428, 429, 452, 453, 454, 459,
        467, 475, 484, 485, 486, 502, 505,
        507, 508, 511, 512, 516
    dependência da importação 221
    eleição de César para cônsul 241
    escândalos envolvendo César 247-48
    fundação e primeiros dias 19-29
    Mário e Cina tomam o poder em 181, 188
    o futuro incerto de César em 262-63
    ocupada por Sula 181
    perdida 502
    Pompeu ganha poder em 203
    Pompeu parte de 243 204
    Pompeu processado e absolvido em 206-07
    proscrições de Sula 200
    retém significado simbólico 454
    saqueada pelos gauleses 130
    saqueada pelos godos 485
    triunfo de Cláudio 363-64
    triunfo de Germânico 319
    triunfo de Paulo 122
    triunfo de Vulso 98
    triunfos de Cipião Emiliano 129, 133
    triunfos de Pompeu 201, 203,
    visita de Jugurta 156
    Mausoléu de Augusto: inscrição Res Gestae
        322-23
    Templo de Castor e Pólux 213
    Templo de Júpiter Ferétrio 53
    Templo de Mars Ultor (Marte, o Vingador)
        368
    Via Sacra 30, 123, 219, 426
romano, exército
    carreira militar 17, 18, 21, 34, 47-8, 61
    composição do 23, 24, 34, 142, 459
    dependência do imperador da lealdade do
        323, 357, 454-55
    desenvolvimento do 20, 21, 26, 28, 32, 34,
        39, 43, 46, 47-8, 54, 61, 94, 105, 131,
        133, 137, 153, 356
    e a comunicação 35-6
    estímulo da iniciativa no 64, 65, 74, 121

    linhas de batalha no final do século I d.C.
        364
    motim 332-36
    papel do general no 13, 15, 16, 17, 18, 19,
        20, 21, 28, 67, 127, 151, 209,
    serviço militar 54, 61, 64, 65
    táticas 16, 19, 20, 25, 26, 77, 81, 83, 122
    romana, marinha 225-26, vide também
        classis Germanica
Rômulo 23, 53, 485
Rubicão, rio 290, 292, 312
Rufo, Cúrcio 363
Rufo, Emílio 374
Rufo, Públio Rutílio 142, 157
Rufo, Públio Sulpício 181

Sabino (irmão de Vespasiano) 393
Sabino (sírio no cerco de Jerusalém) 417
Sabino, Quinto Titúrio (legado na Gália) 266
saduceus 397
Sagunto 37, 197
sálicos 476
Salústio 74, 158, 160, 162, 165, 199, 317, 389
samaritanos 397
samnitas 26, 29, 42, 208, 209
Saône (Arar), rio 251, 253, 255
Sardenha 215
sármatas 360, 433, 440
Sarmizegetusa Regia 444
Sarmizegetusa Ulpia 444
Sassânidas/Império Sassânida 478, 486, 487
Saturnino, Lúcio Antonino 432
Saturnino, Lúcio Apuleio 179
Schulten 146
Scopus, monte 405, 408
Segeda 134
Segestes 339, 340, 346
Segimero 346
Selêucia 364, 370
Selêucidas/Império Selêucida 90, 94, 98, 99, 104,
    105, 123, 130
Semprônio Longo, Tito 38
Senado 30, 32, 34, 41, 43, 52, 56, 97, 99, 100,
    106, 130, 134, 135, 140, 141, 153-54, 160,
    169, 171, 179, 193, 198, 203, 205, 209,
    210, 212, 214, 215, 219, 220, 221, 222,
    229, 246, 248, 258, 260, 264, 265, 266,
    309, 311, 320-21, 355-57, 429, 454, 508
    e a derrota de Vercingetórix 285
    e Ariovisto 258
    e Augusto (ex-Otaviano) 321-24
    e César 258, 260, 264-66, 289-90, 292,
        309-10, 316
    e Cipião Africano 59-61, 65-66, 89, 185, 203
    e Crasso 217, 219
    e Fábio Máximo 56, 203
    e Jugurta 155
    e Longino 105
    e Lúculo 135
    e Mancino 140
    e Marcelo 51, 203
    e Mário 152-53, 154, 162, 164,
    e Nero 373, 378
    e o fim do reino macedônio 123

e os tigurinos 169
e Piso 352
e Pompeu 192, 204-05, 210, 212, 213, 214, 215, 217, 219, 220, 221, 222, 226, 289,
e Saturnino179
e Sula 181, 188
e Trajano 428-29, 431,
e Vulso 98, 99
senadores 43, 46, 51, 60, 61, 63, 90, 93, 99, 106, 123, 126, 127, 130, 136, 148, 152, 153, 154, 156, 159, 183, 184, 185, 204, 205, 209, 213, 214, 220, 223, 226, 239, 240, 245, 246, 247, 248, 264, 266, 290, 291, 292, 301, 310, 318, 320, 324, 334, 356, 369, 389, 396, 399, 400, 407, 428, 429, 453, 508
Senonae (Sens) 463, 464
Senones 278, 345
Sentino 29
sequanos 252, 268, 278
Serápio 467, 470
Sertório, Quinto
breves referências 171, 215, 230, 310, 314
e a guerra na Hispânia 189-202
início da carreira e a Guerra Civil 183-89
morte 201, 202, 508
Servília (mãe de Bruto; amante de César), 248, 307
Serviliano, Quinto Fábio Máximo 139
Severo, Sétimo 429, 452, 453, 464, 470, 475, 477, 478, 480, 482
Severo, Verulano 380
Sibilinos, Livros 43
Sicília
Belisário na 500
breves referências 37, 59, 60, 89, 126, 178, 179, 221, 485, 486, 502
Cipião Africano na 89, 126-27
Marcelo na 51, 55-56
Pompeu na 210
Silano, Marco Júnior (cônsul em 109 a.C.) 169, 251, 253
Silano, Marco Júnior (na Batalha de Ilipa 206 a.C.) 85
Silano, Tito Turpílio 159
Silo, Marco Sérgio 115
Silo, Pompeio 182
Silvano 457, 461, 462, 466
Silvano Eliano, Tibério Plauto 360
Simão bar Giora 400, 422, 423
Simas 491
Sinora 232
Siracusa 55, 56, 75
Síria 94, 237, 238, 288, 295, 330, 351, 352, 366, 367, 369, 380, 381, 384, 385, 396, 398, 422, 423, 485
legiões 370, 371, 373, 377, 382, 392, 431
Sisena, Lúcio 224
Sofena 233, 370
Soli (Pompeiópolis) 225
Sorano 448
spolia opima 323, 324
sucessores 28, 102, 103, 321, 355, 356, 429, 512
Sucro, rio 197

Suetônio 265, 266, 314, 322, 325, 333, 359
suevos 327
Sula, Fausto Cornélio 238
Sula, Lúcio Cornélio
breves referências 205, 214, 227, 228, 238, 254, 292, 298, 302, 309, 311, 312, 355, 472, 492
ditadura 209, 210, 246, 320
e a guerra contra Mitridates 180-81, 199, 226, 299
e Crasso 217, 218,
e Mário 161, 171, 180-81, 312
e Pompeu 193, 194, 196, 204, 206, 207, 208, 210, 211, 212, 213, 215, 220
e Sertório 186, 188-91, 199, 200
marcha sobre Roma 184
saída da vida pública e morte 214,
torna-se cônsul 180
Sula, Público 302
Sulpiciano, Aulo Lársio Lépido 401
Sunicas 491, 494, 495
Suovetaurilia, rito 436, 442, 444
Surenas 365, 366
Suthul 156
synaspismos ("escudos travados") 101

Tácito
sobre Agrícola 389, 431, 438
sobre Armínio 340
sobre as campanhas de Córbulo 363-64, 371, 372, 373, 375, 381, 383, 384, 385
sobre as campanhas de Germânico 336, 337, 340, 342, 347, 348, 349, 351, 353, 361
sobre as táticas germânicas 470
sobre Cláudio 363-64
sobre Nero 373
sobre os defensores de Jerusalém 403,
sobre Vespasiano 399
Tadine 502
Tape 438
Tapso 308, 318
Tarento 28, 56, 104
Tarichaeae 401
Tarraco (Tarragona) 69, 75
Tauro, montes 382
Tectossages 170
Télamon 130
Tencteros 328
Teodora, imperatriz 499
Termópilas 98, 99, 108,127, 131
Tertúlia (esposa de Crasso) 247
Tessália 106
Tetrarquia 455, 456
Teutoberg Wald 330, 331, 340, 353
teutões 167, 168, 169, 170, 171, 172, 173, 174, 176, 177, 182, 186, 223, 251, 327
Teutomato, rei dos nitiobroges 275
Tibério
breves referências 331, 355, 426
e a Armênia 360
e Armínio 331 353
e as dificuldades enfrentadas pelos imperadores 351

e Germânico 319, 331, 334, 351, 352
e o exército 331,
e os panônios 325-26, 329, 331
envia senadores para investigar motim do exército 336
escolhido como sucessor de Augusto 325, 331
na fronteira do Reno 326-32, 338
perdoa desertores germânicos 346
Ticino, rio 38, 47, 61, 62, 74
Tigranes (filho do anterior) 381
Tigranes da Armênia 227, 228, 231, 232, 233, 238
Tigranocerta 370, 378, 379, 381, 382
Tigre, rio 446, 480, 481
tigurinos 168, 169, 251, 253
Tiridates (aliado de Mitridates) 226
Tiridates (irmão de Vologaeses I) 369, 370, 373, 374, 375, 376, 377, 378, 379, 380, 381, 382, 385, 386, 390
Tiridates (príncipe capadócio) 381
Tito
    assume responsabilidade pelo cerco de Jerusalém 391
    ataque à Fortaleza Antônia e ao Templo 413-424
    breves referências 395, 426, 438, 499, 508
    estágio preliminar do cerco e tomada da primeira muralha 403-04
    exército de 400-03
    fim do cerco 422-23
    governa como imperador 394
    início da carreira 401
    tomada da segunda muralha 411-13
Togodumno 393
Tolosa 170
Torquato, Aulo Mânlio 223
Toxiandra 476
Trácia 129
trácios 100, 129, 156
Trajano, Coluna de 434, 435, 436, 472
    Trajano (Marco Úlpio Trajano)
    formação e ascensão ao poder 429-33
    Guerras Dácias 433-45
    campanhas finais 445-50
    morte 447, 508
    referências breves 451, 472, 474, 480, 482
Trajano, Marco Úlpio (pai de Trajano) 431
Trapezus 375
Trasimeno, lago 41, 44, 46, 47, 61, 255
Trebélio, Quinto 78
Trébia 38, 44, 46, 47, 61
Trebônio 167, 170
triarii 32, 88, 100, 113, 114, 120, 122, 162
Triário, Caio 304
tribunos 63, 64, 77, 89, 100, 105, 108, 113, 120, 121, 138, 156, 209, 210, 226, 228, 233, 256, 259, 276, 299, 313, 340, 343, 357, 431, 465, 472, 473, 477, 513
Tricamaro 498
Tricasa (Troyes) 462
triplex acies, formação 83, 104, 113, 120, 122, 256, 302
Triunvirato
    Primeiro (aliança entre César, Crasso e Pompeu) 239, 264

Segundo 320
Tubantes 336
Tulingos 257
Turia, rio 198

Ulterior, Hispânia 136, 139, 155, 190, 198, 248
    vide também Hispânia
Ursicino 462, 464
Usípetes 328, 336, 345
Útica 158, 210
Uxeloduno 285

Vacaei 136
Vadando 379
Vaga 159, 187
Valência 194
vândalos 485, 497, 498, 499
Varo, Públio Quintílio 330, 331, 339, 340, 343, 346, 351, 396
Varro, Caio Terêncio 63, 65
Varro, Marco Terêncio 220, 224
Vegécio: Epítome da ciência militar 509
Veleio Patérculo 325
velites 32, 62, 111, 113, 162
vênetos 263
Verânio, Quinto 16
Vercelas 178
Vercingetórix
    rebelião liderada por 267-86
Vero, Lúcio 455
Verulamium (St. Albans) 387
Vespasiano, imperador 360, 392, 393, 394, 395, 398, 399, 400, 404, 419, 423, 424, 426, 431
Vestini 115
Vesúvio, monte 216
Vetera (Xanten) 344
veteranos 163
Vetílio, Caio 139
Vienne 269, 460
Viniciano, Lúcio Ânio 390, 400
Virgílio 239
Viriato 139, 158, 362
virtus 29, 64, 65, 134, 508
visigodos 485
Vitélio 392, 401
Vjosa, rio 97
Volandum 376
Vologaeses I, rei da Pártia 368, 370, 373, 375, 379, 380, 381, 383, 384, 385
volscos 185
Vulso, Cneu Mânlio 98, 99

Waal, rio 346
Waterloo, Batalha de 515
Wellington, duque de 515
Weser, rio 347, 349
Williams, Sir Roger: Breve discurso sobre a guerra (Briefe discourse of Warre) 509

Zama 60, 90, 94, 158
Zela 307
zelotes 400, 403, 410, 417
zoroastrismo, religião 487

**Acreditamos
nos livros**

Este livro foi composto em Adobe Garamond
Pro e Bliss Pro e impresso pela Geográfica para a
Editora Planeta do Brasil em março de 2024